重訪錢穆（下）

李帆、黃兆強、區志堅——主編

編者序

錢穆先生（1895-1990）為國學大師、史學家、教育家、思想家，研究範圍甚廣，涉及學術思想史、宗教史、文化史、文學、史學等等。錢先生出生於中國江蘇無錫，嘗任教北京大學。早年著《先秦諸子繫年》，《中國近三百年學術史》，抗日戰爭期間完成《國史大綱》。及至1949年後，先生南下香港及遠赴臺灣，晚年更多在今天的東吳大學旁之素書樓講學，成為推動北學南移的重要力量。先生的《國史大綱》，《中國歷代政治得失》嘗為香港、澳門、臺灣三地高等院校的教科書，及高中公開考試擬題的重要參考書，啟迪一個時代的學生，使彼等對中國歷史及中國文化產生濃厚的興趣，其中尤以《國史大綱》以下一語所承載之信念：「有一種溫情與敬意」，既引領青年學者提升其治中國史的情懷，又成為今天治史者的座右銘。另一方面，錢穆先生的學術著作雖在1949年前已在中國流行，及後更在既有學術風氣下，隨先生《國史大綱》，《中國歷代政治得失》，《中國近三百年學術史》，《朱子新學案》，《中國文化史》等多本著作，分別成為中國高等院校的重要參考書，先生治史風尚得以進一步流行海峽兩岸四地。甚至，隨先生的著作及其學生任教東南亞及美國等地，更使先生治學精神得以傳往彼邦。由是可見，錢先生治學思想及精神廣被海內外華文文化界。

2020年為錢穆先生的冥壽125週年紀念，也是錢先生逝世30週年的重要紀念年分。本書的三位編者，早於2019年9月已構思針對錢先生之思想、行誼，編輯一部論文集，希望藉百年後「重訪」先生的思想及行誼，以為今天治學的借鑑，遂邀請海內外相關學者專家不吝惠賜鴻文。編者為求符合現今學術界之相關規範，並提升論文之水準，嘗把各論文送予三位評審者評審。其相關建議，乃承蒙學者專家惠予接納並作出適度修改。編者必須在此致上十二萬分之謝意與敬意，否則本論文集恐未必可以出版！

本論文集主要研究、闡述以下課題：錢先生的治學思想及治學特色、錢先生的行誼、先生與時人論學、先生行事及治學引起一個時代的論爭、海內外地區學人傳承先生治學的精神面貌等等的課題。

論文集得以順利出版，尤應感謝林浩琛先生、梁唯實先生、劉子文先生、楊子熹先生、李嘉明小姐、吳佰乘先生、顧乾玥先生、卓家俊先生、張靜儀小姐、盧錫俊先生、顧敏妤小姐對全書各篇文章進行校對及統一註釋的工作。編者更要感謝秀威出版社編輯蔡登山先生、鄭伊庭小姐、杜國維先生、陳彥儒先生及其團隊協助排版、多次細心校對。沒有以上各位的支持及付出心力，本書必不能順利出版。

最後，更重要的是，本書三位編者衷心感謝惠賜文稿的各位專家學者。沒有您鼎力支持、惠賜大作，本論文集根本不可能問世。在新冠病毒猖獗肆虐期間，您埋首疾書，「雖千萬病毒，吾往矣」的精神，「敬佩」二字豈足以詮表吾等三人私衷之萬一哉！

　　2020年為紀念錢穆先生的重要年分，據悉兩岸四地已有不少學術機構擬舉辦紀念先生的學術研討會，惜疫情未寧，不少研討會被迫延期或取消。本論文集的出版，或得以稍微彌補此缺憾歟？是為序。

編者

李帆、黃兆強、區志堅　謹識

2020年8月25日

目次

第三十章　「打鬼」與「招魂」
——胡適錢穆的共識和分歧

普林斯頓大學
周質平

一、從「打鬼」「招魂」到反共

　　在現代中國思想史上，胡適（1891-1962）和錢穆（1895-1990）是兩個標誌性的人物，都是「綜貫百家，上下千載」的「通儒」。1963年，周法高發表〈論漢學界的代表人物〉，將胡適與錢穆分別列為當時「臺灣漢學界」與「香港漢學界」的「代表人物」，他們對中國思想史、文學史、先秦諸子年代的考訂等所做的貢獻「是不可磨滅的」。[1]但在現代化的議題上，胡適是力主西化的改良主義者，而錢穆則力抗西潮。胡適對中國文化的態度，基本上是反省與批判。1930年，發表〈介紹我自己的思想〉，他不無激憤的說，「我們必須承認我們百事不如人，不但物質機械上不如人，不但政治制度不如人，並且道德不如人，知識不如人，文學不如人，音樂不如人，藝術不如人，身體不如人。」[2]他相信中國傳統文化裡有「無數無數的老鬼，能吃人，能迷人」，因此他把「整理國故」的工作比喻為「捉妖」，「打鬼」，這份工作是「化黑暗為光明，化神奇為臭腐，化玄妙為平常，化神聖為凡庸」[3]。換句話說，在胡適看來，中國傳統文化裡，還有許多「陰魂不散」的鬼魅，而「捉妖打鬼」，成了整理國故的首要工作。

　　錢穆對中國文化的態度可以用他自己在《國史大綱》卷頭言中「溫情」與「敬意」二語概括之；在他看來，中國的哲學，史學，文學，人倫道德，政治制度都自成體系，五千年來，綿延不絕，對胡適承認「事事不如人」的「民族自譴」是深不以為然的。[4]他畢生的努力，從早年的《劉向歆父子年譜》、《先秦諸子繫年》到晚年的《朱子新學案》，無一不是「整理國故」的具體成績。

---

[1]　周法高：〈論漢學界的代表人物〉，《漢學論集》（臺北：正中書局，1966），頁23。

[2]　胡適：〈介紹我自己的思想〉，《胡適文存》，第4集（臺北：遠東出版社，1968），頁618。

[3]　胡適：〈整理國故與打鬼——給浩徐先生信〉，《胡適文存》，第3集，頁125-126。

[4]　錢穆：「在民初即有新文化運動。有人主張民族自譴，要坦白承認中國事事不如人。」〈民族自信心與尊孔〉，《孔子與論語》（北京：九州出版社，2011），頁371。

余英時先生悼念他老師錢穆的文章以「一生為故國招魂」為題，[5]這七個字道盡錢穆一生志業之所在，「招魂」二字，畫龍點睛的說明瞭錢門大弟子對他老師畢生努力給以「知其不可而為之」的最高評價，但在敬意之中，我們也感到一份深刻的悲感。余先生曾以「遊魂」比喻儒學在當代中國的處境，[6]縱有高人如錢穆，恐怕也喚不回魂不附體的「遊魂」啊！

「打鬼」與「招魂」成了胡、錢兩人在面對中國文化時不易調和的兩種取向。胡適要「打」的「鬼」，往往就是錢穆想「招」的「魂」。

1917年，胡適從美國回到中國，大概有20年的時間，他的影響在學術界及於哲學、史學、文學各個領域，在社會上則從語文改革到婦女解放，從「好人政治」到對舊禮教的批判，都有他積極的參與和領導。真成了梁啟超在〈南海康先生傳〉中所說的「人物」：「其生平言論行事，皆影響於全社會。一舉一動，一筆一舌，而全國之人皆注目焉……其人未出現以前，與既出現之後，而社會之面目為之一變。若是者庶可謂之人物也已。」[7]用這段話來描述胡適回國後20年在中國引起的震動與影響是並不為過的。

錢穆在他95年漫長的生命中，他對全社會的影響和胡適是不能相提並論的，他的影響集中體現在中國的史學界。但在五四前後那個激變的時代裡，錢穆對中國舊傳統舊秩序所表現出來的一種維護和依戀，與胡適對中國傳統的尖銳批判恰成針鋒相對的態勢。正因為胡適的影響無所不在，錢穆在批評新文化的時候，胡適就成了他揮之不去的「心頭人影」了。從兩人的著作中，不難看出，錢穆往往將新文化運動所帶來的種種變化，「歸罪」於胡適；而胡適，除了幾個嚴肅的學術問題之外，對錢穆的批評基本上置之不理，多少也意味著不屑一辯。

錢穆對中國固有制度和禮教的闡釋與馮友蘭是不同的。馮友蘭在他的《貞元六書》中，對胡適也多有批評，認為「存在的是合理的」，20世紀新派知識分子指為「吃人的禮教」，在初起時往往是應運而生的新規範，也是企圖為中國舊禮教進行辯護。但他的闡釋和說明往往是依附在馬克思的經濟理論之下，所謂「生產方式決定論」是他常用的理論武器。[8]錢穆在為中國制度辯護時卻是就中國論中國，而不借助西洋理論。有時，這樣的辯護比依附洋理論更有說服力。

胡適和錢穆取徑如此不同的兩個知識人，1949年，毛澤東卻在〈丟掉幻想，準備鬥爭〉一文中，將胡適、傅斯年、錢穆三人歸類為「帝國主義及其走狗的中國的反

---

5 余英時：〈一生為故國招魂——敬悼錢賓四師〉，《猶記風吹水上鱗》（臺北：三民書局，1991），頁17-29。

6 余英時：〈現代儒學的困境〉，《現代儒學的回顧與展望》（北京：生活‧讀書‧新知三聯，2004），頁56。

7 梁啟超：〈南海康先生傳〉，《飲冰室文集》，第6卷，收入《飲冰室合集》，第1冊（北京：中華書局，1989），頁58。

8 參看周質平：〈胡適與馮友蘭〉，《光焰不熄》（北京：九州出版社，2012），頁29-63。

動政府」所能控制的「極少數人」[9]。在學術上，錢穆與胡適、傅斯年可以說壁壘分明，清楚的分屬於兩個不同的營壘；在政治上，胡傅兩人是自由主義者，提倡民主自由，錢穆則處處為傳統的中國政治制度辯護，認為中國的皇權，並非專制。

毛在什麼基礎上把錢穆與胡適，傅斯年相提並論呢？

如果說，20世紀初期的中國還是一個毛澤東1940年在〈新民主主義論〉中所提出的「半殖民地半封建」的社會，[10]那麼，在毛的眼裡，胡適和錢穆的不同，無非是錢穆代表的是「半封建」，其思想受制於「古人」；而胡適代表的則是「半殖民地」，其思想受制於「洋人」。這兩者在「反封」和「反帝」的兩面大旗之下，都是共產黨必欲去之而後快的「毒素」。「半封建」對共產黨的威脅在「傳統」，而「半殖民地」的威脅則在「帝國主義」。胡適的「半殖民地」，在表面上看來比錢穆的「半封建」似乎進了一步，但在毛的分析之下，這兩者是「文化上的反動同盟」，他在〈新民主主義論〉[11]中，對兩者的關係有如下的說明：

> 在中國，又有半封建文化，這是反映半封建政治和半封建經濟的東西，凡屬主張尊孔讀經，提倡舊禮教舊思想、反對新文化新思想的人們，都是這類文化的代表。帝國主義文化和半封建文化是非常親熱的兩兄弟，他們結成文化上的反動同盟，反對中國的新文化。這類反動文化是替帝國主義和封建階級服務的，是應該被打倒的東西。[12]

在毛看來，胡、錢兩人雖然對中國文化的立場截然不同，但同為反對以「無產階級領導的人民大眾的反帝反封建的文化」[13]立場則是一致的。至於兩人反共的原因，卻又同中有異。

胡適的反共來自他對自由、民主、人權、法治這些在他看來是「普世價值」的追求，[14]代表的是共產黨所謂的「資產階級知識分子」，也是五四以來，受到「啟蒙」的一代。1947年7-8月間，胡適連續發表了3篇文章：〈兩種根本不同的政黨〉、〈眼前世界文化的趨向〉、〈我們必須選擇我們的方向〉[15]。主旨都在說明：「民主自由」是「世界文化的趨向」，而「專制集權」只是「一個小小的波折，一個小小的逆

---

9 毛澤東：〈丟掉幻想，準備鬥爭〉，《毛澤東選集》，第4卷（北京：人民出版社，1966），頁1422。

10 參看龍心剛：〈對毛澤東使用與認識「半殖民地半封建」概念的歷史考察〉，《黨史研究與教學》2007年第3期總第196期，頁84-87。

11 毛澤東：〈新民主主義論〉，《毛澤東選集》，第2卷（北京：人民出版社，1966），頁623-670。

12 同上註，頁655。

13 同上註，659。

14 參看周質平：〈胡適的反共思想〉，《光焰不熄：胡適思想與現代中國》（北京：九州出版社，2012），頁201-224。

15 這3篇文章收入胡適：《我們必須選擇我們的方向》（香港：自由中國，1950），頁1-17。

流」。[16]他給中國人指出的方向是：

> 我們中國人在今日必須認清世界文化的大趨勢，我們必須選定我們自己應該走
> 的方向。只有自由可以解放我們民族的精神，只有民主政治可以團結全民的
> 力量來解決全民族的困難，只有自由民主可以給我們培養一個有人味的文明
> 社會。[17]

1949年的變局卻正是胡適所指出方向的相反，這不但是胡適個人30年來在中國思想界經營的挫敗，也是整個「自由主義」在中國的崩潰。

錢穆雖然不曾明白的反對過「自由」「民主」這些來自西方的觀念，但這些價值絕非他的主要關懷。他一生最服膺孫中山所說「中國人不是自由少了，而是自由多了」這兩句話[18]。1980年錢穆發表〈維新與守舊──民國七十年來學術思想之簡述〉，認為這兩句話「說透了中國人生與中國文化。」他對「自由」的解釋，有意避開「思想自由」、「言論自由」，而將之曲解為「任性」或「自私自利」的同義詞。他在1983年，紀念蔡元培115歲誕辰的演講中，是這樣了解「民主」和「自由」的：

> 民主必尚自由，則惟食衣住行私人生活享受之追求，可以日變而新，無限向
> 前，乃若河海之無極，而惟己志之所欲。[19]

「民主自由」到了錢穆筆下，幾乎和「人欲橫流」有相似處。所以「自由」，在錢穆看來，未必是一項值得追求的價值。至於「爭人權」更不是他所能同意的，他說：「『人權』兩字，則中國人從未提起過，亦可謂絕無此觀念。」最後則歸結為「爭自由，享人權」這六個字是「徹頭徹尾、徹皮徹骨的外國話、外國觀念」。[20]換句話說，提倡「自由」、「人權」這樣的外來觀念，不但「無的放矢」，而且與中國傳統格格不入。錢穆著重的是自由、民主、人權的哲學和道德上的意義，而不是政治和法律上的制度。

錢穆的反共是來自對中國傳統文化的維護，共產黨在錢穆看來是傳統文化最大的破壞者，他曾多次將中共政權與太平天國相提並論，1951年，錢穆發表《回念五四》，他說：「太平天國是耶教之淺俗化，今天的中共卻把馬恩列史神聖化。」並指出「馬列是上帝，史太林是天兄，毛澤東依然是個天弟。」[21]1979年，錢穆在《從中

---

[16] 同上註，頁11。
[17] 同上註，頁17。
[18] 錢穆：〈維新與守舊──民國七十年來學術思想之簡述〉，《中國學術思想史論叢》第9期，頁23。
[19] 錢穆：〈學術傳統與時代潮流〉，《中國學術思想史論叢》第9期，頁50。
[20] 錢穆：〈維新與守舊──民國七十年來學術思想之簡述〉，《中國學術思想史論叢》第9期，頁23-24。
[21] 錢穆：〈回念五四〉，《歷史與文化論叢》（臺北：東大圖書，1979），頁389。

國歷史來看中國民族性及中國文化》的序中舊話重提：「自新文化運動中轉出共產運動，至其尊奉馬、恩、列、史，則與洪、楊之尊天父、天兄何異？」[22]因此，他的反共和咸豐4年（1854）曾國藩聲討太平天國的用心有類似處，曾氏在〈討粵匪檄〉中所說：

> 舉中國數千年禮儀人倫，詩書典則，一旦掃地蕩盡，此豈獨我大清之變，乃開闢以來名教之奇變，我孔子、孟子之所痛哭於九原！凡讀書識字者，又烏可袖手安坐，不思一為之所也！[23]

在這段話裡，只要改「大清」為「中國」就很貼切的總結了錢穆幾十年來，其所以反共的核心思想。共產黨的興起，在錢穆看來，關係到中國文化之繼絕，也就是顧炎武《日知錄》上所說的「亡天下」，而不僅僅是「亡國」的問題。換句話說，朝代的更替，只是「易姓改號」，而「亡天下」則是整個民族文化的消亡，顧炎武所謂「保天下者，匹夫之賤與有責焉」，[24]錢穆是在這個基礎上起而反共的。

1973年，正當「批孔揚秦」運動在中國大陸如火如荼展開之際，錢穆發表了〈民族自信心與尊孔〉，在文中他指出了自己「反共」，不是「站在西方自由一面來反共。」而是「站在民族個性，歷史趨向，文化傳統，自本自根，從民族歷史文化之內心深處來反共。」[25]這種發自「民族歷史文化之內心深處」的反共，毋寧是一種更徹底更根本的反共。

錢穆對1949年的變局，不存任何幻想，不像陳寅恪在去留上還有過一段徘徊。1950年在香港成立新亞書院，就是錢穆「繼往聖之絕學」，從文化上反共最直接的實踐。余英時先生為新亞書院舊址寫的紀念碑銘，將這一用心和盤托出：

> 新亞書院之創建為香港教育史上一大事。此大事為何？曰：三五豪傑之士於亂離流浪之中，欲為中國文化建一托命之所也。當書院初創之際，中國文化適遭陽九之厄，數千年傳衍之價值體系竟不容於神州大地。悲憤之餘，流放香港之中土師儒莫不奮起而思有以自靖獻也。[26]

余先生的〈新亞精神與中國文化〉一文可以與上引碑銘互看，更可以看出錢穆創建新亞的苦心孤詣。余先生指出：「在新亞創始人這一代的心中，1949年無疑是中國文化生死存亡的關頭……他們創建新亞的最深動機是文化而不是政治。他們當時都可

---

22 錢穆：《從中國歷史來看中國民族性及中國文化》（北京：九州出版社，2011），頁5。

23 董叢林編：《曾國藩卷》（北京：中國人民大學出版社，2014），頁95。

24 顧炎武：《原抄本顧亭林日知錄》（臺北：明倫出版社，1970），頁379。

25 錢穆：〈民族自信心與尊孔〉，《孔子與論語》（北京：九州出版社，2011），頁373。

26 余英時：〈新亞書院紀念碑銘〉，《情懷中國》（香港：天地出版社，2010），頁230。

以說是中國文化的『孤臣孽子』」。[27]新亞的創立，在錢穆一生中真正實踐了「人能弘道」的孔門教訓，在「三不朽」中是「立功」的事業。

1949年之後，共產黨對流寓海外知名的知識分子進行有計畫的「策反」、「勸降」工作，5月，陳垣發表〈北平輔仁大學校長陳垣給胡適的公開信〉，在信中，他強調「人民在自由的生活著」，「青年們自由的學習著、討論著」，「教授們自由的研究著」。並說到自己如何樂意的接受改造，並改變了研究的方向和方法。

1950年2月，胡適在《自由中國》第2卷，第3期上發表了〈共產黨統治下決沒有自由——跋所謂「陳垣給胡適的一封公開信」〉作為回覆，他說「輔仁大學校長」已經成了一個「跪在思想審判庭長面前懺悔乞憐的思想罪犯」。全文的結論則是「共產黨統治之下決沒有學術思想的自由」。[28]這次「策反」工作澈底失敗。

策反不成，1950年9月22日，胡適次子思杜在香港《大公報》發表〈對我父親——胡適的批判〉，文中有「他（胡適）是反動階級的忠臣，人民的敵人」的句子。[29]這篇文章頗引起海外媒體的注意，《時代》（Time）雜誌曾訪問時在紐約的胡適，並以〈沒有沉默的自由〉（No Freedom of Silence）為題，在1950年10月2日刊出這篇訪問。

陳垣的「勸降」引來了「共產黨統治下決沒有自由」的答覆，思杜的痛批，則歸結為「沒有沉默的自由」。無論是「敬酒」還是「罰酒」，共產黨不但沒有得到預期的效果，反而引來了更大的惡名。「沉默的自由」至今被公認為是比「言論自由」更基本的人權。中國人，1949年之後，有很長一段時間，是沒有不表態的自由的！這樣的禁錮和壓迫，經由胡適公諸於世。

共產黨在「軟」「硬」都無所施其計的情況下，1954年，發動全國各階層對胡適思想進行長達近30年的批判和肅清。1955年，北京三聯書店出版的8冊《胡適思想批判》，為50年代共產黨如何集全國之力，對一個手無寸鐵的知識分子進行長達數年的誣衊、歪曲、侮辱作了最好的見證和記錄。但從另一方面來看，共產黨是很「重視」胡適的，唯恐胡適的「幽靈」在1949年之後，還在知識分子的心中「遊蕩」，「陰魂不散」。這豈不也是一種「捉妖」和「打鬼」的工作嗎？「幽靈」是打不死，也捉不盡的。

上世紀五十年代初期，錢穆也曾遭受過類似的「禮遇」，只是規模較小，知道的人不多。這可以從他的老友顧頡剛的日記中看出些端倪。1953年11月25日，顧頡剛對錢穆的《先秦諸子繫年考辨》，大加讚揚，認為是「不朽之作」。但對他在政治上的選擇，則大致其惋惜：「惜其不識世界大勢，投向反動陣營，終為國家民族之罪人」。[30]「國家民族之罪人」是很嚴重的罪名，是「不齒於人間」的。顧頡剛肯定

---

27 余英時：〈新亞精神與中國文化〉，《會友集》（香港：明報出版社，2008），頁149-151。

28 胡適：〈共產黨統治下決沒有自由〉，《自由中國》1950年第2卷第3期，頁75-76。

29 這篇剪報，見1950年9月28日胡適日記。《胡適日記手稿本》，第16卷（臺北：遠流，1989），無頁碼。

30 《顧頡剛日記》，收入《顧頡剛全集》，第7卷（北京：中華書局，2011），頁474。

《諸子繫年》大概想表示一下「不以人廢言」。顧在1957年5月2日日記中有如下記錄：「政府派黃居素到港，作聯絡事宜，故真如邀其來此，囑予為賓四寫信，能回來最好，即不回來亦望改善態度」。[31]所謂「改善態度」，大概是希望錢穆在香港稍事收斂，不宜發表反共言論。

錢穆老師呂思勉也曾有信給錢勸他回國，錢在給呂的回信中有如下幾句話：「回來雖無刀鑊之刑，但需革新洗面，重新做人，這是學生萬萬做不到的。學生對中國文化薄有所窺，但不願違背自己的主張……願效法明末朱舜水，流寓日本，傳存中國文化，也希望在南國傳播中國文化之命脈。」[32]顯然，共產黨對錢穆的「策反」「勸降」也一樣碰壁，無功而返。

共產黨對錢穆思想的批判，集中在《國史大綱》這本書上。《國史大綱》出版在1940年，正是抗日戰爭進入最艱苦的時刻。錢穆有意的要在「危急存亡之秋」，透過歷史教育來喚起中國人對本國文化的信心和對過往的自豪，這也就是他在書首所說的「溫情與敬意」。這樣一本以大漢民族主義為基底，處處表揚中國歷史文化特色的通史，為什麼竟遭到共產黨嚴厲的批判呢？

1958年北大歷史系的王德鑒在〈錢穆《國史大綱》批判〉一文中，稱《國史大綱》是一部「浸透地主資產階級的唯心史觀和反動政治思想」[33]的書。1959年，《歷史研究》第2期發表由「天津師範大學歷史系中國古代、中世史教研組」所寫的〈批判錢穆的「國史大綱」〉，回答了上面提出來的問題。文章在入題之前就先為錢穆定了性：

> 錢穆是國民黨反動派豢養下的文化掮客。解放以前，他在即將傾圮的反革命堡壘上，以史學為幌子，對著革命的人民肆行狂吠。他的《國史大綱》，為國民黨反動統治者所賞識，認為審查合格，列入所謂的「部定大學用書」。因此，這個書在當時不僅在一般大學中，而且在中等學校和社會上，也廣泛的散佈它的毒素。解放以後，錢穆《國史大綱》所散佈的毒素，尚未予以澈底清算；常以這樣或那樣的形式，在教學和研究工作當中，不斷地有所反映。今天我們來批判錢穆的《國史大綱》，清除其反動影響，應當說還是十分必要的。[34]

錢穆在當時遭到如此不堪的汙衊，主要是因為在《國史大綱》中，他否認中國歷代有階級鬥爭的存在，錢穆在〈引論〉中開宗明義的指出中國歷史發展的軌跡是「我

31　《顧頡剛日記》，收入《顧頡剛全集》，第8卷，頁239。

32　李永圻、張耕華編：《呂思勉先生年譜長編》，下冊（上海：古籍出版社，2012），頁911。

33　王德鑒：〈錢穆《國史大綱》批判〉，北京大學學報（人文科學）編輯委員會編：《北京大學批判資產階級學術思想論文集》（北京：高等教育出版社，1958），頁139。

34　天津師範大學歷史系中國古代、中世史教研組：〈批判錢穆的國史大綱〉，《歷史研究》1959年第2期，頁85。

民族文化常於和平中得進展」，[35]而「歷史進化以漸不以驟」，[36]換句話說，錢穆主張漸進式的改良，而不是推翻全面，作澈底改變的革命。這一點和胡適「一點一滴，一尺一寸」[37]的改良主張是很接近的。

早在1930年，胡適在〈介紹我自己的思想〉一文中就已指出「狹義的共產者」似乎忘了辯證法所揭示的事物發展「一正一反，相毀相成」永遠不斷呈現的過程；而「武斷的虛懸一個共產共有的理想境界，以為可以用階級鬥爭的方法一蹴即到，既到之後又可以用一階級專政的方法把持不變。」[38]這幾句話正是中國共產黨1949年之後所犯的嚴重錯誤。在這一點上，胡錢兩人是沒有分歧的。

《國史大綱》在結論〈三民主義與抗戰建國〉中的幾句話，指出了中國往後的發展應該遵循的方向，與上引胡適的一段話互相呼應，是共產黨所絕不能接受的：「三民主義對國內不主階級鬥爭，不主一階級獨擅政權，對國際主遵經常外交手續，蘄向世界和平，此與主張國內工農無產階級革命，國外參加第三國際世界革命集團者不同。」[39]顯然，至遲在共產黨獲取政權前9年，錢穆已洞悉共黨一旦當政之後的治國方針與政治走向，在1940年出版的《國史大綱》結論中指出這一點，是可以看出他的深心遠慮的。

在錢穆看來，共產黨所謂的「農民革命」，如黃巾、黃巢、張獻忠、李自成、洪楊之亂，給中國帶來的全是混亂，災難，無任何成就建設之可言。[40]這和毛澤東所高舉的「階級鬥爭」理論背道而馳。毛在1927年〈湖南農民運動考察報告〉中所說的「革命是暴動，是一個階級推翻一個階級的暴烈行動」，[41]這樣暴力血腥的「革命」，絕不是錢穆所能認可的。僅此一點，就足以將《國史大綱》打入「九地之下」而有餘了！

1959年，《上海師範大學學報》（社會科學版）刊出了一篇由徐光烈署名的〈批判錢穆的「國史大綱」〉，不但與上引一文題目雷同，連內容也頗相似。同一年之內，同樣題目的文章在北京、上海不同的學報上刊出，顯然，「錢穆批判」在當時也頗成氣候。在結論中，作者為錢穆和《國史大綱》下了如此的判決：

> 錢穆的《國史大綱》，是用閹割史實，歪曲真相，偷天換日，誣衊人民等卑污手法寫出的。他寫書的目的是為了維護蔣介石集團的反動統治，對抗共產黨領導的人民民主革命。這是一部反動絕頂的壞書，我們應該繼續深入細緻的進行

35　錢穆：《國史大綱》，第2冊（上海：商務印書館，1940），頁11。

36　同上註，頁113。

37　參看胡適：〈新思潮的意義〉，《胡適文存》，第1卷，頁736。

38　胡適：〈介紹我自己的思想〉，《胡適文存》，第4卷，頁609。

39　錢穆：《國史大綱》，第2冊（上海：商務，1940），頁659。

40　錢穆：《國史大綱》，第1冊，頁11。

41　毛澤東：〈湖南農民運動考察報告〉，《毛澤東選集》，第1卷，頁17。

分析、批判，不能夠容許它的毒素絲毫存在。[42]

今天重看當年這些批判的文字，我們只感到荒謬和悲慘。多少知識分子在極權和暴力之下，受盡屈辱，死於非命。而這些「批判者」也無非是受命行事，何嘗有什麼真是真非！應了胡適「沒有沉默自由」的名言。1959年，時在香港的錢穆，對這些批判的文字也有耳聞。在一封給余英時的信中，提及此事：「大陸批評《國史大綱》一文，此間已早閱及，此等無可計較，只有置之不聞不問而已。」[43]「文革」期間，史學家李埏，因為是「反動文人錢穆的學生，而遭到嚴酷的批鬥」。[44]由此可以看出共產黨對錢穆忌恨之深，連學生都難倖免。我想，錢穆看了這樣謾罵的文字，和學生所遭到的牽連，一則啼笑皆非，欲哭無淚；一則暗自慶幸，好在沒有聽顧頡剛、呂思勉的勸告回到大陸。

1964年，姚天祜在7月號《江海學刊》上發表〈錢穆復古主義批判〉，對錢穆在1949年離開大陸，給出了可以代表當時官方的「定評」：「解放前夕，在偉大的人民革命勝利面前，他依舊冥頑不靈，執迷不悟，堅持與人民為敵的立場，終於逃離祖國的大陸。」[45]這是共產黨慣用的伎倆，1949年「避秦」而流亡海外的知識分子，全成了「人民公敵」了。

共產黨加在錢穆身上的「罪名」和加諸胡適的大同小異。唯一不同的是胡適是「美帝國主義的走狗」而錢穆的「罪行」似和「帝國主義」不相干。這也就印證了文前所說，胡適代表的是「半殖民地」思想，而錢穆則是「半封建」。

二、交誼與分歧

胡適成名在錢穆之前，錢穆嶄露頭角的時候，胡適已名滿天下。錢穆的學術事業，就一定的意義來說，是企圖在胡適巨大的學術影響之下，另闢蹊徑。走出一條與傅斯年、顧頡剛這批胡門弟子不同的道路來。因此，他的取徑，是和胡適不同的，所謂「挽狂瀾於既倒」或許能約略體現錢穆的心境。在錢穆許多著作中，他對胡適的批評越頻繁，越激烈，越顯示出胡適對他的影響無處不在。

早年的錢穆也是在新思潮的衝擊下成長起來的。從1913到1919，錢穆19歲至25歲，任職於無錫鴻模學校與縣立第四高等小學。陳獨秀主編的《青年雜誌》（自第二捲起，改稱《新青年》）1915年9月創刊於上海。據錢穆晚年回憶：

---

[42] 徐光烈：〈批判錢穆的「國史大綱」〉，《上海師範大學學報（社會科學版）》1959年第2期，頁28。

[43] 錢穆：《素書樓餘瀋》，頁348。

[44] 李埏、李伯重：《良史與良師》（北京：清華大學出版社，2012），頁9。

[45] 姚天祜：〈錢穆復古主義批判〉，《江海學刊》1964年7月號，頁35。

時余已逐月看《新青年》雜誌，新思想新潮流紛至湧來。而余已決心重溫舊書，乃不為時代潮流挾卷而去。及今思之，亦余當年一大幸運也。[46]

　　在這一段簡短的回憶中，我們可以看出，錢穆在20歲前後就很注意「新思想、新潮流」，1917年之後，胡適是《新青年》的主要撰稿人和編輯之一，錢不可能不受胡的影響。錢所謂已決定不跟著潮流走，而是回頭去「重溫舊書」。其實，「重溫舊書」正是「整理國故」大旗下的「新潮流」。1919年，胡適出版《中國哲學史大綱卷上》，先秦諸子的研究一時蔚成風氣，尤其是墨子研究，竟是當時顯學。錢在此時回向舊籍，尤其集中於先秦諸子。從這個角度來看，與其說是抗拒潮流，不如說是緊跟潮流。

　　1928年，胡適發表〈治學的方法與材料〉特別指出這一「重溫舊書」的「新潮流」有讓人憂心的地方，他說：「一班有志做學問的年輕人」「跟著我們向故紙堆去亂鑽，這是最可悲歎的現狀」。[47]錢穆毫無疑問的是一個「有志做學問的年輕人」走上了「鑽故紙堆」的老路。從「整理國故」的這個角度來看，錢穆並不抗拒這個潮流，而是投身其中，並做出了巨大的貢獻。但在整理的過程當中，兩人的用心是有不同的。

　　胡適所領導的整理國故，基本的信念是為學術而學術，他相信「發明一個字的古義」和「發現一顆恆星」有同等的意義。恆星至大，而古字至小，但純就知識的追求而言，不因其小大，而影響到它的價值和意義。[48]胡適的小說考證是為了提倡一種科學的治學方法。他在給錢玄同的一封信裡，就很明白地指出：整理國故不是「擠香水」，而是「還他一個本來面目」。[49]

　　1919年，胡適發表〈新思潮的意義〉，對「整理國故」下了一個簡單的定義：「整理就是從亂七八糟裡面尋出一個條理脈絡來；從無頭無腦裡面尋出一個前因後果來；從胡說謬解裡面尋出一個真意義來；從武斷迷信裡面尋出一個真價值來。」[50]這樣的用心和「發揚中國固有文化」是扯不上太多關係的。但錢穆一生之志業在「繼往聖之絕學」，這一點用心的不同，使兩人在整理國故上，分道揚鑣。各有各的方向，各有各的取捨。

　　1929年，錢穆初見胡適於蘇州省立中學。錢穆在他晚年回憶錄中對這次見面有很細緻的記錄，50年過去了，但見面當天的許多細節卻歷歷在目。胡適應蘇州女子師範之邀赴蘇州演講，次日赴錢穆執教之蘇州中學，錢穆「早在前排坐定」，後校長請他到臺上與胡適同坐。此時錢穆正在寫《先秦諸子繫年》，有兩本書找不到，唐突的

46　錢穆：《八十憶雙親、師友雜憶合刊》（臺北：東大圖書，1983），頁81。

47　胡適：〈治學的方法與材料〉，《胡適文存》，第3卷，頁121。

48　胡適：〈論國故學——答毛子水〉，《胡適文存》，第1卷，頁441。

49　此函收入《魯迅研究資料》，第9卷（北京：魯迅博物館，1982），頁85。

50　胡適：〈新思潮的意義〉，《胡適文存》，第1卷，頁735。

問了胡適，胡適一時答不上來，場面大概有些尷尬。這一天，聽講、陪席、同遊拙政園。臨行前，胡適從日記本上撕下一頁，寫了他在上海的地址告訴錢穆，「來上海，可到此相晤。」錢穆在回憶錄上記道，「余與適之初次識面，正式與余語者僅此。」[51]可見錢穆對這次會面並未引起胡適特別注意，是十分失望的。

別後，胡適並無信給錢穆，而錢在短時間之內，也未謀再晤。錢穆用了《戰國策／齊策》，「齊宣王見顏斶」的典故來說明這次會面。當然，錢穆是以顏斶自況，而以胡適比宣王了。這個典故寫士人顏斶與齊宣王的對話，爭論國君與士人誰尊誰卑的問題。顏斶公開聲稱「士貴耳，王者不貴」，充分反映了戰國時期士階層要求保有自身的尊嚴。顏斶拒絕齊宣王利祿的引誘而「返璞歸真」，表現了他不慕權勢、潔身自愛的傲骨。用這個典來說明錢穆自己和胡適的會面，實在不很恰當。胡並不代表當道，而錢也並未「返璞歸真」；既不反映兩人實際的身分，也不說明兩人日後的交往。唯一說明的是，錢在當時將胡視之為「王」——學界領袖——，而錢則自居於「士」，錢穆對這次會面的總結是：

> 此後余亦終不與適之相通問。余意適之既不似中國往古之大師碩望，亦不似西方近代之學者專家。世俗之名既大，世俗之事亦擾困之無窮，不願增其困擾者，則亦惟遠避為是。[52]

初會之後，錢對胡的印象實在不佳。

《錢穆全集》在《素書樓餘瀋》中，有錢穆致胡適函4通，據編者云，「疑作於民國21年」，亦即初會後之兩年，其中一函請胡為《先秦諸子繫年》寫序：「日昨來城拜謁，未得晤教，深以為悵……並世治諸子。精考核，非先生無以定吾書，倘蒙賜以一序，並為介紹於北平學術機關為之刊印，當不僅為穆一人之私幸也。」[53]顯然，錢穆想借胡適的大名，來為自己的新著背書，但胡適並沒有為《繫年》寫序。另一函云：「穆頃住西城，不日遷居北大附近，再來面候起居。」[54]這顯然不是他在回憶錄中所說的「遠避為是。」而是相當殷勤的設法接近胡適。

錢穆早年是很推重胡適的。成稿於1928年的《國學概論》，第10章專論《最近期之學術思想》，對胡適的《中國哲學史大綱》雖不無批評，但基本上是肯定其貢獻的：「胡氏《哲學史大綱》，介紹西洋新史學家之方法來治國故，其影響於學術前途者甚大……要之其書足以指示學者以一種明確新鮮之方法，則其功亦非細矣。」[55]錢穆對胡適的許多論點是不以為然的，如根據《詩經》論老子的時代背景等；但錢穆對

---

51 錢穆：《八十憶雙親、師友雜憶合刊》（臺北：三民書局，1983），頁127-128。

52 同上註，頁128。

53 錢穆：《素書樓餘瀋》，頁165。

54 同上註，頁166。

55 錢穆：《國學概論》（臺北：素書樓文教基金會，2001），頁322-323。

胡適所提倡的新的研究方法則三致其意，認為「實驗主義」是「自嚴復開始介紹西洋思想以來」唯一對國人有「切實影響」的外來學說，他進一步指出：

> 新文化運動之經過中，有功於社會者，皆能明瞭此實驗主義而不背焉者也。至於新文化運動中之一切流弊，正緣不能了解此實驗主義之真精神與確切應用其方法耳。[56]

胡適把實驗主義總結為「歷史的方法」和「實驗的方法」兩點。前者告訴我們，任何制度和學說都不是孤立的，都有一個歷史發展的過程；後者則指出「實驗是真理唯一的試金石」。[57]這種歷史的眼光，實事求是的態度，錢穆是贊成的，並給以高度的評價。但對胡適領導的「新文化運動」所帶來的變革是深不以為然的。換句話說，在錢穆看來，胡適的方法是可取的，但內容是錯誤的。

錢穆的名字出現在胡適著作中的次數屈指可數，胡適1930年10月28日日記對錢穆在《燕京學報》上發表的《劉向歆父子年譜》頗有好評：「錢譜為一大著作，見解與體例都好。」[58]1931年兩人討論孔老先後的問題，胡適有信給錢穆，對錢所主張老子晚於孔子，甚至晚於莊子的說法提出質疑：「去年讀先生的〈向歆父子年譜〉，十分佩服。今年在《燕京學報》第七期上讀先生的舊作〈關於老子成書年代的一種考察〉，我覺得遠不如〈向歆譜〉的嚴謹。其中根本立場甚難成立。」[59]雖然兩人在孔老先後問題上的觀點頗有出入，但錢穆能去北大教書，胡適是關鍵。

從1931年3月18日顧頡剛寫給胡適的一封信中可以看出，錢穆之所以能進北大執教，實出顧頡剛與胡適的推薦：

> 聞孟真有意請錢賓四先生入北大，想出先生吹噓。我已問過賓四，他也願意。我想，他到北大，則我即可不來，因我所能教之功課他無不能教也，且他為學比我篤實，我們雖方向有些不同，但我頗尊重他，希望他常對我補偏救弊。故北大如請他，則較請我為好，以我有流弊而他無流弊也。[60]

從這段話也可以看出：老子年代的問題，胡錢兩人雖意見不同，但胡適並沒有因此排擠錢穆，還在當時北大歷史系主任傅斯年面前為錢「吹噓」。

1934年，胡適發表〈說儒〉長文，這是他繼《中國哲學史大綱卷上》之後的力作。此文對「儒」的來源演變賦予了新的解釋，歸結於老子並不晚於孔子。也可以視

---

56 同上註，頁336。

57 胡適：〈杜威先生與中國〉，《胡適文存》，第1卷，頁381。

58 《胡適日記全集》（臺北：聯經，2004），第6冊，頁351。

59 胡適：〈與錢穆先生論老子問題書〉，《胡適文存》，第4卷，頁128。

60 顧頡剛：〈致胡適〉，《顧頡剛全集》，第39冊，頁473。

之為孔老先後問題的擴大與衍生。胡適自己是很看重這篇文章的，在〈1934年的回憶〉中，他相當自信的說道：「這篇〈說儒〉的理論大概是可以成立的，這些理論的成立可以使中國古史研究起一個革命。」[61]

1942年，胡適發表〈說儒〉之後8年，錢穆在成都《學思雜誌》第1卷第1期，發表〈駁胡適之說儒〉，分5點批駁胡適之立論，總結為：「其說之無稽，稍具常識，皆可辨之。粗列五事，聊發其緒。其他游辭曲說，本之而引申者，可不煩再及也。」[62]在胡適自認是一篇「革命性」的大文章，竟被錢穆評為「胡說」了！

從1928年錢穆在《國學概論》中對胡適的推崇，到1942年對〈說儒〉的嚴厲批駁，在十幾年的過程中，錢穆對胡適的評價真是「越每況愈下」了。而胡適對錢穆的印象也隨著錢穆在抗戰期間，發表討論時事的文章，而感到「道不同不相為謀」了。1943年10月12日胡適日記說到張其昀，錢穆，馮友蘭在《思想與時代》雜誌上發表的文字，認為「他們的見解多帶反動意味，保守的趨勢甚明，而擁護集權的態度亦頗明顯。」[63]這種保守的態度才是胡錢兩人漸行漸遠的根本原因。

對日抗戰期間，錢穆隨北大遷往後方，曾在昆明、成都發表了多篇討論時事的文章。其中有部分收入《文化與教育》一書，在書序中，錢穆對這一時期發表時論的心境有如下的表白：「國難以來，逃死後方，遂稍稍破此（不談時事之）戒。譬如候蟲之鳴，感於氣變，不能自己。」[64]換句話說，從寫學術文章到寫時事評論，其中有一定的不得已。眼看國難日殷，作為一個讀書人，已不能自外於國且將亡的威脅，起而發憤，一抒己見。在這樣強烈「救亡」的使命感下，寫出來的文字，民族主義的情緒是比較強烈的。胡適在日記中所提到「多帶反動意味」，有一部分當即指此。1935年，胡適發表〈個人自由與社會進步〉，說到「民族主義有三個方面：最淺的是排外，其次是擁護本國固有文化，最高又最艱難的是努力建立一個民族的國家。」[65]在胡適看來，錢穆的民族主義，突出的表現在「排外」和「擁護固有文化」這兩點上。

1941年，錢穆發表〈中國文化與中國青年〉一文，仿梁漱溟在《東西文化及其哲學》中的分類，將世界文化分為三大類：「大抵中國主孝，歐西主愛，印度主慈」。[66]並將中國傳統孝道與西方男女戀愛相提並論：「中國相傳『二十四孝』以及『百孝』之故事，即抵一部西洋浪漫戀愛小說之彙編，此亦中國文化之柱石。」[67]在結論中，錢穆認為中國青年自五四以來，追求「平等」、「自由」、「獨立」、「奮鬥」、「戀愛」、「權利」這些價值，是走錯了方向，誤入了歧途。他引《論語》

[61] 《胡適日記全集》，第7冊，頁155。
[62] 錢穆：《中國學術思想史論叢》，第2冊，頁302。有關出版時間，參看韓復智編：《錢穆先生學術年譜》，第2卷（臺北：五南出版社，2005），頁1481。
[63] 《胡適日記全集》，第8冊，頁179。
[64] 錢穆：〈序〉，《文化與教育》，頁1。
[65] 胡適：〈個人自由與社會進步〉，《獨立評論》1935年150號，頁4-5。
[66] 錢穆：〈中國文化與中國青年〉，《文化與教育》（北京：九州出版社，2011），頁3。
[67] 同上註，頁3-4。

「弟子入則孝，出則弟，謹而信，汎愛眾，而親仁。」及子夏曰：「賢賢易色，事父母能竭其力，事君能致其身。與朋友交，言而有信。」兩章，作為做人處事最高的原則。他極為懇切的指出：

> 孔子，青年之楷模；《論語》，青年之寶典。此吾先民精血之所貫注，吾國家民族文化之所託命。迷途之羔羊，吾謹潔香花美草薦以盼其返矣。[68]

錢穆如此苦心孤詣，竭其赤誠的呼喚，到底能換回幾許「迷途之羔羊」？這樣的態度真應了余英時先生「招魂」二字。胡適早在1929年6月16日的日記中已明白的表示：「國家保守主義者似總不免帶點為中國固有文化辯護的氣味，此是我最不贊成的。」[69]胡適對這一點很堅持，而且愈老彌篤。然而，從錢穆的角度來說，胡適在新文化運動中對舊傳統的批判也正是錢穆「最不贊成的」。這是胡錢兩人意見分歧最不易協調的所在。

在新文化運動中，第一個受到批判的中國傳統就是孝道，孝道被視為所有綱常禮教的基礎，也是限制個人發展和自由最嚴酷的桎梏，並與家族制度，互為表裡。1916年，陳獨秀在《新青年》第2卷第4號上發表〈孔子之道與現代生活〉，在第5號上接著發表〈再論孔教問題〉，提出：「孔門修身倫理學說是否可與共和立憲政體相容？儒家禮教是否可以施行於今世國民之日用生活？」[70]他的回答當然是否定的。

陳獨秀提出這個問題之後，1918年，胡適發表著名的新詩〈我的兒子〉，歸結為「我要你做一個堂堂的人，不要你做我的孝順兒子。」[71]同年，母喪之後，又發表〈我對喪禮的改革〉，對孝道，對古代的喪禮，提出了許多質疑，去掉了種種虛而不實的繁文縟節。[72]

胡適的詩和文引出了魯迅1919年發表的〈我們現在怎樣做父親〉，除了呼應胡適父母養育孩子並非恩典，而是責任這一觀點之外，並對飲食男女，人之大欲，提出了合情合理的科學詮釋。[73]

被這許多五四大家指為「吃人禮教」最核心的孝道，1941年，在錢穆的筆下竟然是中國文化青春氣息之所自來。胡繩在1944年，寫了一篇〈評錢穆著《文化與教育》〉，對錢在此時大力提倡孝道，回向《論語》，說錢的目的無非是：「要青年們不要去爭什麼自由平等，求什麼獨立奮鬥，只要安安分分地回家去孝順父母，服侍長上，就是你們的最好的去處了！」[74]這幾句話並沒有過分歪曲錢穆的本意。這也

68　同上註，頁9。
69　《胡適日記全集》，第5冊，頁639。
70　陳獨秀：〈再論孔教問題〉，《新青年》1917年第2卷第5號，頁2。
71　胡適：〈我的兒子〉，《嘗試集》（臺北：胡適紀念館，1971），頁178-179。
72　胡適：〈我對於喪禮的改革〉，《胡適文存》，第1卷，頁709-723。
73　魯迅：〈我們現在怎樣做父親〉，《魯迅全集》，第1卷（北京：人民出版社，1981），頁131。
74　胡繩：〈評錢穆：《文化與教育》〉，《胡繩文集1935-1948》（重慶：重慶出版社，1990），頁196。

就難怪聞一多在〈關於儒‧道‧土匪〉一文中，將錢穆歸屬於「最冥頑的諱疾忌醫派」。[75]當然，「最冥頑不靈」的另一層意義則是「雖千萬人之以為非，無礙於我一人之以為獨是」，這又何嘗不是孟子所說，「雖千萬人吾往矣」的堅毅勇邁呢！

1941年，錢穆在重慶講〈革命教育與國史教育〉，他引蔣介石在〈革命的教育〉中的話：「我們今後教育的目的，要造就實實在在能承擔建設國家，復興民族責任的人才。而此項人才，簡單說一句，先要造就他們成為一個真正的中國人。」錢穆認為「這是一個萬分痛切的教訓」，至於「做一個真正的中國人」，錢穆提出的「唯一的起碼條件」是：

> 他應該誠心愛護中國。所謂誠心愛護，卻不是空空洞洞的愛，他應該對中國國家民族的傳統精神、傳統文化有所認識了解。譬如愛父母的兒子，他必先對其父母認識了解一般。[76]

在錢穆看來，「國史教育」是「革命教育」的基礎，革命教育是「新的改進」，而國史教育則是「舊的了解」。「新的改進」必須在「舊的了解」的基礎上才能進行。換句話說，這樣的「國史教育」是為了造就愛祖國如愛父母一般的「真正的中國人」。錢穆是以此自任的。

胡適在五四前後，一再的鼓勵年輕人，要把自己鑄造成一塊材料，鑄造成才的過程就是報效國家社會的實踐。[77]究竟什麼樣的品質，在胡適看來，是一塊上好的材料呢？他在〈介紹我自己的思想〉一文中，明確的說道：「被孔丘、朱熹牽著鼻子走，固然不算高明；被馬克思、列寧、史達林牽著鼻子走，也算不得好漢。」他要的是個「不受人惑的人」，[78]也就是能獨立思考，獨立判斷的人。這樣的一個人和錢穆所說「真正的中國人」是有不同著重的。

五四這一代的中國知識分子，幾乎沒有不愛國的，無論是提倡世界語，把線裝書丟進茅廁的吳稚暉；還是創辦《新青年》，請來「德先生」、「賽先生」的陳獨秀；主張廢滅漢字的錢玄同；提出「禮教吃人」，「漢字不滅，中國必亡」的魯迅；對「打倒孔家店」，「全盤西化」表示同情的胡適。無一不是為啟蒙救亡，提出了各自的看法和主張。這批激進的新文化運動的領導者，他們往往用極端國際主義的手段來達到一個民族救亡的目的。就「救亡」這一點而言，他們和主張中國文化本位的學者如錢穆並沒有本質上的不同。但對「愛國」這一觀念的解釋，卻有相當的出入。在錢穆看來，國家之於人民，猶父母之於子女，在他腦際不時閃現的還是「以孝治天

---

75 聞一多：〈關於儒‧道‧土匪〉，《聞一多全集》，第3冊（北京：生活‧讀書‧新知三聯出版社，1982），頁469。

76 錢穆：〈革命教育與國史教育〉，《文化與教育》，頁253。

77 胡適：〈易卜生主義〉，《胡適文存》，第1卷，頁643。

78 胡適：〈介紹我自己的思想〉，《胡適文存》，第4卷，頁623-662。

下」，「愛民如子」之類的傳統觀念，[79]因此，愛國家，就如愛父母。這種愛，有一部分是「自然」的，有一部分，則來自倫理，是不容懷疑，也不容反抗的。懷疑和反抗的本身，就帶有一定的「不道德」。

「愛國」這一觀念，在胡適的著作中討論的尤其多，從他少年時期在《敬業旬報》上「愛國」就是他關懷的主題之一，[80]出國之後，在他的留學日記中，對愛國更有許多理性的反思，對一次大戰期間，流行於歐洲的愛國論，「我的祖國，但願它永遠是對的，但無論對錯，都是我的祖國」（My country—may it ever be right, but right or wrong, my country.）[81]更有深刻的反省，而歸結於，感性狹隘的民族主義並非愛國。1918年，胡適發表《易卜生主義》，對個人、婚姻、家庭、國家、道德，都藉著易卜生的戲劇進行了深刻的反思。幾千年來，被無數中國人視為天經地義的禮教倫常，受到了空前的挑戰。如子女之孝敬父母並不是無條件的，一個有梅毒的父親生下一個有先天梅毒的孩子，這個孩子還應該孝敬這個父親嗎？一個狂嫖濫賭的丈夫，還值得妻子的尊敬嗎？[82]胡適要中國人從千年的禮教中解放出來，而「孝道」正是千年禮教中限制個人發展最大的制約。這樣的主張和錢穆到了抗戰時期還宣揚「事父母能竭其力，事君能致其身」的忠孝觀念，其相去為何如也。這也就難怪兩人少有共同的語言了。

三、錢穆：周邊邊緣的悲憤

除了1931年，胡錢兩人討論《老子》成書年代，及收入《古史辨》第5冊中討論《周官》的信以外，[83]錢穆的名字在胡適著作中大多只是零星的提及。和同時代的學者如傅斯年、顧頡剛等相比，錢穆顯然不是胡適「圈內」的人，而是屬於周邊或邊緣。這種周邊和邊緣之感相伴錢穆一生，他始終覺得受到「主流」學術的排擠。1949年之後，他之所以滯留港島，未立即遷臺，這與他感到受排擠不無關係。1959在一封致余協中的信中，提到：「臺北方面學術門戶之見太狹，總把弟當作化外人看待，而且還存有敵意。」[84]「臺北方面」主要是指1949年之後傅斯年出長臺灣大學，1958年，胡適任中央研究院院長。這種被排擠的感覺並沒有因胡適在1962年逝世之後而稍覺緩和。1964年，錢穆在給蕭政之的一封信中寫道：

---

79 參看胡繩：〈評錢穆「文化與教育」〉，《胡繩文集》（重慶：新華出版社，1990），頁186-207。

80 參看周質平：〈國界與是非——胡適早期思想中的愛國〉，《光焰不熄——胡適思想與現代中國》，頁341-353。

81 《胡適留學日記》，第1冊（臺北：臺灣商務印書館，1973），頁232-233。

82 參看胡適：〈易卜生主義〉，《胡適文存》，第1卷，頁629-647。

83 胡適：〈論秦時及周官書〉，《古史辨》，第5冊（臺北：藍燈出版社，1993），頁636-638。

84 錢穆：〈致余協中書〉，《素書樓餘瀋》，頁176。

穆流亡在此，衷心何嘗不一日關心國家民族之前途，苟無此心，亦何苦在此艱難奮鬥。至於在臺久居，在穆豈無此心，然臺灣學術界情形，吾弟甯豈不知？門戶深固，投身匪易，而晚近風氣尤堪痛心，穆縱遠避，而謾罵輕識之辭尚時時流布，穆惟有置之不聞不問而止。[85]

年近70，依舊流亡港島，大陸回不去，臺灣不歡迎，多少有點「去日苦多」，「無枝可依」的徬徨。1967年，蔣介石特命陽明山管理局，在外雙溪覓地建洋樓一所，即今之「素書樓」，供作錢穆終老之所。[86]年過70的錢穆對蔣是心懷感激的。

1968年，胡適死後6年，錢穆才獲選為中央研究院院士，這是連譏貶錢穆不遺餘力的李敖都覺得「不公道」的，他在《我最難忘的一位學者——為錢穆定位》一文中說道：「在胡適有生之年，在錢穆74歲以前，他未能成為中央研究院院士，我始終認為對錢穆不公道。」[87]這話是公允的。

錢穆當選中央研究院院士，其中還有一段曲折，不為一般人所知。與錢穆有50年師友之誼的史學家嚴耕望，1990年，發表了〈錢賓四先生與我〉，披露了這段鮮為人知的往事。嚴耕望對1948年4月第一次院士選舉，錢穆竟未能列名其間，感到極為不當，他說：「論學養成績與名氣，（錢穆）先生必當預其列，但選出院士81人，竟無先生名。中研院代表全國學術界，此項舉措顯然失當。所以當時有『諸子皆出王官』之譏」。[88]

1958年，嚴耕望寫了一封長信給胡適，希望胡任院長之後，能一掃中研院的門戶之見，相容並包，他在回憶中，是這麼說的：「我此番心意不是為錢先生爭取此項無用的榮銜，因為（錢）先生學術地位，中外聲譽早已大著，獨樹一幟，愈孤立，愈顯光榮。但就研究院而言，尤其就胡先生而言，不能不有此一舉，以顯示胡先生領袖群倫的形象。」換句話說，嚴耕望寫這封信，與其說是為了錢穆，不如說是為了中研院和胡適。錢穆一天不成為院士，中研院就難逃門戶成見之譏。胡適對嚴的建議，「深表同意」，聯繫幾位「年長院士籌劃提名」，但結果因為「幾位有力人士門戶之見仍深」，提名失敗。1959，嚴從美國返回臺灣，胡適有意跟嚴說明經過，但欲言又止，顯然有難言處。[89]

這個「難言處」和阻撓錢穆提名的「有力人士」，在余英時先生1991年悼念他老師楊聯陞的文章〈中國文化的海外媒介〉中呼之欲出：「當時（1960年前後）臺北學術界主流對錢先生和新亞書院確有一種牢不可破的成見，李濟之先生不過表現得更為

---

85 錢穆：〈致蕭政之書〉，《素書樓餘瀋》，頁251。
86 錢穆：《八十憶雙親、師友雜憶合刊》，頁317-318。
87 李敖：〈我最難忘的一位學者——為錢穆定位〉，《李敖大全集》，第20冊（臺北：榮泉出版社，1995），頁105。
88 嚴耕望：〈錢賓四先生與我〉，《治史三書》（北京：世紀出版社，2011），頁259。
89 同上註，頁259-260。

露骨而已。」余先生在此處特別加一註：「據說當時中央研究院的領導層中，還是胡適之先生的成見最淺。」[90]這一註，看似不經意，實則饒富深意，余先生有意的要為胡適洗刷一下長久以來排擠錢穆的名聲。嚴耕望的回憶就是最好的證明。

1967年，中研院又計畫提名錢穆為院士，但為錢穆所拒。他對嚴耕望說：「民國37年第一次選舉院士，當選者多到80餘人，我難道不該預其數？」[91]19年過去了，舊話重提，錢穆依舊感到憤憤不平！

1968年，錢穆終於當選了中研院的院士，但在選舉之前，錢穆也曾拒絕提名，時任中研院院長的王世傑1968年4月18日的日記為我們留下了記錄：「錢穆來信，欲辭院士候選人。余決定覆函勸其勿辭。並將告以依法產生之選舉結果，余無法變更。」[92]同年7月28日日記載錢穆獲選為「人文社會」組院士。[93]拒絕提名是對20年來中央研究院不公正處理的抗議。

1969年，錢穆已74歲，他在寫給余英時的信中還不無「悵惘」的說道：「穆所著書，一向只寄望於身後，不敢遽希諸當前。至今國內學術界始終以白眼視之為怪物，盡力欲冷藏之於舉世不聞不問之化外。」[94]這已經不止是「悵惘」，而是有些悲憤了！

錢穆終其一生感到是「化外」，被「排擠」不是沒有原因的。1938年，傅斯年發表《歷史語言研究所工作之旨趣》，明確的指出：「把些傳統的或自造的『仁義禮智』和其他主觀，同歷史學和語言學混在一氣的人，絕對不是我們的同志！」[95]這句話裡是有錢穆的影子的。錢穆晚年寫《師友雜憶》，特別提到傅斯年對他的酷評，傅自稱「不讀錢某書文一字。」而錢穆對西方歐美的知識，「盡從讀《東方雜誌》得來。」[96]寥寥數語，已可看出傅斯年對錢穆成見之深。

1986年，著名語言學家李方桂在口述回憶中，說明何以錢穆一直到1968年，才獲選為中央研究院院士。錢穆的研究取向和史語所的工作旨趣有什麼根本的不同，他說：

> 他（錢穆）搞的歷史研究與我們不同，我們或多或少是根據史實搞歷史研究……他搞的是哲學，他是從哲學觀點來談論歷史，因而跟我們搞的大不相同。[97]

---

90 余英時：〈中國文化的海外媒介〉，《猶記風吹水上鱗》（臺北：三民書局，1991），頁195。

91 嚴耕望：《錢賓四先生與我》，收入《治史三書》，頁260。

92 王世傑：《王世傑日記（手稿本）》，第8冊（臺北：中央研究院），頁22。

93 同上註，頁45。

94 錢穆：〈致余英時〉，《素書樓餘瀋》，頁377。

95 傅斯年：〈歷史語言研究所工作之旨趣〉，《傅斯年全集》，第4冊（臺北：聯經出版事業公司，1980），頁266。

96 錢穆：《八十憶雙親、師友雜憶合刊》（臺北：東大圖書，1983），頁202。

97 李方桂：《李方桂先生口述史》，《李方桂全集》，第13卷（北京：清華大學出版社，2008），頁62。

李方桂雖然是個語言學家，但卻尖銳地指出了錢穆和史語所在「工作旨趣」上的根本不同。當然，錢穆絕不會同意李的分析，說錢的歷史研究不是根據「史實」，而是從「哲學觀點來談論歷史」，但李的這段話至少反映了當時部分院士對錢的態度。

四、胡適思想是共產主義的死敵？還是先驅？

錢穆認為：由胡適所領導的新文化運動，破壞有餘，而建設不足。「反孔」、「非孝」這些聳動一時的口號，雖不直接由胡適提出，但他的言論助長了激進求變的社會風尚，終至共產主義風起雲湧，一發而不可收拾。胡適是將孫中山所領導的政治革命，轉變為文化革命的關鍵人物，這一轉變，在錢穆看來，毋寧是個災難。[98]

他對胡適在這一轉變中所扮演的角色是這樣描述的：

> 今不務好學深思，徒曰「但開風氣不為師」，則譁眾取寵，受其害者，厥為一代之青年，而國運乃亦隨之以俱頹。[99]

錢穆在這段話裡，雖未指名道姓，但熟悉胡適著作的人都知道「但開風氣不為師」是1925年，胡適借用龔自珍的詩句，題在他和章士釗的合照上。[100]毫無疑問的，胡適是「國運隨之以俱頹」的罪魁禍首。接著，錢穆更明確的指出了新文化運動帶來了共產主義的氾濫：

> 新文化運動之後，繼之有共產主義之猖獗。共產主義得在中國生根發脈，不得不謂其先起之新文化運動有以啟其機。此即從陳獨秀一人之先後轉變，可以作證。[101]

在錢穆看來，「共產主義之潛滋暗長」是現代中國真正的「心腹之患」，其為禍之烈，有甚於軍閥割據和日本之侵略。[102]錢穆將「國運之頹」，歸罪於共產黨之氾濫，而共產黨之所以披靡一時，又肇因於新文化運動，胡適既為新文化運動之領袖，因此也就成了共產黨的前驅。這個論調，早在1935年，時任湖南省政府主席兼追剿軍總司令何鍵的電文中就已出現過：「自胡適之宣導所謂新文化運動，提出打倒孔家店

---

98 錢穆：〈蔣公與中國文化〉，《中國學術思想史論叢》，第10冊（北京：九州出版社，2011），頁70。
99 同上註，頁71。
100 胡適：〈題章士釗胡適合照〉，《胡適之先生詩歌手跡》（臺北：臺灣商務印書館，1964），頁112。
101 錢穆：〈蔣公與中國文化〉，《中國學術思想史論叢》，第10冊，頁71-72。
102 同上註，頁72。

口號，煽惑無知青年，而共產黨乘之，毀綱滅紀，率獸食人，民族美德，始掃地蕩盡」[103]1958年署名李煥燊毀謗性的小冊子《胡適與國運》[104]也持此說，1964年，徐子明在臺北出版的《胡禍叢談》，也是以〈中共的前驅〉為其首章。[105]錢穆1975年提出這一看法，已算不上「新論」，而是「舊說」了。

將一朝一代的興亡，聯繫到少數知識人的思想或文風，是中國文人的慣技，從魏晉的「清談誤國」到上世紀30年代的「小品誤國」「幽默誤國」，都是耳熟能詳的老話題。這種說法，其實都過分誇大了手無寸鐵知識人的歷史影響。將「國運之頹」「共產主義之猖狂」，「歸罪」也好，「歸功」也好，於胡適之影響。都不免是未經「小心求證」的「大膽假設」。

1976年，余英時先生在《歷史與思想》的〈自序〉中，也注意到了這個問題：「中國人以往評論歷史，常在有意無意之間過高地估計了思想的作用，特別是在追究禍亂的責任的時候。」接著，他說道：

> 把共產主義在中國的得勢，溯源至「五四」前後的新文化運動，依然是一個相當普遍的看法。這個傳統的觀點並非毫無根據，但是在運用時如果不加分析，那就不免要使思想觀念所承擔的歷史責任遠超過它們的實際效能。[106]

逐段話雖不是針對錢穆而發，但余先生的分析卻正中錢穆議論的痛處。

如錢穆的說法不誤，1949年之後，共產黨應該視胡適為「功臣」。然而，1954年，由共產黨一手策劃，為時數年的「胡適思想批判」，視胡適為「馬克思主義的死敵」、「馬克思主義者在戰線上最主要、最狡猾的敵人」、「企圖從根本上拆毀馬克思主義的基礎」。[107]

錢穆將新文化運動看作共產黨進入中國的契機，而胡適思想又起了推波助瀾的作用，這是他對中國近百年歷史的闡釋，無礙其為一家之言。但讓我不能已於言的是，錢穆不可能不知道，五十年代中國大陸對胡適思想大規模的批判。在這段歷史中，錢穆不但是見證者也是後死者，在評價胡適時，竟能一字不提。如此書寫歷史是有欠公允，也不夠全面的。

錢穆將孫中山所領導的辛亥革命和新文化運動視為前後呼應的政治革命和文化革命，這是極有見地的。胡適也是以思想改革的領袖人物自任的。但錢穆把繼辛亥革命而起的新文化運動看成是引進共產黨的前驅，也是近代中國災難的開始。這就有見仁

---

103 轉引自胡適：〈何鍵的佳電〉，《獨立評論》1935年149號，頁19。
104 李煥燊：《胡適與國運》（臺北：集成出版社，1958）。
105 徐子明講述，徐棄疾編錄：《胡禍叢談》（臺北：民主出版社，1964），頁1-11。
106 余英時：〈自序〉，《歷史與思想》（臺北：聯經，2014，新版），頁viii。
107 參看胡適：〈四十年來中國文藝復興運動留下的抗暴消毒力量——中國共產黨清算胡適思想的歷史意義〉，《胡適手稿》，第9卷（臺北：胡適紀念館，1970），頁492-493。

26　重訪錢穆（下冊）

見智的不同了。

1926年10月11日，胡適從倫敦的中國使館寫了一封長信給他的老師杜威（John Dewey），對他自己在這段期間所經歷的思想改變有很深刻的分析。基本上，胡適也有意的要把孫中山所領導的政治革命轉化為思想革命。他總結了自己在大不列顛愛爾蘭中國留學生總會（The Central Union of Chinese Students in Great Britain & Ireland）上的演講：

> In my speech I pointed out that the Revolution of 1911 had been a failure, because there was no real revolution in the ideas and beliefs of people. I pointed out that the tragedy of China was that China never came to a real understanding and appreciation of the modern world and its civilization. I spoke emphatically of the necessity of a new revolution in the direction of a genuine acceptance of the modern civilization:「We must rationalize our beliefs and ideas; we must humanize and socialize our institutions,」etc.
> 在演講中，我指出1911年的革命是失敗的，因為人們在思想上和信念上並沒有真的革命。中國的悲劇是對現代世界和文明缺乏真正的了解和欣賞。我強有力的說明真心誠意的接受現代文明的必要：「我們必須理性化我們的信念和思想，人性化和社會化我們的制度。」[108]

胡適的這番話，基本上是他1926年〈我們對於西洋近代文明的態度〉[109]的英文摘要，他把中國人不能了解和欣賞現代文明視為「悲劇」，則是一個新的提法。從錢穆的角度來看，中國人不能維護中國固有的文化和制度，「全盤西化」才是「悲劇」之所自來。

1941年12月15日出版的美國《生活》雜誌，刊登了一篇由恩斯特・郝實Ernest O. Hauser所寫題為〈胡適大使〉（Ambassador Hu Shih）的文章，副題是〈中國當前最偉大的學者在與日本鬥智的戰場上贏得勝利〉（China's Greatest Scholar Fights a Winning Battle of Wits Against Japan）。在文中，作者郝實對中華民國的成立，提出了一個饒富深意的看法：「孫中山是民主中國的創建者，胡適，在相當的程度上，賦予了這個新生的中國以學術上和語文上的新意義。」（Sun Yat-sen was the political creator of democratic China. Hu Shih, to a considerable extent, supplied both its intellectual basis and the linguistic means whereby it came to be aware of its own existence.）[110]將孫中山與胡適相提並論，並視為中華民國成立之初，在政治

---

[108] *The Correspondence of John Dewey*, Vol. 2; 1919-1939. First edition, June 2001. The Center for Dewey Studies, Southern Illinois University at Carbondale. 只有電子檔，無頁碼。

[109] 胡適：《我們對於近代西洋文明的態度》，收入《胡適文存》，第3卷，頁1-15。

[110] Ernest O. Hauser, "Ambassador Hu Shih- China's Greatest Scholar Fights a Winning Battle of Wits

上和文化上的兩個關鍵人物，真是獨具隻眼。辛亥革命推翻了滿清，建立了民國，但就語文、知識、和文化上而言，這個「民國，」在胡適出現之前，並沒有多少新內容。試想將「白話文」、「批判舊傳統」、「整理國故」、「小說考證」、「問題與主義」、「科學與玄學」的論爭，以至於「喪禮改革」、「婦女解放」等等這些以胡適為中心的改革運動，從「民國」抽離，至少，文化史上的「民國」，幾乎就成了一個徒具虛名的空殼子了。換句話說，辛亥革命若不能繼之以新文化運動，孫中山所創建的民國將少了許多新意和光彩；而胡適所領導的新文化運動若沒有辛亥革命成功在前，其收效和影響也絕不至如日後之神速與深遠。孫中山和胡適一主政治，一主文化，前後呼應，相輔相成。至於這樣的歷史發展是禍是福，關鍵人物是首功，還是罪魁，就端看由誰來解釋了。

如用錢穆的歷史法則繼續推衍，新文化運動引進了共產主義，帶來了1949年的革命，而這個革命又為1966-76的「文化大革命」埋下了種子。這10年是連共產黨都不能不承認的人間「浩劫」，這就真的坐實了顧炎武「亡天下」的指控，也就是曾國藩所謂的「舉中國數千年禮儀人倫，詩書典則，一旦掃地蕩盡」危及到中華民族文化的繼絕了。從這個角度來看錢穆的反共，不能不佩服他的殷憂與遠見。當然，歷史發展的原因是極其複雜的，將其「歸功」或「歸罪」於任何一個個人都不免把複雜的歷史發展簡單化了。

五、錢穆對胡適的晚年定論

1983年，胡適死後21年。時年89歲的錢穆寫《現代中國學術論衡》序，對胡適一生的功過有比較全面的評價，可以視為他對胡適的晚年定論。在20世紀初期的學者中，他將胡適與梁啟超，王國維相提並論，承認胡適「後來居上」：

> 胡適之早年遊學美國，歸而任教於北京大學，時任公，靜安亦同在北平。適之以後生晚學，新歸國，即克與任公、靜安鼎足並峙。抑且其名乃漸超任公、靜安而上之。……故三人中，適之乃獨為一時想望所歸。[111]

除了承認胡適聲名鵲起，與梁啟超、王國維齊名之外，通篇評論有貶無褒，相當苛刻。說胡適「逕依西學講國故」[112]其取徑不同於梁、王二家。至於提倡白話文，更是以「不學」譏之：「適之又提倡新文學白話文，可以脫離舊學大傳統，不經勤學，

Against Japan," *Life*, Vol. 11, No. 24（December 15, 1941），p. 124.
[111] 錢穆：〈序〉，《現代中國學術論衡》（北京：九州出版社，2011），頁2。
[112] 同上註，頁3。

即成專家。誰不願踴躍以赴。」[113]用這樣近乎輕佻的字眼來譏評胡適所領導的劃時代的白話文運動，是不夠誠懇也有失莊重的。白話文之所以能在短時間之內風行全國，在錢穆看來，其原因無非是「不經勤學，即成專家」。博學如錢穆，竟說出如此有違常理的論斷，是讓人吃驚的。難道他忘了，在當時支持白話文的學者中，有不少是「舊學邃密，新知深沉」的一時俊彥，如蔡元培、陳獨秀、錢玄同、魯迅、周作人兄弟等，這些跟著胡適，鼓吹白話文的，當不能以「淺學」圖捷徑目之。

錢穆的這一番話正足以顯示在他內心深處對白話文有種強烈的「情緒」。這種情緒可以用「迎之不願，拒之不能」八個字概括之。他一生寫作，基本上是淺近的文言，偶爾也寫白話，但白話絕非其「正格」。1921年左右，他還用白話寫過「白話歷史教科書」，此稿雖未正式發表，但收入了《素書樓餘瀋》。他對由胡適發起的白話詩，印象並不很好。在晚年的回憶錄中有如下幾句：「民初以來，爭務為白話新詩，然多乏詩味。又其白話必慕效西化，亦非真白話。」[114]這個評論是中肯的。

想必是受了胡適《嘗試集》的影響，錢穆自己在1922-1923任教集美中學時，也曾寫過不少白話詩，第一首是「愛」，頗近「豔體」。我且引頭4句：「好美的月！／我怎一個人睡了？／我永不再上床了，／除非他和我一處。……」[115]這樣的詩，正應了他自己「多乏詩味」的批評。

1978年，錢穆寫《師友雜憶》序，還不忘譏貶一下白話文：「若以白話文寫出，則更恐浪費紙張，浪費讀者之光陰。」[116]這幾句話寫在胡適發表〈文學改良芻議〉61年之後，「文言文」早經正名為「古代漢語」的20世紀70年代末。在錢穆看來，寫白話不但「浪費紙張」，而且「浪費讀者時間」。白話文簡直一無是處了。我所謂「拒之不能」，倒不是批評他用白話寫文章，而是在他的文章中，文言時有窮時，不得不插入白話的有趣現象。姑舉一例，1912年，錢穆18歲，在三兼小學任課，曾有一次，為鬼魅戲弄的奇特經驗，他在《師友雜憶》中是這麼記錄的：

> 某夕深夜，余欲起床小解，開亮電燈，忽見床前地上兩鞋，只剩一隻。明是關著寢室門才上床，望寢室門依然關著，但床前那隻鞋卻不翼而飛，不見了。[117]

在這段短短的敘述中，錢穆兩用「關著」來表示「進行式」，並以「不見了」結尾。這兩個意思，用文言表達不易，錢穆只好用白話了。我之所以舉這個例子，是要說明，白話文運動之所以成功，絕不是簡單的「不經勤學，即成專家」，而是胡適看到了20世紀初期中國社會的大變動，勢必帶來語文上的變革。行之數千年的文言文已

---

[113] 同上註。
[114] 錢穆：《八十憶雙親、師友雜憶合刊》，頁35。
[115] 錢穆：《素書樓餘瀋》，頁403-404。
[116] 錢穆：〈師友雜憶序〉，《八十憶雙親、師友雜憶》，頁30。
[117] 同上註，頁67。

不能有效的反映這個新時代，新詞彙的大量出現，使文言文面臨前所未有的挑戰，中國語文有趨向一致的必要，並在1917年登高一呼，這是他的特識，也是他為中國現代化做出千古的貢獻。錢穆不能在這一點上說兩句公道話，而只能出之以輕佻的譏貶，是令人吃驚，也是令人失望的。

　　錢穆雖然基本上寫文言，但對胡適的文體，還是比較欣賞的，在1960年給余英時的一封信中是如此評價胡適文字的：「胡適之文本極清朗，又精勁有力，亦無蕪詞，只多尖刻處，則是其病。」[118]說胡適文字「尖刻」的，錢穆並非第一人。1923年，胡適發表〈讀梁漱溟先生的東西文化及其哲學〉，梁讀後有信給胡，說道：「尊文間或語近刻薄，頗失雅度；原無嫌怨，曷為如此？」[119]胡在答書中承認自己行文，確實偶有「刻薄」處：「適作文往往喜歡在極莊重的題目上說一兩句滑稽話，有時不覺流為輕薄，有時流為刻薄。」他同時指出，自己「頗近於玩世」，而梁則「凡事認真」。「玩世的態度固可以流入刻薄；而認真太過，武斷太過，亦往往可以流入刻薄。」[120]把這幾句話移用在錢穆的身上，未必不合適。大體來說，錢穆的「道貌」比胡適深，時時表現出「繼往聖之絕學」的嚴肅，缺乏一點詼諧幽默。在錢穆的全集裡是找不到胡適〈孫行者與張君勱〉[121]這樣出語幽默，而其意甚莊的文字。

　　《現代中國學術論衡》對胡適評價著墨最多的是新文化運動，也是最不公允，偏見最深的一部分，我逐段引在下面，再做分析說明。首論胡適對中國舊學的態度：

> 適之提倡新文化運動，其意不在提倡專門，凡中國舊學，逐一加以批評，無一人一書足茲敬佩。亦曾提倡崔東壁，然亦僅撰文半篇，未遑詳闡。[122]

　　任何一個對胡適著作稍有認識的人都能指出，這樣誇張失實的批評胡適已經近乎污蔑了。從1919年出版的《中國哲學史大綱》卷上到1930的《說儒》，先秦諸子的哲學是胡適最引以為傲的中國文化遺產，而孔子的人格則「剛毅勇敢，擔負得起天下重任。」[123]孟子代表的是中國古代民本思想的先行者。在《白話文學史》中，對李白、杜甫、白居易、元稹都有極正面，極值得後人敬仰的敘述。對明清小說，如《水滸傳》、《紅樓夢》及其作者施耐庵、曹雪芹更是推崇備至，清代乾嘉諸老的考證，胡適譽之為富有現代科學精神，並為戴震、章學成的思想生平作專題研究，至於近代的孫中山、吳稚暉，胡適對他們的事蹟、人格都有很高的評價。錢穆對胡適著作向極關注，不會不知道胡適對中國舊學的真正態度，說胡適對中國古人「無一人一書足茲敬

118　錢穆：〈致余英時〉，《素書樓餘瀋》，頁359。

119　胡適：〈讀梁漱溟先生的東西文化及其哲學〉，《胡適文存》，2集，頁177。

120　同上註，頁178-179。

121　胡適：〈孫行者與張君勱〉，《胡適文存》，第2卷，頁155-157。

122　錢穆：〈序〉，《現代中國學術論衡》，頁3。

123　胡適：〈說儒〉，《胡適文存》，第4卷，頁59。

佩」，這真有些離譜了。

在對胡適的評價中，錢穆特別提到1959年7月，胡適應邀赴夏威夷大學，參加第3屆「東西方哲學家研討會」（The Third East-West Philosophers' Conference）：

> 適之晚年在臺灣出席夏威夷召開之世界哲學會議，會中請中、日、印三國學人各介紹其本國之哲學。日、印兩國出席人，皆分別介紹。獨適之宣講杜威哲學，於中國方面一字不提。[124]

錢穆特別提出這一點，對一般不明就裡的讀者而言，胡適以代表中國學者的身分，在一個東西哲學國際研討會上，竟不談中國哲學，而獨介紹杜威，一定覺得很不得體，以至於「崇洋媚外」之類的爛調，一時都湧上心頭。錢穆雖未明言，但這點用心，明眼人是不難看出的。同一件事，錢穆在1980年寫〈維新與守舊——民國七十年來學術思想之簡述〉一文中已經提及，並歸結於「是在適之意中，中國文化傳統下，乃無思想哲學可言」。[125]

錢穆這一段記載全不反映實際情況。胡適參加這次研討會，共發表了兩篇文章，除〈杜威在中國〉（John Dewey in China）之外，另一篇是〈中國哲學裡的科學精神與方法〉（The Scientific Spirit and Method in Chinese Philosophy）。〈杜威在中國〉沒有註腳，是一篇一般性的文章，而〈中國哲學裡的科學精神與方法〉則是有註腳的嚴肅學術論文。錢穆顯然沒有細查胡適參加這次學術會議的活動，也沒有讀過這兩篇英文文章，就貿然下了「於中國方面一字不提」的結論。

〈中國哲學裡的科學精神與方法〉是胡適晚年很重要的一篇學術論文，也是很為中國傳統文化辯護的力作。胡適從先秦諸子到乾嘉諸老，反覆論證指出：懷疑的精神和實證的考據方法，是三千年來中國思想史上所固有的。這樣的精神和方法與近代西洋的科學基本上是相通的。胡適有意的不談科學的內容，因為他認為科學的精神和方法遠比內容重要得多。在結論中，他指出：自朱熹提出治學須從懷疑入手以來，後來的學者敢於對神聖的經典懷疑，這一傳統使現代中國人在面對科學時，有賓至如歸之感。[126]文長28頁，收入Charles A. Moore所編的 *The Chinese Mind—Essentials of Chinese Philosophy and Culture*，1962年，由夏威夷大學出版社出版，並有徐高阮的中譯。[127]

〈杜威在中國〉對胡適來說，不是個新題目。1921年7月11日，杜威離開中國當

---

[124] 錢穆：〈序〉，《現代中國學術論衡》，頁3-4。

[125] 錢穆：〈維新與守舊——民國七十年來學術思想之簡述〉，《中國學術思想史論叢》第9期，頁29。

[126] Hu Shih, "The Scientific Spirit and Method in Chinese Philosophy," Charles A. Moore ed., *The Chinese Mind: Essentials of Chinese Philosophy and Culture*（Honolulu: University of Hawaii Press, 1962），pp. 104-131.

[127] 徐高阮的中譯，收入胡頌平編：《胡適之先生年譜長編初稿》，第8冊（臺北：聯經出版事業公司，1984），頁2955-2977。

天，胡適就發表了〈杜威先生與中國〉的短文，收入《胡適文存》1集。談杜威實驗主義的中英文字就更多了。但1959年在夏威夷發表的這一篇，題目上看起來像似介紹杜威思想，其主旨實為分析中國共產黨為什麼如此忌恨恐懼「實驗主義」，並在1954年發動歷時數年的胡適思想批判。其中談到五四運動的部分段落，依舊為今日共產黨所不容，下面這段話，在五四運動即將迎來百年紀念的今天，還值得我們重溫：

> 共產黨人宣稱，五四運動是世界革命的一部分，由中國共產黨策劃領導，這全然是個大謊言。1919年，中國還沒有共產黨呢。
>
> The communists claim that "the May Fourth Movement" was a part of the World Revolution and was planned and led by Chinese communists is sheerly a big lie. There was no communist in China in 1919.

接著，胡適指出：

> 杜威在北京演講，說到道德教育時，他說，「經常培養開闊的胸襟，經常培養知識上誠實的習慣。並經常學習對自己的思想負責。」就這幾句話，足夠讓共產黨嚇破膽，也足夠讓他們開始用數年的時間粗暴的攻擊杜威和他的實驗主義以及「胡適的幽靈」。[128]
>
> Dewey said in his Peking lecture on moral education: "Always cultivate an open mind. Always cultivate the habit of intellectual honesty. And always learn to be responsible for your own thinking." These are enough to scare The Commies out of their wits,and enough to start years of violent attack and abuse on Dewey and Pragmatism and the "ghost of Hu Shih."

〈杜威在中國〉是1959年7月16日晚上在夏威夷大學發表的演講。會後有討論會，會中有人提出「臺灣現仍不是臺灣人治理」的問題，胡適的回答是「臺灣人根本就是中國人，沒有中國人以外的臺灣人，……不了解事實真相的最好是不說話！」[129]這是胡適對早期「臺獨」分子最有力的回答。

我之所以細述胡適夏威夷之行的內容，是為了說明，此行發表的兩篇論文《中國哲學裡的科學精神與方法》是為中國傳統文化辯護的，〈杜威在中國〉則是宣揚反共，並為中華民國辯護的。換句話說，胡適此行發表的論文不但不是錢穆所說的「於中國方面一字不提」，而是「無一字不與中國有關」。

---

[128] Hu shih, "John Dewey in China," Charles A. Moore ed., *Philosophy and Culture—East and West* (Honolulu: University of Hawaii Press, 1962), p. 763，768. 全文有夏道平的中譯：〈杜威在中國〉，《自由中國》1959年第21卷第4期，頁104-107。

[129] 胡頌平：《胡適之先生年譜長編初稿》，頁2987。

1962年2月24日，胡適在中央研究院主持院會時，心臟病突發逝世。錢穆並沒有發表任何悼念的文字，這本身已很說明問題。錢穆寫過悼念亡友的文章很多，獨不寫胡適，他要表達的資訊，當然是既不值得寫，也不屑寫。但在1952年，胡適死前10年，他在給徐復觀的信裡，已經對胡適作了「棺未蓋，而論已定」的最後評判：

> 胡君治學，途轍不正，少得盛名，更增其病。其心坎隱微處中疚甚深，恐難洗滌。將來蓋棺論定，當遠不如章太炎，梁任公。……胡君一生不講西方精微處，專意斥責本國粗淺處，影響之懷，貽害匪淺。[130]

這是一段相當苛刻的論斷，指出胡適在介紹西學時，專講皮毛，論及中學時，則揚其缺失，而隱其美好。這一點，1980年，錢穆在〈維新與守舊〉一文中，有進一步的說明：「適之幼年，即赴美留學，於本國歷史文化、傳統舊學根柢不深。其在美國，讀其《藏暉室日記》，可知其西學根柢亦不深。」[131]至於「其心坎隱微處中疚甚深，恐難洗滌。」不知所指究竟是什麼，但似乎是說胡適心中有其陰暗面，所謂「心術不正」之類，指的是胡適的人品。換言之，胡適在錢穆心中不僅學術上「途轍不正」，在人品上也大有問題。錢對胡在新文化運動中之影響，總結為「其為禍之烈，則實有難以估計者。」[132]坐實了胡適「罪魁」的形象。

林語堂在中國學問上固然遠不及錢穆，但在西學的造詣上當不在錢穆之下。胡適逝世之後，林語堂在1962年4月發表〈追悼胡適之先生〉，對胡適的學問人品都有極高的評價：

> 胡適之先生的肉身已經脫離塵凡，他留給我們及留給後世的影響是不朽的。他是一代碩儒，尤其是我們當代人的師表。處於今日中西文化交流的時代，適之先生所以配為中國學人的領袖，因為他有特別資格；他能真正了解西方文化，又同時有真正國學的根底……
> 適之先生在學問，道德文章方面，都足為我們的楷模。學問且不必說，在他個人人品之清高及操守之嚴謹，都不愧為我們的模範。在精神上，又是愛國，樂觀，無黨無派，不偏不倚。他有最深國學的根底，又能領導及代表一百分接受西方文化的潮流。[133]

1966年之後，林語堂、錢穆先後都在蔣介石特別的照顧下，回到臺北近郊陽明山附近定居，兩人偶有過從。我相信，要是林看到錢對胡適蓋棺前的苛評，大概是不能

---

[130] 錢穆：《致徐復觀書》，《素書樓餘瀋》，收入《錢穆先生全集》（北京：九州出版社，2011），頁272。
[131] 錢穆：〈維新與守舊〉，《中國學術思想史論叢》第9期，頁26。
[132] 同上註，頁28。
[133] 林語堂：〈追悼胡適之先生〉，《海外論壇》1962年第3卷第4號，頁2。

同意的。

　　錢穆指出胡適在介紹西學時，「不講西方精微處」，當然這是說胡適對西學所知只是皮毛，無從深入。關於這一點，不妨參看1923年羅素（Bertrand Russell）為胡適《古代中國名學史》（*The Development of the Logical Method in Ancient China*）所寫的書評，羅素說：

> 現在，我們終於有了胡適博士，他對西方哲學的熟稔，就如一個歐洲人，他對英文寫作之嫻熟就如多數的美國教授。但他對古代中國經典的英譯，則是任何外國人所望塵莫及的。
>
> Now, at last, we have Dr. Hu Shih, as well versed in Western philosophy as if he were a European, as good a writer of English as most American professors, and (one suspects) possessed of a sureness of touch in translating ancient Chinese texts which hardly any foreigner could hope to equal.[134]

　　這位20世紀負國際重望的英國哲學家，五四運動前後，在中國有過近兩年的停留，與胡適也曾有過接觸，對當時中國的情況，不但有獨到的觀察，回國後還發表了《中國的問題》（*The Problem of China*）一書，他指出：在中國，知識分子在社會上具有重大的影響，一個作家往往兼具社會改革者的功能，引導一代的年輕人。他以胡適作為例子來說明這樣的知識分子：

> 拿我自己認識的胡適博士作為例子，他學問淵博，吸收多方面的文化，精力旺盛，無懼改革；他的白話文激發了進步的中國人的熱情。他主張吸收西方文化中的優良成分，但是他絕不是一個西方文化奴性的仰慕者。
>
> I might mention, as an example personally known to me, Dr. Hu Suh. He has great learning, wide culture, remarkable energy, and a fearless passion for reform; his writings in the vernacular inspire enthusiasm among progressive Chinese. He is in favor of assimilating all that is good in Western culture, but by no means a slavish admirer of our way.[135]

　　羅素對胡適的評論發表在1922-23，胡適是個剛過30歲的年輕人，而林語堂的悼念則是在胡死後。把這中西兩位哲人對胡適的評價與錢穆的相比較，不難看出，錢穆在評價胡適時，幾乎只見其過，而不見其功。這就如同他在評論新文化運動時，只見其破壞的一面，而見不到建設的一面。1941年，他發表〈中西文化接觸之回顧與前

---

[134] 這篇書評黏貼在1923年11月4日胡適日記上。《胡適日記全集》，第4冊，頁141。

[135] Bertrand Russell, *The Problem of China*（New York: The Century Co., 1922），p. 264.

瞻〉，對鴉片戰爭之後，中國整個西化的努力，在他眼裡，全都走錯了方向：

> 近百年來之中國人遂以其急功近利之淺薄觀念自促其傳統舊文化之崩潰，而終
> 亦未能接近西方新文化之真相。直至於今，前後幾及一百年之稗販抄襲，非驢
> 非馬，不中不西，輾轉反覆，病痛百出。[136]

在錢穆看來，從晚清的洋務運動，張之洞的「中體西用」到陳獨秀的「德先生、賽先生」，都不免是自促其傳統之崩壞，而胡適所領導的白話文運動和新文化運動，那就更是一無是處了。

1965年，錢穆作〈無師自通中國文言自修讀本之編輯計畫書〉，他對胡適提倡白話文對中國傳統文化的影響有極負面的評價：「近代中國因於推行白話文教育，影響所及，使多數人只能讀50年以內書，最多亦僅能讀百年前後書……如是則幾於把中國傳統腰斬了，使絕大多數人，不能了解自己民族的文化傳統；於中國文化此下進展，必將受大損害。」[137]錢穆在此全不提白話文運動在開通民智，普及教育上的積極作用，而獨集中批評在「不能讀古書」這一點上。似乎不提倡白話文，多數人就能保持住讀古書的能力，而中國的傳統文化也不至於「腰斬」了。這顯然不是事實。

在錢穆對胡適諸多的評論中，唯獨對胡的婚姻和「重學輕仕」有較正面的評價：

> 其時離婚新娶之風已盛，而適之拘守傳統倫理舊觀念，此一層，恐亦於適之學
> 風驟振有影響。又適之返國，即任教於北大，名震朝野，而適之終為一學人，
> 不入仕途……其重學輕仕，固亦可謂近似西方學者風格，但亦可謂仍守中國學
> 人之舊傳統。果使其純為一嶄新人物，則恐於時代影響不如是之大。[138]

這一論斷是很值得玩味的。胡適影響之大，與其說是來自他的「新」，不如說是來自他的「舊」，是他在婚姻上，不背舊約；在工作上，不輕入仕途，贏得了社會的敬重。這是符合錢穆「新人物染舊傳統」[139]的說法的。當然，這一說法，所重在「舊」，不在「新」；在「中」，不在「西」。依舊曲折的表示了錢穆對胡適「新學」的不信任。

1969至1971兩年之間，錢穆在臺北文化學院為歷史研究所博士班學生開設「中國史學名著」一課，從《尚書》、《春秋》一直講到章實齋的《文史通義》。課堂實

---

[136] 錢穆：〈中西文化接觸之回顧與前瞻〉，《文化與教育》，收入《錢賓四先生全集》（臺北：聯經出版事業公司，1998），頁147。

[137] 錢穆：〈無師自通中國文言自修讀本之編輯計畫書〉，《中國文學論叢》（北京：九州出版社，2011），頁301-302。

[138] 錢穆：〈學術傳統與時代潮流〉，《中國學術思想史論叢》第9期，頁43。

[139] 同上註，頁45。

錄，在1973年，由臺北三民書局出版為《中國史學名著》一書。誠如他在書序中所說：此書「雖非著述之體，然亦使讀者誦其辭，如相與謦欬於一堂之上。」[140] 在講堂上隨意發揮的話，少了寫學術文章時的拘謹，卻更能體現他心中真正念茲在茲，揮之不去對以胡適為首的現代中國學術界，有多麼的不屑和厭惡。

在〈黃梨洲的明儒學案，全謝山的宋元學案〉一章中，錢穆提到：《國史大綱》出版之後，有人說他「只多講中國好處，不多講中國壞處」。錢的回答是：「你們大家盡在那裡講中國壞處，我不得不來多講一些中國的好處。」在他看來，這是「因病立方」。這種「因病立方」的用心貫穿在錢穆許多著作中，只要稍進一步推敲，就不難得出，是「胡適的病」、「錢穆的方」。[141]

六、錢穆「否極泰來」？

從1949年到今天，回首過去70年，錢穆在中國大陸的「際遇」可以用「否極泰來」四個字概括之。50年代，共產黨對錢穆思想嚴厲的批判，隨著「改革開放」、「和諧社會」，以至於「中國夢」和「中華民族偉大復興」的大局改變；「階級鬥爭」「造反有理」這些當年被視為綱領的指導思想漸漸淡出現實政治，1959年被誣為「國民黨反動派豢養下的文化掮客」，而今又以「一代通儒」、「國學大師」的身分回到了他所摯愛的中國大陸。

1949-1979，足有30年的時間，中國大陸只有「錢穆批判」而沒有「錢穆研究」。所有關於錢穆的報導都有貶無褒。80年代中期以後，部分錢穆著作在大陸重刊，如《八十憶雙親、師友雜憶》（嶽麓書社，1987）、《近三百年學術思想史》（北京中華，1987）等，50年代受到批判最多的《國史大綱》也在1996年由商務印書館重刊。

1990年8月30日，錢穆在臺北逝世。次年6月，中國人民政治協商會議，江蘇省無錫縣委員會編輯出版《錢穆紀念文集》由上海人民出版社出版。這可以視為共產黨對錢穆正式「平反」的一個信號。在〈前言〉中，有如下一段話：

> 先生無愧為一位愛國學者。他以嚴謹的治學精神，為弘揚祖國優秀傳統文化不遺餘力，至死不渝。日軍侵華，先生與北平各校教授聯名通電當局，力主抗戰，後隨校遷徙西南，執教授課之餘，精心著書立說，激勵青年抵禦外侮，諄諄教導學生認真讀書，學會做人，「中國人不要忘掉中國」，不要對民族文化妄自菲薄。近年來，先生在臺多次談話，常以祖國統一為念，倡言統一比分裂

---

[140] 錢穆：〈自序〉，《中國史學名著》（北京：九州出版社，2011），無頁碼。
[141] 錢穆：〈黃梨洲的明儒學案，全謝山的宋元學案〉，《中國史學名著》，頁325。

好。先生身居異鄉，眷念故土之情與日俱增；拳拳愛國之心，溢於言表。[142]

　　1949-1979三十年間，所有加在錢穆身上的「罪名」諸如「反動」「封建」等等，在他身後，全成了「拳拳愛國之心」。無錫縣縣委會大概忘了，錢穆固然反對「臺獨」而主張「統一」，但錢穆心中的「統一」，與今日共產黨所謂的「祖國統一」有本質上的差別，錢穆的「統一」，是把臺灣統一在三民主義領導下的中華民國，而共產黨的所謂「統一」則是把臺灣統一於共產黨領導下的中華人民共和國。錢穆的「反獨」是為了維護中華民國的統一，而中華民國是當時最有力的反共政治實體。因此，錢穆的「反共」和「反獨」是一而二，二而一，互為表裡的。今天共產黨在盛讚錢穆「促統反獨」的形象時，往往有意無意的忽略了這點根本的不同，不知不覺之間把錢穆劃歸了「我們自己人」，這是共產黨統戰的高明處，不但偷梁換柱，而且擾亂視聽。

　　錢穆逝世之後，臺北市政府在1992年將故居「素書樓」整修後成立「錢穆先生紀念館」，並由臺北市立圖書館自1993年起發行《錢穆先生紀念館館刊》。1998年由臺北聯經出版《錢賓四先生全集》54冊。2000年，錢穆逝世10週年，時任臺北市市長的馬英九還為《錢賓四先生逝世十週年紀念專刊》寫序，稱錢為「國學大師」、「一代儒宗」，對他在學術上的貢獻給以最高的評價。[143]2001年1月，臺灣大學中文系舉辦了「紀念錢穆先生逝世10週年國際學術研討會」並出版論文集。香港中文大學的新亞書院早在1973年就將圖書館命名為「錢穆圖書館」。民國人物能在大陸、臺、港都受到如此高規格「禮遇」的，除錢穆外，還真想不出第二人來。

　　2011年，北京九州出版社出版《錢穆全集》54冊，可以視為「官方平反」的進一步落實。2015年9月28日，《北京日報》發表武漢大學國學院郭齊勇的文章〈明瞭民族生命之所寄——讀錢穆「國史大綱」〉，這篇文章並受到2016年《新華文摘》第1期的轉載。文章是這樣開頭的：

> 《國史大綱》是一部簡要的中國通史……全書力求通貫，便於讀者明瞭治亂盛衰的原因和國家民族生命精神之所寄。本書成於艱苦的抗戰年代，作者的憂患之情躍然紙上……對學生積極抗戰，增強民族凝聚力起了積極作用。[144]

　　80、90後的年輕人看了這段話和前引批判的文字，真要懷疑評的是不是同一本書了。好在中國人健忘，否則是非究在何處？錢穆到底是「國賊」還是「英雄」？

　　2015年，錢穆學生葉龍，將錢穆1955年至1956年在香港新亞書院講中國文學史的課堂筆錄整理成書，由成都天地出版社出版。2016年11月2日，《人民日報》海外

---

[142] 中國人民政治協商會議江蘇省無錫縣委員會編：《錢穆紀念文集》（上海：人民出版社，1992），頁1。

[143] 《錢賓四先生逝世十週年紀念專刊》（臺北市立圖書館，2000），頁1。

[144] 郭齊勇：〈明瞭民族生命精神之所寄——讀錢穆《國史大綱》〉，《新華文摘》2016年，頁150。

版，幾乎以整版的篇幅介紹這本書，冠題為〈文學史深處的精神講述〉，對錢著推崇備至。[145]這種「九地之下」與「九天之上」的改變，很容易給人造成錯覺：共產黨變了，在學術上開放了。

錢穆身後的「際遇」固然是改變了，但共產黨的本質是不變的，即學術是政治的附庸。在毛講「階級鬥爭」的年代，錢穆是「國賊」，《國史大綱》是「毒草」；而今是「中華民族偉大復興」的年代，錢穆《國史大綱》〈引論〉中所說：「繼自今，國運方新，天相我華，國史必有重光之一日，以為我民族國家復興前途之所托命。」[146]講的無非是「民族自信」、「制度自信」、「文化自信」。錢穆1939年說的這幾句話，80年後，居然成了最時髦的口號了。錢穆的「大漢民族主義」和他對中國文化的「溫情與敬意」，又成了宣傳「中國夢」最方便的工具了。可憐，中國知識分子的升沉起伏，端看當道的旨意。呼之左則左，揮之右則右。看看馮友蘭、郭沫若1949以後身不由己的醜態，就能了然什麼是「學術」為政治服務的精義了。胡適、錢穆1949年之後流亡海外，有生之年，維持住了做人起碼的尊嚴，而這一點尊嚴是那一代留居大陸的知識分子所不能，也不敢奢望的。

可悲的是墓木已拱的錢穆，依然逃不了學術為政治服務的中國宿命。這和他提出的以「道統」引導「治統」的中國傳統，恰成尖銳的對比。1945年，錢穆在〈道統與治統〉一文中，提出了「學治」這一概念，「學治」和「政治」的理想關係，應該是這樣的：

> 「學治」之精義，在能以學術指導政治，運用政治，以達學術之所蘄向。為求躋此，故學術必先獨立於政治之外，不受政治之干預與支配。學術有自由，而後政治有嚮導。學術者，乃政治之靈魂而非其工具，惟其如此，乃有當於學治之精義。[147]

1949年之後，這段話真成了「夢囈」，政治不但干預學術，支配學術，更進而打擊學術，迫害學術。「反右」、「文革」的斑斑血淚，讓錢穆的這段話變得幾近荒誕！即使今日，所謂「學術指導政治，運用政治」，充分的體現在無數的大學教授以「中國夢」、「一帶一路」為題，申請「立項」，贏得可觀的研究經費。而今，「政治是學術的靈魂，學術是政治的工具」，也是「學術」「運用」政治的另一種模式。「學治」云乎哉！「道統」云乎哉！

錢穆的反共是從維護中國傳統文化出發的，這一動機和用心，而今竟能為共產黨所用，這恐非錢穆當年所能逆料。這一點，我們不能不佩服胡適對民族主義所持的洞見。1961年9月，胡適寫《懷念曾慕韓先生》指出：「過於頌揚中國傳統文化，可能

---

145 劉英團：〈文學史深處的精神講述〉，《悅讀空間》，《人民日報海外版》，2016年，頁11。
146 錢穆：《國史大綱》，上冊（上海：商務印書館，1940），頁29。
147 錢穆：〈道統與治統〉，《政學私言》（北京：九州出版社，2011），頁81。

替反動思想助威，」接著他說道：「凡是極端國家主義的運動，總都含有守舊的成分，總不免在消極方面排斥外來文化，在積極方面擁護或辯護傳統文化。所以我總覺得，凡提倡狹義的國家主義或狹義的民族主義的朋友們，都得特別小心的戒律自己，偶一不小心，就會給頑固分子加添武器了。」[148]當然，錢穆絕不會承認自己提倡的是「狹義的國家主義」或「狹義的民族主義」，但是，我相信，在胡適看來，把這幾句送給曾慕韓的話轉贈給錢穆是不會不恰當的。一種「過於頌揚中國傳統文化」的態度，不但可以為國民黨所用，也同樣可以為共產黨所用。這是胡適獨具隻眼處。至於胡適所提倡的「民主」、「自由」、「人權」，則國共兩黨皆無所施其計。要想「收編」胡適為「自己人」，利用他的思想來鞏固政權，就不那麼容易了。

共產黨從「批儒」到「尊儒」的這一改變，余英時先生在〈新亞精神與中國文化〉一文中，有極精闢的分析，他認為共產黨回過頭來「恢復中華文化」，無非是：

> 政治權威為了維持自身的繼續存在，轉而乞靈於以儒家為中心的中國文化……即將「中國文化」、「儒家」、與權威、集體、國家主權等等價值等同起來，以抗拒民主、自由、人權等所謂「西方的價值」。[149]

余先生的分析真是一針見血。換句話說，近年來，在共產黨的領導下，大陸對錢穆思想由排擠批判，漸漸轉為接納提倡；並進而借用錢穆對中國文化的「溫情與敬意」來抗拒「普世價值」，打擊胡適自由、民主、人權的主張。

共產黨「招」錢穆的「魂」，「打」胡適的「鬼；」然而，魂是招不回的，鬼是打不死的。此中消息，真堪玩味！

---

[148] 胡適：〈懷念曾慕韓先生〉，原刊《民主潮》第11卷第18期。此處轉引自《胡適日記全集》，第9冊，頁770。

[149] 余英時：〈新亞精神與中國文化〉，《會友集》，頁156-157。

第三十一章　錢穆與馮友蘭

上海師範大學人文學院

陳勇

　　錢穆與馮友蘭都是20世紀中國的著名學者，一個是史學大師，一個是哲學巨擘。兩人相識於北平，抗戰時在長沙臨時大學、西南聯合大學曾為同事。兩人皆出生在甲午戰敗、割讓臺灣之年，其一生都與中國甲午戰敗以來的時代憂患相終始，故其治學富有強烈的民族憂患意識和時代擔當精神。尤其是在日寇步步侵逼、大片國土淪喪、民族危機嚴重的抗戰時期，他們旗識鮮明地祭起學術經世的旗識，其著述講演，皆以中華文化民族意識為中心論旨，在當時激發國人的民族意識和甦醒國魂方面達到了十分重要的作用。本文以錢穆與馮友蘭的交往為主線，將其學術思想、治學異同融入其中敘述，突出那一個時代的知識分子為中國文化招魂續命的精神志業，激勵人們為民族復興和中國文化承擔責任。

一、北平之交

　　錢穆與馮友蘭同年出生（1895年），兩人都生在一個書香門弟之家。所不同的是，五世同堂的七房橋錢家，到錢穆的父輩時早已家道中落，「淪為赤貧」。錢穆中學尚未讀完，便因家貧輟學而為人師，在老家無錫鄉間輾轉十年。錢穆在鄉村自行摸索為學的路徑和方法，既無名師指點，又少學友切磋，用他自己的話說，他是在茫茫的學海中，「一路摸黑，在摸黑中漸逢光明」。

　　與錢穆早年自學苦讀、一路摸黑相比，馮友蘭無疑就要好得多了。他幼年即在自家所辦的私塾讀書，以後進入新式小學、中學就讀。1912年，即錢穆被迫輟學的那一年，馮友蘭以河南省官費生身分考入上海中國公學，三年後畢業考入北京大學文科哲學門，學習中國哲學。1919年，馮友蘭負笈美國，入哥倫比亞研究院攻讀西方哲學。1924年，馮友蘭在哥大獲哲學博士學位後回國，先後任教於河南中州大學、廣州中山大學、北平燕京大學、清華大學。從錢、馮二人早年所受的教育來看，錢穆沒有上過大學，也沒有出國留學的背景，是一個道道地地靠自學成才、從鄉村走出來的學者；而馮友蘭則是科班出身，受過正規大學的訓練，又接受過西方教育的沐浴和薰陶，對西方文化有直接的體驗和認識。

錢穆與馮友蘭初識於錢氏任教北平燕京大學之後。

1930年秋，由古史辨派的主將顧頡剛的推薦，錢穆赴北平任燕京大學國文系講師。有一天，他在城中一公園碰到了馮友蘭。對於這次偶然的碰面，錢氏在晚年的《師友雜憶》中這樣回憶道，剛一見面，馮友蘭便講道：「從來講孔子思想絕少提及其『直』字，君所著《論語要略》特提此字，極新鮮又有理。我為《哲學史》，已特加採錄。」[1]

初次見面，馮友蘭便稱自己撰寫《中國哲學史》時採納了錢著《論語要略》的觀點，說明在此之前，馮對錢的著作已有了解。眾所周知，《中國哲學史》是馮友蘭的成名之作，全書共32章，從先秦子學一直寫到晚清今文經學，是繼胡適《中國哲學史大綱》之後，系統研究中國傳統哲學最為完整的一部中國哲學史著作。該書出版後，頗多好評，馮氏在中國現代哲學史上的名家地位由此奠定。

馮友蘭把中國哲學史的發展歷程分為子學和經學兩部分，馮著上冊為子學時代，專論先秦諸子之學，1929年完稿，1931年作為清華大學叢書之一，由上海神州國光社正式出版。當年陳寅恪在《馮友蘭〈中國哲學史〉上冊審察報告》中就有「取材謹嚴，持論精確」的評價。[2]當馮氏完成《中國哲學史》上冊的寫作時，在中學任教的錢穆也寫出了《論語文解》、《論語要略》、《孟子要略》、《墨子》、《惠施公孫龍》、《國學概論》等著作，他早年考辨諸子的名作《先秦諸子繫年》也已脫稿，一時有「子學名家」之譽。

錢穆早年研究子學的著作多由商務印書館出版，1925年出版的《論語要略》便是其中的一部。該書對孔子論「直」的解釋，頗有新意。錢氏認為，孔子論「仁」，首貴直心由中，故又屢言「直道」。孔子論「直」，約有三義：其一，直者，誠也，即以真心誠意待人，不以欺詐邪曲待人；其二，直者，由中之謂，稱心之謂。其三，直道即公道。前人研究孔子思想，多重「仁」，這固然不錯，但對孔子論「直」則鮮有提及。錢穆獨具慧眼，把「直」置於「仁」之後，專就「直」字作透徹的解釋，引起了治子學的馮友蘭的注意。馮氏認真拜讀過錢著，並在《中國哲學史》上冊第四章「孔子及儒家之初起」中直接引述了錢氏的新解。今查馮著上冊「孔子屢言直」一節，確有「選抄錢穆先生《論語要略》」的註釋，這說明錢氏在晚年的回憶中所言不虛。當然，馮友蘭在論述這一問題時，也採用了美國學者德效騫（Homer H.Dubs）所著「The conflict of Authority and Freedom in Ancient Ethics」一文的觀點。[3]

其實，在《中國哲學史》上冊中，馮友蘭引用錢穆研究子學的成果遠非上述一處。比如在第五章「墨子及前期墨家」和第七章「戰國時之百家之學」中，馮著多次徵引了錢穆《墨子》一書的研究成果。錢氏早年喜治墨學，寫有《墨辨探源》，《墨

1　錢穆：《八十憶雙親、師友雜憶》（北京：生活·讀書·新知三聯書店，1998），頁158。
2　陳寅恪：〈馮友蘭《中國哲學史》上冊審查報告〉，《金明館叢稿二編》（北京：生活·讀書·新知三聯書店，2001），頁279。
3　馮友蘭：《中國哲學史》上冊（上海：華東師範大學出版社，2000），頁6。

辨碎詁》等文，1929年完成的《墨子》一書，是他早年研究墨學總結性的著作，全書分三章，1930年3月由商務印書館出版。該書對墨家得名的由來，墨子的生卒年月，墨學的思想系譜、別墨與《墨經》，以及許行、宋鈃、尹文、惠施、公孫龍諸家與墨學的關係、墨學中絕的原因等問題皆有深入具體的研究，頗多創獲。關於墨家的得名，錢穆認為，「墨」乃古代刑名之一，墨家的「墨」字即取義於古代的「墨刑」。由於墨者崇尚勞作，以處苦為極，其生活方式近於刑徒，故墨家的開創者墨翟遂以「墨」名其家，這一學派便被稱作「墨家」了。關於墨子的生卒年代，自古以來，眾說紛紜，而無定論。錢穆在書中作《墨子年表》加以考訂，認為墨子之生至遲在周敬王之世，不出孔子卒後10年；其卒年當在周安王十年左右，不出孟子生前10年，年壽在80以上。關於農家與墨學的關係、南方墨學的崛起，錢氏認為農家出自墨家，許行即墨子的再傳弟子許犯，南方墨學的崛起和勃興與許行在南方的大力宣傳有關。這些觀點皆被馮著《哲學史》所徵引。

馮友蘭完成《中國哲學史》上冊時，已是清華大學鼎鼎有名的名教授，已是當時學術界如雷貫耳的大人物，而此時的錢穆尚未成名，其身分不過是一位中學教師。然而馮著《哲學史》卻多次徵引一位中學教師的研究成果，足見當時學術界不講地位而重實際才學的淳樸學風。錢穆後來從中學中脫穎而出，成為大學教授、名教授，這與當時這種質樸學風和良好的學術環境當有極大的關係。

1931秋，錢穆轉入北京大學史學系任教，並在清華兼課，馮友蘭為清華大學文學院院長，這一時期，二人時有往來。當時，北平學術界就老子其人其書的問題展開了熱烈討論。胡適主張老子在孔子之前，馮友蘭、顧頡剛等人則堅持老子在孔子之後，《老子》一書是戰國時代的作品。馮友蘭在《中國哲學史》上冊第八章「《老子》及道家中之《老》學」中提出了三條證據：其一，孔子以前，無私人著述之事，故《老子》不能早於《論語》；其二，《老子》文體，非問答體，故應在《論語》，《孟子》之後；其三，《老子》之文，為簡明之「經」體，可見其為戰國時代的作品。[4]

在老子晚出說上，錢穆站在馮友蘭一邊，支持馮說。他寫有《關於〈老子〉成書年代之一種考察》，《再論〈老子〉成書年代》等文，從社會背景、思想線索、文體修辭等方面對《老子》其書作了全方位的考察和分析，可謂是對馮友蘭等人觀點的具體深化。[5]二人在《老子》成書的年代問題上互相聲援、支持，也引起了主張「早出說」的胡適的回擊。胡適在論馮友蘭的信中說：「你把《老子》歸到戰國時的作品，自有見地，然你的《中國哲學史》講義中所舉三項證據，則殊不足推翻舊說。」在給錢穆的信中稱：「我並不否認《老子》晚出之論的可能性。但我始終覺得梁任公、馮芝生與先生諸人之論證無一可使我心服。若有充分的證據使我心服，我絕不堅持《老

---

5 參見陳勇：〈錢穆與老子其人其書的考證——兼論與胡適的爭論〉，《廈門大學學報》（哲學社會科學版）2018年第4期。

子》早出之說。」[6]

　　錢穆、馮友蘭都是《老子》早出的堅持者，但二人在具體的觀點上也有差別。馮友蘭主張《老子》在《莊子》之前，錢穆則主張《老子》書出莊周之後。有一天，錢穆和顧頡剛到胡適府上拜訪，三人談論的話題盡是老子成書的年代問題，胡適對主張晚出說學者的觀點大加批駁，稱「天下蠢人恐無出芝生右者」。錢穆把此事寫入了《師友雜憶》中。當馮門弟子鐘肇鵬看到錢氏晚年的這則回憶後告訴乃師，馮聽後沉默良久，說道：「胡適頂聰明，但他『作了過河卒子，只得勇往向前。』我卻不受這種約束。」[7]

　　錢穆早年治諸子學，《先秦諸子繫年》（以下簡稱《繫年》）則是他早年治諸子學的系統總結。該書1929年完稿，30年代前期在北平任教時又多次加以修訂增補。看過《繫年》稿的蒙文通、顧頡剛對該書甚為推崇，蒙文通稱《繫年》是一部「體大思精」的大著作，顧頡剛則譽為「民國以來戰國史之第一部著作。」[8]書成之後，由顧頡剛推薦給清華，申請列入「清華叢書」，如馮友蘭《中國哲學史》之例。當時負責審察此稿的有馮友蘭、陳寅恪等三人。馮友蘭認為此書不宜作教本，若要出版，當變更體例。陳寅恪則持相反的意見，認為《繫年》「作教本最佳」，並稱讚「自王靜安後未見此等著作矣」。由於馮氏的反對，錢穆的這部著作審察時最終未獲通過。

　　《繫年》是錢穆早年最為重要的學術著作，也是20世紀中國學術史上的考據名作。錢穆對自己積十餘年之功完成的著作也頗為自負，稱前人治諸子約有三病：各治一家，未能條貫；詳其著顯，略其晦沉；依據史籍，不加細勘。稱自己「以諸子之書，還考諸子之事，為之羅往跡，推年歲，參伍以求，錯綜以觀，萬縷千緒，絲絲入扣，朗若列眉，斠可尋指。」[9]他晚年對門下弟子說，自己一生著書無數，但真正能像乾嘉諸老一樣能傳諸後世的只有一部，那就是《先秦諸子繫年》，這足以說明錢氏對自己的這部著作是何等的看重。然而此書因馮友蘭的反對未能如願列入「清華叢書」，自然會引起錢穆的不快。錢門弟子余英時直到乃師逝世時仍撰文為師門叫屈，「此事為馮友蘭所阻，清華沒有接受《諸子繫年》」，[10]對馮氏當年反對出版《繫年》仍耿耿於懷。

二、南嶽山中的講學與著述

　　1937年7月7日，日軍炮轟盧溝橋，進攻宛平城，中國軍隊奮起還擊，抗日戰爭全

[6]　胡適：〈與錢穆先生論《老子》問題書〉，《清華週刊》1932年第37卷第9-10期。
[7]　鄭家棟、陳鵬選編：《追憶馮友蘭》（北京：社會科學文獻出版社，2002），頁106。
[8]　顧頡剛：《顧頡剛日記》，第4卷（臺北：聯經出版公司，2007），頁249。
[9]　錢穆：〈自序〉，《先秦諸子繫年》（北京：中華書局，1985），頁20。
[10]　余英時：〈一生為故國招魂——敬悼錢賓四師〉，《猶記風吹水上鱗——錢穆與現代中國學術》（臺北：三民書局，1991），頁26。

面爆發。7月28日，駐守北平的29軍宋哲元部撤離，不久北平城便落入敵手。平津淪陷後，北平各高校紛紛南遷，國民政府教育部決定北大、清華、南開三校合併，在湖南省會長沙組建臨時大學。

中國軍隊撤離北平後，日本人並沒有立即進城，馮友蘭與清華同仁懷著悲壯的心情參加了清華的護校活動。他們最初的想法是，守著清華為的是替中國守著一個學術上、教育上完整的園地。「如此星晨非昨夜，為誰風露立中宵。」北平已不屬中國了，還在這裡守著，豈不是為侵略者服務了嗎？一旦意識到了這一點，守護清華的馮友蘭毅然決定南下了。

當時京漢鐵路已被阻斷，南下都得經過津浦路。馮友蘭與吳有訓同行南下，由天津經濟南、鄭州、漢口赴長沙。錢穆則於11月初由天津赴香港，轉道長沙。

長沙臨時大學設有理、工、文、法四個學院，理、工、法三院設在長沙市內，文學院暫駐南嶽衡山。11月3日，馮友蘭、聞一多、朱自清等10人冒雨乘汽車從長沙抵南嶽。這時文學院已到達南嶽的教授有19人，北大歷史系教授容肇祖把這19個人的名字串起來，做成了數首七絕，如：

> 馮闌雅趣竟如何（馮友蘭）
> 聞一由來未見多（聞一多）
> 性緩佩弦猶可急（朱自清）
> 願公超仁莫蹉跎（葉公超）

當時英國詩人、批評家威廉‧燕卜蓀（Willian Einpson）也在南嶽臨大教書，其名難以入詩。據說容肇祖向馮友蘭求助，馮脫口而出，「堂前燕子已卜蓀」，一時傳為佳話。

在容肇祖的詩作中，沒有錢穆、湯用彤、賀麟等人的名字，是因為他們到南嶽比馮友蘭等人晚了整整一月，他們大約在12日4日才到達學校。

文學院駐南嶽聖經書院有一個學期，院長是胡適。由於胡氏遠在美國，由馮友蘭代理。當時南嶽山中學者雲集，學術空氣甚濃，錢穆講中國通史，聞一多講《詩經》，金岳霖講邏輯，吳宓講西洋文學史。在眾多的課程中，最受學生歡迎的是錢穆、馮友蘭、聞一多的課。據文學院外文系學生李賦甯回憶：「當時南嶽山上大師雲集，生活艱苦，但學術空氣活躍、濃厚，授課的教師有馮友蘭、金岳霖、沈有鼎、錢穆、湯用彤、朱自清、聞一多、陳夢家、吳宓、葉公超、柳無忌等，還有英國青年詩人、批評家威廉‧燕卜蓀。當時馮先生的中國哲學史，錢穆先生的中國通史和聞一多先生的詩經這三門課的聽眾極為踴躍。教室窗外擠滿了旁聽的人。每當我回憶起南嶽那一個學期的生活，我總是神往不已，好像是置身於最聖潔的殿堂之中。」[11]馮友蘭

---

11 李賦寧：〈懷念馮芝生先生〉，《追憶馮友蘭》，頁64。

本人對這段教學生活也作了深情的回憶：「我們在南嶽底時間，雖不過三個多月，但是我覺得在這個短時期，中國的大學教育，有了最高底表現。那個文學院的學術空氣，我敢說比三校的任何時期都濃厚。教授學生，真是打成一片。有個北大同學說，在南嶽一個月所學底比在北平一個學期還多。我現在還想，那一段的生活，是又嚴肅，又快活。」[12]

在南嶽山中，學者們一面教書育人，一面又勤於著述，筆耕不輟。錢穆每逢星期六早晨，必下山至南嶽市圖書館借書。當時該圖書館購有商務印書館新出版的《四庫珍本初集》，他專借宋明諸家文集，攜回山中閱讀，皆作筆記。其中有關王安石新政諸條，後來在宜良山中寫《國史大綱》時，擇要錄入著中。有一天，錢穆隨意借一部《日知錄》返山閱讀，忽有新解，感到舊著《中國近三百年學術史》顧亭林一章沒有如此清楚的認識。惟恐書中有誤，於是找來舊著細讀，幸好書中沒有大誤。錢氏自言如果現在撰寫此稿，恐怕與舊稿大有不同，遂有「厚積而薄發，急速成書之終非正辦」之歎。

此時的馮友蘭，正在南嶽山中埋頭從事《新理學》的撰寫。馮氏多年前就有撰寫此書的願望，只因雜事甚多，一直未能將思考的問題見諸筆端。「城破國亡日色昏，別妻拋子離家門。」[13]抗戰時期民族危機的嚴重，激發了馮友蘭的創作熱情，他在南嶽山中奮筆疾書，僅用二月之力，便完成了他抗戰時期最重要的著作《新理學》的寫作。當年和他同住一室的哲學系教授鄭昕回憶說，「馮先生寫起書來，簡直就像一部開動的機器。」

國難當頭，客居他鄉，既激發了學者們的民族意識和著述靈感，同時也為他們交流思想、切磋學問提供了相逢的環境和條件。這麼多的哲學家、史學家、文學家和學者都住在一棟樓裡，朝夕相處，切磋問學，的確是居北平時期所未曾有的。馮友蘭稱在衡山雖然只有短短的幾月，可是他們卻生活在一個神奇的環境裡，精神上深受激勵。馮友蘭完成《新理學》的寫作後，向友人同道徵求意見。他在書稿「自序」中稱「金龍蓀岳霖、湯錫予用彤、錢賓四穆、賀自昭麟、鄭秉璧昕、沈公武有鼎諸先生均閱原稿全部；葉公超崇智、聞一多、朱佩弦自清諸先生均閱原稿第八章，有所指正。」[14]

據錢穆《師友雜憶》回憶，一天傍晚，馮友蘭來到他的居處，把《新理學》手稿送給他披覽，盼其批評。錢穆讀完全稿後，告訴馮氏，理學家論理氣必兼及心性，兩者相輔相成。今君書獨論理氣，不及心性，一取一舍，恐有未當。又，中國雖無自創的宗教，但對鬼神卻有獨特的見解。殷人尊神信鬼，敬鬼神而事之，朱子論鬼神亦多新創之言，故主張馮著在修改時應增加這些內容。錢穆建議馮友蘭將《新理學》第一

---

[12] 馮友蘭：〈回念朱佩弦先生與聞一多先生〉，《三松堂全集》，第14卷（河南：人民出版社，2000），頁165-166。

[13] 馮友蘭：〈我家南渡開始〉（1937年夏），《三松堂全集》，第14卷，頁507。

[14] 馮友蘭：〈新理學・自序〉，《貞元六書》（上海：華東師範大學出版社，1996）。

章改作序論，第二章論理氣下附論心性，第三章專論鬼神，庶可使新理學與舊理學一貫相承。馮友蘭聽後，稱「當再加思」。

其實，錢穆居南嶽時對宋明理學多有注意。他讀王龍溪（畿）先生集，識其講學大要，撰成《王龍溪略曆及語要》一文。又讀羅念庵文集，成《羅念庵年譜》一文。錢穆稱自己讀王、羅二人文集，「於王學得失特有啟悟」，是其「此下治理學一意歸向於程朱之最先開始」。[15]與此同時，錢穆在文學院師生中也作過有關宋明理學的學術講演，如發揮陽明良知之學與知行合一理論的深義，認為王學不把「心」與「物」對立，不把內外分成兩截，直透大義，反向自心，故王學的精髓處，便是「圓渾天成」直訴「自心」。錢氏演講時聽者甚眾，聽眾中就有哲學系教授金岳霖。據錢氏回憶，金岳霖聽他演講後，曾多次到他住處討論理學問題。金岳霖與馮友蘭是同事摯友，在南嶽山中，兩人完成了《論道》、《新理學》的寫作。據馮回憶，兩人在寫作中互看稿子，互相影響，「他對我的影響在邏輯分析方面，我對他的影響，在於『發思古之幽情』方面。……他曾經說，我們兩個人互有短長。他的長處是能把很簡單的事情說得很複雜，我的長處是能把很複雜的事情說得很簡單。」[16]據錢穆自己推測，馮友蘭把《新理學》的手稿送給他閱讀，可能是出自金岳霖的主意。[17]

衡山為五嶽之一，風景奇秀，有「五嶽獨秀」之譽。當時文學院師生有遊山的組織，錢穆、馮友蘭也加入其中。錢穆喜游方廣寺，馮友蘭對「二賢祠」最為注意。「二賢祠」在方廣寺的右邊，是當年張栻與朱熹聚會論學之地。張栻（1133-1180），字敬夫，號南軒，宰相張浚之子，受學於衡山胡宏集，為宋代理學大家。朱熹聞張栻得衡山胡氏之學的真傳，不遠千里，從八閩大地來到湖湘，與張氏同遊南嶽，論中庸之義，「三晝夜不能合」。游方廣寺，記遊唱和之詩多達140餘篇。為了紀念兩人的衡山之會，後人在方廣寺旁建「二賢祠」，祠裡正房名「嘉會堂」，上掛有一塊「一會千秋」的大匾。馮友蘭常去「二賢祠」追念先賢，吟出了「二賢祠裡拜朱張，一會千秋嘉會堂」的詩句。

日軍侵占京滬杭後，沿長江西進，進攻華中，武漢、長沙淪為前線。日寇的瘋狂進攻和大片國土的淪喪，激發了臨時大學學生的抗日熱情，掀起了一個大規模的抗戰衛國的從軍運動。不少學生就地從軍，參加抗戰，也有一部分學生衝破封鎖，奔赴延安。1937年12月的一天，北大學生在南嶽聖經學院的一片露天草地上舉行會議，這既是北大成立39年的紀念會，又是為兩位學生奔赴延安舉行的歡送會。學生邀請馮友蘭、錢穆前去演講。馮先發言，引《左傳》「不有居者，誰守社稷？不有行者，誰扞牧圉」之語，對到延安的兩生多有鼓勵。錢接著發言，對學生作了一番懇切的勸諭。他說抗戰救國，匹夫有責，潛心讀書，多學知識，也是支持抗戰的一種表現，不必人人皆上前錢。即便是要上前線殺敵，也不必長途跋涉，遠投延安。因為延安遠在陝北

---

15 錢穆：《八十憶雙親‧師友雜憶》，頁209。
16 馮友蘭：《三松堂自述》（北京：人民出版社，1998），頁240。
17 錢穆：《八十憶雙親‧師友雜憶》，頁213。

偏遠之地，是後方而非前線。錢穆的講話似乎句句都是針對馮友蘭之言而發的。

　　馮、錢二人對奔赴延安兩學生的不同態度反映了二人不同的政治傾向。1933年9月，馮友蘭利用清華休假機會赴歐洲考察一年，其間訪問過世界上第一個社會主義國家蘇聯。回國後在北平高校大談訪蘇觀感，對社會主義頗有好感，一時被目為「左傾教授」。抗戰時期，他對學生上前線參戰多持鼓勵和支持態度。有一天，在南嶽臨大文學院讀書的韋君誼在小街上遇到了馮友蘭，她對老師說想離開學校到前線去。馮友蘭沉思片刻，點頭說道：「好啊！現在正是你們為國家做點事的時候了。」說完便與學生握手道別。韋君誼在後來回憶文章中說：「馮先生這次，並沒有教我在混亂的局面下，像一個哲學家那樣平心靜氣動心忍性去讀書，卻在街頭莊嚴地鼓勵我──一個青年去抗戰，這印象，一直深深留在我的腦海裡。」[18]

　　錢穆力勸在校學生應安心讀書，這也是他一貫的主張。九一八事變發生時，錢正在北大教書。消息傳來的第二天早晨，他正從西直門附近趕往北大紅樓上課。在課堂上，滿懷悲憤的學生要他談談對「瀋陽事變」的看法，錢穆就趕往學校途中的所見所聞談了一番自己的觀感。他說他在趕往學校上課的途中，耳聞目睹了北平學生呼喊的抗議口號和標語，其中有一則「寧作刀下鬼，不為亡國奴」的口號令他感慨尤深。錢穆認為，此一口號反映了當時青年人在精神上，只是一種消極的、悲涼的、反面的、退一步的情緒和心境，而不是一種積極的、奮發的、正面的、進取的態度。從這句口號中，似乎只看見青年們理智的、在利害上打算，卻沒有看見青年們熱血的、感情上的奮發。外面是慷慨激昂，裡面卻是淒涼慘澹。理智不準確，因而情緒也不健全。瀋陽是中國的土地，日本何得無端攫取，中國青年似乎不覺得其可憤慨、可羞恥，不認他為一種誨辱和輕蔑，而只認為其為一種危險和壓迫。這是知識青年平日心境和情緒的自然的表白和流露，此非小事，實在值得我們深刻的反省。[19]

　　錢穆對「寧作刀下鬼，不為亡國奴」這一口號的理解是否正確，這裡暫且不論。按照錢氏的解釋，青年人應對自己的國家民族抱有堅定的信心和希望，應立志自強，不應以「不亡國」為滿足。如果一遇到挫折就對國家民族失去信心，自然會轉向消沉頹廢。在歡送學生赴前線的演講中，有一位同學用「茫然」二字來形容自己的心境時，錢穆立即有感而發：「戰事正在展開，國家前途不是就此完了。青年報國有他無限的前程，安心留在後方讀書，並不是沒有意義。若謂國家淪亡迫在眉睫，而茫然上前線去，一旦看到國家並不真是淪亡迫在眉睫的時候，那時又不免自生悔心，自生動搖。我們應當把握住自己，即使國家真個亡了，我們還有我們努力的方向。」[20]

　　演講會結束後，馮、錢二人又展開了一場辯論。馮友蘭對錢穆說，你勸學生留校安心讀書，其言不差，但不應對去延安的兩學生加以指責。錢的回答是，你既稱讚兩生赴延安，又怎麼勸得住其他學生留校安心讀書？此兩條路，擺在面前，「此是則

---

[18] 韋君誼：〈敬悼馮友蘭先生〉，《追憶馮友蘭》，頁49。

[19] 錢穆：〈五十年來中國之時代病〉，《歷史與文化論叢》（臺北：東大圖書，1979），頁244-245。

[20] 同上註，頁246。

彼非，彼是則此非」，如君「兩可之見」，豈不自相矛盾。兩人力辨，結果是不歡而散。

把抗戰救國大業能否能及時完成的責任寄託在年輕學子的身上，這是馮、錢二人共同的地方。但在抗戰救國的具體方式和行動上，二人的看法又大異其趣。《論語》中有「狂狷」的界說，孔子云：「不得中行而與之，必也狂狷乎！狂者進取，狷者有所不為也。」在馮友蘭看來，如果時代需要年輕人的血肉來供養，年輕人不妨做一個「狂者」而慷慨赴義；在錢穆看來，醫七年之病，豈能無「三年之艾」的預蓄？所以他認為做不上一個「狷者」，也夠不上做一個「狂者」。「狂者進取」，在當時做一個「狂者」是順應潮流的，容易得到人們的尊敬和理解，而「狷者有所不為」，需待時而動，與潮流相背，不容易贏得人們的同情。所以在那個時代潮流中，錢穆主張做一個「待時而動」的「狷者」，是需要有相當大的勇氣的。[21]當然，錢穆並不是一味反對青年學生上前線殺敵。1941年3月，他應浙江大學的邀請赴遵義為浙大師生作「五十年來中國之時代病」的演講時又重提此事，為自己的觀點辯護：「我的意思並不反對青年們決意上前線去從軍，只反對他們對國家前途的那種消極悲涼專在反面退一步的看法，我只要解除他們那種急躁的淺見。」[22]

對赴延安兩學生的不同態度，反映了馮、錢二人在政治上的不同傾向。然而在政治上的不同看法並不妨礙二人在學術上的往來，馮友蘭仍把《新理學》書稿送錢穆審讀，囑參意見，錢穆稱「芝生此後仍攜其新成未刊稿來盼余批評，此亦難得。」[23]

三、千里「轉進」到滇中

南京失守之後，日軍沿長江西進，進逼武漢，轟炸長沙，國民政府教育部決定將長沙臨時大學遷往昆明。

1938年2月5日，南嶽文學院的師生回到長沙，與其他三院師生會合，開始了由長沙向昆明的撤退，文學院在南嶽山中三個月的學習生活至此結束。臨時大學由長沙向昆明的撤退，按當時的說法叫「轉進」。此次「轉進」共分三路：

一路沿粵漢鐵路至廣州，到香港乘船至越南海防，再乘滇越鐵路火車抵昆明，吳宓等人走的是這一路。一路組成「湘黔滇旅行團」，步行入滇。此路有聞一多、袁複禮、曾昭掄等師生300多名，徒步經湘西、貴州前往昆明。一路由廣西入滇，錢穆、馮友蘭等人走的是這一路。此路乘汽車沿湘桂公路經桂林、柳州、南寧等城市，出鎮南關，繞道河內，再沿滇越鐵路經蒙自入昆明。

一天早晨，汽車經過廣西憑祥縣城時（在中越邊境上），馮友蘭不小心把左手伸

[21] 參見詹耳：〈賓四先生二三事〉，《人生》1954年第8卷第6期。
[22] 錢穆：〈五十年來中國之時代病〉，《歷史與文化論叢》，頁246-246。
[23] 錢穆：《八十憶雙親、師友雜憶》，頁210。

出車窗外，碰在城牆上導致骨折，不得不另乘車趕往河內的一家法國醫院治療。這一場意外的事故把馮友蘭「轉進」昆明的時間比其他人拉長了一月左右。

在河內住院期間，馮友蘭認真思考了錢穆在南嶽時對《新理學》所提出的修改建議，覺到錢氏之言言之有理，決定增加「鬼神一章」。

長沙臨時大學遷滇後，改名為西南聯大。由於昆明沒有足夠的校舍，文、法學院移至蒙自。錢穆住在校內宿舍裡，埋頭從事《國史大綱》的撰寫，馮友蘭則住在桂林街一家民宅中，從事《新理學》一書的修訂。他在修改書稿時，部分採納了錢穆的意見，如以首章移作「緒論」，增加了鬼神一章。今查《新理學》一書，第九章即專論「鬼神」。不過馮友蘭認為朱子論心性，無甚新意，所以馮著論朱子思想時，仍不談心性。據說聯大有一次演講，馮友蘭稱：「鬼者歸也，事屬過去。神者伸也，事屬未來。錢先生治史，即鬼學也。我治哲學，則神學也。」[24]錢穆在晚年的回憶中也記有此事，稱「芝生雖從余言增鬼神一章，而對余憾猶在，故當面挪揄如此。」[25]事實上，馮氏所謂鬼學、神學之別，意在區分史學、哲學的不同，用語不失幽默，何曾「挪揄」？

《新理學》完成後，由於懼怕日機轟炸導致書稿散失，在正式出版前，曾先在蒙自石印若幹部，「分送同好」。這就是最初的《新理學》版本。該書是馮氏哲學體系的奠基之作，在他的哲學建構上具有特別重要的意義。完成書稿後的馮友蘭，興奮不已，在石印本的扉頁上題下一詩：

> 印罷衡山所著書，躊躇四顧對南湖。
> 魯魚亥豕君休笑，此是當前國難圖。[26]

抗戰八年，北大、清華、南開三校合作，弦歌不輟，為抗戰救國培育了大批人才。誠如馮友蘭在《國立西南聯合大學紀念碑》所說：「文人相輕，自古而然，昔人所言，今有同慨。三校有不同之歷史，各異之學風，八年之久，合作無間，同無妨異，異不害同，五色交輝，相得益彰，八音合奏，終和且平。」[27]當然，三校之間也沒非完全沒有矛盾和摩擦，特別是在聯大初創時期，這種矛盾和摩擦一度還表現得較為明顯。當時聯大不設校長，由三校校長組成常務委員會共同主持校務。南開校長張伯苓擔任國民參政會議長，長駐重慶；北大校長蔣夢麟應邀出任國際紅十字會中國負責人，不經常處理校務。惟清華校長梅貽琦常駐昆明，處理日常事處。梅氏在任命聯大各學院院長、系主任時，不免偏向清華，於是引起了其他兩校師生，尤其是北大師生的不滿。何炳棣在《讀史閱世六十年》中回憶說：「最初較嚴重的是北大與清華之

---

[24] 錢穆：《八十憶雙親、師友雜憶》，頁213。
[25] 同上註。
[26] 馮友蘭：《手校新理學蒙自石印本》（1938年8月），《三松堂全集》，第14卷，頁511。
[27] 馮友蘭：〈三松堂自序〉，頁339-340。

間的摩擦，主要是由於北大資格最老，而在聯大實力不敵清華，畛域之見最突顯於暫時設在蒙自的文法學院。」[28]錢穆在《師友雜憶》中對此事也有記載。有一天，蔣夢麟有事到蒙自，北大一些教授向他訴說聯大人事任命的不公，一時師生群議分校，力主獨立。錢穆對偏向清華也時有不滿，曾說：「文學院院長常由清華馮芝生連任，何不輪及北大，如湯錫予（用彤），豈不堪當上選。」不過，他對分校一事也頗不以為然。他在發言中說，目前國難方殷，大家應當以和為貴。他日勝利復員，各校自當獨立，不當在蒙自爭獨立。蔣夢麟採納了錢穆的意見，分校之議遂告平息。

1939年秋後，錢穆離開了西南聯大。以後輾轉成都，在齊魯大學國學研究所、華西大學任教。馮友蘭一直在西南聯大，直到抗戰勝利，復員北平。1939年以後，錢、馮二人見面漸少，但也不是沒有來往。比如二人曾在重慶復興關為國民黨「中央訓練團」講課，同住一處。1941年6月，《思想與時代》月刊在貴州遵義創刊，二人皆是該刊的主要撰稿人，錢穆把發表在該刊上的有關思想文化方面的文章，結集出版了《中國文化史導論》一書，馮友蘭1942年起連續在該刊上發表了10篇文章，合起來成《新原人》一書，1943年由商務印書館出版。

《新原人》是一部講人生哲學的著作，與馮友蘭在抗戰時期所寫的《新理學》、《新事論》、《新世訓》、《新原道》、《新知言》合稱「貞元六書」。馮氏在《新原人》「自序」中說：

> 「為天地立心，為生民立命，為往聖繼絕學，為萬世開太平」，此哲學家所應自斯許者也。況我國家民族，值貞元之會，當絕續之交，通天人之際、達古今之變、明內聖外王之道者，豈可不盡所欲言，以為我國致太平、我億兆安心立命之用乎？雖不能至，心嚮往之。非曰能之，願學焉。此《新理學》，《新事論》，《新世訓》及此書所由作也。……世變方亟，所見日新，當隨時盡所欲言，俟國家大業告成，然後匯一時所作，總名之曰「貞元之際所著書」，以志艱危，且鳴盛世。

後來馮友蘭在《三松堂自述》中對「貞元之際」作了這樣的解釋：「所謂『貞元之際』，就是說，抗戰時期是中華民族復興的時期。當時我想，日本帝國主義侵略了中國大部分領土，把當時的中國政府和文化機關都趕到西南角上。歷史上有過晉、宋、明三朝的南渡。南渡的人都沒有能活著回來的。可是這次抗日戰爭，中國一定要勝利，中華民族一定要復興，這次『南渡』的人一定要活著回來。這就叫『貞下起元』。這個時期就叫『貞元之際』。」[29]所以馮氏稱：「貞元者，紀時也。當我國家民族復興之際，所謂『貞下起元』之時也。」

---

[28] 何炳棣：《讀史閱世六十年》（桂林：廣西師範大學出版社，2005），頁149。
[29] 馮友蘭：《三松堂自述》，頁263。

面臨著日本侵略者壓城之黑雲，馮友蘭宣稱這就是民族復興和民族覺醒的前夜，堅信嚴冬即將過去，春天就會到來，國家民族必將有復興之一日。這種對國家民族充滿著自信的情感也真切的體現在錢穆身上。

　　九一八事變後，日本侵占東三省，步步進逼華北，日本人的飛機時時在北平城的上空低空盤旋，文化古都已成「危城」。此時在北大任教的錢穆目睹日寇猖獗，憤慨尤深。他的《中國近三百年學術史》就寫於這一時期，「斯編初講，正值九一八事變驟起。五載以來，身處故都，不啻邊塞，大難目擊，別有會心。」[30]此時在清華任教的馮友蘭也發出了與錢穆同樣沉重、激憤的呼聲。他在《中國哲學史》自序（二）中說：「此第二篇稿最後校改時，故都正在危急之中。身處其境，乃真知古人銅駝荊棘之語之悲也。值此存亡絕繼之交，吾人重思吾先哲之思想，其感覺當如人疾痛之見父母也。吾先哲之思想，有不必無錯誤者，然『為天地立心，為生民立命，為往聖繼絕學，為萬世開太平』，乃吾一切先哲著書立說之宗旨。無論其派別為何，而其言之字裡行間，皆有此精神之彌漫，則善讀者可覺而知也。」錢、馮二人皆出生在甲午戰敗、割讓臺灣之年，他們的一生都與中國甲午戰敗以來的時代憂患相終始。面對日寇的步步侵逼，具有強烈民族憂患意識和強烈民族情感的錢穆在《近三百年學術史》中特嚴夷夏之防，表彰晚明清初諸儒不忘種姓的民族氣節，高揚宋學經世明道、以天下為己任的精神。在《國史大綱》中，他旗識鮮明地祭起了宋學經世的旗識，對時人認定的宋學為空虛疏陋之學痛加批駁，稱「自宋以後，一變南北朝隋唐之態度，都帶有一種嚴正的淑世主義」，「以天下為己任，此乃宋明以來學者惟一精神所寄」。[31]錢、馮二人對宋明理學皆有精深研究，錢穆在宋明理學中推尊朱子，馮友蘭宣稱他的《新理學》是接著程朱講，他寫「貞元六書」的宗旨就是弘揚宋儒「為天地立心，為生民立命，為往聖繼絕學，為萬世開太平」的救世精神。可以說，抗戰時期錢、馮二人以弘揚宋學為己任，他們都是當時中國學術界「新宋學」的代表人物。

　　1942年11月，華西大學文學院院長羅忠恕與錢穆、蒙文通等人在成都發起組織「東西文化學社」，馮友蘭為學社成員之一。1943年，馮友蘭利用清華第二次休假的機會，到成都華西大學作學術演講。有一天，華西壩諸教授為馮氏舉行歡迎茶會，錢穆、梁漱溟等人皆在座。在茶話會上，二人不知因何原因展開了一場關於「當中國人」還是「當世界人」的辯論。錢穆稱「今日當勉做一中國人」，馮友蘭則認為「今日當做一世界人」。錢回應馮氏道：「欲為世界人，仍當先作一中國人。」二人爭辯，各執一辭，互不相讓。梁漱溟見狀，急忙在二人間作緩衝，稱無論做一中國人，還是做一世界人，都不應當忘記自己的祖國。此場爭論，自然沒有結果，但從中也反映了二人在中西文化觀上的差異。在馮友蘭看來，中西文化是「古」與「今」的關係，中國要趕上西方，必須要向西方學習，先做一世界人。錢穆則認為中西文化並非

30　錢穆：〈自序〉，《中國近三百年學術史》（北京：中華書局，1986），頁4。
31　錢穆：《國史大綱》（下冊）（北京：商務印書館，1940），頁555、606。

是時間的「古今之異」，而是「中外之別」，是文化類型的不同，兩者無高下之分。所以他比較中西文化，多從民族文化的個性差異入手進行考察分析，力主先做一中國人。錢穆晚年在《師友雜憶》中憶及此事，稱「芝生自負其學，每語必為世界人類而發，但余終未聞其有一語涉及於當前之國事」。此種評論就與事實不大相符，不免有些意氣用事了。

四、學者的「政治關懷」

錢穆與馮友蘭是學者，但又不是純粹埋首書齋、不問時事的學者，他們雖然沒有直接參與政治，但卻又關心政治，不忘情於政治。當年錢穆第一次被抗戰「最高領袖」蔣介石召見時，蔣問錢「你是否對政治有興趣」，錢的回答是：「我治歷史，絕不會對政治不發生興趣。即如當年顧（炎武）、黃（宗羲）諸人，他們盡不出仕，但對歷史上的傳統政治都有大興趣，其對現實政治乃至此下可能的理想政治亦都極大關心。」[32]馮友蘭兩度加入國民黨，曾出席國民黨六大並為主席團成員，在政治關懷方面，較錢穆尤深。

抗戰時期，蔣介石提倡宋明理學，復興民族意識，這與錢穆、馮友蘭的論學宗旨是相契合的。當時兩人在西南後方，或著書立說，或奔走演講，皆以弘揚民族文化，昂揚民族精神為己任，這自然會引起抗戰「最高領袖」的注意和共鳴。馮、錢二人在抗戰時期數次受到蔣介石召見、賜宴，禮遇有加。1943-1945年間，兩人三度赴陪都重慶，在復興關為國民黨「中央訓練團黨政高級訓練班」講課，錢講「宋明理學」，講「晚期諸儒之學術及其精神」；馮講「中國固有道德」、「中國固有哲學」。最後一次講學，錢穆與馮友蘭、蕭公權、蕭叔瑜同住一室，同在復興關過陰曆年。在元旦的那天早晨，蔣介石曾親臨其住所看望，問寒問暖，令他們感動不已。

有學者在《中國青年報》上發表了一篇訪談文章，題目為《人物風流：談談一生多變的馮友蘭》，文中也談到了錢穆：「領袖請學者吃飯，是學者和政治家更直接的交往。當年錢穆就是在四川青木關吃了蔣委員長的飯，以後說話就不自由了。正所謂文人難過皇帝關。」據錢穆《屢蒙蔣公召見之回憶》一文記載，1941年春末，他赴青木關教育部開會，會後返成都，忽得教育部來函，說委員長想召見他，詢問其是否短期內可再往，錢回函婉拒。這是他承蒙蔣氏召見而未獲晉謁的一次，自然談不上在青木關吃蔣委員長的飯。

據已有的材料觀察，至少在1949年以前，錢穆還是一個說話自由的學者，有自己獨立的見解，並沒有因蔣介石的召見、賜宴而改變其學術立場。抗戰時期，錢穆寫過不少研究中國傳統政治的文章，力主中國傳統政治是民主政治而非專制政治。此一觀

---

[32] 錢穆：〈屢蒙蔣公召見之回憶〉，《錢賓四先生全集》，第23冊，收入《中國學術思想史論叢》，第10冊（臺北：聯經出版事業公司，1998），頁83。

點在當時可能被國民黨當局所利用。馬克思主義學者胡繩批評錢氏宣傳這一觀點的目的在於「攀龍附鳳」，[33]自由主義學者胡適攻擊錢氏的「見解多帶反動意味」、「擁護集權的態度亦頗明顯」。[34]其實，錢穆的「非專制」論早在30年代前期在北大任教時即已提出，且為其一生所堅持，並非在蔣委員長宴請他以後一夜提出來的。

錢穆第一次被蔣介石單獨召見的時間是1942年6月22日，地點在成都中央軍校，談論的內容多為宋明理學，尤其是明末清初遺民顧、黃、王諸家思想。他說顧炎武注重地方政治，黃宗羲主張內閣有權，主張法治與清議，王夫之提倡風俗人心之改造，「一則看到大處，一則切於實際，一則洞察人心，其特點皆以儒家學說，運用之於實際政治，而為有體有用之學。」[35]蔣對錢的看法表示贊同，**兩人談話一小時後即到中午，蔣遂命錢同餐，並請他坐上座，以示尊敬。餐後又續談十多分鐘，賓主才依依告別**。錢穆是學者，一生雖然未加入任何黨派，但他對現實政治的關心並不亞於胡適、傅斯年等捲入政治甚深的一班學人，在抗戰時期尤其如此。

其實，錢穆並不反對知識分子參政，相反他還不斷在為知識分子參政、引導社會尋找歷史依據。錢穆認為由學術界與教育界所形成的「道統」，其地位乃在政府所形成的「法統」之上，中國歷史的正途是「經濟軍事須由政治領導，而政治則須由教育來領導」，凡是「道統」的執行者——知識分子直接參加政治，掌握實際政權，就能「時運光昌」。如景帝師晁錯，武帝師王臧；而賈誼「政事疏」與董仲舒「天人三策」，奠定了西漢的政治規模。平民學者公孫宏的拜相封侯，從此形成「士人政府」。南北朝之際，南士尚清談，與政府對抗；北士較篤實，與政府協調，此即統一勢力來自北方而開隋唐盛世之主要因素。范仲淹的「十事疏」與王安石的萬言書，其以天下為己任的精神始終貫統著以後宋代的歷史。[36]抗戰時錢穆寫有《道統與治統》一文，指出中國傳統政治有一要義就是「政治」與「學術」緊密相融洽，凡社會學術能上憾政府，領導政府的時代，政治就表現得有活力；反之政府與社會學術隔絕，政治必日趨惡化，對歷史上知識分子參政的作用給予了充分地肯定。

抗戰時期，蔣介石大力提倡宋明理學，而宋明理學又是錢穆平生最看重、最喜愛的一門學問。教育部國立編譯館編宋元明清四朝學案，即是在蔣的授意下進行的，其中《清儒學案》即由錢氏承擔。在初次被召見時，錢穆向蔣彙報了編寫《清儒學案》的情況，蔣對錢從事的這項工作鼓勵有加，稱**「此書關係中國哲學與民族傳統精神之恢弘闡揚，至為重要」**。**盼其專心致志，著成此編，嘉惠後學**。在錢穆的眼中，蔣的確是一位「禮賢下士」的領袖，以抗戰「最高領袖」的身分如此關心學術文化，給他

33 沈友谷（胡繩）：〈評錢穆著《文化與教育》〉，《群眾週刊》1944年第9卷第3、4期。

34 胡適著、曹伯言整理：《胡適日記全編》，第7卷（合肥：教育出版社，2001），頁539-540。

35 〈蔣中正與錢穆討論宋明理學儒家思想等談話紀要〉，《蔣中正「總統「文物」，臺北「國史館」藏，典藏號：002-080114-00018-009。

36 參見湯承業：〈讀《國史大綱》與《國史新論》感言——道統與法統獻論〉，《錢穆先生八十歲紀念論文集》（香港：新亞研究所，1974），頁386-388。

留下了極為深刻的印象。錢穆稱與蔣初次見面，談話不到數分鐘，已使他「忘卻一切拘束，歡暢盡懷，如對師長，如晤老友」。[37]他從蔣「謙恭下士」的舉動中看到了中國文化復興的希望，增強了對蔣領導抗戰的信心。抗戰之前，錢穆雖然已名播學界，但他只是一個潛心學問的知識分子，與國民黨政權沒有多少關聯。抗戰時，錢穆數度受蔣介石召見、賜宴，禮遇有加，以抗戰領袖的身分關心文化學術，蔣對錢有「知遇之恩」，他在政治上真心擁蔣，把民族復興的重任寄託在了蔣介石的身上。

1949年，在大陸政權即將易手之際，馮友蘭和錢穆作出了人生中截然不同的選擇。1946年8月，馮友蘭赴美講學，於1948年3月回國。在回國之前，他已取得了在美「永久居留」的簽證。但是身處異國的馮友蘭，時常卻不能忘懷祖國。「雖信美乃非吾土兮，夫胡可以久留？」居美期間的馮友蘭時時吟頌王粲《登樓賦》的這一句話，表達了他對祖國的思念之情。當時國內局勢已發生了重大轉變，解決軍由戰略防禦轉入進攻，國民黨軍隊節節敗退，不少朋友勸他留在美國。馮友蘭卻說：「俄國革命後，一些俄國人跑到中國居住，稱為『白俄』。我絕不當『白華』。解放軍越是勝利，我越是要趕快回去，怕的是全國解放了，中美交通斷絕。」[38]為了把「根」依附在祖國的大地上，馮友蘭毅然選擇了回國。

在解放軍包圍北平期間，南京政府實施了「搶救」北平學人的計畫。在被「搶救」名單的第一類中，就有清華大學文學院院長馮友蘭的名字。但他拒絕離去。1948年12月14日，清華大學校長梅貽琦離開北平南下，馮友蘭被校方推為校務委員會主席，擔負起了「護校」的重任，最後把清華完整地交到了人民的手中，為新中國教育事業保存了元氣。

1949年以後的馮友蘭，改信馬列，否定自己的過去，也真心寫過不少頌揚社會主義、歌頌偉大領袖的文章。但是在文革期間，仍然受到衝擊、批判，無法「潔身而退」。文革後期，在「批林批孔」的浪潮聲中，一度失去了自我，說了一些違心的話，寫了一些違心的文章。海外學者對馮友蘭，特別是晚年的馮友蘭多有指責，批評他觀點多變，沒有氣節。錢穆也不例外，對故友多有指責。

馮友蘭在《三松堂自述》中對文革後期批孔的行為作了深刻的反省、檢討，以未能做到「修辭立其誠」而自責。20世紀90年代以來，海外學者也以「同情之了解」的眼光看待馮友蘭的晚年。比如傅偉勳在馮氏去世不久撰文指出：「我對他晚年的行為的苛評，今天重新『蓋棺論定』，應當收回。……包括文革在內的近現代中國歷史的變遷，如此錯綜複雜，我們千萬不能針對個人去作歷史的以及道德的評價，我們必須從多種角度去考察整個事件，整段歷史的前因後果，來龍去脈。……將近九十高齡的馮友蘭仍能面對自己，談誠、偽之分，敢於公開自己的錯誤，敢於剖心，似乎暗示他的赤子之心始終未泯。他的內在真實不因外在苦難與『吾不得以也』的曲折妥協，而

37 錢穆：〈屢蒙蔣公召見之回憶〉，《錢賓四先生全集》，第23冊，收入《中國學術思想史論叢》，第10冊，頁83。
38 馮友蘭：《三松堂自述》，頁118。

消失不見。[39]此段評論可謂平實之論。

有人評價馮友蘭一生太過於接近政治，太過於接近權貴。其實，錢穆晚年又何嘗不是如此。

1949年，潰敗的國民黨政府遷往廣州，組成「戰時內閣」，一批不認同新政權的學人南下廣州，這其中就有錢穆。後來錢氏居香港辦學，固然有延續中國文化於海外的志業宏願，但反共的立場也毫不隱瞞。錢穆客居香江辦學期間，每年必至臺灣，接受蔣氏父子的召見，新亞書院最初的一部分辦學經費即來臺灣「總統府」的撥款。蔣介石曾把自己寫的《科學的學庸》一文交其審讀、修改，錢穆自己也寫過不少捧蔣的文章，稱蔣是「一位高瞻遠矚的政治家」、「豐功偉業，一世莫兩」，甚至在一篇頌蔣的壽文中稱蔣「誠吾國歷史上最具貞德之一人。秉貞德而蹈貞運，斯以見天心之所屬，而吾國家民族此一時代貞下起元之大任，所以必由公勝之也」。[40]

1950年代初，錢穆在香港撰文公開反對蔣介石連任，還保留了知識分子對政治問題的獨立見解。1959年9月，他入臺講學，受到蔣介石的召見。當時國民黨第三屆「總統」選舉即將舉行，蔣立意再謀連任，問錢穆「此次選舉，你是否有反對我連任之意？是否公開發表文字？」錢穆立改過去反對連任的態度，稱「今已時移境易，情況與過去大不相同，擔負此總統之最適當人選，非總統莫屬」。[41]錢穆晚年的捧蔣、頌蔣，遭到了當時臺灣反傳統的激進青年李敖的猛烈攻擊。這位「文星論戰」時期西化派的主將撰文稱，在他成長的道路上，有一位大人物曾經逼近了他，這位大人物便是有「一代儒宗」、「當代朱子」之譽的錢穆。但是他又很快擺脫了錢氏的影響而把他定位成一名「反動的學者」加以攻擊。因為在他看來，「歷史上，真正『一代儒宗』是不會倒在統治者的懷裡的！」[42]

39 傅偉勳：〈馮友蘭的外在苦難與內在真實——為悼念馮氏而作〉，《中國時報》1990年12月11日。
40 錢穆：〈總統蔣公八秩華誕祝壽文〉，《錢賓四先生全集》，第23冊，收入《中國學術思想史論叢》，第10冊，頁44。
41 錢穆：〈屢蒙蔣公召見之回憶〉，《錢賓四先生全集》，第23冊，收入《中國學術思想史論叢》，第10冊，頁89。
42 李敖：〈「一朝眉羽成，鑽破亦在我」——我與錢穆的一段因緣〉，《白眼看臺獨》（北京：中國友誼出版公司，1993），頁157。

第三十二章　臺灣學術期刊近十年錢穆研究概述 （2010-2020）

嶺南大學歷史系
曾苡

一、前言

　　2017年夏，周佳榮教授集結新亞研究所「誠明講堂」講義，出版專書《錢穆史學導論——兩岸三地傳承》，此書原擬副標題為「從北大到新亞」，周氏「後來覺得兩岸三地傳承較為貼切，更能凸顯錢穆史學的氣象」[1]，誠如此言所然，錢穆研究於中國大陸、香港、臺灣學術界皆可謂方興未艾，這與錢穆先生的生命軌跡之間恰有難以縷緒的聯繫和內在邏輯。[2]當代臺灣以自由討論的學術風氣，吸引兩岸三地學者競相出版錢穆研究的重要成果，故本文以近十年來臺灣學術期刊刊登之研究論文為個案，窺測錢穆研究之最新趨向。

　　本文擬就2010年至今臺灣學術期刊中錢穆思想與錢穆生平學之研究為討論中心，以五種「研究專題」透視錢氏學術思想和當代學者對錢穆人文精神之關切：其一，錢穆與經學、理學等中國文哲的詮釋研究；其二，錢穆與清代學術史研究；其三，錢穆史學、方法與考證，及其概念史；其四，錢穆生平學研究，包括錢穆學術生命史，以及與學人交遊考；其五，從文化傳承與學術精神重探錢氏思想價值。透過臺灣學界對錢氏生平與思想的回顧，可略述現階段華語學者對錢穆，乃至對清季與民國知識人（Intellectuals）的研究旨趣，最後就錢學此課題略作一展望。

二、錢穆與經學、理學等中國文哲的詮釋研究

　　錢穆先生對先秦諸子、儒家經典等留下卷帙浩繁的研究專書和單篇散論，錢氏文本的解讀與考訂是中文、哲學系學者長期以來的興趣所在，近十年來臺灣學界研究論

---

[1]　周佳榮：《錢穆史學導論——兩岸三地傳承》（香港：中華書局，2017），頁序。

[2]　有關二十世紀中國大陸的錢穆研究，區志堅博士曾做出較詳實的概述，參見區志堅：〈1949年以來中國大陸對錢穆的研究概況——從批判到肯定到奉為國學大師之歷程〉，《聯大歷史學刊》1998年創刊號，頁22-50。

述湧現，包括對錢穆《中庸新義》、《孔子與論語》的再詮釋，以及透過錢氏《劉向歆父子年譜》再考證兩漢今古文問題，還有對錢穆《陽明學述要》的解讀。

蘇子齊撰〈「內在和」與「外在和」：錢穆《中庸新義》「中和」說的淵源與價值〉一文，認為錢穆〈中庸新義〉篇別開生意，大異於程朱理學已有的範式。《中庸》論「中和」之處，見其首章「喜怒哀樂之未發，謂之中；發而皆中，謂之和」，錢穆的闡釋用「天平」和「砝碼」譬喻「中和」，人心之靜如天平，「喜怒哀樂，猶如天平一邊之砝碼」，外來之物一頭重，心中另一頭需增上砝碼。蘇子齊總結為，錢穆的「中和論」，必須以物我交感的不斷調適變動中來進行理解，所重在於「和」不在於「中」。[3]

關於錢穆之《論語》與孔學研究，可見兩文，劉繼堯〈錢先生論〈論語〉為學次序及其「歷史心與文化心」初探〉和楊錦富撰之〈錢穆〈孔子與論語〉義涵之探究〉。劉繼堯在文中談及，錢穆言之「孔學全體」是匯通物、事、人、心性而貫通內外，但為學的次序有先後，從何者入手呢？劉繼堯指出，錢穆先生逆轉《論語》為學次序，偏向「遊於藝，依於仁，據於德，志於道」，「遊於藝」者最為先，「學」為全體精神所在。所謂「藝」者，不限於六藝，「駕駛汽車之類亦社會人生實務」，猶如古人之「藝」。此皆錢穆「歷史心與文化心」學術觀的反映，包括對歷史文化「積累」的繼承，從歷史中求取「標準」「公例」，以致「下學上達」的目標。[4]楊錦富一文考訂了錢氏關於《論語》、孔學的諸多著述版本，猶以1974年聯經出版公司出版之《孔子與論語》分量最重，錢氏教人讀論語，「首在兼讀註，次則不偏考據的義理辭章」。二者貫通，對《論語》義涵有通透深入的了解，楊文尤其重視透過錢穆重審《論語》的現代人文義涵，使天下人相安相樂，即儒家用世的極致。[5]

兩漢今古文問題，是經學史上巨大課題之一，錢穆先生1929年著《劉向歆父子年譜》，曾出版於《燕京學報》，駁康有為論劉歆偽作古文諸經，驚動學術界。林惟仁撰《錢穆論兩漢今古文及其相關問題》一文，考證錢氏〈年譜〉一文令北平各大學經學史課程停開與實際情況不符，林文指出錢穆以戰國為界限，所定義的兩漢今古文是「新學」、諸子學與「舊學」、王官學之別，而非後世所指文字或經文的差異，錢氏所謂古文，僅能指涉《詩》、《書》、《六藝》，不能旁涉其他諸子傳說，林惟仁認為這等同於架空了「今古文之爭」的辯論邏輯，反而形成一種門戶之見，這是基於錢氏史學治經學的導向，對朱子「義理」之偏好，林氏最後談到，兩漢今古文仍舊是未竟之學。[6]錢穆論經學另一篇值得關注，范麗梅《經史子脈絡下的「經學」發展省

3　蘇子齊：〈「內在和」與「外在和」：錢穆《中庸新義》「中和」說的淵源與價值〉，《子衿論衡（中正文哲研究集刊）》2018年第3期總第19期，頁53-88。

4　劉繼堯：〈錢先生論〈論語〉為學次序及其「歷史心與文化心」初探〉，《成大歷史學報》2015年第48號，頁243-280。

5　楊錦富：〈錢穆《孔子與論語》義涵之探究〉，《美和學報》2013年第32卷第2期，頁111-130。

6　林惟仁：〈錢穆論兩漢今古文及其相關問題〉，《中國文哲研究集刊》2016年第49期，頁163-200。

思──重讀胡適與錢穆的一個觀點〉，範文認為，經學在傳統學術的轉型中招致解體與消亡，最甚者以「史學化」的方法苟延殘喘，其實符合近代思想革命以胡適引領之「重新固定一切價值」內在邏輯。錢穆對經學「史學化」的重新認識，論及經、史、子、集四部分類的依據不在西方學術的學科知識，而在於時間先後產生不同分類，是一種主次立體結構。藉以錢氏思考理路，不妨可回應經學「學科化」的片面認識，經學與史學、語言學、文字學的跨領域結合方可因應余英時先生所言「中國的文化危機」。[7]

　　另有陳麗慧撰〈錢穆與《陽明學述要》：中國式的文藝復興〉一文，論述常被忽視的錢氏陽明學研究。錢氏陽明學僅有一冊1930年出版之《王守仁》（後更名《陽明學述要》）傳世，陳文以為，錢穆對於梁啟超抬高考證學貶低王學的門戶之見，頗為不滿，文在解讀王陽明的「致良知」與其經世特質，意在集中回應梁啟超，而非有意將宋明理學與中國改革結合，這種跳脫追尋更廣大的面相，是錢穆不同於其他新儒家之處。[8]

三、錢穆與清代學術史研究

　　錢穆據北大開課講義纂修之《中國近三百年學術史》以時代之先後，聯繫清儒學術史的脈絡，近年研究可見錢穆論曾國藩、姚際恆、章學誠、龔自珍等。許惠琪在〈「不通德行，不足以從政」：試論錢穆《中國近三百年學術史》表彰曾國藩之原因〉一文中，探究錢氏《中國近三百年學術史》對於曾國藩何以單獨立篇章，推崇備至。許氏破既有研究門戶之見說，更著眼於宋代「明體」與「達用」合一，「盛德」與「大業」不二的政治理想。許氏認為，在錢穆眼中，宋學之義涵不僅是專談心性的哲學，宋學真脈不僅是歷代學術均具之經世精神，更在經世方針上將道德與政治體用合一。對於曾國藩繫乎士習吏治、風俗人心的「為政之道」，錢穆惺惺相惜，其揄揚曾氏背後的危機意識是基於中西政治思想的觀察，憂心中國宗教氛圍不如西方濃烈，尚不足以實行「全盤西化」政治。[9]

　　張曉生在〈錢穆論姚際恆〉中談到，錢穆先生是除了顧頡剛之外對於姚際恆最為注意的學者，但表現出不同於顧頡剛等其他學者的傾向，對於姚際恆學術著重在分析除了其「疑古」特質的學術淵源，更有意探究姚際恆學術與當時學風、學者間的關係，及其在清初學術環境中的定位，呈現了一位「時代中」的姚際恆。張文認為，錢穆精確觀察到姚際恆「長於辨偽」學術表現的思想基礎，而姚在經書文獻上要求「存

7　范麗梅：〈經史子脈絡下的「經學」發展省思重讀胡適與錢穆的一個觀點〉，《中國文哲研究通訊》（「重讀五四」專輯）2019年第29卷第4期，頁133-163。

8　陳麗慧：〈錢穆與《陽明學述要》：中國式的文藝復興〉，《鵝湖月刊》2010年第36卷第1期，頁51-64。

9　許惠琪：〈「不通德行，不足以從政」：試論錢穆《中國近三百年學術史》表彰曾國藩之原因〉，《臺大文史哲學報》2017年第88期，頁73-117。

真」、「別偽」，其實是進行一種極端的「回歸」，回歸到他所想像的「經典的原初狀態」。此解經不論漢宋的反叛性格，被刻意的放大與推揚，姚際恆的學問雖然一直被視為「一空倚傍」、別樹一幟，但不能不論所受浸潤之影響。[10]

劉繼堯〈錢穆先生對章學誠論述的轉變──以錢穆先生對「浙東學術」論述的轉變為重心〉一文中，劉氏發現錢穆對章學誠的論述並非一成不變，這種變化明顯見於錢先生對章學誠「浙東學術」的論述。關於章學誠「浙東學術」的溯源，錢穆早期認為陽明學溝通了道問學與尊德性，因此章學誠「浙東學術」可以上溯至王陽明。至四十年代，在錢先生發表的不同文章中，陽明學已不能溝通道問學與尊德性，甚至有廢學之嫌。劉氏認為，這源於錢先生以「歷史心與文化心」此人文演進的眼光來解決朱陸之間的分歧。[11]

有關錢穆論清儒龔自珍，可見簡承禾，〈錢穆〈中國近三百年學術史〉對龔自珍的評論及其意義〉。錢穆凡論清代學術史，必然緊扣宋學來論述，但討論到常州學派時，一方面對其所衍生的問題感到不滿，更深責其談經世濟民卻不能上承宋學精神。錢氏認為唯有宋學精神可以論經世，故對常州學派以《公羊》學說為致用不以為然，所以即使龔自珍為常州眉目，以《公羊》為論政，將常州學派往前推進一大步，只被錢氏置於「論學」一節。[12]

四、錢穆史學、方法與考證，及概念史

錢穆以史家出身，其史學、考證尤其受當代歷史學者的關切，近年來重審錢穆史學已不再局限於史料考訂，更以民族主義建構、身分認同、「國史」概念的敘述為取向。受當代史學之「文化轉向」的影響，歷史學者不僅關注事實，更關注事實是如何被塑造，如呈現錢氏偏愛之朱子形象、民族主義建構與國史書寫，以及中國大陸在「本土化思潮」中的錢穆敘事與身分認同。

對錢穆《國史大綱》的史料考訂，研究成果可見遊逸飛，〈海上女真──錢穆《國史大綱》史源考之一〉一文。錢氏做註釋的幾行小字「女真曾以巨艦五十艘由圖們江口泛海南航。其船長九十餘丈，或六、七十丈……」在修訂版的出現吸引遊氏的注意，此「海上女真」華文學界幾乎未有人提及，錢穆參考資料從何而來？游氏考證得出史源並非來自日本平安時代的史籍《朝野群載》或梁啟超的文字，而最大可能來自藍文徵（1901-1976）於1953年在《民主評論》發表的〈海上的女真〉一文，遊氏藉此考證指出錢穆對史料的取捨不局限在舊史料，也同樣在海外史料的吸納中的伴隨民

---

[10] 張曉生：〈錢穆論姚際恆〉，《淡江中文學報》2017年第37期，頁203-230。

[11] 劉繼堯：〈錢穆先生對章學誠論述的轉變──以錢穆先生對「浙東學術」論述的轉變為重心〉，《東吳歷史學報》2010年第24期，頁109-147。

[12] 簡承禾：〈錢穆〈中國近三百年學術史〉對龔自珍的評論及其意義〉，《書目季刊》2015年第48卷第4期，頁37-51。

族自豪感等學理之外的因素。[13]

錢穆史學的建構論詮釋，可參見兩篇大學部與碩士班習作，文風雖然尚未成熟，但不失為史學後輩的一些嘗試，其一為李筱萱，〈以建構論角度重看錢穆史學中的民族主義觀〉，其二為吳凱雯，〈以史為宗——以錢穆、余英時建構朱子形象為例〉。李筱萱其文嘗試透過與「他者」的比較，論證錢穆史學的民族主義意在提振民族自尊心，但錢氏的價值判斷、公允與否有待商榷[14]，吳凱雯認為錢穆與余英時在對朱熹的形象建構上，秉持「史學立場」和「貫通」之概念，可見錢余二人一脈相承的關係。[15]

錢穆對「國史」概念的肯認何以塑造，其書寫實踐與章太炎時代的分野可見宋家復撰〈現代中國史學中「國史」實作意義的轉變：從章太炎到錢穆〉一文，內容甚詳。文章以錢穆與章太炎三十年代的一場對話為焦點，論證錢穆透過對既往學者的反叛，突破章太炎意義上官修歷史的範型，對於國族主義的意識形態，錢穆與章太炎、梁啟超等前輩史家可謂同道中人，然錢穆卻不樂見被同歸於一類。宋氏認為，錢穆的特立獨行在於其反化約主義、克服改革派世道衰淪的傾向、堅持中西比較的觀點，錢穆發動的一場「肯認戰爭」（War of Recognition）意在指出中國人對自我歷史的不加肯認或錯誤認知，乃是他們對西方的誤解與錯認邏輯的必然延伸結果，中國過往不應該透過西方他者的語彙加以了解。[16]「錢穆肯認」在中國大陸也經歷了時代的變遷，從中華人民共和國成立到二十一世紀，歷經批判、肯定到「國學熱」下公認之的國學大師（可見註2區志堅文），錢穆敘事也在近三十年不斷升溫，可另見李長銀：〈近30年中國大陸「本土化」思潮的縮影——錢穆的身分認同與錢穆敘事的變遷〉。[17]

五、錢穆學術生命史與學人交遊考

伴隨私人檔案與書信的不斷解密，學人生命史亦成為當代史學中饒有興味的話題，錢穆的學術歷程以及與其他學人交遊的考證，長期為人津津樂道，一代宗師也以更完整與真實的形象呈現於世。近年來臺灣期刊出版了數篇研究論文，解開了錢穆的中央研究院院士之路的謎團，以及與顧頡剛、胡適學術交誼與分歧。

錢穆先生於1859年出生在江蘇無錫東部的七房橋村，於無錫鄉間，一邊教書，一

---

[13] 遊逸飛：〈海上女真—錢穆《國史大綱》史源考之一〉，《史原》復刊，2012年第3期，頁197-212。

[14] 李筱萱：〈以建構論角度重看錢穆史學中的民族主義觀〉，《新北大史學》2010年第8期，頁19-30。

[15] 吳凱雯：〈以史為宗——以錢穆、余英時建構朱子形象為例〉，《有鳳初鳴年刊》2016年第12期，頁63-83。

[16] 宋家復〈現代中國史學中「國史」實作意義的轉變：從章太炎到錢穆〉，《清華學報》2019年新49卷第4期，頁651-681。

[17] 李長銀：〈近30年中國大陸「本土化」思潮的縮影——錢穆的身分認同與錢穆敘事的變遷〉，《東吳歷史學報》2013年第29期，頁115-144。

邊苦讀，一生從未上過大學，接受現代意義的正規學術訓練，更沒有出國留學。陳勇認為錢氏最初以考據學家揚名學界，作為「文化民族主義」史家，學貫四部，可謂「從鄉村走向世界的一代宗師」。[18]

錢氏雖享譽天下，然而當選中央研究院院士，卻遲至1968年第七屆遴選，才成為事實。這不合常理的二十年的稽遲，到底隱藏了什麼故事？翟志成發掘中央研究院藏日記、書信、檔案資料，重構了錢穆1959年中研院第三屆院士遴選失利的歷史現場。中央研究院遷臺後，史語所與胡適作為精神領袖，成為遴選院士的唯一準繩。胡適1958年納嚴耕望諫言，著手爭取以「五名院士提名」（胡適、董作賓、勞榦、李濟、朱家驊）案推舉錢穆作為院士候選人，翟志成認為，如果在錢穆提名表上簽過名的審查委員胡、董、勞、李、朱五人「都為自己的簽名負責的話，錢穆在全部七票中至少應取得五票」，事實上在匿名投票的環節，錢穆僅得一票，這照見了簽名人的陽奉陰違、口不對心。胡適逝世後第七屆院士選舉，錢穆才勉強在蔣中正的介入下當選第七屆院士，翟志成認為是胡適、嚴耕望、錢穆滿盤皆輸的結果，也有力地論證胡適所倡導的反傳統運動，在彼時主流學界是何等成功與深入人心，反傳統主義和文化保守主義之間在文化衝突上根本的衝突與對立。[19]

錢穆與學人交遊考，可見兩篇專論，劉書惠、楊棟，〈顧頡剛與錢穆學術交遊考〉與周質平，〈「打鬼」與「招魂」──胡適、錢穆的共識和分歧〉。劉、楊二人認為錢穆、顧頡剛兩位大師的交往可從五個階段加以研究，1929年至1930年，惺惺相惜；1930至1937年，齊聚北平；1938年至1941年，共事齊魯大學國學研究所，關係密切；1942年至1949年，分歧漸生；1949年中共建政後，天各一方，仍不忘情彼此。[20]周質平教授認為，胡適、錢穆分歧在於，胡適把「整理國故」的工作比作「捉妖」「打鬼」，而錢穆對中國文化的態度，可以用余英時先生所言之「一生為故國招魂」概括。在學術上，二者壁壘分明，政治上，胡適堅守民主、自由主義，錢穆處處為傳統的中國政治制度辯護，認為中國的皇權，並為專制；然二者反對共產主義的態度是一致的，卻同中有異。周文警示，1949年以後，共產黨從批儒到尊儒，假借錢穆對「中國文化」的「溫情與敬意」抗拒胡適民主、自由、人權的「普世價值」，此為錢氏所未能逆料，這正是招錢穆的「魂」，打胡適的「鬼」。[21]

六、從文化傳承與學術精神重探錢氏學術價值

錢穆的學術與處世態度，感召力與人文主義教育，不論從中國大陸南渡香港，

---

[18] 陳勇：〈錢穆：從鄉村走向世界的一代宗師〉，《鵝湖月刊》2010年第36卷第4期，頁16-22。

[19] 翟志成：〈錢穆的院士之路〉，《中央研究院近代史研究所集刊》2019年第103期，頁91-126。

[20] 劉書惠、楊棟：〈顧頡剛與錢穆學術交遊考〉，《中國文哲研究通訊》2017年第27卷第2期，頁83-97。

[21] 周質平：〈「打鬼」與「招魂」──胡適、錢穆的共識和分歧〉（上、中、下），《傳記文學》2018年第113卷第3、4、5期，頁4-12、40-53、31-41。

承傳至臺灣，似乎從未絕斷，近年可見對錢氏學術精神的再解讀，以及其教育遺訓之反思。

錢穆的獨樹一幟在於「守舊開新」（徐國利），「守舊」是傳統文化之基礎和本根，「開新」即致用和旨歸，為的是中國文化之現代復興。[22]錢穆對「學術」與智識本身的意義，許惠琪闡明其經世致用背後的人文土壤，錢穆以「成德」為學術理念的核心。換言之，如從「為知識而知識」的角度而言，治學目的是「發現事實」，必須以歸納、演繹等邏輯，對知識「去偽存真」，並且以分科分系追求專精。但錢穆認為，知識僅是生命的工具，並非生命的本身，學術必須在客觀知識之外，另尋一套足以安身立命的價值系統，因此，治學活動不能僅停留在「去偽存真」的層次，還必須以潛玩、虛心的內省方式，對生命習氣下一番「為善去惡」的修養工夫。許氏參照西方社會近似宗教思維體系，認為西方「為知識而知識」的學術體系更偏向事實層面的考察，但在人生價值的確立上，還有宗教作為支援、互補的系統；然而在宗教氛圍較淡薄，佛、道退避思想無法正面建立人生價值的中國社會，一旦儒學化為「求知」的體系，則價值層次將無所依託，此錢穆「學以成德」的背後關懷。[23]

錢穆的教育構想與社會關切，可參考陸冠州與陳以愛兩文。陸冠州〈論錢穆現代「士」型知識分子與社會文化發展〉談到，錢穆以「士」型知識人的身分，企圖建構一個在知識的總量需求上，符合現代知識產業發展的社會，知識定義權向所有成員開放，而不是由特定知識人把持。他們透過社會正義的實踐建構其公共身分。在「士」型知識分子的帶領下，現代中國的文化改造工程是一種涵化（acculturation）式的文化變遷過程。[24]

陳以愛〈錢穆論人文主義教育的失落與重建〉一文曾為香港中文大學創校50週年而作，紀念先賢錢穆先生，並警示中大人需省思今日之學風與精神。陳文談及，錢穆對文化主體性在近代中國失落和重建之途的省思，可以時間為序，分為三個歷史段落，其一，抗戰時期。錢穆與抗戰時期所撰〈改革大學制度議〉、〈理想的大學〉兩文，矛頭指向實用主義主導下的專業教育與職業教育，只重視智識教育，忽視理想、人格教育。錢氏主張以小型獨立學院取代現行大學，「當略仿英國牛津、劍橋體制，推行導師制與小學院制」；其二，創辦新亞書院時期，重振人文主義教育，以亡國亡天下感召學生，辦通識教育、文科教育。此時錢氏指出，現代中國民族文化主體性失落的具有雙重意涵，「向外國學」和向政府學（即黨化教育），唯有「政治消極，文化積極」才是出路；其三，籌辦香港中文大學時期。錢穆1963年〈一所理想的中文大學〉一文提出文科教育的地域性與世界性任務，不論是自然科學或人文科學，都應兼顧「共通性」和「特殊性」的雙重面向，其最終理想為全世界人類文化融合為一，以

---

[22] 徐國利：〈錢穆先生「守舊開新」學術思想和文化復興論〉，《鵝湖月刊》2010年第36卷第4期，頁11-15。

[23] 許惠琪：〈「知識當為人生求，非為知求知」──錢穆「學術」理念新探〉，《人文研究期刊》2016年第13期，頁151-178。

[24] 陸冠州：〈論錢穆現代「士」型知識分子與社會文化發展〉，《應華學報》2014年第15期，頁77-120。

中國文化及世界人類文化前途為己任。[25]

　　錢穆曾言中國並無自己之宗教，但他又常常使用「中國古代宗教」這樣的名詞，這似乎顯出其言詞出現看似矛盾之處。錢穆論宗教可參考梁淑芳一文，梁文認為，錢穆重視春秋時代立德、立功、立言為三不朽之論點，其解釋與推廣成為他的學術任務之一。三不朽說與生死觀有所關聯，人死而不朽，就可知道錢穆並不認為沒有宗教信仰對於個人會構成太大的困擾。儒家的仁孝，成為他在論述宗教意義時的重要思想，所以錢穆從歷史和哲學的眼光來加以論定，視儒家為一種宗教，同科學都是國家發展所不可或缺。[26]

七、結語

　　本文回顧了近十年來臺灣學術期刊中具有代表性的錢穆研究專論，諸多文章以臺灣學者的創作為主，兼具中國大陸與香港學者在臺出版的作品，頗有百家爭鳴的氣象。錢穆研究廣納中文系、哲學系、歷史系、通識教育研究學人之關切，成果豐碩。簡而言之，錢學呈現如下氣象，近人關於錢穆論儒家、宋學等經典文獻的詮釋，以及錢穆史學的考證日益精進，但更多開始關注錢穆與清代學術史的脈絡、國史建構以及身分認同等議題，以日記、檔案史料為基礎的學人生命史也是未來重要研究趨向。

---

[25]　陳以愛：〈錢穆論人文主義教育的失落與重建〉，《國史館館刊》2015年第45期，頁153-198。
[26]　梁淑芳：〈錢穆宗教觀再探──從三不朽談起〉，《宗教哲學》2016年第77期季刊，頁35-53。

第三十三章　錢穆先生旅居香港論著目錄稿（1949-1967）

香港公開大學教育及語文學院
孫廣海

一、前言

　　先師何佑森教授（1931-2008）乃錢穆先生（1895-1990）入室弟子之一，何師任香港大學客座時，余曾聽過他的〈中國近三百年學術史〉課三年（1988.10-1990.3），而何師又是余在香港大學中文系唸哲學碩士時之導師，故余可以說是錢穆先生的再傳弟子。

　　憶余在中學時期應考香港中文大學入學試時，曾拜讀錢氏《中國歷代政治得失》，對此位史學巨擘之史識，極為欽佩。再讀至其在《國史大綱》引論所言「國民對待自己本國已往歷史，心中應有一種溫情與敬意」，余頓覺此實醍醐灌頂之箴言。

　　余年前曾撰〈錢穆先生之香港緣（1949-1967）〉一文，刊於《新亞論叢》第15期（2014年12月），各條資料細分：來港原因、港九居處、平居生活、辦公地點、朋友門生、居港著述、居港年表等項排列。惟有關錢穆先生旅港著述一項，陳述較簡略，只列出篇章數目，微嫌粗疏。本文於錢穆先生旅港著述之方方面面，則有較詳細之交代，爰分著作目錄、論文目錄、文章目錄、演講目錄、佚文目錄各條，分述如次，俾供研治錢穆先生學思志業之同好參考。

二、錢穆先生香港著作目錄

　　茲述錢穆先生居港期間之專著如下，有關其版本，一般只錄香港版（若缺香港版，則另列臺灣版或中國大陸版）。

書名	出版年月	撰著序/跋/識語
1.《國史新論》[1]	1950年10月	〈國史新論自序〉，錢穆於民國三十九年十月誌於九龍新亞書院。
2.《莊子纂箋》[2]	1951年12月	〈莊子纂箋序〉，中華民國四十年辛卯十二月一日，錢穆識於九龍新亞書院。
3.《中國思想史》[3]	1952年11月	出版說明：民國三十九年之冬，錢賓四先生自香港赴臺北，時張曉峯先生編纂《現代國民基本知識叢書》，特約先生撰寫兩種，即本書及《宋明理學概述》。先生返港後，每於夜間燈下，先寫此書，於四十年八月完稿，翌年四十一年十一月（1952），由臺北中華文化出版事業委員會出版。
4.《中國歷代政治得失》[4]	1952年11月	出版說明：民國四十一年春，先生在臺北應總統府戰略顧問委員會主席何應欽先生之邀，演講『中國歷代政治得失』一題。講期只五次，每次限兩小時；故但拈漢、唐、宋、明、清五代之政治制度，略舉大綱。 本書於民國四十一年十一月在香港初版。
5.《宋明理學概述》[5]	1953年2月	〈宋明理學概述序〉，中華民國四十二年二月十日，錢穆識於九龍新亞書院。
6.《陽明學述要》[6]	1954年10月	〈陽明學述要序〉，中華民國四十三年十月，錢穆識於九龍新亞書院。
7.《中國思想通俗講話》[7]	1955年3月	出版說明：是書原為民國四十三年夏，錢先生在臺北，應蔣經國先生之邀在青潭青年救國團所作系列講演。每週一次，凡四次，共分『道理』、『性命』、『德行』、『氣運』四題，初名『中國思想裡幾個普泛論題』。四十四年三月結集，以本書名自印於香港。 〈中國思想通俗講話自序〉，舊曆甲午歲盡前兩日，錢穆自序於九龍嘉林邊道新亞研究所。
8.《人生十論》[8]	1955年6月	出版說明：本書為錢賓四先生於民國三十八年至香港以後，所撰討論人生問題文稿之結集。本書於民國四十四年五月，由香港人生出版社初版。 1978年在香港大學講〈人生三步驟〉。 〈人生十論自序〉，中華民國四十四年五月，錢穆識於九龍嘉林邊道之新亞書院第二院。

---

[1]　錢穆：《國史新論》（香港：新華印刷，1975）。

[2]　錢穆：《莊子纂箋》（香港：東南印務，1951）。

[3]　錢穆：《中國思想史》（香港：自印本，1975）。

[4]　錢穆：《中國歷代政治得失》（香港：大中印刷廠，1966）。

[5]　錢穆：《宋明理學概述》（臺北：中華文化出版，1955）。

[6]　錢穆：《陽明學述要》（原名《王守仁》）（臺北：正中書局，1954）。

[7]　錢穆：《中國思想通俗講話》（香港：求精印務，1962）。

[8]　錢穆：《人生十論》（香港：人生出版社，1955）。

書名	出版年月	撰著序／跋／識語
9.《國史大綱》[9]	1955年	香港特版。
10.《國學概論》[10]	1956年	〈國學概論新版附識〉：民國四十五年丙申春，錢穆識於香港九龍新亞書院。
11.《先秦諸子繫年》[11]	1956年	出版說明：本書最初係於民國二十四年十二月交上海商務印書館刊印，其後曾於四十五年六月增定再版，由香港大學發行。
12.《秦漢史》[12]	1957年3月	〈秦漢史序〉，中華民國四十六年三月二十四日，錢穆自識於香港九龍鑽石山寓廬。
13.《莊老通辨》[13]	1957年8月	〈莊老通辨自序〉，中華民國四十六年八月，錢穆識於九龍鑽石山寓廬。
14.《學籥》[14]	1958年6月	〈學籥序〉：中華民國四十七年六月五日，錢穆自識於九龍鑽石山寓廬。
15.《兩漢經學今古文平議》[15]	1958年8月	〈兩漢經學今古文平議自序〉：中華民國四十七年八月二十日，錢穆識於九龍鑽石山寓廬。
16.《湖上閒思錄》[16]	1958年	〈湖上閒思錄跋〉：中華民國四十七年冬至，錢穆再識於九龍鑽石山寓廬。
17.《民族與文化》[17]	1959年11月	〈民族與文化自序〉：中華民國四十八年十一月二十六日，錢穆識於九龍鑽石山寓廬。
18.《中國歷史研究法》[18]	1961年12月	〈中國歷史研究法序〉：此一講演集，先由我一學生葉龍君記錄講辭，再由我整理潤飾。曾在香港出版。錢穆自識於臺北外雙溪之素書樓。
19.《論語新解》[19]	1963年10月	〈論語新解序〉：中華民國五十二年十月，錢穆識於沙田和風臺寓廬。

---

[9] 錢穆：《國史大綱》（香港：商務印書館修訂本，1989）。
[10] 錢穆：《國學概論》（臺北：素書樓文教基金會，2001）。
[11] 錢穆：《先秦諸子繫年》（上冊）（下冊）（香港：香港大學出版社，1956）。
[12] 錢穆：《秦漢史》（香港：大中國印刷廠，1969）。
[13] 錢穆：《莊老通辨》（香港：新亞研究所，1957）。
[14] 錢穆：《學籥》（6篇）（香港：自印本，1958）；《學籥》（12篇）（臺北：素書樓文教基金會，2000）。
[15] 錢穆：《兩漢經學今古文平議》（香港：新亞研究所，1958）。
[16] 錢穆：《湖上閒思錄》（香港：人生出版社，1960）。
[17] 錢穆：《民族與文化》（香港：自印本，1962）。
[18] 錢穆：《中國歷史研究法》（香港：孟氏基金委員會初版，1961，另見香港：榮泰印書館，1970）。
[19] 錢穆：《論語新解》（香港：新亞研究所，1963）。

書名	出版年月	撰著序/跋/識語
20.《中國文學論叢》[20]（即《中國文學講演集》）	1963年	出版說明：此書之結集，源於香港人生雜誌社王道（貫之）先生之敦促；當時先生已積有數年來有關中國文學之講演稿及筆記凡十六篇，遂題名《中國文學講演集》，民國五十二年交由香港人生雜誌社出版。 〈中國文學論叢自序〉：壬寅歲暮，錢穆識於九龍之沙田。
21.《史記地名考》[21]	1966年4月	〈史記地名考自序〉：中華民國五十五年四月，本書作者錢穆識於九龍沙田和風臺寓廬。
22.《從中國歷史來看中國民族性及中國文化》[22]	1979年8月	出版說明：民國六十七年，香港中文大學新亞書院成立一學術講座，定名『錢賓四先生學術講座』，每年邀請中外傑出學人一位蒞港講學，以廣切磋啓導之益。先生為新亞書院創辦人兼首任校長，講座既以先生之名為紀念，第一次講座因即敦請先生任之。 是書民國六十八年八月由香港中文大學邀請出版，由臺北聯經出版事業公司刊行。
23.《新亞遺鐸》[23]	1989年9月	出版說明：本書主要以新亞書院出版之《生活週刊》（後改《生活雙週刊》，又改《新亞生活》月刊）為資料來源，匯集先生主校政十七年中對學生之各種講演以及其他相關資料而成書。讀此一書，可使讀者了解當年海外流亡人士辦學之艱辛，並可體認先生在流亡期間為擔負中國文化之責任，勉力教育中國青年之堅毅不移之志趣。是書於民國七十八年始彙集資料整理完成，交由臺北東大圖書公司出版，而先生離開新亞書院已二十三年矣。是年適逢新亞書院創校四十週年，亦一深具意義之巧合。

【附錄一】香港人生雜誌社單行本：《王陽明先生傳習錄及大學問節本》，1956年12月。

【附錄二】本港大學印行專書：

　　1.《八十憶雙親》，香港中大新亞校友會，1975年。

　　2.《人生三步驟》，香港大學出版社，1979年10月。

【附錄三】香港龍門書店版：

　　1.《讀柳宗元集》（韓柳文學研究叢刊），1969年10月。

　　2.《抗戰時期之歷史教育》，1966年6月。

---

[20] 錢穆：《中國文學講演集》（16篇）（香港：人生出版社，1963）另有新亞研究所版（1963）；《中國文學論叢》（30篇）（臺北：東大圖書，1983）。

[21] 錢穆：《史記地名考》（香港：太平書局，1962，另見香港：龍門書店，1968）。

[22] 錢穆：《從中國歷史來看中國民族性及中國文化》（香港：香港中文大學出版社，1979）。

[23] 錢穆：《新亞遺鐸》（臺北：東大圖書，1989）。

三、錢穆先生香港論文目錄

學術論文篇名	撰著日期	期刊名稱	另見錢穆書名
1.中國古代大史學家：司馬遷	1953年4月	《民主評論》4卷8期	《中國學術思想史論叢》（三）[24]
2.駁胡適之說儒	1954年1月	《東方文化》1卷1期	《中國學術思想史論叢》（二）[25]
3.孔子與春秋	1954年	《東方文化》1卷1期	《兩漢經學今古文平議》[26]
4.〈新亞學報〉發刊辭	1955年8月	《新亞學報》1卷1期	
5.中國思想史中之鬼神觀	1955年8月	《新亞學報》1卷1期	
6.王弼郭象注易老莊用理字條錄（收入《莊老通辨》）	1955年8月	《新亞學報》1卷1期	
7.中國古代北方農作物考	1956年2月	《新亞學報》1卷2期	《中國學術思想史論叢》（一）[27]
8.心與性情與好惡	1955年6月	《民主評論》6卷12期	《中國學術思想史論叢》（二）
9.中庸新義	1955年8月	《民主評論》6卷16期	《中國學術思想史論叢》（二）
10.袁宏政論與史學	1955年11月	《民主評論》6卷22期	《中國學術思想史論叢》（三）
11.中國古代山居考	1956年	《新亞研究所學術年刊》第5期	《中國學術思想史論叢》（一）
12.中庸新義申釋	1956年1月	《民主評論》7卷1期	《中國學術思想史論叢》（二）
13.本論語論孔學	1956年8月	《新亞學報》2卷1期	
14.釋道家精神義	1956年8月	《新亞學報》2卷1期	
15.論春秋時代人之道德精神（上）（下）	1957年2月	《新亞學報》2卷2期	《中國學術思想史論叢》（一）
16.朱子與校勘學	1957年2月	《新亞學報》2卷2期	
17.西周書文體辨	1957年8月	《新亞學報》3卷1期	《中國學術思想史論叢》（一）

---

[24] 錢穆：《中國學術思想史論叢》卷三（合肥：安徽教育出版社，2004），頁5-13。

[25] 此稿草於抗戰期間，初刊於成都《學思雜誌》一卷一期。載錢穆：《中國學術思想史論叢》卷二（北京：生活‧讀書‧新知三聯書店，2009），頁136-145。

[26] 載錢穆：《兩漢經學今古文平議》（臺北：東大圖書，2003）三版三刷，頁233-284。

[27] 此稿成於民國四十四年（1955）之冬，載錢穆：《中國學術思想史論叢》（一）（臺北：蘭臺出版社，2000），頁1-28。

學術論文篇名	撰著日期	期刊名稱	另見錢穆書名
18.雜論唐代古文運動	1957年8月	《新亞學報》3卷1期	
19.讀《文選》	1958年2月	《新亞學報》3卷2期	《中國學術思想史論叢》（三）
20.讀《柳宗元集》	1958年2月	《新亞學報》3卷2期	
21.讀姚炫《唐文粹》	1958年2月	《新亞學報》3卷2期	
22.讀書散記兩篇： （1）讀寒山詩 （2）讀智圓《閒居編》	1959年10月	《新亞書院學術年刊》第1期	
23.讀詩經	1960年8月	《新亞學報》5卷1期	《中國學術思想史論叢》（一）
24.略述劉邵《人物志》	1961年	香港大學講稿	《中國學術思想史論叢》（三）
25.王船山孟子性善義闡釋	1961年	《香港大學五十週年紀念論文集》	《中國學術思想史論叢》（八）[28]
26.中國歷史人物	1961年9月	《新亞書院學術年刊》第3期	
27.《新亞心聲第二集》序	1962年新春	《新亞心聲》第二集	
28.中國古代山居考	1963年9月	《新亞書院學術年刊第5期	
29.略論魏晉南北朝學術文化與當時門第之關係	1963年8月	《新亞學報》5卷2期	《中國學術思想史論叢》（三）
30.讀《六祖壇經》	1963年		《中國學術思想史論叢》（四）[29]
31.記壇經與大涅槃經之定慧等學	1963年		同上
32.讀《少室逸書》	1963年		同上
33.讀《寶誌十四科頌》	1963年		同上
34.〈新亞書院中國文學繫年刊〉序	1963年7月	《新亞書院中國文學繫年刊》第1期	
35.推止篇：先秦思想界之一分野	1964年2月	《新亞學報》6卷1期	《中國學術思想史論叢》（二）
36.中國古代散文——從西周至戰國	1964年6月	《新亞書院中國文學繫年刊》第2期	同上
37.漢代之散文	1964年6月	《新亞書院中國文學繫年刊》第2期	

---

[28] 錢穆：《中國學術思想史論叢》（八），收入《錢賓四先生全集》第22冊（臺北：聯經出版事業公司，1998），頁129-168。

[29] 此稿見民國五十八年（1969）三月中央日報副刊。載錢穆：《中國學術思想史論叢》（四）（臺北：東大圖書，1983），頁141-150。

學術論文篇名	撰著日期	期刊名稱	另見錢穆書名
38.讀《明初開國諸臣詩文集》	1964年8月	《新亞學報》6卷2期 [30]	《中國學術思想史論叢》（六）[31]
39.讀《明初開國諸臣詩文集續篇》	1964年8月		同上
40.魏晉文學	1965年6月	《新亞書院中國文學繫年刊》第3期	
41.濂溪百源橫渠之理學	1949－67年		《中國學術思想史論叢》（五）[32]
42.論太極圖與先天圖之傳授	1949－67年		同上
43.正蒙大義發微	1949－67年		同上
44.二程學術述評	1949－67年		同上

四、錢穆先生香港文章目錄

4文章類：

4.1《人生》（半月刊）：

篇名	卷／期號數	出版年月日
1.孔子論仁與命與禮	一卷十二期（12期）	1951年7月1日
2.孟子論性善	二卷二期（14期）	1951年8月10日
3.愛和敬	二卷五期（17期）	1951年9月25日
4.王荊公的哲學思想	二卷十期（22期）	1951年12月16日
5.藝術與文學	四卷一期（37期）	1952年10月15日
6.題《郭大維先生畫集》	四卷六期（42號）	1953年1月16日
7.《宋明理學概述》自序	四卷十期（46號）	1953年3月16日
8.《論語新解》	四卷十二期（48號）	1953年4月16日
9.《論語新解》	五卷一期（49號）	1953年5月1日
10.《論語新解》	五卷二期（50號）	1953年5月16日
11.《論語新解·為政篇第二》	五卷三期（51號）	1953年6月1日
12.《論語新解·為政篇第二》	五卷五期（53號）	1953年6月21日
13.《論語新解·八佾篇第三》	五卷六期（54號）	1953年7月1日
14.《論語新解·八佾篇第三》	六卷七期（67號）	1953年11月11日

---

[30] 載《香港中文大學 新亞書院研究所概況》，1971年，頁22。

[31] 錢穆：《中國學術思想史論叢》（六）（臺北：東大圖書，1978），頁77-171、172-200。

[32] 錢穆：《中國學術思想史論叢》（五）（臺北：東大圖書，1984），頁53-130。

篇名	卷／期號數	出版年月日
15.《論語新解·八佾篇第三》	六卷八期（68號）	1953年11月21日
16.《論語新解·八佾篇第三》	六卷十期（70號）	1953年12月11日
17.《論語新解·里仁篇第四》	六卷十一期（71號）	1953年12月21日
18.《論語新解·里仁篇第四》	六卷十二期（72號）	1954年1月1日
19.謝（扶雅）著《中國政治思想史綱》序	七卷九期（81號）	1954年4月1日
20.孔孟與程朱	八卷三期（87號）	1954年6月16日
21.慶祝錢賓四先生六十壽辰專刊	八卷六期（90號）	1954年8月1日
22.略述中山先生的思想	九卷一期（97號）	1954年11月16日
23.如何獲得我們的自由（收入《人生十論》）	九卷四期（100號）	1955年1月1日
24.氣運（《中國思想通俗講話》第四講）	九卷八期（104號）	1955年3月1日
25.《中國思想通俗講話》自序	九卷九期（105號）	1955年3月16日
26.《國史新論》自序 《中國思想史》（自序節略）	九卷十二期（108號）	1955年5月1日
27.《人生十論》自序	十卷二期（110號）	1955年6月1日
28.釋『誠明』	十一卷二期（122號）	1955年12月1日
29.談談教育問題	十三卷四期（148號）	1957年1月1日
30.謝母萬太夫人墓碑	十三卷十二期（156號）	1957年5月1日
31.比較孟莊兩家論人生修養	十四卷一期（157號）	1957年5月16日
32.略論孔學與孔道	十四卷八期（164號）	1957年9月1日
33.論隱德（選自《新亞學報》二卷二期）	十五卷四期（172期）	1958年1月1日
34.中國歷史上社會的時代劃分	十五卷五期（173期）	1958年1月16日
35.中國文學與中國文化	十五卷九期（177期）	1958年3月16日
36.《印度三大聖典》譯本序	十五卷十一期（179期）	1958年4月16日
37.《兩漢經學今古文平議》自序	十六卷九期（189期）	1958年8月21日
38.孔子思想和世界現實問題	十六卷十一期（191期）	1958年10月10日
39.劉向《列女傳》中所見之中國道德精神	十七卷一期（193期）	1958年11月16日
40.生活與學問（短簡）	十七卷二期（194期）	1958年12月1日
41.中國史學之特點	十七卷四期（196期）	1959年1月1日
42.《湖上閒思錄》（跋、序）	十七卷六，七期（198，199期合刊）	1959年2月1日
43.人文與自然，精神與物質：《湖上閒思錄》之二	十七卷八期（200期）	1959年3月1日
44.情與欲、理與氣：《湖上閒思錄》之三	十七卷九期（201期）	1959年3月16日
45.陰與陽、藝術與科學：《湖上閒思錄》之四	十七卷十期（202期）	1959年4月1日
46.無我與不朽、成色與分兩：《湖上閒思錄》之五	十七卷十一期（203期）	1959年4月16日
47.道與命、善與惡：《湖上閒思錄》之六	十七卷十二期（204期）	1959年5月1日
48.藝術與文學（摘自《文化學大義》）	十八卷一期（205期）	1959年5月16日

篇名	卷／期號數	出版年月日
49.自由與干涉：《湖上閒思錄》之七	十八卷二期（206期）	1959年6月1日
50.鬥爭與仁慈：《湖上閒思錄》之八	十八卷三期（207期）	1959年6月16日
51.禮與法、匆忙與閒暇：《湖上閒思錄》之九	十八卷四期（208期）	1959年7月1日
52.科學與人生、我與他：《湖上閒思錄》之十	十八卷五期（209期）	1959年7月16日
53.神與聖：《湖上閒思錄》之十一	十八卷六期（210期）	1959年8月1日
54.經驗和思維：《湖上閒思錄》之十二	十八卷七期（211期）	1959年8月16日
55.鬼與神、鄉村與城市：《湖上閒思錄》之十三	十八卷八期（212期）	1959年9月1日
56.人生與知覺：《湖上閒思錄》之十四	十八卷九期（213期）	1959年9月16日
57.象外與環中：《湖上閒思錄》之十五	十八卷十期（214期）	1959年10月1日
58.歷史與神：《湖上閒思錄》之十六	十八卷十一期（215期）	1959年10月16日
59.中國傳統思想中幾項共通之特點	十八卷十二期（216期）	1959年11月1日
60.實質與影像：《湖上閒思錄》之十七	十八卷十二期（216期）	1959年11月1日
61.性與命：《湖上閒思錄》之十八	十九卷一期（217期）	1959年11月16日
62.緊張與鬆弛：《湖上閒思錄》之十九	十九卷二期（218期）	1959年12月1日
63.價值觀與仁慈心：《湖上閒思錄》之二十	十九卷三期（219期）	1959年12月16日
64.推概與綜括：《湖上閒思錄》之二十一	十九卷四期（220期）	1960年1月1日
65.直覺與理智：《湖上閒思錄》之二十二	十九卷五期（221期）	1960年1月16日
66.晚明諸儒之學風與學術（上）	十九卷六，七期（222期223期）	1960年2月1日
67.晚明諸儒之學風與學術（下）	十九卷八期（224期）	1960年3月16日
68.無限與具足：《湖上閒思錄》續完	十九卷十期（226期）	1960年4月1日
69.歷史教學與心智修養	十九卷十一期（227期）	1960年4月16日
70.讀陽明《傳習錄》	二十卷四期（232期）	1960年7月1日
71.陽明之學	二十卷七期（235期）	1960年8月16日
72.三論老子書之年代	二十卷十期（238期）	1960年10月1日
73.談詩—民國四十九年於耶魯大學	二十一卷一期（241期）	1960年11月16日
74.莊子與長生	二十一卷三期（243期）	1960年12月16日
75.以文會友以友輔仁：為《人生》十年作	二十一卷五期（245期）	1961年1月16日
76.中國文學中的散文小品	二十一卷十一期（251期）	1961年4月16日
77.中國文學中的散文小品（續完）	二十一卷十二期（252期）	1961年5月1日
78.秦漢學術思想（上）	二十二卷二期（254期）	1961年6月1日
79.秦漢學術思想（中）	二十二卷三期（255期）	1961年6月16日
80.秦漢學術思想（下）	二十二卷五期（257期）	1961年7月16日
81.『中國歷史研究法』大要（上）	二十二卷八期（260期）	1961年9月1日
82.『中國歷史研究法』大要（中）	二十二卷九期（261期）	1961年9月16日

篇名	卷／期號數	出版年月日
83.『中國歷史研究法』大要（下）	二十二卷十一期（263期）	1961年10月16日
84.中國散文	二十三卷四期（268期）	1962年1月1日
85.關於學問方面之智慧與功力	二十三卷八期（272期）	1962年3月1日
86.學問與德性	二十四卷一期（277期）	1962年5月16日
87.有關學問之道與術	二十四卷十期（286期）	1962年10月1日
88.有關學問之系統	二十五卷五、六期（293，294期合刊）	1963年1月20日
89.《中國文學演講集》自序	二十五卷八期（296期）	1963年3月1日
90.讀書與做人	二十五卷十期（298期）	1963年4月1日
91.《論語新解》（一）	二十六卷五期（305期）	1963年7月16日
92.《論語新解》（二）	二十六卷六期（306期）	1963年8月1日
93.《論語新解》（三）	二十六卷七期（307期）	1963年8月16日
94.《論語新解》（四）	二十六卷八期（308期）	1963年9月1日
95.《論語新解》（五）	二十六卷九期（309期）	1963年9月16日
96.《論語新解》（六）	二十六卷十期（310期）	1963年10月1日
97.《論語新解》（七）	二十六卷十一期（311期）	1963年10月16日
98.《論語新解》（八）	二十六卷第十二期（312期）	1963年11月1日
99.《論語新解》（九）	二十七卷一期（313期）	1963年11月16日
100.《論語新解》（十）	二十七卷二期（314期）	1963年12月1日
101.《論語新解》（十一）	二十七卷三期（315期）	1963年12月16日
102.《論語新解》（十二）	二十七卷四期（316期）	1964年1月1日
103.《論語新解》（續完）	二十七卷五期（317期）	1964年1月16日
104.中國文化與中國人	二十七卷十期（322期）	1964年4月1日
105.曾點與漆雕開	二十七卷十二期（324期）	1964年5月1日
106.詩境圖題詞	二十八卷二期（326期）	1964年6月1日
107.有關個人辭職之演講辭	二十九卷七期（331期）	1964年8月16日
108.中國文化體系中之藝術	二十九卷七期（331期）	1964年8月16日
109.詩及人生通訊：海濱閒居漫成四絕句	二十八卷十期（334期）	1964年9月1日
110.人生通訊：致貫之論『老僧已成新塔』之塔字	二十八卷十二期（336期）	1964年11月1日
111.亡友趙冰博士追思會悼辭	二十九卷三期（339期）	1964年12月16日
112.序言兩篇： （1）《史記》導讀 （2）韓文導讀	二十九卷十期（346期）	1965年4月1日
113.題陳巖野先生墓圖	三十卷三期（351期）	1965年7月16日

篇名	卷/期號數	出版年月日
114.論學書簡:讀《朱子語類》	三十卷九期（357期）	1966年1月16日
115.人生四階層（附英譯）	三十一卷一期（361期）	1966年5月16日
116.人生三講	三十一卷二期（362期）	1966年6月16日
117.金元統治下之新道教	三十一卷三期（363期）	1966年7月16日
118.儒學與師道	三十一卷五期（365期）	1966年9月16日
119.談中國文化復興運動	三十二卷二期（374期）	1967年6月10日
120.《四部概論》:上編 經學與史學	三十二卷五期（377期）	1967年9月10日
121.《四部概論》:下編 子學與文學	三十二卷六期（378期）	1967年10月10日
中國文化的進退升沉（選自「中華文化十講」之第五講）	三十三卷五期	1968年10月
〈半痴詩禪跋〉（詹子勵《吾詩禪》）	三十三卷九、十期	1969年4月16日

4.2《民主評論》（半月刊）:

篇名	卷/期數	出版年月日
1.人生三路向（收入《人生十論》）	1卷1期	1949年6月16日
2.適與神（收入《人生十論》）	1卷3期	1949年7月16日
3.新三不朽論	1卷6期	1949年9月1日
4.人生目的和自由（收入《人生十論》）	1卷10期	1949年11月1日
5.理想的大學教育	1卷15期	1950年1月16日
6.中國共產黨與萬里長城	1卷20期	1950年4月1日
7.反攻大陸聲中向國民政府進一忠告	1卷21期	1950年4月16日
8.世界文化之新生（收入《文化學大義》附錄一）	2卷4期	1950年8月16日
9.孔子與世界文化新生（收入《文化學大義》附錄二）	2卷5期	1950年9月1日
10.中國社會演變（上）（收入《國史新論》之一）	2卷8期	1950年10月16日
11.中國社會演變（下）同上	2卷9期	1950年11月1日
12.中國傳統政治（上）（收入《國史新論》之二）	2卷11期	1950年12月1日
13.中國傳統政治（下）同上	2卷12期	1950年12月16日
14.中國知識分子（上）（收入《國史新論》之三）	2卷21期	1951年5月1日
15.中國知識分子（下）同上	2卷22期	1951年5月16日
16.人類新文化之展望	2卷23期	1951年6月1日
17.世界風雨之中心地點:中國	2卷24期	1951年6月16日
18.《莊子纂箋》自序	3卷1期	1951年12月16日
19.如何探究人生真理:人生問題發凡之一（收入《人生十論》）	3卷8期	1952年4月1日
20.如何完成一個我:人生問題發凡之二（收入《人生十論》）	3卷9期	1952年4月16日

篇名	卷/期數	出版年月日
21.如何解決人生之苦痛：人生問題發凡之三（收入《人生十論》）	3卷11期	1952年5月16日
22.經學與史學	3卷20期	1952年10月1日
23.雙十獻言（《中國文化叢談》[33]）	3卷21期	1952年10月16日
24.如何安放我們的心：人生問題發凡之四（收入《人生十論》）	3卷23期	1952年11月16日
25.朱熹學述	4卷1期	1953年1月1日
26.三陸學述	4卷2期	1953年1月16日
27.中國古代大史學家：司馬遷（中國名人小傳試作之一）（收入《國史上偉大的人物》）	4卷8期	1953年4月16日
28.中國道家思想的大宗師：莊周（收入《國史上的偉大人物》）	4卷10期	1953年5月16日
29.中國古代傳說中的博大真人：老聃（收入《國史上的偉大人物》）（《莊老通辨》）	4卷11期	1953年6月1日
30.道家的政治思想（收入《莊老通辨》，《中國政治思想與制度史論集》）	4卷13期	1953年7月1日
31.《國史大綱》結語	4卷20期	1953年10月10日
32.海鹽朱邇先生《史館論議》序	4卷22期	1953年11月16日
33.風、目、心——開歲獻辭，中華民國四十三年	5卷1期	1954年7月1日
34.人民與真理	5卷13期	1954年10月1日
錢賓四先生還曆紀念專號	5卷23期	1954年12月1日
錢賓四先生著作表	5卷23期	1954年12月1日
35.新年獻詞	6卷1期	1955年1月1日
36.道理（《中國思想通俗講話》一講）	6卷2期	1955年1月16日
37.性命（《中國思想通俗講話》二講）	6卷3期	1955年2月1日
38.德行（《中國思想通俗講話》三講）	6卷4期	1955年2月16日
39.答嚴靈峯先生	6卷6期	1955年3月16日
40.心與性情與好惡	6卷12期	1955年6月16日
41.《中庸新義》	6卷16期	1955年8月16日
42.袁宏政論與史學	6卷22期	1955年11月16日
43.《中庸新義》申釋	7卷1期	1956年1月1日
44.關於《中庸新義》之再申辯	7卷6期	1956年3月16日
45.論中國歷史教學問題	8卷8期	1957年4月16日
46.老子書晚出補證	8卷9期	1957年5月1日
47.《莊老通辨》自序	8卷17期	1957年9月1日

---

33 錢穆著《中國文化叢談》（一）（二）（臺北：三民書局，1969）。

本文只見於《錢賓四先生全集》第44冊《中國文化叢談》第三編，二，頁367。

篇名	卷／期數	出版年月日
牟潤孫〈錢（穆）著《學籥》評介〉	9卷21期	1958年11月1日
48.中國傳統思想中幾項共通的特點	10卷22期	1959年11月16日
49.（徐復觀）明代內閣制度與張江陵（居正）的權、奸問題 附：跋（錢穆）	17卷8期	1966年8月

4.3《新亞書院校刊》（《新亞校刊》錢穆題）：

	年／月／日	篇名	卷／期
1	1949年10月	亞洲文商學院開學致詞	創刊號
2	1950年3月	新亞書院旨趣及發展計畫	創刊號
3	1952年6月1日	告新亞同學們─理想不能沒有憂與困	2期
4	1953年3月	新亞學規二十四條	2期
5	1953年7月15日	敬告我們這一屆的畢業同學們	3期
6	1954年2月25日	新亞精神	4期
7	1954年4月3日	新亞雅禮合作向雅禮代表致歡迎詞	5期
8	1954年7月1日	新亞五年	5期
9	1955年10月15日	新亞校訓誠明二字釋義	5期
10	1955年3月15日	校風與學風	6期
11	1955年3月15日	新亞書院五年發展計畫草案	6期
12	1956年4月	新亞理想告新亞同學[34]	8期
13	1957年10月15日	「誠明」的校訓─告第六屆畢業同學	9期

4.4《新亞生活》（週刊／雙週刊／月刊）：

	年／月／日	篇名	卷／期
1	1958年5月5日	《新亞生活》雙週刊發刊詞	1卷1期
2	1958年6月30日	惜別和歡送──為鄔家恆先生離校致辭	1卷5期
3	1958年7月14日	責任和希望──對新亞七屆畢業生致詞	1卷6期
4	1958年9月15日	告本屆新同學	1卷8期
5	1958年9月13日	變動中的進步（十屆月會報告）	1卷9期
6	1958年10月13日	孔道要旨─孔子聖誕日講	1卷10期
7	1958年10月13日	國慶與校慶	1卷10期
8	1958年10月27日	復謝耶魯大學校長格裡司伍德賀函	1卷11期

---

[34] 另載《錢賓四先生全集》第50冊（臺北：聯經出版事業公司，1998），頁86。
又載錢穆：《新亞遺鐸》（臺北：東大圖書，1989），頁80-83。

年／月／日	篇名	卷／期
9　1958年10月27日	致函雅禮協會董事長拉托銳德先生並轉雅禮協會全體董事諸先生	1卷11期
10　1958年11月10日	《新亞書院概況》序言	1卷12期
11　1958年11月24日	錢院長介紹詞（張君勱先生講〈儒家思想之復興〉	1卷13期
12　1958年12月22日	中國史學之特點	1卷15期
	中國古典音樂戲曲欣賞會特輯錢穆題	1卷15期
13　1959年3月16日	知識、技能與理想人格之完成	1卷18期
14　1959年4月20日	錢院長介紹詞（董之英先生講〈香港工業與其問題〉）	1卷20期
15　1959年5月4日	擇術與辨志	1卷21期
16　1959年6月1日	從董仲舒的思想說起	2卷2期
17　1959年6月15日	通情達理・敬業樂群（21次月會講詞）	2卷3期
18　1959年6月29日	為學與做人（蘇浙公學講演）	2卷4期
19　1959年7月13日	《八屆畢業同學錄》序—代畢業訓詞	2卷5期
20　1959年9月21日	友情的交流—歡送羅維德博士暨歡迎蕭約先生	2卷6期
21　1959年9月21日	開學致詞	2卷6期
22　1959年11月2日	珍重我們的教育宗旨	2卷7期
23　1959年10月19日	讓我們來負擔起中國文化的責任	2卷8期
24　1959年11月2日	中國傳統思想中幾項共通的特點	2卷9期
25　1959年11月2日	歡迎福爾頓博士茶會致詞—中文大學之重要	2卷9期
26　1959年11月16日	校務概況—錢院長致董事會報告書摘要	2卷10期
27　1959年12月14日	晚明諸儒之學風與學術（明清思想第三講）	2卷12期
28　1959年12月28日	晚明諸儒之學風與學術（明清思想第四講）	2卷13期
29　1960年1月18日	新亞書院十年來的回顧與前瞻	2卷14期
30　1960年1月18日	晚明諸儒之學風與學術（明清思想第五講）	2卷14期
31　1960年3月1日	本校今後的理想與制度	2卷15期
32　1960年3月1日	晚明諸儒之學風與學術（明清思想第六講）	2卷15期
33　1960年3月14日	孫君鼎宸〈歷代兵制考〉序	2卷16期
34　1960年3月28日	從人類歷史文化討論中國之前途[35]	2卷17期
35　1960年3月28日	錢校長講「人」：一月二十日在日本亞細亞大學講詞	2卷17期
36　1960年4月25日	何蒙夫詩境記	2卷18期
37　1960年5月9日	曾主任特生、何教授福同兩先生哀辭	2卷19期
38　1960年5月23日	義理與經濟	3卷1期
39　1960年6月6日	守先與待後	3卷2期
40　1960年6月20日	陽明之學（上）（港大校外課程「明清思想」第一講）	3卷3期
41　1960年7月28日	陽明之學（下）（「明清思想」第二講）	3卷5期

---

[35] 另載《歷史與文化論叢》，《錢賓四先生全集》第42冊（臺北：聯經，1998），頁25。

年／月／日	篇名	卷／期
42 1960年9月28日	致孫鼎宸書	3卷6期
43 1960年10月31日	錢校長講「三十四次月會講詞」	3卷8期
43 1960年10月31日	錢校長講「三十四次月會講詞」	3卷8期
44 1960年11月12日	中國史學之精神（收入《新亞文化講座錄》）	3卷9期
45 1960年11月28日	第二期新校舍落成典禮講詞	3卷10期
46 1960年12月28日	對西方文化及其大學教育之觀感	3卷12期
47 1960年11月5日	從新亞在美校友說到校友對母校的重要性	3卷14期
48 1961年3月13日	課程學術化，生活藝術化	3卷14期
49 1961年3月27日	關於新亞之評價	3卷15期
50 1961年4月10日	關於丁龍講座	3卷16期
51 1961年4月10日	中國文學中的散文小品（續）	3卷16期
52 1961年4月24日	秦漢學術思想（港大校外課程第一講）	3卷17期
53 1961年5月8日	同上（第二講）	3卷18期
54 1961年5月22日	同上（第三講）	3卷19期
55 1961年6月5日	同上（第四講）	3卷20期
56 1961年6月19日	本刊進入第四年	4卷1期
57 1961年7月3日	秦漢學術思想（第五講）	4卷2期
58 1961年7月15日	歡祝本屆畢業同學	4卷3期
59 1961年7月29日	秦漢學術思想（第六講）	4卷4期
60 1961年7月29日	競爭比賽和奇才異能	4卷4期
61 1961年7月29日	第十屆畢業典禮致辭	4卷4期
62 1961年9月28日	《論語》讀法	4卷5期
63 1961年9月18日	儒家人格教育與現代民主制度	4卷6期
64 1961年10月12日	秋季開學典禮講詞	4卷6期
65 1961年10月26日	孔誕與校慶（本校十二週年）講詞	4卷7期
66 1961年11月9日	歡迎羅維德先生	4卷8期
67 1961年12月7日	中國儒學與文化傳統	4卷10期
68 1962年1月27日	關於學問方面之智慧與功力	4卷13期
69 1962年4月13日	學問與德性	4卷17期
70 1962年5月25日	中國歷史上關於人生理想之四大轉變	4卷20期
71 1962年6月8日	寫在本刊五卷一期之前	5卷1期
72 1962年7月6日	回顧與前瞻（本校第五十二次月會）	5卷3期
73 1962年7月14日	《新亞書院文化講座錄》序	5卷4期
74 1962年7月14日	對本屆（十一屆）畢業諸君臨別贈言	5卷4期
75 1962年7月28日	有關學問之道與術	5卷5期
76 1962年9月28日	校慶日勸同學讀《論語》並及《論語》之讀法	5卷7期
77 1962年10月20日	秋季開學典禮講詞	5卷8期

年／月／日	篇名	卷／期
78　1962年10月26日	孔誕、校慶及教師節講詞	5卷9期
79　1963年4月5日	有關學問之系統	5卷13期
80　1963年2月22日	讀書與做人	5卷15期
81　1963年3月8日	衡量一間學校的三個標準	5卷16期
82　1963年3月22日	歷史與地理	5卷17期
83　1963年4月5日	學術與風氣	5卷18期
84　1963年5月3日	第三期新校舍落成典禮講演辭	5卷20期
85　1962年5月3日	《新亞藝術》第二集序	5卷20期
86　1963年5月17日	禮樂人生	6卷1期
87　1963年5月31日	先秦文化（港大校外課程）第一講	6卷2期
88　1963年6月14日	先秦文化第二講	6卷3期
89　1963年7月8日	月會講中文大學成立情形	6卷5期
90　1963年7月8日	對本屆畢業諸同學之臨別贈言	6卷5期
91　1963年9月5日	先秦文化第三講	6卷6期
92　1963年10月4日	漫談《論語新解》	6卷8期
93　1963年10月4日	秋季開學典禮講詞	6卷8期
94　1963年10月18日	慶祝中文大學成立	6卷9期
95　1963年11月1日	孔誕暨校慶紀念會講詞	6卷10期
96　1963年11月15日	先秦文化第四講	6卷11期
97　1963年11月29日	先秦文化第五講	6卷12期
98　1963年12月13日	先秦文化第六講	6卷13期
99　1964年1月16日	中國文化與中國人	6卷15期
100　1964年1月16日	關於我的辭職	6卷15期
101　1964年2月21日	校風與學風	6卷16期
102　1964年2月21日	中國文化與中國人（續完）	6卷16期
103　1964年3月6日	事業與職業	6卷17期
104　1964年3月20日	述〈樂記〉大意—為新亞國樂會作	6卷18期
105　1964年4月24日	中國文化體系中之藝術	6卷20期
106　1964年5月8日	《新亞生活雙週刊》第七卷首期弁言	7卷1期
107　1964年5月8日	從東西歷史看盛衰興亡	7卷1期
108　1964年5月22日	從東西歷史看盛衰興亡（下）	7卷2期
109　1964年6月5日	學問之入與出	7卷3期
110　1964年6月19日	推尋與會通	7卷4期
111　1964年7月11日	對新亞第十三屆畢業同學贈言	7卷5期
112　1964年7月11日	我如何研究中國古史地名	7卷5期
113　1964年9月22日	在新亞畢業典禮中有關穆個人之辭職之演講詞	7卷6期
114　1964年10月9日	校慶日演講詞	7卷7期

年／月／日	篇名	卷／期
115 1964年10月23日	校慶日演講詞（創校十五週年紀念）	7卷8期
116 1964年11月6日	談《論語新解》	7卷9期
117 1964年12月5日	亡友趙冰博士追思會悼辭、趙冰博士墓碣銘	7卷11期
118 1965年1月26日	《大學》格物新義	7卷14期
119 1964年3月26日	黃二明《史記導讀》，《韓文導讀》序	7卷17期
120 1965年5月21日	研究所歡讌餞別錢先生赴馬來亞大學講學記	8卷1期
121 1966年3月4日	丁辰〈錢賓四先生馬大講學歸來〉	8卷15期
122 1969年10月24日	首任校長錢穆先生講詞	12卷8期
123 1969年11月21日	人物與理想	12卷10期

4.5本港其他報章、雜誌、《素書樓餘瀋》：

年／月／日	報章／雜誌	篇名	卷／期
1 1949年5月	自由出版社	中國人之宗教社會及人生觀	
2 1951年7月	自由人	近五十年中國人心中所流行的一套歷史哲學	
3 1951年8月1日	香港時報（增刊）	《中國思想史》自序	
4 1951年10月10日	《中國歷史精神》	序《中國歷史精神》[36]	
5 1952年9月	中國學生週報	我們如何來慶祝雙十節	12期
6 1953年3月20日	《中國文化論集》第一集	中國思想之主流[37]	
7 1953年3月27日	中國學生週報	青年節敬告流亡海外的中國青年們	36期
8 1953年8月1日	星島日報（增刊）	漫談歷史盱衡世局	
9 1953年10月5日	祖國週刊	孔子之教與學	
10 1953年	《孔子2504年誕辰紀念日特刊》	李（榕階）著《論語孔門言行錄》序	
11 1954年1月	祖國週刊	孔子之教與學	4卷4期
12 1954年5月16日	大學生活	在現時代怎樣做一個大學生	創刊號
13 1954年10月10日	自由人	雙十國慶：答客問	增刊
14 1954年11月	今日世界	極權政治與自由教育	81期
15 1954年12月31日	華僑日報	希望與實踐（新亞除夕晚會講）	1955年1月5日刊

---

[36] 錢穆：《中國歷史精神》，《錢賓四先生全集》第29冊（臺北：聯經出版事業公司，1998），頁2-3。

[37] 錢穆：《世界局勢與中國文化》，《錢賓四先生全集》第43冊（臺北：聯經出版事業公司，1998），頁109。

年／月／日	報章／雜誌	篇名	卷／期
16　1955年7月8日	工商日報	學術學風與心術	創刊三十週年增刊
17　1955年	星島日報	中國儒家思想對世界人類新文化應有的貢獻	十七週年增刊
18　1955年10月26日	自由人	和平與鬥爭—兩個世界勢力之轉捩	485期
19　1957年11月12日	再生	張著〈辯證唯物論駁論〉序	
20　1958年3月8日	華僑日報	應當尊重並愛護中國文化	
21　1958年7月16日	再生	答張君勱〈論儒宗哲學復興方案〉書	復字1卷22期
22　1959年4月1日	今日世界	推介林牧野譯《美國史綱》	170期
23　1959年	《素書樓餘瀋》[38]	溫心園《編注漢英翻譯文範》序	
24　1961年1月1日	星島日報	一個世界三個社會	增刊
25　1961年1月	今日世界	甘迺迪著《當仁不讓》書評	
26　1962年6月	人人書局	《世界歷史》弁言	
27　1962年11月	人人書局	《中國歷史》弁言	
28　1964年1月1日	香港時報	香港專上教育瞻望	專論
29　1964年3月	《素書樓餘瀋》	序《新亞藝術》第三集	
30　1964年6月25日	香港時報	惜別林仰山教授（6月24日）	
31　1964年10月10日	《素書樓餘瀋》	〈總統蔣公母王太夫人百歲誕辰頌並序〉	
32　1964年孟冬	《素書樓餘瀋》	華君伯飛《微明集》序	
33　1965年2月16日	現代雜誌	論中華民族之前途	創刊號
34　1965年3月16日	現代雜誌	續論中華民族之前途	1卷2期
35　1966年10月10日	《素書樓餘瀋》	序（陳立夫）著《四書道貫》	

4.6紀念特刊／特稿：

年／月	篇名	期刊／雜誌
1　1952年	新亞書院沿革、旨趣與概況	《新亞書院二十週年校慶特刊》（1949-1969）[39]
2　1955年	研究所計畫綱要	同上
3　1957年	雅禮和新亞雙方合作三年來之回顧與前瞻	同上
4　1969年	校歌手稿	同上

---

[38] 見錢賓四先生全集編輯委員會編：〈總目〉，《錢賓四先生全集》（54）（臺北：聯經出版事業公司，1998），頁96。

[39] 沈亦珍題：《新亞書院二十週年校慶特刊》（1949-1969）。

五、錢穆先生香港演講目錄

日期	篇名	講座名稱／地點
1 1949年12月22日	漢代學風[40]	《新亞校刊》創刊號
2 1950年11月1日	中國史學之精神	新亞文化講座[41]12講
3 1951年4月19日	物與心（《人生十論》）	同上
4 1951年4月26日	理與事	同上
5 1951年5月3日	道德與藝術	同上
6 1951年6月14、21日	老莊與易庸	同上
7 1951年11月29日	王荊公的哲學思想	同上
8 1952年10月12日	漢代制度之得失	同上
9 1952年10月19日	唐代制度之得失	同上
10 1953年4月5日	陽明學派之流變	同上
11 1953年6月7日	孔子與春秋（《兩漢經學今古文評議》）	同上
12 1953年10月	中國散文三講（《中國文學講演集》）	同上
13 1954年6月6日	孔孟與程朱	同上
14 1954年11月	中國哲學中之鬼神觀	同上
15	有關學問之道與術	同上
16 1951年6月11日	中國歷史發展之路向	英國文化委員會講（記錄未發表）
17 1951年10月4、11日	黑格爾辯證法與中國禪宗	新亞文化講座
18 1952年6月	宗教在中國思想史裡的地位	道風山神學院講
19 1953年2月23日	朱子的思想	新亞文化講座
20 1956年1月7日	朱子讀書法（收入《學籥》）	孟氏圖書館
21 1958年5月24日	歷史教學與心智修養	香港教師會
22 1958年11月3、5日	唐代佛教臺賢禪三宗思想之大概	香港大學
23 1959年4月21日	擇術與辨志	香港大專公社
24 1959年5月13日	家庭母愛與孝道	新亞書院母親節演說詞
25 1959年6月22日	陸象山思想研究指導	新亞研究所月會
26 1959年11月4日	明清思想六講	香港大學校外課程部
27 1960年6月12日	耶魯大學頒發榮譽學位雅禮協會歡讌致詞	雅禮協會
28 1960年11月17日	中國文學中之散文小品	新亞中文系文學講座

---

[40] 參孫鼎宸編：〈錢賓四先生論著年表〉，載唐端正〈我所懷念的錢賓四先生〉附錄《中國學人》1970年第2期，頁151-174。

[41] 參孫鼎宸編：〈九龍新亞書院〉，《新亞文化講座錄》，1962年7月。

	日期	篇名	講座名稱／地點
29	1961年1月4日	秦漢學術思想六講	香港大學校外課程部
30	1961年5月9日	如何研究通史	《中國歷史研究法》8講
31	1961年	如何研究政治史	同上
32	1961年	如何研究社會史	同上
33	1961年	如何研究經濟史	同上
34	1961年	如何研究學術史	同上
35	1961年	如何研究歷史人物	同上
36	1961年	如何研究歷史地理	同上
37	1961年6月6日	如何研究文化史	孟氏基金會，同上
38	1961年10月-12月	魏晉南北朝文化講座六講	香港大學校外課程部
39	1962年7月5日	英國文化協會贈書儀式中致詞	《新亞遺鐸》
40	1962年9月28日	孔誕、校慶及教師節講詞	新亞書院
41	1962年11月7日	先秦文化六講	香港大學校外課程部
42	1962年11月10日	陳白沙先生五百三十四年誕辰紀念會講詞	《白沙學刊》創刊號
43	1963年3月8日	學問之入與出	新亞研究所學術討論會
44	1963年5月10日	推尋與會通	同上
45	1963年6月9日	中華佛教青年會致開幕詞	香港麗東大廈會所
46	1963年9月9日	開學講詞	新亞書院
47	1963年9月27日	西周至戰國之散文	新亞中文系
48	1963年10月3日	我如何研究中國古史地名	新亞研究所學術討論會
49	1963年11月17日	中國文史大義	浸信會書院
50	1963年11月22日	大學格物新義	新亞研究所學術討論會
51	1964年3月6日	談《論語新解》	同上
52	1964年3月12日	學術思想重於時代思想	新亞研究所月會
53	1964年4月2日	中國歷史學者的使命	新亞歷史系
54	1964年4月7日	中國文化體系中之藝術	新亞藝術系
55	1964年4月24日	續談《論語新解》	新亞研究所學術討論會
56	1964年5月15日	新亞學會成立致詞	新亞書院
57	1964年6月12日	三談《論語新解》	新亞研究所學術討論會
58	1964年10月22日	談當前學風之弊	同上
59	1964年11月19日	續談當前學風之弊	同上
60	1964年12月10日	三談當前學風之弊	同上
61	1964年10月27日	做學問應讀大本大原的書	新亞研究所月會
62	1964年11月3日	治學要能思能問、尋找問題解決問題	同上
63	1964年12月18日	魏晉文學	新亞中文系文學講座
64	1965年1月1日	人生理想學業與事業	新亞校友會
65	1965年1月19日	寫史應有史論	新亞研究所月會

日期	篇名	講座名稱／地點
66 1965年1月21日	專家之學與名家之學[42]	新亞研究所討論會
67 1965年3月25日	談朱子研究[43]	同上
68 1966年3月27日	說話的道德與藝術	荃灣圓玄學院新亞校友會歡迎會

六、錢穆先生香港佚文目錄

下列文章，錢穆《新亞遺鐸》、錢穆《素書樓餘瀋》、韓復智《錢穆先生學術年譜》、聯經版《錢賓四先生全集》諸書皆不見。茲錄列全文，俾便有興趣研治錢賓四先生學術思想者，共同欣賞、閱覽。

1.錢穆〈新亞心聲第二集序〉：

> 曾子履川（克耑）彙集文科諸生堂下詩課而刊為《新亞心聲》，茲值第二集成編，囑余為之序。余謂大學文科，流風所染，率輕習作，使學者不知前人甘苦，而遽授以文學史、文學批評諸課程。其於古今文學源流派別，以及詩文高下利病，非人云亦云，即妄肆譏呵，非剽竊舊聞，即徒逞胸臆，既為害於學術，亦貽禍於風氣。其於作育人才，陶冶性情之旨，離去甚遠。循此以往，將見新論日騁，而作者將絕。今曾子力矯斯弊，能使諸生各就繩勒，追蹤前躅，雖不能至，要為學業之正道，教導之良規，而豈所謂抱殘守缺，抑故步自封之時下俗論所得而誣詆乎？

> 壬寅（1962）新春錢穆。

● 《新亞心聲》第二集，1962年。香港大學馮平山圖書館藏。

2.錢穆〈新亞書院中國文學繫年刊序〉：

> 新亞國文系諸同學，薈萃平日課外自由作業，擇優編為系列，將出版，求余為之序。余維學校各科平鋪，分院分系，由學者各就性近心好，分別選修；其實各系課程，大有廣狹深淺難易之不同。國文系包羅萬有，騷賦詩古文詞曲傳奇小說，古今名作，何啻數百千家，抑且旁通經史諸子，釋道九流，政俗禮教，人情物理，無不牢籠；學者非有大工力，真修養，不能窺其堂奧，嚌其精英。自民國以來，學制更新，而國文教育，收效最戆。無論大中小各級學校，延聘

---

[42] 有關錢穆先生講演題目，可另參孫鼎宸編：《新亞研究所研究文獻類目》（1955-1964）（香港：新亞研究所，1965），頁31-38。

[43] 參〈導師學術專題講演題目〉，《香港中文大學新亞書院研究所概況》，1971年，頁22。

合理想之國文教師,最為難事。可見此科栽培成材之不易。本校自創始以來,亦既於此一系倍加注意;然一則師資難求,二則來學者蔽於時風,聰明穎慧之士,往往薄此科而不修,而庸懦懶劣者,轉認為此科易於及格,可資逃藏。積歲以來,學校之耗心力於國文系者獨多,雖亦幸獲不虞之譽,然距學校之所想望則尚遠。觀於此編,不乏斐然之作,昔孔子居陳,而有吾黨小子之歎,良有以哉!從今以往,其能繩繩繼繼,而益有所增進乎?抑將如曇花之一現,亦有苗而不秀,秀而不實之憂乎?即此區區,得之不易,竊願吾國文系諸同學之能繼此而益勉也,爰為之弁其首。凡關心於近五十年學校國文教育者,讀此編,其亦將於我有同感焉。

●香港新亞書院中國文學系系會編**《新亞書院中國文學繫年刊》第一期**,1963年7月。香港大學馮平山圖書館藏。

　　3.錢穆〈新亞書院中國文學繫年刊第二期序一〉:

　　　　晚清湘鄉曾氏,編選《經史百家雜鈔》,始分古今文字為論辨、記敍、告語之三體。民國以來,學者承襲曾說而微變之為說理、記事、抒情三類。大中學選授國文,率多依此三類講述。而就當前文章變化趨勢言之,竊謂應於說理、記事、抒情之外,有述學一體之增列。

　　　　在曾氏以前,章學誠《文史通義》,曾謂子部衰而集部與之代興。其言不失為闡述古今文章變化一創見。曾氏後有桐城吳汝綸為嚴復譯〈天演論〉作序,大意謂先秦諸子著書,一幹萬條,枝葉扶疏,而唐宋以下集部則散篇各別,不復成條貫。吳氏實本章氏之說,而其意則主反集部為家言。惟就近代趨勢言,亦頗不能如吳氏之所想望。專門著述成一家言,追蹤先秦者雖亦有之,然終不如散篇述學文之盛。余謂近代之有散篇述學文,實當在中國舊傳統子部集部以外,視為異軍特起之一種新文體。此種文體雖亦胎息甚古,淵源有自,然究不失為一種文體之新興,於舊有子部集部之外別開生面。

　　　　惟其為一種文體之新興,故關於此一文體之義法利病,尚少有人能為之講究闡發者,因此執筆為此體文者,亦多率意為之,所重僅在其文中所述之內容。至於文字美惡,章節繁簡,乃及其他凡屬行文所當考慮之點,似乎甚少注意。一若謂學術文字,惟當專重學術,而文字可以置之不論。即有厝意及此,亦惟同時互相師倣,或則刻意鉤新樹奇,既無標格可尊,亦無法度可守。然則豈說理抒情記事皆不可以無文,而獨述學乃可以無文乎?此不待智者而可知其不然矣。

　　　　故今日者,貴能有深通文章義法利病之人,為此一新文體編選範作,開示義法,指陳利病,正其途轍,立之規矩,使學者心知其意,中材以下可以有所循,而上知之士可以有所創,二者本不相妨害。今必求上知之能創,而不悟不

能創者之不可使之無所循，此亦不得不謂持偏短之見者之為失矣。

　　新亞中文繫年刊第二期已彙編付印，余觀其所收篇目，亦以余所謂述學一類之新文體為主，余故牖發宿意，竊願新亞諸生於此能加意研尋，則他日焉有能於己有所創，使人有所循者，安知其不出於諸生之間乎？爰為序以勉之。

甲辰（1964）春仲錢穆。

● **《新亞書院中國文學繫年刊》第二期**，1964年6月。香港大學馮平山圖書館藏。
　　4.錢穆〈《白沙先生紀念集》序五〉：

　　余於明儒，私心常慕兩先生，一曰粵之陳白沙先生獻章，又一曰吾鄉高景逸先生攀龍；兩先生之學，皆主由靜中求悟，皆以自然為宗極，而皆歸本於此心。夫人心不能無動，然而憧憧往來，朋從爾思，擾之而動者，非此心之自然矣。夫自然亦塊然耳！苟無此心運貫乎其間，則山之峙、川之渟、花之放、鳥之語，人之一包膿血，裹一塊大骨頭，以為此飢能食、渴能飲，能著衣服、能行淫欲，忿而爭、憂而悲、窮則濫、樂則淫者，凡百所為，一信氣血，又何莫而非自然，亦何異於禽獸，何殊於萬類。夫必見父自然知孝，見兄自然知弟，收拾此理，在心無內外、無終始，無一處之不到，無一息之不運會，然後天地我立，萬化我出，而宇宙在我。

　　此心即自然，自然即我心，動即靜，靜即動，廣大高明，不離日用，大小精粗，一以貫之。一真萬事，宛爾圓成，《大易》有之曰：「天下之動，貞夫一者也。」一即此心，亦即此理，此之謂至靜，此之謂自然。白沙先生自序為學，言年二十七始發憤從學於吳聘君，於古聖賢垂訓之書，蓋無所不講，然未知入處。比歸白沙，杜門不出，專求所以用力之方，既無師友指引，日靠書冊尋之，忘寐忘食，如是者累年，而卒未有得此心此理，終未有湊泊吻合處。於是舍彼之繁，求我之約，惟在靜坐。久之，然後見吾此心之體，隱然呈露日用間。種種應酬隨吾所欲，如馬之御銜勒，體認物理，稽諸古訓，各有頭緒來歷，如水之有源委，於是渙然自信曰：「作聖之功，其在茲乎！」

　　嗚呼！此先生之所自得，亦何其親切而簡易耶？然而先生之在鄉，或浩歌長林，或孤嘯絕島，或弄艇投竿。於溪涯海曲，蓋揖耳目，去心智，遲至二十餘年之久，而始得之，則又何其艱苦而深微耶？先生有言：「學有由積累而至者，有不由積累而至者，有可以言傳者，有不可以言傳者。」先生之學，蓋積累於非積累，言傳其非言傳。後之治先生之學者，其亦妙得於先生之此心。而先生之日用，先生之歌詠言說，此皆先生之心之自然流露，亦皆先生之心之達夫其自然之至境之所由也。穆生也晚，猶幸與景逸高先生為同鄉，誦其詩，讀其書，遊想乎其為學之本

　　末，而慨然竊有意乎！其人每嘗以先生之學，私自印證於白沙先生之所

悟，而有以見於兩先生之學之有若於符節之合也。茲者避難來港，白沙先生後裔陳君應燿，將為先生刊行《五百二十年誕辰紀念集》來索序。夫未學何敢以贊一辭，無已，姑舉其平昔之所嚮往愛好之私復之，其亦略有當於先生之所謂「將道理就自己性情上發出來」之遺訓於萬一也夫！中華民國四十一年（1952）十月二十日，無錫錢穆謹拜撰於香港九龍之新亞書院。

●**陳應燿編輯《白沙先生紀念集》**，香港・陳氏耕讀堂，1952年10月。香港中央圖書館・學海書樓藏書。

5.錢穆〈序黎晉偉《國事諍言》〉：

　　時代變，社會變，斯其所需求之人才自亦隨而變。竊嘗謂中國此五十年來，乃缺乏許多能適應於時代與社會之新需求而起之新型人才，如政論家即其一例也。欲為一理想之政論家，具條件至苛至酷，昔年惟梁任公能備此輪廓，惜當時社會所需求於任公者，不以此為限，而任公之所欲貢獻於社會者，亦不以此自限。故在國人心目中，未能確立起一政論家之楷模，以待後起之追隨而益進。繼任公之後有張季鸞，亦以政論負一時重望，論其才力或較任公為遜，然張氏乃以專業報人出現，故其貢獻亦大，而惜乎其時代動盪之劇，則更甚於任公之世，因此其影響於國人之心目者，亦不能深。至其他人才，能追蹤梁、張或更駕乎上之者，非無其人，然或自輕其業，其心情意氣，不願僅為一報人與政論家而止，而其學力識力之修養，因亦未臻於止境。因此，此一項新型人物，仍不能在國人心目中鮮明呈現，蓋欲建此新型，既貴有通識，尤貴有專業，並貴能對此一業，有畢生以之，既竭吾材，進吾往也之心情與意志，所謂創業之難乃在此。

　　黎君晉偉主香港《工商日報》筆政十有一載，頃彙其歷年政論輯為《國事諍言》一書而問序於余，余與黎君在此十一年中，同居香港，讀黎君之自序，不禁深慨乎其言。竊願黎君之才情與其旨趣，其終將能為吾國人樹起此一新型人物之楷式，則其所貢獻又何可計量。余又渴盼國人之讀黎君此書，能同余之心情，以期望於吾儕同時之從事於報人專業者，以促使此一項新型人才之崛興而競起也，故樂而為之序。

歲在辛丑（1961）立秋吉旦　錢穆於新亞書院

●**黎晉偉著《國事諍言》**，香港・勵志養心齋，1961年8月。香港大學馮平山圖書館藏。

6.錢穆〈李潤章《中國印刷術起源》序〉：

　　李潤章先生近著《中國印刷術起源》，這是一部精心結撰的著作。凡屬有

關此一問題之資料，及中外學者各方意見，無不詳密搜羅，審細討論。折衷妥愜，創闢尤富。蒙李先生允許交由新亞研究所出版，在新亞研究所方面是引為光榮的。但李先生附有一條件，他希望我能為此書作一序，這在我卻是一難題。因我於此問題，並未下過工夫，實是一門外漢，但李先生雅意不當卻，而若無所獻替，只作些頌揚語，亦覺與私心所重視於李先生此書者有悖，因此使我甚難下筆。

猶憶在二十餘年前，時值對日抗戰，流寓成都北郊賴家園，因緟讀《全唐文》，曾對中國印刷術發明時期撰有短文一篇，似是登載於齊魯大學國學研究所之《責善半月刊》。但此文倉促間無法覓得，只記文中亦曾援引馮宿〈禁版印時憲書奏〉，及對陸深《燕閒錄》：「廢像遺經，悉令雕撰」兩語有所解釋，大體與李先生大著意見私幸有合，如此而已。其他文中所論，茲已不復能省記。李先生雅命，既不獲已，姑再就此一問題，即有關中國印刷術發明時期方面者略抒鄙淺。

關於劉知幾《史通》敍《隋書‧十志》太宗崩後刊勒始成一語，鄙意亦認為此處刊勒二字，應作刊削與編纂解，不宜作雕版印刷言。因《史通》此節前文明云：又詔左僕射於志寧太史令李淳風、著作郎韋安仁、符璽郎李延壽同撰，其先撰史人，惟令狐德芬重預其事。可見下文「太宗崩後刊勒始成」八字，乃逕承上文「撰」字而來，刊勒只是撰義，只謂太宗崩後〈十志〉始撰成，非謂撰書既成之後又經雕版印刷也。

中國印刷術之開始，似乎不能早在唐玄宗之前，此層可得旁證從反面加以說明。如《全唐文》卷二十六有〈禁坊中鑄佛寫經詔〉，詔文云：「如聞坊巷之內，開鋪寫經，公然鑄佛。自今以後，禁坊市等不得輒更鑄佛寫經為業。」據此，知在當時坊市內以鑄佛寫經為業者極盛，然自反面言之，亦可知當時尚僅有寫經，並無以印刷佛經為業者，則陸深廢像遺經悉令雕撰二語，不能作其時已有印刷佛經解，其事亦可推。

又《全唐文》卷三十二，有〈刊廣濟方詔〉，詔文曰：

朕頃所撰〈廣濟方〉，救人疾患，頒行已久，計傳習亦多。猶慮單貧之家，未能繕寫，閭閻之內，或有不知。償醫療失時，因致橫天，性命之際，寧忘惻隱。宜令郡縣長官，就〈廣濟方〉中逐要者，於大板上件錄，當村坊要路牓示，仍委採訪使勾當，無令脫錯。

此詔亦在玄宗時。當時朝廷為求〈廣濟方〉之普及民間，甚為鄭重其事。償其時已有印刷術，則由官府雕版流傳，豈不省力？故知當時尚未有印刷術之發明及使用。

又按《劉禹錫集》有〈謝賜廣利方表〉，亦見《全唐文》卷六○二，謂：

「臣奉明詔，併工繕錄，俾封疆之內，日月俱懸，雖聾瞽而必知，在幽偏而亦達。」是知當時仍亦無印刷術。

因之我又疑心到元稹的〈長慶集序〉，其中有云：

「二十年間，禁省觀寺郵堠牆壁之上無不書，王公妾婦牛童馬走之口無不道，至於繕寫模勒，衒賣於市井，或持之以交酒茗者，處處皆是。

並附注云：揚、越間多作書模勒樂天及予雜書，賣於市肆之中也。」

此處既以繕寫與模勒分說，則二者之間必有別，然模勒與印刷，亦是兩事，不當混並。若謂模勒即指版印，則雕版印刷在當時究是一新鮮事，元文極意誇宣，為何不特別提明版印，而只用模勒二字？抑考之《白居易集》，〈與元九書〉有云：

「自長安抵江西三四千里，凡鄉校佛寺，逆旅行舟之中，往往有題僕詩者。士庶僧徒，孀婦處女之口，每每有詠僕詩者。」

又其〈白氏長慶集後序〉亦謂：「集有五本，一本在某處，一本在某處，各藏於家，傳於後。」

「其日本暹羅諸國，及兩京人家，傳寫者不在此記。」

此兩處亦僅提及題壁與傳鈔，並不見有版印流播之跡象。然則元稹文所云繕寫與模勒者，蓋繕寫僅是傳鈔其文字，而模勒則是依倣各處題字而模勒其字體，不同在此而已。不得以模勒二字，推說其時已有版印，亦復可知。

根據上述，唐代開始有雕板印刷，其有明文可證，確屬無疑者，最早應是馮宿之〈奏准禁印曆日版〉一文，亦大體可定。又按《劉禹錫集》有為淮南杜相公〈謝賜曆日面脂口脂表〉，又有為李中丞〈謝賜鍾馗曆日表〉，為淮南杜相公〈謝賜鍾馗曆日表〉三文，亦收《全唐文》卷六〇二。又《白居易集》亦有〈謝賜新曆日狀〉，其文亦收《全唐文》卷六六八。據此知當時有每年分賜大臣以新曆日之禮。而劉禹錫文皆稱新曆一軸，又稱畫鍾馗一云云，可知所賜鍾馗乃是畫像，則所賜曆日亦必是繕寫，非版印。而曆日皆稱一軸，則文字不多，馮宿奏所云劍南兩川及淮南道，皆以版印曆日鬻於市者，殆是以一軸印成一版，尚非印刷書籍之比。故《舊唐書》文宗本紀，有敕諸道府不得私置曆日版之詔。則顯然所印曆日，只是一版，不如後世之有曆書也。

草率成篇，敬以請教於李先生及讀先生此書者。

中華民國五十一年壬寅（1962）冬至前十日，錢穆拜序於新亞研究所。

● 李書華著《中國印刷術起源》，香港・新亞研究所，1962年10月。香港中文大學新亞書院・錢穆圖書館藏。

7. 錢穆〈《稊稗集》序〉：

莫子可非告余，頃方集其所為散篇短論，自己亥（1959）冬迄茲四載，逾二百一十餘篇，刪汰所存得一百二十一篇，分四編，都十二萬言，顏曰《稊稗集》，排校竣事，而囑余為之序，余曰：「有是哉！莫子之文，是誠古人之非

今世之文也。覽其篇題，上自治道、民生，風氣教化，著述精微，人物長短；下至閭巷猥纖，俗情世態，無不包舉，而僅得十二萬字，是何其言之富而辭之約乎！蓋莫子之文，和平澹雅，一如其為人，不張皇以為大，不鈲析以為精，不紆回以為遠，不疊累以為深，無殺伐之盛氣，無抑揚之私心，誇飾隱藏，譏嘲叫罵，輕薄佻巧，曲強羅織；凡古人文德之所戒，於莫子之文蓋無有焉。辭隨乎意，意盡於己，雖包舉之已廣，而上下議論，亦直抒己見則止，此非所謂修辭立其誠者耶？故余樂而為之序。」

壬寅（1962）歲暮　錢穆

● **莫可非（曲齋）著《稊稗集》**，九龍・步華印刷廠，1962年12月。香港中文大學新亞書院・錢穆圖書館藏。

8.錢穆〈新亞國樂會特刊發刊詞─述樂記大意〉：

孔子以禮樂射御書數六藝為教，讀《論語》，孔門之重視於樂，可以想見。迄於西漢，六藝以稱古籍，然僅得詩、書、禮、春秋、易五經，而《樂經》獨缺。惟《小戴禮》有〈樂記〉篇，相傳為孝武時河間獻王采《周官》及諸子言樂事所為，則距當踰兩千年。或曰：〈樂記〉乃公孫尼子作；余為《先秦諸子繫年》，考定公孫尼子為荀子弟子，則在戰國晚世也。

〈樂記〉為中國言樂理最古之書，其主要論點，謂音樂起於人心，故曰情動於中故形於聲，其哀心感者，其聲噍以殺；其樂心感者，其聲嘽以緩；其喜心感者，其聲發以散；其怒心感者，其聲粗以厲；其敬心感者，其聲直以廉；其愛心感者，其聲和以柔。惟其音樂原於人心之情感，故音樂亦可以感召人心，有培養性情，移風易俗之效。故曰民有血氣心知之性，而無哀樂喜怒之常，應感起物而動，然後心術形焉。是故志微噍殺之音作，而民思憂；諧嘽慢易、繁文簡節之音作，而民康樂；粗厲猛起、奮末廣賁之音作，而民剛毅；廉直勁正莊誠之音作，而民肅敬；寬裕肉好、順成和動之音作，而民慈愛；流辟邪散、狄成滌濫之音作，而民淫亂。於是而言音樂與世道之相通，故曰：治世之音安以樂，其政和；亂世之音怨以怒，其政乖；亡國之音哀以思，其民困。聲音之道與政通。故中國古人之言樂，其重要意義，乃在人之德性修養，風俗陶冶，與教育政治相關聯，而並不注重音樂之藝術獨立性。此乃中國傳統文化以人文精神為中心之一種表現也。

惟音樂在中國，自漢以下實不能有合理想之發展。蓋因論樂理者，既以音樂歸屬於德性修養、風俗陶冶之意義之下，士大夫之從事於政治教育事業者，不免先其急與大，後其緩與小，而不視音樂為首要之重務。於是遞降遞衰，音樂僅流為民間之一技，而士大夫之厝心政教大道者，每忽於此，循至音樂不於中國社會占一重要位置，亦固其宜矣。

朱子之論〈樂記〉曰：「看〈樂記〉，大段形容得樂之氣象，當時許多名物度數，人人曉得，不須說出；故止說樂之理如此其妙。今許多度數都沒了，只有許多樂之意思是好，只是沒頓放處。」又曰：「今禮樂之書皆亡，學者但言其義，至於器數，則不復曉，蓋失其本矣。此見後之儒者，僅能言樂之義理，而不復明樂之器數；器數不明，樂即不傳，雖有妙理，無頓放處；故曰失其本也。」至於今日，則學者於本國文化傳統，一切慢棄；慢棄之不足，又繼之以譏訶抨擊，古人所言樂之義理，已無復能言之者，更何論於器數之考索！故中國音樂之在今日，更為人所忽視，勢亦無足怪也。

新亞同學有國樂會之組織，於課務之暇，各擇所好，習其一器，以此言技尚不足，若曰以是而求保存國樂，最多亦是告朔之餼羊而已，夫何足言者。

然〈樂記〉有曰：「德者，性之端也；樂者，德之華也；金石絲竹，樂之器也。詩，言其志也；歌，詠其聲也；舞，動其容也。三者本於心，然後樂器從之。是故情深而文明，氣盛而化神，和順積中，而英華發外，惟樂不可以為偽。」今諸君子之於國樂，誠使心有深好，又能知德養之為本，和順之氣積於中者日盛，斯其英華之外發，安知不有能明於文而神其化者之出其間乎！〈樂記〉又言之，曰：「知禮樂之情者能作，識禮樂之文者能述；作者謂之聖，述者謂之明；明聖者，述作之謂也。」今諸君子既已於器有所習矣，誠能繼此不懈而益進，有能知其情而為之作者，有能識其文而為之述者，他日中國音樂界之聖明，安知其必不出在諸君子之中乎？是在諸君子之勉之而已。

國樂會方將有公開之演奏，希余能為文以作鼓勵，因述所感以畀之。

●《新亞生活》雙週刊，第6卷第18期，1964年3月20日。香港大學馮平山圖書館藏。

七、結語

統計上文所錄，錢穆先生客居香港期間（1949-1967年），講演、撰著不輟，計有著作28種、學報論文44篇。於不同刊物、報章發表的文章，依次為《人生》120篇、《民主評論》49篇、《新亞校刊》13篇、《新亞生活》119篇、其他報章、雜誌35篇、紀念特刊／特稿4篇，合計340篇。錢穆先生於各類院校講演則有68篇、佚文8篇。

最新的文獻材料，有以下2種[44]，讀者或研究者可拿來參考。錢穆先生個人資料方面，臺灣也有專著一種[45]，亦可用之翻檢或查考。至於錢穆先生於教育、文學、歷

---

[44] 張學明、何碧琪主編：《誠明奮進：新亞精神通識資料選輯》（香港：商務印書館，2019）；黃浩潮主編：《珍重‧傳承‧開創：《新亞生活》論學文選》（上卷）（下卷）（香港：商務印書館，2019）。
[45] 韓復智：《錢穆先生學術年譜》6冊（臺北：五南圖書，2005）。

史、文化、學術、思想研究諸方面，中國大陸、香港、臺灣出版之各種專著、期刊論文，誠可謂恆河沙。

第三十四章　錢穆旅港期間著作探微
（1949-1967）

圓玄學院妙法寺內明陳呂重德紀念中學
彭家強

一、前言

　　錢穆（1895-1990）是當代史學界的卓然大師，他學識淵博，著作等身，治中國史達七十餘年，對於中國史學各方面都作出了傑出的貢獻，尤其是在旅居香港期間（1949-1967），創辦了「新亞書院」及「新亞研究所」，並大量著書立說，大力推動香港史學的發展，當中培養了不少史學界的專才，[1]可謂桃李滿門。

　　由於錢氏被稱為國學大師，過去有不少學者對於錢氏的歷史文化思想作過研究。然而這些研究大多是以通體式，將錢氏畢生的史學理論或歷史思想作一概括的描述，但這些研究都只是將錢氏思想的重點勾勒出來，並未有深入的探討，[2]尤其對於錢氏的思想在49年前後之不同及其居港期間出版的著述，均未有專文論述。而事實上，錢氏居港的十八年，實是其一生的黃金時期，他不論在辦學或在做學術研究、著書立說等方面，都有卓著的表現，傳誦後世。

---

[1]　在錢氏執教的新亞書院下，扶拔了香港史學發展的第一、二代學人，如余英時、何祐森、金中樞、陳啟雲、何啟民、逯耀東、唐端正、劉家駒、黃開華、孫國棟、章群、羅炳綿、蘇慶彬、羅球慶等，均為新亞研究所畢業的學人，日後分別執教在香港大學、香港中文大學、香港浸會學院（現香港浸會大學前身）或往海外繼續升學，隨錢氏學生任教在香港這幾所大學後，也使錢氏治史的方法及對中國文化的抱負傳往幾所大學的中文系及歷史系，大大推動香港的史學發展。

[2]　過去有關錢穆歷史思想的研究，比較重要的有：蔣義斌：〈錢賓四先生之歷史思想〉，《簡牘學報》1979年第8期，頁337-343；崔慶泳：〈錢穆史學思想初探〉（國立臺灣師範大學歷史研究所碩士論文，1986）；陳勇：〈略論錢穆的歷史思想和史學思想〉，《史學理論研究》1994年第2期，頁47-62；羅義俊：〈錢穆學術綜論〉，《上海文化》1995年第4期，頁39-49；陳偉強：〈錢穆前期文化思想研究〉（香港浸會大學歷史系畢業論文，1996），此文對錢氏的文化思想研究，也只是探討至1949年。另有關錢穆教學理念及實踐，見區志堅：〈以人文主義之教育為宗旨，溝通世界中西文化：錢穆先生籌辦新亞教育事業的宏願及實踐〉，香港中文大學文學院編：《傳承與創新——香港中文大學文學院四十五週年校慶論文集》（香港：香港中文大學出版社，2009），頁90-114；區志堅：〈「在非常環境非常心情下做了」——試析錢穆先生在香港興學的原因〉，黃兆強主編：《錢穆研究暨當代人文思想國際學術研討會論文集》（臺北：錢穆故居，2011），頁30-48；區志堅：〈錢穆對孫中山的評價〉，李金強、麥勁生主編：《辛亥百年研討會論文集》（香港：香港城市大學出版社，2013），頁64-73。

故此，筆者希望在本文集中探討錢氏的思想在49年前後有何不同，以及從其旅居香港期間出版的著述，從中國文化及中西文化比較、歷史的精神和歷史研究法、歷代政治得失的評論、學術思想在其論史中的地位各方面，對其歷史思想作一論析。

二、錢穆生平及思想簡介（49年前後之不同）

錢穆，原名思鏐。民國元年（1912）春改今名，字賓四，江蘇無錫人，為中國近代著名史學家。錢穆於1922年至1929年執教於小學和中學，1930年由顧頡剛（1893-1980）先生推薦，入北平燕京大學執教，從此躋身學術界。1949年以前，歷任北京大學、清華大學、北京師範大學、西南聯合大學等校教授。1949年離開中國大陸往香港，創辦並執教於「新亞書院」。期間著述以闡揚中國文化精神、復興中國文化為主。在1967年離港定居臺灣，為臺灣中央研究院院士。錢氏著作等身，計有八十餘種。[3]錢氏晚年曾概括其一生著述特色為：「主要不外乎三項原則。一是文化傳統，二是國民性，亦是民族性，三是歷史實證。」[4]此是錢氏治學及處世的原則。

錢氏的思想，是由於一生都為兩大問題所困擾，而這兩個問題也成為其一生的終極關懷。第一個問題是中國會否亡國？[5]第二個問題是中西文化孰優孰劣？[6]由於這兩個問題，使在成長中的錢氏的思想有著階段性的變化，以下主要就錢氏思想在1949年前後之不同進行探討。

在治學觀點上，錢氏的治學觀點是由自王（王陽明，1472-1528）學而反朱（朱熹，1130-1200）學，然後捨棄王學而取朱學。錢氏早在青少年時代，已廣泛閱讀唐宋八大家的文章，如韓愈（768-824）、柳宗元（773-819）、歐陽修（1007-1072）、王安石（1021-1086）等。他感到：「韓文公所謂因文見道者，其道別有在。」[7]於是他開始翻閱黃宗羲（1610-1695）的《明儒學案》及黃氏註、全祖望

---

3 見李木妙：〈錢穆教授著作目錄〉，氏著《國史大師錢穆教授傳略》（臺北：揚智文化事業股份有限公司，1995），頁178-185。

4 錢穆：〈丙寅新春看時局〉，收入《錢賓四先生全集‧中國學術思想史論叢（六）》，第23冊，單元（十）（臺北：聯經出版事業公司，1994），頁289。以下簡稱《全集》。

5 此問題是由於錢氏在年輕時，讀到梁啟超的〈中國前途之希望與國民的責任〉一文，此文章是從不同層面及角度去論證中國絕無可亡之理。但錢氏卻對梁氏之「中國不亡」這個論調有所懷疑。結果，為了證明「中國不亡」這論點，錢氏開始注意中國過往的歷史，並希望從中尋找中國不會滅亡的根據。詳情可參看余英時：《一生為故國招魂──敬悼錢賓四師》，《猶記風吹水上鱗──錢穆與現代中國學術》（臺北：三民書局，1999），頁18-19。

6 錢穆：《八十憶雙親、師友集憶合刊》（臺北：東大圖書，1983），頁34。此書並沒有收入《全集》。關於此問題，乃是錢氏在小學時期，其老師錢伯圭主動告訴他中國歷史走上了錯路，以致形成合久必分，分久必合的無休止之治亂，而西方歷史則走上正路，合了便不分，治了便不亂。因此中國應學習西方，這番話啟悟了成長中的錢氏。可見錢氏在幼年時代已注意到東西文化之優劣問題，日後成為一生治學的終極關懷，分析到最後，是為了解答這個問題，即面對西方文化的衝擊和中國的變局，中國的文化傳統究竟何去何從。詳見余英時：〈錢穆與新儒家〉，《猶記風吹水上鱗──錢穆與現代中國學術》，頁38-39。

7 錢穆：〈序〉《錢賓四先生全集‧宋明理學概述》，第9冊，頁7-9。這論點尚可參看崔慶泳：〈錢穆史學

（1705-1755）補的《宋元學案》，發現自己對學術文有更大的興趣，從此便走上研究理學之路。在錢氏三十六歲這年（1930年），寫成《王守仁》（後更名為《陽明學述要》）一書，為他研究理學的第一本著作。錢氏在轉入理學研究時，在中國文化傳統之道的探索過程中，漸漸肯定中國文化的獨特價值。[8]這是使錢氏日後作文化宏觀研究其中的一個因素。

在錢氏的史學著作目錄中，可以看出在宋明理學方面，關於王陽明的文章，主要成於初期和中期，即他五十歲以前，代表作為《王守仁》一書；但在中期以後，他的研究重點則集中在朱子，開始其捨王取朱的治學歷程。[9]其代表作則是《宋明理學概述》及往臺灣後完成的《朱子新學案》。

在1944年11月，錢氏對陽明學說作出批判，指出王學有矛盾之處，錢氏認為「性原於天，心屬於人」的論調比較合理，不滿王陽明之天人不分。[10]筆者認為錢氏之所以後來批評王學，可能是由於他在年輕時，學術根基未太穩固所致，至年紀漸長，學問漸趨成熟，再行研習時便發現這一矛盾。可見錢氏在五十歲以前是集中研究王學，在五十歲後轉向鑽研朱學，因而在中晚年期間著成《宋明理學概述》，《朱子新學案》，其中《朱子新學案》這巨著，更譽滿士林。

由於錢氏在青年時已有堅守傳統文化的決心，對中國歷史抱「溫情與敬意」，認為中華文化綿延五千年而不衰，實由於儒家思想潛而默化的力量。[11]因念民族文化，故研究儒學，而儒學又歸於理學。因而錢氏藉治朱學，從而追溯先秦儒家孔子，並首次將朱子與孔子的思想聯繫起來，希望從朱子理學上探索孔孟之門徑。錢氏生平一直對孔子思想甚為關切，[12]錢氏曾說：

> 在中國歷史上，前古有孔子，近古有朱子。此兩人，皆在中國學術思想史及中國文化史上發出莫大聲光，留下莫大影響。曠觀全史，恐無第三人堪與倫比。孔子集前古學術思想之大成，開創儒學，成為中國文化傳統中一主要骨幹。北宋理學興起，乃儒學之重光，朱子崛起南宋，不僅能集北宋理學之大成，並亦可謂其乃集孔子以下學術思想之大成。此兩人，先後蠱立，皆能匯納群流，歸之一趨。自有朱子，而後有孔子之儒學，乃重獲新生機，發揮新精神，直迄於今。[13]

思想初探〉（國立臺灣師範大學歷史研究所碩士論文，1986），頁30。

[8]　見崔慶泳：〈錢穆史學思想初探〉，頁30。

[9]　同上註，頁31。

[10]　有關這論點暫時只有鍾彩鈞曾略作探討，見氏：〈錢賓四先生理學研究的檢討〉，載《中國文哲研究的回顧與展望論文集》（臺北：中央研究院中國文哲研究所，1992），頁522。

[11]　同上註，頁515。

[12]　崔慶泳：〈錢穆史學思想初探〉，頁30。

[13]　錢穆：《錢賓四先生全集‧朱子新學案（一）》，第11冊，頁1-2。

以上可見錢氏極力將朱子與孔子的思想相提並論，從中道出孔子乃儒家文化的中心，也即是中國文化的主要骨幹。正因為「王學薄經史博文而不為，朱學則能重視經史博文，途轍較廣」，[14]錢氏認為朱子思路完密，把人心分得最細，認識得最真，而陽明的理論則嫌單薄，可見錢氏對朱子之欣賞。此外，朱子又較重視保存文獻，重視外在功夫的整理，重新確立儒學新道統，並且編輯《四書》，匯《大學》、《中庸》、《論語》、《孟子》成一系統，有云「朱子註四書，正猶孔子修六經」，[15]由於錢氏要保存中國文化，振興中國文化，一切以民族文化為依歸，因而特別重視朱子，他形容朱子之學是「欲以綜匯之功而完成其別出之大業」。[16]錢氏晚年曾自寫春聯：「晚學得新知匯百川而歸海，忘年為述古綜六藝以尊朱」[17]表述了晚年決心以「尊朱」為一生學術歸向的心志。[18]這可見出錢氏從起初的自王反朱而轉為捨王取朱。錢氏有被稱為「今日朱子」、「新時代的朱熹」之譽。[19]

正由於錢氏由「自王反朱」轉為「捨王取朱」，連帶他治學的方法也有轉變。錢氏治學是由初期的以微觀的方法而轉向以宏觀的方法。在三、四十年代以前，錢氏是精於微觀的考據，文章大多是有關傳統舊學，甚少涉及中西文化及新學之討論；及後卻精於宏觀層面的文化研究。

錢氏早年（20年代初-30年代初）主要以考據的方法，研究先秦諸子，尤精於孔子、孟子、墨子等學說，先後著有《論語文解》、《論語要略》、《孟子要略》、《墨子》等，錢氏詳細考證諸子年代，並說明先秦諸子的流派；而使錢氏享有學術地位的，就是在1930年他三十六歲時所發表的《劉向歆父子年譜》，[20]也是考證之作，從學術上批駁康有為的《新學偽經考》之誤；及後力著《先秦諸子繫年》，以先秦諸子言論，《竹書紀年》與《史記》、《漢書》互證，把先秦諸子的生平、學術淵源、學術變遷均作詳析，打破前人偏治今古文經之失，力矯前人只依史料，不作考異之弊；此書可說是「清代考證諸子之學的總結」。[21]錢氏主張治學應破門戶，在《中國近三百年學術史》中，錢氏提出了以漢學原於宋學，表明治學應破漢宋之分。他認為

14 鍾彩鈞：〈錢賓四先生理學研究的檢討〉，頁538。

15 錢穆：〈朱子學術述評〉，此文收入《中國學術思想史論叢（五）》（臺北：東大圖書，1978）一書，及後再收入《錢賓四先生全集·中國學術思想史論叢（三）》，第20冊，單元（五），頁282。

16 錢穆：〈中國儒學與文化傳統〉，《新亞生活》1961年第4卷第10期，及後收入《錢賓四先生全集·中國學術通義》第25冊，頁86。

17 此春聯是錢氏於1966年1月，在吉隆坡歡度春節時所題的。見關國煊：〈國學大師錢穆先生傳〉，《傳記文學》第57卷第4期，頁24。

18 羅義俊：〈錢穆學術綜論〉，《上海文化》1995年第4期，頁42。

19 李家祺：〈今日朱子——錢穆先生及其著述〉，《書評書目》1977年第46期，頁24；羅義俊：〈錢穆學術綜論〉，頁39。

20 該文章首先發表於1930年6月的《燕京學報》第7期，震驚了當時北方的學術界，被推為劃時代的傑作。後此文收入錢穆：《兩漢經學今古文平議》（香港：新亞研究所，1958）一書，及後再收入《錢賓四先生全集·兩漢經學今古文平議》，第8冊，頁1-180。

21 鄭家棟：《現代新儒學概論》（南寧：廣西人民出版社，1991），頁237。

「不知宋學，則不能知漢學，更無以平漢宋之是非」。[22]可見錢氏早期是著重考據、史料考證的功夫。其考證的目的是為了去尋找中國文化精神，[23]這種精神其後成為錢氏治史研究的重點。但在30年代末、40年代初，治學的方法則由微觀的考據而轉向宏觀的文化學研究。

時因這時中國正是處於內憂外患，國人歸咎中國之積弱乃是由於中國傳統文化的束縛，而錢氏一生是要維護中國文化，發揚中國文化，因而使錢氏迫於要解決民族文化的危機，將治學的集中點轉向文化研究，以圖印證當時人們錯誤的理解，認為中國文化為國家富強的絆腳石。為此，錢氏提倡「將整個生命投進」復興中國文化、復興儒家思想。[24]錢氏認為當先對國家民族有所認識，有所把捉，始能由源尋委，由本達末，於各學問有入門、有出路，從中可看出錢氏於三十年代後期轉向文化學研究。而《中國文化史導論》正是「學問思想先後轉折一大要點所在」。[25]此書首次有系統地闡述中國傳統文化之歷史發展。在1949年錢氏離開中國大陸，旅居香港，居港期間，其著述始終圍繞著闡釋中國文化精神和復興中國文化、重建儒學傳統而展開，其著述的最終極關懷就是在延續國家歷史與傳統文化的命脈，因為錢氏認為欲重建國家，須先復興文化；欲喚起民眾，須先認識歷史，[26]所以錢氏在49年來港後，著有《文化學大義》、《中華文化十二講》、《中國文化叢談》、《文化與生活》、《中國文化精神》、《民族與文化》、《世界局勢與中國文化》等，這些著作都是以巨集觀的方式去探討中國文化的特色、中國文化的優越處，藉以喚醒國人對國家民族文化的認同。

所以在1949年前，錢氏以歷史研究為主，此後即由歷史研究轉向文化研究。誠如其言：「余自國史大綱以前所為，乃屬歷史性論文，僅為古人伸冤，作不平鳴，如是而已。此後造論著書，多屬文化性，提倡復興中國文化，或作中西文化比較……。」[27]由此可見，錢氏的治學方法是由最初的微觀的考據而轉為後期宏觀的文化研究。

鑑於錢氏在49年來港後，大力闡揚中國文化精神，提倡振興中國文化，故此他在港創辦了「新亞書院」，[28]以香港作為復興中國文化之基地。在49年前，錢氏雖已為

---

22 錢穆：《錢賓四先生全集・中國近三百年學術史（一）》，第16冊，〈自序〉，頁15。

23 余英時：《一生為故國招魂——敬悼錢賓四師》，《猶記風吹水上鱗——錢穆與現代中國學術》，頁25。

24 錢穆：〈介紹張君勱先生的講詞〉，《新亞遺鐸》（臺北：東大圖書，1989），頁174。此書並沒有收入《全集》。

25 錢穆：〈紀念張曉峰吾友〉，《中外雜誌》1985年第38卷第6期，頁17。

26 賴福順：〈史學家錢賓四先生〉，《史學彙刊》1984年第13期，頁129。

27 錢穆：〈紀念張曉峰吾友〉，頁17。

28 新亞書院乃是錢穆在1949年與唐君毅先生等，一群外地來港之學者所興辦，目的在發揚中國傳統文化，致力現代學術之研究。於1953年更創辦新亞研究所，積極從事學術研究。據張丕介：〈新亞書院誕生之前後〉載於《新亞教育》（香港：新亞研究所，1987）曾言新亞書院於1963年併入現今之香港中文大學成為其基本書院之一。由創辦至1965年，均由錢氏擔任院長及所長。有關新亞書院的歷史，可參看〈新亞書院創辦簡史〉，《新亞遺鐸》，頁916-946。而有關新亞研究所的發展經過，另可參看該研究所出版的《新亞研究所概況》。

一歷史教育者，但在這時期的教育工作主要是在於傳授專業知識，又或是自己作歷史研究。但在49年後，他親身憑著「手空空，無一物；路遙遙，無止境」[29]的一腔辦學抱負，親身創辦「新亞書院」，目的為發揚中國文化，使中國文化在這塊英國殖民地而靈根再植，不再至花果飄零。因為錢氏認為中國文化在中共建國後，已再無希望，唯一可以做的就是興辦教育，尤其是歷史教育，藉以培養一群熱愛中國文化的知識青年，以求日後回饋祖國，所以錢氏辦的「新亞書院」，是傳播中國文化，弘揚民族精神為本。其辦學宗旨為「上溯宋明書院講學精神，旁探西歐大學導師制，以人文主義之教育宗旨，溝通世界東西文化，為人類和平，社會幸福謀前途。」[30]這可見錢氏秉承了朱子平日教人，因材施教；又可追溯自先秦儒家孔子的有教無類的教育精神，推動平民教育，藉教育保存中國文化的理想。

此外，錢氏在港期間為了使歷史教育普及化，除創辦書院、積極著書立說外，又經常舉辦學術講座，尤以有關中國文化歷史、民族文化方面為重點，希望透過歷史教育，使當時的年輕人了解自己的文化、歷史、社會，更加重要的是學會做人。錢氏認為老師不單是傳授專業知識予學生，而應多與學生接觸，傳授做人道理，重視身教多於言教。所以他創辦的「新亞書院」，是以宋代的書院制來營造學習氣氛；而旁探西歐導師制，則是主張師生關係親切、融洽，藉師生彼此接觸，使學生從老師身上學會為學與做人，認為求學與做人，貴能齊頭並進，更貴能融通合一。更認為做人的最崇高基礎在求學，求學之最高旨趣在做人，[31]務使當時的年輕人瞭知為學做人均同屬一事。這就是錢氏在港積極興辦教育的一個重要原因。書院以重視人文教育，使教學與修身並重為創校的目的，希望人能發揚中國文化，對自己民族文化的歷史抱著「溫情與敬意」，將中國文化發展成世界文化的一部分，被他人所尊重。從中可見錢氏以前的教育目標只是傳授專業知識，但來港後將以前的目標再為深入，較前為主動和積極。

綜觀所述，錢氏的思想在1949年前後是有著不同的、有著階段性的變化。由錢氏青年時代的愛好是唐宋八大家，對理學的興趣始於王陽明。在抗戰期後，錢氏的興趣轉向朱子，從而開拓許多新的研究領域。他在《宋明理學概述》序言中說：「顧余自念，數十年孤陋窮餓，於古今學術略有所窺，其精力最高深者莫宋明儒。……雖自問智慮短淺，修養工疏，而寢饋宋明理學，前後已逾三十載。」這可見錢氏的思想受理學影響是很大的。在治學方法上，則由微觀的考據而轉為向宏觀的文化學研究，集中點在闡揚中國文化的精神，重振孔子儒家傳統。及至1949年往香港，親辦「新亞書院」，將以前的教育抱負具體化，將其一輩子的教育工作推至高峰，以上皆是錢氏的思想在49年前後之不同所在。

---

[29] 「新亞書院校歌」，這校歌是由錢穆親自作詞。見《新亞遺鐸》，頁7-8。

[30] 錢穆：〈新亞書院沿革旨趣與概況〉，《新亞遺鐸》，頁6-18。

[31] 錢穆：〈新亞學規〉，《新亞遺鐸》，頁2-3。

三、從錢穆旅港期間的著作看其歷史思想

　　錢穆於1949年初南來香港，至1967年離港赴臺定居，合共在港居留了十八年。這段時期，可以說是錢氏學術生涯特別重要的一個階段，[32]也可說是一生最忙碌的時期。[33]除創辦新亞書院、主持高等教育行政外，他還不斷講學和發表著作。他曾自謂：「凡我所講，無不自我對國家民族之一腔熱忱中來。」[34]錢氏居港十八年，平均每年刊行著作一部或以上。

　　錢氏在來港前，他的著作如《劉向歆父子年譜》、《先秦諸子繫年》、《國史大綱》、《中國文化史導論》等，早已震驚當時史學界，國內知識分子，受他影響的也不少。[35]錢氏認為「若非對中國自己的文化傳統有一肯定價值的認識，中國青年們終難找到他們的人生出路。反過來說，若使這一代的中國青年們，各自找不出他們的人生出路，所謂文化傳統，將變成一個歷史名詞，會漸漸煙消雲散。……我們應該促使中國青年，懂得愛護這一傳統，懂得了解這一傳統的內在價值」，[36]同時使這一傳統與西方文化傳統互相溝通，為「人類和平、世界幸福謀前途」。[37]錢氏來港後，其辦學、演講和著作，都是以此認識為依歸，主要在說明中華歷史文化的價值，以喚醒國人的歷史文化意識，可見完全沒有離開他自本自根的中國文化立場。

　　錢氏旅港期間，是他發表著述的高峰期，著書二十四部（見附錄：錢穆旅港期間的著作）。其中有部分不是專著，而是錢氏在港或臺公開演講之講稿或課堂之講義，經修訂校對後而結集成書；[38]又或是錢氏在來港前已發表的論文與舊稿，來港後將其彙編而成。[39]此外，錢氏在港的著作，有部分在臺刊行後，在香港又再重印；或在港刊行後，又在臺再重印。[40]再者，錢氏旅港期間的著述，都較前為通俗，他在《中國

32　林友蘭：〈錢穆先生旅港期間的著作〉，《書目季刊》1968年第9卷第4期，頁35。

33　錢穆遺稿：〈錢穆先生創辦新亞書院自述（續完）〉，《傳記文學》1990年第57卷第5期，頁87。

34　錢穆：《中國文化精神》，〈序〉（臺北：三民書局，1973），頁16。此書並沒有收入《全集》。

35　國內的學者，如已故著名治明史專家吳唅教授、中國社會科學院歷史所研究員鄒向駒教授、楊向奎教授、雲南大學歷史系李埏教授、南開大學歷史系王玉哲教授、北京師範大學歷史系劉家和教授、上海社會科學院歷史所名譽所長方詩銘教授等，均曾師事錢穆，在學術上均受錢氏的影響。以上部分學者也曾撰寫回憶錢氏的文稿，刊於中國人民政治協商會議、江蘇無錫縣委員會編的《錢穆紀念文集》（上海：上海人民出版社，1992），以追念錢氏的教誨。

36　錢穆：〈我和新亞書院〉（呂天行筆記），《新時代》1962年第2卷第4期，頁37-38。

37　錢穆：〈新亞書院沿革旨趣與概況〉，《新亞遺鐸》，頁7。

38　公開演講之講稿分別有：《中國思想通俗講話》、《中國歷史精神》、《中國歷代政治得失》、《中國歷史研究法》、《文化學大義》、《民族與文化》、《中國文學講演集》；課堂的講義則有：《四書釋義》、《秦漢史》。

39　這些著作分別是：《兩漢經學今古文平議》、《國史新論》、《學籥》。

40　此類著述分別有：《中國歷史精神》、《學籥》、《湖上閒思錄》、《民族與文化》、《史記地名考》、《中國文學講演集》、《論語新解》。而《國學概論》一書則是在1949年前在臺刊出，於1966年在港重印。因屬重印，故未列入錢穆旅港期間著作。《先秦諸子繫年》及《中國文化史導論》，情形亦相同。尚

思想史》的例言中說：「本書旨求簡易通俗……。」《國史新論》的序中，也有「惟首求通俗，……」。除簡易通俗外，錢氏著述的另一特色，是其著作要與其他有關著述一同參看，互相闡證，如錢氏在《中國歷史精神》的序言說：「拙著與本稿所講可互相闡證者，計有下列諸種：國史大綱、國史新論、中國文化史導論、文化學大義、中國思想史、政學私言、中國歷代政治得失，倘蒙閱者就上列各書參合讀之，當更明瞭本講演之精神及其理論根據。」以上種種情況，筆者認為是錢氏希望透過出版書籍著作，使廣泛地區的中國人均可有機會閱讀其著述，透過閱讀從中認識中國的歷史文化，俾時人尤其是年輕人對中國文化的精義和價值有所了解，對中國文化予以肯定，並將之廣為發揚，可見錢氏旅港期間為闡揚中國文化而作出的努力，以達其一生為國家、為民族的一腔熱忱。以下就以錢氏旅港期間的著作，分別從中國文化及中西文化的比較、歷史的精神和歷史研究法、歷代政治得失的評論及學術思想在其論史中的地位各方面去探究其歷史思想。

（一）中國文化及中西文化比較的思想

錢穆論中國文化，是抱著一腔對民族文化的熱誠，其目的是在於展現民族文化的主要特質和基本精神，旨在張揚文化的民族個性，揭櫫中華文化的獨特價值。錢氏認為，「中國文化四千年來蔚為一大民族，構成一大國家，豈西方所有。」[41] 可見錢氏為一本位文化論者，認為中華民族的文化是世界任何一個國家的傳統文化無可比擬的。中國文化在世界上雖是一個具有獨特性的文化，但中國文化並不是一個封閉的文化。[42]

錢氏對中國文化的興趣並不是發自來港之後，而是早在四十年代，他就曾有從文化入手研究各項學問的思考，然而，他真正將此一思考系統地加以整理並形諸文字，卻是五十年代到了香港以後，其標誌是在旅港期間出版的《文化學大義》（1952）和其後離港遷臺前出版的《民族與文化》（1960），此二書皆是錢氏旅港期間論述中國文化及中西文化比較的著作，對中國文化、世界文化及至人類前途皆有詳細論述。錢穆自述晚年轉向文化學的研究，乃「國內社會思潮啟之」。即「國人群慕西化」之風。[43] 錢氏認為「全盤西化」之風起自五四新文化運動，他眼見國人全面否定自己的文化傳統，而高呼「全盤西化」的口號；這種情勢使錢氏要對五四以來全盤反傳統者對傳統負面的估價和回應，欲力挽狂瀾於既墜，作中流之砥柱。[44] 他反對全面否定自

有一點可注意的，就是《論語新解》一書為唯一一部錢氏在港期間的著作，於1988年由大陸的巴蜀書社大量翻印，並刊行全國。有關大陸研究錢氏的學術思想概況，可參看區志堅：〈近五十年中國大陸研究錢穆學術思想之三階段——從批判到肯定到新儒家論爭〉，《聯大歷史學刊》1998年，頁34-46。

[41] 翁有為：〈錢穆文化思想研究〉，《河南大學學報》（社會科學版）1992年第32卷第4期，頁45。

[42] 同上註，頁46。

[43] 錢穆：《八十憶雙親、師友集憶合刊》，頁318。

[44] 賴福順：〈史學家錢賓四先生〉，頁146。

己的文化傳統，進而要求全面的繼承傳統文化，復興傳統文化。正如他曾言：「中國之真正復興，乃得靠我們的文化傳統。」[45]此外，在日寇侵華時期，國家命脈不絕如縷，在連串挫敗下，某些人歸咎於中國傳統文化歷史，視之為敝屣，輒以蔑視，因而再次激起他研究文化之決心。他自信可以站在時代的高度，對傳統文化進行重新認識和評價，以維護中華民族傳統文化之生命，力求中國文化要走向世界走向未來，要走自己的路，絕不能照搬西方的模式，認為文化不能自外巧取偷竊而得。[46]提出以中國文化來救國，即謂中國人要救中國，只有一條出路，只在中國文化傳統上。[47]堅信中國文化在世界文化史上的偉大意義。[48]而此一觀念也成為錢穆文化研究的思想出發點。

錢氏的文化研究，總的來說是站在染有東方文化傳統，尤其是中國文化傳統的立場；[49]又往往採取中西文化比較研究的方法，對西方文化作出批評，對中國文化則予以肯定，從中突出中國文化的精神和優點；而由於錢氏是初從歷史研究而轉向文化研究（筆者在本文第二節已有論述）因而使其文化思想中染有濃厚的歷史意識，歷史和文化在其眼裡往往是兩位一體。在思考文化問題時，著重點放在歷史淵源上面，他所持的是歷史與文化同一實質的歷史文化思想。[50]正如他自說：「中國文化問題，實非僅屬一哲學問題，而應為一歷史問題。中國文化，表現在以往全部歷史過程中，除卻歷史，無從談文化。我們應從全部歷史之客觀方面來指陳中國文化之真相。」[51]意即「沒有文化，也不可能有歷史」。這點可從他的文化研究著作中清楚得見。

錢氏在《文化學大義》一書中，提出「文化三階層說」，[52]而錢穆是非常重視和強調第三階層，即屬於心靈方面的，認為中國文化是人類的理想文化。[53]「（此）第三階層是歷史人生，此階層的目的，在求把握人類內心更深更大的共同要求，使你心我心，千萬年前的心、與千萬年後的心，心心相印，融成一片。」[54]在中國文化陷於風雨飄搖之際，錢氏不但沒有放棄維護傳統文化，而且更對中國文化的前景充滿信

---

45 錢穆：〈從東西歷史看盛衰興亡〉，《中國文化叢談》（臺北：三民書局，1993），頁27。此書並沒有收入《全集》。

46 錢穆：《錢賓四先生全集·國史大綱（上）》，第27冊，〈引論〉，頁57。

47 錢穆：《民族與文化》（臺北：三民書局，1969），頁15。此書並沒有收入《全集》。

48 劉家和：〈中國文化，一個永恆的研究課題——紀念先師錢賓四先生誕生一百週年〉（香港中文大學新亞書院於1995年所舉辦之錢賓四先生百齡紀念學術研討會上所宣讀之論文）

49 錢穆：〈人類文化之前瞻〉，《歷史與文化論叢》（臺北：東大圖書，1979），頁4。此書並沒有收入《全集》。

50 羅義俊：〈錢穆對新文化運動的省察疏要〉，收入方克立、李錦全編：《現代新儒學研究論集》（北京：中國社會科學出版社，1991），頁302。

51 錢穆：《錢賓四先生全集·中國文化史導論》，冊29，〈弁言〉頁2-5。

52 有關錢氏提出的「文化三階層說」，可參看〈文化的三階層〉，見氏著《文化學大義》（臺北：正中書局，1964），頁7-23。

53 錢穆：《文化學大義》（臺北：正中書局，1964），頁15。此書並沒有收入《全集》。

54 同上註，頁22。

心,對中國文化抱有如此崇高的理想和講出一片祥和的氣象,[55]這實屬難得。他自信他的「文化三階層說」是對「近代人類整個文化問題之癥結」思考的結晶,也是他開出用以醫治世界「文化病」的良方。[56]他認為西方文化正處於危機中,希望用中國文化來醫治西方文化的缺陷。只要中國人對自己傳統文化之最高精神,能不斷提撕,對文化各階層能不斷調整,不斷充實,則此後中國文化新生,決然仍將為中國傳統,而且我們也希望中國文化能融入世界文化中而展開世界人類之新文化。[57]從中可見錢氏是希望將中國文化發展成為世界文化之一部分,使世人重視和尊重中國文化。

此外,錢氏在論中西文化時,他著力凸顯兩者之間迥然不同之處,指出要拿人類歷史全進程來比較,不能橫切一段時期來講,因為歷史的發展是整體而全面的。[58]這樣才能了解兩者的文化。錢氏認為,「文化乃時空凝合的某一大群的生活之各個部門各個方面的整一全體」,[59]要觀同察異,不要輕下褒貶,不要妄下批判,要找出其相異之點,進而強調中國傳統歷史文化獨特之處,尤其是對中國文化的「精神」和「思想」傳統,特別加以表揚。[60]他指出每個民族文化都有其特殊性。「西洋史正如幾幕精彩的硬地網球賽,中國史則是一片琴韻悠揚。中國文化常於和平中得進展,而歐洲文化則常於鬥爭中著精神」,[61]故他極力反對人將當前之中國妄比附為西方之中古時代。[62]他認定中國文化與西方文化是截然不同的系統,各有自己的演進模式,所以不應以西方的標準去衡量中國文化的得失,而應對自己的歷史文化抱溫情與敬意。他說:「西方是諸流競匯,中國是一脈分張,即中國文化是一本相生的。」[63]雖然錢氏認為中西文化是兩個截然不同的系統,但卻並不表示它們之間是不可能有交流和調和,從中反映出錢氏認為中西文化是可以相互影響、融合而更新,更能各自互補長短,目的在提撕中國文化精神,重新調整,重新充實自己文化的整體,[64]使中國傳統文化更光大與更充實。但有一大前提是絕不能全盤移殖,因為錢氏認為中西文化是各有自己的生命。[65]

---

[55] 陳啟雲:〈錢穆師與「思想文化史學」〉,臺北市立圖書館,1995年8月,頁10-11。關於此點,到1960年時,錢穆稱自己為文化樂觀論者。詳情可參看錢穆:〈中國文化之潛力與新生〉,《歷史與文化論叢》,頁266。

[56] 胡偉希:《傳統與人文——對港臺新儒家的考察》(北京:中華書局,1992),頁35。有關此論點,詳情可參看陳勇:〈錢穆論中國文化和世界文化的發展方向〉,《歷史教學問題》1994年第6期,頁10-11。

[57] 錢穆:《文化學大義》,頁80。

[58] 錢穆:《民族與文化》,頁101。

[59] 錢穆:《文化學大義》,頁4。

[60] 陳啟雲:〈錢穆師與「思想文化史學」〉,頁7。

[61] 錢穆《錢賓四先生全集·國史大綱(上)》,第27冊,頁35。

[62] 同上註,〈引論〉,頁44;錢穆:〈中國政治與中國文化〉。此文在成都寫成,1946年由航空委員會政治部出版,後收入《世界局勢與中國文化》。見錢穆:《世界局勢與中國文化》,頁242-243。此書並沒有收入《全集》。

[63] 錢穆:《文化學大義》,頁60。

[64] 同上註,頁77。

[65] 錢穆:《錢賓四先生全集:中國文化史導論》,第29冊,頁213。

錢氏更指出過去的中國是不斷與四鄰異族交往和接觸的，而事實上，「中國人對外族異文化，常抱一種活潑廣大的興趣，常願接受而消化之，把外面的新材料，來營養自己的舊傳統。」[66]提出據舊開新的文化原則，[67]主張「在開新前，必先守舊」，要以中國文化為本位，[68]舉例而言，中國對印度文明及佛教思想的融合和吸收，[69]故當學習西方文化時，無須全盤否定中國文化。

　　錢氏的中國文化和中西文化比較的思想，充分反映他是一位堅定的中國本位文化論者，他對中國傳統文化之體認，對中國文化是深注感情和有著執著的追求，他孜孜不倦弘揚中華民族的文化傳統，反映了他強烈而深沉的愛國家愛民族的感情。而他之所以對中國文化抱有這種態度，乃由於深刻的社會歷史文化背景，即錢氏有感於「西化之風」而發，面對西方文化的衝擊、崇洋蔑己的全盤西化論調，他矢志不移地致力本國文化的研究，在他的文化思想中，的確是恪守儒家的正統觀念，自覺以發揚儒家孔孟之道，以復興中國文化為其一生之職志。[70]正是這種民族意識的驅使下，促使了他在中西文化比較中，極力闡揚文化個性的差異，力求在認同中來闡釋和肯定中國文化的價值，因而在文化上的本位顯得特別突出和明顯。從錢氏的中西文化比較中，發現他的文化研究是貫穿以一條以闡揚中國文化、弘揚民族精神為主線的民族思想。[71]「中國人應該走中國人自己的路」，這可說是錢氏經過長年累月比較中西文化之後所作的結論，期望從中國文化中尋出新生、再生長和發揚，他朝一日，中國文化不僅會開花，而且更會結果，創出錦天繡地，[72]這是錢氏畢生對中國文化熱切的期許。總的來說，錢氏的文化思想是偏向於傳統的、保守的一面，顯示出較重的中國文化優越論的色彩。[73]

（二）歷史的精神和歷史研究法

　　錢穆早年生長在積弱的中國，他治史的動機和目的，就是尋找中國不亡的根據，為中國招魂。[74]他承繼了清末學人（梁啟超、章太炎等國粹派）所提出的問題，為論

---

[66] 同上註。

[67] 錢穆：〈中國文化傳統之演進〉，《國史新論》（臺北：東大圖書，1981），頁131。此書雖有收入《全集》，但在《全集》中沒有收錄這篇文章。

[68] 錢穆：〈維新與守舊——民國七十年來學術思想之簡述〉，收入《錢賓四先生全集·中國學術思想史論叢（六）》，第23冊，單元（九），頁39。

[69] 錢穆：《錢賓四先生全集·中國文化史導論》，頁214。

[70] 牟潤孫：〈新亞書院院長錢穆先生〉，《中國一週》1955年第260期，頁9。

[71] 陳勇：〈從錢穆的中西文化比較看他的民族文化觀〉，《中國文化研究》1994年第3期，頁28。

[72] 散見於錢穆：《錢賓四先生全集·國史大綱（上）》，第27冊，頁57；林佩芬：〈鑑往知來的博學鴻儒——貢獻於史學的錢穆先生〉，《文藝月刊》1987年第212期，頁15。

[73] 胡偉希：《傳統與人文——對港臺新儒家的考察》，頁74。

[74] 余英時：〈一生為故國招魂——敬悼錢賓四師〉，《猶記風吹水上鱗——錢穆與現代中國學術》，頁18、29。

證中國文化和歷史自有其獨特的精神而另闢蹊徑，作出解答。實際上他是在中西文化激烈碰撞的時代，針對全社會共同關注的中華民族在現時代的生存危機與未來走向問題，作出反思。他是希望透過歷史著述來為上述問題提供答案。[75]所以，錢氏對中國歷史的研究是有其獨特的精神和研究方法。他在旅港期間出版的《中國歷史精神》（1951）和《中國歷史研究法》（1961）二書，就是論述有關歷史的精神和歷史研究的專著，從這兩部著作中我們不難看到錢穆治史的思想。

首先，錢氏治史，認為人類歷史為一個「生生不息」的發展過程，認為這一個過程包含了過去、現在、未來三個方面，從本質上說，即此三者是一個一脈相承、綿延不斷的整體。[76]誠如其說：「我民族國家以往全部之活動，是為歷史」，而有生命的歷史（即歷史精神）則能由過去穿透現在而直達將來。[77]由此錢氏認為歷史是一部活的歷史，提出了「史有生命」的主張。並且指出這生命不是自然物質的生命，而是歷史文化的生命。[78]這即是他說的「歷史就是我們的生命」、[79]「史學是一種生命之學」，[80]認為歷史、文化、民族三個名詞，是同一實質，生命精神就是民族的歷史精神和文化精神。[81]基於這點，錢氏認為民族文化精神就是歷史學研究的主體和核心，所以「研究歷史，就是研究歷史背後的民族精神和文化精神」。而「文化精神」，也即是「歷史精神」。[82]故此，錢氏治史，一向都是以客觀的歷史事實為對象，目的在研究和追尋歷史事實背後的思想和精神。這表現可從錢氏的很多史學著作清楚得見。如錢氏在四十年代以後，用心於中國文化研究，在研究中國文化時，是認為中國文化融涵在豐富多采的中國歷史中，中國歷史的真相即是中國文化精神的演進，因而認為用歷史考察的方法來研究中國文化，[83]充份反映在錢氏的思想中，歷史與文化二詞實為一義。[84]

從以上的觀點，顯然是錢氏提倡歷史研究應用「歷史實證」的方法，從政治、經

75 郭齊勇、汪學群：《錢穆評傳》（南京：百花洲文藝出版社，1995），頁156-157。

76 錢穆：《錢賓四先生全集‧中國歷史精神》冊29，頁8說：「歷史上之所謂「過去」，我們可以說它並未真過去；歷史上之所謂「未來」，我們也可以說它早已來到了……換言之，歷史時間有它一種「綿延性」。又錢穆：《史學導言》（臺北：中央日報社，1977），頁53說：「歷史絕不是死歷史，一切已經過去」，「歷史是一個大現在，上包過去，下包未來」，「全部歷史是一個大現在」、「變動不居的大地盤」，「全部歷史都活在這裡」。此書並沒有收入《全集》。

77 錢穆曾說：「要能過去透達到現在，才始有生命的過去。要能現在透達到將來，才算是有生命的現在。這才可說它有歷史精神。有了這精神，才能形成歷史。如果過去的真過去了，不能透達到現在，這是無生命的過去，就沒有歷史意義，沒有歷史價值了。」參看錢穆：《錢賓四先生全集‧中國歷史精神》，第29冊，頁10-11。

78 錢穆：《史學導言》，頁62-63。

79 錢穆：《錢賓四先生全集‧中國歷史精神》，第29冊，頁10。

80 同上註，頁13。

81 同上註，頁12。

82 同上註，頁13。

83 陳勇：〈略論錢穆的歷史思想與史學思想〉，《史學理論研究》1994年第2期，頁50。

84 錢穆：《中國文化叢談》，頁29。

濟、學術等各方面去具體探究中國文化演進的自身途轍和永恆價值，以積極求出國家民族永久生命之泉源為全部歷史所由推動的精神所寄，所以他十分重視融民族文化的研究於中國歷史研究之中，把對民族文化的溫情與敬意，對中華民族文化永久生命的闡揚，全部貫穿在具體的歷史研究和敘述中，這使錢氏的史學也可稱為歷史文化史學，[85]將自己的一腔復興文化的抱負融於歷史著作當中，這實是他希望在香港復興中國文化，闡揚中國文化的精神而作出的具體表現。

其次，錢氏認為對於歷史研究應放在全部的歷史上，從觀察歷史發展的前因後果和變化來治中國史，因而他又提出研究歷史，首當注意「變」。其實歷史本身就是一個變，治史所以「明變」[86]的觀點，在他的歷史著作中，我們不難發現他是必然貫穿這種從歷史發展變化的連續性上去分析和研究問題的史學方法。

錢穆治史的獨特方法，乃是由於其背後的一種精神所驅使，這就是中國歷史精神，[87]此即治史應「求以合之當世」（「明天人之際，通古今之變，求以合之當世」），[88]主張治史不能脫離時代，「應該從現時代中找問題，從過去時代中找答案。」更應探求歷史實情背後所具有的意義，把握其活的時代精神。[89]由此錢氏一再強調治史應對本國以往的歷史充滿溫情與敬意，好像把握生命、認識生命那樣，用自己的心靈去體悟歷史，借助史家的主觀體驗和感情的共鳴去理解和把握歷史。[90]錢氏在旅港期間發表的著作，其目的是希望國人能夠認清所要背負的歷史使命及應當努力的方面，最終目的是希望增進國人對本國以往的歷史抱溫情與敬意，而篤信其國家有向前發展的希望。[91]因為他認為有確實而客觀的歷史事實為證據，故錢氏以為中國文化必有重光的一日，民族國家之復興前途必有所託命無疑，[92]可見錢氏對中國文化充滿信心。因為錢氏又認為只有中國歷史文化的精神，才能孕育出世界上最悠久最偉大的中華民族。[93]總之，錢氏旅港期間出版有關論述歷史精神和歷史研究法的著述，明顯是含有復興中國文化、振興中國文化的歷史思想，這思想可說是貫穿其在五十年代以後的歷史著述中。

85　陳勇：〈略論錢穆的歷史思想與史學思想〉，頁51。

86　錢穆：《錢賓四先生全集‧中國歷史研究法》，第31冊，頁4。

87　所謂「歷史精神，就是指導這部歷史不斷向前的一種精神，也就是所謂的領導精神」參看錢穆：《民族與文化》，頁71。

88　錢穆：《錢賓四先生全集‧中國近三百年學術史（一）》，第16冊，〈自序〉，頁18。

89　錢穆：《錢賓四先生全集‧中國歷史精神》，第29冊，頁20。

90　陳勇：〈略論錢穆的歷史思想和史學思想〉，頁61。

91　李木妙：〈錢穆教授主要史著等提要〉，《國史大師錢穆教授傳略》，頁118。

92　葉龍摘錄：〈錢先生講「中國歷史研究法」大要（下）〉，《人生》1961年第22卷第11期，頁8。

93　錢穆：《錢賓四先生全集：中國歷史精神》，第29冊，頁12。

（三）歷代政治得失評論思想

　　錢氏論中國歷代政治得失，其代表作首推其旅港時所出版的《中國歷代政治得失》（1952）一書，此書秉承中國政書的傳統，分別闡述了漢、唐、宋、明、清五個朝代的政治制度的得失，範圍廣涉官制、銓選、財經、軍兵、教育、法律等各方面，但置重於政府組織與人才選任，作了一概括性的綜述和評論。他認為這是中國歷史上最重要的五個朝代。熟知這五個朝代，大體上便可了解中國歷史之全進程。[94]

　　錢氏早在來港前，已在北京大學講授過有關政治史的課程，此後也多次涉獵中國傳統政治，尤其是傳統政治問題。[95]他指出，政治是中國文化體系中一個重要的環節，因而評論中國傳統文化時，絕不應忽略中國傳統的政治。[96]由此可知錢氏治歷代政治史時實有滲雜文化思想觀念，這表現又可在其旅港期間所出版的《秦漢史》（1957）一書中清楚得見。例如書中著重討論戰國以降齊魯文化和三晉文化的殊異；秦人利用東土文化而改革、秦代的文化政策、西漢中後期儒學的發展等，皆是用文化思想史的角度去闡釋秦漢一代的歷史。[97]

　　錢氏之所以對歷代政治得失作出評論，實由於在辛亥革命前後，有人把秦朝以後的政治傳統用「專制黑暗」四字一筆抹殺。這是錢氏最不能接受的一個說法。在錢氏看來，認為秦漢以降的社會絕不是封建，傳統政治絕不是專制的政體，但他卻稱元、清兩朝為「部族政權」，即他們都是異族入主統治，有意破壞中國的傳統政治，對全國實行專制統治，認為是造成時人誤解中國歷代政治皆為專制的原因之一，這是由於對中國過往的歷史一知半解所致。[98]他之所以有此主張，乃是他常常希望從中國社會中的歷史上找出些長處好處，以多發出正義的聲音。[99]他強調考試選舉制度優點以申前說，因為考試和選舉是維持中國歷代政府綱紀的兩大骨幹，與統治權常有密切的關係，其用意「是在政府和社會間打通一條路」，[100]更是為了強調中國將來的出路應是

---

94 錢穆：《錢賓四先生全集·中國歷代政治得失》，第31冊，〈前言〉，頁1。

95 郭齊勇、汪學群：《錢穆評傳》，頁163。

96 錢穆：《錢賓四先生全集·中國歷代政治得失》，第31冊，〈序〉，頁7。

97 范家偉、李廣健：〈四十年來香港地區秦漢史研究〉，收入周佳榮、劉詠聰編：《當代香港史學研究》（香港：三聯書店，1994），頁172-173。

98 錢穆：《錢賓四先生全集·中國歷代政治得失》，冊31，〈序〉，頁7；《錢賓四先生全集·中國歷史精神》，冊29，散見於頁35-45。有關此觀點，徐復觀（1903-1982）先生認為中國二千年來的政治是專制的，與錢氏觀點恰恰相反，見氏著《兩漢思想史》（臺北：學生書局，1978），1卷，頁219。徐氏與錢氏史學觀念的差異，尚可參看徐復觀：〈良知的迷惘——錢穆先生的史學〉，載朱傳譽編：《錢穆傳記資料（一）》（臺北：天一出版社，1979），頁37-39。此外，學者陳健夫（1913-）也否定錢氏認為中國傳統政治為非專制的觀點，詳情可參看氏所著〈與錢穆先生論專制政治〉，載新儒學中心編：《新儒家四書》（臺北：新儒書局，1984）。

99 錢穆：《歷史與文化論叢》（臺北：東大圖書，1985），頁432。

100 錢穆：《中國歷代政治得失》，收入《錢賓四先生全集》，第31冊，〈前言〉，頁5。

採各國之長,創造適合自己國家實情的理論和政治。[101]秦以後的政治社會是朝著這個合理的方向演進,如銓選與考試是《禮運》所謂「天下為公,選賢與能」的宗旨所致。[102]主張「賢者在位,能者在職」,認為中國傳統政治是政權開放的。[103]若用專制黑暗來形容中國傳統政治,是全盤否定中國傳統政治的一個簡單作法。因而使錢氏要為中國傳統政治再作詮釋,以使國人對傳統政治有一正確的了解,對中國傳統政治是否專制這問題提供答案。

除闡釋傳統政治為非專制外,錢氏論中國歷代傳統政治時,又認為學術與政治是有期密切的關係,即「由政治來領導社會,由學術來領導政治,而學術則起於社會下層,不受政府之控制」。[104]所以錢氏認為學術與政治的結合的其中一個表現,就是政府是由學術界組成,此即他所謂的「士人政府」或「學人政治」,即整個政府由全國各地之智識分子即讀書人所組成。[105]由此觀點,開出了錢氏強調歷代政治改革的主張實有學術思想的淵源。

由於政治改革的主張滲雜了學術思想,即「學術指導政治」,而學術思想又與時代有緊密的關連,因而錢氏認為政治的變遷,可以關乎兩方面,一為人事,一為制度。[106]制度為政治與思想的具體表現,主張把與制度相關的人事等各方面聯繫起來去評中國歷代政治得失,這樣才能把握中國政治的精神,即「在道義上互勉」。[107]認為古今中外絕無十全十美的制度,每一制度都必須針對現實,時時刻刻地追求變動適應。此外,每個制度皆有其歷史淵源、也有其傳統精神,認為中國的傳統制度無形中支配著當前的中國。錢氏認為我們不應將傳統一筆抹殺,而企圖向外模仿抄襲。[108]錢著的《中國歷代政治得失》,主要的論點是:一方面認為不應將秦以後的政治傳統稱為專制,因為歷代制度不斷變動,必然會有得有失,如漢代察舉、唐代科舉之良法美意,行之既久,也各衍生流弊,因而錢氏並沒有說中國傳統政治有利而無弊;[109]另一方面則強調制度應就現實環境加以調整,任何新的制度應與自己的傳統融合溝通,才能發生相當的效力。[110]

錢穆認為理想的政府,是一個代表民眾的政府,而絕不是要自居為一個代表真理的政府,因為這樣的政府很容易會變成獨裁的法西斯、納粹與共產政權,[111]這是錢

[101] 錢穆:《中國歷史精神》,收入《錢賓四先生全集》,第29冊,頁50。

[102] 郭齊勇、汪學群:《錢穆評傳》,頁161-162。

[103] 黃克武:〈錢穆的學術思想與政治見解〉,《國立臺灣師範大學歷史學報》1987年第15期,頁13。

[104] 錢穆:《中國歷史研究法》,收入《錢賓四先生全集》,第31冊,頁79。

[105] 錢穆:〈中國傳統政治〉,《錢賓四先生全集·國史新論》,第30冊,頁112。

[106] 陳永進:〈錢穆「中國歷代政治得失」簡評〉,《中山學術論叢》1981年第2期,頁254。

[107] 錢穆:〈中國傳統政治〉,《國史新論》,《錢賓四先生全集》,頁130。

[108] 黃克武:〈錢穆的學術思想與政治見解〉,頁10。

[109] 錢穆:〈中國傳統政治〉,《國史新論》,《錢賓四先生全集》,第30冊,頁125。

[110] 錢穆:《中國歷代政治得失》,《錢賓四先生全集》,第31冊,〈序〉,頁7。

[111] 錢穆:〈人民與真理〉,《民主評論》第5卷第13期,頁394-395,轉引自黃克武:〈錢穆的學術思想與政治見解〉,頁403。

氏不希望的。錢氏覺得「今天我們的政治，已經走上一新路，似乎以前歷史上的往事，可以一切不問。其實這觀念是錯誤的。傳統政治的積弊，雖是歷史，同時也還是現實。……如何能不仔細研究呢？」[112]認為以往的政治傳統不應被打倒。錢氏又言：「我們不能專看別人家，樣樣向人學，……別人家自有別人家的歷史，我們又如何能將自己橫插進別人家的歷史傳統呢？」[113]這處可充分見出錢氏對歷代政治得失評論的思想，是主張要尊重、了解自己的政治傳統，要從過往歷史的真相，包括歷代政治制度的演變、人事的變遷等來評歷代政治得失。不應只聽別人片面的說法，認為中國傳統政治是專制的，並且提出不要將別人的傳統政治制度完全照搬，因為不同國家的歷史是有其自身的生命，若完全抄襲別人，則是否定自己傳統文化的表現，此乃由於他認為政治是文化的一部分，故他對歷代政治的評論也有涉及文化思想的範疇，以糾正別人認為中國傳統政治是專制的歪念，其最終的目的都是使國人清楚知道自己以往的歷史文化，以延續國家的歷史與傳統文化的命脈，可見錢氏沒有離開其自本自根的文化立場。

（四）學術思想在其論史中的地位

錢氏畢生精通史學研究，建立了以通史、思想史、文化史為主幹的龐大史學體系，尤其是學術思想史在其史學體系中占有十分重要的地位。因為錢氏認為欲考究一國家一民族的文化，首當注意其學術發展，學術乃探討文化的先導。若沒有學術領導，則文化將無嚮往。[114]因此錢氏治史時，往往會用心於當時的學術思想。這乃是錢氏終生治學一以貫之的精神。[115]

錢氏在30年代初期，在北大任教時，就已專心於清代學術思想史的研究，開設了「中國近三百年學術史」的課程，後以此課程之講稿為基礎，勘磨五載，撰成《中國近三百年學術史》（1937）一書。[116]這書不僅是這一授課的結晶，同時也是錢氏有系統地探討清代學術思想史的開端。此時正是日寇侵華前後，錢氏寫成此書實是由於要矯正民國初年學者推尊清代學術，而貶抑宋明理學的觀點；認為「不知宋學，則無以平漢宋之是非」，[117]指出清代學術之起點，須到宋明理學中尋找，因為錢氏十分重視宋明理學在清代的延續。提出「欲復興國家，復興文化，首當復興學術。

---

[112] 錢穆：《中國歷代政治得失》，《錢賓四先生全集》，第31冊，頁191-192。

[113] 同上註，頁194。

[114] 錢穆：《中國學術通義》，《錢賓四先生全集》，第25冊，〈序〉，頁3。

[115] 路新生：〈梁任公、錢賓四《中國近三百年學術史》合論〉，《孔孟學報》1994年第68期，頁193。

[116] 梁啟超（1873-1929）於1923年在清華研究所曾講授過「中國近三百年學術史」的課程，一年後，梁氏撰成了《中國近三百年學術史》一書，雖梁、錢二人均曾講授此課程，也同樣出版了《中國近三百年學術史》，但梁、錢二著之觀點是迥然有別的。有關二著觀點之異同，可參看路新生：〈梁任公、錢賓四《中國近三百年學術史》合論〉，頁190-214。

[117] 錢穆：《錢賓四先生全集・中國近三百年學術史（一）》，第16冊，〈自序〉，頁15。

而新學術則仍當從舊學術中翻新復興。」這樣才能為中國學術文化的將來開一光明的前途。[118]所以，錢氏在49年來港後，也繼續潛心於學術思想研究，從學術思想的研究中，復興中國文化，此乃是其來港的一番抱負。故其在港先後出版了《中國思想史》（1952）、《宋明理學概述》（1953）、《兩漢經學今古文平議》（1958）等專著，這些著作對於中國學術思想史作了通體研究，總體上能把握傳統學術思想的基本精神及其流變軌跡。

從錢氏旅港期間出版有關學術思想的著作，發現錢氏是十分重視學術思想史的「內在理路」，他對學術思想的流變、衍化置諸思想史本身加以考察。[119]所以他是透過清代學術思想史的研究，對之前學術思想作窮源竟委的考察，從中追溯中國學術思想的源頭，即先秦儒家孔子的思想。首先，錢氏在1952年出版《中國思想史》，是俾時人能對中國歷代的學術思想的基本精神、發展脈絡有一概括的了解，認為中國學術思想史的主幹為儒家思想，並且提出中國幾千年的學術思想發展是一脈相承，一以貫之，沒有中斷，認為「前一代學術思想不可能在後一代突然消失，而後一代的新學術思潮也必然能夠在前一代中找到他的根芽」，[120]錢氏對思想史的演變有這樣一觀點：「凡一種學術思想之特起，於其前一時期中，無不可尋得其先存之跡象」，[121]指出其承上啟下的作用。

由於錢氏認為儒家思想乃整個中國文化的主要骨幹，因而認為不通儒術，不明儒家所言的經義，則不明白中國歷史精神之所在，更不能說復興文化學術。所以錢氏在面對時代學術問題時，實有一不同於時代思潮的「儒學思想」。[122]即他所謂的「時代變，學術也當隨而變」。[123]故錢氏在敘述清學所著重，在於學術精神之轉換，而不在於學術工作實際運作之方法或成績。而此學術精神，實是儒學的精神，此種理解最重要的是錢氏要將「理學」納入整個儒學之傳統，希望從中找出與先秦儒學共通的本質與相異的時代特性，同時，也希望將中國的史學精神與成就融入相通的學術觀念之中。[124]基於這論點，錢氏進入理學研究中，因而在出版《中國思想史》後，即出版《宋明理學概述》及《陽明學述要》二書。

錢氏在港時的宋明理學著作，認為要明白一代的思想，必須追溯源頭，在全部思想史中尋其師承，究其衍變，這樣才能明白一代的思想。[125]因此，錢氏認為「有清三

---

[118] 錢穆：《中國學術通義》，《錢賓四先生全集》，第25冊，〈序〉，頁5。

[119] 路新生：〈梁任公、錢賓四《中國近三百年學術史》合論〉，頁202。

[120] 郭齊勇、汪學群：《錢穆評傳》，頁216。

[121] 路新生：〈梁任公、錢賓四《中國近三百年學術史》合論〉，頁202。

[122] 戴景賢：〈學貫古今究極天人的史學宗師──錢穆〉，載張永儁主編：《中國新文明的探索：當代中國思想家》（臺北：正中書局，1991），頁225。

[123] 錢穆：《錢賓四先生全集，中國學術通義》，第25冊，〈序〉，頁4。

[124] 戴景賢：〈學貫古今究極天人的史學宗師錢穆〉，頁225。

[125] 錢穆：《宋明理學概述》，《錢賓四先生全集》，第9冊，頁12。

百年學術大流，論其精神，仍自延續宋明理學一派」，[126]即「皆有聞於宋明之緒論者也。」[127]從中可見錢氏實是利用研究清代學術思想史，以此作為工具，從中去追溯中國學術思想的源頭，表現其實有返本溯源之心，以破除門戶、融會貫通，與為學有宗有主的論調結合。

正因錢氏受宋明理學的影響甚深，認為作為中國文化主脈的孔孟儒學，在宋明理學中得到了進步的發揚與光大。因此錢氏藉治諸子學作為宋明理學之先導，認為「凡諸門戶，通為一家」，[128]將先秦諸子與宋明諸儒打成一片，融匯貫通，從中抉發出中國傳統文化的精華。[129]他特別欣賞宋代理學家朱熹和先秦儒家孔子，認為這兩人是中國史上超越時代與任何單一學術觀念而集大成的人物。[130]

錢氏為了證明中國學術思想是一脈貫通，除對宋明理學作出研究外，他又在港時出版了《兩漢經學今古文平議》一書，糾正清儒認為古文諸經是偽造的錯誤見解，認為一時代之學術，則必有一時代共同潮流與其共同精神，為了時代的需要，時代一變，自然會有新學術的代興，認為清儒自稱為漢學，實為一門戶之見，根本未能將學術與時代互相配合，[131]認為治學應不爭門戶，貴在求通，所以錢氏對於傳統學術思想的闡釋，是建立在歷史事實的基礎上。從史實出發，擺脫主觀門戶之見，還歷史原貌，因此他為學的歸宿是史學。[132]由於治學能破除門戶之見，因而他可稱為二十世紀國學界的通儒。[133]

鑑於錢氏要發揚儒家孔孟傳統，找出中國文化的基本精神，而學術思想又是找尋中國文化精神的基本工具，所以錢氏在旅港期間又出版了《論語新解》（1963）一書，從中對於孔子的義理作了一透徹的分析，指出《論語》為一部人人必讀的書，[134]認為果欲復興中國文化，不得不重振孔子儒家傳統，[135]因而出版講述孔子義理的著作，為求能獲國人廣泛誦讀，從中了解儒家的真理，他一生為學用力最勤的就是儒家，從儒家角度去疏理學術思想發展，[136]以求復興中國文化，保存中國文化。

綜觀上述，錢氏旅港期間，從來沒有放棄其對學術思想的研究，認為「學術之

---

[126] 錢穆：〈清儒學案序〉，此文收入《中國學術思想史論叢（八）》（臺北：東大圖書，1980）一書，及後再收入《中國學術思想史論叢（五）》，《錢賓四先生全集》，第22冊，單元（八），篇名為〈清儒學案序目〉，頁592。

[127] 錢穆：《錢賓四先生全集·中國近三百年學術史（一）》，第16冊，〈自序〉，頁15。

[128] 錢穆：《錢賓四先生全集·兩漢經學今古文平議》，第8冊，〈自序〉，頁6。

[129] 路新生：〈梁任公、錢賓四《中國近三百年學術史》合論〉，頁194。

[130] 戴景賢：〈學貫古今究極天人的史學宗師〉，頁238。

[131] 錢穆：《兩漢經學今古文平議》，《錢賓四先生全集》，第8冊，〈自序〉，頁4-5。

[132] 汪學群：〈錢穆學術思想史方法論發微〉，《孔子研究》1996年第1期，頁74。

[133] 余英時：〈錢穆與新儒家〉，《猶記風吹水上鱗——錢穆與中國現代學術》，頁33。

[134] 錢穆：《論語新解》，《錢賓四先生全集》，第3冊，〈序〉，頁5。

[135] 錢穆：《孔子傳》《錢賓四先生全集》，第4冊，頁10。

[136] 汪學群：〈錢穆學術思想史方法論發微〉，頁74。

事，每轉而益進，圖窮而必變」，[137]錢氏這裡的意思是：學術的發展，是轉進變化的；表面上看，它有時候似乎已經走到窮途末路，事實上，只要略經轉換，便能重新出發，另創新局。必須強調的是，它每一次的變化，不是轉換形貌而已，而必然是在前面原有的基礎上累積能量前進的，職是之故，中國學術思想史的每一次大轉換，都是一種進步與進化。[138]如兩漢經學，絕不是蔑棄先秦諸子百家而別創所謂經學，兩漢經學本身已包含了先秦諸子百家，才成為經學的新生。宋明理學也不是僅僅包括兩漢隋唐的經學，它本身也相容了魏晉以來流行盛大的佛學，這才有宋代理學的產生，使人們對整個中國學術思想發展及其流變，及學術思想與社會政治文化各方面的關係有所理解。[139]因而錢氏極力主張以文化學術為中心來考察和分析歷史問題，大力凸顯學術思想在歷史發展變遷中的作用。[140]並且堅持學術思想為歷史的最「中層之幹柱」，它決定著「上層之結頂」的政治制度，遠比「下層之基礎」的社會經濟重要，因而他的歷史著述的主要內容大多是以學術思想為中心，[141]學術思想是支配著整個中國歷史的發展，總之，錢氏是以治學術思想史為其治史的首要工夫，他以清代學術思想為開端，從中去追溯各個時代的學術思想發展與流變，最終目的是要找出儒家思想乃中國文化主要骨幹的論調，以達其復興中國文化，闡揚中國文化精神的抱負，從中可看出學術思想在錢氏論史中具有相當重要的地位。

綜觀以上各項所述，錢氏旅港期間出版的著述，無論是論中國文化、史學精神和方法，抑或是評歷代政治得失、學術思想研究各方面其最終目的都是希望透過出版不同方面的著述，來復興中國文化，闡揚中國文化精神。

四、結語

總結而言，錢氏是一個苦學自修成功的史學家，[142]他十八歲（1912）起便執教於鄉間的中小學。經過二十年的潛心研究與艱苦奮鬥，他的光芒開始照耀全國學術界；[143]而終於受到顧頡剛的賞識，而應邀任教燕京大學、北京大學、清華大學、西南聯合大學等高等院校。之後，在1949年大陸政權易手，他隻身南避香港，處此中國文化「邊陲」之地，創辦了「新亞書院」和「新亞研究所」，因為他深信中華民族之復

---

[137] 錢穆：〈清儒學案序〉，此文收入《中國學術思想史論叢（八）》一書，及後再收入《中國學術思想史論叢（五）》《錢賓四先生全集》，第22冊，單元（八），篇名為〈清儒學案序目〉，頁592。

[138] 丘為君：〈清代思想史「研究典範」的形成、特質與義涵〉，《清華學報》1994年第24卷第4期，頁469-470。

[139] 郭齊勇、汪學群：《錢穆評傳》，頁214。

[140] 陳勇：〈略論錢穆的歷史思想與史學思想〉，頁51。

[141] 錢穆：《國史大綱（上）》，《錢賓四先生全集》，〈引論〉，頁30。

[142] 錢穆：〈我和新亞書院〉（呂天行筆記），36-38。錢氏曾言：「我是一個自修苦學出身的人。」

[143] 梁任公：〈中國前途之希望與國民責任〉，《國風報》1910年。轉引自李木妙：〈錢穆教授傳略〉，《國史大師錢穆教授傳略》，頁67，註52。

興，必將由於中華民族意識之復興，以及對中國民族以往的歷史文化傳統之自信心的復興基礎上，[144]講研中國史學於英國殖民地，努力撰著、辛勤經營。

由於錢氏學術生涯正當盛年時，到達香港（錢氏時五十五歲），以香港作為保存及復興中國文化的基地。他在旅港期間出版的著述也是以復興中國文化、闡揚中國文化精神為依歸。而他在港著之《中國歷史精神》和《中國歷代政治得失》均為香港預科課程「中國歷史」科的指定的參考書，[145]推動了香港的歷史教育。此外，在錢氏執教的新亞書院和新亞研究所下，也扶掖了大批的香港史學專才，[146]對於推動香港史學的發展不遺餘力，成為開拓當代香港研究中國史學之名宿。

錢氏一生治學，在青少年時已博覽群籍，尤愛好唐宋古文，後又因文見道，漸漸從事學術研究；壯年以後，乃集中向史學發展，其史學先以歷史考證聞名於世，卻以通識為依歸，並以文化史學見稱，而最後歸宿於學術思想史。[147]他博通專精，尤以中國文化史、學術思想史，最受學界重視，故其生平史學成就，論著尤多，就是他居港期間，刊行專著二十四部，論文更達數百篇。[148]然錢氏於究心史學之同時，力求推廣歷史知識，故對國史教育，尤為關注，希望籍教育保存中國文化、復興中國文化。

由於本文範圍所限，錢氏在1967年以後的歷史思想只有付諸闕如。1967年錢氏離開香港赴臺定居，[149]在該處安享晚年。惟錢氏居臺時，其歷史理論與文化見解，基本上是依著以前的大方向而繼續發展及深化而已。

---

[144] 唐端正：〈偉大的愛國者〉，《人生》1954年第8卷第6期，頁24-25。

[145] 羅義俊：〈錢賓四先生傳略〉，載中國人民政治協商會議、江蘇省無錫縣委員會編：《錢穆紀念文集》（上海：上海人民出版社，1992），頁294。而《中國歷代政治得失》一書，與羅香林（1906-1978）著的《中國通史》，《中民族史》三書也為預科中國歷史科指定參考書。參看羅香林：〈香港大學中文系之發展〉，《香港與中西文化之交流》（香港：中國學社，1961），頁238。

[146] 見本文第一節〈前言〉。

[147] 嚴耕望：〈錢穆賓四先生行誼述略〉，《錢賓四先生與我》（臺北：臺灣商務印書館，1992），頁35-36。

[148] 羅義俊：〈錢穆論著編年目錄〉，《錢穆學案》，載方克立、李錦全編：《現代新儒家學案》（北京：中國社會科學出版社，1995），頁663-698。

[149] 在1965年錢氏正式辭去新亞書院校長一職，在港再居住了兩年，時香港發生左派暴動，在1967年8月，夫婦二人決定遷居臺北。有關錢氏的辭職，可參看錢穆：〈關於我的辭職〉，《新亞生活》1964年第6卷第15期，頁13。

第三十五章　錢穆與香港大學的因緣

香港大學中文學院
許振興

一、前言

　　錢穆（1895-1990）是二十世紀中國學術界與教育界舉足輕重的人物。[1]他在一九四九年十月隨廣州私立華僑大學南遷香港後，獲唐君毅（1909-1978）、張丕介（1905-1970）協助，成立夜校「亞洲文商學院」，並擔任院長。次年，亞洲文商學院停辦，他在上海商人王岳峰支持下，再跟唐君毅、張丕介合作，另辦全日上課的「新亞書院」，並自任校長。一九五三年秋天起，他復得美國在香港設立的亞洲協會資助，創辦以研究中國人文學術、保存及發揚中國文化為宗旨的「新亞研究所」。[2]新亞書院在一九六三年聯同崇基學院、聯合書院組成香港中文大學後，他便在一九六五年正式卸任新亞書院校長一職，並在一九六七年十月遷居臺北，從而結束了十多年以香港為主要居停地的生活。此後，他一直惦記自己藉耶魯大學雅禮協會（Yale in China Association）、亞洲基金會（The Asia Foundation）、哈佛燕京學社（Harvard-Yenching Institute）等美國機構的協助，苦心孤詣營辦「新亞」的成就。[3]論者自是格外重視他的深刻「新亞」記憶。[4]其實，他在晚年成書的《師友雜憶》同樣未嘗忘懷香港歷史最悠久的大學——香港大學（University of Hong Kong）為他添畫的人生色彩。[5]本文即擬就掌握的資料，重構個中一、二情狀。

---

[1]　有關錢穆的生平梗概，可參看李木妙的《國史大師錢穆教授傳略》（臺北：八方文化企業公司，1995）與嚴耕望（1916-1996）的〈錢穆賓四先生行誼述略〉，載氏撰：《錢穆賓四先生與我》（臺北：臺灣商務印書館股份有限公司，2008），頁1-27。

[2]　新亞書院與新亞研究所的成立，參看張丕介（1905-1970）：〈新亞書院誕生之前後〉，載劉國強編：《新亞教育》（香港：新亞研究所，1981），頁43-54。

[3]　參看錢穆：〈新亞書院創辦簡史〉，載氏撰：《新亞遺鐸》（臺北：東大圖書股份有限公司，1989），頁916-946。

[4]　參看廖伯源：〈錢穆先生與新亞研究所〉，載鮑紹霖等主編：《北學南移：港臺文史哲溯源（文化卷）》（臺北：秀威資訊科技股份有限公司，2015），頁89-104。

[5]　參看錢穆撰：《八十憶雙親、師友雜憶合刊》（臺北：東大圖書，1983），頁251、257-259。

二、一九三五年的未獲垂青

　　香港大學是英國侵占香港後建立的第一所殖民地大學。[6]它自一九一二年創校以來一直以英語為法定的教學語言,[7]可是為了滿足捐款建校的華人要求,特別訂立「《香港大學條例》第十三則,規定文科須注重教授中國語言文學」。[8]這遂使一九二七年成功籌備設立的中文學院(School of Chinese Studies)與日後發展而成的中文系(Department of Chinese)成為長期唯一獲得校方批准以漢語、漢文授課的教學部門。[9]中文學院成立初期,領導課程規劃的前清翰林賴際熙(1865-1937)主要以一九一三年文學院(Faculty of Arts)成立以來著重「經學」與「史學」的漢文課程為基礎,開設「經學」(Classics)、「史學」(History)、「文詞學」(Literature)、「翻譯學」(Translation)與「特設正音班」(Mandarin Class)諸科目。[10]隨著文學院於一九三三年進行課程改組,分課程為七系(Seven Groups)後,文科六系(Group VI)「中文及英文」(Chinese and English)與文科七系(Group VII)「漢學研究」(Chinese Studies)的教學便由當時取代中文學院的中

---

[6]　有關香港大學的成立與發展,可參看William Woodward Hornell(1878-1950). *The University of Hong Kong : its origin & growth.* Hong Kong: Ye Olde Printerie, Ltd., 1925; University of Hong Kong. *The University of Hong Kong, 1912-1933 : A souvenir.* Hong Kong: Newspaper Enterprise Ltd., 1933.; Brian Harrison(赫禮遜). *University of Hong Kong : the first 50 years, 1911-1961.* Hong Kong: Hong Kong University Press, 1962.; Bernard Mellor(梅樂彬,1917-1998). *The University of Hong Kong : an informal history.* Hong Kong : Hong Kong University Press, 1980.; Chan Lau Kit-ching(陳劉潔貞)and Peter Cunich, *An impossible dream : Hong Kong University from foundation to re-establishment, 1910-1950.* New York : Oxford University Press, 2002.; Peter Cunich. *A history of the University of Hong Kong.* Hong Kong : Hong Kong University Press, 2012; Stacy Belcher Gould(古達詩)與Tina Yee Wan Pang(彭綺雲)合編*HKU memories from the Archives.* Hong Kong : University Museum and Art Gallery, the University of Hong Kong, 2013. 諸書。

[7]　香港大學創校時,擔任香港總督的首任校長(Chancellor)盧押(Frederick John Dealtry Lugard, 1858-1945, 1907-1912擔任香港總督)已率先將英語定為大學的教學語言。相關資料,參看Frederick J. D. Lugard: *Souvenir presented by Sir Hormusjee N. Mody and the Committee of the Hongkong University to commemorate the laying of the foundation stone of the Hongkong University building by His Excellency Sir F. J. D. Lugard, K.C.M.G., C.B., D.S.O., Governor of the Colony on Wednesday, 16th March, 1910*(reprinted with speeches at the ceremony, and illustrations, Hong Kong: Noronha & Co., 1910),pp.4-5.

[8]　賴際熙撰、羅香林輯:《荔垞文存》(香港:學海書樓,2000),附錄〈香港大學文科華文課程表〉,頁169。

[9]　香港大學中文學院成立與日後發展成為中文系的詳情,可參看羅香林:〈香港大學中文系之發展〉,載氏撰:《香港與中西文化之交流》(香港:中國學社,1961),頁223-224;程美寶:〈庚子賠款與香港大學的中文教育——二三十年代香港與中英關係的一個側面〉,載《中山大學學報》1998年第6期,頁60-73;區志堅:〈香港大學中文學院成立背景之研究〉,載《香港中國近代史學報》2006年第4期,頁29-57。

[10]　參看University of Hong Kong: *University of Hong Kong Calendar, 1927.* (Hong Kong : The Newspaper Enterprise Ltd., 1927), pp.166-170.

文系負責。中文系署任顧問（Acting Adviser）林棟（1890-1934）因應校方改革教學內容的要求與增加修讀學生人數的指示，刪除原有的「經學」（Classics）科目，開設「文詞」（Chinese Literature）、「哲學」（Chinese Philosophy）、「史學」（Chinese History）、「翻譯」（Translation）諸科。[11]但以校長韓惠和（又稱韓耐爾、康寧，Sir William Woodward Hornell，1878-1950，1924-1937擔任香港大學校長）為首的校方對此等安排絲毫未感滿意。一九三四年夏天，校方聘請北京大學教授陳受頤（1899-1977）與輔仁大學教授容肇祖（1897-1994）親臨香港考察，期盼為香港大學的中文教育提供改革方案。[12]一九三五年一月，胡適（1891-1962）南下香港接受香港大學頒授的名譽法學博士學位時曾對中文系的課程作出毫不留情的批評。[13]這進一步促使校方先後嘗試邀請胡適、陳受頤出掌中文系，以期盡速改變當時的中文教學狀況。儘管校方始終未能如願，卻得到胡適相繼推薦原任教於燕京大學的許地山（1893-1941）與陸侃如（1903-1978）應聘。[14]校方終在該年七月選聘了許地山負責領導和策劃學系的課程改革，[15]從而掀開了香港大學中文系發展的新頁。[16]

一九二四至一九三七年間擔任香港大學校長的韓惠和是校方成功敦聘許地山南來任教的關鍵人物。他是中文學院得以成立的參與者，是以深知學院成立背後種種政治博奕的來龍去脈。他目睹時任香港大學監督（Chancellor）的香港第十七任總督金文

---

[11] 根據一九三四年《香港大學校曆》的〈前言〉（Introduction），文學院共有五個學系，計為Department of Pure Arts and Science, Department of Social Science, Department of Commerce, Department of Chinese, Department for the Training of Teachers. Department of Chinese已取代原先的中文學院（School of Chinese Studies）成為文學院的學系，參看University of Hong Kong: *University of Hong Kong Calendar, 1934*, Hong Kong: The Newspaper Enterprise Ltd., 1934, p.4. 但該校曆介紹課程時則稱為Department of Chinese Studies（參看*Ibid*., p.102）。這種一系兩名、〈前言〉與課程介紹互異的記述，在一九三四年至一九四一年的《香港大學校曆》一直沿用不替（為免累贅，不逐一詳列出處），可見校方在日本侵占香港前對中文系的英文名稱一直沒有統一的規範。一九三四年時，林棟已是文科六系（Group VI）「中文及英文」（Chinese and English）兩課程的署任顧問（Acting Adviser），可見他已成為中文系的實際領導人。參看*University of Hong Kong Calendar, 1934*, p.102.

[12] 陳受頤、容肇祖兩教授的改革建議，可參看《華僑日報》1935年10月16日的報導。該報導已錄入單周堯主編：《香港大學中文學院歷史圖錄》（香港：香港大學中文學院，2007），頁42。

[13] 胡適南遊後對香港的種種批評，可參看氏撰：〈南遊雜憶〉，載盧瑋鑾編：《香港的憂鬱——文人筆下的香港（一九二五—一九四一）》（香港：華風書局，1983），頁55-61；鄭德能：〈胡適之先生南來與香港文學〉，載同上書，頁69-74。

[14] 參看陳君葆撰、謝榮滾主編：《陳君葆日記全集（卷一：1932-1940）》（香港：商務印書館，2004），頁167。

[15] 參看盧瑋鑾：〈許地山與香港大學中文系的改革〉，載《香港文學》1991年第80期，頁61-62；余思牧撰：《作家許地山》（香港：利文出版社，2005），頁218-229。金培懿的〈港大「中國經學」課程之退場——一個東亞視域的考察〉認為許地山獲香港大學任命出掌中文系，除得力於胡適的推薦與香港大學校內林棟、莫應嵩、陳君葆諸位的幫助外，還有胡適與許地山改革香港大學中文系背後各自隱而不宣的「日本因素」，參看金培懿：〈港大「中國經學」課程之退場——一個東亞視域的考察〉，載《人文中國學報》2016年第23期，頁265-301。

[16] 參看馬鑑（1883-1959）：〈許地山先生對於香港教育之貢獻〉，載全港文化界追悼許地山先生大會籌備會編：《追悼許地山先生紀念特刊》（香港：全港文化界追悼許地山先生大會籌備會，1941），頁11-13。

泰（Cecil Clementi，1875-1947，1925-1930擔任香港總督）如何藉口協助中、英兩國化解一九二五至一九二六年間省港大罷工產生的嚴重外交矛盾，以成立中文學院為幌子，從英國退還中國的庚子賠款中獲得二十六萬五千英鎊以解決香港大學因增加員薪資酬而陷於水深火熱的財困。他完全明白當時任教文學院、僅以時薪計酬的前清翰林賴際熙為了傳承經史舊學，即使沒有庚子賠款的資助，也樂意自闢蹊徑協助私交甚篤的金文泰成立中文學院。身為校長的他，既已洞察金文泰的政治技倆，審時度勢，自然不得不陪同賴際熙前赴南洋，為中文學院成立經費遭校方挪作他用而四出籌款。由於賴際熙在南洋華僑間享負盛名，校方便得以藉著此行籌得的四萬元捐款，成功設立中文學院以充作庚子退款的成果。賴際熙旋被校方委為中文學院教授自是不無酬庸報功的意味，而課程以原有的文學院漢文課程為基礎亦順利獲得熱衷經史舊學的校監金文泰首肯。[17]

其實，當時的校長韓惠和一直認為一輩前清翰林根本不適合擔任香港大學中文學院的教職。他屬意委任的學院領導人必須是一位具備現代教育意義、富有中國學術知識、掌握英語書寫與會話能力、最好具有胡適般地位的學者。[18]因此，他在一九三〇年二月金文泰調任海峽殖民地總督（Governor of the Straits Settlements）後，便迅速著手整頓文學院與中文學院的架構與人事。他挾一九三三年成功改革文學院課程組合為七系，並獲得香港大學頒授名譽法學博士學位的威勢，在一九三四年偕文學院院長傅士德（Professor Lancelot Forster，1882-1968）親赴北平訪尋改革中文系的適當人選。他們藉著胡適的穿針引線，促成了陳受頤與容肇祖親臨香港考察，也造就了許地山的南來。當胡適與陳受頤相繼拒絕韓惠和邀聘出掌中文系後，時任中文系翻譯助理講師的陳君葆（1898-1982）嘗在一九三五年五月九日的日記記下：

> 校長賀納（即韓惠和）問我知道許地山、陸侃如兩人否，我據實以對。他又問一個什麼Mo Chien，我想不出是誰，似乎這人不大出色。據我的意見，若果陳受頤不能來，能得許地山則更佳，從前東木（林棟）也說過，有請許地山的意思，但不知怎樣又復擱起來了。我不解憩棠（羅憩棠）何以說是東木的手腕。[19]

---

[17] 參看Bernard Mellor: *The University of Hong Kong : an informal history*（Hong Kong : Hong Kong University Press, 1980），pp71-83；程美寶：〈庚子賠款與香港大學的中文教育——二三十年代香港與中英關係的一個側面〉，頁62-69。

[18] 參看程美寶：〈庚子賠款與香港大學的中文教育——二三十年代香港與中英關係的一個側面〉，頁66。

[19] 《陳君葆日記全集（卷一：1932-1940）》，頁168-169。陳君葆得以任職香港大學，實緣於中文系成立後當時得令的林棟猝遭橫禍，英年早逝。李景康的〈香港大學講師林棟君墓誌銘〉稱：「甲戌（1934）四月二日，西環煤汽局猝爾爆炸，燔及君居，生平積蓄悉毀於火。君負重賞，進政府醫院，即夕溘逝。年四十有五。聞者莫不惜其才而悲其厄也。」載氏撰：《李景康先生詩文集》（香港：學海書樓，2003），頁3。

這「Mo Chien」便是當時任教於北京大學歷史系的錢穆。[20]錢穆因得顧頡剛（1893-1980）推薦，於一九三〇年秋在燕京大學任教大一、大二國文時，憑在《燕京學報》發表的《劉向歆父子年譜》在北平學術界聲名鵲起。[21]他復得顧頡剛安排，自一九三一年秋開始在北京大學歷史系擔任副教授，講授歷史科目。此後七年間，他先後開授「中國上古史」、「秦漢史」、「近三百年學術史」、「中國通史」、「中國政治制度史」諸科，並深獲好評。[22]韓惠和極可能從北京大學歷史系主任陳受頤或文學院院長兼中國文學系主任胡適處得悉錢穆的名字。儘管當時自學成才、具備豐富而堅實國學知識的錢穆已享譽北平學界，[23]卻未具備現代教育意義的中國學術知識與留學歐美經驗，更無法證明掌握英語書寫與會話能力；[24]即使陳君葆不是囿於學術資訊的阻隔，誤判「似乎這人不大出色」，[25]相信韓惠和絕不會輕易認同錢穆是理想的人選。因此，錢穆跟一九三五年韓惠和掌校時期的香港大學便只有擦身而過、本身毫不知情的「偶遇」。

三、一九五一年的拒任兼課

錢穆在一九四九年十月因緣際會南來英國殖民管治的香港，並意想不到地因自一九五〇年起營辦新亞書院而留名後世。他晚年回憶新亞書院的舊事時，還不忘沾沾自喜地聲稱：

> 新亞所聘各教授，均係國內政界學界知名負時望者。論其人選，香港大學中文系遠不能比，新亞遂因此特受教育司之重視。[26]

他主動在師資的邀聘上將新創的新亞書院跟香港大學中文系相提並論，足證他對香港大學——特別是香港大學中文系的重視。

被日本侵略軍大肆破壞的香港大學在一九四六年十月後逐步恢復教學，[27]入學人

---

[20] 《陳君葆日記全集》排印出版時，手民極可能誤將原稿的「Mu Chien」誤排為「Mo Chien」，實情待考。

[21] 參看《八十憶雙親、師友雜憶合刊》，頁132；錢穆：《劉向歆父子年譜》，載《燕京學報》1930年第7期，頁36-165，總頁1189-1318。

[22] 參看《八十憶雙親、師友雜憶合刊》，頁141-157。

[23] 參看華定謨：〈自學成才的錢賓四先生〉，載中國人民政治協商會議江蘇省無錫縣委員會編：《錢穆紀念文集》（上海：上海人民出版社，1992），頁98-99。

[24] 錢穆晚年自稱「余初不通英語，居大陸時，與外國人交涉極少。」見《八十憶雙親、師友雜憶合刊》，頁284。他在1960年應邀赴耶魯大學講學時除計畫撰寫《論語新解》外，便是「補讀英文」，見《八十憶雙親、師友雜憶合刊》，頁288。

[25] 《陳君葆日記全集（卷一：1932-1940）》，頁169。

[26] 《八十憶雙親、師友雜憶合刊》，頁249。

[27] 陳君葆在1946年10月21日的日記記「今天港大算是登記開課了。然而學生能有幾人，亦正難說。」（陳君葆撰、謝榮滾主編：《陳君葆日記全集（卷二：1941-1949）》（香港：商務印書館，2004），頁

數在一九五〇年時已迅速回復戰前的水準。校方除需急尋經費修復淪為頹垣敗瓦的校內建築物外，還得設法興建教學大樓與招聘大量教職員。[28]當時的中文系同樣備受師資短缺的困擾。系內教師除戰時一直守護馮平山圖書館藏書的原翻譯講師兼導師（Lecturer and Tutor in Translation）陳君葆，[29]便只有在一九四六年七月自成都燕京大學返回香港大學的馬鑑（1883-1959）。[30]一九四一年八月四日許地山猝然逝世後，[31]他已被校方委任接掌學系的行政工作。[32]日本侵略軍攻占香港後，他在一九四二年六月舉家遷赴成都，並任教於成都的燕京大學。[33]他一直強調自己重返香港大學是為了履行尚未完成的僱用合約，是以義不容辭繼續肩負領導學系的責任。他嘗積極多方探求改進中文系的發展方案，建議設立中文榮譽科，可惜未被校方的採用。[34]因為校方一直盤算著迫令年紀已不小的馬鑑盡早退休，[35]以便另聘足堪肩負改組學系任務的外國人擔任中文系的講座教授。

483。）

[28] 參看Francis Stock："A new beginning", in *University of Hong Kong : the first 50 years, 1911-1961*, pp.85-92.

[29] 有關陳君葆一生，可參看謝榮滾撰《赤子情深：陳君葆傳》（廣州：廣東人民出版社，2012）一書。陳君葆守護馮平山圖書館藏書事，可參看小思（盧瑋鑾）〈一段護書往事——記陳君葆先生〉，載陳君葆撰、謝榮滾主編：《陳君葆日記全集（卷七：1972-1982）》（香港：商務印書館，2004），頁621-626。

[30] 參看《陳君葆日記全集（卷二：1941-1949）》，頁459-460；《桃李不言——馬鑑傳》，頁129-130。

[31] 陳君葆於1941年8月4日記載：「許地山先生於下午二時十五分去世。」（《陳君葆日記全集（卷二：1941-1949）》，頁17。）有關許地山的家世、生平、著述、悼文、悼詞、日記、書信、年表等，主要可參看全港文化界追悼許地山先生大會籌備會編：《追悼許地山先生紀念特刊》（香港：全港文化界追悼許地山先生大會籌備會，1941）與周俟松、杜汝淼編：《許地山研究集》（南京：南京大學出版社，1989）兩書。

[32] 陳君葆於一九四一年八月十四日記自己「到圖書館，傅士德教授（文學院院長，Professor Lancelot Forster, 1882-1968）邀往談話，他問我關於中文教授的繼任人的意見，我說，就中國歷史說自然以陳寅恪（1890-1969）為最理想而且合適，至於行政方面仍以季明（馬鑑）先生補缺為宜，他說很對，便決定如此向當局提出。」（《陳君葆日記全集（卷二：1941-1949）》，頁17。）此建議終在兩天後落實，陳君葆得知校方決定聘陳寅恪為中國史教授（參看同上書，頁23）。

[33] 參看《陳君葆日記全集（卷二：1941-1949）》，頁84；《桃李不言——馬鑑傳》，頁103-120。

[34] 馬鑑重返香港後，積極探求改進中文系的方案，事見《陳君葆日記全集（卷二：1941-1949）》，頁466，1946年7月24日條。他建議設立的中文榮譽科未能在文學院會議透過，事見《陳君葆日記全集（卷二：1941-1949）》，頁594。

[35] 馬鑑於1959年5月23日早上逝世（參看〈馬宅訃啟〉，載《華僑日報》，1959年5月24日，第2張頁2），陳君葆為表哀悼，於1959年5月31日的《大公報》發表〈送馬季明先生葬後歸作〉詩四首（第12版）。詩刊出後，「執手翻閱老鄭虔」句的意思引來讀者的關注。陳君葆在六月四日函覆該報主編查詢時，除說明鄭虔（691-764）本事外，還鄭重指出：「太平洋戰爭，日本人占領了香港後，曾為馬季明先生出來當華人協會代表，馬託詞不懂粵語婉辭。戰後，港大復課時，擢升馬先生為教授，但附帶聲明以翌年即當退休。此一舉措，朋筆多認為太不公允，蓋戰後瘡痍未復，馬老以1951年退休（案：陳君葆此處誤記，馬鑑實於1950年退休，參看〈馬鑑教授逝世今日四時大殮〉，載《華僑日報》，1959年5月24日，第3張頁4），投閒置散，前後不下十年。故詩中即以鄭廣文（即鄭虔）況之。抑且馬當時晉升教授，而事實上等於明升暗黜，此則亦僅可為知者道矣。此首當時本想附註，後因顧到環境關係，還將之略去耳。」（陳君葆撰、謝榮滾主編：《陳君葆日記全集（卷四：1957-1961）》（香港：商務印書館，2004），頁275-276。）

校方經過一番籌謀安排後，原澳大利亞（Australia）雪梨大學（University of Sydney）東方研究系（Department of Oriental Studies）講座教授（Chair Professor）賴歐（或譯名為：賴歐特、賴歐德、萊德敖，John Kennedy Rideout, J.K. Rideout, 1935-1950）在一九五〇年一月十七日就任香港大學中文系講座教授。[36]馬鑑遂在中文學會於同年二月十五日舉辦的歡送會後榮休。[37]正當校方喜不自勝、深信前校長韓惠和希冀以洋制華、大肆改革中文系的計畫終可水到渠成時，抵港不久的賴歐竟在參加馬鑑榮休歡送會的翌日（二月十六日）無故失蹤，[38]並於十二天後被發現浮屍大嶼山以南海面。[39]當時馬鑑已退休，校方為免中文系的行政與教學陷於癱瘓，只能匆匆委任講師賀光中（Ho Kuang-chung）為代理主任，領導系務。

賀光中專長研究佛學，曾任教於金陵大學。他在一九四九年初南來香港，得倫敦亞非學院的西門華德（Simon Walter，1893-1981）「介紹他當了大學方言班的教習，大概教普通話之類。」[40]他便是馬鑑任內校方唯一肯聘用的中文系全職教學人員。當時中文系的中國歷史科只供三年級學生選修，由擔任兼職講師、計時論酬的原中央大學史學系教授、中國法學史專家楊鴻烈（1903-1977）負責講授。[41]賀光中因緣際會擔任中文系的代理主任後，非但未有為楊鴻烈爭取轉任為全職講師，[42]還四出尋覓替代人選。錢穆晚年自稱：

時賀光中負責港大中文課務，屢來訪談，勸余去港大兼課。余力拒之，介紹羅

36　參看陳君葆撰、謝榮滾主編：《陳君葆日記全集（卷三：1950-1956）》（香港：商務印書館，2004），1950年1月17日條，頁6。

37　馬鑑榮休事，《華僑日報》於1950年2月9日一篇題為〈港大同學歡送馬鑑教授退休〉的報導稱：「香港大學中文學會，定2月15日下午三時，假香港大學余東璇健身室舉行茶會，歡送馬鑑教授退休云云。」（第2版第4張）歡送會照片，可參看單周堯主編：《香港大學中文學院歷史圖錄》（香港：香港大學中文學院，2007），頁71。

38　賴歐失蹤事，參看《陳君葆日記全集（卷三：1950-1956）》1950年2月17日條，頁10；1950年2月20日條，頁11。當時香港報章不乏報導，參看《工商晚報》的〈港大教授賴歐失蹤〉1950年2月19日，頁4；《華僑日報》的〈懸賞五百元尋覓賴歐教授〉1950年2月23日，第2張頁3；《工商晚報》的〈金兵協助找尋賴歐〉，1950年2月28日。當時的三年級學生龐德新曾於法庭上就賴歐的死因研訊「向法官指出謂：死者曾參加歡送馬教授之離別讌甚歡云。」（〈賴歐德教授之死因〉，《華僑日報》，1950年5月12日）。

39　〈失蹤教授賴歐屍體尋獲〉，《工商晚報》，1950年3月1日。

40　《陳君葆日記全集（卷二：1941-1949）》1949年3月1日條，頁598。有關賀光中，可參看王韶生（1904-1998）：〈溝通中西文化的賀光中〉，載氏撰：《當代人物評述》（臺北：文鏡文化事業有限公司，1985），頁99-103。

41　楊鴻烈的生平梗概，可參看何勤華：〈楊鴻烈其人其書〉，載《法學論壇》2003年第18卷第3期，頁89-96；葉樹勛選編：〈導言〉，《楊鴻烈文存》（南京：江蘇人民出版社，2016），頁407、1-44，。

42　陳君葆曾於1950年12月19日的日記就此事大抱不平，說：「文學院會議討論楊鴻烈擬請改鐘點制為全任，我曾力爭，但眾以為僅二學生，不獲通過。自然大學當局實無意於發展中文系，這也不自今日始了。」參看《陳君葆日記全集（卷三：1950-1956）》，頁56。

香林（1906-1978）去，亦仍兼新亞課務。[43]

　　一九五〇年九月起便「兼在香港新亞書院任教，講授中國經濟史」的羅香林，[44]
遂憑著錢穆舊識的關係，[45]獲錢穆推薦，於一九五一年「九月，受聘為香港大學中文
系兼任講師，講授中國歷史」。[46]賀光中唯一的中文系全職教學同事陳君葆對此事的
不滿溢於言表，在一九五一年九月十二日的日記稱：

> 賀某踢開楊先生而極力拉了羅先生來教歷史了。往後的變遷，也恐愈來愈烈
> 咧。季明（馬鑑）力勸我要十分謹慎！[47]

　　主要任職香港《星島日報》英文翻譯員的楊鴻烈自是緣盡香港大學。錢穆雖沒有
交代他跟屢來訪談的賀光中有何交情，卻因舉薦羅香林自代而意外地為馬鑑退休、賴
歐猝逝後動盪的中文系翻起波瀾。[48]

　　當時，錢穆正為一手創辦、並擔任校長的新亞書院深陷經濟困境而萬般操心。他
在一九五〇年冬便嘗「以新亞全校同人力促赴臺北，期獲政府救濟，少維年月，再謀
發展。」[49]書院另一創辦人兼教務長唐君毅在一九七三年暑假書院遷入沙田香港中文
大學校園前的道別農圃道校園演講會上回首前塵，稱：

> 我想很少學校會像新亞書院的情形下辦起來的。新亞的創辦，亦可說是個偶然
> 的無中生有。即此是說在辦新亞書院之先，並沒有一個人、一個社會團體、
> 或一個機關、一定要辦這一個學校。新亞書院的前身，是「亞洲文商專科學
> 校」，其最初的發起人有崔書琴（1906-1957）、張其昀（1901-1985）、謝
> 幼偉（1905-1976）與錢賓四（錢穆）等六位先生，暫推錢先生為校長。亞洲
> 文商學校開始時，只大概用了四千塊錢，租了一中學之晚間的教室做校舍，學
> 生四、五十人。但六位先生中之五位後來另有發展，只留下錢賓四先生一人。
> 錢先生遂邀張丕介先生和我先在「亞洲文商專科學校」任教，後來才再約趙

43　《八十憶雙親、師友雜憶合刊》，頁251。
44　羅敬之撰：《羅香林先生年譜》（臺北：國立編譯館，1995），頁68。
45　參看《八十憶雙親、師友雜憶合刊》，頁248。
46　《羅香林先生年譜》，頁70。
47　《陳君葆日記全集（卷三：1950-1956）》，1951年9月12日條，頁129。
48　葉樹勛於選編的《楊鴻烈文存》撰寫〈導言〉，稱：「1949年，他受聘於香港大學，在該校擔任教員，第
　　二年從該校離職，回到《星島日報》擔任翻譯員。據楊先生的家人回憶，他居港期間的生活並不是很好，
　　在殖民地裡華人未免受到歧視，他在《星島日報》擔任翻譯員可勉強維持生活，而他在香港大學任職期
　　間，更是受到英國人的排擠。當時他所在的中文系主任是一位年輕的英國人，楊先生和他的關係比較緊
　　張，而後來則因為楊先生揭發了某位教員學位造假的事情，直接得罪了港大的領導而被解聘。」，頁8。
　　個中關涉系主任賴歐與某位教員的兩件事都頗堪深究。
49　《八十憶雙親、師友雜憶合刊》，頁254。

冰（1892-1964）、吳士選、楊汝梅（1899-1985）先生等參加，並把學校改組，遂名為「新亞」，意謂新的亞洲文商學校。這個名稱初是偶然定的。後來才把「新的亞洲的中國」之意義加進去。另一方面說，新亞創辦的人之遇會，也可說是偶然的。……大家分別自天南地北的不同地方來，而偶然會聚於香港，一同參加新亞書院的創辦。……此新亞書院的創辦，沒有社會團體的支持，政府的支持，或是私人資本家的支持。……新亞書院初創時，我們個人手頭上亦非常貧困。……此外，書籍與其他東西，全部沒有；……新亞的初創時，經濟非常困難，無法維持。後來錢賓四先生到臺灣去，由國民政府允許每月補助三千塊錢的經費。這新亞書院與臺灣政府的關係之歷史事實，是無法否認的。就靠此每月三千塊錢，使新亞維持了四年。[50]

書院另一創辦人創校總務長張丕介更認定一九五〇至一九五四年的「新亞書院是一所名符其實的流亡學校，由流亡教師與流亡學生共同形成的海外教育事業。」[51]他為《新亞書院二十週年校慶特刊》撰寫的〈新亞書院誕生之前後〉特別強調：

一九五二年至五三年是新亞書院為生存而鬥爭的關鍵之年。經費來源斷絕，無法支持校舍房租，及少數教師的鐘點費。我等雖四出奔走，但或借或捐的數字太小，杯水車薪無濟於事。錢先生為了募捐經費去臺灣，某日在臺灣淡江英專演講，不幸屋頂塌陷，打得他頭破血流，幾乎喪命。消息傳來，全校師生大為震驚。其次為法院登記，辦理經年，迄未獲准。同時一部分教師又先後離港，各奔前程，學生之中亦有多人去臺，或去海外深造。一九五二年夏第一屆畢業生三人，假六國飯店舉行畢業典禮。全體師生及眷屬朋友，不過五、六十人，典禮隆重而熱烈，但對學校前途的隱憂，見乎辭色。[52]

各創辦人都異口同聲確認一九五〇至一九五四年為書院的艱苦奮鬥期，最主要的特色是「窮」。[53]張丕介憶述當時教學的狀況為：

在一九五〇到一九五四的數年間應約來院任教的許多學者，往往白盡義務，或只領取一點微薄的車馬費。他們任教，或半年或三月，或只講演一、二次，然後各奔前程。但新亞書院的消息，也賴他們的同情報告，而傳播於世

---

[50] 唐君毅：〈新亞的過去、現在與將來——一九七三年六月十七日新亞道別演講會講詞〉，載《新亞教育》，頁152-153。

[51] 張丕介：〈新亞書院誕生之前後〉，頁48。

[52] 同上註，頁53。

[53] 《新亞校刊》編者在〈期待的遠景，努力的目標——節錄「新亞書院五年發展計畫草案」〉的開首稱：「我們的學校經過了五個艱苦奮鬥的歲月之後，終於一九五四年踏進了它的第二階段——它的發展階段。」（《新亞校刊》1955年第6期，頁5。）這在一九五五年時已是書院師生的共識。

第三十五章　錢穆與香港大學的因緣　121

界各地。在一九五〇到一九五四年間,究有多少這類新亞之友,我已無法記憶。以下列舉少數學者的姓名,當可概見一斑:吳俊升(1901-2000)、胡建人、任泰、劉百閔、羅香林、梁寒操(1899-1975)、張純漚(張維翰,1886-1979)、羅夢冊(1906-1991)、余天民、黃華表(1897-1977)、左舜生(1893-1969)、蔡貞人(1904-1971)、伍憲子(1881-1959)、陳伯莊(1892-1960)、徐澤予、衛挺生(1890-1977)、卓宜來、凌乃銳、夏濟安(1916-1965)、孫祁壽等等。這些學者的聲名對流亡青年的號召力之大,是無法形容的。再加上若干其他人士,或學術團體及出版界的協助,新亞之名乃不脛而行。[54]

錢穆正是在一九五一年冬赴臺灣籌謀設立新亞分校未果,淹留待歸時在一九五二年四月十六日應朱家驊(1893-1963)邀請於臺灣淡江文理學院新建禮堂為聯合國中國同志會作例行演講畢,旋遭屋頂墜落的水泥塊擊傷頭部昏厥,需急送醫救治,並在臺中養傷幾達四個月才能返回香港,再經逾年方告痊癒。[55]他在一九五一年拒絕賀光中的邀請而推薦羅香林到香港大學兼教中國歷史,正緣於他深知課時不多、只支取時薪港幣二十元的授課者根本難以供養家小。[56]況且,身為校長理應身先士卒、與眾共苦、竭力維護書院的利益與尊嚴,焉能捨棄深受校方財困煎熬的新亞書院教師!這又使他再度跟香港大學緣慳一面。

四、一九五三年的甘受青睞

當陳君葆、馬鑑都擔憂香港大學中文系山雨欲來的時候,代理主任賀光中出人意表決定轉職澳大利亞國立圖書館(National Library of Australia),校方迅即於一九五二年夏天邀聘原任職山東齊魯大學的林仰山(Frederick Seguier Drake,1892-1974)在離開濟南返回英國時前赴香港出任中文的講座教授兼系主任。[57]這任命不單改變了中文系的命運,亦改變了錢穆跟香港大學的關係。

林仰山在一八九二年出生於山東鄒平一個傳教士家庭,父親為英國浸禮會牧師林惠生(S.B. Drake)。他於山東渡過童年後,便在一九〇〇年被父親送回英國就學。他學成後重返中國,曾在一九二四年於齊魯大學文理學院講授中國古典文學,亦嘗擔任青州守善中學校長。他在日本軍隊大肆侵略中國時正擔任齊魯大學圖書館館長。一九四二年,日軍攻占齊魯大學校園時,他因未及逃出,遭日軍逮捕,囚禁於上海的戰

---

54 張丕介:〈新亞書院誕生之前後〉,頁47-48。

55 參看《八十憶雙親、師友雜憶合刊》,頁260-263。

56 同上註,頁251。

57 根據羅香林的記述:「林教授於那年(一九五二年)的六月,來到港大。」參看〈林仰山教授與中國學術文化的關係(上)〉,載《大成》1975年第16期,頁4。

俘集中營。一九四五年八月日本戰敗投降後，他獲釋返回濟南，並迅即投入齊魯大學的復校工作。一九四八年九月，濟南戰役爆發，齊魯大學南遷，他被校方委任為代理校長、聯同退休副校長德位思等留守濟南校園。一九五一年華東軍政委員會教育部接管濟南校園後，齊魯大學在一九五二年院校重整時被併入山東大學。他配合教會撤退傳教士的行動，在離開濟南返回英國時接受香港大學重續前緣的邀聘。[58]

原來林仰山曾在一九三三年成為香港大學的準僱員。當時的香港大學校長韓惠和頗不滿意賴際熙籌款成立的中文學院在課程設計、教師組合與學生人數諸方面的表現，遂乘總督兼校監金文泰在一九三〇年二月被調任海峽殖民地總督的機會，迅速大刀闊斧改組文學院，並聘請林仰山在一九三三年八月履任專責改革中文系課程的教授（Reader）。[59]由於林仰山當時未有踐約，韓惠和才需要在一九三四年借文學院院長傅士德親赴北平另覓賢能，並借助一九三四年陳受頤等的考察與一九三五年胡適的推薦，方能成功邀聘許地山南來。林仰山此番應允香港大學的邀聘，自是不乏稍作補償的意味。

林仰山就任中文系講座教授兼系主任後，立即取得校長賴廉士（Sir Lindsay Tasman Ride，1898-1977，1949-1964擔任香港大學校長）的首肯，招聘任教於新亞書院的學者，以稍解全系除任教翻譯的陳君葆外別無全職教員的困局。羅香林、劉百閔（1898-1969）迅即被聘為專任講師，而饒宗頤（1917-2018）亦獲聘為專任副講師。三人同時於一九五二年九月履任，合力承擔中國歷史與中國文學的教學。他還自行於中國歷史課程增添「中國考古與發現」科目，以豐富學系的教學內容。這使中文系的全職教學人員與教研實力驟增。[60]儘管如此，他仍致力網羅各方人才，並邀得唐君毅自一九五三年起在中文系兼教中國哲學。[61]曾於齊魯大學國學研究所代行主任職務的新亞書院校長錢穆自是他不容輕易放過的目標。[62]錢穆晚年嘗憶：

---

[58] 參看李思撰：《林仰山的中國早期考古活動》（山東大學歷史文化學院碩士論文，濟南：山東大學歷史文化學院，2019），頁11-26。

[59] 參看 *The University of Hong Kong, 1912-1933 : A souvenir*, p.27.

[60] 參看羅香林：〈林仰山教授與中國學術文化的關係（上）〉，頁4。

[61] 唐君毅於一九五三至一九六〇年間在香港大學兼教中國哲學，參看The University of Hong Kong. *The University of Hong Kong Calendar, 19*, Hong Kong: Hong Kong University Press 1953, p.58; The University of Hong Kong: *The University of Hong Kong Calendar, 19*, Hong Kong: Hong Kong University Press 1953, p.37.

[62] 蘇克勤撰《院士世家——錢穆‧錢偉長‧錢易》稱：「時齊魯大學國學研究所得美國哈佛燕京學社資助，校方也頗為重視，並由齊魯大學校長劉世傳（書銘，1893-1964）兼任所長。一九三九年春，顧頡剛經弟子張維華（1902-1987）之引介，前來國學研究所履任主任之職。顧頡剛於九月到任之前，即又邀錢穆、胡厚宣（1911-1995）等學者加盟。在錢穆赴成都半年之後，因顧頡剛忙於多方應酬，所內事務交由錢穆打理。一九四一年六月，顧頡剛赴重慶主編《文史雜誌》，其後很少回成都，故齊魯大學國學研究所遂由錢穆代行主任並主持工作。在此期間，錢穆與英籍學者林仰山也得以相識，此後林氏在香港大學中文系擔任主任時，與錢穆過從甚密。」參看顧頡剛：《文史雜誌》鄭州：河南科學技術出版社，2014），頁58。根據錢穆在一九八一年十月撰寫的〈再論中國文化傳統中之士〉，他跟林仰山「初識於香港」。由是，錢穆與林仰山早在居停香港前已認識的說法，恐出臆測。載錢穆：《國史新論》，錄入《錢賓四先生全集》編輯委員會編：《錢賓四先生全集》，第30冊（臺北：聯經出版事業公司，1998），頁228。

仰山邀余至港大任教。余答以新亞在艱困中，不能去。仰山堅請，謂：君不能
離新亞，來港大兼課，事無不可。余答：新亞事萬分艱辛，實不容余再在校外
兼課分心。仰山謂：君來港大，不僅港大諸生同受教益，並港大中文系一切課
程編製及系務進行亦得隨時請教。又謂：港大近得美國在港救濟知識分子協會
一款，可聘任若干研究員。君可否兼任港大研究員名義，時間可無限定。余為
其誠意所感，答：願在必要時參加中文系集會，貢獻意見，惟以不任職，不授
課、不受薪為原則。仰山無以強。[63]

　　他便是本著此「不任職、不授課、不受薪」的三不原則，在一九五三年起擔
任剛於該年正式成立的東方文化研究院（Institute of Oriental Studies）名譽研究
員（Honorary　Fellow）。[64]資助此研究院成立的「美國援助中國知識人士協會」
（The Aid Refugee Chinese Intellectuals, Inc.）實際是美國政府以心戰與情報需要、
資助親國民黨的明尼蘇達州共和黨眾議員周以德（Walter H. Judd）等在一九五二年
成立的民間組織。此組織成立的目的是經濟援助國共內戰後滯留香港、澳門的中國知
識人士，協助他們移居臺灣、美國、歐洲、東南亞等地。[65]由於林仰山申明東方文化
研究院的成立旨在提供研究設施供東西方學者從事有關中國與東方的研究，[66]是以迅
速得到該組織的撥款資助，既成立語言學校（Language School）為英國派駐香港與
遠東人員提供國、粵兩語的訓練，復創設馮平山博物館（Fung Ping Shan Museum）
以配合與協助研究員的工作。研究人員的成果主要藉哈佛燕京學社與亞洲基金會香港
分會的贊助，由香港大學出版部印刷專書出版；單篇的學術論文則大多刊載於林仰山
在一九五三年創辦、並親自擔任主編的學術刊物《東方文化》（*Journal of Oriental
Studies*）。[67]這遂使東方文化研究院成為中文系的學術研究基地。錢穆雖不為中文系

63　《八十憶雙親、師友雜憶合刊》，頁258。饒宗頤晚年的自述亦指林仰山「本來想爭取錢（錢穆）到港大
　　教書，但錢那時苦心經營新亞，沒有去。」參看饒宗頤述，胡曉明、李瑞明整理：《饒宗頤學述》（杭
　　州：浙江人民出版社，2000），頁41。

64　參看University of Hong Kong . *University of Hong Kong Chinese and Oriental Studies : A survey of the
　　years 1952-1964*. Hong Kong : University of Hong Kong, 1964, p.3.

65　參看趙綺娜（1949-2013）〈冷戰與難民援助：美國「援助中國知識人士協會」，1952-1959年〉，載《歐
　　美研究》，第27卷第2期（1997年），頁65-108。

66　金新宇（S.Y. King）領導的專責工作小組University of Hong Kong Chinese and Oriental Studies : A
　　survey of the years 1952-1964指出："The purpose of the Institute shall be : to provide facilities for
　　research in Chinese and Oriental Studies for Eastern and Western scholars; to promote interest in
　　Oriental Studies generally both within and without the University; to arrange for extra-mural instruction
　　in Oriental languages and literature; to provide a focus and meeting-place for students of all countries
　　in the field of Oriental Studies, to promote good fellowship among such students and to increase
　　understanding and goodwill between the peoples of East and West."（pp.3-4）

67　參看University of Hong Kong Chinese and Oriental Studies : A survey of the years 1952-1964, p.4；羅
　　香林：〈林仰山教授與中國學術文化的關係（上）〉，頁5-6。有關亞洲基金會的成立背景、運作特色、

兼課，只領東方文化研究院名譽研究員銜，卻因中文系教師俱為研究院研究員、且多為舊識而彼此時有聚會。他嘗稱：

> 林仰山來港大主任中文系，賀光中辭職離去。羅香林、劉百閔皆改聘為專任。
> 兩人皆新亞舊同事。百閔並在余來臺時，多方盡力為新亞謀渡難關，與余情意
> 猶密。故余屢次去港大中文系出席會議毫無拘束。仰山又定同系諸教師每月必
> 有一宴集，輪流為主人，余亦必被邀參預，但終不許余為此項宴集之主人。[68]

　　陳君葆便曾記錄一九五三年二月十七日簡又文（1896-1978）在九龍塘施他佛道（Stafford Road）寓所「寅圃」宴集中文系教師與研究院研究員，赴會者除他初次會面的錢穆外，尚有林仰山、楊宗翰、衛聚賢（1898-1990）、張瑄、劉百閔、羅香林諸位。[69]林仰山不允經濟困頓的錢穆擔任宴集主人，便是不願他在財政負擔上百上加斤。但錢穆仍嘗在一九五四年三月五日於九龍太子道三百零四號寓所設座談研究會，以山東菜款待中文系教師與研究院研究員，並主講《白虎通》。[70]這足見此時的他，財源匱乏的窘況應已得到大大改善。

　　錢穆自應允擔任東方文化研究院名譽研究員後，除定期出席中文系教師及研究院成員的宴集外，更曾為林仰山主編、東方文化研究院於一九五四年一月出版的《東方文化》（*Journal of Oriental Studies*）創刊號供稿。他自稱：

> 某年，港大中文系創有東方研究院《東方學報》之出版，余為特撰〈孔子與春
> 秋〉一篇，仰山刊為首篇。後余去倫敦，尚得彼中治漢學者之稱道。以後此編
> 收入余著《兩漢經學今古文評議》一書中。[71]

　　由於該創刊號既非按研究主題的時代早晚、亦非據論文作者的中文或英文姓名排列各論文的刊登次序，所以他一直認為〈孔子與春秋〉被冠為全刊首篇是林仰山的另眼禮待。林仰山還特意安排將他的舊作〈駁胡適之說儒〉附刊於饒宗頤的〈釋儒——從文字訓詁學上論儒的意義〉後，令兩人都在此創刊號同享並刊兩篇論著的殊遇。[72]

對香港高等中文教育發展的影響，參看張楊：〈亞洲基金會：香港中文大學創建背後的美國推手〉，載
　《當代中國史研究》2015年第22卷第2期，頁91-102。

[68]　《八十憶雙親、師友雜憶合刊》，頁258。

[69]　參看《陳君葆日記全集（卷三：1950-1956）》1953年2月17日條，頁222-223。

[70]　參看《陳君葆日記全集（卷三：1950-1956）》1954年3月5日條，頁305。

[71]　《八十憶雙親、師友雜憶合刊》，頁259。

[72]　參看錢穆：〈孔子與春秋〉，載《東方文化》1954年第1卷第1期，頁1-25。此創刊號以簡又文的〈太平天
　國田政考〉，頁27-68；緊隨錢穆的〈孔子與春秋〉；先於饒宗頤的〈長沙楚墓時占神物圖卷考釋〉，頁
　69-84；羅香林的〈唐代三教講論考〉，頁85-97；唐君毅的〈張橫渠之心性論及其形上學之根據〉，頁
　98-110；饒宗頤的〈釋儒——從文字訓詁學上論儒的意義〉，頁111-122。正足以證明研究主題與撰者姓名
　俱非論文排序的依據。錢穆的〈駁胡適之說儒〉，頁123-128。原刊於四川成都出版的《學思》1942年第1

此時期的錢穆雖不免仍為新亞書院的經費來源大費思量，卻不忘抽空為東方文化研究院盡力。

五、一九五五年的獲頒學位

新亞書院自一九五五年起踏進了它的發展期。[73]這跟校長錢穆在人生路上的否極泰來息息相關。他晚年仍禁不了喜上眉梢地追憶：

> 新亞既得雅禮方面協助其常年費，又為代募款建築一新校舍，繼之續獲哈佛燕京社協助研究所費用，一時困難解決。此兩事，香港政府亦早預知。惟大陸變後，香港私立大學一時崛興不止七八所之多。港政府既不禁止，亦不補助。新亞獨得美方協款，香港教育司高詩雅（Douglas James Smyth Crozier，1908-1976）及港大林仰山教授獻議，港督葛量洪（Sir Alexander William George Herder Grantham，1899-1978）在香港大學民國四十四年（1955）之畢業典禮上，授余名譽博士學位。以前港大曾對胡適之及其他中國人一兩位有此贈予，然事隔已久。余此事一時哄傳。不一年，又得余結婚消息。群傳余在短短數年內，一得雅禮哈佛協款，一得港大學位，一新婚，三大喜慶，接踵而至，為當時大批避難來港人士中所未有。[74]

這接二連三的喜事，實始於一九五三年初夏他跟美國耶魯大學歷史系主任盧定（Harry Rudin）在香港的會面。他自稱：

> 美國耶魯大學歷史系主任盧定教授來香港，約余在其旅邸中相見，蘇明璇陪往。明璇畢業於北平師範大學，其妻係師大同學，曾親受余課。又明璇曾在臺灣農復會任事，北大校長蔣夢麟（1886-1964）為主委。及是來香港美國亞洲協會任職，故與余一見即稔，常有往來。據民國六十九年（1980）盧定來香港參加新亞三十週年紀念之講詞，知其當年來港前，先得耶魯大學史學系同事瓦克爾教授之推薦，故盧定來港後，余為其相約見面之第一人。瓦克爾曾在民國四十一年（1952）先來香港，後又來港任亞洲協會事，與余亦甚稔。是晨，盧定告余，彼受雅禮協會董事會之託，來訪香港、臺北、菲律賓三處，以學校與醫藥兩項為選擇對象，歸作報告，擬有所補助，俾以繼續雅禮協會曾在

卷第1期半月刊，頁10-15。

[73] 參看不著撰者：〈期待的遠景，努力的目標——節錄「新亞書院五年發展計畫草案」〉，頁5，編者案語。

[74] 《八十憶雙親、師友雜憶合刊》，頁275。

中國大陸長沙所辦醫院及學校兩事未竟之業。[75]

　　這次會面「自上午九時起，已逾中午十二時始問答完畢。」[76]盧定雖越數天即赴臺北，卻不旋踵確定雅禮協會自一九五四年五月起按年為新亞書院提供二萬五千美元的補助，[77]還促成書院可以在九龍城嘉林邊賃一新校舍的同時，復獲美國福特基金會（The Ford Foundation）撥款在一九五六年暑假於農圃道建成新校舍。[78]書院命運的瞬間逆轉，實關係美國亞洲協會至鉅。陪伴錢穆見盧定的蘇明璿當時任職香港的美國亞洲協會，盧定約見錢穆、全因一九五二年任職香港美國亞洲協會時跟錢穆甚相稔的瓦克爾大力推薦；而雅禮協會與福特基金會樂於撥款資助新亞書院，則全賴當時在香港主持亞洲協會事務的艾維（James Taylor Ivy, 1919-2006）運籌帷幄、居中協調。奚會暲的〈懷念艾維先生〉稱：

> 艾先生生於美國德州，在亞利桑那州長大，畢業於阿州大學經濟系，一九四一至一九四七年加入美國陸軍，為空戰隊上校，一九四八至一九五一年任職外交部中國善後救濟總署，在臺灣時與蔣夫人（蔣宋美齡，1898-2003）成為摯友。一九五一至一九八〇年間任亞洲基金會駐港代表及福特基金會紐約總部高級職位，曾駐守埃及、印度及其他非洲國家。一九八〇年退休。[79]

　　艾維長期任職的「亞洲基金會」實際便是錢穆所稱的「亞洲協會」，而「亞洲協會」的全稱當為一九五一年五月於美國加州舊金山成立的「自由亞洲協會」（Committee of Free Asia）。該會於一九五四年十二月改稱為「亞洲基金會」（The Asia Foundation）。從「自由亞洲協會」到「亞洲基金會」，主事者均著意以民間非政府組織（Non-governmental organization）的身分從事「經費贊助者」的活動，為處身中國以外的中國知識分子提供教育、進修或學術研究的機會。[80]艾維在亞洲協會與福特基金會都是非同凡響的角色，是以能夠成功成就新亞書院的絕境重生。[81]

75　《八十憶雙親、師友雜憶合刊》，頁263。

76　同上註，頁264。

77　同上註，頁265。

78　同上註，頁270。

79　香港中文大學新亞書院《多情六十年──新亞書院的過去、現在與未來》編輯小組編：《多情六十年──新亞書院的過去、現在與未來》（香港：香港中文大學新亞書院，2009），頁52。

80　參看官有垣撰：《半世紀耕耘：美國亞洲基金會與臺灣社會發展》（臺北：臺灣亞洲基金會，2004），頁25-31。

81　福特基金會撥款供新亞書院在農圃道建新校舍事，錢穆自稱一九五四年秋「又一日，艾維來告，盧定返美，即為新亞建校舍事多方接洽。頃得福特基金會應允捐款。惟香港不在該基金會協款地區之內，故此事在美惟雅禮，在港惟彼與余有人知之，向外務守秘密，以免為福特基金會增麻煩。」艾維居中促成的角色，絕不容忽略。參看《八十憶雙親、師友雜憶合刊》，頁270。

艾維對新亞書院的厚待，實因他一直未嘗忘懷初會錢穆時所許「他日有可能，必盡力相助」的承諾。[82]當錢穆仍等待著盧定回覆雅禮協會會否提供補助給新亞書院時，艾維已急不及待同意以亞洲協會的資源供錢穆在一九五三年秋租賃九龍太子道一樓宇籌辦新亞研究所，[83]並在香港與臺灣陸續招收章群（1925-2000）、何佑森（1931-2008）、胡美琦（1929-2012）、余英時、唐端正、列航飛諸人入學。[84]張丕介嘗闡釋個中關鍵，稱：

> 艾偉（即艾維）為一美國青年，嚮往中國文化，經數次懇談，決議新亞書院接受該會初步的援助，藉建立新亞研究所之名，由該會撥助專任研究人員的研究費。而以其中的半數，轉交新亞書院，以應付學校最低限度的經費需要。[85]

這暗渡陳倉、以新亞研究所資源養新亞書院的營運策略，令新亞書院早在雅禮協會伸出援手前已擺脫創校以來的窮困。[86]一九五五年九月，新亞研究所在哈佛燕京學社應允提供資助後正式成立，取錄柯榮欣、羅球慶、孫國棟（1922-2013）、余秉權（1925-1989）、石磊五人為研究生。[87]這遂開啟了錢穆領導新亞書院兼辦新亞研究所的新格局。

艾維主持的亞洲協會除大力協助錢穆創辦的新亞書院與新亞研究所外，還跟哈佛燕京學社一起資助林仰山領導的香港大學東方文化研究院印刷專書與出版學術刊物《東方文化》。[88]錢穆沒有交代是否緣於他跟亞洲協會或艾維的非凡關係才應允擔任東方文化研究院的名譽研究員。林仰山任職齊魯大學時已跟哈佛燕京學社有著密

---

[82] 《八十憶雙親、師友雜憶合刊》，頁259。

[83] 同上註，頁266-267。

[84] 同上註，頁267-268；松針：〈學校籌辦研究所〉，載《新亞校刊》1954年第5期，頁54；允中：〈新亞研究所〉，載《新亞校刊》第6期，頁59。章群於所撰《唐史》的〈後記〉稱：「本書初作，尚在臺灣，一九五四年，錢賓四先生赴臺，命來港從遊，是年冬，因入新亞研究所。」（香港：龍門書店有限公司，1979），末頁，不標頁碼。朱曉海的〈先師佑森先生學行事略〉稱：「（1954年）適逢新亞書院院長錢先生賓四（穆）來臺招收研究生，先師經由時任臺大中文系副教授之牟先生潤孫（傳楷，1909-1988）引薦，趨謁，見詢以某書英文，先生率據實以對：未嘗寓目，錢氏以為一無背景，反便於陶鑄，乃錄取。同期自臺赴新亞者尚有胡美琦女士、章群先生；港方則有余英時、唐端正等先生。……9月，以新亞書院助教名義（原註：時臺灣戒嚴，出境甚不易，故假此以利手續辦理），乘船負笈香江。」載何佑森撰、夏長樸等編：《清代學術思潮——何佑森先生學術論文集（下）》（臺北：國立臺灣大學出版中心，2009），頁482。

[85] 張丕介：〈新亞書院誕生之前後〉，頁53。

[86] 錢穆在1989年刊出的〈新亞書院創辦簡史〉特別申明亞洲協會資助新亞研究所事隨著「艾維不久離去，此事遂無發展」（載《新亞遺鐸》，頁944。）；而張丕介所稱新亞研究所以亞洲協會資助該所的半數費用供新亞書院使用，尤「乃不實之言」（載《新亞遺鐸》，頁945。）廖伯源的〈錢穆先生與新亞研究所〉則臚列證據，力指張丕介的說法可信。參看《北學南移：港臺文史哲溯源（文化卷）》，頁92-94。

[87] 參看《八十憶雙親、師友雜憶合刊》，頁271-272；大軍：〈新亞研究所〉，載《新亞校刊》1955年第7期，頁60。

[88] 參看 *University of Hong Kong Chinese and Oriental Studies : A survey of the years 1952-1964*, p.4.

切的交往卻是不爭的事實。[89]哈佛燕京學社首任社長葉理綏（Serge Elisseeff，1889-1975）在一九五三年路經香港時輕易資助林仰山領導的東方文化研究院五萬美元，[90]個中關係自非無跡可尋。

錢穆在學術研究與教育推動諸方面的出色成就，使他在一九五五年新亞研究所正式成立後得到林仰山與教育司高詩雅的推薦，獲香港大學頒授名譽法學博士學位。[91]《工商日報》的社論便從錢穆與英國政府的政治立場出發，盛讚香港大學此舉為中英文化溝通的好開始。[92]新亞書院出版的《新亞校刊》以《工商日報》社論的持論為基礎，大篇幅強調錢穆淡泊名利、純因尊重英國的自由主義文化教育才首肯接受名譽學位。該題為〈院長獲授港大名譽學位〉的詳細報導稱：

> 本院院長錢穆先生於本年六月二十七日獲香港大學名譽法學博士學位；可以說，這是本港學術文化界中的一件大事，也是中英文化交流史上的一個好現象，這是香港大學自開辦以來，第三次頒授我國學者以此項學位。港大是英國高度學術水準系統中之一環，向來對國際性學位之授予，極其嚴謹而鄭重，一貫地本著「唯名與器，不可以假人」的態度。錢先生接受此次港大所贈的學位，是經過長時期的考慮才決定的；因為錢先生一向對功名富貴都採很淡薄的態度，對學位的看法也並不重視，所以錢先生是為了表示對英國自由主義文化教育之尊重才接受的。正如劉百閔先生所說：「錢先生這次獲授港大學位，對錢先生自己說是沒有什麼意義，或者會感到『尊之不足加榮』，但是對我們說，卻是同感光寵，尤其是站在中國的學術文化立場來看，其意義卻是重大的，昔日朱舜水（1600-1682）先生亡命日本講學，為當地朝野人士所尊重，錢先生今日在香港的處境亦然，正足以與朱氏先後媲美，互相輝映。」
>
> 此次頒授學位典禮中，港督葛量洪爵士曾說：「錢先生係一著名的華人學者，他這次接受本大學的法學博士名譽學位，為本大學增光不少。」從這幾句話中表明瞭由於錢先生在對中國學術文化上的貢獻有其應享的殊榮，也在中英文化交流上，有其寶貴的意義，正如六月二十九日《工商日報》的社論所說：「錢穆先生在我國學術界的地位，也早已被視為泰山北斗，沒有幾個可以比肩，故此這次之願意接受這個名譽學位，對港大來說，也是相得益彰，永留佳話。」
>
> 我們覺得此次港大授予錢先生以崇高的名譽學位，有其絕不尋常的意義，

89 參看《林仰山的中國早期考古活動》，頁22-23。

90 參看羅香林：〈林仰山教授與中國學術文化的關係（上）〉，頁5。

91 參看《八十憶雙親、師友雜憶合刊》，頁275。饒宗頤毫不諱言林仰山「送給錢穆一個法學博士，因為英國人給文學博士很難，法學博士容易。」（《饒宗頤學述》，頁41。）

92 參看〈中英文化交流的好現象——對錢穆先生獲授港大名譽學位的觀感〉，載《香港工商日報》，1955年6月29日，頁3。

表示了港大對中國權威學者的推崇，雖然這僅僅是一個名譽學位的授予，但其所起的實際作用，卻是以激勵世人對中國文化有所認識，無異使今後香港的學術文化園地，結起優美的果實來，使我們相信，本港學術文化的前途，必有良好的發展，我們也深信，這是對於中英文化溝通的一個良好的開始。[93]

書院上下引以為傲的歡欣喜氣洋溢校園肯定是不爭的事實，而錢穆更毫不諱言因獲頒學位「為當時大批避難來港人士中所未有」而深感自豪。[94]

錢穆早在一九三五年出版的力作《先秦諸子繫年考辨》是促成他備受林仰山刮目相看的媒介。[95]錢穆晚年回憶舊事時稱：

> 香港大學中文系新聘英國人林仰山為系主任。一日，偕及門柳存仁（1917-2009）來訪。柳存仁乃北大學生，抗戰時轉上海，曾在某雜誌連續撰寫北大人數篇，其中一篇專述余在北大授中國通史一課之情形，頗獲傳誦。余抗戰期中返上海，存仁偕余訪光華大學校長張壽鏞（1876-1945）。余來香港，存仁亦在港某中學任教。後在某次宴會中，有人當存仁面告余，某年舊曆元旦彼去存仁家拜年，存仁方杜門讀余《先秦諸子繫年》，乃其手鈔本，亦一奇也。……林仰山久居中國，曾在濟南齊魯大學任教。日軍來，拘入集中營。在拘禁中，亦讀余《先秦諸子繫年》。他日出其書相示，多處有批校，知其亦用心甚至。[96]

儘管錢穆從沒提及是否緣於此書備受林仰山重視而應允擔任東方文化研究院名譽研究員，此書在錢穆獲頒名譽博士學位的次年因林仰山主持的東方文化研究院推薦而獲哈佛燕京學社資助、迅即由香港大學出版社出版增定本卻是鐵般的事實。錢穆在該書標明一九五六年四月八日「識於香港九龍之新亞書院」的〈新版增定本識語〉稱：

> 自來香港，獲交英國友人林仰山教授，日軍陷大陸，彼適僑寓山東，任教齊魯大學，入集中營，披誦是書不輟。在港，主持港大東方文化研究院。談次，知余積年有增訂稿，而此書在大陸已絕版，海外亦少流布，乃商由哈佛燕京社斥資為鑄新版。二十年來叢碎所得，遂獲匯入原書，勒為定本。爰述緣起，兼誌謝意，並備詳增訂篇目，以告讀者。書末並增附本書引用書目索引一種，便尋

---

93 〈新亞研究所〉，載《新亞校刊》第7期，頁59-60。
94 《八十憶雙親、師友雜憶合刊》，頁275。
95 參看錢穆撰：《先秦諸子繫年考辨》（上海：商務印書館，1935）。
96 《八十憶雙親、師友雜憶合刊》，頁257-258。錢穆誤繫林仰山於「民國四十年（1951）之夏」，頁257，任中文系主任。

檢焉。[97]

　　林仰山在一九五六年五月一日以英文為此增定本撰寫的〈前言〉（Foreword）
除強調此書的學術價值、敘說自己在一九四二至四五年間被困上海戰俘集中營時細讀
此書的往事外，還解釋書名由原稱《先秦諸子繫年考辨》改為《先秦諸子繫年》的合
理緣由，充分顯示了他對是書的透徹認識。[98]
　　新亞書院自一九五四年五月起獲雅禮協會每年補助經費後，又得艾維促成美國福
特基金會撥款於農圃道建成新校舍。錢穆晚年的回憶為：

> 余初意擬在郊外覓地，屢出踏看。遇佳處，又因離市區遠，各教師往返不便。
> 而大批造教授宿舍，則財力有限，又妨學校之發展。最後乃決定在九龍農圃
> 道，由港政府撥地。建築事均交沈燕謀（1891-1974）一人主持。忽得港政府
> 通知，港督葛量洪不久即退休，在其離港前，盼能參加新亞校舍之奠基典禮。
> 遂提前於民國四十五年（1956）一月十七日舉行新校舍奠基典禮，而建築則
> 於四十五年暑假後落成。[99]

　　他能迅速獲得香港政府批地建立書院的新校舍，又獲港督葛量洪主動要求主持新
校舍的奠基典禮，實是他獲香港大學頒授名譽法學博士學位帶來的連鎖效應。從新校
舍奠基至《先秦諸子繫年》問世期間，他又有迎娶新亞舊生胡美琦的「新婚」大事。
他憶說：

> 婚禮在九龍亞皆老街更生俱樂部舉行，僅新亞同事眷屬共十餘人參加。時為民
> 國四十五年一月三十日。香港大學為余再版《先秦諸子繫年》，余親任校對，
> 積年有增訂稿數十處，尤需精思詳定，胥在新婚後書室中趕工完成，每達深
> 夜。惟每日傍晚則必兩人下樓同赴近宅田塍散步一小時。日以為常。[100]

　　這數事環環相扣，紛至沓來；而《先秦諸子繫年》的成功再版，出人意表地竟跟
他的「新婚」扯上關係，從而為學林添一美談。

---

[97] 錢穆撰：《先秦諸子繫年》（香港：香港大學出版社，1956），錢穆〈新版增定本識語〉，頁28。

[98] 參看F.S. Drake: "Foreword", in Ch'ien Mu : *Chronological Studies of the Pre-Ts'in Philosophers*. Hong Kong : Hong Kong University Press, 1956. No page number provided.

[99] 《八十憶雙親、師友雜憶合刊》，頁270。農圃道校舍奠基典禮及校舍建築概況，參看〈新亞書院在九龍農圃道興建宏大校舍〉，載《華僑日報》，1956年1月18日，第2張頁1；〈新亞書院在紅磡建新校舍〉，載《工商日報》，1956年1月18日，第5頁；李克林：〈新校舍建築側記〉，載《新亞校刊》第6期，頁56-57。

[100] 《八十憶雙親、師友雜憶合刊》，頁276-277。

錢穆在一九五六年後便不再擔任香港大學東方文化研究院的名譽研究員。[101]他在一九五六年一月十四日為香港大學中文學會作的公開學術演講自是饒具意義。《華僑日報》的報導為：

> 香港大學中文學會，昨（1月14日）下午三時，假港大一零五室舉行每月例行之學術講座，請新亞書院院長錢穆博士主持，題為「朱子之校勘學之研究」。到場聆聽者甚眾。港大中文系主任林仰山教授、由臺來港協助港大當局研究李鄭屋村古墓歷史之董作賓（1895-1963）教授、羅香林教授等，均有到場。此次到聽者，除年輕學子外，四十以上之中年及老年人亦不少，備見我國儒學在本港之被歡迎，並不為外國語文教育所影響。錢穆氏昨日之演詞長達一百餘分鐘，對朱子生平學術，講述甚詳，並多作徵引，認為校勘學為研究學問一重要功夫；蓋古籍流傳已久，輾轉傳遞，難免文字疏漏，且古書有各家藏本，而所載每不相同，為真為偽，端賴旁證考據，以定取捨。錢氏以《韓文考異》一書為例，指出杭州本、蜀本、閩本之異同，故單讀一書，並不十分可靠，應根據文理、意義、字義、而加以認清。錢氏謂韓愈文集，有印行本甚多種。王伯大（？-1253）本較普通，亦較完整；其他如朱文公校《昌黎先生集》，世綵堂本、東雅堂本等則甚多刪去。錢氏後又引〈送陸歙州詩序〉、〈平淮西碑〉、〈韓宏碑〉、〈赤藤杖歌〉諸文為例，闡述校勘學甚詳，至五時始散會。[102]

這是香港大學在一九四六年十月開始逐步恢復教學後，中文學會舉辦的第四次公開學術講座。此前三次講座分別為剛辭任中央研究院歷史語言研究所所長的香港大學東方文化研究院研究員董作賓於一九五五年九月二十九日主講「中國最古的文字」、香港大學中文系講師兼東方文化研究院研究員羅香林於同年十月二十八日主講「王韜在港與中國新文化運動之啟發關係」、新亞書院文史系主任兼圖書館館長牟潤孫於同年十一月二十五日主講「兩宋春秋學的主流」，然後才是擔任東方文化研究院名譽研究員的新亞書院校長、香港大學名譽法學博士錢穆登場。[103]錢穆此次演講的內容，稍後整理為〈朱子與校勘學〉一文，刊於哈佛燕京學社資助出版的《新亞學報》。[104]這無疑是林仰山為錢穆的東方文化研究院名譽研究員生涯畫上完美句號的細心安排。

---

[101] *University of Hong Kong Chinese and Oriental Studies : A survey of the years 1952-1964* 只列出錢穆在一九五三至一九五六年間出版的著述，足見一九五六年後他已不再是研究院的名譽研究員，pp.27-28。

[102] 〈在港大中文學會錢穆博士講學〉，載《華僑日報》，1956年1月15日，頁2。

[103] 參看秘書：〈中文學會會務報告〉，載伍錦仁主編：《香港大學中文學會會刊》1955-56年，（香港：香港大學中文學會，1956），頁7。

[104] 參看錢穆〈朱子與校勘學〉，載《新亞學報》1957年第2卷第2期，頁87-113。

六、一九五七年的登壇授課

　　錢穆在一九五三至一九五六年擔任香港大學東方文化研究院名譽研究員時，一直堅守「不任職，不授課、不受薪」的三不原則。[105]一九五七年五月二十一日正式成立的香港大學校外課程部（Department of Extra-Mural Studies）卻為他在香港大學登壇講學提供了「任職、授課、受薪」的難得機遇。一九六〇年擔任校外課程部署理主任的賴恬昌嘗稱：

> 校外課程部成立於一九五七年，其主要工作為延聘學者及專材推廣一切有關文化、科學、政治、經濟、史地、文學、語言等科目，俾各界人士，不論年齡、經歷、學歷，均得於公餘之暇，在適當之環境中，而進修焉。[106]

　　這獲香港大學校董會透過成立的部門，遂為社會上不少離校及在職人士提供了持續接受教育的便途，也為香港大學不同教學部門的教師營造了多方傳揚知識的門徑。[107]

　　一九五六年起已兼任文學院院長的林仰山，[108]把握校外課程部成立的良機，在一九五七年至一九六三年間先後策劃了六次各二十四講、含括先秦、秦漢、漢魏六朝、唐、宋、明清各時代的文化講座，供社會各界報讀。各講座的安排為：

科目	日期	講題	講者	上課地點
唐代文化[109]	1957年9月至1958年4月	歷史背景（六講）	羅香林	港大正校
		唐代學術思想（六講）	錢穆	
		唐詩（六講）	劉若愚	
		唐代美術及其與佛教、中亞、印度及日本之關係（六講）	林仰山	

---

[105] 《八十憶雙親、師友雜憶合刊》，頁258。

[106] 賴恬昌：〈緒言〉，香港大學校外課程部編：《香港大學校外課程部一九六〇─六一年度課程一覽》（香港：香港大學校外課程部，1960），頁3。

[107] 有關香港大學校外課程部的成立，參看Lawrence M. W. Chiu and Peter Cunich（eds.）：*HKU SPACE and Its Alumni : The First Fifty Years*（Hong Kong : Hong Kong University Press, 2008），pp. 55-86.

[108] 參看*University of Hong Kong : the first 50 years, 1911-1961*, p. 134.

[109] 參看香港大學校外課程部編：《一九五七─五八年度校外課程概要》（香港：香港大學校外課程部，1957），頁5。

科目	日期	講題	講者	上課地點
宋代文化講座[110]	1958年9月至1959年4月	宋元史（六講）	羅香林	港大正校
		宋元哲學（六講）	錢穆	
		宋元文學（六講）	劉若愚	
		宋元美術（六講）	林仰山	
明清文化講座[111]	1959年9月至1960年4月	明清史（六講）	林仰山、錢穆等。	第一講至第十二講在九龍窩打老道基督教大專學生公社。 第十三至第二十四講在香港大學校本部。
		明清哲學（六講）		
		明清文學（六講）		
		明清美術（六講）		
秦漢文化講座[112]	1960年9月至1961年4月	秦漢歷史（六講）	羅香林	歷史、文學、美術十八講在香港大學校本部。學術思想六講在九龍新亞書院。
		秦漢學術思想（六講）	錢穆	
		秦漢文學（六講）	饒宗頤	
		秦漢美術（六講）	林仰山	
漢魏六朝文化講座[113]	1961年9月至1962年4月	六朝歷史（六講）	羅香林	歷史、文學、美術十八講在香港大學校本部。學術思想六講在九龍新亞書院。
		六朝學術思想（六講）	錢穆	
		六朝文學（六講）	饒宗頤	
		六朝美術（六講）	林仰山	
先秦文化講座[114]	1962年9月至1963年4月	先秦歷史（六講）	羅香林	歷史、文學、藝術十八講在香港大學校本部。學術思想六講在九龍新亞書院。
		先秦學術思想（六講）	錢穆	
		先秦文學（六講）	饒宗頤	
		先秦藝術（六講）	林仰山	

　　林仰山因應各講者的學術專長，特意安排錢穆以時薪計酬的方式講授各時期的學術思想或哲學。他的新亞書院校長、甚或香港大學名譽法學博士的身分都成了相關課程介紹的著重點。講座開辦的首兩年，所有課節均被安排在香港大學校本部講授。錢穆在臺灣為新亞研究所招收的首位學生章群便是一九五七年冬錢穆在香港大學演講唐

---

110 參看香港大學校外課程部編：《一九五八—五九年度校外課程概要》（香港：香港大學校外課程部，1958），頁5。

111 參看香港大學校外課程部編：《一九五九—六〇年度校外課程概要》（香港：香港大學校外課程部，1959），頁7。

112 參看香港大學校外課程部編：《香港大學校外課程部一九六〇—六一年度課程一覽》（香港：香港大學校外課程部，1960），頁7。

113 參看 University of Hong Kong, Department of Extra-Mural Studies ed. *The University of Hong Kong, Extra-Mural Studies 1961-1962*（Hong Kong : University of Hong Kong, Department of Extra-Mural Studies, 1961），p.1.

114 參看 University of Hong Kong, Department of Extra-Mural Studies ed. *The University of Hong Kong, Extra-Mural Courses 1962-1963*（Hong Kong : University of Hong Kong, Department of Extra-Mural Studies, 1962），no page number provided.

代學術思想六周的隨行者與記錄者。[115]自賴際熙幼子賴恬昌於一九六〇年被委任為校外課程部的署理主任、接替該年一月辭職的原主任穆在盧（Gerald Moore）後，[116]他為免錢穆每次上課都備歷舟車勞頓的煎熬，在一九六〇年九月起特別將錢穆的授課地點安排在九龍的新亞書院。錢穆為這六次講座講授的各六講的講稿，目前已知共有三種存世，《錢賓四先生全集》編輯委員會將它們彙為《講堂遺錄》一書的第二部分。[117]該書的〈出版說明〉稱：

> 本書為錢賓四先生講堂記錄稿，全書由三部分組成。……第二部分為先生流亡香港時期，應香港大學校外課程部之邀請，所講一系列「中國學術思想史」中三時段之講稿，計為民國四十八年（1959）「明清學術思想」六講，五十年（1961）「秦漢學術思想」六講、五十一年（1962）「先秦學術思想」六講。此十八講因當年有人筆記交《新亞書院雙週刊》發表，故得留存。民國七十八年（1989），先生整理《新亞遺鐸》一書，一則以其書卷帙已鉅，再則此項講演與新亞書院亦無直接關係，故而未予收錄。今整編《全集》，即將此十八講收入本書。[118]

其實「秦漢學術思想」與「先秦學術思想」各六講的講授地點都在新亞書院，應可目為新亞書院歷史的一頁，只是編輯委員會未及注意或標示。「唐代學術思想」、「宋元哲學」與「六朝學術思想」的講稿目前是否隻字無存，相信有心人仍不妨心存冀望。這數次講座，自是奠下了香港大學中文系教師跟錢穆在校外課程教學上的合作。林仰山榮休後，繼任的香港大學中文系系主任羅香林便嘗組織了一次自一九六六年九月十六日起由錢穆、羅香林、李棪、王韶生主講的「中國文學講壇：唐代文學」。[119]可惜，隨著錢穆在一九六七年十月移居臺灣，相類的教學合作遂成絕響。

錢穆雖只以校外課程部兼任教師的身分登壇授課，可是隨著他在香港大學校園活動的時間遠較早前擔任東方文化研究院名譽研究員時增多不少，他確實為中文系師生帶來學術互動的良機。下述數事，頗可反映一、二概況：

（一）曾被錢穆聘請於一九五二年八月至一九五六年八月擔任新亞書院教授的饒宗頤，[120]除了參加林仰山倡議、東方文化研究院成員輪流主持的敘會，跟錢穆頗

---

[115] 參看《唐史》，〈自序〉，頁2。

[116] 參看《香港大學校外課程部一九六〇—六一年度課程一覽》，〈緒言〉，頁3；*HKU SPACE and Its Alumni : The First Fifty Years*, pp. 57-61。

[117] 參看錢穆撰：《講堂遺錄》，錄入《錢賓四先生全集》編輯委員會編：《錢賓四先生全集》，第52冊，（臺北：聯經出版事業公司，1998），頁93-254。

[118] 《講堂遺錄》，〈出版說明〉，頁1-2。

[119] 參看香港大學校外課程部編：《香港大學校外課程部一九六六—六七年度課程一覽》（香港：香港大學校外課程部，1966），頁29。

[120] 參看陳韓曦撰：《饒宗頤——東方文化坐標》（香港：香港中和出版有限公司，2016），頁106。

有交往外，[121]還樂於推薦學生向錢穆請益。一九五八年就讀中文系二年級的江
潤勳與陳煒良、陳炳良（1935-2017）昆仲便嘗經饒宗頤推薦為合撰的《賈誼
研究》一書向錢穆求序。[122]

（二）一九五九年夏天，中文系二年級學生趙令揚（1932-2019）、陳學霖（1938-
2011）、陳璋緣於饒宗頤的提示與羅香林的幫忙，得錢穆允許利用新亞研究所
圖書館藏有的全港唯一一套梁鴻志（1882-1946）影印本《明實錄》（原江蘇
國學圖書館藏嘉業堂傳抄本）輯錄有關明代東南亞的資料，從而編成《明實錄
中之東南亞史料》上、下兩冊。[123]這又是香港大學中文系學生受益於錢穆的另
一例證。

（三）林仰山出掌香港大學中文系後，除積極充實學士課程，吸引學生修讀外，
還自一九五六年起接受本系及其他大學畢業生申請攻讀高級學位（Higher
Degree）。自一九五九年迄一九六四年他退休時，獲中文系碩士學位者二十
一人、博士學位者一人。[124]這數目遠較日本侵占香港前大幅增加。[125]學識淵博

---

[121] 參看《饒宗頤學述》，頁41。

[122] 錢穆：〈陳江三君《賈誼研究》序〉，載錢穆撰：《素書樓餘瀋》，錄入《錢賓四先生全集》編輯委員會
編：《錢賓四先生全集》，第53冊，（臺北：聯經出版事業公司，1998），頁105-106。《錢賓四先生全
集》編輯委員會指此序「當作於民國四十八年左右」，頁106。今知該書已於1958年6月出版，參看江潤
勳、陳煒良、陳炳良合撰：《賈誼研究》，（香港：求精印務公司，1958年），而錢穆稱三生「袖出其
稿，乞余為之審定」，頁105，則該書當時尚未付梓。本此推測，則此序頗應撰於1958年6月該書付梓前。
今知該書書首只冠有林仰山的「Foreword」（不標頁碼）與饒宗頤的〈饒序〉，頁1-7。

[123] 有關饒宗頤提示與陳學霖等三人於1959年暑假在新亞研究所圖書館揮汗輯抄《明實錄》的情況，參看趙令
揚：〈近五十年香港地區的明史研究〉，載北京大學中國傳統文化研究中心編：《文化的饋贈·史學卷：
漢學研究國際會議論文集》（北京：北京大學出版社，2000），頁150。陳學霖在1998年撰寫的〈羅香林
教授對明朝與東南亞關係之研究（摘要）〉詳述個中始末，稱：「予於五十年代末肄業香港大學中文系，
從先師興亞羅香林教授研讀中國史，同窗有摯友趙令揚（現為港大中文系講座教授）、陳璋（曾任教馬來
亞大學中文系及港大校外課程部）、及陳福霖（曾任教美國邁亞美大學及香港教育學院）諸君。其時元一
師謀推動中國與南海關係之研究，籌劃編纂《中國文籍中之東南亞史籍匯篇》，嗣獲美國哈佛燕京學社補
助，因邀予與令揚及璋兄專司輯錄《明實錄》所載有關史料作為起步。師命難違，暑假遂每日渡海往新亞
書院圖書館披讀當時本港唯一度藏之影鈔本，越年成稿，但因畢業後各有專業事務，未遑整理，至1968年
始出版上冊，題名《明實錄中之東南亞史料》，元一師廁以長序，暢論明室對東南亞各國之交通及其關係
之演變，下冊遲至一九七六年始問世。」載馬楚堅、楊小燕主編：《羅香林教授與香港史學——逝世二十
週年紀念論文集》，香港：羅香林教授逝世二十週年學術研討會籌備委員會，2000年10月，頁102。該書
確延至1968年始出版上冊，參看趙令揚等編：《明實錄中之東南亞史料》（上冊）（香港：學津出版社，
1968）。

[124] 林仰山領導發展中文系學士學位課程的概況，參看羅香林：〈香港大學中文系之發展〉，頁231-238。林
仰山領導發展中文系高級學位課程的概況，參看羅香林：〈林仰山教授與中國學術文化的關係（下）〉，
載《大成》1975年第18期，頁10-11。

[125] 羅香林的〈香港大學中文系之發展〉列出中文繫於「一九三九年，有研究生薛澄清（1907-1960）一
人。……一九四一年，有文學碩士辜達一人。」（頁239）據葉國慶〈憶摯友薛澄清先生——五十年代的
歷史學家〉記述，薛澄清於一九二九年畢業於廈門大學歷史系，一九三二年修畢燕京大學研究院歷史部課
程後於廈門大學歷史系講授「史學方法」。他在一九三六年偕夫人施味真往漳州赴香港，隨許地山從事歷
史研究。一九三七年後，他應岳丈邀請，攜妻赴印尼，一九五七年七月始重回中國，參看中國人民政治協
商會議福建省詔安縣委員會編：《長泰文史資料》1987年第10輯，頁21-24。商務印書館於1940年出版他

的錢穆便曾在一九五九年與一九六〇年先後被邀擔任碩士研究生蘇曾懿與蘇宗仁的校外考試委員（External Examiner），專責審評他們遞交的論文。[126]

錢穆不單為中文系的學生帶來學術研究上的幫助與激勵，也為他指導的新亞研究所學生帶來受益的機會。自稱因錢穆三句話而改變一生，從公務員生涯走向學術界的章群，[127]自述他在新亞研究所的研習歷程，稱：

> 新亞研究所的同班同學，有余英時、何佑森等七人，英時不久去哈佛，我等六人，先生（錢穆）准許不用上課，與其後的須修學分、上課，情形不同。所以我們這一班可說是養成教育，完全自行研究。我在此兩年，完成了《唐史》兩冊（在臺時已與中華文化出版事業委員會訂約），此外並無畢業論文。先生說：有此兩冊，已足可當畢業論文。頗蒙稱許，至今不忘。[128]

他在《唐史》的〈自序〉聲明：

> 首冊蒙羅香林先生校閱一過，示我以得失，陋聞斯廣，因易舊稿。[129]

儘管他未有交代羅香林校閱書稿是否錢穆商請，他樂於更易舊稿，足見羅香林的建議與批評實際已發揮了論文評審的角色。該冊於一九五八年章群離開新亞研究所時，[130]已由臺灣中華文化出版事業委員會出版，[131]便是學術水準得到肯定的進一步認證。

錢穆為香港大學師生帶來的學術互動，令他日益願意投入香港大學的各式活動。一九六〇年時，他已為羅香林任主編、趙令揚任副主編的《香港大學歷史學會年刊》

翻譯的施列格（Gustaaf Schlegel,1840-1903）原著《天地會研究》時，許地山特為他撰序。根據他寫於一九三九年四月的〈譯者贅言〉，當時他身在香港，參看薛澄清〈譯者贅言〉，施列格撰、薛澄清譯：《天地會研究》（長沙：商務印書館，1940），頁2。羅香林以他於一九三九年時為香港大學中文系研究生，顯需核實。

[126] 參看單周堯主編：《香港大學中文學院歷史圖錄》（香港：香港大學中文學院，2007），頁101、104；楊永安主編：《足跡：香港大學中文學院九十年》（香港：中華書局香港有限公司，2017），頁85-86。

[127] 錢穆向章群說的三句話為：「你的兩篇文章我已看到」、「我現在那裡有錢」、「你跟我去念書」。參看章群：〈悼念錢師賓四〉，載章群撰、黃嫣梨編：《文情史德——章群雜文選輯》（缺出版社，1997），頁78。

[128] 章群：〈悼念錢師賓四〉，頁78-79。區志堅〈以人文主義之教育為宗旨，溝通世界中西文化：錢穆先生籌辦新亞教育事業的宏願及實踐〉一文列章群的碩士論文題目為「論唐開元前的政治集團」，載香港中文大學文學院編：《傳承與創新——香港中文大學文學院四十五週年校慶論文集》（香港：香港中文大學出版社，2009），頁128，或許需改從當事人的自述。

[129] 《唐史》，〈自序〉，頁2。

[130] 參看章群：〈悼念錢師賓四〉，頁79。

[131] 參看《唐史》，〈後記〉，末頁（不標頁碼）。

題署封面。[132]一九六一年香港大學慶祝創校五十週年時，他再為羅香林任主編的《香港大學歷史學會慶祝金禧年刊》題署封面；[133]並供稿〈王船山的孟子性善義闡釋〉予《香港大學五十週年紀念論文集》。[134]這都顯示了他的心繫香港大學。

七、結語

　　錢穆跟香港大學的關係從未獲垂青到甘受青睞、從拒任兼課到登壇授課，都跟原任職濟南齊魯大學、後移席香港大學中文系的林仰山息息相關。他們兩人雖非舊識，卻能在彼此相繼居停香港期間締結日趨密切的交情。錢穆早年的力作《先秦諸子繫年考辨》便是出人意表的媒介。錢穆甘受青睞擔任林仰山主辦的東方文化研究院名譽研究員，相信此書所起的作用絕不宜低估。林仰山樂意向香港大學推薦錢穆領受名譽法學博士學位，此書舉足輕重的角色肯定毋庸質疑。香港大學出版社願意在哈佛燕京學社贊助下為此書印行新版增定本，林仰山的籌劃與聯繫早已在序言反映一、二。新亞書院能獲英國在香港的殖民地政府輕易批撥農圃道校舍土地，又能成功跟崇基學院、聯合書院組成香港中文大學，[135]錢穆的香港大學名譽法學博士名銜相信幫助不少。如果耶魯大學頒發給錢穆的名譽博士學位深寓錦上添花的美意，則香港大學頒授給他的名譽法學博士學位便何止充溢雪中送炭的善心。這難怪饒宗頤認為林仰山「送給錢穆一個法學博士」，[136]而錢穆亦自認「港大贈余博士學位」。[137]他在移居臺灣後仍為林仰山退休後的香港大學中文系擔任各試卷校外考試委員，[138]便頗見飲水思源的真情。這全因錢穆深知他跟香港大學的因緣，實緣於他跟「英國友人」林仰山的因緣。[139]

---

[132] 參看《香港大學歷史學會年刊》1960年第1期。封面題署為「香港大學歷史學會年刊」、「錢穆題」。

[133] 參看《香港大學歷史學會年刊》1961年第2期。封面題署為「慶祝金禧特刊」、「中國與南海關係論文集」、「錢穆題」。

[134] 參看錢穆：〈王船山的孟子性善義闡釋〉，載香港大學中文系主編：《香港大學五十週年紀念論文集》，第2冊（香港：香港大學中文系，1961），頁1-20。

[135] 《八十憶雙親、師友雜憶合刊》，頁280-282。

[136] 《饒宗頤學述》，頁41。

[137] 《八十憶雙親、師友雜憶合刊》，頁259。

[138] 參看錢穆：〈致羅慷烈書五通（第一通）〉，載《素書樓餘瀋》，頁289-290。該函書於1969年5月24日。

[139] 錢穆曾連番稱林仰山為「英國友人」，參看《先秦諸子繫年》，錢穆〈新版增定本識語〉，頁28；錢穆：〈再論中國文化傳統中之士〉，頁228。

Chapter 36　The Re-adoption of Asianism in Postwar Hong Kong and Japan, 1945-57: A Comparison between Ch'ien Mu and Ōta Kōzō

School of Modern Languages & Cultures

University of Hong Kong

Lee Pui Tak

[A note to reader:This paper is reprinted from Journal of Northeast Asian History, Vol. 13, No.1 (Summer 2016), 55-76. Romanization is basically in the Pinyin system except for popular names which are originally in Wade-Giles and in Cantonese. My special thanks go to Dr. Rev. Eric Chong who organized the Shann Memorial Conference on China and Japan,1895-2015:History of Rivalry,War,Peace and Hostility,at St. John's College,University of Hong Kong,on 27 June 2015, where the author received valuable comments from the conference participants.]

Postwar Hong Kong and Japan

After the People's Republic of China was established in 1949, the political landscape in China, Hong Kong, and Taiwan changed drastically. Chinese politicians, capitalists and intellectuals who did not find themselves welcomed by the new socialist regime fled to Hong Kong. They usually stayed in Hong Kong for a while and then decided the next destination to move to.[1] The Korean War in 1950 further changed the political landscape of not only Hong Kong and China but also Asia as a whole. America replaced Japan as the only super power in Asia during wartime. A containment policy against communist China was launched by the

---

[1]　See Pui-Tak Lee, "Avoiding isolation by the revolution: K.P. Chen's dealings with Shanghai and Taipei" , 1948-1956. In Sherman Cochran（ed.）, *The Capitalist Dilemma in China's Communist Revolution*（Ithaca: Cornell University East Asia Program, 2014）, 45-64.

United States and its allies. Starting from Japan in the north and followed by South Korea, Taiwan, Hong Kong, the Philippines, and Singapore in the south, China was contained by these so-called fortresses of anti-communism.

After the end of the Second World War, Japan was put into the custody of the allied forces. Transformation into democratic government and war rehabilitation were listed as the major tasks of the allied forces. Japan's external connections with Asian countries, especially with the anti-communist satellites, were placed under the manipulation of the GHQ at Tokyo. Both Ch'ien Mu錢穆 (1895-1990) and Ōta Kōzō太田耕造 (1889-1981) debuted in this Cold War background of anti-communism, China containment, post-war rehabilitation, and reconstruction of the international order of Asia, with the dominance of the United States in Asia.[2]

In terms of personal education, career development, and views on Asia, there are both similarities and differences between Ch'ien and Ōta. However, this paper aims to discuss first what strategies Ch'ien and Ōta adopted in order to enable them to set up and promote a school in the name of Asia, and secondly how they dealt with the concept of Asianism by different approaches when they founded their respective educational institutions in the context of post-war Hong Kong and Japan.

---

[2] I was struck by the huge literature on how America exerted influences on Asian intellectual and educational development during the cold-war period. See Raymond B. Fosdick, *The Story of the Rockefeller Foundation* (New Brunswick, NJ: Transaction Publishers, 1989); Ellen Condliffe Lagemann, *The Politics of Knowledge: The Carnegie Corporation, Philanthropy, and Public Policy* (Middletown, CT: Wesleyan University Press, 1989); Noam Chomsky, ed., *The Cold War and the University: Toward an Intellectual History of the Postwar Years* (New York: New Press, 1997); Rebecca S. Lowen, *Creating the Cold War University: The Transformation of Stanford*□Berkeley: University of California Press, 1997); Chalmers Johnson, "The CIA and Me, " *Bulletin of Concerned Asian Scholars* 29-1 (1997); Bruce Cumings, "Boundary Displacement: Area Studies and International Studies during and after the Cold war, " *Bulletin of Concerned Asian Scholars* 29-1 (1997); Frances Saunders, *The Cultural Cold War: The CIA and the World of Arts and Letters* (New York: New Press, 2000); Han Tie 韓鐵, *The Ford Foundation and Chinese studies in America, 1950-1979* 福特基金會與美國的中國學 (1950-1979年 (Beijing: Zhongguo shehuikexue chubanshe, 2004); Soo Chun Lu, "The Asia Foundation and the Cold War in Southeast Asia" (Unpublished paper presented at Conference on Mao's China, Non-communist Asia, and the Global Setting, 1949-1976, University of Hong Kong, February 2012).

Ch'ien Mu's revival of Chinese culture in Hong Kong and the United States

1.The intrusion of the United States and financial aid from non-governmental organizations

Beginning from the outbreak of the Korean War in 1950, the United States had successfully extended its influence among Hong Kong's intelligentsia by setting up the following organizations through financial aid provided by the Asia Foundation:Asia Press, Asia News Agency, Asian Pictorial and Asia Film Co. The Asia Press published books for the right-wing writers who supported the Republic of China rather than the People's Republic. These organizations were operated by a Hong Kong Chinese named Zhang Guoxing 張國興, and his work was regarded as preeminent in the propaganda of anti-communism in Hong Kong.[3] Similar to the Asia Press was the Union Press 友聯出版社, which was established in April 1951. The publication of the journal Chinese Student Weekly 中國學生周報 was regarded as remarkable, and it was extremely popular among local high school and college students at the time. These cultural activities initiated by the Asia Foundation were referred to as 『U.S. Dollar Culture,' which prevailed in Hong Kong in the 1950s. The Asia Foundation began in 1951 as the Committee for Free Asia, which, according to the Congressional Research Service, was 「supported with covert indirect CIA funding. In 1967, the U.S. media revealed that the CIA was covertly funding a number of organizations, including The Asia Foundation. 」[4]

In the early of 1950s, all the U.S. consulates and the U.S. cultural or religious organizations in China retreated to Hong Kong.[5] There was also an influx of people from China who did not support the new communist regime, and many of these

---

[3] Yung Sai Shing 容世誠, Containment and integration: A preliminary study of the Asia Press and Asia Film Co. 圍堵頡頏 整合連橫: 亞洲出版社 亞洲影業公司初探, in The Cold War and Hong Kong cinema 冷戰與香港電影, ed. Lee Pui-tak and Wong Ain-ling（Hong Kong: Hong Kong Film Archive, 2009）, 125-144.

[4] See Kimberly Gould Ashizawa, "The Evolving Role of American Foundations in Japan: An Institutional Perspective", in Philanthropy and Reconciliation: Rebuilding Postwar U.S.-Japan Relations, ed. Yamamoto Tadashi, Iriye Akira and Iokibe Makoto（Tokyo and New York: Japan Center for International Exchange, 2006）, 116-122.

[5] Reuben Holden, Yale in China: The Mainland 1901-1951（New Haven: The Yale in China Association, 1964）, 264-268.

people were scholars and students.[6] Therefore, how to accommodate these people became an issue for the colonial government.

As it was claimed by Ch'ien himself, New Asia College was a 'school of refuge' 流亡學校. It was started as Asia College of Humanities and Commerce 亞洲文商學院 in October 1949 with the support of a Shanghainese merchant named Wang Yuefeng 王嶽峰 in Hong Kong. As Ch'ien recalled, financial hardship was the great challenge for him at the time. Monthly expenditures amounted to HK$4,600 but the college received only HK$2,000 as tuition fees paid by students.[7] Consequently, the college could hardly continue to operate even though the professors, including Ch'ien himself, volunteered to receive half salaries. In March 1950, the college was renamed New Asia College (the reason why Ch'ien adopted the name "New Asia" will be discussed in the next section).

The time when Ch'ien started the college in 1949 was also the time when the Yale-in-China Association retreated from China. The name "New Asia" denoted the revival of Chinese culture in a new Asia. This coincided with the aims of anti-communism towards which the Americans drove worldwide politics. The name of the college founder, Ch'ien Mu, was heard by Prof. Harry Rudin, the Association's representative, who was looking for a suitable institution to support in the early 1950s. Rudin was impressed by Ch'ien's advocacy of promotion of Chinese culture. Later the two persons came together and discussed possible assistance from the Association to the college.[8]

The negotiation between Ch'ien and Rudin ended with a sum of US$25,000 being paid to New Asia College. Nevertheless, the Association would send a representative (or so-called comptroller) to the college to monitor the use of the funds. It was not long after that the Yale-in-China Association, Asia Foundation, and Harvard-Yenching Institute committed to providing financial assistance to Ch'ien for constructing a new building for the college.

---

[6] The Aid Refugee Chinese Intellectuals, Inc. was set up in 1952 to help the intellectuals who fled from communist China to Hong Kong. As pointed out by Zhao Yina, during 1952-59, a total of 8,962 intellectuals and 5,653 of their dependents were helped to migrate to Taiwan, U.S., Southeast Asia and Europe. See Zhao Yina 趙綺娜, "The Cold War and the refugee assistance: A case study of Aid Refugee Chinese Intellectuals, 1952-59" 冷戰與難民援助：美國「援助中國知識人士協會」，1952-1959年. In *Euramerica: A Journal of European and American Studies* 歐美研究, Vol. 27, No. 2（1997）, 65-108.

[7] Ch'ien Mu, The objectives and introduction of New Asia College 新亞書院沿革旨趣與概況, in The historical tradition of New Asia College 新亞遺鐸（Taipei: Dadong tushu gongsi, 1989）, 12.

[8] Harry R. Rudin, "New Asia-Yale-in-China: The Beginning, " in *New Asia/Yale-China: The First 50 Years: Memories 1954-2004*（Hong Kong: New Asia College, Chinese University of Hong Kong, 2004）, 41.

As was highlighted by Rudin in 1953, reasons to support New Asia College were many, but the following were counted as important:firstly, there were not many local students able to receive a university education; secondly, Taiwan would not accept students from Hong Kong since it was a colony;[9] thirdly, many secondary school graduates were unable to gain an opportunity for higher education out of communist China; fourthly, influx of Chinese refugees created a burden for local tertiary education; fifthly, many schools in Hong Kong were run like businesses more than schools.[10]

From 1954 to June 1970, New Asia received more than HK$4.4 million from the Yale-in-China Association.[11] Other than financial aid, Yale-in-China also provided assistance to promote the exchange of talent between the two institutions. In order to attract more students from Asia to study Chinese in Hong Kong, a new program on Asian studies was launched for training more China specialists for non-Chinese university students especially from Southeast Asia. A scheme for New Asia College graduates was launched to support them to study in North American universities, including:Yale, McGill, Harvard, Columbia, Manitoba, Washington, South Illinois, Chicago, Oregon, Wisconsin and Minnesota.

2.Connection of Hong Kong with Japan after the end of the war

In order to resume the colonial rule of Hong Kong, the new military government did not prosecute Chinese wartime collaborators since many of them were elites of local society whom would be relied upon for rehabilitation.[12] This attracted quite a number of government officials, intellectuals and businessmen who had been associated with the Wang Jingwei 汪精衛regime, Manchuko 滿洲國 or Japanese organizations across Asia during wartime. They fled from the mainland and stayed in Hong Kong for a while before they decided where to move.[13]

Starting from August 1947, trade with Japan was resumed. Hong Kong people were forgetful about the military rule of Japan during wartime. In another sense,

---

[9] This policy was changed from the middle of the 1950s.

[10] Rudin, op. cit., 41.

[11] *New Asia/Yale-China*, 7.

[12] Lee Pui Tak, "The Eurasian in wartime Hong Kong: Case of Robert Kotewall" 戦時における香港の「欧亜混血児」——羅旭龢の変節問題を例として. In *Monthly Journal of Chinese Affairs* 中國研究月報, Vol. 66, No. 11（Tokyo: Institute for Chinese Affairs, 2012）, 38-47.

[13] The daughter of Wang Jingwei named Wang Wenxun 汪文洵even worked in the Hong Kong government for a long time. Thanks to Prof. So Wai Chor for bringing this to my attention.

Hong Kong became a pioneer welcoming Japan to rejoin the new Asia community. The outbreak of the Korean War in 1950 did not stop Hong Kong trade with Japan. The UN's embargo on China provoked more Hong Kong industrialists to open trade with Japan. The vanishing of the Chinese market because of the embargo accelerated the expansion of business connection between Japan and Hong Kong. It was not until 1954 that the Society of Free Asia 自由亞洲學會 was established with Han Yunjie 韓雲階and Yamaguchi Jūji 山口重次 as major co-ordinators. Since the Society was aimed at maintaining peace among Asian countries, it received the blessing of many prominent figures in Taiwan, including Hu Shi 胡適, Lin Yutang 林語堂, H.H. Kung 孔祥熙 and Yu Bin 於斌. It did not take a long time for the Society to expand, with more and more people joining such as Shimonaka Yasaburō 下中彌三郎(CEO of Heibonsha), Dong Xianguang 董顯光and Zhang Bojin 張伯謹(Chinese ambassador to Japan). It has to be noted that founding members of the Society such as Yamaguchi Jūji and Han Yunjie 韓雲階 had served in the Manchuko government during wartime. As well, Gu Mengyu 顧孟餘 had been the Minister of the Railway Ministry of Wang's regime.[14]

As a first step to promote the cultural friendship of Japan with Asian countries, the Society assisted Japan universities to recruit Asian students to study in Japan. Similar organization such as the Association of Oriental Culture and Education 東方文教協會 was established in Shenyang early in 1946. This Association aimed to promote Sino-Japanese friendship and cultural exchange among Asian countries. It appointed few persons as its adviser, including:Ogata Taketora 緒方竹虎(President of the Liberal Party), Kurihara Tadashi 栗原正(former Ambassador in Fuzhou and Tianjin), and Tsubogami Teiji坪上貞二(Ambassador to Vietnam). The Association assisted Waseda University 早稻田大學 and Daitō Bunka University 大東文化大學 to recruit students from Taiwan, Hong Kong, Philippines and other Southeast Asian countries.[15]

3.Ch'ien Mu and his advocacy of Asia

Ch'ien came to Hong Kong in 1949 when he was 55 years old. During his 17-year sojourn in Hong Kong, he completed the books "The Spirit of Chinese History"

---

[14] Telegraph sent by the Chinese Embassy in Tokyo to the Ministry of Foreign Affairs in Taipei, dated 9 June 1954, archives in Academia Historica, Taipei.

[15] Letter sent by the Ministry of Foreign Affairs in Taipei to Chinese Embassy in Tokyo, dated 28 April 1955, archives in Academia Historica, Taipei.

中國歷史精神 and "An Assessment of Chinese Historical Politics" 中國歷代政治得失. These two books were regarded as the two most important references for Chinese history in Hong Kong's university entrance examination. Ch'ien's intellectual activities in Hong Kong can be encapsulated in the three words 'reviving Chinese culture.' Obviously, his interest was in China rather than in Asia. As has been criticized in a recent publication on the history of the college during the Cold War, the curriculum for undergraduate education was focused mainly on China rather than on Asia.[16]

It is worth asking why Ch'ien chose Hong Kong and why the Hong Kong government accepted an exiled Chinese intellectual. This was due to the following reasons. Firstly, for Ch'ien Hong Kong represented a sanctuary without political interference from either the Communist Party on the mainland or the Nationalist Party in Taiwan. Many of Ch'ien's peers such as Tang Junyi 唐君毅, Mou Yunsun 牟潤孫, Yan Gengwang 嚴耕望, and Zhuo Shunsheng 左舜生 had all fled from the mainland. They came to Hong Kong and took advantage of Hong Kong as a British-protected colony that enabled them to continue their research and, more importantly, connect themselves with other Asian communities possessing Confucian thought such as South Korea, Japan, Taiwan, and Singapore. Secondly, for the Hong Kong government, reviving traditional Chinese culture had never been regarded as radical or a threat to British rule in Hong Kong when compared with the 'class struggle' or 'anti-imperialism' emphasized by the communists on the mainland.[17]

Ch'ien explained that he used the name 'New Asia' mainly because of the inferior status of Chinese intellectuals in the British colony of Hong Kong. He said:

> In the year of 1949, I came to Hong Kong because of political reasons. I took Hong Kong as a sanctuary since Hong Kong is a British colony. As I recalled, forty years ago, the social status of Chinese in Hong Kong was low. The atmosphere in Hong Kong as a British colony was so stressful to Chinese, especially to intellectuals. ……What a sojourner felt can hardly be described

---

[16] Zhou Ailing 周愛靈（translated by Luo Meihan 羅美嫻）, The diaspora: New Asia College in the colony during the Cold War 花果飄零——冷戰時期殖民地的新亞書院（Hong Kong: Commercial Press, 2010）, 57-62.

[17] On the background of the struggle between KMT and CCP in Hong Kong and how the Hong Kong government tried to control the two camps, see Steve Tsang, "Strategy for Survival: The Cold War and Hong Kong's Policy towards Kuomintang and Chinese Communist Activities in the 1950s, " *Journal of Imperial and Commonwealth History* 25-2（1997）, 294-317.

here. I dare not to ask for a "new Hong Kong" since I was a Chinese, and so I proposed to make a "new Asia" instead. During that time, I wished Britain would keep its hands off its colonies in Asia so as to let the Chinese in Hong Kong to breathe the air of freedom. Therefore, I made the college name 'New Asia,' assuming that we would soon have a bright future![18]

Nevertheless, the colonial setting of Hong Kong had both advantages and disadvantages for Ch'ien. On the one hand he took it as a sanctuary to revive Chinese cultural traditions, which were declining on the mainland. Ch'ien received an honorary doctorate from the University of Hong Kong in 1955 and Yale University in 1960. On the other hand, the position of Hong Kong as a place for the interchange of Eastern and Western culture enabled him to connect with 'Confucian' Chinese communities in Asia. However, Ch'ien did suffer a setback when the colonial government's administration established the Chinese University of Hong Kong (CUHK). Ch'ien did not get along with the university's federal authority. In January 1964, after New Asia College had become a member college of the Chinese University, he resigned as college president.[19] And in 1967, when Hong Kong was in turmoil because of local riots, Ch'ien decided to leave and remained in Taipei for the rest of his life.

Ōta Kozo and Asia University

1.The tradition of reviving Asia in prewar Japan

Ōta Kōzō was a lawyer by training. He graduated from the University of Tokyo in 1920. He joined the Nationalist Society 國本社 with his peer Hiranuma Ki'ichirō 平沼騏一郎 in 1924. In 1939, he was invited by Hiranuma to join his cabinet as Secretary to the Prime Minister, but the Hiranuma Cabinet lasted only eight months. Two years later, together with Kikuchi Takeo菊池武夫, Iwata Ainosuke岩田 愛之助,[20] Matsuo Chūjirō松尾忠二郎, and Fujiwara Shikeru藤原繁, the Association

---

[18] Ch'ien Mu's speech on the 40th anniversary of New Asia College, in *The historical tradition of New Asia College*, 682.

[19] Ch'ien confessed to having received financial assistance from the Hong Kong government. He complained the independence of his college was thus lost after joining the Chinese University. See *The historical tradition of New Asia College*, pp. 499-501. With regard to his split with Li Zhuomin 李卓敏, see ibid., 536-543.

[20] In 1933 Iwata joined the Association of Great Asia 大アジア協會.

for Reviving Asia 興亜協會 and the Academy for Reviving Asia 興亜専門學校 were established, and Ōta played a vital role in both. The Academy of Reviving Asia emphasized, firstly, the spirit of Shōkason-juku松下村塾established by Yoshida Shōin 吉田松蔭 in the late Edo period and, secondly, the promotion of Asian culture in order to reverse the way in which Japan had been too close to the West in the Meiji period. These two points later became the motto of Asia University, which Ōta reorganized after the war. The academy was aimed at training Japanese elite with expertise in Asia. The curriculum was composed of three main sections: Manchuria, Mongolia and China, Southeast Asia, and Japan. Courses in foreign languages such as Chinese, Burmese, Thai, Vietnamese, and Indonesian were offered. In 1941, when the academy had just been established, it had recruited a total of 207 students.[21]

In principle, the Association for Reviving Asia supported the Great East Asia Co-prosperity Sphere and the alliance with Manchuria, Mongolia, and China. Nevertheless, it was against communism. Graduates of the academy were sent to different Asian countries for promoting the spirit of 'self-help' 自助 and 'cooperation' 協力. In April 1945, Ōta joined the Suzuki Kantarō's 鈴木貫太郎 cabinet as Minister of Education, but the cabinet was suspended because of the end of the war. In sum, Ōta had occupied several important positions that enabled him to promote the revival of Asia.

2.The emergence of Asia University

After Japan surrendered in August 1945, Ōta became president of the Academy for Reviving Asia. He then renamed it Japan Academy of Economics 日本経済専門學校 and cancelled all subjects on Asia, for otherwise the academy would not be officially allowed to exiSt. However, in December 1945 he was forced by the GHQ to resign as he was accused of having served in a wartime cabinet. The suspicion of being a war criminal put him in prison for about two years. It was very similar to Ch'ien Mu's situation in founding New Asia College. The academy could easily be dissolved on account of its poor financial condition. In sum, the major challenge for Ota after the end of the war was to consolidate the forces for reviving Asia which he had started during the war. Thus, transforming the academy into an institution that would be tolerated by the GHQ was the immediate task for Ōta.

---

[21] The editorial committee of the history of the Ajia Gakuen 亜細亜學園史編纂委員會 ed., *Fifty Years of Ajia Gakuen* 亜細亜學園五十年史（Tokyo: Ajia Gakuen, 1992）, 3.

Fortunately, unlike Ch'ien Mu, Ōta had successfully sought the assistance of Tokyū Group in providing financial assistance to Asia University. During the years 1956-60, a total amount of 126 million yen was raised, and this facilitated the growth of the university. All the loans were repaid in 1969. However, in 1956, Ōta's position as chairman of Ajia Gakuen 亞細亞學園(the governing body of Asia University) was ceded to Gōto Keita五島慶太, who was currently the chairman of the Tokyū Group.[22]

It was not until May 1952 that Ōta resumed his presidency of the academy, which was reorganized as Japan College of Economics 日本経済短期大學. As has been stated by scholar Tam Yue-him, Ōta's ideology regarding Asia was inherited from famous Japanese Asianists such as Okakura Tenshin 岡倉天心, Nitobe Inazō 新渡戶稲造, Miyake Setsurei 三宅雪嶺, Shiga Shigetaka 志賀重昂, and Naitō Konan 內藤湖南, who emphasized the importance of Japanese national culture and 'Asia as one' 亞細亞一體化. It has to be mentioned that the above emphasis on Asia had been successfully carried over to the postwar Japan with the resistance of Western intrusion remaining unchanged.[23]

3.Asia-wide recognition of Asia University

In 1954, immediately before the Japan College of Economics was reorganized as Asia University, Ōta took over the responsibilities of Sagami Women's University 相模女子大學, whose board of directors had denied admission to a total of 96 students from Hong Kong.[24] Ōta saw it as an opportunity to develop Asia's international student programme. He immediately sought advice from the college council, and although he met with opposition, he insisted on setting up a Department of Chinese Students in order to accommodate this first group of foreign students in the postwar history of Japan. This was regarded as revolutionary since Japan was still closed to

---

[22] The small editorial committee of the anthology in commemoration of the fifty years anniversary of the Ajia Gakuen 亞細亞學園創立五十週年紀念學術論文集編纂小委員會 ed., *The thought and education of Ota Kōzō* 太田耕造の思想と教育（Tokyo: Ajia Gakuen, 1991）, 403-417; 471.

[23] See Tam Yue-him 譚汝謙, Mr. Ota Kōzō and Hong Kong-Japan cultural interactions after the end of the Second World War 太田耕造先生與戰後港日文化交流, in *Hong Kong and Japan: Growing Cultural and Economic Interactions, 1845-1987*, ed. Tam Yue-him（Hong Kong: Japan Society of Hong Kong, 1988）, 494-505. This stance is obviously different from Ch'ien Mu, who relied upon American assistance in founding New Asia College.

[24] The recruitment was organized by Peng Junyuan 彭君願, Han Yunjie 韓雲階, Han Wenpu 韓文溥, Gu Mengyu 顧孟餘 and Tong Guanxian 童冠賢, who had close relationships with Japan. See Fujiwara Shigeru藤原繁, The sudden problem of foreign students 突發した留學生問題, in *Fifty Years of Ajia Gakuen*, 190-191.

the recruitment of foreign students.[25] As noted by Tam Yue-him, these students were important for Asia University to survive since the number of student enrollments was tiny and its international recognition was zero when it was first opened in 1955.[26] Anyway, it attracted huge attention from the Japanese government, mass media, and overseas Chinese communities in Asia as an indication that from now on Japan was turning into a major power in Asia. According to Ōta, it was Asia University's ultimate aim to revive Asia by Asians. This was the meaning of the university's motto of 'elf-help' and 'cooperation.'[27] Without 'self-help,' Asian people could not be independent, and without independence Asian countries could not cooperate with each other. Therefore, the internationalization of Japanese education would be the first step in fulfilling this aim.[28] In a speech entitled 'Asia's New Horizon,' given by Ōta in October 1961, he furthered explained how 'self-help' and 'cooperation' had been important in the reconstruction of Asia in the postwar period when nationalism had been at its peak

Asia University was small when it was initially founded. It was not known particularly to Japanese young people who could not even pronounce its name properly (calling it 'Asaia' or 'Abosoa' University). However, Ōta never gave up. Indeed, he made a plan to target these young people. His goal was to make Asia University an international university that could help Japan understand Asia and finally go back to Asia. In 1973, the Asia Institute was established, providing a platform for conducting research on Asian humanities and social sciences. Courses offered on Asia were wide-ranging, including Oriental history, Oriental intellectual history, Chinese literature, Southeast Asian studies, Northeast Asian

---

25 It was said that these 96 students were selected from more than four hundred applicants who had applied for the 18-month program for Japanese language offered by Sagami Women's University. Each student paid HK$3,900 for tuition and accommodation. The university sent a Japanese professor named Takahashi Naotami 高橋尚民to handle the recruitment, but the students' admission was eventually refused by the university. See Chen Tsu-sheng, A Brief history of Asia University in Tokyo, Japan 日本東京亞細亞大學簡史, in *Bulletin of Tokyo Asia University Chinese Student Department 1954-1955 Hong Kong Alumni Association* 東京亞細亞大學中國留學生部第一屆香港同學會特刊（Hong Kong: The Association, 2002）, 18.

26 See Tam Yue-him譚汝謙, The theory and application of Ōta Kōzō's Asianism 太田耕造におけるアジア主義の論理と實踐, in *The thought and education of Ota Kōzō*, 198.

27 Ōta Kōzō, Self-help and cooperation: Speeches to the students of Ajia Gakuen 自助協力——亜細亜學園學生に與ふ（Tokyo: Ajia Daigaku and Nihon Tanki Keizai Daigaku, 1981）.

28 Ōta Kōzō, Asia's new horizon 站立在亞洲廣場上, in Tam Yue-him, *Hong Kong and Japan: Growing Cultural and economic Interactions, 1845-1987*, 506, and President Ōta Kōzō and Asia University 太田耕造學長與亞細亞大學, in *Bulletin of Tokyo Asia University Chinese Student Department 1954-1955 Hong Kong Alumni Association*, 52.

studies, general China studies, etc. Language programs for Arabic, Chinese, Hindi, Indonesian, Korean, and Mongolian were also arranged. During the 1960s and 1970s, Asia University successfully extended its connections with different universities in Asia by signing exchange agreements. These universities included New Asia College in Hong Kong(from 1963 became a member college of the CUHK), the University of Singapore, Nanyang University(Singapore), the University of Malaya, Yonsei University in the Republic of Korea, and Tamkang University in the Republic of China(Taiwan). Obviously, Asia University had successfully tapped foreign students from different parts of Asia.

Conclusion:Comparing Ch'ien Mu with Ōta Kōzō

In 1955 when Asia University had just been reorganized, Ch'ien Mu was sent on an official visit to Japan by the Educational Ministry of the Republic of China. During this visit he was most impressed by the Japanese way of modernization, mixing Eastern culture with Western culture. According to Ch'ien, Japan was modeled on the West but without diminishing its traditional culture. Ch'ien asked why China could not be like Japan in retaining its own culture.[29] In 1957, Ch'ien was invited to be one of the guardians 監護人 of the Chinese students at Asia University. In a piece of calligraphy written for the students, Ch'ien encouraged them to promote Sino-Japanese friendship, which would in turn help revive Eastern culture(including both Chinese and Japanese culture).[30]

In June 1958, the two institutions signed an agreement for exchanging students. It is interesting to note that Ōta Kōzō came to Taiwan to pay tribute to Jiang Jieshi 蔣介石 before signing the agreement in Hong Kong.[31] Obviously, he had to consider how the Republic of China government thought of Ch'ien and his founded college in Hong Kong. It has to be mentioned that when Ch'ien visited Japan in 1960, he emphasized the similarities between the stories of the founding of the two institutions. In fact, as shown in the table 1, they shared similar names,

---

[29] Ch'ien Mu, *The world situation and Chinese culture* 世界局勢與中國文化（Taipei: Lantai chubanshe, 2001）, 183-208.

[30] *Three years since coming to Japan* 來日三年（Tokyo: Asia University Chinese Student Department, 1957）; reprinted in Tam, *Hong Kong and Japan*, 349.

[31] *Fifty Years of Ajia Gakuen*, p. 240. It is worth to mention Jiang's strategy of using the Japanese military talents in wartime to recapture mainland China. See Nakamura Yuetsu, *Paidan: Taiwan gun wo tsukutta Nihonkun shōkōtachi* 白団-臺灣軍をつくった日本軍將校たち-（Tokyo: Fuyō Shobō, 1995）.

culture and species, the experience of hardship, and pattern of development. Ch'ien emphasized the importance of the common identity of being an Asian as well as a person of international outlook in the following statement:

> The names New Asia College and Asia University are meant to tell our young people that they are not just Japanese or Chinese; instead they are Asian and at the same time people of international outlook. Problematic issues between China and Japan cannot be solved unless the problem of Asia can first be settled.[32]

As has been discussed above, both Ch'ien and Ōta had a similar postwar background, they had to cope with the issues of war recovery and American dominance in the international order of Asia. These shed light on their activities in founding New Asia College and Asia University. Ch'ien stressed the importance of revival of Chinese culture so as to resist the influence being of communism. Ch'ien was able to 'ride' the Cold War in fulfilling his aim of reviving Chinese culture. Ch'ien's stress on Confucian thoughts was widely received by Asian countries such as Singapore, Hong Kong, Taiwan, Japan, and South Korea. It is worth mentioning that these countries were also the bases of the Anglo-American alliance in containing communist China.

To Ōta Kōzō, the defeat of Japan in the Second World War and its impoverished economic condition convinced him that Japan would no longer be counted as one of the Western powers. Instead, Japan had to go back to Asia.[33] Coincidentally, Ōta had similar views to Ch'ien in that he believed that the new international order of Asia could be constructed by Asian countries themselves, which could sideline Western countries such as the United States.

---

[32] Ch'ien's speech at Asia University, 20 January 1960, in *Xinya yiduo*, 270-276.
[33] Oguma Eiji, "The Postwar Intellectuals' View of 'Asia'," in *Pan-Asianism in Modern Japanese History: Colonialism, Regionalism and Border*, ed. Sven Saaler and J. Victor Koschmann (London and New York: Routledge, 2007), 201-212.

Table 1:Comparison between Ch'ien Mu and Ōta Kōzō

	Ch'ien Mu	Ōta Kōzō
Native origin	Wuxi, Jiangsu, 1895-1990	Fukushima, 1889-1981
Religion	Confucian	Christian
Careers	Scholar and educator(1949-67)	Lawyer, politician, educator (1954-81)
Slogan	Revival of Chinese culture	Revival of Asian tradition
Background	Civil war in mainland; KMT vs CCP struggle; and refugee status in Hong Kong	Postwar recovery; US occupation
Challenges	Colonial administration in Hong Kong; international recognition; financial assistance	War criminal persecution; reshuffling of international order in Asia; financial assistance
Political emphasis	Anti-communism	Anti-war; anti-communism
Advocate on Asia	Hong Kong as a showcase of 'New Asia,' as a mix of eastern and western culture	Replicating from pre-war Japan with a new emphasize on 'Asian' studies rather than 'China' studies
Founded school	Asia College of Humanities and Commerce → New Asia College → New Asia College (member college of Chinese University of Hong Kong)	Japan Academy of Economics → Japan College of Economics → Asia University
Financial support	Shanghainese merchant → Yale-in China and Asia Foundation	Tokyū Group
School spirit	Revival of Chinese culture	Self-help and co-operation

第三十七章　時與變──戰後香港的私專教育事業*

香港城市大學中文及歷史學系
陳學然

一、前言

　　1950年至1970年是香港私立中文專上院校（私專）發展的高峰期，這不僅是香港一隅政治氣候所構成，其實也是整個國際時局的政治產物。戰後東西方兩大陣營於冷戰局勢下，於軍備、意識形態等多方面展開激烈競爭，但又在高度緊張的關係下維持一定的平衡狀態，藉以防止發生大規模的軍事、政治衝突。冷戰的思想框架在香港體現為國共兩黨政府及其背後兩股不同的意識型態──以英美為代表的民主自由世界與中蘇為代表的共產主義之間的思想衝突、對峙。冷戰時期的香港是英美在亞洲的軍事情報及政治、經濟活動的中心，更是美國圍堵共產中國的前哨地。

　　戰後的世界時局轉變，直接改變了香港的社會環境；再隨著國共內戰後中國共產黨取得中國政權，大量人口南下而使香港在短時間內人口激增，為香港住屋交通、醫療衛生乃至人力資源及教育等等的社會服務帶來極大衝擊。大量流亡到港的國內高級知識群體與青年學生，他們為了生活與升學需求，直接催生了私專院校的誕生，改變了香港的教育生態。殖民地本來只有香港大學這所唯一的大學，它的教學語言以英文為主，每年規定只收取不足百人入學，絕大部分的南來青年要進入港大門檻是可望不可即的。私專遂成為安頓龐大青年的重要進修及安身之所。

　　在大批逃難來港的知識群體中，不少人或為承傳中國文化，或為延續昔日教育工作而紛紛聚集在一起興學施教。強烈的民族主義，令當時的南來者多多少少都苦苦堅持著他們保留中華文化血脈的使命。正如珠海書院創辦者、校監林翼中所說的：

> 中國固有文化已瀕於絕續之際，流亡外有志於教育之士，固應奮然興趣，致力
> 於文化之學術之發揚。以期挽國脈於不墜……所以報家國者，捨此亦無他途。[1]

---

* 本文是香港研究資助局撥款資助項目「香港私立專上院校發展探微：1950-1970年代」（計畫編號GRF-City University 11617116）的階段性研究成果。謹向該局致謝！
[1]　林翼中：〈珠海在成長中〉，《海嶠晚稞集》（臺北：林桂山，1977），頁165。

一時間，私專於香港浸然興起，為逃難到港的青年難民提供教育機會，私專因此也往往被辦學者如錢穆、唐君毅等等自詡為「流亡大學」，希望在國門外殖民地管治的中國人土地上為國養才、儲才，俾能在國民政府反攻大陸而重建國家時為國供才。由此可以初步看到，香港的私專發展與戰後獨特的冷戰思想框架與南來群體的歷史背景是息息相關的，不少本來已在國內擁有大學教席的學者，因應國內政權易幟問題而相繼離開故土，來港後續操故業。由他們創辦的私專院校，實際上也延續著辦學者在大陸內地的文教事業與時代意識，預示著中國國內的政治問題與文化教育模式在香港的延續與發展，同時它們在延續這些固有文教思想觀念而在異域求存，必須面對新變局帶給他們人生事業的各種挑戰而不得不因時制宜、隨時而變。

基本上，生活在香港這個英國殖民地上，南來者面對的辦學環境、教育法規是他們陌生的一套。他們既欲安身於此，對殖民地的教育法規縱然有多麼不滿，最後也還得盡量與之配合而不至於公開批判。南來者中享負盛名的歷史學家錢穆，在談及興辦新亞書院時便不諱言指出自己因不能安身於國內而流亡於香港，但在這個英國殖民地上，中國人的地位——特別是知識分子，在遭受殖民者的深深壓迫下地位是很低的。故他在辦教育時「不敢暴露中國人身分的心情來要求一個『新香港』」，於是便有用「新亞洲」之名來為新辦教育機構命名的構想。他如此決定的原因，據其言就是希望英國人能夠本其對亞洲殖民地採取較開放的姿態，對流亡在港的中國人待以較為自由的態度，同時寄望他們這群人在港能「有一個稍微光明的事業」。[2]

當然，要適應環境轉變帶來的各種挑戰的，不只是私專辦學者，還有管理香港文教政策的英國殖民地政府，他們該如何對待體制外突然林立之大批私專帶來的高等教育問題，也是當時治港者的時代問題；而這也足以讓我們多一面視窗來認識戰後香港的教育史與社會史。

二、私專的建立與資源

（一）南來學人與私專的建立

1949年國共政權易幟，大批不認同共產黨政權者南移香港。香港人口空前激增，由1949年約70萬，至1950年末一躍而升至206萬人，1956年更高達253萬人[3]。隨著大量人口激增，教育需求自然大增。南來知識分子中，不少是飽學之士，居港後更因「國破家亡」、「亡國亡天下」之感和身處殖民地邊緣位置的離散（Diaspora）心

---

2   錢穆：〈新亞四十週年紀念祝辭〉，《新亞遺鐸》（臺北：東大圖書，1989），頁950。

3   *Hong Kong Annual Report 1950*，（General Post Office），p.19；*Hong Kong Annual Report 1956*，（General Post Office），p.31.

境，促使他們亟亟於興學施教，藉文教事業承傳中國文化血脈和宣揚國族意識。由是，私專於1949年便紛紛成立。[4]在逾三十所非技藝訓練的專上院校裡，比較著名的便有錢穆、唐君毅等創辦的新亞書院（1949年），陳濟棠、林翼中創辦的珠海書院（1949）。余者還有廣大書院（1949）、香江書院（1949）、崇基書院（1951）、光夏書院（1949）、華僑書院（1949）、文化書院（1949）、廣僑書院（1952）、廣大書院（1950）（後四校與平正會計專科學校（1937）於1956年合併成聯合書院）、香港浸會書院（1956）等等。

　　半個世紀以來的私專史是香港教育史重要一環，為香港培育出數以十萬計的莘莘學子和知識分子，其貢獻是毋需質疑的。目前有關私專院校發展的研究，可以說是林林總總，不一而足。有的是類似於校史的形式，對私專的前世今生作了不少介紹，讓我們了解到它們從創立、沿革乃至在今天發展的情況；[5]有的是以個案形式而將私專院校放在一個特定的時局與環境下進行研究——諸如冷戰時代背景下美國基金會對於私專的援助與介入，[6]又或者是從星加坡、馬來西亞與香港的不同區域社會政治氛圍下的比較視域下展開研究；[7]有的是專門比較私專在學制、師資、辦學目的等方面與公立大學異同的研究，並由此觸及私專萎縮成因的問題；[8]也有一些是專以個別私專創辦者為中心、但同時也對他們開創的人生事業進行深入的研究；[9]除此，也有一些博士論文以個別院校為研究對象，於它們在1950-1970年的收生、營運作了不少值得參考的考察。[10]

　　一些以香港教育史為主題的著作也有觸及私專發展的內容，它們運用大量歷史材料，以宏觀角度按年期順序將香港由開埠至今的香港教育發展史列述出來，並注意到華人與英國政府辦學存在的一些爭議。其中由戰後到1980年代的專上教育一節，概括

4　除了本文所說的私專外，冷戰時期的香港還有三類官方成立的公立專上院校以及遲至1963年成立的香港中文大學。第一類是殖民地第一所官方大學香港大學，為香港社會提供師資培訓的師範學院，為香港社會提供專門工藝技術訓練的工業學院。有關研究可見羅慧燕：〈論香港教師教育的發展與殖民管治〉，《教育學報》2014年第42卷第2期，頁51-72。Bernard Hung-kay Luk, Angel Lin, Choi Po-king, Wong Ping-man, "Education Reforms and Social Mobility: Rethinking the History of Hong Kong Education", Hong Kong Mobile: Making a Global Population (Hong Kong University Press, 2009), pp.293-325.

5　吳倫霓霞：《邁進中的大學：香港中文大學三十年，1963-1993》（香港：香港中文大學出版社，1993）；周佳榮、黃文江、麥勁生：《香港浸會大學六十年發展史》（香港：三聯書店，2016）。

6　周愛靈著，羅美嫻譯：《花果飄零：冷戰時期殖民地的新亞書院》（香港：商務印書館，2010），頁76-111。張楊：〈亞洲基金會：香港中文大學創建背後的美國推手〉，《當代中國史研究》2015年第22卷第2期，頁91-102。

7　Wong Ting-Hong, "Comparing State Hegemonies: Chinese University in Postwar Singapore and Hong Kong", British Journal of Sociology of Education, 26:6（2005），pp. 199-218.

8　區榮光：〈香港私專院校歷史發展述評〉，《民辦教育研究》2005年第3期，頁80-85；陳篤彬、吳端陽：〈港澳私專院校的發展歷程及其特點〉，《高等教育研究》2005年第26卷第10期，頁89-94。

9　區志堅：〈以人文主義之教育為宗旨、溝通中西文化：錢穆先生籌辦新亞教育事業的宏願及實踐〉，王宏志、梁元生、羅炳良編：《中國文化的傳承與開拓：香港中文大學四十週年校慶國際研討會論文集》（香港：香港中文大學出版社，2009），頁85-180。

10　周正偉：《香港專上僑校的發展及式微》（香港：珠海書院文史研究所博士論文，1997）

描述了高等教育的發展狀況，如對錢穆及吳俊升的辦學理念、對中大創辦經過及其轉制風波等等均有所探討。[11]另有一些學者以編年體講述香港教育發展史，以比較政治性的筆調，運用一些政府檔案闡述當時專上教育的發展經過，不過對私專院校本身的著墨則不太多。[12]它們不約而同地集中於現有公立大專院校的發展，對私立院校的發展史，在研究品質上顯得不太足夠，未足以反映私專在上世紀大半個世紀的變局下如何為十餘萬居港青年提供高等教育機會的貢獻。

1949年無疑是香港教育的重要分水嶺，私專的創立衝擊了香港一直以來以英文學校為主體的教育領域。1949大批學人如錢穆、唐君毅、張丕介、牟宗三、左舜生、羅香林、徐復觀、牟潤孫、梁寒操、羅夢冊、吳俊升、唐惜分、王淑陶、陳炳權等等，他們在1949年要麼將原有的大學架構轉移至港——如珠海書院、廣大書院；要麼就是新辦一所學院——如新亞書院、香江書院。究查私專之辦學者和任教的教職員，有些是國共內戰前後已位據粵省政要津之人。例如珠海書院校監林翼中（1946年曾任廣東省參議會議長）、校長江茂森、教授李璜、左舜生，乃至德明書院及香江書院創辦人陳樹桓（其父陳濟棠為有南天王之稱、曾掌政廣東8年的國民黨軍政要人）、陳樹渠（陳濟棠之侄），他們在國內均薄有名氣。新亞書院創辦者錢穆、唐君毅，雖沒有軍政背景，但他們都有明顯的反共及親臺灣的政治取態，而他們在1949年的中國大陸學界享有一定的學術聲譽。這些興學施教者加上一批於相約時間從國內撤離到港的國際文教機構，他們在港籌建、資助私專，在香港延續他們在國內的文教事業，並且把他們的政治、文化關懷帶進香港境域。

南來者離鄉別井，雖然都有大致相近的反共產政權而親國民政府的政治立場與思想趨向，但他們本身並非縉紳巨富，除了少部分具有軍政背景的人外，大多都只是一群有志於教育的知識分子。正如光夏書院創辦人王裕凱所說的，他們熱衷於興學施校，目的就是為了保存中國文化。[13]但是，在缺少辦校經費的情況下，師生的學習生活無疑是十分受限。在欠缺校園空間下，師生基本上沒有校園生活，課堂結束之後大家便匆匆離校，沒有文創康樂設施或社交生活環境。

不難看見，1950年代香港湧現不少私專院校，雖為香港社會提供專上教育，幫助香港殖民地政府解決了一些青年人的升學或教育問題。但是，港府反過來並沒有肯定私專的教育貢獻，沒有認可私專的辦學資歷。這些院校的資歷或畢業生的學術資格獲得臺灣或美國、日本等海外大學認可，如華僑工商學院、廣僑書院的畢業生可以繼續在美國紐約、加州、密西根等地大學升學，[14]但私專畢業生資歷偏偏不獲英國和港府

---

[11] 方駿、熊賢君：《香港教育通史》（香港：齡記出版有限公司，2008）；方駿、熊賢君：《香港教育史》（長沙：湖南人民出版社，2010）。

[12] 林齊、張浚：《香港：歷史變遷中的教育》（北京：中國人民大學出版社，1997）；Anthony Sweeting, *Education in Hong Kong, 1941 to 2001*,(Hong Kong University Press,2004).

[13] 王裕凱：〈發刊詞〉，《光夏學報》，1954年。

[14] 〈華僑工商學院設獎學金〉，《華僑日報》，1952年9月3日。〈廣僑書院學生可直升美大學〉，《華僑日報》，1953年2月3日。

承認，導致他們的學歷與中學畢業生無異，嚴重局限了他們在港的就業競爭力。[15]港府當時仍然貫徹其英國殖民地傳統，認為一個殖民地上只能容許一所公立大學；教育司官員巡查完新亞書院後，勒令新亞必須將門口的「大學部」牌匾卸載。對於私專冠以大學或學院之名悉所反對，只能用書院一名冠之。政府在一段長時間裡，都是無所作為，用錢穆的話說就是：「港政府既不禁止，亦不補助」。[16]這一切限制，使私專在發展路途上遭受了不少困難與挑戰。

私專辦學者如何苦苦經營的窘態，錢穆以下一段經歷與自述表露無遺。在既無港府資助而同時又難以在港覓得捐資者的情況下，深陷財困的新亞上下只促請錢穆遠赴臺北籌款。但數月下來，錢穆款項既未籌得，臨返港前竟因一場演講而差點因為講堂建築泥石下崩而幾至喪命。這一遭遇，讓身兼新亞董事暨圖書館館長的沈燕謀快快不樂，斥責臺灣當局承諾資助新亞之言徒然流於口惠，質疑當局對於復興國本之教育亦只作敷衍之辭。他在《日記》中一邊盛讚錢穆為發展教育事「抱道懷貞」、「艱苦卓絕」之餘，同時也為他「棲棲遑遑，勞精敝神，於籌集校費，奔走說法，而幾至喪其生也」深感慨嘆。[17]

沈燕謀《日記》所載新亞初創之艱困，文辭雅潔而情節細緻，對於重新認識私專創立時面對的世變時局及其資源限制有值得參考之處：

> 新亞書院之成立，以王嶽峰贊助之力為多，然所賃桂林街之民房，逼仄殊甚，一切因陋就簡，學校必要之設備，無可言者，來學之士，大都不習大陸新政而流亡於斯地者，一身之外，鮮有常物，入學費用，籌措維艱……院中常支，恆苦不繼。前年錢先生渡海乞援，用力至勤，所得實寡，歷年以來，院固無日不在風雨飄搖之中也。[18]

目前，我們所看到的私專院校資料或數目，因年代久遠而資料散失，一些規模較小或者是經營不善而很快倒閉、同時又沒有向港府登記的院校更可謂是不計其數，故我們所知道的院校數目或辦學模式，遠遠不能反映當時候如雨後春筍般湧現的各種形形色色的院校情況。目前，我們談及的私專，它們得以發展甚或存留至今，很大程度上是它們辦校時已由具備一定的政治背景或崇高學術名聲的人士所創辦，這使他們的教育事業在起步上比一般人的高出一線，並且較能吸引到一些在港美國情治機構轄下基金會或非政府組織提供經濟援助。

就資助私專發展的國際組織而言，除了美國官方機構香港美國新聞處（United

---

15 〈港府對私立專上院校的態度——敬覆盧先生〉，《華僑日報》1968年4月22日。

16 錢穆：〈新亞書院（續二）〉，《八十憶雙親、師友雜憶合刊》（臺北：東大圖書公司，1983），頁275。

17 沈燕謀著、朱少璋主編：《沈燕謀日記節鈔及其他》（香港：中華書局，2020），頁78。（1952年4月15日記）

18 同上註。（1954年3月31日記）

States Information Service-Hong Kong）外，還有與美國情治機構中央情報局相關的非政府組織美國亞洲協會（Asia Society）、美國亞洲基金會（The Asia Foundation）、自由之家（Freedom House）。此外，給予私專援助的美國國際機構還有美國哈佛燕京學社（Harvard-Yenching Institute）、美國雅禮協會（Yale-China Association）、洛克菲勒基金會（Rockefeller Foundation）、美國福特基金會（Ford Foundation）、美國嶺南基金會（Lingnan Foundation）；受美國亞洲基金會資助、由國民黨人運作的香港孟氏基金會（Mencius Foundation）與上述眾基金會一樣，成為私專院校經濟艱困之際伸出了援手。[19]

在這些基金會中，孟氏基金會在推動香港中文專上院校青年學生教育事務上貢獻尤巨。該會設有圖書館，曾一度成為香港、九龍「僅有之中文公眾圖書館，擁有中文書籍七萬冊」，而使用人數每年達十三萬三千人。該會還為大專生提供宿舍、出版教科書、專題演講、辯論會及放映教育電影等等的文創、康樂及福利活動。[20] 於1950年代任圖書館館長的唐惜分及譚維漢，均有國民政府工作與國民黨背景的教育家，同時也先後出任崇基、聯合等私專教席，[21]唐惜分更曾出任珠海書院校長。孟氏基金會下設的圖書館，成為了當時南來學人及流亡青年學生最常聚會、交流與碰面的半開放公共空間與文教平臺。唐君毅在1950年代初的《日記》中，便常常出現他在孟氏圖書館開會、閱書的記載；而新亞舉辦的師生活動，孟氏圖書館亦有職員相隨同樂。[22]

上述那些在港機構中，諸如亞洲基金會、亞洲協會等都是在冷戰局勢下受命駐港開展環球圍堵共產主義擴散的工作。另外一些基金會，如雅禮協會在港展開的工作則純粹是欲能延續它們在內地經營多年的宣教、慈善事工。美國雅禮協會早於1905年便於湖南長沙開展宗教、慈善及教育活動，曾先後建立護理學院、醫學院及華中大學。1949年後，這些非政府組織撤離中國而退至香港，一方面靜待時機重回大陸，一方面也在港尋覓合作夥伴或資助機構，延續他們的宣教使命以及教育事工。一些具政府背景的組織如亞洲協會、亞洲基金會乃至美國駐港機構美國新聞處，在1950年代也在金錢、人力及物資上援助上述私專院校發展。

新亞書院是其中一所獲得上述數家機構資助的院校。自1954年開始，新亞開始接受這些基金會的資助。錢穆曾有一文專門記述新亞受助的情況，足以讓我們看見新亞如何受益於國際援助爾後方有進展的故事：

---

[19] 有關上述基金會如何援助私專的記述，可見錢穆及余英時的憶述。錢穆：〈新亞書院（續一）〉，《八十憶雙親‧師友雜憶》，頁266-267。余英時：〈香港與新亞書院〉，《余英時回憶錄》（臺北：允晨文化，2018），頁124-149。

[20] 修：〈孟氏圖書館太過擠迫　希望各方捐贈新址〉，《工商晚報》，1959年5月20日。

[21] 〈孟氏圖書館八月分起　亞洲協會將不再津貼〉，《香港工商日報》，1964年6月28日。

[22] 朱少璋編：《沈燕謀日記節鈔及其他》，頁169。（1955年2月10日記）

新亞書院創始於一九四九年秋季，本是一所流亡學校，在極端艱苦中成立，自一九五四年，獲美國雅禮協款，又得亞洲基金會及哈佛燕京社補助，學校規模，迭有進展。[23]

晚年錢穆在述及新亞因獲得資助而新亞得以續辦下去時，言語間也流露出一絲絲欣慰之情：「新亞既得雅禮方面協助其常年費，又為代募建築一新校舍，繼之續獲哈佛燕京社協助研究所費用，一時困難解決。」[24]新亞不但高舉「保存中華文化」旗幟，同時又鮮明反共以及持守「遏制共產主義」擴散的立場，故其既切合非政府組織延續它們未撤離大陸前的文教理想，等待政局稍靖便重回大陸繼續宣教事工；同時，它也符合美國情治機構圍堵中共的冷戰策略，這也就使新亞因而獲得了亞洲協會、亞洲基金會等具政府背景的機構資助。[25]

不過，雖然有不少基金會願意資助院校發展，但對於絕大多數私專而言，相關的援助還是極為有限的；一般的私專要獲得它們青睞也不是容易的事。私專只能在營辦得有一定的績效或影響力的基礎上，方能吸引外來援助而支撐下去。在一眾私專中，上述提及的新亞以及聯合、崇基等三所書院是最幸運的了；當中尤以崇基獲各方資助最多。它除了為由英國、美國、加拿大的基督教組織資助籌建外，還獲得了港府給予免費的辦校地點與免除利息的建校貸款。

一些辦校不具規模的私專就很難吸引基金會資助了，這便出現所謂「貧者愈貧，富者愈富」的結果。美國亞洲基金會及孟氏基金會在1957年，宣佈撤銷沒有加入聯合書院之珠海、香江及廣大之教育津貼與學生獎學金。相關基金會的負責人曾經解釋說，基金會認為本港院校應團結起來以求長期的發展，但礙於目前許多小型的院校參差不齊，彼此又缺乏合作之故，孟氏基金會今後只會資助聯合、崇基和新亞三所院校云云。[26]由此觀之，基金會資助與否，本有它們自身的在地政情計慮與籌措方針。

（二）私專的資源：學生、設施、課程

錢清廉博士，曾任職於香港教育司署，更於1950年代初期躋身為港府中文專上院校的教育顧問，他自1962年起獲陳樹渠聘任為香江學院的副院長，為該校展開「發

23 錢穆：〈雅禮和新亞雙方合作三年來之回顧與前瞻〉，《錢賓四全集第50冊・新亞遺鐸》（臺北：聯經出版事業公司，1957），頁113。

24 錢穆：〈新亞書院（續二）〉，《八十憶雙親、師友雜憶合刊》，頁275；參區志堅：〈以人文主義之教育為宗旨、溝通中西文化：錢穆先生籌辦新亞教育事業的宏願及實踐〉，頁85-180。

25 張楊：〈亞洲基金會：香港中文大學創建背後的美國推手〉，《當代中國史研究》2015年第22卷第2期，頁91-102。周愛靈著，羅美嫻譯：《花果飄零：冷戰時期殖民地的新亞書院》（香港：商務印書館，2010），頁76-111。

26 〈亞洲基金會有所解釋撤銷三間院校的補助〉，《華僑日報》，1957年2月18日。

展第二期」的工作藍圖，致力於「提高學生素養」。[27]錢清廉早於1957年呈交香港政府的《香港私立中文專上院校報告》（Report on Hong Kong Private Chinese Post-secondary Institutions），縱觀1950年以來香港各中文私專院發展的概況，並選定十所較具規模的院校分析它們的財政資源、師生組成、課程設計以及各種教學素養與設施不足等等的局限，是港府第一份官方對私專的調查報告。

　　錢清廉在報告中針對各私專院校設施嚴重不足時指出，作為一所高等院校，理想的話是需要有宿舍的，也需要附設有圖書館、閱覽室、文康娛樂設施或籌建學生會等等以於促進學生的相互交流、相互合作與共同成長。[28]但是，港府給予崇基書院以外的其他私專的資助，是十分有選擇性和有局限的。崇基書院初辦之際，不但可以借用其基督教團體裡的中學與教堂上課，並能在首年辦學便成功向各方張羅籌措逾七萬四千港元，在設備上縱然簡陋亦可有寄身之所與資源可供發展。[29]更重要的是，這所由西方基督教會團體創辦的院校，因代港府訓練師資而於1954年獲得與港府貸款百萬興建校舍，展開龐大的發展計畫。[30]但是，在中大成立前的十多年裡，其他私專並沒有獲得港府的任何辦學經費。各書院的營辦經費主要都是由難民知識分子（refugee intellectuals）自已四處募捐。

　　不難想像，眾基金會捐助私專的款項始終是有限的。資源不足下首當其衝的，莫過於私專教師的薪資極其微薄而難以維持生計的問題，他們往往要靠稿費來維持生活的開支。歸根到底，這些院校因過於親臺或反共，難以得到欲維持左右兩翼政治平衡的港府在財政上的資助，教員薪資比不上資助院校，[31]部分甚至比中學教員還要低。譬如說，崇基書院（$1500-$400）及聯合書院（$1200-$600）的全職教師薪資遠比珠海書院（$800-$540）高。[32]以下是1950年代中期各私專院校的教師工資分佈：

學校	全職教師	兼職教師	全職教師月薪	每月課程費用（按一禮拜一課計）
崇基書院	19	40	$1500-$400	$100
新亞書院	8	25	$1000	$60
珠海書院	15	39	$800-$540	$30
H.K. Arts&Business Night School	/	/	/	/
香江書院	5	26	$1000-$700	$30

27　〈香江學院發展過程簡表〉，《香江教育》（香港：香江學院教育學會，1964），頁35。

28　"Report on Hong Kong Private Chinese Post-secondary Institutions", in Hong Kong Miscellaneous paper 1946-1957, For Sir Christopher Cox's Information, 24 May 1957 CO 1045/73.

29　傅元國：〈院長就職講辭〉，鄧仕樑主編：《崇德日新五十年：崇基演講集》（香港：香港中文大學崇基學院，2001），頁76-77。

30　〈崇基學院龐大發展計畫〉，《香港工商日報》，1954年4月4日。

31　"Report on Hong Kong Private Chinese Post-secondary Institutions", in Hong Kong Miscellaneous paper 1946-1957, For Sir Christopher Cox's Information, 24 May 1957 CO 1045/73.

32　同上註。

學校	全職教師	兼職教師	全職教師月薪	每月課程費用 （按一禮拜一課計）
浸會書院	3	20	$1200	$80
聯合書院	27	57	$1200-$600	$45
廣東夜校	3	31	$800-$700	$25

錢清廉的報告指出，為數十家私專院校，全職教師只有80名，但兼職教師則計有238名；有些私專共23名教師中只有3名全職教師，有些則是34名教師中只有3名是全職的。[33] 兼職教師過多而全職教師過少的問題，也嚴重影響了私專的發展，更加窒礙了學生的學習生活。由於低微的薪酬，本身已享有名譽且具有優良學術資格的教師，都抱怨生活得形同苦役。錢清廉的報告也總結了以下四類私專學生的來源：

> 第一類：為文化及相關目的而繼續於人文通識教育深造者；第二類：計畫在香港從商或從事社會服務的人；第三類：欲於私立中文學校尋求教席的人；第四類：少數希望將前往英國、美國或其他國家升讀研究生教育的學生。[34]

私專學生的人數在1950年代裡是逐年增長的，反映了專上教育極為殷切的一面。1955年7月，合資格就讀私專的學生共有1645名，1956年3月達至2000名，而在同年12月即已增長到2457，而同年也是新成立的浸會及聯合書院的首屆招生之年。以下二表是當時主要的日校及夜校學生入讀的分佈圖：

日校	註冊就讀						
	一年級	二年級	三年級	四年級	男性	女性	總計
崇基書院	119	138	70	37	223	141	364
新亞書院	83	77	36	38	167	67	234
珠海書院	124	38	0	0	122	40	162
香江書院	42	33	26	24	76	49	125
浸會書院	119	0	0	0	78	41	119
聯合書院	61	0	0	0	37	24	61
總計	538	286	132	99	703	362	1065

---

[33] "Report on Hong Kong Private Chinese Post-secondary Institutions", in Hong Kong Miscellaneous paper 1946-1957, For Sir Christopher Cox's Information, CO 1045/73.

[34] 同上註。

夜校	註冊就讀						
	一年級	二年級	三年級	四年級	男性	女性	總計
聯合書院（夜校）	223	161	159	104	492	155	647
珠海夜校	85	71	91	87	144	90	334
廣東夜校	82	72	60	58	209	63	272
香江書院夜校部	42	33	27	23	75	50	125
總計	432	337	337	272	1020	358	1378

　　除了上述共計2443名大學生之外，還有14名主修中國文學、歷史和哲學專業的研究生。這群學生絕大部分人都是來自中國各地的難民，當中尤以粵籍學生為主。他們的年齡層分野很大，由17歲至40歲不等，其中不少都是超齡學生，他們大多在日間工作而於夜間進修。各所院校的收生標準不一，多數都要求入學者擁有高中畢業證書或同等資格學歷、並透過書院入學試的學生才獲准入學。入學者的資歷與學術水準參差不齊。有的院校新生具備高中生水準，有些院校的則只有普通中學生的水準。根據錢清廉報告所指：「在大多數情況下，專上書院的入學標準均要遠低於戰前一流的中國大學。」[35]

　　戰後香港專上教育在一群帶有政治傾向和學術信仰的人在憂思故國的情況下興起。這種特別的時代心境讓當時的私專無不開辦文、史、哲學科，用以宣揚民族國家意識。除了在一種強國救國目標下，私專似乎也致力於適應香港社會環境所需，試圖在文、商兩大類學科外開辦工程學科甚至海洋學研究的科目。以德明書院為例，它開設的科目計有中國語言文學、英國語言文學、社會教育、新聞、史地、藝術、家政、音樂、經濟、工商管理、會計銀行、土木工程、建築工程、電機工程、數理、機械工程、海洋學系等17學系及先修班。[36]遠東書院於1959年改制，增辦日校，設文史、新聞、社會教育、經濟、會計銀行等五學系。[37]根據1950至1970年代間較重要或較著名的私專課程觀之，當中的課程設計算得上是很多元化。諸如社會教育系、外國語文系、經濟系、會計銀行系、商業管理系、土木工程系、機械工程系、海洋系是當時不少院校鑒於現實社會所需而開設的科系。[38]此外，我們也可以從港府的報告中看見1950年代中期十所較為聞名和具規模的日、夜私專院校為學生提供的課程與修讀學生分佈情況：

---

[35] "Report on Hong Kong Private Chinese Post-secondary Institutions", in Hong Kong Miscellaneous paper 1946-1957, For Sir Christopher Cox's Information, CO 1045/73.

[36] 〈德明書院取錄各級新生名單〉，《華僑日報》，1961年8月13日。

[37] 〈遠東書院畢業　黎嘉潮勉各生〉，《華僑日報》，1961年8月14日。

[38] 〈港臺大專學校簡介〉，《大學生活》1956年第2卷第3期，頁57-58。

	課程（或院系）	就讀人數
1	外語	462
2	經濟學	351
3	社會教育	262
4	社會學	187
5	土木工程學	170
6	中國歷史	157
7	中國文學	137
8	商業行政（或商業管理）	108
9	會計與銀行	81
10	經濟與商業行政	76
11	化學	74
12	機械工程學	57
13	會計	53
14	哲學與社會教育	47
15	新聞學	46
16	數學	37
17	中國文學與歷史	25
18	商業	31
19	物理	23
20	科學和數學	22
21	海洋學	13
22	銀行	12
23	宗教教育及社會學	10
24	歷史與地理	8
25	數學與物理	8
總計		2457（包括大學生和研究生）

　　以單一的專科或院系觀之，排在最受歡迎的前五名的是較偏向實用的，其中尤以專教英語的「外語」學系／課程最受歡迎，其次是經濟學；此一供求結果反映了香港作為商埠或轉口港的殖民地社會人力需求與就業情況。不過，如果以學科領域分野觀之，則修讀人文學科的學生占多，高達781名，緊隨其後的是有712名學生修讀的經濟與商業課程，依次是569名社會研究的學生和404名修讀純科學的學生。為這大批學生提供課程的院校、院系數量與課程數目、教學時間，如下：

日校	院系數目	本年度科目數目	每週教學時間
崇基書院	8	96	349
新亞書院	5	52	166

日校	院系數目	本年度科目數目	每週教學時間
珠海日校	10	47	156
浸會書院	5	12	106
聯合書院	8	13	44
香江書院	4	57	152
聯合書院夜校	8	151	342
珠海夜校	10	50	175
廣東夜校	6	57	80
香江書院夜校部	5	57	152

　　基本上，這些私專採取的教學模式都是「大課講座式」（Lectures）的單向傳授。在教學語言方面，除了新亞書院選取國語教育外，其餘院校在外文課程以外均主要採用廣東話作為教學語言，表明了南來香港而融入在地生活環境的姿態。惟新亞辦校，堅持選用國語為教學語言，與其執著於用民國紀元的正統教育理念若合符節，同時也與其教學人員絕大部分來自華北或華中一帶的南來者居多有關；當然，這一切又與辦學者堅持採用國語以彰示國家認同、身分文化意識想想相關。

　　新亞教務長唐君毅在該校二十多年來的大大小小節慶或各種典禮演講中，都闡揚新亞建校的目的在於培養文化的種子，為中國的文化復興及建國而奮鬥，進而「再造中華，使中國之人文世界，花繁葉茂於當今世界」。[39]於唐君毅或部分南來者眼中，「香港在文化意義上亦實在沒有什麼可說」，故曉諭學生要以「做一堂堂正正的中國人」為訓。[40]當然，當新亞辦校時日漸久、逃亡學生日少而「廣東籍同學亦空前的增多」的時候，新亞維持國語教學的理想難免受到學生的質疑與抱怨。[41]

　　由於私專主要由中國大學的人員建立並面向難民學生，所以這些書院遵循戰前中國大學的課程設置，甚至被認為是採用了不適合自身規模的大型大學教學模式。因此書院開設了大量科目，表面上看起來是十分多元化和科目齊備，但除了外文、商科之外的許多科目都只有很少人修讀。各個書院的課程設置，彼此之間也欠缺協調。錢清廉的調查報告書指出，這些書院可以透過課程重整，從而更有效地使用有限的資源，避免當前過多重複的課程設置。他認為一所書院的某些課程，如放在另一所具有專門設備的書院開設，結果將會是更具優勢。最具代表性的例子就是，多間書院都同時開設了許多經濟課程，但不見得這些書院都具備開設的條件。因此，院校之間彼此應該要有所協調，避免因為缺乏規劃而不斷地相互重複。如果在課程設置有理想一點的協調，私專院校的課程便會更貼近香港社會在專業、技術和文化上的需求。[42]

---

[39] 唐君毅：〈花果飄零及靈根自植〉，《唐君毅全集第13卷‧中華人文與當今世界（上冊）》，頁51。

[40] 唐君毅：〈一個堂堂正正的中國人〉，《唐君毅全集第16卷‧新亞精神與人文教育》，頁65。

[41] 唐君毅：〈國慶、校慶、月會——在新亞第十二次月會上的講詞〉，《唐君毅全集第16卷‧新亞精神與人文教育》，頁53。

[42] "Report on Hong Kong Private Chinese Post-secondary Institutions", in Hong Kong Miscellaneous paper

曾任教於聯合書院的流行小說兼戲劇作家任穎輝，他對於1958年的私專院校的不足有如下六點觀察：

第一，校舍與設備嚴重不足：「香港私立大專院校，自建有完善校舍的，實在無幾，即已有自建校舍的，距大學設備標準相差還很遠。」

第二，學校行政欠缺專業及完善的管治制度：「學校成為個人私產，或為極少數人把持。」

第三，學生在量與質的問題上參差不齊、缺乏學習情緒，更有不少院校沒有適當教材，教學方式被動和刻板。

第四，私專院校大多只設文商兩院而缺乏理工醫科的教學模式，難圓每年四千名以上高中畢業生升學之夢。

第五，缺乏為學生提供生活與就業上的指導，學生難有能力面對複雜的社會環境，導致學無所用以及遭受失業的心理打擊。

第六，進行課程改革以適應目前社會所需，不能墨守繩法、一成不變。[43]

然而，面對私專叢生不絕的問題，時人大都可以信手拈來。但對於港府的不資助、不承認，而外來支援也不容易獲得的情況下，再加上各私專之間彼此又處於教學市場的相互競爭態勢下，如沒有特別背景或名師宿儒的私專，實在是很難持久營辦去下。

當然，不少私專都由具政治背景或學術聲望的人士主辦，大家的政治立場與辦學宗旨亦不完全一致，要彼此衷誠合作亦不是一蹴可就之事。新亞校長錢穆、聯合校長蔣法賢及崇基校長凌道揚數人於1957年1月成立「香港中文專上學校協會」，[44]本欲以聯絡各私專以加強彼此協作關係，並由此形成一種向政府爭取資助及合法權益的壓力團體，但最後只有三家發起院校作為會員，未能爭取另一所較具規模的珠海書院加盟。不過，雖然如此，正是在這個協會的積極爭取和推動下，最後促了中文專上院校統一文憑試，更成為中文大學得以成立的先聲。[45]

從逾三十家私專院校，到只有十家的名字能夠出現在港府高等教育報告裡，既反映了私專有如雨後春筍般湧現的現象，但同時也深刻說明瞭私專教育素質如何參差不齊的現象。

1946-1957, For Sir Christopher Cox's Information, CO 1045/73.

[43] 任穎輝：〈香港大專院校應如何改造？〉，聯大教育編輯委員會：《聯大教育-創刊號》（香港：聯合書院社會教育學會編印，1958），頁5。

[44] 〈與中文大學有密切關係的中文專上學校協會簡介〉，《華僑日報》，1959年8月31日。

[45] 〈最後一屆中文專上院校統一文憑昨日頒發典禮：輔政司戴斯德致詞，對中文專上學校協會之工作成就備致嘉許〉，《華僑日報》，1963年11月22日。

三、香港文教政策與港府的政治顧忌

（一）對文教領域國共勢力的警惕

　　1949年以來急劇增加的人口中，不少具有特殊背景的政治難民，根據一份有關調景嶺難民的報告，單是帶有清晰國民黨背景的調景嶺難民營，青年學生數目便已約有4000人。[46]錢穆亦曾在回憶文章中指出，不少新亞書院的學生來自調景嶺難民營。[47]人口劇增及結構轉變，對於試圖在國共鬥爭之間尋找平衡點和中立位置的港府而言，是不易處理之事。一方面，英、美政府既聯手對付共產國家，在對待臺灣國民黨政府的態度上固然異於對待中共政府；然而，出於香港管治權的考慮，英國乃至港府均不得不審慎面對只有一河之隔的大陸政府和在港左翼勢力。港府也需終日面對中共收回香港的威脅，同時也須防範左翼反帝國主義及反殖民主義的排外民族主義泛濫危機，因此不希望親臺勢力在港擴大以激化左右兩翼衝突引發的管治難題。

　　的確，戰後的香港社會十分複雜，英國對華治港政策和中國政府對香港的態度都是多變的：不論是臺灣國府，還是中共政府，他們都曾經透過資助專上教育爭奪香港青年的認同。相對於關閉親共院校的雷霆手法，又或者是相對於中小學層面鉅細無遺的行政操控，包括透過修訂教科書以進行去政治化、去國族化的教育政策，[48]港府對於反共或親臺的私專院校其實顯得相對地寬容。嚴格來說，私專是反共勢力搖籃；不同年期、不同院校的私專校刊均可見到不少由師生、校長撰寫的宣揚反共復國、忠於國家、忠於三民主義的右派民族主義論調，其挑釁北京政府的政治危險性或對香港教育權的衝擊，對港府官員而言也絕不能掉以輕心。雖然臺灣與英美同屬民主自由國家，但如果港府過於寬鬆對待親臺私專，則不但招致左派不滿，更甚者是過大的親臺勢力也會衝擊港府的自身管治威信。[49]對於親大陸的私專，它們宣傳的共產主義與英國宣揚的民主思想價值有違，港府必然對它們打壓有加，防止共產主義在香港教育領域上擴散。但是，鑒於英國是率先承認中共擁有中國合法政權的西方民主國家，故港府還需顧及英國政府與中共在國家層面的外交關係。在這情況下，港府對待左右兩翼的南來者辦學態度或私專的政治取態，便變得十分微妙了。

　　在國共雙方勢力相互競逐下，教育事業無疑是意識型態塑成或思想爭奪的重要戰

---

[46] 陳勃、謝振中、謝美卿等著：《香港調景嶺難民營調查報告》（香港：香港大專社會問題研究社，1960），頁38-39。

[47] 錢穆：〈新亞書院〉，《八十憶雙親、師友雜憶》，頁250。

[48] 羅永生：〈香港的殖民主義（去）政治與文化冷戰〉，《臺灣社會研究季刊》2007年第67期，頁270-271。

[49] 1956年發生了雙十暴動，港府為了壓抑國民黨政治勢力，遂於第二年的雙十國慶日管制慶祝活動。譬如港府以「治安」為由要求新亞書院延遲一天慶祝雙十節。見錢穆：《新亞遺鐸》（臺北：聯經出版事業股份有限公司，1998），頁139-140。1960年，教育司又以「非政治化」為由禁止新亞書院懸掛「青天白日滿地紅」旗的傳統。見江關生：《中共在香港（下卷）》，頁79-80。

場。於港府而言，在新時期下如何處理帶有明顯親國民黨背景的辦學者提出的辦學訴求一直是個具挑戰的新課題，又或者是如何制定有助遏止左翼思潮或反帝國主義和殖民主義的教育政策，這些都逼使港府作出每個決定時小心翼翼地前思後想。這種心境反映於教育工作上，構成了務必謹慎對待乃至按政治傾向以嚴加操控的行事方針。如果有任何私專觸動政府高層敏感的神經，就會予以干涉甚至強行勒令關閉。除了於國共內戰結束後強行關閉達德學院外，由陳君葆、馬鑑等學者任校監的南方書院便不能倖免，[50] 終於1951年被無故關閉（《文匯報》對此十分關注，在1951年3月至5月間共有逾50篇相關報導）。1950年，左翼辦學團體或人士因應中共取得全國政權而紛紛北還，而親國民黨或反共人士則此消彼長地在港擴散。

再舉例來說，對在港左翼文教機構造成重大威脅的，便是1953年由港督頒布的《教育條例》報告，這可以讓人看到港府十分在意左右兩翼政治勢力的在港文教工作，並透過修訂法例收緊他們的在港活動。[51] 有關條例將教師分為「註冊教師」與「暫準教師」兩類，凡英聯邦大學畢業生或1949年前便已在港註冊的教師方能成為「註冊教師」。在這情況下，1949年後大批湧港的南來學人如要在港重執教鞭便只能出任暫準教師。暫準教師每換一校，均需重新註冊，同時須由認識三年以上的知名人士擔保，大大限制了教師的人身與言論自由。值得注意的是，只要遇上政治風波，即使是1949年前便已註冊的左派教師，但也會被港府以各種藉口要求重新註冊。但在註冊時的實際操作中，該教師會因為並非畢業於英聯邦的大學而失去「註冊教師」資格而淪為暫準教師；那麼，左派在香港教育領域活動與發展便受到強力壓制。[52]

相對而言，臺灣畢竟是英美民主同盟，而私專院校又多受美國援助。故在1950年代裡所受到的打壓並不多。這點尤其是可以從私專學生在校方組織下、紛紛前往臺灣「回國觀光團」的活動中看到。一批一批的香港學生，在僑務委員會的安排組織下，在冷戰時期紛紛前往臺灣進行社會建設考察、各種文教及政治的參觀活動與學習。[53]

1953年8月，珠海書院便組織了學生「回國旅行團」，他們一行16人在8月18日上午獲得晉謁蔣介石，而臺灣當局對該團愛國熱誠也特別表示了嘉許。[54] 又，珠海書院於1956年也舉辦了兩場「回國觀光團」，活動節目包括了在臺北拜會各機關部門和首長、參觀陸空實彈演習等，學生盛情讚揚了國民黨在臺灣推動的民主政治和土改運動。[55] 另一場的「回國觀光團」，獲安排參觀了「中國青年反共救國團」的國防體育表演，也參觀了陸空軍實彈演習以及觀看海軍官校的作戰計畫示範。期間，他們也獲

50 陳君葆、謝榮滾主編：《陳君葆日記全集‧卷三》（香港：商務印書館，2004），頁73-85。
51 "Education Ordinance Hong Kong", CO 1023/109.
52 吳康民、方銳敏：《吳康民口述歷史：香港政治與愛國教育1947-2011》（香港：三聯書店，2011），頁56-75。
53 〈華僑工商學院組旅行團赴臺觀光〉，《香港工商日報》，1953年8月20日。
54 佚名：〈夏威夷僑團昨抵臺灣觀光 蔣總統勉珠海學生努力學習反共抗俄〉，《華僑日報》，1953年8月19日。
55 蔣寧熙：〈我從自由祖國回來〉，《珠海校刊》1957年第5期，頁7-8。

得僑委會鄭委員長彥棻設宴款待，並會見了臺灣教育部長張其昀等。[56]類似的「回國觀光團」在1950至1960年代此起彼落，是華僑、廣大、珠海、遠東、聯合、崇基、新亞以及浸會等各書院學生的年中重點活動。這些清晰反映了私專在政治上的歸屬情狀。

香江書院的校徽設計，也精心反映出它的政治立場。梅花圖案配以三角形金字塔，是要鮮明宣揚該校的教育宗旨：「充分表現我們所辦的是『民主自由的高等教育』，是『救國的高等教育』。」[57]聯合書院刊物《聯大教育》刊載了國民黨統籌海外事務工作的僑務委員會委員長鄭彥棻的文章：

> 為鞏固當前華僑文教事業，便須提高華僑反共意識，加強華僑團結，發揮華僑力量，以根絕共匪摧毀人類生存互助之階級鬥爭謬論，並粉碎其殘害華僑青年之陰謀，同時並應運用外交關係與發動國民外交，與有關國家取得同情與合作，以增進華僑文教事業之日益鞏固。[58]

國民黨背景的孟氏基金會，其主要成員又往往有任教私專的資歷。如譚維漢、唐惜分、黃麟書、凌道揚等人既躋身孟氏基金會的管理層，出任其圖書館管理委員會理事長或館長，同時又先後任教於廣僑、新亞、崇基、珠海或聯合書院。由陳維周及陳樹渠創辦的香江書院，則同時在中華民國教育部及香港登記辦學。由此觀之，由於香港畢竟是歐美強國圍堵亞洲共產政權的橋頭堡，[59]這使到港府整體上對親臺院校或相關主事者的處理手段異於左派院校。對於親臺勢力，對港府來說雖然相對地危機感沒那麼大，但也不是毫不干涉的。蓋於冷戰期間的港府，被親臺及親共勢力乃至美國反共戰略包圍，扮演中立者的角色是當時的基本治港方針，如表現得太親近臺灣就會被北京抨擊製造「兩個中國」的陰謀，同樣也會助長國民黨操控香港專上教育的勢力。因此，港府奉持的準則只能是維持政治中立，方可避免左右兩翼出現的激烈爭鬥。[60]

職是之故，南來辦私專的親臺人士，他們雖然在言論及辦學上相對地擁有一些自由，但還是受到港府的規管和監視的。譬如新亞欲聘請國民政府前教育部次長吳俊升由美國赴港任職，則曾一度遭港府中人留難，港府中人「頗懼大陸忽提抗議」。[61]當

---

[56] 湯群業：〈寶島紀遊〉，《珠海校刊》1957年第2卷第1期，頁17-22。

[57] 凌子棻：〈香江校徽指示我們進德修業的途徑——這是凌博士一九六四年度的新生訓練的講詞〉，《香江》，第三期，（香港：香江教育學會，1964），頁3。

[58] 鄭彥棻：〈當前僑教方針與任務〉，《聯大教育‧創刊號》，頁4。

[59] Mark Chi-kwan, *Hong Kong and the Cold War: Anglo-American relations 1949-1957*,（New York: Oxford University Press,2004），p.30-39.

[60] Steve Tsang, Strategy for survival: the cold war and Hong Kong's policy towards Kuomintang and Chinese Communist activities in the 1950s, *The Journal of Imperial and Commonwealth History*, 25(2), (1997), p.311.

[61] 錢穆：《八十憶雙親‧師友雜憶》，頁283。

1959年接受港府收編而成為資助專上院校後，港府便多番介入新亞的課程設計，希望它減少通識的文史科目而多為港府培養教師人才，同時也要多些在課程中加入實用的工藝課，例如木板畫、紡織、彩繪玻璃、石雕和木雕工藝等等。[62]同年，新亞被突然勒令降下中華民國國旗，而校慶也由雙十國慶改為9月28日的孔子誕辰紀念日，這一切都是為了避免將要加入政府機制的新亞盡量去政治化，使之避免因為過度的政治傾向而引發大陸的非議。因為如此，港府對於私專辦學者或南來的學術領袖，也不多不少地予以一些監視。

錢穆自述他居港後首次赴臺返港時，即被教育司派人邀往面談，指出有人向政府告密，指錢穆是次離港是去了廣州而非臺北，錢穆需示以臺北返港之出入境證明。錢穆自謂此種被港府查問之事「不勝枚舉」，在港私專辦學者的行蹤如何受到港府監控，於此或可略見一斑。[63]

（二）一所用以收編私專的新大學的成立

過去在各殖民地行之經年的一個殖民地只容許一所大學的政策，於1951年便受到香港社會人士的質疑。當時有不少聲音要求擴充專上教育或增設多一間大學，時任港督葛量洪（Sir Alexander Grantham）就此成立一個以香港大學校董賈士域（John Keswick）為主席的委員會進行研究。1952年，《賈士域報告書》（Keswick Committee's Report）出爐，否定成立新大學的議案，只建議在香港大學增加中文課程。但這一建議在港大反對下作罷。但問題是，隨著移民不斷大舉湧入，如不理會青年一代的升學需求，不但會為社會帶來管治危機，而學生也很可能轉而在國共政治鼓舞下或到內地或到臺灣升學。由於私專資源十分有限，無法容納所有立志升學的中學畢業生；而私專一般學費也較為昂貴，普通家庭也實在難以負擔，但本地兩所公立大學學額則又極為有限，這便驅使部分學生只能選擇轉赴大陸或臺灣繼續求學。[64]

兩岸政府於1950年代適時啟動青年學生的爭奪戰，為有志求學者提供十分優厚的僑生政策。[65]港府十分關注左右兩翼的港生爭奪戰，根據1958一份警方的報告指出，臺灣已批准約5%的親臺學校學生升讀臺灣的大專院校，[66]而大陸政府亦在廣州重開暨南大學吸引港澳學生升學[67]。港府因應此變而感到不能袖手旁觀，因它將會為殖民地帶來政治風險：學成歸來的學生會傳播共產思想。港府深知無論是漠視殖民地青年的升學需要，還是任由有強烈政治取向的私立院校（哪怕是受美國資助、且辦得比較好

---

[62] Griffith's report, New Asia College-Exhibition held by the Arts Faculty ,18 August 1959, HKRS 147-3-3.

[63] 錢穆：〈新亞書院（續一）〉，《八十憶雙親、師友雜憶合刊》，頁266。

[64] 〈僑生赴臺升學解決就學問題〉，《華僑日報》，1955年7月7日，頁2。

[65] D. J. S. Crozier, "The Post-Secondary Colleges of Hong Kong" , CO 1030/571, pp.167.

[66] "Extract from Hong Kong Police special branch summary No.2" , CO 1030/571, pp.115.

[67] "Communist affairs and activities in China" , CO 1030/571, pp.108.

的幾家），它們如不受規管地自由發展，這都會為港府當局帶來殖民地管治危機。同時，如不管制地太縱容的話，也會顯得太支持美國反共而不利於維護英國在中國的利益。[68]時任教育司的高詩雅（Douglas J. S. Crozier）曾自稱不希望設立第二所大學，但鑑於時局轉變而不得不改變想法。[69]作為第二所官方大學的香港中文大學，其成立也是基於這些政治因素與港府的在地管治因素慢慢醞釀而成的。

在錢穆的回憶裡，也曾經敘及有關港府合併三所書院、成立中大的原因。他的憶述一方面讓我們看見收編者的政治考慮，另一方面也讓我們看見辦學者為師生及院校的競爭力或生存能力所做的本身長遠考慮：

> 其時香港政府忽有意於其原有之香港大學之外，另立一大學。先擇定崇基、聯合與新亞三校為其基本學院，此後其他私立學院，凡辦有成績者，均得絡續加入。凡此崇基、聯合、新亞三校，皆得美國方面協助。港政府似乎意有不安，乃有此創辦一新大學之動議。崇基、聯合均同意，新亞同人則多持異見。余意新亞最大貢獻在提供了早期大批青年難民之就學機會。今則時局漸定，此種需要已失去。而新亞畢業生，非得港政府承認新亞大學地位，離校謀事，極難得較佳位置。儻香港大學外，港政府重有第二所大學，則新亞畢業生出路更窄。此其一。又國內學人及新起者，散步臺港美歐各地日有加，儻香港再增辦一大學，教師薪額一比港大。此後絡續向各地延聘教師，亦可藉此為國儲才。香港政府所撥薪資，亦取之港地居民之稅收。以中國人錢，為中國養才，受之何愧。此其二。三則辦一大學，當如育有一嬰孩，須求其逐年長大。而新亞自得雅禮、哈佛協款，各方誤解，欲求再得其他方面之大量補助，事大不易。[70]

錢穆所言，當然不是特指新亞一例；這是普遍存在數所較為出色的私專身上的現象。以聯合書院與美國機構的交往為例，我們可以看出錢穆所指的殖民地政府「意有不安」是很自然而然的。

1956年12月8日，香港聯合書院召開第十二次董事會會議，出席者有：正副董事長蔣法賢、葛璧，董事布克禮、王裕凱、唐惜分、陳柄權、胡家健、陳能方、朱夢曇、謝伯昌、王淑陶、黃文袞、黃伯芹、李祖法、黃兆棟等十五人，是次會議聘請名譽董事共十二名，名單如下：美國哥倫比亞大學校長柯克（Dr. Grayson Kirk）、美國亞洲協會會長布朗博士（Dr. Robert Blum）、美國前駐中國大使司徒雷登博士（Dr. J. Leighton Stuart）、美國援助中國知識分子協會會長周以德（Dr. Walter

---

[68] Tang T.H. James, World War to Cold War: Hong Kong's Future and Anglo-Chinese Interactions, 1941-55. In Ming K. Chan Ed., *Precarious Balance Hong Kong between China and Britain, 1842-1992*(Hong Kong: Hong Kong University Press,1994), pp.107-129.

[69] Letter, D. J. S. Crozier to Sir Christopher Cox, September 19, 1958. CO 1030 /571, pp.46-47.

[70] 錢穆：〈新亞書院（續二）〉，《八十憶雙親、師友雜憶》，頁280。

Judd）、美國援助中國知識分子協會遠東區代表黃吾生博士（Dr. George Fitch）、香港大學副校長賴廉士（Dr. L.T. Ride）、美國前遠東司司長洪貝克（Dr. Stanley Hornbeck）、生活雜誌社社長魯斯（Mr. Henry Lunce）、周壽臣爵士、王正廷博士、胡適博士、蔣夢麟博士。[71]

就上述名單而言，反映了私專這種既親美而又具國民黨人背景的院校，是在與美、臺頻繁互動的關係下進行院校的擴建、發展的。不少私專的教職員，長年以來都在美國基金會的資助下出國和獲得研究經費。[72]這些都不太利於處身中共與美臺之間的港府在地教育管控權，也削弱了英國的全球文化霸權。[73]正如論者所說的，英國對於美國在香港的各種祕密行動是充滿戒心的，視美國這位盟友為自身管治香港構成了間接的「威脅」——「英國人擔心在香港或亞洲其他地方與美國合作太密切會觸怒北京，令它在香港挑起事端，甚至發生更糟的情況，那就是中美爆發大戰，中國因而攻打香港。」[74]職是之故，英國人不會容許「『美國冷戰戰士』把香港變成顛覆基地」，必須作出干預和防範。

於是，藉著香港中文大學的創辦以收編一眾具較影響力且又深為美國基金會介入的私專，這正是英國出於對美國過度介入香港文教勢力所做的反制措施。[75]

於中文大學創辦之初便入職、後來擔任大學秘書長的陳方正還指出，中大的成立與英國因應國際環境大變而自身環球勢力式微也很有關係。上世紀五十年代印度、馬來西亞、新加坡相繼獨立，加之以1956年蘇伊士運河危機，都使英國變更其海外殖民地統治的方式。在全球思潮變動趨勢下，直接動搖了英國自身對於高等教育精英主義的態度，促使要加強高等教育的普及化，同時也要從美國手上搶回部分教育權以彰示自身的話語權。

1950年以來，港府對於私專與美國的密切關係不可能無動於衷。當時的私專學生除了可遠赴美國各大學升學外，私專校內也增設與美國相關的新課程以及加強與美洲華僑聯繫的工作部。[76]崇基這類既與美國教會、基金會聯繫緊密外，又與國民黨人成

---

[71] 〈聯合書院聘請十二位博士為名譽董事〉，《香港工商日報》，1956年12月9日，頁5。

[72] 以新亞為例，唐君毅於1957年應美國國務院邀請赴美，作為期四個月的考察。唐君毅在美國參觀了三十餘所高等教育學府和研究東方文化的機構。（〈唐君毅已返港　曾赴歐美考察〉，《華僑日報》，1957年9月18日，第4張頁2。）另外，剛宣佈併入中大的新亞，於1960年還獲得美國洛克斐勒基金會的巨額贊助，用以「作為購置圖書及教授研究獎學金暨教授旅行之用」，當中也意在協助新亞加強「新亞研究所」的發展，使之有堅實基礎進駐中大後成為新大學研究所的「核心」。（〈美國洛克斐勒基金會四萬餘美元新亞書院〉，《華僑日報》，1960年10月24日。）

[73] 黃庭康對於英國搶占冷戰時期香港、新加坡兩地有關文化、教育霸權的做法有深入的研究。Ting-Hong Wong, Comparing state hegemonies: Chinese universities in postwar Singapore and Hong Kong, *British Journal of Sociology of Education*, 26(2), (2005), pp.199-218.

[74] 麥志坤著，林立偉譯：《冷戰與香港：英美關係1949-1957》（香港：中華書局，2018），頁2。

[75] 同上註，頁217。

[76] 如華僑工商學院於1953年便特設南洋及美洲文化事業部與華僑服務部，研究東南亞及美洲華僑問題，並接受海外華僑之諮詢及委託辦事等服務。〈華僑工商學院將增設課程〉，《華僑日報》，1953年7月27日。

立且獲美國亞洲協會贊助的孟氏基金會援助的院校，平素與臺灣的僑務委員會以及臺灣高校也多有來往；至於廣大書院、廣僑書院、華僑書院、香江書院、珠海書院乃至聯合書院等等一批與美國基金會有往來的私專，則更加開宗明義地宣揚反共救國和親臺擁蔣的宗旨。[77]

不過，一些表現出清晰親臺擁蔣、但同時又沒有和美國基金會建立緊密聯繫的院校，最後反沒有獲得港府招納。

珠海書院曾被考慮成為中文大學成員院校之一，但其失諸交臂的事例或有助於說明港府在複雜局勢下的政治計慮。在1958年英國殖民地部與港府討論哪些書院可立作新建中文大學核心書院的來往書函中，珠海書院曾被點名指出其親臺背景而不會獲得考慮。教育司高詩雅在一份與殖民地官員開會後的會議記錄上，特意將有關珠海書院的一段原文修改。由「already had arrangements for students to take their degrees in Taiwan」（已安排學生在臺領受學士學位）改為「had political affiliations」（有政治從屬關係），進而強硬說明，必須將這類型親國民黨的院校排拒於新大學核心書院之外。[78]當然，聯合、新亞與崇基之合併為中文大學，也與上述提及的三家院校早於1957年1月共同成立的「香港中文專上學校協會」，一早結成聯盟以爭取成立第二所大學的目標與行動有關。

正如錢穆所言，正因為港府忌憚美國基金會對本港高等教育涉足過深，從而使港府藉著新大學的籌備而「逐步加強了英國高等教育系統與前此主要受美國基金會資助的三所成書院的接觸與聯繫」。陳方正更進一步指出，港府逐步介入香港社會的整體，標誌著「香港從貿易轉口港轉變成為國際大都會的先聲」。[79]

1959年，港府決定把本已因為「香港中文專上學校協會」之創立而形成聯盟關係的新亞、崇基、聯合三所書院，合併成為一所公立聯邦制大學。這一做法，不但是表明政府回應社會訴求的明證，同時也要藉以提升綜合的教學水準，並且可以滿足港府乃至英國關於香港未來在經濟及政治上的出路的長遠考慮。

1963年，中文大學正式宣告成立。雖然中大成立，但私專發展之步伐並未停緩。私專院校至1969年最少仍有31間之多，[80]這反映私專教育在港實在是需求甚殷。

至1960年代中後期，已漸漸由工業社會走進知識型社會香港，只有兩所大學的學額，依然是遠遠無法滿足學生的升學需求，以致逾半符合大學資格的學生無法升讀大學。除了有能力負笈海外的學生，余者只能投向私專。[81]只是，政府始終是無意承認私專的合法地位。面對日漸嚴峻的辦學財政壓力，除了辦學者呼籲政府資助外，社會

---

[77] 〈崇基歸國旅行團抵臺〉，《華僑日報》，1956年3月27日。〈華僑學院院長王淑陶給美副總統公開信〉，《華僑日報》，1953年11月7日。

[78] Meeting in Mr. Wallace's office on July 1958, 10 July 1958, CO 1030/571.

[79] 陳方正著：〈與中大一同成長：香港中文大學與中國文化研究所所圖史1949-1997〉（香港：香港中文大學中國文化研究所，2000），頁27。

[80] "Recognition urged for colony's private college", *South China Morning Post*,（SCMP）15 June, 1969.

[81] 〈五千七百餘中學青年 競爭一千二百大學位〉，《華僑日報》，1968年3月11日。

上也湧現公眾的聲音以求私專得資助，甚至抗議政府不公之聲亦與日俱增。[82]

香江書院校長陳樹渠，於中大成立一週年時的1964年發表〈香港當前的教育問題〉，公開敦促港府要承認私專資歷、增加資助及仿效英國經濟學院與美國麻省理工學院發展專門學科以培養人才。[83]至五年後，他於第17屆畢業典禮致詞，再次表達了他對香港教育當局的失望之情。他不滿意當局不但不扶持私專發展，反而諸多留難，在法律上也只承認中大、港大。[84]至1970年，除了已成為中文大學核心的新亞書院、崇基書院及聯合書院外，所有私立院校仍然未獲得政府資助，學歷也不獲殖民地政府承認，部分院校只能正式向臺灣教育部立案以備臺灣及海外承認。[85]

四、援助、收編與式微：以新亞為代表的私專發展走向

南來學人在表面上雖然可以在港自由辦校、講學，但實際上局限極多，究其根本原因，這與港府奉行政治中立——既不得罪國民黨亦不得罪中共政權的做法息息相關。蓋私專辦校者多是反對中共而南下的異見者，港府的資助或偏袒，都會引來中共的非議及譴責，更何況這些院校與臺灣的國民政府或蔣介石個人均有千絲萬縷的關係。同時，港府對於叢生不絕的私專，一方面默許其成立以解決當前青年人升學需求的問題，另一方面也不是放手任由他們自由發展。

港府於1950年便曾透過「商業登記條例」要求所有私專院校重新登記，向工商署繳納二百元商業登記費。此舉將私專納入商業規管機制而不視之為教育事業，是在沒有承認私專教育資格的同時，也以商業牟利的原則使其自生自滅。新亞書院的辦學者主要都是純粹的一群學者，他們對港府此舉甚是不滿，故多有撰文公開表達內心的不滿。唐君毅便曾痛斥港府此舉是要使學校變成學店、企業與工廠，同時也把教師變成商人。[86]在新亞眾人力爭之下，港府才對新亞網開一面豁免其商業登記稅項。錢穆對此不無愉悅地記載說：「結果得港政府認許新亞乃為香港當時唯一獨有之一所私立不牟利學校。此亦新亞一難得之榮譽也。」[87]

新亞是一眾私專中辦校日子最長且至今仍然繼續經營的院校，它在1950年代初便因為教學人員的學術名氣獲得港府讚賞及眾多國際基金會的援助，得以嶄露頭角。然

---

[82] "Private colleges seek 'equal recognition' ", *SCMP*,11 May,1969; "Private colleges claim Govt is unfair", *SCMP*,18 May,1969.

[83] 陳樹渠：〈香港當前的教育問題〉，《香江》1964年第3期，頁1-2。

[84] 〈香江學院畢業典禮〉，《華僑日報》，1969年6月22日，第7版。

[85] 有關14所於臺灣立案的院校資料，可詳見《香港校院訪問報告》2004年，下載自臺灣「公務出國報告資訊網」http://report.nat.gov.tw/ReportFront/report_detail.jspx?sysId=C09402750，瀏覽日期：2016年12月7日。

[86] 唐君毅：〈私立學校登記與社會人士心理〉，《唐君毅全集》第16卷（北京：九州出版社，2016），頁6-7。（1952年《華僑日報》）

[87] 錢穆：〈新亞書院（續一）〉，《八十憶雙親、師友雜憶》，頁262。

而，正如上述，新亞的發展也是艱難重重和充滿悲情的。借其創辦人錢穆撰寫的校歌就是：「手空空，無一物，路遙遙，無止境。亂離中，流浪裡，餓我體膚勞我精。艱險我奮進，困乏我多情。」辦學者雖有出於強烈民族文化的承擔感與情志支撐著他們辦學，但也必須要有資源才能使他們的理念得以實現。但港府並沒有給予任何實質支持，而適時流亡臺灣的國民黨政府也難以給予多少經費援助。錢穆1949年抵港後不足一年便受「新亞全校同人力促赴臺北」，但他在臺期間因有見國府經濟艱困而難以啟齒，最後幸獲蔣介石總統府辦公費項下節省三千元以供應新亞營運。但是，長貧固然難顧，而區區三千元亦不足以經營新亞。

新亞與其他私專一樣，在山窮水盡之際接受了適時提供援助的美國基金會的援助，成為冷戰時代美國於香港構造的「美元文化」、「綠背文化」的重要組成體系。不過，接受了美援的新亞，也不得不付出辦校自主權徒遭外人干涉的代價。沈燕謀在《日記》中記下了不少批評朗家恆擅權干政的例子：

> 朗家恆以雅禮代表為新亞校董，校內行政向由教授會議決定，朗不得執實權，則時時舉校中瑣事以相責難，比於校課，乃至預算案，時發極不中肯之批評，其意則在掌握校中行政之權。昨與錢先生談判，詞氣之間，圖窮匕現矣。錢先生因集諸教授議，相應付之方。美國政府之於自由中國，其所謂軍援、經援者，每每口惠而實不至，今於教育事業亦將效法政治家手段，甚矣其不智也！[88]

郎家恆喜插手過問新亞大小事，如遇事不先與之商量，則動輒怪罪。沈燕謀舉例指《虎報》刊登雅禮斥資經費建設新亞院校的新聞，便「大怪余之未先商得其同意，嫌於輕率。」[89]沈氏還不厭其煩地繼續記曰：

> 自雅禮經濟援助之至，朗氏隨與俱來，應對周旋，特重英文，今茲制度之變，外文之重視，人事之升沉，乃至未來之一切動靜，悉惟郎氏運籌定策，是從他日新亞是否能保持創辦時崇高理想，與其所謂新亞精神者，於今只能委之不可前知之數矣。[90]

在朗家恆不斷介入新亞人事招聘以及插手大小行政事宜之下，導致他與新亞內部的諸多不和。錢穆晚年回憶亦特別拈出朗家恆干預校內招聘之事，他在當時便不得不撕破臉地當面敦促對方來校不過作一客人而已，並告以學校聘任教職人員有其「必經

---

[88] 沈燕謀著、朱少璋主編：《沈燕謀日記節鈔及其他》，頁179-180。（1955年4月30日記）
[89] 同上註，頁188。（1955年6月6日記）
[90] 同上註，頁196。（1955年7月26日記）

公議」的定制。[91]但在沈燕謀的眼中，朗家恆是毫無收斂的，一直自挾雅禮援助而自己又為雅禮駐校代表的身分變本加厲地干預校政。這讓錢穆不勝其擾，嘗因此而與沈氏傾訴引退的念頭：

> 蓋自雅禮協助之至，院長已失專主之權，而雅禮代表也，董事會也，教授團體也，人各有心，見解紛歧，多方應付，心力交瘁，治學功夫，遂爾減退。[92]

從上觀之，私專不得政府資助而難於經營，私人募款無望之下接受國際基金會的援助，但換來的結果是漸失校政的主導權。當港府於1958年一旦有意成立新大學時，錢穆排除校內異見，以積極樂觀態度響應之。事實上，如違逆政府之意而堅持辦學，則不獨經費及自主權無保障，學生因為資歷不受認可而同受影響，最後也使新亞難與新大學競爭而在招生上出現問題。錢氏自述其數點考慮因素如下：

第一，新亞為大批青年難民提供學習機會的時需，隨著時局漸穩而慢慢失去。

第二，新亞畢業生不獲得政府承認新亞的大學地位，則離校謀事繼續難獲得好職位。

第三，港府既有第二所大學，則新亞畢業生出路更窄。

第四，新大學成立而新亞置身其中，各方人才匯聚，正好為中國儲才養才。

第五，新亞自接受國際基金會援助後也引起「各方誤解」，恐將不易再向「其他方面」求得補助。[93]

的確，錢穆的擔憂是十分現實和具體的。如新亞不進入港府制度，則學生資歷繼續不受承認，而新亞在被新大學成立而有所邊緣化後更難籌募經費營辦。當前縱然得得雅禮及哈佛燕京助款，但也因為受到雅禮代表干預校政而使辦學理念受損，並且也因為援助不足而需常為經費徬徨無措。[94]政府既然是基於美國各基金會涉足香港高等教育愈深之際而「意有不安」，則基金會資助私專的政策長遠而言亦恐將有變。港府既欲自立一所大學以收編當前最有影響力的私專盡入其彀中，則稍有成績的私專於未來的生存空間也會越趨狹窄。

再從港府角度觀之，收編三所最具規模的私專，此舉一來能夠滿足香港青年對專上教育的需求，二來能將最受歡迎院校收編，避免親美親臺勢力在私專繼續滋長。至於其他在官員眼中辦得半生不活的院校，則在不打壓不資助不承認其學術資歷的前提下任由其自生自滅。但當私專一旦被官方併入制度而成公立大學，則其角色和功能自然不能再停留於私專階段。它面對的將會是從教學模式到教育理念所發生的根本轉變。沈燕謀對於港府合併三校而成中大，對新亞的未來發展抱持悲觀態度：

91　錢穆：〈新亞書院（續一）〉，《八十憶雙親、師友雜憶》，頁270。

92　沈燕謀著、朱少璋主編：《沈燕謀日記節鈔及其他》，頁179-180。（1955年8月2日記）

93　錢穆：〈新亞書院（續二）〉，《八十憶雙親、師友雜憶》，頁280。

94　沈燕謀著、朱少璋主編：《沈燕謀日記節鈔及其他》，頁179-180。（1957年11月21日記）

就目前形勢觀之，聯合書院一盤散沙，賴毛勤之發號施令，聯合低首下心，凡事必諾而存在，崇基為各外國教會所支持，本無中國文化保存之思想，毛勤之所可，聯合、崇基同聲可之，所否者否之；有主張者獨一新亞，新亞既不唯毛勤之命是聽，則勢成孤立，新亞今後決意為所謂中文大學之成員，則新亞精神之命運可知矣。[95]

不出沈燕謀所料，當中文大學成立不足一年，錢穆便已提出辭呈。香港報刊也多有報導錢穆是因為與中大校方合作不愉快以及因為人事問題憤而辭職的傳聞。[96]今觀錢穆辭職之言，我們幾乎可看到，錢穆因應中大成立後新亞置身中大官僚體制下，因為時勢變局而在教育環境上發生根本變化，對這一變局的駕馭與掌控而遠非其力所能及的了。其言曰：

半載以來，形勢已變，事非昔比，穆意志灰頹，情趣全失，若再戀棧屍位，不僅昧於進退之幾，亦復窮於應付之方，為公必有失職之咎，為私又非素志所願，惟有懇請董事會諸公本其平素對穆之愛護，諒其衷曲，解其困陀，准予辭去現職，迅定繼任人選，實屬公私兩便，穆情辭迫切，義無反顧，是非既所不爭，毀譽亦所不計，惟求去別無他慮，特此瀝陳，惟乞鑒原。[97]

然而，錢穆辭職新亞真正的理由遠不止於上述數點。導致他決定辭職的原因，是源於他中大首任校長李卓敏在人事聘任上的衝突。

錢穆於1989年晚年最後一段歲月裡，公開了他在1964年1月20日寫下的呈交新亞書院董事會的辭職信。當中清楚說出：「我之辭職乃正為表示一種總抗議」。所抗議者最少有以下三點：第一，不滿李氏徵聘教授的不當措施；第二，創辦大學的理想與宗旨彼此不合；第三，個人多番建議不為對方採納。既然彼此不能和衷共濟，則徒生爭端而事又不得以解決，他自言是為了「站在合理立場」為新亞求「公平待遇」而辭職；相反，如果自己任由事態發展而「徒受厚薪，一切緘默」則「既對不起新亞，也對不起中文大學。」[98]至此，錢穆辭職聲明清楚表達了他內心對新大學的不滿與失望，也反映了他本人教學理念與自主權遭受的重大挫折。

新亞另一名創辦者唐君毅，他在新亞歸併入中大後留校任教比錢穆長，見證新亞

---

95 同上註，頁372。（1961年6月16日記）

96 〈新亞書院校長錢穆辭職〉，《工商晚報》，1963年12月23日。〈中文大學忽其風雲　新亞錢穆博士提出辭職　李卓敏校長說絕不願錢氏引退〉，《香港工商晚報》，1964年7月1日。〈新亞書院校長錢穆再提辭職〉，《香港工商日報》，1964年7月6日。〈新亞書院校友會證實　錢穆辭去院長職〉，《工商晚報》，1965年4月28日。

97 沈燕謀著、朱少璋主編：《沈燕謀日記節鈔及其他》，頁455。（1964年7月21日記）

98 錢穆：〈上董事會辭職書〉，《新亞遺鐸》，收入《錢賓四先生全集》，第50冊（臺北：聯經出版事業公司，1964），頁543。

校政及辦學理念受制的事例比錢穆為多。1969年，新亞創辦二十週年，唐君毅把新亞辦校所面對的「艱難困扼」以十年為界，共分作為兩個時期。頭十年是內部的經濟問題，後十年則是在「精神上的，理想上的」與外部力量相互角力。這說明瞭在1950年代「手空空，無一物」的時期，未有進入官方制度的新亞，其辦學宗旨、理想等等反而是有很大的空間去自由發展，但進入中文大學的新亞則在斷往開來地發展中國文化的「根本上的精神理想」已受到破壞。他更具體地指出是受到兩種教育方向侵蝕：針對地方性實用的香港教育——唐君毅口中所批判的針對香港社會需要而把香港孤立於中國的「斷港教育」，另一種就是中文大學校長李卓敏積極推動的國際化計畫。唐君毅與之相反，大聲倡言「不能單從經濟立場，或學術之國際性、世界性來決定一所大學的教育目標與理想」，[99]其言就在於指出中大成立之際或過於地方性或過於國際性而不著重中國性的教育缺失。但是，中大現實上所踐行的，恰恰與新亞的教育理念相違甚遠。

儘管唐君毅如何不滿，最後也阻擋不了中大的國際化發展方向。最讓唐君毅等人沒有預計及的，就是港府於1975年成立「第二次富爾敦委員會」，所發表的《香港中文大學調查委員會報告書》，當中主張把聯邦制改為單一的中央集權制做法，徹底改變了新亞併入中大的初衷；同時，這也足以被視為新亞教育理想被摧毀的明證。1977年，相關措施正式實行，唐君毅、錢穆、吳俊升、沈亦珍等九名新亞書院董事以集體辭職和公開登報的激烈態度，反對中大及港府當局的中央集權措施。〈新亞書院董事辭職聲明〉一文指出：

> 大學改為單一制一切權力集中於大學本部，使基礎學院名存實亡，有違當初成立中文大學之原意……同人等過去慘澹經營新亞書院以及參加創設與發展中文大學所抱之教育理想，將無法實現。[100]

港府之舉被他們看作是出爾反爾，違背了當時辦校的校規及有違他們的意願。他們在對官方毫無反抗之力下，只能透過全體辭職、登報訴諸於社會公義及「歷史評判」來表達自身立場以釋除內心憤慨。九名董事的辭職聲明，可以說是私專發展史上的一個重大轉折，不但說明瞭南來學人辦學理想的覆滅，同時也是私專辦校走向式微的標記。

在另一方面，中大自1963年成立後，私專在1960年代甚至是1970年代初中期，仍然是培養香港專上學生的搖籃。以1969年為例，全港共有31所私專院校，有5970名學生就讀。香港大學和中文大學則分別只提供1,396及2,320個學額；投考大學入學試的

99　唐君毅：〈新亞的過去、現在與未來——一九七三年六月十七日新亞道別會演講詞〉，《唐君毅全集》第16卷，頁167。

100　〈新亞書院董事辭職聲明〉，《華僑日報》，1977年1月3日。

有5,699人。[101]單就未加入中文大學的珠海書院而言,於這一年便在原本12個學系的基礎上再新設經濟研究所及文化研究所,使持有學士學位的畢業生獲得繼續深造的機會;據說新設的研究所是為了「適應社會現實需要,亦使學生學能致用」。[102]鍾期榮與夫婿胡鴻烈也於1971年自資創立了樹仁書院,希望能為更多中學畢業生提供升學機會。這反映了私專在1970年代初期,仍然分擔了大部分香港學生的升學需求。[103]

然而,政府對待私專消極而不公平的政策措施,多年來一直深為社會人士詬病。鍾期榮曾公開撰文,狠批港府使私專畢業生成為註冊教師的過程中飽受刁難。[104]私專在學歷不獲承認的情況下,1969年5、6月分的《華僑日報》連刊大量評論文章批評港府。諸如〈私立專上學院對社會的貢獻〉(5月11日)、〈論私立專上學院之貢獻新亞學生會立場書〉(6月15日),反映了私專師生如何群起抨擊港府的不公平教育政策,試圖逼使政府修訂政策。

香港專上學生聯會在1969年五至六月舉行多場「香港私立專上教育研討會」,敦促政府當局和工商界人士多些正視私專發展的作用並予以資助。港九大專同學會響應香港專上學生聯會主辦的研討會,並發表聯合公報,呼籲當局和工商界給予私專及其學生援助,也請求社會人士及輿論界對私專教育問題多發表意見。研討會會長劉石佑指出當前兩所公立大學所提供學位嚴重不足,私專學位又不受承認所導致的香港青年人才大量流失問題。希望港府及社會能夠了解私專對於培養本港青年的重要性,也強調當局不應漠視本港畢業生前途。與會者均大力批評港府的不公政策,提出各種關於香港不能發展出如同英美國家般具規模的私立大學的質疑。[105]

上述批評的聲音和行動,在社會上激起不少迴響。《華僑日報》1969年出版的《香港年鑑》也為私專沒受到政府的重視打抱不平。《年鑑》指出:

> 其他專上教育中,工業學院和師範學院都安定地發展;只有私立專上學院,由於一直未得到香港政府承認其學位及加以援助,故仍處於掙扎圖存的階段。[106]

終其1970年代,港府並沒有對多少私專提供資助。當中,只有私立嶺南書院、私

---

[101] "Private college claim Govt is unfair", *SCMP*,18 May, 1969.

[102] 〈珠海力事擴充革新:加建校舍有月落成啟用、兩研究所十二學系招生〉,《華僑日報》1969年6月25日。

[103] 珠海書院前校長梁永燊在〈香港僑校的過去、現在與未來〉一文中,提到就讀臺灣立案院校的畢業生已逾二萬人。詳見《梁校長永燊教授紀念集》(香港:香港珠海書院亞洲研究中心,1996),頁143。

[104] 《華僑日報》刊登了鍾期榮一篇狠批政府欺壓私專畢業生的文章。詳見鍾期榮:〈論香港的教育問題(續)〉,《華僑日報》,1965年10月5日,頁2。

[105] 〈私立大專教育研討會公報主張 舉辦統一文憑致試 承認私大學生地位 並成立發展委會促進全面革新〉,《香港時報》,1969年6月17日,第6版。〈發展私立大專教育 促請當局提供援助 大專學生會支持學聯會議公報〉,《香港時報》,1969年6月20日,第6版。〈本港教育制度極不平衡 大學學位嚴重不足 專上院校未受重視〉,《香港時報》,1969年6月15日,第6版。

[106] 〈一年來之香港教育〉,《香港年鑑·1969年》,載香港教育資料中心編製:《香港教育大事資料1949-1993》(香港:香港教育資料中心,2000),頁88。

立浸會書院先後於1978年及1983年獲得港府眷顧。與其說這是港府為了回應民意訴求而做的一些切實行動，倒不如說是港府順水推舟地透過資助已有基礎的院校，借之為其應對急速發展的香港社會搭橋鋪路。

蓋自1970年代中期以來，香港隨著中美建交而香港作為國際商貿、航運中心的奠定，香港經濟騰飛而急需大量專業的工商及金融服務行業人才，而相繼成立的還有1972年的理工學院及1984年的城市理工學院。然而，余下未被納入制度的私專，除了珠海書院、樹仁書院、能仁書院等數家以外，大多都於1980年代初便隨著公立院校的增加、營運資金無著落和資歷繼續不被認可的問題而慢慢被淘汰。

五、結語

透過探尋戰後香港各私專院校的創辦經過、一些辦學者的教育理念，以及設置課程的宗旨、內容結構以及在這過程中與港府的互動，我們理解到自詡是教育樞紐的香港，為何難有類似美國私立大學出現的背後歷史原因，同時也可由此理解香港社會發展思潮中民族文化主義、在地文化意識與殖民管治相互糾纏的複雜社會面貌。私專的研究，讓我們有了多一面視窗認識香港的教育史與社會史，尤其是在東西冷戰場域下港府如何看待南來的親臺知識社群在港籍文教事業宣揚他們的政治立場。當中，也涉及了作為盟友的美國，它在涉足私專以推動反共文教事業的冷戰時局情勢下，港府為了鞏固自身教育掌控權，如何因時而變地調整它的專上教育發展方向。隨後，港府藉著香港中文大學的成立，成功收編了三所較具規模而影響較大的私專。然而，這種做法反過來也衝擊了本身在經費不足而學歷一直不獲承認的私專，導致其社會生存力被嚴重削弱而進一步被邊緣化。

在上述的探討裡，私專折射的港府對私專教育政策，往往與冷戰政治氣候掛勾，致使港府特別警惕共產主義或反英排外的民族主義在教育場域泛濫的問題，同時也小心翼翼地處理反共的美國政府介入香港教育事務，由此而限制美國政府的過渡介入，目的就是要避免中共誤把香港看作是英美國家用以「顛覆」中國的基地。基於這一憂慮，港府對於在港美國勢力多有限制，不欲引起中共與美國在港爆發中美大戰。另一方面，私專因國內政權易幟和東西方冷戰初期而瀰漫著民族主義思潮，故其發展經過往往反映於民族主義如何與港府的政治手段（殖民主義）、客觀經濟環境（全球資本主義）相互競逐和互動，而這三種「思潮」實際上也一直主導私專掙扎求存或驅使部分私專與時俱變地轉型的要因。

回顧香港的私專發展史，約可分為三期，第一期為1949年／1950年至1960年的始創期，當時入讀私專的大部分為逃難到港的中國移民，辦學者也以承傳中國文化為主要目的，在艱苦環境下興學施教；第二期興盛期為1960年至1970年。隨著經濟發展漸趨成熟，人口亦不斷提升，兩所官方大學提供的學額不足應付需求，不斷有新的私

專應運而生。這時期的年輕人不少已是在港土生土長，[107]不如父輩般懷有強烈家國情懷，私專辦學的目的也以培育本地人才為首務。第三期式微期為1970年代中期開始。港府在1978年及1983年分別將嶺南書院、浸會書院納入資助計畫，加以再因應社會轉型而新辦兩所理工學院，私專院校生存空間由是日漸萎縮。

至1990年代，上述四所受資助專上學院升格為大學後，經歷多番掙扎的私專院校已越來越少見。隨著樹仁學院於2006年12月升格為私立大學後，現時剩下的還有珠海學院、能仁專上學院等數所私專仍繼續掙扎求存。回望大半個世紀來，私專在香港的求存史或轉型史，反過來正好映照出港府及至英國的對華政策與治港措施，同時也透視了國共政府的對港態度，特別是如何透過專上文化教育爭奪香港青年的國家認同和塑造他們的意識型態。

---

[107] 呂大樂：《那似曾相識的七十年代》（香港：中華書局，2012），頁108。

第三十八章　錢穆、唐君毅對新亞校訓 「誠明」的釋義

浙江傳媒學院生命學與生命教育研究所
何仁富

一、錢穆、唐君毅與新亞書院教育理想的確立

在港臺學術界有一種說法（據說這種說法是牟宗三先生的觀點），新亞書院作為一培養中國文化承續發揚之人才的學校，是靠錢穆的名望、唐君毅的理想、張丕介的實踐以及徐復觀的勇敢共同支撐起來的。其中，錢穆和唐君毅，分別被譽為新亞書院的「聖人」和「亞聖」，在構建新亞書院的教育理想方面，作用不可替代。

錢穆和唐君毅，兩位現代中國傑出的思想家、教育家，是在無錫的江南大學結緣的。1947年7月，因為對朋友的道義，唐君毅與牟宗三、許思園應無錫富商榮德生之邀到榮家創辦的江南大學任教授，並出任教務長。1948年春，錢穆也應邀到江南大學任文學院院長。這是錢穆、唐君毅二先生論交之始。在江南大學期間，錢穆經常雇一小舟，蕩漾湖中，幽閒無極，寫成了《湖上閒思錄》一書，又撰成《莊子纂箋》一書，薈萃前人舊說，並成一家言，為近代莊子研究之重要著作。

1948年夏，唐君毅往鵝湖書院，籌備複校。鵝湖書院在江西省鉛山縣北十五華里處之鄉間，時由程兆熊先生在該處開辦信江農業專科學校，後擴充為農學院，並為國防部代辦兩班青年軍屯墾職業訓練，學生共千餘人。唐君毅先生往訪，為學生講孔子、耶穌、釋迦牟尼、和蘇格拉底，並寫《文化意識與道德理性》一書。唐君毅當時與程兆熊先生相約，先由農專附設鵝湖書院，然後逐漸改為由鵝湖書院附設農專。此事不僅得程先生贊成，錢穆、牟宗三、李源澄、周輔成諸先生也十分贊成。唐君毅先生得此鼓勵，乃積極安插熟朋友至信江農業專科學校工作。這年秋，唐先生一方面返中央大學授課，在江南大學兼課，而另一方面卻分其心力於恢復鵝湖書院的工作。6月中，唐先生辭江南大學教務長職，並在日記中自言深感處人辦事，必須處處沉著，見侮不辱，並且須要出語斬截，方能有力。自問為人過於仁柔，苦口婆心，用之於教育則宜，用之於辦事，則使人不得要領，無所適從。7月與錢穆、牟宗三、林宰平、韓裕文諸先生游太湖。

1949年春，錢穆與唐君毅應廣州私立華僑大學聘，由從無錫經上海同赴廣州。在

廣州，他們二人曾同去番禺化龍鄉黃艮庸家看望了熊十力。10月，錢穆、唐君毅、張丕介、崔書琴、謝幼偉、程兆熊、劉尚一諸先生創辦亞洲文商夜學院，以錢先生為院長。夜學院最初只租賃九龍佐敦碼頭附近偉晴街的華南中學內三間教室上課。另在附近炮臺街租一樓宇為宿舍，內除雜陳八、九張碌架床作學生宿位外，另間有僅容一行軍床、一桌、一椅之房間作錢穆先生的寢室與辦公室。錢先生教中國通史，唐先生教哲學概論，張丕介先生教經濟學，崔書琴先生教政治學，劉尚一先生教國文。

亞洲文商書院於1950年秋改建為新亞書院，校址遷到九龍深水桂林街，日間上課。新亞書院以各門課程來完成人物中心，以人物中心來傳授各門課程。該院最初設文史、哲教、經濟、商學四系，後擴充為文理商三學院十二個系。創辦時條件十分艱苦，師生多為內地去港人員。錢、唐、張等先生以人文理想精神自勵並感染同仁與學生，嘔心瀝血，創辦新亞，亦得到許多同道的支持。

新亞書院以其文化理想與艱苦奮鬥的精神培養出一批高品質人才，引起香港社會各方面的關注、同情和尊敬，並逐步得到國際承認與支持。1952-1953年間，先有亞洲協會代表艾維（James Levy）主動資助經費，繼有耶魯大學盧定（Harry Rudin）教授代表雅禮協會與新亞協定，每年助款二萬五千美元。不久，又有美國福特基金會捐款，擇址農圃道建校舍，由港府撥地興工。新亞在創校六年後始有自建校舍。1955年春，獲哈佛燕京社資助，有專款購置圖書，建大型圖書館，出版《新亞學報》。

1963年10月，港府集合崇基、聯合、新亞三書院成立香港中文大學。中文大學成立之後，錢穆教授詹任院長，而不久功成身退，而往臺北講學。張丕介教授因積勞而逝。三創辦人之中，尚存唐君毅先生。唐先生繼續任教，而以發揚中國文化為己任。

在新亞書院，錢先生超然物外，與世無爭，確可當「聖人」之譽；而唐先生的執著與勇鬥精神，又頗似「亞聖」孟軻。「一九七六年十二月二十四日，是一個慘澹的日子，新亞書院董事李祖法、沉亦珍、吳俊升、劉漢棟、郭正達、錢賓四、唐君毅、徐季良、任國榮等九人發表辭職聲明。其中有言：『聯合制終被廢棄，改為單一集權制……同人等過去慘澹經營新亞書院以及參加創設與發展中文大學所抱之教育理想無法實現……是非功罪，並以訴諸香港之社會良知與將來之歷史評判』。一字一淚，令人不忍卒讀。假若這些創辦人不會天真地對政府存有一絲幻想，新亞便可如浸會書院一般保存獨立自主，而不會落得如此下場！」[1]唐君毅先生更是直斥「香港政府……無異於以中文大學為誘，以求消滅原有之新亞、崇基之存在與發展」，最後且言「但我希望與未來中大有關係的人，應當知道此未來之中大，乃來自一背信食言的罪惡」[2]，其沉痛憤懣之情，溢於紙上。

新亞書院的教育理想是由包括學校宗旨、校歌、校規以及校訓構成的完整整體。

新亞書院的宗旨是：上溯宋明書院講學精神，旁采西歐大學導師制度，以人文主

---

[1] 見〈《中大發展史》——原刊〉，《中大學生報》，1997年8月28日。

[2] 見《明報月刊》，第142期，唐君毅致該刊編輯函。

義之教育宗旨，溝通世界東西文化，為人類和平，社會幸福謀前途。

新亞書院的校歌歌詞是錢穆親自創作的[3]。歌詞裡面既有「天高明，人之尊，心之靈，廣大出胸襟」的為人目標，也有「五千載今來古往，一片光明」之對中華傳統文化的信心；既有「手空空，無一物，路遙遙，無止境」的花果飄零之感歎，更有「千斤擔子兩肩挑，趁青春，結隊向前行」的任重道遠的擔待精神。

新亞書院的校規總共二十四條，核心在強調「求學」與「為人」的統一。這是對新亞書院所秉承的中華文化的理想落實到具體行為操作上的基本要求。校規特別強調：「求學與做人，貴能齊頭並進，更貴能融通合一。做人的最高基礎在求學，求學之最高旨趣在做人。」[4]

將關於做人與做事、為人與為學的基本要求提升為基本理念，這就是新亞書院的校訓，取自《中庸》的兩個字：「誠明」。「誠明」二字的來歷源於《中庸》：「誠者，天之道也。誠之者，人之道也。」「自誠明，謂之性。自誠明，謂之教。誠則明

---

[3] 新亞書院校歌的內容：「山岩岩，海深深，地博厚，天高明，人之尊，心之靈，廣大出胸襟，悠久見生成。珍重珍重，這是我新亞精神。十萬裡上下四方，俯仰錦繡，五千載今來古往，一片光明。五萬萬神明子孫。東海西海南海北海有聖人。珍重珍重，這是我新亞精神。手空空，無一物，路遙遙，無止境。亂離中，流浪裡，餓我體膚勞我精。艱險我奮途，困之我多情。千斤擔子兩肩挑，趁青春，結隊向前行。珍重珍重，這是我新亞精神。」

[4] 載《新亞校刊》1953年第2期。新亞書院校規的全部24條如此：「1、求學與做人，貴能齊頭並進，更貴能融通合一。2、做人的最高基礎在求學，求學之最高旨趣在做人。3、愛家庭、愛師友、愛國家、愛民族、愛人類，為求學做人之中心基點。對人類文化有了解，對社會事業有貢獻，為求學做人之嚮往目標。4、祛除小我功利計算，打破專為謀職業、謀歷而進學之淺薄觀念。5、職業僅為個人，事業則為大眾。立志成功事業，不怕沒有職業。專心謀求職業，不一定能成事業。6、先有偉大的學業，才能有偉大的事業。7、完成偉大學業與偉大事業之最高心情，在敬愛自然，敬愛社會，敬愛人類的歷史與文化，敬愛對此一切的智識，敬愛傳授我一切智識之師友，敬愛我此立志擔當繼續此諸學業與事業者之自身人格。8、要求參加人類歷史相傳各種大學業、偉大事業之行列，必先具備堅定的志趣與廣博的智識。9、於博通的智識上，再就自己材性所近作專門之進修；你須先求為一通人，再求成為一專家。10、人類文化之整體，為一切學業事業之廣大物件；自己的天才與個性，為一切學業事業之最後根源。11、從人類文化的廣大物件中，明瞭你的義務與責任；從自己個性稟賦中，發現你的興趣與才能。12、理想的通材，必有他自己的專長；只想學得一專長的，必不能備有通識的希望。13、課程學分是死的，分裂的。師長人格是活的，完整的。你應該轉移自己目光，不要僅注意一門門的課程，應該先注意一個個的師長。14、中國宋代的書院教育是人物中心的，現代的大學教育是課程中心。我們的書院精神是以各門課程來完成人物中心的，是以人物中心傳授各門課程的。15、每一個理想的人物，其自身即代表一門完整的學問。每一門理想的學問，其內容即形成一理想的人格。16、一個活的完整的人，應該具有多方面的智識，但多方面的智識，不能成為一個活的完整的人。你須在尋求智識中來完成你自己的人格，你莫忘失了自己的人格來專為智識而求智識。17、你須透過師長，來接觸人類文化史上許多偉大的學者，你須透過每一學程來接觸人類文化史上許多偉大的學業與事業。18、你須在尋求偉大的學業與事業中來完成你自己的人格。19、健全的生活應該包括勞作的興趣與藝術的修養。20、你須使日常生活與課業打成一片，內心修養與學業打成一片。21、在學校裡的日常生活，將會創造你將來偉大的事業。在學校時的內心修養，將會完成你將來偉大的人格。22、起居作息的磨練是事業，喜怒哀樂的反省是學業。23、以磨練來堅定你的意志，以反省來修養你的性情，你的意志與性情將會決定你將來學業與事業之一切。24、學校的規則是你們意志的表現，學校的風氣是你們性情之流露，學校的全部生活與一切精神是你們學業與事業之開始。敬愛你的學校，敬愛你的師長，敬愛你的學業，敬愛你的人格。憑你的學業與人格來貢獻於你敬愛的國家與民族，來貢獻於你敬愛的人類與文化。」

矣，明則誠誑」。恰好，新亞書院的「聖人」和「亞聖」錢先生和唐先生各寫過一篇對新亞校訓「誠明」的解釋的文章。我們從他們的釋義中，可以看到新亞所追求的基本理想以及新亞的創辦人錢先生和唐先生所主張的為人與為學相統一的思想和精神。

可以說，錢穆和唐君毅共同確立和奠定了新亞號夙願的基本文化理想和教育理想。同時，錢穆作為新亞書院院長和唐君毅作為新亞書院的教務長，幾乎每屆學生入學和畢業，他們都有講話，透過這些講話，他們又在不斷地闡釋和傳播新亞書院的文化教育理想。錢穆的這些講話大多收集到了《新亞遺鐸》這本書中，唐君毅的講話多在《新亞生活》上刊登，並收錄於《唐君毅全集》。其中錢穆和唐君毅各有一篇專門闡釋新亞校訓「誠命」的專文，給我們提供了認識新亞書院文化教育理想以及錢穆和唐君毅本人思想的一個重要文本。

二、錢穆對「誠明」之釋義

錢穆先生釋「誠明」的文章名「新亞校訓誠明二字釋義」。錢穆一開始就說明，新亞書院是在辦學六年後才決定用「誠明」二字作為書院的校訓的，這表明選擇「誠明」作校訓是非常「鄭重其事，而又謹慎從事的」。同時，文章開始也交代了「誠明」二字的來歷源於《中庸》：「誠者，天之道也。誠之者，人之道也。」「自誠明，謂之性。自誠明，謂之教。誠則明矣，明則誠誑。」

錢穆對「誠明」的解讀是從「誠」和「明」分別去說的，並強調二者的有機結合。他認為，「誠」屬於德性行為方面，「明」屬於知識了解方面。「誠」是一項實事，一項真理。「明」是一番知識，一番了解。二者結合即「為學」與「做人」同屬一事的精神。

（一）「誠」的四重功夫

錢穆認為，「誠」有四個層面，或者說，要做到「誠」須有四步功夫，即：言行合一、人我合一、物我合一、天人合一。

「言行合一」，或者說「內外合一」，也就是「口裡說的、心裡想的、外面做的、內心藏的，要使一致」，這就叫做「誠」[5]。錢穆認為，這是我們要做到「誠」的第一步也是最基本的功夫。

不過，「言行合一」還只是在「成己」的途中做到了初步的「誠」。人總不是獨處的，總是要與我以外的其他人相處的，因此，要做到「誠」的第二步功夫便是「人我合一」。從「誠」的角度講，「人我合一」應該是與「言行合一」統一的。按照錢穆的解釋就是，我們在獨居時該如我們在群居時；我們在人背後也該如在人面前；我

5　錢穆：〈新亞校訓誠明二字釋義〉，《新亞遺鐸》（香港：三聯書店，2004），頁66。

們不欺騙自己，同時也不欺騙別人；我們不把自己當工具，同時也不把別人當工具。此所謂孔子說的「己所不欲，勿施於人」，「己欲立而立人，己欲達而達人」。做到了這個功夫，人們就自然會說你是一位「誠」實人。

「誠」的第三境界是「物我合一」。所謂「物我合一」，就是我們怎麼看待我們自己我們也就怎麼看待物，用一句比較現代的話說，把人當看看，把物當物看。錢穆說：「我有我的真實不虛，物有物的真實不虛。要把此兩種真實不虛，和合成一，便是誠了。如我飲食能解飢渴，這裡有實事、有實效，便是誠。但是有些物，飲食了能解飢渴；有些物，飲食了不能解飢渴，不僅不能解飢渴，而且會生病，這裡便有物的真實。所以人生便是這人的真實與物的真實之和合。」[6]錢穆所揭示的「誠」的這一層面含義，很有理論和現實意義。在工業化的時代，我們把「物」都「器具化」、「工具化」了，物不再被當作「物」本身，由此而至大量破壞生態環境，此皆於「物」不「誠」之過也。

「誠」的第四層境界是「天人合一」，也可說是「神我合一」。常人總覺得我的生活就是我的生活，我的生命我掌握，好像與「天」與「神」無關。但是，錢穆提醒我們這些常人：「你若問：天地間何以有萬物，何以有人類？我處在此人類中萬物中，何以能恰到好處，真真實實，完完善善地過我此一生？你若懂從此推想，從此深思，你便會想到天，想到神，你便會想到這裡面純是一天然，或說是一神妙呀！」[7]因此，「天人合一」或者說「神人合一」並不是那麼玄妙，只要你能夠真真實實、完完善善地做一人，過一生，那你便可達到「天人合一」、「神我合一」的境界了。

錢穆認為，這四步「誠」字工夫，是有高低層次之分的，必須漸次做到，才是真正做到了「誠」。「你必先做到第二、第三步工夫，才能漸次懂得第四步。你必先做到第二步工夫，才能做好第三步。但你又必先能做到第一步，才能做好第二步。」[8]而這說來容易，做起來實則很難的。根本的就是要「明」，要明白其中的道理、真理。這樣，錢穆就從分析「誠」入手而過度到「明」了。

（二）「明」的四重真理

在錢穆看來，「誠」是行為，是需要行的「客觀」真理；「明」則是對這「客觀」真理的認知、了解。要在行為上作到「誠」，就必須在認知上做到「明」；同時，要真正做到認知上的「明」，也必須行為上要「誠」。錢穆說：「若你明白得第一番道理，你便能言行合一、內外合一，你便養成了一個真價格，有了一個真人品。否則，你言行不一致，內外不一致，好像永遠戴著一副假面具，在說假話、做假事，你將會自己也不明白自己究竟是怎樣一個人，在做怎樣一回事。因此，不誠便會連帶

6　同上註。

7　同上註。

8　同上註。

地不明，不明也會連帶著不誠。」[9]

如果你在行為上確實要誠誠實實做人，決心不說假說、不做假事，那麼，你就會懂得「人我合一」這一真理了。你自己就會明白，不管是否有人在場，不管是否有人知道，你都應該是一樣的。這便是對人如對己，對己如對人。如何「對人」和如何「做人」，原是一件事的兩個方面。一個人當先懂得「人」，才懂得如何「對人」和「做人」。反過來說，你如果懂得如何「對人」和如何「做人」了，也就自會懂得如何才是一個「人」了。

人要「做人」，就不得不懂得對「物」。因為人總是「與物為伍」的，飢了要吃，冷了要穿。如果不懂得物，不懂得「與物為伍」，人便會被餓死，被凍死，如此，又怎麼能談「做人」呢？如果你真懂得對物了，那麼你就應該明白，物是沒有「虛偽」的，天地間萬物，盡是一個「誠」字，全都有它們自己的一番「真實不虛」的真理。當天地間萬物都以它們的全部「誠實」與「真理」來對你時，人怎麼可能用「虛偽」來對物呢？於是，人之為人，真該要明「物」理的。明物之理，在一個「誠」字，由是，人與物合一了。

只有當一個人通達人情、明白物理了，他才真正懂得如何真真實實、完完善善地做一個人。如此再沿著此路通達下去，人便可以做到「天人合一」的「神」的境界了。

錢穆把明白「言行合一」、「內外合一」的真理叫做「人格真理」；把明白「人我合一」的真理叫做「社會真理」、「人文真理」；而把明白「物我合一」的真理叫做「自然真理」、「科學真理」；把明白「神我合一」、「天人合一」的真理叫做「宗教真理」、「信仰真理」。

錢先生認為，「人生逃不出此四項真理之範圍，我們全部生活在此四項真理中」[10]。在人生實踐中，一方面，我們要對這四項真理逐步研尋、分途研尋，分別明白這四項真理；另一方面，我們又必須把這四項真理融通會合，懂得這四項真理其實根本的還是一項真理，並把這「一」個「真理」作為人生之「道」「一以貫之」地堅持貫徹到人生旅途中去。錢穆認為，這便是《中庸》所謂「誠則明，明則誠」的道理，也是新亞書院將「誠明」二字作為校訓的基本緣由。

如果我們把錢穆對「誠明」的闡釋連接起來，他實際上是在呈現一種中國人做人的基本理路：首先，要明白「德行與認識合一」這是做人的最高理想；其次，要在「言行合一」方面落實這種認識，由此你可以形成「真人品」；其次，要通達人情，以待己之方式待人，從而做到「人我合一」；其次，你還需要明白物理，成己也成物，從而達到「物我合一」；最後，當你成己、成人也成物了，你也就成為真實完善的一個人，而這同時也就是天命之實現，也就達到了為人的最高層次「天人合一」。

---

[9] 同上註。

[10] 同上註。

從錢穆對新亞校訓「誠明」的釋義可以看出，他的信念和思想，已經不是一個「歷史學家」可以概括的了，更多的，體現為一個「思想家」的視野。其實，錢穆晚年的《晚學盲言》就是作為一個思想家在構建一個完整的思想體系。[11]

三、唐君毅對「誠明」之釋義

作為新亞書院的教務長，唐君毅於1969年應新亞書院同學的邀請，也做了一篇釋新亞校訓「誠明」的小文章。文章標題叫做「略釋『誠』『明』」，原載於一九六九年六月二日的《新亞學生報》第三十一期，後轉載於《新亞生活》雙週刊第十二卷。

作為哲學家的唐君毅，在釋義「誠明」時，同作為歷史學家的錢穆一樣，也把「誠明」分為了四個層次或者說四重境界。如果說，作為歷史理性非常厚重的歷史學家的錢穆，釋義「誠明」側重於從歷史文化意識角度分析提煉「誠明」的四重境界的話，那麼，作為一個生命性情十分厚重的「仁者型」哲學家的唐君毅，釋義「誠明」則更關注的是我們在現實的生命情調中「誠明」可能彰顯的不同方面和層次。

唐君毅認為，簡單地說，「誠即是真實，明即明白」。「真實明白」，就是「誠明」的本真義，或者說，至少是它彰顯於我們生活中的含義。接下來，唐君毅分析了這種彰顯於我們生活中的「真實明白」的三個層次四個方面。

（一）客觀事理的「真實明白」：真理及真理的標準的多元性

客觀的「真實明白」就是「客觀的真理」，就是事物或者事件本身的呈現，是不帶虛偽的「誠」。求真理即求誠。他說：「我們說誠即真實，此真實可以是指一客觀的真實，如客觀的事實真理，都是客觀的真實。依次說，誠明的校訓，其意即是要大家同學，明白真理的是事理，或求真理而明之。」[12]

唐君毅以他一貫的敘述風格，從日常最簡單最直接的「真理」出發闡釋深刻的真理。他指出，讀書就是為求真理；如果讀書只求記誦具體的知識結論以應付考試，就不是為求真理而明白之，就不是求「真實明白」，也就不是「誠明」。

既然讀書是為了「求真理」，那就得對「真理」本身有所了解、有所「明」。唐君毅認為，「真理」有各種各樣的，判斷「真理」的「標準」也有各種各樣的。

大體上說，真理可分為單個的命題（即日常所說的「話」）和體系化的理論（即通常所說的「學問」）兩個層次。就命題真理（即日常話語中的「話」）而言，有的

---

[11] 《晚學盲言》分「宇宙天地自然」15篇、「政治社會人文」30篇、「德性行為修養」45篇共三部分90篇，達70萬字。見錢穆：《晚學盲言》（桂林：廣西師範大學出版社，2004）。

[12] 唐君毅於1969年應新亞書院同學的邀請，做了釋新亞校訓「誠明」的演講。以「略釋『誠』『明』」為題，原載於1969年6月2日的《新亞學生報》第31期，後轉載於《新亞生活》雙週刊，第12卷，收錄於學生書局版《唐君毅全集》，第7卷，大陸九州版《唐君毅全集》，第16卷。

命題的不真，是因為自相矛盾，前後不一致；有的命題的不真，是因為不合客觀的事理；有的命題的不真是因為不能應用；有的命題的不真，是因為不符合當然的理想規範。就學問真理（即體系化的理論）而言，也是有不同的學問不同的「真理」標準的。有些學問，只要求它論述的邏輯不自相矛盾、前後一致，就可以說它所論述的就為「真」（真實明白，誠）。比如：數學邏輯中的真理，只需要由作為前提所設定的公理推出其他定理、其他邏輯命題，彼此不矛盾，便可稱為真了，並不需要另求合於其他客觀事物的「事理」。但是，有的學問，比如歷史與純粹理論的自然科學、社會科學，則須同時符合客觀事理才可以為「真」。而應用的自然科學的技術知識，則還須應用於一技術的目標之實現完成，然後才為「真」。至於文學藝術與道德倫理學的知識，則更須論到美與善的理想、規範，這些理想、規範，都是人從事文學藝術創作、人有道德行為時「理所當然」的。只要我們的文學藝術創作、道德行為不符合美善的標準，我們也就可以說它不是「真」文學、「真」藝術、「真」道德。

不管是命題真理還是學問真理，唐君毅認為，其真之判定都有不同標準，大體上可以有四個方面的標準，即：是否自相矛盾、前後不一致；是否符合客觀的事理；是否有具體的效用；是否符合當然的理想規範。數學邏輯中的真理，只是以邏輯的不自相矛盾為「真」；歷史與純粹理論的自然科學、社會科學，則須同時符合客觀事理才可以為「真」；應用的技術知識，則還須應用於技術的目標實現才為「真」；文學藝術與道德倫理學的知識，則更須合於美與善的理想、規範才能為「真」。

唐君毅在這裡指出了多元的真及真的標準，有邏輯的真，有事實的真，有應用的真，有規範的真。這就表明，在不同的學問中，真與不真判別的標準不全是一樣的，或者可以說，各種學問中有不同的真理。真理有種種，判別真理的標準也有種種。唐君毅批評那種只以一種真理標準概括其他，抹殺其他的態度，稱這種「以為其他真理不存在」的態度，是不「誠」不「明」。而要「免於輕易概括之意見之錯誤」，對哲學中關於「真理的理論」的真理進行深入系統的了解，是最好的途徑，否則，便「只有天生的廣博的胸懷，然後才能知真理的世界之大，以免於此種錯誤」[13]。

（二）主觀言行的「真實明白」：人生理想的踐行和理想實現之艱難

唐君毅認為，明白客觀事理還只是我們向「誠明」邁出的第一步。要「誠明」，更重要的是要落實到個人的人生實踐上，即在主觀上要做到言和行的「真是明白」。

1.言的「真實明白」：避「妄語」而說老實話

言的「真實明白」即是說老實話，即孔子所謂的「知之為知之，不知為不知」。世界無窮，世間的學問也無窮；知識無窮，真理亦無窮。任何人所知道所能知道

---

[13] 唐君毅：〈略釋誠明〉，《唐君毅全集》，第16卷（臺中：九州出版社，2016），頁105。

的都極其有限。所以，對於求知識、求真理，「不知」是不可怕的，可怕的是以不知為知，不知而說「知」。不知而說「知」，是欺人欺己，使人不明白真實，是為「狂言妄語」。「妄言」有各種各樣的。有意的不知說知，以自欺欺人，是顯然的妄語。對他人的妄語不加判斷，便隨附和，是妄語；流行的標語、口號、惡俗的詞句，聽慣了，隨口說出，這也是妄語。為了討不同的人喜歡，而隨便說不同的話，而不問其真實與否，此亦是妄語。在行文說話中，不知不覺間帶出了一句並非自信為真的話，也是妄語。隨意編造文字，是妄語；由思想混亂而說出的無意義的語言，也是妄語。這些「妄語」，根本上就是言說的不「真實明白」，即言語的不「誠」。

這些「狂言妄語」未必真能欺人，卻可欺己。它阻塞了自己求明白真理、求學問知識之進步的路徑。因為一切的狂言妄語，都好似在我們自己與真理之間築一道高牆，會使我們自己不明白真理，而使我們在求學問知識的歷程中不能真正的進步。唐君毅甚至認為，不作狂言妄語是一切想求學問知識的人的根本。如果一個人根本上壞了，枝葉是絕不會繁榮的；根本上不壞，枝葉必然會不斷長出。據此，唐君毅勸誡新亞書院的學生到：「不要怕『不知』，只須怕『以不知為知』，不要怕自己知識學問不如人，只要謹記住：不說狂言妄語以欺人自欺，則我可以保證你們之學問必然要進步，即可說『雖愚必明』。同時對於一些聰明而已有相當知識學問的同學們，如果你們未免掉誇大等以不知為知的的妄語之習，則我可以斷定，你們之學問知識必不能真正進步，而且你們之聰明亦終將一天一天的喪失。因為你們雖有聰明，尚未明白此上所說之一根本的道理。你們以妄言掩飾真理，撕下迷霧，本身便是使你們自己之聰明，變為糊塗昏昧而不明白的。所以你們之天生的聰明，必然隨年齡之日長而日衰。於此亦可說雖明必愚。」

當然，言說的「真實明白」（誠言）的意義與價值是多方面的，而與「誠言」相反的「妄言」，也有各種各樣。有意的不知說知，以自欺欺人，只是顯然的妄語。此外，人還有種種無意的妄語。比如：對他人的妄語不加判斷，便隨附和；流行的標語、口號、惡俗的詞句，聽慣了，隨口說出，這也是妄語。為了討不同的人喜歡，而隨便說不同的話，而不問其真實與否，此亦是妄語。在行文說話中，不知不覺間帶出了一句並非自信為真的話，也是妄語。隨意編造文字，是妄語；由思想混亂而說出的無意義的語言，也是妄語。這些「妄語」，根本上就是言說的不「真實明白」，即言語的不「誠」。

在唐君毅看來，說老實話，不妄言，即是「誠」，明白其意義與價值，便是「明」。人類之妄語，即使學者或賢者，有時也是不可避免的。人在「妄語」時，往往並不知道那就是「妄語」。所以，客觀地說，人要作到說話全無一句話是妄語，不是容易的事。當然，「不免於妄語而說已能不妄語，不容易的事說其容易，此亦是妄語。」一個人做到全無一切妄語，才是真正的「誠」，這當然是不容易的；而能夠對自己與他人的一切妄語，皆明白其是妄語，則是「明」，這「明」也是不容易的。

2.行的「真實明白」：避「偽行」而行真實行

「誠明」的再深一層意義，是從人的行為、生命精神與人格自身上說的，即行為的「真實明白」。人可以妄語欺人，也可以偽行欺人。表面與人親熱，而內心則懷敵意與利用之心，這便是行為的不真實明白，是虛偽的行為。人的聲音笑貌、行止坐臥的一切行為，無不可以偽裝。一個真正誠實的人，不只是說真實話的人，也一定是一行真實行、無虛偽的行為的人。

唐君毅認為，就行為的動機而言，人的虛偽的行為可以是有意的也可是無意的。有意的虛偽行為，人可以自覺到，要全加以改正是不容易的；而無意的虛偽行為，由於為人所不自覺，所以即使賢者也在所不免。

虛偽的行為之所以虛偽，是因為它與我們內心中所原有的不一致。由此，我們可以說，凡是我們的行為與心意中所想的不一致者，都可以說是虛偽的。譬如：我們有許多習慣的、本能的、衝動的行為，常常不自覺的自然發出，這些行為並不是我們自己主觀上認為應當發生或者我們自己認為是合理的，可是，我們卻會因為已經形成的生活和行為習慣，本能地、衝動地發出此行為，一當行為發出後，自己的意識才知其不當有、不合理。唐君毅認為，凡是我們「知其不當有而又有」的行為，都是與我們「所想的當有者」不一致的，即都具有行為上的「虛偽性」。這種行為由於與我們「所想的當有者」不一致，便都可造成我們自身的生命精神或人格的一種「內在的分裂」、「內在的矛盾」。這樣的「虛偽的行為」，儘管不是我們自覺的「當有者」，卻也都是為了形成我們統一的生命精神統一的人格時所必須加以去掉的。因為，如果我們沒有形成統一的生命精神、統一的人格，那麼，我們的生命精神與人格，就還是「尚未真實的形式」，即「尚未真實的存在」，亦即做人未做到「真誠」的標準。所以，凡是我們身上還存有「不合理而不當有之行為」時，我們就還不是一「真實存在」的人，也就還不能算一「真誠」的人。

客觀地說，人要使其行為全是合理的，全是「當有而後有」的，實是千難萬難的事。任何人都不敢說自己已經成為一「全副的真誠」的人，也不敢說我們已經是一「全副的真實存在」的人。果能做到的，我們便說他是「聖賢」了。可是唐君毅指出，世間是沒有一個聖賢在生前自己就說他自己是聖賢的。聖賢對生前的人所說的，只是我們「做人的理想」，這理想可能我們永遠達不到。「在知識的世界中，在無盡的真理之大海邊，我們永遠是小孩，尚未成人。在聖賢的真誠的標準上看，我們亦永遠是小孩，而亦未成人」。

但是，唐君毅認為，不能在現實中自成「聖賢」並不是我們放棄求行為之「真實明白」的理由。就如我們在知識上，儘管我們不能宣稱我們已經獲得了全部真理，但是我們卻必須要樹立「永遠要去求真理」的求知理想一樣；我們在行為上，儘管我們不能宣成我們已經成為沒有「虛偽行為」的「聖賢」，但是我們仍然必須要確立「永遠要學為聖賢」，要不斷地踐行聖賢的行為與生命精神及人格的人生理想。

那麼什麼是作為「理想」的「聖賢」的行為樣式呢？唐君毅指出，理想的聖賢，只是其自然發出的行為，無不是合理的、當有的。這在《中庸》裡稱為「不思而中、不勉而得、從容中道」的境界，宋儒稱為「天理流行」的境界。在這種境界裡，他的行為，他的生命精神與人格，前前後後是一貫的、統一的，《中庸》稱為「純亦不已」。他內在的心情意志之表現於外表的言辭行為，亦無任何遮遮掩掩，曲曲折折的情形，都是「誠於中，形於外」，所為之事無不可對人言。他的人格之前前後後、內內外外，互相映照，全是一片光明，通達貫徹；他以此光明來成就自己，也成就自己以外的世界。在《中庸》裡稱之為「誠而明」，以「成己成物」。唐君毅知道，做人要做到這一步，誰也不敢說已做到。但是，他強調的是，以此為做人的理想，卻是我們每一個人尤其是青年人可以有的。世間有許多偉人的理想，中年老年人不能抱的，青年人則可以抱。作為聖賢的孔子不就是「十五而志於學」嗎？

（三）超越宇宙的「真實明白」：成己成物之宇宙大道

唐君毅認為，「誠明」的最高層次，「可以從誠之成己成物的意義，說到誠之為一宇宙的大道。」這個意義上的「誠明」實是指超越的「真實明白」，即超越一己之「真實明白」，或者也可以說是宇宙的「真實明白」。

唐君毅認為，「誠」即「成」，一切事物之成都是誠。事物不成，即無事物；故曰「不誠事物」。求真理求知識，是成就對真理的知識；對真理之知識不「成」，則無知識亦無真理可見。說話是為成就表意，妄語狂話，不真表意，不能成就表意；表意不成，話即不成話，亦不是話。使行為合理，是成就行為，成就統一的生命精神人格；統一的生命精神人格不成，則人不成人，亦不是人。如此推論，以致天地萬物要成為天地萬物，上帝要成為上帝，鬼神要成為鬼神，都賴乎此一個「成」字。此「成」即是「誠」。這樣，在唐君毅看來，「誠」即是一切人與天地萬物上帝鬼神之所以成為人與天地萬物上帝鬼神之道，即「宇宙之道」。

「成」既然是「宇宙之道」，那麼，什麼是「成」呢？唐君毅指出，不是說只「一時有了」便「成」了，「必須有，而且繼續不已的有，然後成」。譬如治學，必須是「繼續不已」的治學，才能「成」學；譬如說話，必須是「繼續不已」地說到「前後一致」、「內外一致」的話，才「成」話；譬如做人，必須是「繼續不已」地向做人的理想前進，才「成」人；譬如天地萬物，必須「繼續不已」地以天地萬物呈現，天地萬物才「成」天地萬物；譬如上帝鬼神，必須「繼續不已」地救人愛人，才「成」上帝鬼神。總之，一切存在的，都必須「繼續不已」地存在，然後才可能是有「成」的存在，「真實」的存在。

「繼續不已」，亦即是「承先啟後」，即是「繼往開來」。承先啟後，就是使「先」更光大；繼往開來，即是使「往」更光大。光大即是「明」，亦即是繼續不已的結果，即「成」或「誠」的結果。所以有誠有成，即有明。唐君毅指出，中國之

「明」的意義原是月明透入窗。窗外有明月，窗內亦有明月。這便是光明之由窗外到窗內，而繼續不已。如果有窗簾隔了，明月之光便斷了，窗內一片黑暗。所以明月之光明，亦必須繼續不已的向窗內照入，才有此窗內之光明。所以，唐君毅深切地指出：「中國教育文化，不能承續五千年之教育文化，以開啟中國未來之教育文化，中國之教育文化即非真實的存在；新亞書院之教育不能承繼新亞之原始教育精神，開啟未來之新亞教育精神，新亞書院之教育亦非真實的存在。」[14]

月之「明」自己是不能「照見」窗外的明月的，也不「知」窗外的明月在向窗內照，以及其照之「繼續不已」。換言之，儘管人與天地萬物上帝鬼神之繼續不已的真實存在，雖然已有此誠（成）之道貫於其中，但能明白此誠（成）之道的，卻是我們的心靈。沒有我們心靈的光明，便也不能「知」此誠之道，也不能「知」一切真實存在者之所以為真實存在之道。唐君毅知道，將「誠明」說為一「宇宙的道理」，是不容易被人理解的。他最後提供了一種由己而「自誠明」的路子：

> 每一位只須自己誠心想想：在宇宙中有一個我，我有一心靈的光明。——此一心靈的光明，我老實告訴大家，原是一無限的光明。所以它能明白天地萬物的道理，明白一切世事人情，明白古往今來的人類歷史文化，明白自己的理想……。又請大家誠心再想想，此一個我，屬於我的家，我的國，我的世界，我的宇宙，亦在此我的宇宙中，放出心靈的光明；更能以此光明，去照見古往今來無數的人之心靈的光明中所照見的，而彼此光光相照，以相繼不已。大家把此二點想通了，如能更本此光明，去立定志向，以成就自己之光明磊落的言語、行為與事業，亦使之繼續不已。這便算明白我們校歌中所說的「五千載今來古往一片光明」的意義。[15]

四、余論：關於兩人的「新儒家」稱號

錢穆和唐君毅釋「誠明」之義，都本乎《中庸》的基本理路，以「為學」與「為人」之統一為基本旨歸，可謂語重心長、至理透徹。作為新亞書院的「聖人」和「亞聖」，在闡釋新亞校訓、規誡新亞學子方面，可謂「循循善誘」而又「誨人不倦」了。

錢先生的釋義就像他的歷史學著作，清楚明白，義理清晰。從做到「誠」的四重功夫內外合一、人我合一、物我合一、天人合一，說到「明」的四重真理人格真理、人文真理、科學真理、信仰真理，給我們以真正的洞識，解心中之疑團，真可謂「聖人」之「微言大義」。

---

[14]　唐君毅：〈略釋誠明〉，《唐君毅全集》，第16卷，頁109。
[15]　同上註，頁110。

唐先生的釋義就像他的人生哲學著作，盤盤旋轉，豁達寬宏，細膩入微。從「事理」說到「人理」再說到「天理」。他的四個層面的分析說明，大體上可以歸為客觀（客觀的「真實明白」，觀事理）、主觀（語言的「真實明白」和行為的「真實明白」，觀人理）、超越主客觀（宇宙的「真實明白」，觀天理）三重境界，而這正是他晚年的宏大巨著《生命存在與心靈境界》觀世界、觀人生、觀宇宙的三個基本向度。唐君毅說理過程中的「情」的投入，是他「仁者」的生命性情的流露和體現，這一點是不同於錢穆作為歷史學家的就事論事就理說理的「冷靜」的。

　　簡單地將錢穆和唐君毅對「誠明」的釋義作一對比，我們發現，錢穆的釋義是典型的史學家的釋義，詞句的準確梳理，語言的簡潔，態度的超然客觀，都可以在錢穆的釋義中感覺出來。儘管，錢先生作為一個具有思想家風格的史學家，作為一個對儒學和中國傳統文化十分景仰的「國學大師」，他將「誠明」所蘊含的人生哲學揭示的非常清晰透徹，但是，從字裡行間可以感覺到，錢先生對「誠明」所昭示的人生哲學，更多是一種「欣賞」和「贊成」的態度。

　　唐君毅是一哲學家，是一性情哲學家，更是一信仰儒學的儒者。從唐君毅的釋義中我們看出，他語言運用上的「苦口婆心」，他表達上的性情體證，他論證方式上的主觀性，以及他對「誠明」所昭示的人生哲學的「信仰」和「踐行」態度，都是非常鮮明的。他的釋義不是一個客觀的學者的釋義，而是一個實際踐行者的自我主觀表達。

　　儒學是生命之學。儒者（或者儒家）是將儒學精神落實到人生實踐中的實踐者。在現代新儒家的陣營中，唐君毅是被稱為典型的仁者型新儒家，而錢穆是否是新儒家一直有爭議。錢穆本人拒絕在1958年元旦發表的所謂「新儒家宣言」上簽字，後錢穆弟子余英時也專門作文證錢穆不是「新儒家」。一個思想家是否儒家，根本的不是他在著作中在研究或者言說著儒學的道理，而是他在信仰儒學的根本精神並論證它、踐行它。他必須是向上尋求儒學之為儒學的形上根本，去體證儒學；向下踐行儒學之為儒學的基本精神，去踐行儒學。只有將對儒學的形上體證信仰、對儒學的形中言說論證、對儒學的形下落實踐行有機結合起來的思想家，才是真正的「儒家」。從這個意義上，我們可以說，唐君毅是真正意義上的「新儒家」，而錢穆不是真正意義上的「新儒家」。

　　關於此一點，我們還可以參閱唐君毅在給徐復觀的一封書信中的說明：

　　「關於兄所言錢先生論中庸之文事，說其純是自飾，亦不全合事實。錢先生致其三百年學術史看便知其素同情即情欲即性理一路至清人之思想，此對彼影響至深。彼喜自然主義、喜進化論、行為主義。由以此論德性，亦一向如此。彼有歷史慧解，生活上喜道家，故在歷史上善觀變。但其思想實自來不是孟子、中庸至宋明理學之心學道學一路。熊、梁二先生是此路……今其論中庸文釋誠與不睹不聞，都從外面看，此確違中庸意。弟以前寫中哲史亦犯此病以論誠，

既而悔之。此中亦確有易歧出處，暇以後當為文及之。（目前在一般青年心中已漸不視錢先生為真正之理學家、真儒者，而只是視之為一國學大師、史學家，乃一對彼較好之現象，可免被責為偽儒。故其所為文，他人亦不必如何重視。則兄所慮者亦不如是嚴重矣！）[16]

當然，說錢穆不是「新儒家」並不貶損他的思想文化價值，說唐君毅是真正「新儒家」也不會抬高他的思想文化價值。「新儒家」在這裡只是一個學術分類的「事實陳述」，而並不具有「價值評判」的意義。

---

[16] 唐君毅：〈致徐復觀書信第24封〉，《唐君毅全集》，第31卷，頁75。

第三十九章 師鐸——錢穆（1895-1990）與孫國棟（1922-2013）

新亞研究所／香港浸會大學歷史學系
李金強

　　二十世紀上半葉，中國遭逢革命、內戰、以至日本侵華。神州大地，戰火連綿，哀鴻遍野，國民流離失所。處此慘變危難之世，中國知識分子，仍本傳統儒家淑世精神，於亂世分離之局，努力堅持究心學術、講學杏壇、絃歌不絕，藉以培養新生代之中國青年，務求延續國脈，期盼治世之來臨。

　　江蘇無錫錢穆賓四先生，於1949年前後，遭逢國共內戰戰亂，輾轉南下，終於落地香港。抵港後，與南來學人崔書琴（1906-1957）、唐君毅（1909-1978）、張丕介（1905-1970）於艱困中創辦「亞洲文商專科學校」，翌年改稱新亞書院，撫輯流亡師生，起而辦學。以發揚中國文化，吸納歐西文明，謀求和平世道，為人類社會帶來幸福前途為依歸。[1]繼而創立新亞研究所，由錢氏出任所長及導師，對中國文史哲的傳統學問，進行「創新」研究，藉此培訓大學的文史哲師資。由是為二十世紀下半葉以降之香港學術界，培訓出一批研究中國文史哲的卓越學者。[2]

　　時解除軍職之青年孫國棟，亦因國變，南下香港，考進新亞研究所，以研究〈唐三省制之發展〉而受業於錢穆之門下，二人建立師生情誼。日後並於新亞書院及研究所任職，參與創辦新亞中學。又起而撰著，以唐宋史研究，著稱學界，繼而秉承乃師之教導，以發揚傳統中國文化之理念為己任。新亞精神，由是得見於孫氏之身影而有所傳承，遂獲「新亞人」之譽稱。[3]本文即就此進行探究，全文共分三部分。其一，

---

[1] 錢穆：〈招生簡章節錄〉，《新亞遺鐸》（北京：生活・讀書・新知三聯書店，2004），頁12，「旨在上溯宋明書院講學精神，旁採西歐大學導師制度，以人文主義之教育宗旨，溝通世界中西文化，為人類和平社會幸謀前途。」張丕介：〈粉筆生涯二十年〉，《新亞書院學術年刊》1970年12月期，頁53-55。張氏謂參與徐復觀（1904-1982）於香港創辦《民主評論》，得識撰稿者錢穆與唐君毅，並得悉錢氏與三位朋友，計畫創辦一所「流亡學校」，由是加入，是為新亞書院的創設。

[2] 〈本所創辦簡史〉，《新亞研究所概況，1986-1987》（香港：新亞研究所，1986），頁6；〈研究所〉，《新亞書院二十週年校慶特刊》（香港：新亞書院，1969），頁148，155；由1955至1969年，研究所畢業生計共87人，1/3人在大專院校擔任教職，進修者1/3人；另1/3人在本港中學任教。又參余英時：〈錢穆先生八十歲紀念論文集弁言〉，《猶記風吹水上鱗——錢穆與現代中國學術》（臺北：三民書局，1991），頁244。指新亞研究所創立，以文化創新與人格之完成為第一事，第一義，而視學術之研究為第二事、第二義。並指出二者應為一。

[3] 李金強：〈孫師國棟（1922-2013）與新亞研究所〉，《新亞學報》2015年第32卷，頁11-20。

錢穆與新亞研究所之創辦；其二，孫國棟受業於新亞研究所；其三，農圃道師生情誼之迴響。藉此說明錢、孫二人與香港華文史學發展之關係。

一、錢穆與新亞研究所之創辦

錢穆，出生江蘇無錫。明清時期，蘇、常江南地區為全國傑出人才之搖籃，及至清末民國，西風東漸，遂出具有舊學新知，蔚育兼融之士子。錢氏即於此一人文環境下，入學於果育小學，常州府中學、鍾英中學，並受教於名史家呂思勉（1884-1957）。[4]以其天資善記誦而於春風化雨中，成其具有獨特之人文學養。稍後即以先秦諸子研究，顯露頭角。此後於故里任教小學，經施之勉（1891-1990）、顧頡剛（1893-1980）之推介，終於得以晉升高中，以至於講學上庠。自1930年起至其逝世，先後於全國及海外各大學、研究所任教，達五十七年（1930-1986）之久。錢氏幼年時讀梁啟超著述，深受其「中國不亡論」之影響。遂致力於論證中國不亡之依據，由是勤於著述，以至著作等身，初以《劉向歆父子年譜》（1929）、《先秦諸子繫年》（1935）震動學林，聲聞學界。而以抗戰時期出版《國史大綱》（1940）以國史驗證中國不亡，振奮人心，名聞全國。至晚年在臺北出版《朱子新學案》（1971），五冊巨著，體大思精，而成其一代史學及國學大師之名望。[5]就其於大學任教而言，首於北平之北京大學、燕京大學、北京師範大學任教；繼於抗戰時期，任教西南聯大，成都齊魯大學研究所、華西大學、四川大學；抗戰勝利後，隨著內戰，時局逆轉，先至昆明五華書院，繼至雲南大學，又轉赴無錫江南大學，任文學院院長，再南下至廣州華僑大學。一九四九後流亡至香港，創辦新亞書院及研究所，並先後於耶魯大學、馬來亞大學、臺北中國文化大學等校任教。[6]錢氏於1949年前後，在史學及教育之重大貢獻，從而獲香港大學及耶魯大學頒授榮譽博士。而更值得注意

4　王樹槐：《中國現代化的區域研究──江蘇省的區域研究1860-1916》（臺北：中央研究院近代史研究所，1984），頁44-66，指明末有清一代江蘇人文薈萃，科甲進士常居全國之前列，人才鼎盛，而其學風尤擅考據及經世致用之學；又參頁259-268，民國時期江蘇新式教育發達，高等教育較他省為先，而中學教育位居全國之冠。

5　孫國棟：〈為中國招魂──追懷錢穆（賓四）師〉，《慕稼軒文存》（香港：科華圖書出版公司，2007），頁123-124；〈追念錢賓四吾師〉，《生命的足跡》（香港：商務圖書館，2006），頁40，謂錢氏計出版專書81種，論文、雜文953篇，共1,700萬字，品質皆屬空前；余英時：〈猶記風吹水上鱗：敬悼錢賓四師〉，《猶記風吹水上鱗：錢穆與現代中國學術》，頁9-10，余氏指其《國史大綱》一書讀通同時代史學專家的研究文字，並謂此書「不僅是正史，九通之類的舊史料，而且也包含了整個民國時期的史學史」。

6　錢穆先生的生平與成就，見嚴耕望：〈錢穆賓四先生行誼述略〉，《錢穆賓四先生與我》（臺北：臺灣商務印書館，1992），頁1-37；其教學與著述的經歷，見葉龍：〈錢穆大師的教學及著述生涯〉，《錢穆講學粹語錄》（香港：商務印書館，2013），頁136-149；其史學思想的萌發與形成，參徐國利：《錢穆史學思想研究》（臺北：臺灣商務印書館，2004），上編，頁3-68。

者，則為1968年獲選中央研究院第七屆院士之學術桂冠頭銜。[7]而錢氏在港創辦新亞書院及新亞研究所，不但為其一生教育與學術事業之高峯，抑且為戰後港、臺及海外培訓不少著名文史哲學者。其中該院及研究所之第一屆畢業生，包括余英時、孫國棟（1922-2013）、章群（1925-2000）、何佑森（1930-2008）、余秉權、羅球慶、柯榮欣、石磊、唐端正等，即為明證，故有王爾敏謂議立新亞學派之論。[8]

就錢氏創辦新亞研究所而言，當由其於1949年創辦新亞書院而起。1949年事緣內戰，士商南渡香江，錢氏好友張其昀（1900-1985）、謝幼偉（1905-1976）、崔書琴相繼逃亡抵港，計畫開辦「流亡學校」，「以流亡學者為教授，以流亡青年為學生，以中國古代書院傳統方式為楷規，而以溝通中西文化，發揚中國文化為目的」。[9]繼因張、謝二人離港，錢氏遂邀前江南大學同事唐君毅，及在港新識主編《民主評論半月刊》之張丕介，與崔氏四人，租用九龍佐敦道偉晴街華南中學課室，開辦「亞洲文商專科學校」，於夜間辦學。至翌年改稱新亞書院，並在上海建築企業家王嶽峯資助下，設新校舍於桂林街61、63及65號之三、四樓。繼而向教育司立案，改成日校，開設文、史、哲、教育、經濟、商學等系。任教者皆為流亡學人，如吳俊升（1901-2000）、劉百閔（1898-1968）、羅香林（1906-1978）、程兆熊（1906-2001）等。就學者則為流亡青年，在艱困環境下，以「手空空無一物」，「艱險我奮進」的「新亞精神」（亦稱桂林街精神）堅持辦學。終於獲得港府認同，以不牟利辦學，得臺北國府蔣介石總統（1887-1975）資助，稍後並獲美國之亞洲協會（Asia Association）、耶魯大學中國雅禮協會（Yale in China Association）及哈佛燕京學社（Harvard-Yenching Institute）相繼捐款，協助發展，此即錢氏所言「新亞之有今日，實有賴甚多校外人士之熱心幫助」之謂也。[10]其中雅禮協會代表盧鼎（Harry R. Rudin）、羅維德（Sidney A. Lovett）出力尤多。雅禮協會為1900年耶魯大學畢業生興起對華傳教而創立的宣教組織，乃透過教育與醫療來華宣教。1903年起在湖南長沙創辦雅禮中學、湘雅醫院、醫校，至1951年被迫離開中國，遂決定至港、臺發展事工。盧鼎自1919年已至長沙投身工作，至1952年被派來港尋找援助對象，由於耶魯大學歷史系教授吳克（Richard L. Walker）對錢氏及新亞書院推崇備至，來港後遂

7　王恢：〈當代史學家簡介——錢穆先生〉，《中國歷史學會會訊》1980年第38期三版，錢氏創立新亞書院及研究所後，1955年香港大學特授其名譽法學博士，1960年耶魯大學授其名譽人文學博士；錢氏遲至第七屆始當選院士，其間與學術派系排拒，頗有關連，參翟志成：〈錢穆的院士之路〉，《中央研究院近代史研究所集刊》2019年第103期，頁91-126。

8　新亞第一屆畢業生，見李金強：〈孫師國棟（1922-2013）與新亞研究所〉，頁13-15；區志堅：〈「錢、唐兩師和內子冰姿是影響我學術生命最重要的人物」——孫國棟先生治學的知識資源及家庭生活〉，論文宣讀於香港樹仁大學歷史系、新亞研究所、香港中文大學歷史系古代文化研究組合辦「紀念孫國棟教授逝世四週年」學術研討會，10\6\2017。又新亞學派之議立，見王爾敏：《20世紀非主流史學與史家》（桂林：廣西師範大學出版社，2007），頁7。

9　張丕介：〈粉筆生涯二十年〉，頁54。

10　錢穆：〈新亞書院創辦簡史〉，《新亞遺鐸》，頁753-770，引文見頁753；張丕介：〈新亞書院誕生之前後〉，《新亞書院二十週年校慶特刊1949-1969》（香港：新亞書院，1969），頁6-14。

與錢氏會面，從而得悉新亞的不牟利辦學及關心中國文化前途的辦學宗旨，繼而為該校師生精誠互敬互愛精神所感動，並獲香港教育司的贊同，遂決定給予新亞援手。該會除其初每年補助新亞二萬五千元美元外，更促成農圃道新亞新校舍的建成。及至羅維德接手，推動理學院及藝術系的相繼成立。[11]新亞書院由是得以突飛猛進，繼而創辦新亞研究所，培訓新一代的研究中國文史哲學者，由是蜚聲海內外。[12]

新亞研究所的創立，乃錢氏出任院長之初，已有所構思。擬招收專科以上畢業生，予以深造之機會。及至雅禮協會盧鼎出力資助新亞書院後，時亞洲協會艾維（James Ivy）亦願意相助。錢氏告知欲辦一研究所，目的「提倡學術、培養新人才」，獲艾氏首肯。遂於1953年秋，租用太子道304號，開設一「雛形」研究所。由錢氏主持，參加研究所的教授有余協中（余英時父親）、張丕介、唐君毅三位。另聘有研究生四人，即余英時、葉時傑、唐端正、列航飛，為本院有志專門研究的畢業生提供機會。[13]繼而遷所於嘉林邊道28號，然亞洲協會因艾維離去，並未繼續支持。至1955年美國哈佛燕京學社社長雷少華教授（Edwin Reischauer，任期1956-1964）來港訪問，會見錢氏，得悉研究所之發展及需要，遂同意協款資助，包括支持研究生獎學金、圖書館購書經費及創辦一學報（《新亞學報》），而新亞研究所遂由此正式成立。錢氏於1955年頒佈〈研究所計畫綱要〉，表明該所研究目的「在中國民族本身自有的歷史文化的基本意識與基本觀念之復甦」。[14]

1955年9月，新亞研究所正式成立，由錢氏出任所長及導師，張葆恆任教務長，導師除錢、張二人外，尚有唐君毅、牟潤孫（1909-1988）二人，研究員趙冰、沈燕謀（1891-1974）二人。隨即公開招生，入學考試包括國文、英文、中國歷史、中國思想史、中國文學史、中國社會經濟史、中國史學史及文字學等。結果共錄取研究生五名，包括柯榮欣（國立中央大學畢業）、羅球慶（新亞書院畢業）、孫國棟（國立政治大學畢業）、余秉權（國立中山大學畢業）、石磊（國立中央大學畢業）。前此籌備時期之研究生余英時則於1954年離港，至美國哈佛大學深造。留下在所只有唐端正及列航飛二人；錢氏又於臺北招考得章群、何佑森二人，合計共有9人在所。時規定研究生兩年畢業，共需修36學分，精習一種外國語文，完成論文一篇。所開課程計

---

[11] 錢穆：〈我對於雅禮、新亞合作十七年來之回憶〉，〈新亞書院創辦簡史〉，《新亞遺鐸》，頁717-722、768。盧鼎在美為新亞向福特基金會籌得款項，建設農圃道校舍。而羅維德及其夫人協助新亞創設理學院及藝術系；參盧鼎：〈一九五三年東西之會〉，《誠明古道照顏色──新亞書院55週年紀念文集》（香港：新亞書院，2006），頁45-50；參Francis S. Hutchins, "Bonds of Friendship: New Asia College and the Yale in China Association," 《新亞書院二十週年校慶特刊1949-1969》，頁1-5；雅禮協會對新亞書院之資助，並參Nancy E. Chapman, *The Yale-China Association: A Centennial History*（Hong Kong: The Chinese University Press, 1956），pp. 77-93。

[12] 錢穆：〈新亞書院十年來的回顧與前瞻〉，《新亞遺鐸》，頁204-208；盧鼎於1979年回顧新亞的發展，說：「試把三十年前篳路藍縷階段的新亞，對照眼前的巍峨校舍，龐大的學生數目，教師之濟濟多士，圖書、藝術品的增長，還有鵲起的名聲等，實叫人動容」，參盧鼎：〈一九五三年東西之會〉，頁50。

[13] 錢穆：〈新亞書院創辦簡史〉，頁767；〈校聞一束〉，《新亞遺鐸》，頁44-45。

[14] 錢穆：〈新亞書院創辦簡史〉，頁769；〈研究所計畫綱要〉，《新亞遺鐸》，頁64-65；

有中國思想、中國歷史、中國文學與文字、英文等，《新亞學報》亦於成立時出版，至今已刊35卷。[15]翌年7月下旬，農圃道第一期校舍落成，研究所隨即搬至「新廈北座之左下轉角處，毗鄰圖書館」，而新亞研究所於焉確立。[16]隨著寒暑轉易，一直興辦至今，為本港培訓大批中國文史哲人才。[17]

二、孫國棟受業新亞研究所

孫國棟，字慕稼，[18]廣東番禺人。出生於官宦之家，父雅如，母程衍池，前廣州市長程天固（1889-1974）為其舅舅。初中時就讀於廣州教忠中學，抗戰時遷校澳門，讀高中。於高中一時（1938），與同班何冰姿交往，產生愛慕之意。畢業後孫氏離澳返港，卻因太平洋戰事，香港淪陷，全家逃難至廣西，繼至重慶，入讀國立政治大學法政系。[19]於1944年響應國民政府號召「一寸山河一寸血，十萬青年十萬軍」的從軍運動，決定投筆從戎，捨身為國。自謂此乃自小受國恥教育，以及眼見國軍在抗戰中英勇表現的影響所致。[20]參軍後被編入青年軍201師炮4連，進駐重慶衛星小鎮璧山，始受軍事訓練，派充「前進觀察」兵，負責深入敵後測量敵陣。隨即奉調緬甸，飛越駝峯，抵達緬甸密支那，始悉原派赴印度，由於錯調至緬，改為補充在緬作戰的新一軍，遂轉為步兵，接受二等兵的嚴格作戰訓練。稍後，得以追隨抗戰名將新一軍軍長孫立人（1900-1990），並以特級下士，調入軍部，任職其辦公室。1945年抗戰勝利後，奉命隨新一軍回師廣州接收，駐守廣州租界沙面。受命查封敵偽機構，又參與編刊軍報——《精忠報》。稍後請求退伍復學，竟得與就讀中山大學之教忠中學同學何冰姿重逢，離別七載而情誼猶存，結果於1947年結為夫婦，婚後鶼鰈情深。復員後隨即至南京政治大學完成學業。[21]1949年時逢內戰國變，轉至澳門暫住，繼而南下

15　〈校聞一束〉，〈校園輯錄〉，《新亞遺鐸》，頁72、93；〈研究所〉，《新亞書院二十週年校慶特刊1949-1969》，頁147。

16　唐端正：〈農圃足跡〉，蘇慶彬：〈繼往開來——新亞農圃道〉，《農圃的足跡》（香港：商務印書館，2007），頁106、110-111。唐氏謂由嘉林邊道（車房）搬到農圃道一期校舍，感喟曰：「真有出於幽谷邊於喬木之感」。蘇氏則謂與桂林街相比，真有天淵之別，農圃道一期校舍，共分三座：（1）教學樓（靠農圃道新廈北座），頂樓為臨時禮堂，四樓為宿舍，餘下為教室，而二樓部分為研究所的研究室；（2）圖書館，與教學樓相連；（3）圓亭（為演講室與展覽室）。

17　新亞研究所畢業生及外籍特別生，分別在港臺及海外大學任教，參《新亞研究所概況1999-2000》（香港：新亞研究所，1999），頁58-94。

18　孫國棟：〈懷稼軒〉，《生命的足跡》（香港：商務印書館，2006），頁31-33。孫氏謂少年時已喜愛辛棄疾（號稼軒，1140-1207）詞，及至抗戰參軍，隨身只帶《稼軒詞選》，其後得讀辛氏《美芹十論》及〈九議〉，對其於宋金和、戰形勢分析之卓論，卻未為朝廷所納而惋惜。故既愛其詞，佩其才氣，又惜其不遇，「故以筆名慕稼，以陋軒名為慕稼軒」，表示敬愛之意。

19　蘇慶彬：〈悼念摯友孫國棟先生〉，《孫國棟教授追思集》（香港：孫國棟教授追思會籌備委員會，2013），頁49。

20　孫國棟：〈七七情懷〉，《慕稼軒文存》（香港：科華圖書出版公司，2007），頁205-206。

21　孫國棟：〈悼冰姿〉、〈一寸山河一寸血，十萬青年十萬軍——「我的抗日從軍行」紀實〉，《生命的足

香港，任教嶺東中學，兼訓導主任之職。其後該校校長接辦《中南日報》，遂任該報館主筆，以文字宣揚中國文化，推動民主思想。1952至1953年間，並擔任王道創辦《人生》雜誌之編輯，以「舌耕糊口，煮字療飢」，生活至為清苦。然將報章、雜誌所刊登文章，結集成書，由華僑印書館出版，此即《生活和思想》（1954）及《強烈的生命》（1955）兩書。同時得以認識錢穆、唐君毅、牟宗三、徐復觀等《人生》雜誌之撰稿人，尤受影響。至此漸生求學進修之志，至1955年決定脫離報業生涯。投考新亞研究所，師從錢穆，從事唐代政治制度史之研究，從而為其生平揭開新的一頁，此即與新亞的教育與學術事業，結下不解緣。[22]

孫氏於1955年秋入學新亞研究所。時研究所之研究生，規定不能在外工作，然可申請生活津貼，以便專心研究。研究所分文、史、哲三組，由導師開課，研究生必須每週上課；而研究所之研究室與圖書館及書庫相連，可利用此設施自行研究；所內研究生每月要參與研究所舉辦的月會，輪流作報告，並在月會舉行前一週，將報告文章抄寫抽印，分給導師和同窗，以備月會舉行時討論。最後需隨導師撰寫論文。[23]就講課而言，文、史、哲三組導師，皆開課供研究生選讀。以錢穆為例，開科尤多，據研究所第四屆研究生葉龍所言，錢氏自1953年起，在大學部開「中國經濟史」、「中國通史」、「中國文化史」、「莊子」、「中國文學史」、「中國社會經濟史」。在研究所則開「韓（愈）文」及「詩經」，此兩科三組全體研究生必讀。[24]就圖書館而言，由於得雅禮協會及哈佛燕京學社之助，1953年10月新亞研究所初設於太子道304號，即時籌設一小型圖書館，將書院原有藏書併入館內。翌年遷入嘉林邊道28號，地方稍大，乃分設圖書館、閱覽室及辦公室，圖書館初具規模，由校董沈燕謀（1891-1974）出任館長。1956年農圃道一期，完成圖書館一座，包括閱覽室、書庫（三層）及辦公室，寬廣宏大，藏書十餘萬冊。[25]在館長沈燕謀規劃下，購入線裝古籍五萬餘冊，而全館藏書尤以文、史、哲為多，有利該所研究生研究。[26]就月會而言，例由所長錢穆主持，於研究生報告後，師生共同討論。而最後由報告者導師，作全面評論及指正，再由錢氏作總結。後者發言尤受其時研究生之欽服。[27]

入所後的孫國棟，據同屆同學羅球慶所言，因其本人最為年輕，且剛畢業於新亞書院。而孫氏、柯榮欣、石磊、余秉權皆較為年長，分別畢業於國內著名大學。故能

跡〉，頁42-46、98-139。何冰姿之父覺甫先生為中山大學的詩學教授。

[22] 陳志誠：〈孫故所長國棟教授行狀〉，《新亞學報》2015年第32卷，頁4；羅球慶：〈敬悼孫國棟學兄〉，《孫國棟教授追思集》，頁42。羅氏謂此二書乃以孫慕稼筆名出版，講青年修養問題。並謂讀此二書，產生共鳴，又參孫國棟：〈悼唐君毅夫人方回師母〉，《生命的足跡》，頁47。說明編輯《人生》時與錢、唐、牟、徐等人之相識。

[23] 蘇慶彬：《七十雜憶——從香港淪陷到新亞書院的歲月》（香港：中華書局，2011），頁228-229。

[24] 葉龍：〈自序一〉，《錢穆講學粹語錄》，頁1。

[25] 〈二十年來之圖書館〉，《新亞書院二十週年校慶特刊1949-1969》，頁178。

[26] 廖伯源：〈錢穆先生與新亞研究所〉，《新亞研究所網頁，校史文獻》，頁8-9。

[27] 蘇慶彬：《七十雜憶——從香港淪陷到新亞書院的歲月》，頁228-229。

與他們同門，而自覺有榮焉。羅氏對孫氏尤感敬佩，因其先後參軍、教書、編刊，已具社會歷練。[28]而同期在所之名史家余英時，更謂其「國學背景遠在一般大學畢業生之上，他不但能閱讀古典經史文本，對於詩、詞、書法等也有很高的造詣，因此進入研究所後，很快便獲得錢氏及其他導師的賞識」，[29]隨即師從錢氏，以研究唐代政治制度史，而展開其於研究所的研究生生涯。

三、農圃道師生情誼之迴響

新亞研究所正式成立前後，除已入所之列航飛、唐端正、何佑森、章群外，首屆所招收五名新生，皆以史學研究為職志，其中由錢穆指導者，包括孫氏與柯榮欣二人。牟潤孫則指導羅球慶、余秉權及石磊三人。[30]孫氏由是與錢氏建立師生情誼，現從受業、請益及回饋三方面說明之。

（一）受業

孫氏自1955年入學研究所外，除修讀錢氏所講授之學科外，更在其指導下，進行研究，為其受業之始。在其入學的第一天，已被問及讀過那些學術性的書籍，遂自列書單報告。而被錢氏要求細讀其《國史大綱》一書。至第三天，因稱忙而只讀完該書百餘頁及未能細讀，遭錢氏面斥，並舉朱熹（1130-1200）謂做學問有如「救火」、「追亡」般迫切心情以訓之，不容閒散。孫氏汗流浹背，從而更為敬服，此後每天皆在圖書館大堂用功。錢氏每日皆八時許入研究室，經大堂時，例必看其研究工作的情況。其間孫氏再行細讀《國史大綱》，發現該書所論「唐代是中國政治制度發展高峰期」，從而產生研究唐代宰相制度的興趣。此即尚書、中書、門下三省「群相」制度，知其具封駁、彈劾、議政及行政權力而使王朝致治。然至中唐以後，三省制已日見敗壞，使王朝轉衰，故三省制之興廢，殊值研究。首先研讀歐陽修：《新唐書》之〈宰相表〉，過程中發現該表漏誤數十處之多，遂借助《新舊唐書》，《通鑑》及《唐大詔令》諸書，比勘考訂，文成後得讀嚴耕望新出研究《唐僕尚丞郎表》一書，參究此書而去同存異。進而校正、補遺、整理該表共122條，還原真相。此即其所撰寫之第一篇學術論文〈唐書‧宰相表初校〉，發表於《新亞學報》2卷1期（1956年8月）。期間又於研究生月會報告中，發表〈戰國遊仕之分佈與影響〉（1956年3月24

---

[28] 羅球慶：〈敬悼孫國棟學兄〉，頁42。

[29] 余英時：〈儒家傳統‧新亞精神——敬悼孫國棟學兄〉，頁38。

[30] 羅球慶：〈敬悼孫國棟學兄〉，頁43；又參李學銘：〈牟潤孫先生與新亞〉，《誠明古道照顏色——新亞書院55週年紀念文集》，頁196-201，謂牟氏於1954年由錢氏自臺灣聘其來新亞，出任文史系主任，兼任圖書館館長。至1956年遷入農圃道校舍，文史系分家，牟氏出任歷史系主任，兼研究所導師，及至中文大學成立，出任歷史系第一任講座教授。

日）。研究能力，日見邁進。至此，錢氏遂指示其著手碩士論文的研究與撰寫，並謂論文研究需有所發現，並應就個人學術背景、志趣，自行擬定題目。繼而以嚴耕望研究政治制度史的突出成績勉之，從而確定其唐史研究方向之決心。最終以唐代三省制度為研究題目，以此成文畢業。全文稍後發表於《新亞學報》3卷1期（1957）。此文論述有唐一代中樞三省制度之源起、成長、挫折、轉變、破壞及轉型等階段。點出制度背後精神，乃將「統治權力析而為三，三省共同組織一嚴密的行政中樞，以君主為此中樞領袖而受三省之節制」，引申出有唐一代君、相權力演變，與其盛衰之關係。此一佳作於發表前後，深獲導師錢氏及哈佛大學楊聯陞（1914-1990）之賞識。[31]孫氏亦憑此一唐史研究之新猷，使其得以留校任教，講授隋唐史。由此可見，孫氏於新亞研究所受業於錢氏，無疑為其一生學術生命之起點。

（二）請益

孫氏於研究所畢業後，隨即受聘於新亞書院文史系，其初為錢氏所教之「中國文化史」、「中國社會經濟史」及「中國通史」三科之助教，稍後接任，於講授全校必修之「中國通史」一科，時選修學生謂孫氏年輕英偉，講書投入，故深受歡迎。[32]此後相繼講授「中國政治思想史」、「隋唐史」及「資治通鑑」等科。[33]孫氏對於此位具有「大師氣象」的嚴師，仍不時向其請益，師生關係與情誼日密，並謂錢氏這位老師的風範，乃「發憤忘食，樂以忘憂」，「學而不厭，誨人不倦」，且「望之儼然，而即之也溫」。並謂向其請益學術問題時，錢氏態度卻是「非常溫和而親切」，[34]自1961年至1964年間，師生二人同住於沙田，錢氏居於西林寺後之和風臺5號。[35]故每天五時半放學後，孫氏隨即陪伴錢氏同乘火車返家沙田，下車後又陪其走路至西林寺才分手。師生在途中閒談、論學，言笑晏晏，孫氏謂「這段時間是我學識長進最多階段」。[36]

---

31 孫國棟：〈師門雜憶〉，《生命的足跡》，頁173-175；又〈唐書・宰相表初校〉及〈唐代三省制之發展研究〉，重收於所著《唐宋史論叢》（上海：上海古籍出版社，2012，重印），頁1-54、147-245，引文見頁147。

32 《新亞歷史系系史稿》（香港：香港中文大學新亞歷史系系會，1983），頁6；李學銘：〈農圃舊事〉，莫廣銓：〈憶昔農圃話當年〉，李介明：〈與農圃道之緣〉，屈啟秋主編：《農圃道的足跡》，頁122、135、184。莫廣銓為中文系畢業生（1958-62），謂中國通史乃新亞書院大一必修科，時由孫氏任教，「當時年輕英偉，專注投入，手執提要卡片，在講室中，口若懸河，滔滔析述，喚發我們的文化、民族意識，同儕至今仍津津樂道」。

33 屈啟秋：〈國棟師的三門課〉，張學明：〈敬悼孫國棟老師〉，載《孫國棟教授追思集》，頁60、690。

34 孫國棟：〈師門雜憶〉，頁173。

35 羅忼烈：〈緬懷錢穆先生——雜事瑣記〉，《明報月刊》1990年10月號，頁54。羅氏謂和風臺背山面海，水木清華，房子寬大，走廊的欄杆上，種滿熱帶蘭花，氣氛雅靜，為錢氏伉儷十分喜歡的房子，日後寓臺來港，常問起此舊居；李木妙：《國史大師——錢穆教授傳略》（臺北：揚智文化事業，1995），頁169。

36 孫國棟：〈師門雜憶〉，頁176。

師生二人於途中所談，不但討論學術問題，且談文學、音樂以至於家常。現就孫氏於〈師門雜憶〉所記，共舉四項說明之：

其一，孫氏謂名哲學家馮友蘭（1895-1990）一度至其就讀之政治大學，演講《中庸》，談到「致廣大而盡精微；極高明而道中庸」，卻未能明確舉出實例。而錢氏則稱此兩句實例，不難舉出。他以人類為例作說明，全體人類乃「致廣大」，而以人性共通點賴以共存，此即「致精微」之意。大眾奉行的高明思想，必然在眾人的庸言庸行中蘊藉根苗，故謂「極高明而道中庸」。

其二，提及梅蘭芳（1894-1961）與程硯秋（1904-1958）兩位平劇名伶之高下，錢氏用孟子所說「充實之為美」以喻梅蘭芳的唱腔，每一個音調都「完足而飽滿」，較程硯秋高明。

其三，其時某人批評錢氏只懂四部中的史學，而不懂經、子、集三部。錢氏認為批評者無知，指出傳統中國學術乃兼融四部，如不通子學所呈現的時代思想，「又為何能治史」。並舉范仲淹（989-1052）、司馬光（1019-1086）、歐陽修（1007-1072）、王安石（1021-1086）等為例，皆屬兼通、經、史、文學及思想的典型例子。又謂孔子所撰《春秋》，列屬經學，然《春秋》是「經」，但也屬「子」、「史」。並指出其著述《孔子要略》，《孟子要略》，《劉向歆父子年表》及《先秦諸子繫年》，均具有經學、子學的知識。並謂批評他的人「真是可笑」。

此外，又提及劉知幾（661-721）所說的「史德」、「史學」、「史才」的治史準繩，進而提出「史心」一詞，此乃「探討歷史人物行為的動機與心態」，以此說明司馬光為什麼要修《資治通鑑》，歐陽修為什麼修《新五代史》，范仲淹為什麼會「慶曆變政」，王安石為什麼要推行「熙寧新政」。謂要認識上述諸人的心態，才可以有深入地了解其舉措。

其四，錢氏又談及遊南嶽的故事。謂年輕時曾遊南嶽一寺廟，謂該寺莊嚴而開闊，並有安詳寧靜、和平清靜的感覺。及至抗戰時，寺院為日軍炮火所毀。戰後重遊，發現該寺遍種夾竹桃，盛開時至為美麗，吸引眾多遊人。然錢氏獨愀然不樂，以其所種之夾竹桃壽命不過30年，此寺便成一無所有。若改種植松柏，則壽命千年，以此說明該寺主持方丈為了短暫繁華而種夾竹桃，堪稱眼光的短淺與胸襟的狹窄，未如李白所說：「松柏雖苦寒，羞逐桃李春」。從而覺醒任事有如種夾竹桃，還是種松柏的抉擇，成為孫氏一生的警惕。顯然事物垂之久遠，無疑為錢氏之胸懷及理想，故未敢忘師訓。[37]

然而隨著錢氏由於中文大學成立後，主事者的辦學理念與原則，漸與新亞辦學宗旨不符，遂令其心灰意冷，於1964年辭職。初未獲董事會批准，只許休假一年。翌年離港前赴吉隆玻馬來亞大學任教，卻因胃病復發回港。然回港後，得獲哈佛燕京學社

---

37 上列四項例子，見孫國棟：〈師門雜憶〉，頁176-181。

的支持，開始《朱子新學案》的研究與撰寫。[38]1967年決定赴臺灣定居，開展其學術生命的另一篇章。[39]師生二人由是離別，然此後彼此數度來回港臺，兩地互訪，並時以書信魚雁相通不輟，現時可見及者，共有〈錢穆致孫國棟函〉27通，〈致錢師母函〉1通，孫氏〈覆函〉4通，合共32通。[40]由此可窺師生二人情誼之賡續。

（三）回饋

傳統中國社會素有「有事弟子服其勞，有酒食先生饌」（《論語為政篇：第二》）的回饋思想，孫氏之於錢氏，亦見如是。可舉例者三。

其一，為錢氏尋覓新居所。孫氏自獲得新亞書院教席後，其生活亦得以日見改善，其初遷居沙田，日後則購置新居於九龍。[41]在居住沙田期間，一天晚上接到錢氏來電，謂所住居所晚上噪雜，有礙其讀書與寫作，欲覓一清靜居所。孫氏看到報載沙田和風臺有房子出租，遂代勞去和風臺察看。得見和風臺位於西林寺的後山，而房子對面「群山蒼翠，風景不惡，可以憑欄遠眺」，認為合適，電覆錢氏來看，很是喜歡，不久遂搬遷入住。此後因居住地點相鄰，孫氏每於五時半放學後，常常陪伴錢氏返家，途中論學請益，前文已有述及，並謂此乃其生平學問成長的難忘階段。[42]

其二，《中國歷史》教科書版稅。60年代初，人人書局請錢氏推薦合適人選，撰寫五年制中文中學的《中國歷史》教科書，遂建議由孫氏主其事。全書由孫氏撰寫，而錢氏則對每冊細心校閱。[43]是為人人書局出版之五年制《中國歷史》教科書，合共十冊。由第一至第六冊為一單元，扼要敘述中國歷史全程，第七至十冊，配合會考課

---

38 黃浩潮、陸國燊編著：〈余英時教授序〉，《錢穆先生書信集》（香港：香港中文大學新亞書院，2014），余氏謂於1965年收到錢氏從馬來亞的親筆函，函中透露新亞研究所人員出現「各以私心為好惡，漸有奔競趨媚之風，日增憂鬱不平之氣，不僅學問不長進，而性情志趣亦日以汙下。」余氏並謂錢氏最初辭去校長職位時，原有意留所，指導研究人員，繼續從事研究工作，但見及於此，遂決意離開。

39 嚴耕望：〈錢穆賓四先生行誼略述〉，頁31；李木妙：《國史大師——錢穆教授傳略》，頁170；羅忼烈：〈緬懷錢穆先生——雜事瑣記〉，頁53-54，謂錢氏遷居臺北，乃因一九六六年國內文化大革命，臺灣親友勸離，遂於1967年赴臺北定居。

40 各函收入〈錢先生與孫國棟先生書函〉，黃浩潮、陸國燊：《錢穆先生書信集——為學、做人、親情與師生情誼》（香港：香港中文大學新亞書院，2014），頁99-174。

41 孫國棟：〈歲暮雜感〉，《生命的足跡》，頁182-183，孫氏謂1949年大陸變色攜眷流落香江，貧病交迫，極度艱難，並謂其時香港生活環境惡劣。及入新亞研究所，畢業後得以任職新亞書院，境況漸變好轉，後因擔當行政事務過多，未能完其學術夢。關於孫氏畢業後任教新亞，生活漸見好轉，並關心學生的表現，可參馮塘妹：〈恩師思情〉，《孫國棟教授追思集》，頁55-56；謂1966年孫氏宴請新亞歷史系大一學生於名西餐廳「車厘哥夫」。又謂春節至其家中拜年，廳堂佈置桃花，師母奉上香茗、糖果蜜餞，令人「賓至如歸，家庭的溫暖令人懷念」。孫氏購置九龍太子道新居，見〈錢先生與孫國棟先生書函〉1971年2月18日，頁133。

42 孫國棟：〈師門雜憶〉，頁175-176。

43 〈錢先生與孫國棟先生書函〉1962年9月17日，頁105，又參頁113，錢氏致函中，提及第一冊改訂本的修訂情況。

程，作重點的敘述。[44]該書出版後，深受學界歡迎，占其時香港出版中國歷史教科書銷量的七、八成。論者且謂此套教科書，乃以民族文化史編寫，不但符合港英政府對國共兩黨保持政治中立的政治取態，並且孕育出香港華人的「中國」歷史意識。[45]隨著該書受到學界之歡迎，銷售量甚佳，由是獲派可觀的版稅。孫氏隨即按比例分配予其師，錢氏曾數度辭要而被拒，從二人書函中，可知自1967年起直至1976年間，因錢氏已移居臺北，孫氏相繼郵寄人人書局版稅簽署收據至臺，並存款予錢氏之香港上海銀行戶口。故錢氏於1972年時，曾謂：「得此一筆版稅，大出意外，在穆實為一大收入也」，並謂「在此間生活程度日見高漲之際，得此誠一大補助」。[46]孫氏除分配版稅予其師外，且亦郵寄當歸、杞子等中藥材予其師，此皆其時在臺不易購得的食品。[47]及至1980年代，該套教科書由於因應社會與課程之變化，需要重編改撰，以至重出新版。然孫氏卻表示維持過去原來比例分配版稅，給予錢氏。並述說此舉，乃受到「吾師之培育，時覺無以為報，所奉之版稅，不足酬厚恩於萬一，不過聊表寸心而已」[48]師生情誼於此表露無遺。

其三，肩負新亞院務、系務之重擔。孫氏自1957年於研究所畢業後，以其唐代政治制度史研究之優越成績，深受錢氏之器重，因而被延攬至文史系任教，歷任新亞書院及中文大學歷史系系主任、教授，並出任新亞書院文學院院長、研究所所長，又籌辦新亞中學及擔任校監等行政事宜。至1983年始行退休，可見其擔任不少繁劇的行政事務。就此點而言，孫氏留校服務，並需協助其師處理行政事務，為其分勞。及至錢氏辭職赴臺，孫氏更責無旁貸，肩負新亞的行政事務。隨著大學之發展，及其個人地位之提升，其所參與之行政工作，遂見與日俱增。[49]此即錢氏所說：「回念穆離校前即以史系公務加之於弟，此十年內，每以內疚」之感喟。[50]故期間錢氏去函孫氏，每多提及對其之「器愛」，而今見其行政雜務紛乘，無疑影響其學術上之成就，至感難過，並說「覺得辦好一事固不易，而培養出一人更難」之歎息，[51]因而勸勉孫氏放棄不必要之行政事務。此亦日後孫氏決定退休離港赴美，潛心學問之因由。[52]就錢氏卸

44 錢穆：〈弁言〉，〈編輯要旨〉，錢穆校訂，孫國棟編著：《中國歷史》（香港：人人書局，1962），第一冊。
45 朱維理：〈香港的「中國」歷史意識：1960年代以來初中中國歷史教科書與社會論述的轉變〉，《思想》2016年31期，頁108-115。
46 〈錢先生與孫國棟先生書函〉1962年9月15日，頁105，註五；頁115、117、128、147，引文則見頁143、151。
47 〈錢先生與孫國棟先生書函〉，頁115。
48 〈附：孫先生信函〉（1984年11月13日），頁190。
49 陳志誠：〈錢故所長國棟教授行狀〉，頁4-5；〈錢先生與孫國棟先生書函〉1971年2月18日，頁133，謂孫氏於系務外，負責兩份刊物《新亞學報》，《中國學人》編務，並為校內外21個委員會之委員。
50 〈錢先生與孫國棟先生書函〉1974年6月16日，頁145。
51 〈錢先生與孫國棟先生書函〉1971年7月9日，頁139。
52 〈附：孫先生覆函〉1983年10月4日，頁168；孫氏謂毅然擺脫一切職務之原因：「乃覺十年來學殖荒疏，有負教誨，故欲覓一清靜地方，遠離俗務，專心學業，以補前衍」。

任，將行政事務交託而言，孫氏以其深受師恩，故表明責無旁貸，肩負所任，以此回饋乃師。然師生情誼初結於史學研究，最終兩不忘情於此。於授業及回饋互動中，仍以學術砥礪為依歸，新亞立校精神之根植於傳統中國師道與學術文化，至為明顯。

四、結語

錢穆與孫國棟於一九四九年前後，由於國家板蕩，一為名史家，一為熱血青年，同具愛國情懷，因緣際會，於香江結下師生情誼。錢氏於內戰後流亡本地，遂以儒家淑世精神，創辦新亞書院，講學於亂世，藉此為「往聖繼絕學，為萬世開太平」，是為1949年新亞書院及1953年研究所得以創立之因由。孫氏以一介文士，受其師及先賢於新亞創校精神所感召，於1955年入學新亞研究所，師從錢氏，以研究唐代三省制度而受知，成為研究所第一屆畢業生，畢業後受聘於新亞書院，歷任講師以至於教授，以其行政長才而任系主任，而輔導長而文學院院長，遂得於學術與行政兩大範疇建立其生平事業，此即余英時謂其乃「一身兼具學術研究與行政領導，兩種相反而又相成的才能」。[53]此皆乃師錢穆，有以賜之。孫氏於入研究所之初，遂接受其師之嚴格培訓，受業研究唐代政治制度而成其唐宋史專家之學術專業。繼而入職新亞書院，師生過從尤密，或成鄰居，或通魚雁，孫氏自謂期間請益，有助其生平學問之推進及成長。故不忘師訓、師恩，樂為其師效勞，如租賃房子，如受託編纂中國歷史教科書，繼而定期轉交版稅，為數不少，使其師之經濟生活得以寬裕。又因需肩負錢氏辭離新亞職任時，所交託之行政重責，而成其為新亞書院、新亞研究所及新亞中學之「家長」角色。推動新亞教育事業之發展，而被一眾校友譽為「新亞人」之典型代表。師生二人日後分處港臺，然聯繫未絕，至有錢氏內疚託付孫氏承擔新亞行政事務，而拳拳望其最終結穴於學術。由是觀之，錢、孫二人之師生關係，有如春秋時代孔子（551-479 B.C.）教導弟子三千，而被時人譽為「天下之無道也久矣，天將以夫子為木鐸」（《論語》，八佾第三）。萬世師表之「師鐸」無疑再次得見於當世。

53　余英時：〈儒家傳統‧新亞精神——敬悼孫國棟兄〉，頁39。

第四十章　錢穆與港澳地區的中學歷史教育

澳門大學教育學院
鄭潤培

　　1949年，錢穆跟隨廣州華僑大學遷往香港，1950年創建新亞書院。1959年，新亞接受香港政府的建議，改為專上學院，參加統一文憑考試，同時接受香港政府的補助。1963年，香港中文大學成立，由崇基學院、新亞書院、聯合書院組成。1967年，錢穆前往臺灣正式定居。他在臺灣的教育活動主要以素書樓為中心，擔任過中國文化學院歷史系研究所教席，並在多所學校講學。1986年6月9日下午，錢穆在素書樓為學生們上了最後一課，從此告別杏壇，結束了75年的教育生涯。錢穆是著名的歷史學家，大約在九十年代以後，對他的關注和研究才逐漸熱烈起來。一般而言，對錢穆的研究，多在國學、史學等方面，本文主要以錢穆對港澳的中學歷史教育為探討對象。

一、錢穆的教育事業

　　1895年7月，錢穆出生於江蘇無錫一個五世同堂的大宅內。1901年，錢穆開始入塾讀書，後升入常州中學堂，在辛亥之年肄業於南京鐘英中學。1922年，開始在中學擔任國文教師。1930年秋，經顧頡剛推薦，北上任教於燕京大學，這是他在大學任教之始。錢穆在燕京大學執教一年，因不適應教會大學的環境，於是辭職南歸。1931年夏，進入北大歷史系任教。1937年，全面抗戰爆發後，包括錢穆在內的眾多學人紛紛流轉南下，由此開始了輾轉西南8年的艱辛歷程。抗戰勝利後，未能返回北大任教的錢穆於1946年10月初來到昆明五華書院主講中國思想史。

　　1949年，錢穆隨廣州華僑大學遷往香港。到港後，他看到許多從大陸來港的青年失業失學，無依無靠，作為一名教育家的理想與抱負，產生了在香港創辦一所大學的想法。當時與國民黨關係較深的學人如張其昀（歷史地理）、崔書琴（政治學）、謝幼偉（哲學）等計畫創辦一所人文社會科學方面的大學，在廣州教育部立案，在香港教育司登記開辦，校名是「亞洲文商學院」。崔、謝兩人先到香港籌建，因錢穆的號召力大，便用他的名字登記為院長。學校經費從一開始便十分拮据，基本上靠少數個人的捐贈。沒有固定校址，只是借用九龍晴偉街華南中學的教室三間，在夜間上課。

　　但崔、謝兩人不久都離港他去，錢穆於是聘請了唐君毅（哲學）和張丕介（經

濟）共同維持；他們三位很快便成為新亞書院的創校元老。1950年春季，上海企業家王嶽峯敬佩錢穆艱苦辦學的精神，出資在九龍桂林街頂得新樓三棟之三、四兩層，作為校舍，三位元創辦人和部分學生都可以住宿其中，校名也改為新亞書院。文史系系主任由錢穆先生兼任，哲教系系主任由唐君毅先生兼任，經濟學系系主任由張丕介先生兼任，而商學系系主任由楊汝梅先生擔任。

錢穆和同時期來到香港的一批學者也都抱著和相似的想法，都決定以香港作為保存、傳播和復興中國文化的基地，希望能讓中國文化在這塊土地上扎根成長。他在〈亞洲文商學院開學典禮講詞摘要〉中表達了兩個重要想法：一是中國傳統教育制度，最好莫過於書院制度；二是讀書的目的必須放得遠大，要具備中國文化的知識，同時也要了解世界各種文化。要發揚中國文化，也要溝通中西不同的文化。[1]

當時新亞的教授，不乏享負盛名的學者，如曾為國民政府教育部高教司司長的吳俊升先生，是美國著名哲學家和教育家杜威的學生；教經濟的楊汝梅先生早已譽滿大陸金融界。書法家曾克耑、歷史學家左舜生、甲骨文專家董作賓、國學家饒宗頤、羅香林，等諸先生皆曾在新亞任教。然而新亞教授所領的薪酬極為微薄，僅及當時香港官立小學第二級以下的薪給，而且經常領不到薪水。學生們大多為大陸流亡來港的青年，繳不出學費。學校的物質條件雖極貧乏，但各位創辦人所懷抱的理想與熱情卻極熾盛，而「艱險奮進，困乏多情」的新亞精神也是在當時建立的，也最能表現在當年的師生身上。書院除了正規課程外，又每星期日晚舉行公開文化講座，每次講座俱座無虛席。文化講座持續了四、五年，共舉辦了一百五十五次。講者除錢、唐、張三位創辦人，其他知名的學者有董作賓、夏濟安、左舜生、林仰山、饒宗頤諸教授等，也有西方著名學者蒞校演講。因此這所簡陋的小書院從此聲名遠播，漸漸獲得各方面的推崇。

自1952年以後，新亞的教育理想漸獲社會的認同與贊助。其中贊助最有力的是美國雅禮協會。1953年，雅禮協會派盧鼎教授來港。他極贊同新亞的教育理想，乃於1954年開始與新亞合作。除美國雅禮協會外，還有美國亞洲協會、美國哈佛燕京學社、洛克斐勒基金會、英國文化協會及香港孟氏教育基金會等，都曾對新亞書院的發展提供資助。新亞自獲各方援助後，錢穆為「提倡新學術，培養新人才，以供他日還大陸之用。」[2]於1953年秋在九龍太子道成立研究所，購置圖書。翌年，在九龍城嘉林邊道租一校舍，學生分於嘉林邊道及桂林街兩處上課。錢穆、余協中、張丕介、唐君毅四教授參與研究所之研究及指導學生之工作。1955年，研究所正式成立招生，錢院長兼任所長，外文系主任張葆恆教授兼任研究所教務長，此外，尚有唐君毅、牟潤孫二位教授為研究所導師。[3]1956年，獲美國福特基金會捐建的農圃道第一期校舍落

---

[1] 錢穆：《新亞遺鐸》，《錢賓四先生全集》，第50冊（臺北：聯經出版事業公司，1998），頁112。

[2] 廖伯源：〈錢穆先生與新亞研究所〉，網頁：https://www.facebook.com/newasiaiacs/posts/638373366191432，瀏覽日期：2020年12月10日。

[3] 同上註。

成，九月，遷入新校址，於是新亞踏入一新階段。

1952年，很多華人聚居的馬來西亞成立中文大學，引起香港社會關注，香港教育界主張也創辦一所中文大學。1957年11月香港大學教育系主任布裡斯教授在英文南華早報發表文章表示反對，遭到新亞書院院長錢穆、崇基學院院長凌道揚及聯合書院院長蔣法賢聯名投函批駁，強調香港有成立中文大學的必要。[4]1959年，新亞接受香港政府的建議，改為專上學院，參加統一文憑考試，同時接受香港政府的補助。1963年，由崇基學院、新亞書院、聯合書院組成的香港中文大學正式成立。1964年，新亞書院併入新成立的香港中文大學，錢穆辭去新亞書院院長一職。1967年前往臺灣正式定居。而新亞研究所雖隨新亞書院進入香港中文大學，然大學當局不守當初之約定，大學另辦研究院，招收研究生。大學不負責新亞研究所之經費，大學亦不承認新亞研究所畢業生之學位。1974年，新亞研究所脫離新亞書院，成為獨立之私立研究所，在中華民國教育部註冊立案，教育部准許新亞研究所繼續招收碩士研究生。1976年政府透過「中文大學法案」控制各學院的財產權與用人權，受到各學院反對。1977年1月3日，錢穆、唐君毅、吳俊升等9位新亞書院校董發表辭職聲明，辭去董事職務。[5]

二、錢穆的教育思想

錢穆的教育思想主要表現在下列幾方面，即重視傳統文化教育、強調中外匯通教育、提倡經世致用教育。

（一）重視傳統文化教育

錢穆致力於本民族的文化研究，是中國文化堅定的守護者和傳承人。他秉持著深厚的民族本位的文化史觀，以闡揚中國文化為己任，而他對中國文化價值和精神的掘取和解釋，是在中西比較的基礎上，透過觀同察異，闡發和宣揚中國優秀傳統文化。錢穆認為治史的終目的在於開發民智，振興國家民族。他曾說：「要做一個真正的中國人，我想唯一的起碼條件，他應該誠心愛護中國」。[6]

他指出：「一民族自身特有的文化，便是其民族生命之靈魂。無文化則民族無靈魂。無文化無靈魂的民族終將失其存在。欲求民族永生，只有發揚民族自身特有之文化，使之益臻完美。」[7]「民族與文化，乃一而二、二而一之兩面，無此民族，不得產生此文化；無此文化，亦將不成此民族。」[8]不同民族的差別表面上是血統，但其

---

4 方駿、熊賢君：《香港教育通史》（香港：齡記出版有限公司，2007），頁354-356。

5 同上註，頁361-362。

6 田文麗：〈錢穆歷史教育思想探析〉（曲阜師範大學歷史學碩士論文，2012），頁12、16。

7 錢穆：《中國歷史精神》（北京：九州出版社，2012），頁195。

8 錢穆：《政學私言》，《錢賓四先生全集》，第40冊（臺北：聯經出版，1998），頁279。

實質上是文化。一個民族的傳統文化是一個民族的靈魂，正如一個人不能沒有自己的靈魂一樣，一個民族也不能沒有自己的傳統文化。錢穆認為中國文化具有鮮明的個性，創造這一鮮明文化的中華民族也是一個具有獨特個性的民族。個人作為民族的一分子，也有其獨特的個性。每個人的個性與特質恰恰體現了他的價值所在。中國人不講中國的傳統文化，中國傳統文化的個性與特質也就不復存在。文化的個性與特質不存在了，民族的個性與特質也就不存在了。

在三十年代，錢穆除了在大學講壇上為中國傳統文化大聲疾呼外，還積極著書立說，用自己的語言文字反駁當時對傳統文化持懷疑態度的人，為中國傳統文化正名。四十年代以後，錢穆在香港創辦新亞書院，繼續在傳播傳統文化精神。由此可見，錢穆的整個教育生涯都將中國傳統文化作為其教育思想的中心，將弘揚中國傳統文化當作人生的終極關懷。[9]

（二）強調中外匯通教育

錢穆的教育思想是以中國傳統文化為本位，並且融合中西、中外匯通。錢穆創辦的新亞書院，它以中外匯通的教育思想為指導，將西方大學制度與古代書院制完美結合起來，取得了巨大的成功，可以為我國當代教育提供諸多借鑒。首先，新亞書院有中外匯通的校長和教師。一所大學的校長總管學校的一切事務，可以說是一個學校的舵手，對學校有著至關重要的引導作用。想要辦好一所大學，大學校長不僅要擁有高超的智慧、卓越的見識、果斷和堅毅的品質等，還應該融通中西文化，具有世界性的眼光，以及獨特的教學藝術與個人魅力。錢穆作為一名教育家，在深入了解比較中西文化異同之後，主張在繼承中國傳統文化的基礎上借鑒吸收西方優秀文化。

錢穆在《新亞書院招生簡章》中稱，新亞的教育理念是「上溯宋明書院講學精神，旁採西歐大學導師制度，以人文主義之教育宗旨，溝通世界中西文化」。這短短的一段話為新亞日後的辦學與發展指明了方向。錢穆堅持認為：中國傳統教育中最應該保留的就是書院制度，而西方的導師制也是可以借鑒的。正是得益於建校之初中外匯通辦學理念的引導，新亞書院才在日後培育了眾多具有世界眼光的傑出人才，成為了一所成功的中西結合的大學。[10]

（三）提倡經世致用教育

錢穆認為歷史教育的目的之一就是讓歷史服務於當代，認為歷史具有時間性，即一切歷史都是當代史，「歷史上之過去非過去而依然現在，歷史上之未來而亦儼然現

9　張墨農：〈錢穆的教育思想與教學風格及其現代啟示〉（錦州：渤海大學教育碩士論文，2016），頁8-9。

10　同上註，頁10。

在」，歷史的過去與未來交織於現在的時代，而現代又具有相對穩定性，它不以瞬息變化為標誌，所以錢穆將歷史視為一個包含過去與未來的整體，而歷史研究「其最要宗旨，厥為研究此當前活躍現在一大事，直上直下，無過去、無將來而一囊擴盡，非此不足語夫歷史研究之終極意義而克勝任愉快。」[11]

他認為歷史教育應該是經世實用。中國史學淵源流長，自古就有經世致用的優良傳統。立足現實，關心現實，強調史學通今致用，為現實服務。經世致用思想由明清之際思想家王夫之、黃宗羲、顧炎武等提出。「史學所以經世」、無不體現了兩千年來我國歷史學者著筆於往古，立足於當今的治史旨趣。錢穆先生的歷史教育觀就深深的受到中國傳統史學「經世」思想的影響，認為研究歷史不僅僅在於追求歷史事實的本質真實，更應當面向現實，關注社會的需要。[12]

錢穆強調的「致用」是建立在「求真」的基礎之上，歷史要講求客觀，歷史教育也要客觀獨立，要「根據以往史實，平心作客觀之尋求，絕不願為一時某一運動、某一勢力之方便而歪曲事實，遷就當前。如是學術可以獨立，而智識始有真實之價值與效用。」[13]他否認可以根據現實的需要隨意取捨和改造歷史。[14]

三、港澳地區的中國歷史教育

（一）香港方面

香港在1842年成為英國殖民地後，港英政府為減低中國對香港的影響力，把中國歷史科視為補充課程。當時只有中文中學開設中國歷史科。1948年，教育局為增加考試科目，才提出把中國歷史科與中國文學科合併。[15]

自1960年代起，獨立的中國歷史科才出現於香港的中學（初中、高中、預科）教育之中。可是，由於教育當局過去並沒有為學校制訂清晰的教學課程，中國歷史教學內容基本各校自主，由考試主導。直至20世紀七十年代，情況才有所改變，在1975年，政府在初中（中一至中三）推行中國歷史科，有需要建立較為規範的課程。此後的初中中國歷史教育先後經歷了兩個課程：第一個課程於1982年正式實施；第二個課程則於1997年起推行。

香港的教育向來以應付考試及升讀大學為重要教學目標，主要是政府設立的大學學位很少。1991年前，香港政府設立的大學只有香港大學及中文大學這二所，由於入

---

[11] 錢穆：〈中國今日所需要的新史學與新史學家〉，《世界局勢與中國文化》（臺北：東大圖書公司），頁233。

[12] 趙敏俊：〈錢穆歷史教育思想與實踐述論〉（上海：華東師範大學教育碩士論文，2008）。

[13] 錢穆：〈自序二〉，《國史新論》（北京：九州出版社，2012年）。

[14] 張墨農：〈錢穆的教育思想與教學風格及其現代啟示〉（錦州：渤海大學教育碩士論文，2016），頁10-11。

[15] 陳志華、盧柊泠、何泳儀：〈論香港初中中國歷史科校本教材發展方向及其挑戰〉，見李帆、韓子奇、區志堅主編：《知識與認同》（香港：中華書局，2017），頁545-546。

讀困難而出路極窄，學生備受社會尊重，所以中學教育都是以學生應付升讀大學為教學方向。1981年，大學學位就只能滿足2%的適齡青年，所以中學歷史科與其他學科一樣，受大學收生要求所影響。

香港大學在1912年開學，初期只有醫學院和工學院，1913年增設文學院根據《香港大學條例》第13則的規定，文科須注重教授中國語言文學，是以校方在文學院成立後立即開辦中文課程，當時中文僅作為一年級的選修科目。二次戰後，香港大學逐步復課，新建教學大樓與大量招聘教職員，以解決校舍與師資嚴重短缺的難題。

林仰山教授在1952至1964年間擔任中文系系主任，十二年期間，積極網羅各方人才，例如專長國學的劉百閔與長於詩詞與甲骨文研究的饒宗頤兩先生任教「中國文學」課程，專長史學的羅香林先生任教「中國歷史」課程、陳君葆任教「翻譯」課程，林仰山任教「中國美術考古與地理發現」課程，而「中國哲學」課程則由新儒家代表人物的唐君毅負責。劉百閔先生還在「中國文學」課程內重設經學科目，並親自講授經學通論、《四書》，《五經》等科目。中文系的課程自是成了「中國文學」、「中國歷史」、「中國哲學」、「翻譯」與「中國美術考古與地理發現」五位一體的新結構。

林仰山還積極發展碩士與博士學位課程，研究生數目因而日增。於1952年成立東方文化研究院，並自任院長。由於研究院成立的主要目的在提供研究設施供東西方學者從事有關中國與東方的研究，是以它除了設立語言學校，為英國派駐香港與遠東的人員提供國、粵兩語的訓練外，還成立馮平山博物館。研究院的研究工作除得力於錢穆、唐君毅等名譽研究員外，還倚重簡又文、衛聚賢、董作賓等專任研究員。中文系諸教員亦同時擔任研究院的研究工作。錢穆教授在1955年獲香港大學頒授名譽法學博士學位。這正好論證東方文化研究院的重要學術地位。1959年時，東方文化研究院劃歸中文系，使研究院得以成為中文系的學術研究基地。

中文大學成立較遲。1950年代開始，香港人口急速的增長，為應付這股壓力，政府迫於無奈邀請不同的國際專家為香港教育作詳細的報告，以計畫擴展中小學。第一份為1951年12月發表對制定殖民地教育政策有重要影響的《菲沙報告書》。報告書建議港府利用當前的中國政治形勢，以教育來加強英國的影響，並加強對教育的控制和管理，以及大力推行英文教學。這份報告書也提出要發展小學和師範教育。政府因應形勢，在1955年8月開始推行《小學擴展的七年計畫》，包括建立五間官立小學，大量增加小學學位[16]。

1965年6月發表《香港教育政策白皮書》，建議讓80%兒童可以入讀由政府資助的小學，及使約15%的小學畢業生能升讀官立中學、資助中學及若干選定的私立中學。這份報告書奠定了以後十多年的政策走向，即以學位數量為政策發展的目標和以發展由政府資助的學校為主線。1973年8月，教育委員會發表《教育委員會對香港

---

[16] 王齊樂：《香港中文教育發展史》（香港：三聯書店，1996），頁340、342、344。

未來十年內中等教育擴展計畫報告書》，目標在1981年能讓80%少年獲得資助初中學位。

由於港府目標在擴展中小學教育，高中和專上教育的發展在1990年代前仍然非常有限，在此時期比較突破性的是香港中文大學的成立。1959年，港督柏立基邀請富爾敦（J. S. Fulton）來港考察，提出把當時的新亞書院、崇基學院和聯合書院三所中文專上學院，合併組成中文大學。1963年10月17日正式成立，打破了英國普遍在殖民地只設一所大學的傳統。在香港大學及中文大學的成立過程中，可見由中國歷史的重點研究及影響力所在，都離不開錢穆新亞書院系統，日後的畢業生遍佈教育界，這就做成社會上廣泛的影響。

（二）澳門方面

澳門回歸中國前，澳葡政府採用不干預政策，學校以私立學校為主，向來是校政自主。到了1991年8月29日，政府頒佈第11／91／M號法令，訂定《澳門教育制度總綱》，公佈澳門教育制度的基本原則，共十章，56條，開始對各教育單位作較為明確規範，但各校仍然保持學習年限不同，課程不同，教學大綱不一，教材不一的特殊情況。澳門回歸後，情況才有些變化，到2007年，根據第9／2006號，非高等教育制度綱要法律，明確正規教育各教育階段的學習年限，自2008至2009學校年度起，高中教育的學習年限為三年，不過仍讓一些學校保留原有學制。澳門教育的條件與其他地方不同，本身具有地區的特殊性，與鄰近地區並不完全相合，暫時仍然保持辦學各自為政的情形。

課程方面，1991年《澳門教育制度總綱》頒佈後，澳葡政府才先後設立了不同科目的課程發展委員會。委員會成員包括公立和私立學校的教師，以及澳門大學的專家，並參照中國、臺灣和香港的模式，起草不同科目的試行教學大綱。到1999年6月，負責教育事務的教青局公佈制定的《初中歷史大綱》，《高中中國歷史大綱》及《高中世界歷史大綱》，歷史科的教學大綱基本齊備。不過，各學校並不一定採用這套大綱，教學時也不一定跟隨。

影響各校課程自主的主要因素，是澳門沒有統一考試。各校升學目標不同，有些以升讀國內大學為主，有些以去臺灣升讀大學為主，有些以澳門本地，有些以香港為主，各校的高中課程，自然以升學目標為主要對象，有些更要兼顧多個目標。一般學校，在初中時期，還可依據這個大綱來安排教學，但到了高中階段，各校為了學生升讀高等院校的需要，教學內容便因應目標地區院校的要求加以調整，因此發展出以學校為本的課程，不能完全依照教青局公佈制定的歷史大綱施行教學，亦根本沒有意欲來遵行統一課程。由於部分學校採用香港版教科書，香港對中國歷史的觀念，就會透過教材影響澳門部分學生。

四、錢穆對港澳中學歷史教育的影響

中文大學是香港政府設立的第二所大學，畢業生都是具有社會名望，在各行業具有一定的地位。新亞書院成為中文大學的一部分，在錢穆的教育理念及對中國歷史的學養的影響下，對本地中學歷史教育自不然產生極大的影響力。具體的可以從三方面顯然出來。

（一）香港公開試的範圍及內容

有教育工作者承認，香港的教育考試主導課程、主導教學，考什麼就教什麼、學什麼。[17]1960-70年代，香港中學分為中文中學及英文中學。1968年，中英文中學會考分別改名為香港英文中學會考（Hong Kong Certificate of Education Examination（English））及香港中文中學會考（Hong Kong Certificate of Education Examination（Chinese）），科目成績只用等級。考生獲得入讀預科資格後，分別再考香港大學及中文大學的入學試。1977年香港考試局成立，翌年才接手統一主辦香港中學會考。

學生考試的目標是為了取得入讀大學的資格，所以大學要求考什麼，學校就教什麼。以1974-1979年，中學六年級中國歷史科課程內容為例，內容分甲、乙兩組，其中甲組就是歷代治亂因果及歷代重要制度之沿革。到1984-2007年，考試課程進行多次更改，仍然保留考核歷代治亂因果及重要制度。再以重要制度教學內容為例，包括漢代三公九卿、唐代三省六部、宋代相權、清代軍機處、察舉、九品官人法、科舉制。[18]這些內容，與錢穆講授中國歷史的內容主線吻合，一般考生，都以錢穆著的《中國歷代政治得失》一書作為溫習工具，部分學校老師更參考錢穆的《國史大綱》內容，為學生應考補充內容。而最主要的影響原因，是考試的答案論點及內容，亦是受錢穆學派的影響，以他在兩書中的主要觀點，作為評分準則。換言之，所有應考中國歷史科的學生，都要先學習及了解錢穆對歷史的一些看法，才有把握取得理想的成績。而整個中學課程，亦是受到這個因素主導和影響。這情況下，錢穆對歷史的一些看法及觀點，就植根在年輕學子的心中。

---

[17] 楊耀忠：〈課程改革十年大計質疑〉，載於《大公報》，2001年8月21日。

[18] 梁慶樂：《緣何沉淪──香港中學中國歷史課程研究1990-2005》（香港：教研室出版，2009），頁201、205。

（二）香港中國歷史科的師資

　　香港的大學歷史系的學生，畢業後除了繼續升學，從事歷史研究工作外，有些就是投考政府工作，當政府公務員，此外，大部分的畢業生都是從事教育工作。中學歷史科老師，正好是一個歷史系學生的工作出路。當時。香港只有二間政府設立的大學，畢業生進入政府工作或者在學校任教，都能獲得厚待，負責重要的崗位。新亞書院由於錢穆的名氣，歷史系的畢業生往往是學校中國歷史科的教學主流及科主任，而有關中國歷史科的教育部門，也多由歷史系出身的官員負責。

　　1964年，新亞書院併入新成立的香港中文大學，錢穆辭去新亞書院院長一職。錢穆雖然在1967年前往臺灣正式定居，可是錢穆的影響力並沒有減退，相反，隨著他的學生成為中文大學老師，把錢穆的史觀及教育思想更發揚光大。例如著名中國歷史學家孫國棟，於1955年在新亞研究所師從錢穆治國史，並成為新亞研究所第一屆畢業生。1964至1983年期間，他曾擔任新亞書院歷史系主任、董事、文學院院長，中文大學歷史系主任兼新亞研究所所長。當時，「中國通史」一科是新亞書院之必修科。到1972年改為除中文系和歷史系必修外，其他學系自由選修。[19]其間培育出來的任職中國歷史科老師，或者從事歷史教育相關工作的人士，都深受錢穆歷史理念的影響，錢穆對中國歷史教育的影響是廣泛而深入的。

（三）香港的中國歷史科的教學內容

　　1970年代以前，香港的中學並未有教授中國歷史科的系統規劃。到了1972年，香港課程發展委員會成立，全港中小學的課程才得到統一規劃和發展。不過，課程規劃只是一個教學綱領，而具體落實的，老師實際上施教的，就是按著教科書的內容進行。香港的歷史教科書，基本上是按著課程大綱和要求來編寫，再透過教育局的評審，然後向學校推薦使用。

　　據上文所述，從事中國歷史科規劃的官員，以香港中文大學歷史系畢業的影響力最大，課程的規劃，自必受到錢穆史學的影響。這樣一來，教科書出版方面，以錢穆及其學生在史學界、在中文大學的影響力，當然盡可能找他們編撰教科書。一可以提升出版社的地位和權威性，二則可較容易透過政府相關部門的審批。又以上文所述，課程受著大學入學試影響，中學的課堂教學內容也會如是，這樣，教科書中的論點很自然與錢穆的看法配合。

　　例如：2009年，齡記出版的《新探索中國史》之5.4節，府兵制利於防止外來侵

19[19] 〈孫國棟先生專訪〉（2007年12月8日），網頁：www.wangngai.org.hk/46-interview.html，瀏覽日期：2020年12月20日

略，稱：唐代初年推行府兵制，軍隊質數素甚高，保障了邊境的安定，促進唐朝國威的鼎盛，太宗因此而被各族尊為天可汗。[20]又如：2009年，現代教育研究社出版的《高中中國歷史》亦稱：初唐的府兵戰鬥力強，大小戰役中立下不少戰功。唐相繼降服北方和西域諸族，府兵在戰事中也同樣扮演重要角色。[21]這個說法，與錢穆在《中國歷代政治得失》及《國史大綱》中所述，同一觀點。而另一史家陳寅恪在1975年所講「唐之開國其兵力，本兼府兵、蕃將兩類，世人——誤認太宗之用兵其主力所在，實為府兵，此大謬不然者也。」[22]這論點卻沒有考慮採用，有學者便以此例子指出教科書中內容不符歷史事實的地方。[23]可見大家對錢穆觀點較為了解和接受的程度很高。

（四）澳門方面，透過教科書影響澳門學生的歷史觀

錢穆史觀的影響主要是在歷史教科書方面。歷史教科書的內容直接影響到學生對歷史的了認知和觀念。澳門中文學校不會細分中國歷史和世界歷史，一般統稱歷史科。初中階段，一般是每週上課都分有中史和世史不同節數，也有些學校是集中在一學年內教中史或世史。高中階段，文組的學生，因為歷史科的課時多了，可以安排每週都有中史和世史課。

最理想的教材，當然是本地出版的教科書，因為可以配合本地學生學習上的需要，特別是本地史的教學方面。不過，因為澳門學生人數不多，歷史教科書的市場規模少，吸引不到出版書投資編制澳門本地教科書。根據澳門教育暨青年局統計資料顯示，學校多採用國內或香港出版的歷史教學書，高中階段，由於升學的需要，有些學校加入臺灣出版的教科書。中國歷史教科書方面，一般採用香港出版的教科書，這樣一來，透過採用香港中國歷史教科書作為教材和評核依據，錢穆的史學觀點，就漸漸對學生產生廣泛而深遠的影響。

此外，從澳門的中學歷史大綱的參考資料中，可見受香港課程的影響。到1999年，澳門才開始建立起本地的課程大綱。負責教育事務的教青局公佈制定的《初中歷史大綱》，《高中中國歷史大綱》及《高中世界歷史大綱》，雖然各學校不一定依照教青局公佈制定的歷史大綱施行教學，但從《高中中國歷史大綱》的附錄中的參考資料，其中列出的四個參考資料中，三個是香港出版的教科書，包括：周佳榮、屈啟秋、劉福注編著，香港教育圖書公司出版的《中國歷史》；現代教育出版的《中國歷史》；齡記出版的《簡明中國史》。可見受香港影響最明顯的例子，換言之，錢穆

20　《新探索中國史》（香港：齡記出版有限公司，2009），頁106。

21　《高中中國歷史》（香港：現代教育研究社出版，2009），頁120。

22　陳寅恪：〈論唐代之蕃將與府兵〉，《中山大學學報（社會科學版）》1957年第1期，頁163。

23　許振興：〈二十一世紀香港的高中中國歷史教科書〉，見李帆、韓子奇、區志堅主編：《知識與認同》（香港：中華書局，2017），頁528-529。

史學，只要仍得到香港的歷史教育界認同，自必對澳門中國歷史教育，產生一定的影響力。

五、結語

　　中學階段的學習，對個人日後的成長有著深遠的影響。錢穆對中國歷史文化的觀念，透過公開試的範圍、師資、教科書、課程等，對香港做成廣泛而深入的影響。再透過香港的區域優勢，進一步影響到澳門地區，使港澳地區的年輕人，建立起尊重自己國家歷史文化，了解歷代政治得失的理念。這種影響重要的地方，是針對了曾接受過中學中國歷史教育的學生，無論日後從事什麼行業工作，中學時代建立起來對中國歷史的印象，是永久存在的，相對於從事研究中國歷史的學者而言，對社會的影響更廣泛而深入。錢穆重視傳統文化教育的思想，與及抱著以香港作為保存、傳播和復興中國文化基地，希望中國文化在這塊土地上紮根成長的看法，透過大學教育為核心，軸輻射到中學教育，整體而言，更能落實並超出他預期對社會的成效。

第四十一章　余英時的學術傳承初探
——以余先生居港向錢穆求學
（1950-1955）為中心[1]

香港樹仁大學

郭泳希、張奔勝

> 「錢穆是開放型的現代學人，承認史學的多元性，但同時又擇善固執，堅持自
> 我的路向」——余英時〈猶記風吹水上鱗——敬悼錢賓四師〉[2]

一、前言

　　一代學風的形成，有賴家學、師學及時代的影響，由是形成「史學、史家與時代」的互動關係。[3]余英時（1930-）為當代中國歷史學界、文化界，以至學術思想界的巨人。[4]余氏對中國歷史研究見解獨到，影響力遍及兩岸三地，其言論及政治評論亦深受華人社會的重視，不少學生更成為學界首屈一指的人物。[5]故此，重新探索余英時早期學思生命的形成，亦成為了學界的一個極為重要的課題。事實上，余英時求學階段相當曲折，曾在鄉間潛山學習，也曾流走於各大城市，最後留學哈佛。當中香港求學階段，正值余英時青年時期（1950-1955，20-25歲），對余英時產生奠定性的影響，而其中關鍵人物便是國學大師錢穆（1895-1990）。[6]

---

[1]　此文得以完成，特別鳴謝王汎森院士的提點、區志堅博士的提攜，與及譚宗穎博士和賈璐陽博士的意見及校對。

[2]　余英時：〈猶記風吹水上鱗——敬悼錢賓四師〉，載氏著：《猶記風吹水上鱗——錢穆與現代中國學術》（臺北：三民書局，2015），頁8。

[3]　有關「史學、史家與時代」之間的互動關係，最早見於1973年余英時於香港中大大學的一場演講，後來亦輯錄成文，並載於《新亞生活月刊》內。詳參考余英時講，陳懿行等整理：〈史學、史家與時代·上、下——一九七三年十二月二日本校文學院與研究所文化講座講詞〉，《新亞生活月刊》1974年9月15日及10月15日，卷二期一及二，頁1-5。

[4]　下文因篇幅所限及行文，只稱「余英時」，特此致歉！

[5]　例如臺灣的中央研究院院士王汎森（1958-）、黃進興（1950-）；北京大學及四川大學歷史系教授羅志田（1952-）；美國亞利桑那州立大學歷史學學院教授田浩（Hoyt Tillman，1944-）等均曾受教於余英時，可謂桃李滿天下。

[6]　余英時：〈我走過的路〉，收入陳致訪談：《余英時訪談錄》（香港：中華書局有限公司，2012），頁8-9；王汎森亦指出余英時於香港求學時期面對著重要的課題：「即對傳統文化的態度應該如何？贊同胡適

余氏更曾在訪談中坦言：「在教過我的老師之中，錢（穆）先生對我的影響最大也最深。」[7]錢穆、余英時師生兩人均是史學界翹楚，他們的學術見解影響至今，故此學術界不乏對師生二人的個案研究，但是學術界以學術傳承的角度切入二人的研究則未見系統研究，特別關於余英時青年求學的記錄，更因早年欠缺系統梳理，故此並未有相關深入的討論。有鑒於近年《余英時回憶錄》的出版（2018年），其中余英時更親身回憶當年的香港學思生活，有助重構錢穆指導求學階段的余英時之細節，以探求余英時的學術傳承。

五十年代以後的中國思想史一直具有很大學術研究的發展空間，特別是有關五十年代的香港思想和文化。故此，本文希望透過對余英時於香港求學時期的生活，重新了解中國知識分子其時的關切。[8]然而，由於余氏早期的學術生活及思想內容較為複雜，包括於新亞書院的求學階段、參與不同文化雜誌的撰寫及編輯如《中國學生周報》，《自由陣線》等等。筆者們恐學力未及，故主要集中討論錢穆與余英時之間的承傳，以探究余氏早期文化思想的形成。因此，本文將結合近年出版的《余英時回憶錄》，錢穆及余英時師生二人之間的書信，以及部分的獨立文章，一方面嘗試重構余英時在港求學（亦即向錢穆求學）的學思生活，另一方面討論錢余兩人的學術傳承。

二、大變動中的錢賓四恩師

余英時曾自述可將求學的道路分為三個階段：1937至1946年的「鄉村的生活」、1946年至1955年的「大變動中的流動」，以及1955年至1962年的「美國學院中的進修」。[9]如他所述，第二階段求學歷程波折重重，首階段（1946年至1949年）余英時不斷奔波於不同城市，學習波折。[10]直到在1950年初「機緣巧合」下，余先生前往香

還是贊同錢穆？」詳見王汎森：〈史家與時代：余英時先生的學術研究〉，《書城》2011年第3期，頁12。

7　余英時：〈直入塔中，上尋相輪〉，收入陳致訪談：《余英時訪談錄》，頁37。

8　王汎森認為「從年代上來說，一九五○年代以後的臺灣與中國的思想歷史，目前仍是一片相當荒蕪的園地，而這五十年中海峽兩岸所經歷的思想變化非常複雜、深刻，應該得到特別的重視。」有關看法請詳見王汎森：〈中國近代思想文化史研究的若干思考〉，《新史學》2003年卷14期4，頁190-191。誠然王汎森於文中並未有言及香港，但1950年代的香港可謂薈集一眾著名的學人，包括錢穆、新儒家陣營的唐君毅（1909-1978）、屬於第三勢力的司馬長風（1920-1980）等，以至年輕時期的余英時和孫國棟（1922-2013）等人，而一些重要的出版機構（如友聯）及文化刊物（如《民主評論》，《自由陣線》，《人生》，《中國學生周報》）亦於香港成立及發行，無疑香港於五十年代的思想界也極具研究價值，特別是其時的雜誌報刊等。

9　余英時：〈我走過的路〉，收入陳致訪談：《余英時訪談錄》，頁1-14。〈我走過的路〉此文最初發表於《關西大學中文文學會紀要》1995年16期，頁1-9。

10　有關這四年詳細時光，余英時在其回憶錄也有記載，詳見余英時：《余英時回憶錄》，頁64-87，在此簡單介紹：1946年至1947年，余英時為考入東北中正大學而惡補各種現代課程，最後成功考上東北中正大學歷史學系，秋季入學。1947年底，剛在中正大學修讀完一個上學期後，因瀋陽被共軍占領，余英時一家乘飛機到北平居住了十個月。余氏一家在北平住了十個月，然後又在1948年11月從北平流亡到上海。1949年夏天，余英時父親、母親和弟弟離開了上海。同年秋天，余英時考入北平燕京大學歷史系二年級，故前往

港，拜入錢穆門下，才比較穩定地隨錢穆所辦的新亞書院和新亞研究所，完成了5年的學術研究生涯。值得注意的是，余氏香港之行並非一心一意向錢穆求學，而是到香港探親，與家人重聚；加上當時未親身接觸錢穆或受五四新文化運動思潮的影響，[11] 余英時初年並未與錢穆有太多互動。後來余英時決定留港，但錢穆又疲於外行籌款，師生二人相處時間仍不多。直1953年後，余英時在新亞研究院就讀研究院歷史學課程，因勤於向錢穆請益而相處的時間更多，最後奠定了以往的學術生涯。[12]故此，余英時在香港求學約可以分為三個階段，分別是「1950年至1950年7月，權宜求學」；「1950年7月至1952年6月，天人交戰」；「1953年至1955年10月，篤志好學」。

（一）權宜求學：入學與初年新亞生活（1950年初至1950年7月）

余英時從燕京大學轉入新亞書院，由北京移居香港，一切都是他所未料及，加上其他客觀因素，所以他前期就讀新亞一直都是權宜之計。1949年年底，余英時收到來自香港的家書，他的家人已經舉移居香港，[13]希望余英時在寒假期間去探望他們，與家人闊別約半年的余英時自然踏上這段探親之旅。[14]故此，余英時此行目的乃探親，而他自己此時也尚未得知錢穆在港辦學的事情，因而「當時一心一意只是要在寒假一個多月的期間和父母重聚一次，事畢仍回燕京讀書，完全沒有長期留港的念頭。」[15]可惜寒假匆匆，不忍又再捨離家人的余英時決定向燕京大學請假一學期，等到秋季再復學，亦即又再留港半年。余英時父親余協中（1898-1983）乃民國著名學

北平讀書。1949年底，余英時收到來自香港的家書，要他去香港探親。故1950年元月初，余英時到香港探望父母，成為余英時生命史上一個最重要的轉折點。

[11] 「五四新文化運動」表面上是一場1919年發生的學生愛國運動，但當中所帶來的文學及思想運動卻一直影響下去。1946年，青年時期的余英時回到城市走進高中及大學，則開始閱讀及了解當時「五四新文化運動」的來龍去脈，他最先閱讀的課外書是《胡適文存》，因此不知不覺間接受了胡適對於「五四」的解釋。而胡適的解釋，胡適對於新文化運動的推動，便是反傳統儒家，建立新的西方思想。這種的立場，是與錢穆的文化保守主義有衝突的。余英時也曾言：「坦白地講，我最初聽他（錢穆）講課，在思想上是有隔閡的。」見余英時：〈我走過的路〉，收入陳致訪談：《余英時訪談錄》，頁8。同時也可參考余英時對五四運動性質的描述，見余英時：《余英時回憶錄》，頁23-37。

[12] 余英時曾言：「但更重要的，這也是我在他（錢穆）直接指導下，正式研究中國史的開始，我一生的學術路向可以說是在這階段奠定的。」詳見余英時：《余英時回憶錄》，頁106。

[13] 1948年，余英時舉家離開北京，前往上海。1949年中共取下上海後，余協中偕同妻子和幼子前往臺灣。留余英時長子一人在上海將上海寓所頂出，並且將書籍和不少雜物裝箱運回北京。有關於余氏舉家為何由臺灣移居到香港，余英時也有作解釋，1949年下半年，臺灣的情況非常混亂，甚至國際地位也不確定。美國總統杜魯門遲至1950年才根據開羅會議和波茨坦宣言，正式宣明臺灣歸還中國。但他又說，臺灣未來在中國內戰中究將屬誰，美國則不加干涉。礙於這些外在原因，余協中認為在臺灣定居缺乏安全感；相對之下，他們似乎認為香港不但較為安全，而且還可能提供向東南亞或西方移民的機會。因此，余協中舉家移居到香港，而余英時並不知情，到後來收到來自香港的家書，才踏上探親之路。

[14] 余英時：《余英時回憶錄》，頁92。

[15] 余英時：《余英時回憶錄》，頁93。

者，[16]得知長子打算留港半年，一來大概不願兒子虛度半年光陰，二來此時正適錢穆來港辦學，此時錢穆已是鼎鼎大名的國學大師；加上余協中與錢穆也有交情，[17]辦學地點亦鄰近住所，[18]故鼓勵兒子入讀新亞書院，跟隨錢穆學習半年中國史。1950年春天，余英時在父親的引薦下與錢穆首次見面，並且成功透過考試，成為新亞書院文史系二年級第二學期的學生。[19]

此時余英時雖然入讀新亞書院，但礙於多種因素，余英時還是對書院不太關注。首要原因固然是余英時認為在新亞書院只是暫時歇腳，秋季仍會回到燕京大學復學。其次是在新亞修讀與不符合余英時的個人理想傾向。1950年代，香港教育司只承認香港大學為殖民地唯一的大學，新亞書院在法律上僅具有中學資格，余英時「理智層面上了解到畢業生只可以教小學」，[20]這明顯與以學術研究人生目標的余英時大相逕庭。再者，余英時與錢穆於思想有差異甚大。眾所周知，錢穆是一位中國文化的維護者，他承認五四新文化運動在學術上有關鍵性的貢獻，但不能完全接受胡適（1891-1962）、陳獨秀（1879-1942）等人對中國傳統文化的否定態度。[21]時值青年的余英時，畢竟受五四新文化的影響較深，而他個人也非常崇拜胡適，因此在余英時和錢穆在思想上是有差異的，甚至是「有隔閡的」。[22]所以入讀新亞首半年，余英時亦只修

---

[16] 余協中（1898-1983），1898年生於安徽省潛山縣，余英時父親。1921年，余協中畢業於燕京大學，1926年至1928年在美國考爾格大學（Colgate College）和哈佛大學分別修讀，取得碩士學位便回國。回國後，先後任天津南開、安徽和河南各大學教授。1946年，余協中和杜聿明（1904-1981）共同籌辦東北中正大學，余協中任文學院院長。由此可見，余協中乃民國時期有分量之知識分子。有關其生平，詳細可參閱周言：〈余英時的父親余協中〉（上、下篇），《蘋果日報》（香港），2013年7月28日及8月4日。

[17] 余協中任東北中正大學文學院院長時，曾禮聘錢穆為中國史教授。另外，錢穆赴美國耶魯大學講學時，也特意與當時定居美國的余協中夫婦見面，可見頗有交情。詳可參閱錢穆：《八十憶雙親，師友雜憶合刊》（臺北：東大圖書股份有限公司，1983），頁282-296；錢穆：〈致余協中書二通〉，《素書樓餘瀋》，收入《錢賓四先生全集》，第五十三冊，頁203-207。

[18] 此時新亞書院校址乃租用九龍深水埗桂林街六十一、六十三、六十五號三、四樓為校舍。余英時一家居所亦在九龍。

[19] 余英時的入學考試也有段頗為有趣的經歷。1950年春天，余英時在父親的推薦下與錢穆首次見面。錢穆了解過余英時正在燕京大學二年級讀書後，同意余英時轉學新亞書院二年級的下學期開始，但附帶一個考試條件，要余英時第二天來應考。余英時次日至，由錢穆親自主持考試，要余英時分別用中英文寫一篇讀書的經歷和志願之類的文字。考試完結後，錢穆當場閱卷並且通過考試，余英時就這樣成為新亞書院文史系二年級第二學期的學生了。多年以後，余英時對此段記憶仍然猶新和自豪，因為他相信從口試、出題、筆試、閱卷到取錄都由錢穆一手包辦的學生，他應該是唯一一個。詳細請見余英時：〈猶記風吹水上鱗——敬悼錢賓四師〉，頁9。

[20] 余英時：《余英時回憶錄》，頁96。

[21] 有關錢穆作為「文化保守主義者」之討論，可謂汗牛充棟，未能盡錄。但較少人提及，少年時期的錢穆亦為一位思想「趨新」的士人。王汎森亦撰文討論錢氏如何從徘徊晚清民國時期的新舊學風之間，從而走出一個新的路向的學思歷程。詳見王汎森：〈錢穆與民國學風〉，載氏著：《近代中國的史家與史學（增訂版）》（香港：三聯書店，2020），頁195-248。另外，有關中國近代保守主義思想的研究，詳參考Charlotte Furth, *The Limits of Change : Essays on Conservative Alternatives in Republican China* (Cambridge, Mass. : Harvard University Press, 1976) 一書。

[22] 余英時：〈胡適思想的新意義〉，《自由陣線》1952年卷8期11，頁5-7；余英時：〈我走過的路〉，頁8；周質平：〈自由主義的薪傳：從胡適到余英時〉，載氏著：《自由的火種：胡適與林語堂》（臺北：

讀了錢穆的「中國學術概論」一課。[23]最後便是書院前途未卜。新亞書院創辦初期，經費拮据，甚至去到「山窮水盡之絕境」。[24]余英時亦憶記新亞書院開學兩三個月以後已遇到經費困難，是否能辦下去在師生心中成了一大疑問，此亦引致錢穆講課時往往不能全神貫注。[25]面對種種因素，余英時最後還是於1950年7月起行，回燕京大學復學。

（二）天人交戰：最後留港求學（1950年7月至1952年）

1950年7月，余英時決定起行回到北平，其心路歷程變化亦頗值得記下，他稱之為「天人交戰」，亦即是所謂感性與理性的交戰。感性上，此時余英時父母年事已高，需人照顧，適逢政局動盪，離港後再重逢的機會難以料及。理性上，余英時不願長期居留在殖民地的土地上。最後，他還踏上了返回北平的旅途。當時的北上路線需先由乘火車到廣州，然後再轉乘北上火車到北京。當來到廣州火車北上交接處，因廣州石龍火車小站發生故障，余英時與北上火車脫節，只能改坐第二天火車。此時（剛踏上天人交戰的北上路程）、此地（中途站）、此事（廣州石龍火車小站發生故障）讓余英時多了思考的空間，他開始懷疑自己回北京的決定是錯誤的。首先他認為要顧及家庭，不能只顧私我；其次認為父母即是中國的一部分，照顧父母亦可成為對中國的貢獻，這與他中國本土打成一片的信念是一致的；最後當時韓戰爆發，此次離別可能是「生離死別」。這三大因素使余英時因而悔心大起，認為回北京百非而無一是，於是「天人交戰」隨即消逝，由廣州重返香港。[26]

重返香港的余英時雖然決定在新亞書院完成大學課程，但他和錢穆的交往仍然不多，往往停留在課外請益。1950年秋季，新亞書院開學，余英時此時已是三年級生，開展他剩餘兩年的大學生生涯（即1950年9月至1952年6月畢業）。這段時期正值新亞書院經濟上最窘困的時期，錢穆必須為學校經費而奔走臺港兩地。此時錢穆不但在主觀情感上無法專心教學，客觀因素上也必須時常離開香港，這一點在《師友雜憶》亦有記載，余英時向錢穆求學時間的確有限。[27]1950年到1951年，錢穆有兩度臺灣之行，每次都留臺甚久。值得注意的是，初入錢門的余英時課上求學的時光雖然短促，但課外仍有一事值得記錄，那就是精讀錢穆的《國史大綱》和撰寫讀書報告，並且請錢穆指正和評論。余英時多年後回顧，仍坦言此「精讀計畫」開啟了他求學問的開放

允晨文化，2018），頁326-327。
[23] 余英時：《余英時回憶錄》，頁99。
[24] 錢穆：《八十憶雙親，師友雜憶合刊》，頁248-253。
[25] 余英時：《余英時回憶錄》，頁96-99。
[26] 詳細記載請參考余英時：《余英時回憶錄》，頁96-98。
[27] 1950年到1951年，錢穆有兩度臺灣之行，每次都留臺甚久。特別是第二次，錢穆在臺北演講，屋頂倒塌，錢穆頭部受傷而留臺修養約四個月。詳細參閱錢穆：《八十憶雙親，師友雜憶合刊》，頁254-263。

態度，以及培養了他讀書和研究的基本功。[28]

　　由此可見，余英時由燕京大學轉入新亞書院完成大學課程，是偶然中的偶然，並且不斷暗中摸索人生道路。由最先的短短的一個月探親重聚到新亞短期修讀半年，余英時的心向一直不在新亞書院，入讀新亞也只是權宜之計。到後來改變心意，在新亞書院完成大學課程，但此時新亞經費拮据，錢穆須多番外行籌款，錢穆為經費擔憂，主觀上難以專心教學，客觀上時常離港，余英時亦難以課上多番向錢穆請益，故亦只能課外請益。受錢穆深厚的中國文化底蘊和研究學力所啟蒙，可以說是余英時求學問的開放態度，以及培養自我讀書和作研究的基本能力的始端。而奠定余英時以中國歷史為一生的學術道路的階段，則要從入讀研究院道起。

（三）篤志好學：研究院求學（1953年至1955年10月）

　　1952年6月，余英時成為第一屆新亞書院的畢業生，正式師從錢穆。畢業後的余英時屬意繼續在新亞研究所研讀中國史，余氏形容是他「正式研究中國史的開始，一生的學術路可以說是在這一階段奠定的。」[29] 開展了他博學篤志的求學階段。

　　1953年秋季，錢穆得到美國亞洲基金會（Asia Foundation）的支持，成立了新亞研究所，這間研究所可以說是新亞史學教研發展的最大突破，[30] 余英時也成為首批所內研讀的研究生。新亞研究所原本在九龍太子道租了一層樓，錢穆與其餘三位研究生住在所內，余英時雖住在家中，但每天都到所內讀書。

　　余英時認為錢穆雖有自己儒家價值系統，但對研究生的指導，從不直接灌輸。他對余英時的指導，也只停留在「授業」和「解惑」，而「道」需要余英時自己「深造自得」。換句話說，錢穆鼓勵余英時深入了解中國文化，找出其源遠流長的文化體系的特徵，自己只會從旁建議方法和解答疑惑。故此，錢穆不給予余英時任何題目，但要求余英時自己選擇題目與之討論。雖然錢穆是研究中國諸子思想的權威，但亦沒有強加相關題目在余英時身上。其時余英時的研究興趣是中國社會經濟史，因此余英時決定追隨門第社會的起源和發展及其與儒、道兩家（即「名教」與「自然」）互相爭衡的關聯。錢穆對此題目持肯定的態度，但要求余英時題目雖然集中在魏晉南北朝，卻要求余英時上溯至漢代，於是開啟了余氏以《後漢書》為精讀正史的起點。[31]

　　1954年秋季，因為美國雅禮協會（Yale-in-China）資助新亞書院，[32]新亞書院

---

[28] 余英時：〈直入塔中，上尋相輪〉，載陳致訪談：《余英時訪談錄》，頁37-38。

[29] 余英時：《余英時回憶錄》，頁106。

[30] 李金強、文兆堅：〈當代香港華文史學之興起——以錢穆（1895-1990）與新亞書院為個案〉，收入余振等編：《21世紀世界與中國——當代中國發展熱點問題》（北京：清華大學出版社，2003），頁613。

[31] 關於何謂「精讀」，余英時亦有解釋。第一是從頭至尾，通讀全書；第二點是對書中一切相關資料加以系統的整理並作出記錄（寫卡片），以便查考和運用。見余英時：《余英時回憶錄》，頁107。

[32] 美國雅禮協會原本在湖南興辦教育及醫療事業。中華人民共和國成立之後，雅禮協會結束了大陸的宣教事業，為了延續昔日事業，派遣盧定教授（Professor Harry R. Rudin）在香港尋找教育機構進行合作，最後

得以在嘉林邊道租下新校舍，余英時於是在該處開展他的研究。[33]進入新亞研究所的余英時依然繼續他的精讀計畫，不過自我從《後漢書》上推至《漢書》，下延至《三國志》，讀書卡片累積到1千多張。經過了近兩年的精讀詳記，基本已經奠定余氏研習中國史的基礎。1955年，余英時開始撰寫他的學術專論，最初題為〈兩漢之際政治變遷的社會背景〉，但在1956年1月美國哈佛大學脫稿後，定名為〈東漢政權之建立與士族大姓之關係〉。[34]1958年秋天，在哈佛研究班上撰寫〈漢代中外經濟交通〉論文。1959年8月，余英時在《新亞學報》發表專論〈漢晉之際之新自覺與新思潮〉。[35]1962年，寫成哈佛博士論文《東漢生死觀》，[36]1967年，出版專書《漢代中國的貿易與擴張》[37]

以上簡單地作余英時的史學專著回顧，從中不難發現，余英時往後學術成果，很多均從他在新亞研究所的精讀卡片入手，然後再進行擴張和研究。錢穆這種指導的方式，對余英時是非常有效的，亦回應了「1953年至1955年兩年間在錢先生指導下精讀漢史，對我（余英時）此下的學術生命確實發生了難以估計的影響」這句話。[38]

余英時進入新亞書院修讀大學，此階段可謂暗中摸索；即使後來打算在新亞完成大學學業，亦未曾奠定以中國史為一生研究的路向，更未有具體的研究領域。到了研究院階段，余英時與錢穆相處時間較多，亦受到錢穆指導，開始自我鑽研漢史，奠定了余英時以後以中國史研究為終身志向。1955年，哈佛燕京學社有一計畫，名曰「訪問學人計畫」（Harvard-Yenching Visiting Scholars Program），意在中、日、韓三國尋找人文及社會領域的學人，到哈佛大學訪問一學年。香港方面，有一個名額，而該計畫也只與新亞書院合作。新亞提名唐君毅（1909-1978）和余英時兩人，最後哈佛燕京學社選擇了余英時。[39]最後余英時在1955年10月，帶著當時華人學界的關懷和困惑，前往哈佛大學進修。[40]

雅禮協會選定了新亞書院為合作對象。

[33] 得美國雅禮協會資助後，新亞書院可以在嘉林邊道租一新校舍，雖然新校舍面積較舊校舍（桂林街校舍）大，但錢穆決定大學學生分別在嘉林邊道及桂林街兩處上課，而太子道新亞研究所則合併入嘉林邊道的新校址。換句話說，余英時前一年的研究生生涯在太子道新亞研究所，而後一年便在嘉林邊道的新亞研究所。

[34] 余英時：〈東漢政權之建立與士族大姓之關係〉，收入《新亞學報》1956年第1卷第2期，頁209-280。

[35] 余英時：〈漢晉之際之新自覺與新思潮〉，收入《新亞學報》1959年第4卷第1期，頁25-144。

[36] Yu Ying-Shih, *Trade and Expansion in Han China, A Study in the Structure of Sino-Barbarian Economic Relations*（Berkeley and Los Angeles: University of California Press, 1967）.

[37] Yu Ying-Shih, *Views of Life and Death in Later Han China*（Harvard: Harvard University Ph.D Dissertation, 1962）.

[38] 余英時：《余英時回憶錄》，頁108。

[39] 有關哈佛燕京學社的「訪問學人計畫」原本要求學人要在30歲以上，40歲以下。此時唐君毅46歲，余英時25歲，是所謂「年長者過之、年少者不及。」但最後燕京學社社長葉理綏（Serge Elisseeff, 1889-1975）決定邀請余英時而非唐君毅，此乃因為計畫旨在把重心放在年輕學人方面，使他們學與思的潛力的到充分發揮的機會。可能加上香港只有此兩個提名，而1954年又沒有香港人選，故選擇較年少者，亦即余英時本人。見余英時：《余英時回憶錄》，頁152-157。

[40] 王汎森：〈余英時印象〉，《數理人文》2015年第4期，頁22。

三、陶熔鼓鑄：錢穆對余英時的學術傳承

以上簡述了錢余二人在香港生活中的交往，以下將討論他們師生之間的學術傳承。

（一）以通馭專，由博返約[41]

余英時認為19世紀中國與西方文化接觸後，其傳統學術與西方學術的專門化接觸之後，引起了許多一時無法溝通和融化的困難。如果單純依照西方的「專」分類，各人選一專門範圍進行深入的剖析及專門的斷代研究，一定會有成果。但深諳中國傳統的人看來，總不免有牽強和單薄之感。如果過分注重中國傳統的「通」，先有整體的認識再走專家的路，卻不是研究者的時間、精力、能力所允許的。錢穆的獨特的道路乃「以通馭專，由博返約」，即是博覽群書以貫通整個中國文化的脈絡，從中找到具體問題，再從廣博的研究中，最後得出最精約的論斷。余英時作為錢氏的高足，傳承了他這種學術傳統。[42]

從整體而言，錢穆雖然在學術思想史成績最為明顯，但查閱錢穆的學術著作，不難發現他在制度史、沿革地理、以至社會經濟史各方面均有專門著述。而能體現錢穆這種學術傳統的例子，便是《國史大綱》。[43]《國史大綱》乃綱目體，自然分成「綱」和「目」。「綱」便是簡要斷語，而「目」便是「綱」的依據，亦即是解釋其論斷的原因。《國史大綱》一書集中國歷代學術思想、政治制度、社會風氣、國際形勢等為一書，其廣博的程度自然不言而喻。但論及單獨朝代時，又能專門論及時代的特色，例如戰國學術思想，秦漢的制度和三國魏晉的社會經濟等等。錢穆此書的材料當然來自大量的一手史料，但其中同時充分吸收了現代中國第一流史學家的嶄新創獲，如王國維（1877-1927）、梁啟超（1873-1929）、夏曾佑（1863-1924）、陳寅恪（1890-1969）、顧頡剛（1893-1980）等。大體而言，錢穆對於「時賢」和「新人」所得不但隨時採擇，而且在撰寫《國史大綱》時，更是從通史角度另作斟酌。故他在〈書成自記〉寫：「其時賢文字，近人新得，多所採獲。」[44]

余英時在日後的訪談曾多次強調，他受錢穆最大影響的，便是這種整體綜合，前

---

[41] 見余英時：〈直入塔中，上尋相輪〉，載陳致訪談：《余英時訪談錄》，頁37-39。

[42] 錢穆另一位得意門生嚴耕望（1916-1996）認為：「（錢穆）先生的學問從子學出發，研究重心是學術思想史，先生們人長於學術思想史，各有貢獻甚多，余英時顯最傑出」。參嚴耕望：《錢穆賓四先生與我》（臺北：臺灣商務印書館，2008），頁94。

[43] 錢穆：《國史大綱》（上）及（下），收入《錢賓四先生全集》，第二十七及二十八冊（臺北：聯經出版事業公司，1998）。另外，余英時日後亦曾撰專文探討《國史大綱》一書的重要性，詳參考余英時：〈《國史大綱》發微－從內在結構到外在影響〉，《古今論衡》2016年第29期，頁3-16。

[44] 錢穆：《國史大綱（上）》，收入《錢賓四先生全集》，第三十七冊，頁64。

後貫通學術研究。[45]錢穆也在兩人書信中提點余英時:「弟今有意治學術思想史,則斷當從源頭處用力,自不宜截取一節為之。」[46]

余英時亦自述沒有通史著作存世,乃因:

> 我的目的既不是追求一部無所不包的「通史」。……現代史學實踐中所謂「通史」,不過是一種歷史教科書的名稱而矣。但無論是前者還是後者,都和我的興趣不合。[47]

縱然余英時現今沒有通史著作而言,其著作當然也以思想史最為人稱道,但其他學術著作,諸如漢代社會經濟史、漢代中外交通史、現代史學及宋代政治文化史也有著作存世。[48]不少當代學者稱讚余英時乃「百科全書」式學者。[49] 其中體驗到余英時這種學術傳統的例子便是《朱熹的歷史世界——宋代士大夫政治文化的研究》。[50]這部專著雖舉出了宋代著名思想家朱熹(1130-1200),但研究的重心並不在朱熹,而是朱熹所代表的時代。所以這是一本有關宋朝一代文化史與政治史的綜合研究。到現今以專攻為主史學研究之中,仍能以朱熹思想貫通整個宋代文化及政治史,便是以通馭專的功力。[51]

(二)中西各異,不存優劣,中國學問須獨立研究

余英時接觸錢穆之前,雖曾拜讀錢穆的書籍文章,但基本還是傾向西洋史學,這乃因為余英時受到當時五四運動及父親余協中的影響。[52] 有關中西史學的研究,錢穆曾寫信予余英時:

---

[45] 余英時:〈直入塔中,上尋相輪〉,載陳致訪談:《余英時訪談錄》,頁38。

[46] 錢穆:〈致余英時書二十八通〉,《素書樓餘瀋》,收入《錢賓四先生全集》,第五十三冊,頁429。

[47] 余英時:《余英時作品系列.總序》,見此系列中的任何一本,如《朱熹的歷史世界——宋代士大夫政治文化的研究》(北京:生活.讀書.新知三聯書店,2004),頁4。

[48] 詳細可參閱車行健:〈余英時教授著作目錄〉,收入田浩編:《文化與歷史的追索:余英時教授八秩壽慶論文集》(臺北:聯經出版公司,2009),頁917-960。

[49] 田浩:〈前言——我們所認識的余英時老師〉,收入田浩編:《文化與歷史的追索:余英時教授八秩壽慶論文集》,頁III。

[50] 余英時:《朱熹的歷史世界:宋代士大夫政治文化的研究》(上、下冊)(臺北:允晨文化,2003)。

[51] 田浩:〈評余英時:《朱熹的歷史世界》〉,《湖南大學學報》2004年第18卷第5期,頁35-38。

[52] 「五四新文化運動」與父親余協中均對青年時期的余英時帶來重要影響。「五四新文化運動」所提倡的唯物史觀使青年時期的余英時對西方文化和歷史產生了深刻的興趣。而父親余協中也是歷史學家,主修西洋史,故亦對余英時產生影響。縱觀余英時早期的著作,所探討的大多是西方歷史及文化,本文現只簡略概括若干,例如:〈論文藝復興〉、〈論宗教革命〉、〈十九世紀法國浪漫派之史學〉、《民主制度的發展》等。詳見艾群(余英時):〈論文藝復興〉,《自由陣線》1953年卷13期8,頁14-16;艾群(余英時):〈論宗教革命〉(上)、(下),《自由陣線》1953年卷13期12及第14期1,頁14-15、14-15;余英時:〈十九世紀法國浪漫派之史學〉,《新亞校刊》1954年第4期,頁10-13、49;余英時:《民主制度的發展》(香港:亞洲出版社,1955)。

弟在美課程，盼善擇名師，將來如能在中西史學方法及史學哲學上作一比較研究，更所盼切。至於將來大部分精力，擇仍以還治中國史為得，治西史只能作比較與印證。[53]

事實上，錢穆在自己的著作之中，也曾多次強調中國文化有自己的特色，與西方文化比較，既不存優劣，也不存在高低，故必須潛心探討，西方史學和方法可以參考，但只能作輔佐研究中國文化之用。[54] 余英時也曾承認，受錢穆這方面的影響很深，[55]故余英時基本傳承了這個學術傳統，並且進一步發揮。

在文化分類方面，錢穆在《文化學大義》根據自然環境的不同，將人類文化分為三種類型：一、游牧文化，二、農耕文化，三、商業文化。這三大類型又可以歸納成兩類型，一是農業文化，一是游牧與商業文化。中國屬於農業文化，而西方則屬於游牧商業文化。農業文化能內在自足，故常內傾。游牧文化逐水草而遷徙，商業文化則地區不足，必然出外與近鄰交換，故兩種文化均屬內在不足，故常外傾，屬於同類。[56]

余英時從價值系統入手研究中國文化的類型。他指出中國人對於人間價值起源——「天」或「道」，只做到肯定而不去窮究到底，採取一種「六合之外，聖人存而不論」的態度。中國的思想家就算明顯地對彼岸世界有深刻的感受，也不大會把他們的想像力應用於彼岸世界。這個超越性的源頭並不是一般語言能說得明白的，只得每個人自己去體驗，因而中國的超越世界沒有走上外在化、具體化、形式化，也沒有普遍性的教會。中國人的兩個世界——現實世界和超越世界是互相交涉，離中有合，合中有離的。西方人的態度與此迥然不同，西方有一套關於上帝的神學知識系統，隨柏拉圖的形上學出現，亞里斯多德加以繼承，到了中世紀基督教神學又壓倒了希臘思想。西方人自始至終都要問出一個超越性的具體世界，宗教上的天國與人間有明顯的分別，超越世界與現實世界更是涇渭分明。[57]

文化的表現形態方面。錢穆認為西方文化的最高精神是「外傾的宗教精神」，而中國文化的最高精神則是「內傾的道德精神」。外傾的精神發展，一方面偏向科學，另一方面的偏向宗教；內傾精神之發展，一方面偏向政治，另一方面偏向道德。西方的宗教精神等於科學精神，它講述世界由誰創造，人怎樣出生，科學和哲學研究都圍繞這些問題。但中國人偏向道德精神，不問這些事情，只就此刻人生本身之實際為出

---

53 錢穆：〈致余英時書二十八通〉，《素書樓餘瀋》，收入《錢賓四先生全集》，第53冊，頁406。
54 事實上，錢穆晚年亦撰有若干討論中西歷史比較及反思中西文化的文章，詳見錢穆：〈中西歷史〉，載氏著：《素書樓餘瀋》，《錢賓四先生全集》，第53冊，頁631-635；錢穆：〈文化新瀋〉，載氏著：《素書樓餘瀋》，《錢賓四先生全集》，第53冊，頁645-647。
55 余英時：〈直入塔中，上尋相輪〉，載陳致訪談：《余英時訪談錄》，頁38。
56 錢穆：《文化學大義》，收入《錢賓四先生全集》，第37冊，頁29-36。
57 余英時：《內在超越之路——余英時新儒家論著輯要》（北京：中國廣播電視出版社，1992），頁1-58。

發點。中國人的政治，也就是道德。政治是道德實踐之一項目。所以錢穆認為兩種文化由此兩大區別，先影響文學藝術不一，再影響經濟人生不一，牽連種種相異。[58]

余英時吸收了錢穆的觀點，認為中西文化系統在根本性上存在差異，與西方「外在超越」的價值系統相對照，而中國文化價值系統的個性是「內在超越」。西方文化的外傾精神，乃將這個超越世界和超越性的上帝表現出無限的威力，自然世界是上帝所創造的「機器」、「規律」或「秩序」，就如鐘錶一樣，科學家的責任便是了解這個鐘錶是怎樣構成和運作，故西方外傾精神有助於科學的發展。而中國文化的內傾精神，似乎自始便知道人的智力無法真正把超越世界清楚而具體地展示出來，人和「道」或「天」不論結合還是分離，均是自己一個人的事情，沒有系統教條可循，所以中國的內傾精神則不積極鼓勵人去對外在世界尋找系統的了解，亦不利於科學發展。[59]

由中國文化的類型和文化表現兩個方面而言，儘管師生二人使用的方法不一致，但結論卻是趨同的。錢穆的結論是「中西雙方的人生觀念、文化精神和歷史大流，有些處是完全各走一條不同的路。我們要了解中國文化和中國歷史，我們先應該習得中國人的觀點，再尋址推尋。」[60]余英時的結論是「外在超越與內在超越各有其長短優劣，不能一概而論。」[61]換句話說：中西文化各異，不分高低，各有所長，研究中國文化者，需深入實踐及獨立研究。而這種論點，余英時當然曾多次表示來自錢穆。[62]

四、余論及觀察

余英時20歲求學於錢穆，25歲赴美深造。[63]往後日子裡，余英時基本專心在美求學、研究和工作，縱然曾回港任職，也只是匆匆兩年。[64]留美之後，余英時和錢穆卻沒有因異地而失聯，書信的往來足以佐證。[65]更重要的是，余英時在其自身著作之中，點點滴滴都在凸顯薪火相傳的軌跡。學術傳承，既是上承，也有下啟。余英時治

---

[58] 錢穆：《文化學大義》，收入《錢賓四先生全集》，第37冊，頁65-76。

[59] 余英時：《內在超越之路——余英時新儒家論著輯要》，頁25-29。

[60] 錢穆：《文化學大義》，收入《錢賓四先生全集》，第37冊，頁22。

[61] 余英時：《內在超越之路——余英時新儒家論著輯要》，頁13。

[62] 余英時寫道：「在美國教學和研究已三十年，錢先生的著作當然是和我的工作分不開的。」。詳見余英時：〈猶記風吹水上鱗——敬悼錢賓四師〉，頁13。

[63] 青年學者周言就曾余英時早期的求學生活及學術活動，撰寫了若干文章，刊載於香港的《蘋果日報》內，有興趣可參考周言：〈余英時的香港時代〉，《蘋果日報》，2013年12月15日；周言：〈余英時與五十年代新亞〉，《蘋果日報》，2013年9月15日。

[64] 有關余英時於1970年代於香港中文大學（1973-75年）任職時的情況，據了解余氏會於日後出版的另一部回憶錄中有記載。現階段較為詳細的記述，請詳見劉述先（1934-2016）：〈我與中文大學哲學系〉（上）及（下），載氏著：《傳統與現代的探索》（臺北：正中書局，1994），頁97-156。

[65] 有興趣的可參考錢穆：〈致余英時書二十八通〉，《素書樓餘瀋》，收入《錢賓四先生全集》，冊五十三，頁401-455。

史史觀其大，乃至中西文化的觀點，均與錢穆有緊密的關係。

　　本文一開始嘗試以學術傳承探討錢穆與余英時的之間學術互動及影響，與及重構余英時早期的學思生命。無疑仍未全面地剖析余氏學思生命之發展，誠如王汎森的觀察，「關心余（英時）先生早年寫作的人，已經注意到余先生在香港時期的少作，都肯定自由、民主、人權等普世價值，而且文章最常出現的詞彙是『思想』、『文明』。但在香港時，他的研究是以社會史為主，即使在美國擔任教職初期，仍是以廣義的社會經濟史為主，後來才逐漸轉向思想史。」[66]對於當中余英時早期在學術上的轉變，尤其於探究「文化」的問題上，與及對中西歷史和文化的比較上，錢穆無疑為重要的推手。[67]

　　時值1958年，錢穆向余氏言及：「欲究文化問題，非於各方面切實下工夫不可。鄙意當從文化全體系定看法，而於學術、宗教、文學、藝術、社會、政治、經濟各方面分別深究，一人能完成一門至兩門，即為一大貢獻。」[68]作為文化保守主義者的錢穆，該時已提點余英時需要從多方面探究文化問題，不能單單一方面研究。可以肯定的是，1950年以後錢穆所重視的，乃探討中國傳統文化的未來路向，並關心中西歷史文化方面的大議題。[69]如同錢穆日後的回憶中，明言其時治學方向，皆以「文化」為主，直言「國內紛呶，已有與國外混一難辨之勢。而我國家民族文化四五千年之歷史傳統文化精義，乃絕不見有獨立自主之望。此後治學，**似當先國家民族文化大體有所認識，有所把捉，始能由源尋委，由本達末**，於各項學問有入門，有出路。余之一知半解，乃始有轉向於文化學之研究。」[70]

　　「始能由源尋委，由本達末」，正正代表錢穆其時治學的態度及歷史觀，而這番態度及觀念，同時影響了青年時期的余英時對歷史及學問的探索。余英時於新亞完成學業後，對於中西文化的討論和思考尤其感受至深。在其早期一篇反思「五四新文化運動」的文章中曾言及，該運動的意義在於「文化的自覺」，[71]「追求對西方文化的了解，以及在西方文化對照之下作自我反省」。[72]並明言「文化運動的成敗最後維繫

66　王汎森：〈余英時印象〉，頁22。
67　誠如王汎森提出，其時余英時最關心的課題，主要有四大方面：（1）自由主義和社會主義；（2）對傳統文化是否持批判態度；（3）中國和西方的關係；（4）人類文明和文化及其未來走向。詳見王汎森：〈史家與時代：余英時先生的學術研究〉，頁13。
68　錢穆：〈致余英時書二十八通〉，《素書樓餘瀋》，收入《錢賓四先生全集》，冊五十三，頁413。
69　以上觀察參考自王汎森：〈錢穆與民國學風〉，載氏著：《近代中國的史家與史學》（增訂版），頁197。事實上，錢穆晚年亦撰有若干討論中西歷史比較及文化反思的文章，詳見錢穆：〈中西歷史〉，《素書樓餘瀋》，《錢賓四先生全集》，冊五十三，頁631-635；錢穆：〈文化新舊〉，《素書樓餘瀋》，《錢賓四先生全集》，冊五十三，頁645-647。
70　錢穆：《八十憶雙親、師友雜憶合刊》，頁324。
71　艾群（余英時）：〈五四文化精神的反省──兼論今後文化運動的方向〉，《自由陣線》1955年卷22期11，頁5。
72　同上註。

於它能否在自己文化中生根」，[73]最後更結論出「中國傳統的人文精神基本上正是貫通中西文化的主要關鍵所在」。[74]顯而見之，即使作為胡適的擁護者自居，[75]並對西方的歷史及文化推崇備至，在錢穆的啟迪下，對於中國傳統文化之精神仍極為重視，更相信中西文化的融合才是中國文化的出路。

余氏於另一系列深入探討中西文化的文章中，透過追溯中西古代文化不同機體，於上述課題再行深化。[76]值得注意是，該系列文章中亦同時引用了錢穆的《文化學大義》內容。[77]更重要的是，余氏於該系列文章中指出，西方文化不能完全搬字過紙般全移入中國的情境中，間接批評「全盤西化」的主張。[78]雖然重視西方文化，但同時亦肯定中國文化的重要性。透過對一系列西方學者文化的研究、與及對經典等的解讀，[79]討論的已不再是中西文化誰較優勝，而是探討中國文化於未來路向之發展，與錢穆其時所關切亦是如出一轍。由此開始，亦引起了日後余英時嘗試從中西思想的比較及研究。

本文不揣淺陋，嘗試從中窺探兩位大師之學術傳承，同時亦希望於前人的研究中開拓一個新的討論空間，再行重構余英時早前文化思想之形成及變化。由於是次於倉猝間成文，有關文章內容上的討論亦較為粗略，現謹此還請各方指正。

---

[73] 同上註，頁6。

[74] 同上註，頁7。

[75] 周質平認為，余英時其時是以作為胡適之後繼者自任，見周質平：〈自由主義的薪傳：從胡適到余英時〉，頁318。

[76] 該一系列文章詳請參考余英時：〈論文化整體〉（一至三），《自由陣線》1955年卷23期6至8，頁10-12、20-22。

[77] 余英時：〈論文化整體（一）〉，頁20。

[78] 余英時：〈論文化整體（二）〉，頁12。

[79] 事實上，除了上述的著作外，余英時其時亦有翻譯不少西方名家的著作，包括羅素（Bertrand Arthur William Russell, 1872-1970）。請見羅素著，余英時譯，許冠三註：〈自由是什麼？〉（一至四），《自由陣線》1956年第29卷第5-9期，頁13-15、16、26-28。

第四十二章　錢穆《時事新報·學燈》發文考[1]

華東師範大學歷史學系暨中國現代思想文化研究所
瞿駿

　　研究民國史學大家錢穆最常用的史料是他寫的著名回憶錄《師友雜憶》。這部回憶錄提供了大量錢穆的生平經歷、生活細節和思想演變過程，若說錢穆之歷史形象大半由《師友雜憶》所塑造亦不過分。但正因為《師友雜憶》在錢穆研究中占據了過於重要的位置，所以它也可能讓人忽略了錢穆生活和思想中本應被注意到的一些東西，比如錢穆在《時事新報》副刊《學燈》上發文的經歷。關於這段經歷以往研究多依據的是《師友雜憶》中的一段描述，因後文均從此段文字出發，所以全錄如下，重要部分用黑體字標出：

> 余之來校之第一上半年冬季，一夕，余與若泰、英章三人聚談。**時李石岑自歐留學返國，以哲學名，在上海《時事新報》副刊《學燈》任主編。每作一文，必以大一號字登首幅，其餘皆小一號字排。**余告兩人，石岑文亦自語簡意遠，較勝它文。**余當試投一稿，看其亦能用大一號字刊之首幅否。**二人亦加慫恿。**余撰一文，長可三百餘字，題名《愛與欲》。投去。是為余生平在報紙上投稿之第一篇。越日，余文果以大一號字在《學燈》首幅刊出。**若泰、英章大加揄揚，促余續為文。題已亡，憶是論希臘某哲學家與中國道家思想之異同。稿既成，寄去，不數日，又以大一號字登《學燈》首幅。**乃為《學燈》上刊載大一號文字李石岑外之第一人。**若泰、英章倍加興奮，又促余撰第三文。**時《學燈》忽刊一小條，曰：錢穆先生請示通訊位址。**兩人更興奮，謂兄自此獲知於當代哲人，通訊久，當有前途可期。余覆函，寫後宅鎮第一小學位址。若泰、英章曰，君學問高出人一等，然奈何愚蠢若此。余問，何愚蠢。若泰曰，當待通信久，乃可讓彼知君底細。若如此寄出，我敢打賭，必無通訊希望。余曰，行不改姓，坐不改名。所作文字與所任職務乃兩事。宵如君所想，余不願打賭，但亦不願不以余真相明白告人。若泰曰，圖書館址即在側，不如用圖書館字樣，彼或疑君乃一宿儒，如此或可有通訊希望。余不從，**並附第三文去。不久，此文改小一號字體，刊入青年論壇中，亦終無來信。**若泰曰，果不出我所

1　本文得以寫出有賴於華中師範大學周月峰教授的指正和幫助，特此致謝。

料。因告余，倘不信，可續投他文，將絕不會再用大一號字登首幅。余似又寄
第四文，續登青年論壇。自是遂絕不再投寄。

以上文字情節生動起伏，江浙地方讀書人渴望獲交於海上新文化聞人的心態躍然
紙上，實為不可多得的反映他們與全國性大報如何交往互動的史料。不過若仔細對比
錢穆在《學燈》上的發文情況，則會發現這段回憶的錯誤之處相當多，因此首先要做
的工作是根據錢穆的敘述對其回憶進行一番辨正。

一、

據筆者考察，錢穆在《學燈》上發文共20篇，其發文情況與《師友雜憶》相對
照，《師友雜憶》中的錯誤之處有：
第一，錢穆在《學燈》上發表的第一篇文章不是《愛與欲》。而是《意志自由與
責任》，《愛與欲》為他在《學燈》發表的第三篇文章。
第二，錢穆在《學燈》上發表的第二篇文章無關「希臘某哲學家與中國道家思想
之異同」，而是名為《因果》。「論希臘哲學家與中國道家思想異同」的文章名為
《伊壁鳩魯與莊子》，是錢穆發表在《學燈》的第19篇文章。
第三，錢穆在《學燈》的發文並不是在第四篇後就「自是遂絕不再投寄」。而是
繼續發表有16篇之多。
第四，李石岑請錢穆示以通訊位址的信發表於錢氏第三篇文章《愛與欲》之
後，而非《師友雜憶》中說的在第二篇與第三篇之間。[2]此後的情況也不是錢穆所說
的「終無來信」，以李石岑個人名義和《學燈》編者名義對錢穆的覆信公開發表的
即有兩次。第一次覆信在1921年3月23日，此時錢穆已在《學燈》發表六篇文章。內
容為：

> 錢穆君鑒，足下謂本欄宜辟兒童文學一門，甚恰鄙意，惟此資料尚缺，足下能
> 供給少許乎？此覆，石岑。[3]

第二次覆信在1921年12月4日，內容為：

> 錢穆先生，大稿原文已為排字人毀去，恕不能檢還，先生來信未曾聲明不准刪
> 節，故我們遂把不緊要的地方刪去，以後寄稿，請存副文，如不欲刪節，也請

---

2   〈通訊〉，《時事新報·學燈》，1921年2月2日，第4張第2版。
3   〈通訊·石岑覆錢穆〉，《時事新報·學燈》，1921年3月23日，第4張第2版。

先行聲明，免得再有這種錯誤。編者」。[4]

更值得注意的是，在12月4日《學燈》的通訊欄，四封覆信都與《學燈》稿件的接收、退還、刪改和登載有關，為此《學燈》特別發表了一篇啟事云：

近來寫信來要還稿子的極多，甚且有以謾罵出之者，我們對此，不得不特別聲明一下：

稿件的退還，本沒有必然的義務。本來我們也想每篇稿件都寄還，但在實際上卻決辦不到，每天我們所收到的稿件，總有二十多封以上，如果都要寄還，非至於把編輯時間的全部來應付在收發稿件上不止，所以只好擇長篇的退還。

以後我們對於（一）詩及短篇小說、評論概不退還。（二）一千字上下的長稿，如附有郵票，當即寄還，如未附郵票，當代為保存，以待索還，這種不得已的辦法，乞大家能加以原諒。[5]

而自這封覆信與《學燈》的啟事發表後，錢穆大約有整整10個月沒在《學燈》發表文章，此或是錢穆到晚年仍對《學燈》有些耿耿的一個重要原因。

第五，錢穆從發表《意志自由與責任》開始、《因果》，《愛與欲》，《力命》，《新舊》等共五篇文章都是在《學燈》「評壇」欄目以首幅頭篇大一號字登出，非如《師友雜憶》所說「第三文（寄）去。不久此文改小一號字體，刊入青年論壇中」。之後錢穆一些文章刊發的欄目也不叫「青年論壇」，而名「青年俱樂部」。

「評壇」與「青年俱樂部」均為1921年1月起《學燈》新設之欄目。對載於「評壇」的文章，《學燈》要求「此類文字，不求長冗，如有精彩，少至數十字亦佳。無論記者或讀者，對於各種社會問題或學理問題之意見與對新出各種雜誌或叢書之批評，均可隨時發表」。據筆者對《學燈》的閱讀，1921年3月繆鳳林發表在「評壇」的文章已因篇幅較長，而非大一號字。[6]4月李石岑自己在「評壇」發表的兩篇文章也非大一號字。[7]

對載於「青年俱樂部」的文章，《學燈》要求是「登載青年自出心裁之文字。本欄接收外間投寄各稿，以此門為多」。[8]

足見《學燈》編輯並非因錢穆為鄉鎮小學教師就將其文章貶入「青年俱樂部」，發表於哪個欄目取決於錢穆文章的長短、題材和《學燈》當期的整體文章佈局。而且

---

4 〈通訊·編者複錢穆〉，《時事新報·學燈》，1921年12月4日，第3張第2版。

5 〈編者啟事〉，《時事新報·學燈》，1921年12月4日，第3張第2版。

6 繆鳳林：〈時代謬誤〉，《時事新報·學燈》，1921年3月28日，第4張第1版。

7 石岑：〈對於廈門大學之希望〉，《時事新報·學燈》，1921年4月19日，第4張第1版。石岑：〈南高最近之出版物〉，《時事新報·學燈》，1921年4月23日，第4張第1版。

8 〈學燈欄啟事〉，《時事新報·學燈》，1921年1月1日，第1張第4版。到3月底，《學燈》擴充體量，對兩欄目的定位進一步清晰為「評壇：無論何項文字皆可，須有精彩，無取冗長。青年俱樂部：關於社會種種問題有所陳說者，皆可盡速揭登」。本欄徵文啟事，《時事新報·學燈》，1921年3月31日，第4張第2版。

若以首幅頭篇論，錢穆1923年發表的《斯多噶派與中庸》，《伊壁鳩魯與莊子》也均以首幅頭篇的位置刊出，這或是造成他錯記《伊壁鳩魯與莊子》為他在《學燈》所發第二篇文章的原因。

二、

錢穆在《學燈》上發文甚多，已有學者注意到，因為《五四時期期刊介紹》第三集下冊有《學燈》的詳細目錄。[9]但至今還未有學者對這批文章做過較為系統的梳理，這除了與《師友雜憶》實在太過著名和易於獲得有關外，還和以下幾個原因相關。

第一個原因在於《時事新報》的保存和流通狀況。《時事新報》屬於典型的「燈下黑」型史料，即很多研究者知道，貌似膾炙人口，耳熟能詳，卻少有研究者真正翻看過。這和《時事新報》的保存和流通狀況有關。據筆者了解《時事新報》原件北京大學圖書館、國家圖書館有收藏，上海圖書館有縮微膠捲可以閱覽。目前在民國報紙的四大副刊中，《晨報副刊》，《京報副刊》，《民國日報·覺悟》均有影印本和電子檔，唯獨《時事新報》沒有。難怪有學者曾說：「我想知道這二十篇文章中，哪幾篇是用了大號字刊載頭版，但是近年影印的民國報刊中沒有《時事新報》，原本只在國家圖書館等幾個大館才有，我所在的大學圖書館也沒有購買縮微膠捲，所以一時不能弄清楚」[10]

第二個原因在於《錢賓四先生全集》的編輯和利用。《錢賓四先生全集》是一個編得非常全面，嘉惠無數學者的集子，足有54冊之多，基本搜羅完整了錢穆的各類作品。但正因為其編得甚「全」，有時反而影響了我們對於錢穆佚文特別是其早期佚文的關注與搜尋。這是因為首先，全集甚「全」常會令研究者覺得已無太多佚文留存，通讀全集已經足夠。其次，錢穆在《學燈》上發表的文章部分確實已收錄在《錢賓四先生全集》中，收錄情況為：

1. 〈意志自由與責任〉，收入《素書樓餘瀋》，《錢賓四先生全集》第53冊，頁129-130。
2. 〈因果〉，收入《素書樓餘瀋》，《錢賓四先生全集》第53冊，頁131-133。
3. 〈愛與欲〉，收入《素書樓餘瀋》，《錢賓四先生全集》第53冊，頁134。
4. 〈屈原考證〉，收入《中國文學論叢》，《錢賓四先生全集》第45冊，頁307-323。
5. 〈漁父〉，收入《中國文學論叢》，《錢賓四先生全集》第45冊，頁303-305。
6. 〈鯀的異聞〉，收入《中國學術思想史論叢》（1），《錢賓四先生全集》第18冊，頁123-126。

9　中共中央馬克思恩格斯著作編譯局研究室編：《五四時期期刊介紹》第三冊下集（北京：生活·讀書·新知三聯書店出版，1978），頁807-876。

10　趙燦鵬：〈錢穆早年的幾篇佚文〉，《讀書》2010年第3期，頁129。

7. 〈王船山學說〉（哲學），收入《中國學術思想史論叢》（8），《錢賓四先生全集》第22冊，頁109-127。

8. 〈斯多噶派與中庸〉，收入《中國學術思想史論叢》（2），《錢賓四先生全集》第18冊，頁505-516。

9. 〈伊壁鳩魯與莊子〉，收入《中國學術思想史論叢》（2），《錢賓四先生全集》第18冊，頁517-533。

10. 〈旁觀者言〉，《中國學術思想史論叢》（9），《錢賓四先生全集》第23冊，頁243-250。

從以上梳理我們可以看出錢穆在《學燈》上發表的20篇文章一半已在《錢賓四先生全集》中，但這些文章進入全集的方式恰如一本本有獨特價值的書被扔進了冰冷陰暗的保存大庫房中，其「湮沒」在了54冊全集的各個角落。《學燈》上處於「原始狀態」的它們和全集中的其他文章大概處於不同層次。而且收入《中國文學論叢》和《中國學術思想史論叢》中的《學燈》文章有的是錢穆生前編入的，有的是錢穆身後由輯者收入的，而《素書樓餘瀋》中的《學燈》文章又由後來的輯者收入。而這些文章一旦進入了《錢賓四先生全集》中，它們被選擇、添加、再添加的過程就被隱藏了起來，從而也就「漸漸泯除了原來的樣狀」。[11]

第三則在於目前錢穆研究的一些慣性和定式。由於錢穆留下的史料非常豐富，同時其與民國「考據派」主流相異的歷史觀又特別引人注目，因此目前錢穆研究常偏重於「義理闡釋」和「史學論述」，而少見重新做史料檢討的錢穆「生命史重建」。這就引發了一個問題：在一些研究裡他好像從來就是那個寫作《國史大綱》時的錢穆，其思想和心態要麼是一以貫之，要麼就是圍繞他的關於「溫情和敬意」的歷史觀作線性變化。如果說曾幾何時中國近代史的不少論著只有肥瘦的差異，而很少有不同風格和個性的顯現。那麼一些錢穆研究則表現出太多輝格史學式的詮釋，而少有時代變遷與其個人命運如何交互激盪的綿密討論。其實錢穆曾坦承自己對於新文化「一字、一句、一言、一辭，亦曾悉心以求」。[12]不過我們卻經常被自1930年代起，他凡立一說總要樹「五四運動」和「新文化」為標靶所迷惑，從而對錢穆如何傾心、投入於新文化運動的狀況知之甚少。

三、

正是在錢穆與新文化如何互動這一背景下，他在《學燈》上發表的這批文章的價值才能被充分估定。

---

[11] 王汎森：《中國近代思想與學術的系譜》（臺北：聯經出版公司，2003），頁62。

[12] 錢穆：《從中國歷史來看中國民族性及中國文化》，自序二，《錢賓四先生全集》第40冊（臺北：聯經出版事業公司，1998），頁8。

它們的價值首在重新認知錢穆與西學的關係。傅斯年曾嘲笑錢穆「世界知識僅自《東方雜誌》得來」，[13]如果將《東方雜誌》視作民初各種著名報刊的代表，傅斯年所言並不全錯，錢穆雖懂些英文，[14]但他的西學知識確實絕大多數是從閱讀中文報刊和翻譯書籍而來，這和胡適、傅斯年、周作人、魯迅等很不一樣。問題是1910-1920年代的錢穆作為一個未走出過國門的地方讀書人，他的西學知識不從《東方雜誌》等中文報刊和翻譯書籍中來，又可以從哪裡來呢？[15]在此前提下，我們要釐清的的正是錢穆對那些報刊和書籍讀得怎麼樣，而他又憑藉什麼在理解、吸收並超克報刊和書籍上的那些西學資源。

就所讀報刊和書籍而言。從錢穆《學燈》上發表的文章看，柏格森、羅素、杜威等當時流行的西哲學說他都有所涉獵，精研過張東蓀翻譯的柏格森《創化論》，對羅素、杜威的各種文集也下過功夫。

從錢穆的憑藉看，正是由於他對中國典籍的熟悉，儒學、子學、文學（此時他恰恰不太有文章與史學直接關聯）兼治，因此錢穆才能借助杜威的言說論王船山的思想，利用自己對希臘哲學的一些理解釋讀《中庸》和《莊子》。錢穆之學問日後能開一個新境正與其已引進了西學的不同視野，但又不是對西人亦步亦趨，而是用這種不同的視野來啟動其本已相當基礎的中學資源有關。

第二，透過這批文章我們對錢穆在1920年代初的「趨新」程度會有一個更確切的估計。王汎森在《錢穆與民國學風》中已指出他就是一個「江南古鎮中的新派人物」。[16]這個判斷相當準確，在《師友雜憶》中也能得到較為充分的證明，但若是能發掘更多史料，則錢穆如何趨新，其趨新到達何種程度將可能有更細緻的呈現和更深入的討論。從錢穆在1920年代發表的其他佚文看，其趨新的程度大概要超過我們以往的認知。[17]《學燈》上的文章也能證明這一點。

像1921年2月的《新舊》一文就說「世之喜新者，或有荒蕩忘家之虞。篤舊者，更多杜門僵臥之輩，此所以生事之多乖也。」已可以證明在其內心新舊的鐘擺顯然更偏向於「新」的那一邊。[18]而《柏格森沙中插指之喻》與《性理》這兩篇文章則更能看出當時錢穆對於具體的傳統禮教和經典學說的看法。

錢穆在《師友雜憶》中給人留下的印象是對傳統禮教有相當的依戀之情，如談到婚制時就說「時社會風氣已日開，方群趨西化，即蕩口一小鎮亦然，離婚再娶，乃

13　錢穆：《中國知識分子的責任》，《世界局勢與中國文化》，《錢賓四先生全集》第43冊，頁173。
14　錢穆：《師友雜憶》（北京：生活・讀書・新知三聯書店，2005），頁78、84。
15　《學燈》中也會登載《購買西文書及雜誌法》這樣的文章，但其實操作難度甚高。洪有豐：〈購買西文書及雜誌法〉，《時事新報・學燈》，1921年4月1-2日，第3張第2版。
16　王汎森：〈錢穆與民國學風〉，載氏著：《近代中國的史家與史學》（上海：復旦大學出版社，2010），頁147。
17　參看瞿駿：〈覓路的小鎮青年：錢穆與五四運動再探〉，待刊稿。
18　錢穆：〈新舊〉，《時事新報・學燈》，1921年2月13日，第4張第1版。

人生正規，被認為開通前進」，言下表露的不滿之意非常明顯。[19]但在1921年發表的《柏格森沙中插指之喻》中錢穆利用柏格森所言沙堆自有其本身形成之理，指出：沙中插指，沙堆看似由於手動，「實則沙堆非（由）手動也」。於是他聯想到「世乃多有斤斤於婚制喪禮之間，而曰：『斯人之愛情哀思，舉在此矣』，是則指堆沙而謂之手，真所謂『焦明已翔乎寥廓，而羅者猶視夫藪澤』也。」[20]

在《性理》一文中，錢穆則直接提出：「理、性要有辨：性者，向前之活力；理者，落後之死式；以理為性，是桎梏桁楊其性也」，因此「『性即理也』，猶若云『物即事也』……性可導而不可任，理可創而不可恃。」[21]

這種將「理」理解為「落後之死式」，並認為「理可創」的看法與宋儒將「理」置於性之先，性源於理的基本架構大相徑庭，也與錢穆日後將理學看作其學問的「根本處」有很大差異，其此時的「趨新」可見一斑。[22]

在錢穆本人的文章之外，我們透過錢穆在《學燈》的發文量和他與編者的密切互動可以判斷錢穆是《學燈》和《時事新報》的忠實讀者，常年作者和地方上的傳播者。這些身分的落實可以讓我們延展出不少錢穆研究和以錢穆為代表的江南地方讀書人研究的可能性。

錢穆沒有留下日記，原來我們只能透過《師友雜憶》和其他零星的文章來拼湊其早年閱讀的情況和受新文化影響的程度。當《學燈》以及《時事新報》與錢穆的關係建立了比較牢固的連結後，我們若透過錢穆之眼來讀《學燈》和《時事新報》等，大概會有一些更豐富的歷史面相浮現，具體有：

第一，我們或能發現不少錢穆讀到的，讀過的，至今未得到充分討論的趨新人物的文章。比如前文已揭錢穆給《學燈》投稿和李石岑對《學燈》的主持和發文有密切關係，但這種關係是什麼？至今未有釐清。目前各種李石岑的文集也未收李氏在《學燈》時期發表的文章。而僅1921年1月（即錢穆開始在《學燈》發表文章的那個月）李石岑在《學燈》連續發表了《廣義的墮落與狹義的墮落》[23]、《評「南風」》[24]、《杜威與羅素》[25]、《羅素與柏格森》[26]、《柏格森與倭鏗》[27]、《兩種

---

[19] 錢穆：《師友雜憶》，頁102。

[20] 錢穆：〈柏格森沙中插指之喻〉，《時事新報·學燈》，1921年3月25日，第4張第1版。

[21] 錢穆：〈性理〉，《時事新報·學燈》，1921年4月11日，第4張第2版。

[22] 到1922年9月，錢穆在給錢基博的信中則強調了「率性」的重要，認為「今之學儒者，過重恕，過重和利，其弊至於不忠、不真實。西國學風，大可用為救藥」。轉引自劉桂秋：〈新發現的錢穆佚文與子泉宗長書〉，《江南論壇》2005年第4期，頁59。

[23] 石岑：〈廣義的墮落與狹義的墮落〉，《時事新報·學燈》，1921年1月6日，第4張第1版。

[24] 石岑：〈評「南風」〉，《時事新報·學燈》，1921年1月7日，第4張第1版。

[25] 石岑：〈杜威與羅素〉，《時事新報·學燈》，1921年1月10日，第4張第1版。

[26] 石岑：〈羅素與柏格森〉，《時事新報·學燈》，1921年1月11日，第4張第1版。

[27] 石岑：〈柏格森與倭鏗〉，《時事新報·學燈》，1921年1月12日，第4張第1版。

預備工夫》[28]、《文人無行》[29]、《獲得性之遺傳》[30]、《思想家與時局》[31]、《爵尼索斯之皈依》、[32]《活動影戲之兩種看法》[33]、《存在與價值》[34]、《介紹「小說月報」並批評》（上）[35]等13篇文章。這些文章有些從題目看就與錢穆文有直接的聯繫，而有些則需要更仔細的對讀，經過二人文章的對讀之後，錢穆的思想資源，興奮之點與對話對象當能有更清楚的呈現。

第二，《時事新報》特別是《學燈》副刊發佈了大量和新文化書刊有關的廣告，這些廣告占據篇幅之多，文字衝擊力之強，對讀者的誘惑力之大都會給讀過這一時段《時事新報》的人以極深印象。這其中既有商務印書館、中華書局、亞東圖書館、泰東書局等大出版社的書單，也有大東書局、新文化書社、群英書社等普通書局的出版物；既有《少年中國》，《少年世界》等著名雜誌征訂的廣告，也有《新潮》，《建設》等赫赫大名刊物之合訂本的發售；既有「新文化叢書」等批量產品的預售，也有《白話書信》，《歷代白話文範》，《白話文趣》等借勢牟利書籍的招徠。因此我們雖然仍無法判定錢穆是否真的購買、閱讀過這些書刊，但僅僅透過這些廣告，已足以讓我們更進一步了解錢穆與新文化潮流之間的互動。

第三，我們或可藉此來重新還原錢穆日後著述的形成過程與理解他政治立場的選擇。從錢穆著述來說，已有學者指出1923年1月《學燈》發表的《屈原考證》一文（完成於1922年12月）是他的「首篇考據文章」，主要是為了駁斥胡適「屈原並無其人」之觀點而作。[36]繼《屈原考證》之後錢穆《學燈》上的各篇文章均能在其成名作《先秦諸子繫年》中見其一部分，或尋覓其痕跡，但這些文章進入《繫年》後，遺失的往往是《學燈》原初狀態中表現出的與人直接對話的犀利和報章文體的獨特風格。

從政治立場的選擇看，錢穆在《國學概論》中曾說：「足以鼓動全國，開未來學術思想之新機運的是孫中山的『三民主義』」，又說「於中山學說為透闢的發揮者有戴季陶氏」。[37]雖然錢穆大概在1926年才讀到《三民主義》，但這些話都需要在整個1920年代裡錢穆的思想演變與生活世界裡去獲得理解。[38]否則就不能回答錢穆自己提

---

[28] 石岑：〈兩種預備工夫〉，《時事新報・學燈》，1921年1月15日，第4張第1版。

[29] 石岑：〈文人無行〉，《時事新報・學燈》，1921年1月17日，第4張第1版。

[30] 石岑：〈獲得性之遺傳〉，《時事新報・學燈》，1921年1月18日，第4張第1版。

[31] 石岑：〈思想家與時局〉，《時事新報・學燈》，1921年1月22日，第4張第1版。

[32] 石岑：〈爵尼索斯之皈依〉，《時事新報・學燈》，1921年1月23日，第4張第1版。

[33] 石岑：〈活動影戲之兩種看法〉，《時事新報・學燈》，1921年1月25日，第4張第1版。按：此篇〈五四時期期刊介紹〉日期有誤。

[34] 石岑：〈存在與價值〉，《時事新報・學燈》，1921年1月30日，第4張第1版。

[35] 石岑：〈介紹「小說月報」並批評〉（上），《時事新報・學燈》，1921年1月31日，第4張第1版。

[36] 陸思麟：〈錢穆早年治學考〉，《思想與文化》第16輯，頁257。值得進一步研究的是錢穆這篇直接和胡適對話的文章因發表在《學燈》，極有可能引起了胡適的注意，儘管還未有直接的材料。可為佐證的是1922年錢穆在《學燈》上發表的文章引起了施之勉的注意，認為「文體獨異」。1923年2月《學燈》發表的《王船山學說》，主要觀點馬上被人在《清華週刊》上做了介紹。

[37] 錢穆：《國學概論》（臺灣：商務印書館，2008），頁174-175、179。

[38] 錢穆：《師友雜憶》，頁130。

出的問題「《三民主義》乃國民黨之黨義，何以編入《國學概論》中，不倫不類，君將作何意圖」？[39]

錢穆在《國學概論》中提到孫中山哲學的基礎為「行易知難」。[40]但在錢穆的思想裡他認同的其實是「行難知易」，1919年10月他就曾直接對好友朱懷天說：「修身在功夫上著力，若論吾等，智識不能算下等了，即是知易行難也」。[41]1922年9月前引給錢基博的信中錢穆也指出：「中國哲學，根本重一『行』字……今日而言古學，當首重行」。[42]這種重儒者之「行」的思路大概決定了錢穆和當時眾多講求「心力」、「理想」之革命青年的思路乃至氣質的不同。在重「心力」、「理想」的革命青年看來「僻儒所患能知而不能行者，非真知也。真知則無不能行矣。此譚嗣同貴知不貴行也之說」。此與陳獨秀《與人書》謂重現象而輕理想，大非青年之所宜之意相同。[43]

因此錢穆與「三民主義」的契合點或不在知行關係，也不在民權共和，而在「民族自信力」的建立，即如錢穆所言其對孫中山是「為中國人尊一中國當代大賢，弘揚中國民族精神」。[44]錢穆如此強調「民族自信力」，除了來源於他的生命歷程，學問中對中國傳統的體認，也在於他曾深深捲入了1920年代前期的「新文化運動」浪潮之中，進而對各種新文化的流弊有著切身的體會和了解。而錢穆的這種「捲入」不能僅僅視作為文化的「捲入」，學術的「捲入」，同時也是一種政治的「捲入」。

《時事新報》和《學燈》中已有大量的政治性內容特別是日本學者如河上肇等人關於馬克思主義著述的譯介，這些譯介提示著錢穆與社會主義思潮之間有著錯綜的聯繫。戴季陶、沈定一等主持的《星期評論》，《建設》，《民國日報》等國民黨系報刊在上海周邊和江浙地區極有傳播、閱讀的市場，這大概是錢穆成為戴季陶作品「持續追蹤者」的原因之一。而在1921-1926年輕浦、松江、吳江、無錫等江南各處更有各種以宣揚新文化為表，以政治拓展為裡，以組黨、建黨為目的的學校、社團和地方性報刊。這個「主義」在江南無處不在的氛圍對錢穆的政治理解和政治選擇的影響目前仍比較混沌，如何研究一個既生活在「新文化時代」，又生活在「主義時代」的錢穆將是吾等今後長久思考和著力的有趣問題。

---

[39] 同上註，頁131。

[40] 錢穆：《國學概論》，頁175。

[41] 朱懷天：《松江朱懷天先生遺稿》，自印本，日記，頁34。

[42] 轉引自劉桂秋：〈新發現的錢穆佚文與子泉宗長書〉，《江南論壇》2005年第4期，頁59。

[43] 張昆弟：〈1917年7月31日條〉，《張昆弟日記》，收入劉萬能編著：《張昆弟年譜》（長沙：湖南人民出版社，2015），頁187。

[44] 錢穆：《師友雜憶》，頁130。

第四十三章　從錢賓四之〈道與器〉看「道器體用」概念對當代中國的意義

香港教育大學中國語言學系
賴志成

　　近人多研究錢賓四先生學術思想，但錢先生晚年時的著作《晚學盲言》中的〈道與器〉，闡述了道器體用問題的重要性，以及對傳統「道器體用」概念作進一步的明確，此方面仍有待進一步研究。[1]另外，此文還進一步支持「中體西用」的理論，並希望國人在學習西方文化的同時，要特別留意學習西方文化的真義。凡此種種，對現今中國社會的進一步改革，以及在中國之國民生產總值位於世界第二，中西經濟文化密切交融，但在政治上激烈交鋒的今天，實在意義非凡。在本篇，筆者會就以上各點進行探討。

一、點出道器體用問題對當代中國的重要性

　　在〈道與器〉中，賓四先生深入分析了道器體用問題對當代中國的重要性，並以此連接《晚學盲言》中〈上篇：宇宙天地自然之部〉的各篇。道與器，就如賓四先生在文中所述：「如人之一身，五官四肢，百骸七竅，皆有形。形則必可分別。限於其分別以為形者，謂之形而下。每一形必各有其用，故以謂器。至如身，乃會合此諸形而成。除諸形外，更無他形。則此身實已是形而上。但身亦有形，乃謂之體。體之形異於其他諸形，乃改名曰象。亦可謂象即形而上者，非超諸形之外而謂之形而上，乃會合諸形而謂之形而上，諸形則皆為此身之用，其用則謂之道。」[2]先生以身體來解釋形而上為道，形而下為器之道理，並帶出「體用」的問題。

　　「體用」觀念是中國傳統哲學中非常重要的開創性概念，「體用是中國傳統的哲學範疇，體指主體、本體或實體，是形而上之道；用指作用、功用或效用，是形而下

---

[1]　區志堅：〈近年中國大陸對錢穆研究概述──從批判到奉為國學大師的歷程〉，《聯大史學學刊》第1期，頁22-50。

[2]　錢穆：〈器與道〉，載《晚學盲言》（臺北：東大圖書，1996），頁78。

之器。」[3]在中國傳統思想中，「體用之辨」[4]起源於中國傳統的道器觀[5]，道與器後來逐漸演化成為區分中國傳統文化理論歸屬的內在標準。從這標準來看，中國傳統文化通常被分為兩類：道（體）文化和器（用）文化。

賓四先生云：「五官如耳目，亦各有用。故謂之器官。然耳亦為目用，目亦為耳用，五官相互為用，亦共為一身用，斯則必有其道矣。」[6]此實乃「體用不二」的觀念，並把此觀念推展到夫婦、父子、兄弟、國家，乃至天下，更推而至天地萬物，「合成一大體，有其大用，是即天地之道。」[7]在古代，「體用」這個觀念常與「體用不二」、「明體達用」、「有體有用」連在一起。正如張岱年先生所言：「中國哲學家雖認為本根必非萬物中一物，但不承認本根與事物有殊絕的判離。本根雖非物，而亦非離於物，本根與物之間，沒有絕對的對立，而體與用，有其統一。對於所謂

---

[3] 謝謙編著：《國學基本知識現代詮釋詞典》（成都：四川人民出版社，1998），頁226-227。

[4] 中國古代哲學的基本範疇。體，指本體或實體；用，指作用、功用或用處。這是它們的本來涵義。在中國哲學的長期發展過程中，逐漸形成一種有體有用、體用一如的思維模式。體用範疇也被賦予了複雜多樣的涵義，但主要有兩種：①指實體及其作用、功能、屬性的關係；②指本質與現象或根據與表現的關係。此外，還用來表示一和多、全和偏、必然和偶然、原因和結果、主要和次要等多種關係。……近代體用範疇繼續為哲學家們所沿用。譚嗣同提出器體道用說；張之洞等人提出「中學為體，西學為用」說，其所謂體用是主要與次要、根本的與從屬的兩者的區別，嚴復則從實體與功用的關係上批評「中體西用」說，他說：「體用者，即一物而言之也。有牛之體，則有負重之用；有馬之體，則有致遠之用。未聞以牛為體、以馬為用者也」（《與外交報主人論教育書》）。孫中山十分重視中國傳統哲學中的體用範疇，認為「在中國學者亦恆言有體有用。何謂體？即物質。何謂用？即精神。譬如人之一身，五官百骸，皆為體，屬於物質；其能言語動作者，即為用，由人之精神為之」（《軍人精神教育》）。他直接用體用範疇來說明物質和精神的關係問題。近代學者熊十力更以體用範疇作為基本結構，建立起「新唯識論」的哲學體系，宣稱「哲學所窮究者，唯此一根本問題」。他把體用明確地解釋為本體和現象，在論證「體用可分而實不二」的觀點時體現了一些辯證法的合理因素，他的體用觀本質上是唯心論的。體用範疇作為一種思維模式，在中國哲學史上產生過長期而深遠的影響。別除其唯心主義和形上學的糟粕，其中也包含著真理性和科學性的內容。見胡喬木編：《中國大百科全書·哲學卷》（北京：中國大百科全書出版社，1993），頁868-870。

[5] 中國倫理學史的範疇。指規律、法則和事物本身的關係。最早提出這對範疇的《周易·繫辭上傳》：「形而上者謂之道，形而下者謂之器。」老子也說過：「樸（道）散則為器。」（《老子》二十八章）認為道在器先。北宋程顥說：「形而上為道，形而下為器，須著如此說。器亦道，道亦器。」（《二程遺書》卷一）認為道不離器，以形而上為道，以道為本。程頤認為道是事物的根本，強調陰陽之氣受道支配。南宋朱熹以理氣概念解說道器。認為「理也者，形而上之道也，生物之本也；氣也者，形而下之器也，生物之具也」（《答黃道夫》）道是生物之本，氣是生物之具。明清之際王夫之主張唯器論，認為道與器是一個統一體，都是由陰陽一氣所派生，「天下唯器而已矣；道者器之道，器者不可謂之道之器也」，「無其器則無其道。」（《周易外傳》卷五）清戴震把未成形質的陰陽看作是形而上的「道」，把已成形質的陰陽看是形而下的「器」。近代鄭觀應主張道本器末，以中國封建倫理綱常為道，以西方的科學技術為器。譚嗣同變法以體用論述道器，主張變道亦變。強調「故道，用也；器，體也。體立而用行，器存而道不亡。」（《短書》）以此作為變法的理論根據。近代唯物論哲學家使用道器這對範疇都把它做為改良主義的武器。見宋希仁、陳勞志、趙仁光主編：《倫理學大辭典》（長春：吉林人民出版社，1989），頁1027。

[6] 錢穆：〈器與道〉，載《晚學盲言》（臺北：東大圖書，1996），頁78。

[7] 同上註。

『體用絕殊』的理論，多數中國哲學家，都堅決反對。」[8]以上種種，我們可以看到「道器體用」概念對當代中國的發展道路有非常重要指引意義。近代以來，困擾中國現代化發展最重要的問題之一，就是「體用」問題，每一次的社會變革或者變化，都繞不開「體用」這個爭論，一些看似不成問題的問題也慢慢成為人們爭論的主題。首先洋務運動開啟了中體西用的爭論；然後，在戊戌變法，維新派和保守派的變與不變之爭，這就是中體與西體之爭；在辛亥革命，革命派與保皇派之爭，也是中體與西體之爭；新文化運動後，更是全盤西化之聲四起，引起了無數的問題與主義之爭，還出現了文化「虛無主義」；在新中國成立後，路線之爭，左右之爭，正統與修正之爭；在改革開放以後，姓資姓社之爭；一直到當下，「普世價值觀」和「中國特色」之爭，爭爭不息。雖然說「真理越辯越明」，但一個國家在一百多年的悠久歲月中，都不能明確或堅定一條自己的思想路線或者發展通道，把大量的人力物力用來爭辯「中西」、「體用」，這樣看來，不能不說這個國家和民族的哲學和思想陷入了泥淖或者走入了盲點。所以，弄明白「體用」之辨，明確一條適合中國的發展道路，是非常重要的。因此，賓四先生的〈道與器〉對當代國人探討「體用」問題時極具啟發意義。

二、賓四先生令當代國人更明瞭中西「道器體用」概念的差異

賓四先生的〈道與器〉，令當代國人更明瞭中西「道器體用」概念的差異，而全文也是依據此概念來思考發展。先生以介紹五官與五倫的關係作為引子，然後就開始他橫向分析中西道器體用文化的不同。首先是中西形而上與形而下之別，繼而論述中西天人之道的差異，以及中西在和通敵對，感情理智，宗教思想，科學人文等等各方面的分別，從而展示中國傳統文化優於西方傳統文化的觀點。整篇的論述，除了橫向比較中西之別外，更縱向貫穿中國歷史長河中「道器體用」概念的發展。「道器體用」的概念早在先秦時代就已經出現了，賓四先生在此文開篇以《周易・繫辭上》第十二章所云之「形而上者謂之道，形而下者謂之器」作為開場白，再帶出其分析。《周易・繫辭上》亦云：「故神無方而易無體。」又有：「顯諸仁，藏諸用」。這裡「體用」二字已體現了日後諸家所述的基本哲學涵義。儒家經典《論語・八佾》中就有「林放問禮之本。」而在《論語・學而》中，孔子其中的一位學生有若，也曾說過：「君子務本，本立而道生。」《論語集解》中的注釋有這樣的解說：「本，基也。」《論語》中也有「用」的概念。在《學而》篇中，也是上面所說的那位有若，他又說道：「禮之用，和為貴。」《大學》中也有「本」這個概念，例如：「物有本末，事有終始。」儒家的「本」、「用」概念在此時仍然是倫理學的範疇。

「體用」二字合併闡述乃始於戰國末年趙國思想家荀子。《荀子・富國》有云：「萬物同宇而異體，無宜而有用，為人數也。」這裡「體」是指形體，而「用」是指

---

[8] 張岱年：《中國哲學大綱》（南京：江蘇教育出版社，2005），頁13。

功用。「體用概念」雖然是荀子提出，但他對「體」與「用」的關係並未作出深入的解釋。這種狀況，一直到兩漢時期並沒有根本的改變，但「體」與「用」的概念已被較為廣泛的領域運用，如東漢時魏伯陽在《周易參同契》中就提出了「內體」和「外用」的見解。

魏晉時期，中國出現了「體用」學說。當時，隨著玄學大興，中國哲學由兩漢時期關注的宇宙論轉向玄學的本體論。這時，佛教傳入中國，與道教一道越來越興盛。各家各派都熱衷談論「體用」學說，以期提高自己的影響力。湯用彤在《漢魏兩晉南北朝佛教史》中道道：「魏晉以迄南北朝，中華學術界異說繁興，爭論雜出；其表面上雖非常複雜，但其所爭論實不離體用觀念。而玄學佛學同主貴無賤有。以無為本，以萬有為末。本末即體用。」[9]「體用」之辨，後來成為宋儒討論的中心問題。

玄學大家王弼在注釋《周易・復卦》中提出動靜觀命題：「復者，反本之謂也，天地以本為心者也。凡動息則靜，靜非對動者也。語息則默，默非對語者也。然則天地雖大，富有萬物，雷動風行，運化萬變，寂然至無，是其本矣。故動息地中，乃天地之心見也。若其以有為心，則異類未獲具存矣。」[10]王弼認為靜乃本，動乃末；於是靜乃體，動乃用；靜乃絕對的、永恆的；動乃相對的、暫時的。靜與動乃主輔關係，不是平等的。以天地之心為本，本即體。有體，萬物才能各得其所。萬物有序運營，發展變化，這就是用。

王弼融老入易，以無為體，不可避免地受到捍衛儒學正統，排斥佛道的宋明理學家的強烈反對，程頤提出了「體用一源」的思想。他說：「至微者理也，至著者象也。體用一源，顯微無間。」[11]朱熹作為理學之集大成者，承繼程頤之論，而進一步闡發其「體用一源，顯微無間」之說：「體用一源，體雖無跡，中已有用。顯微無間者，顯中便具微。天地未有，萬物已具，此是體中有用；天地既立，此理亦存，此是顯中有微。」[12]他用「即體而用在其中」來解釋「一源」，用「即顯而微不能外」來解釋「無間」。雖說捍衛儒學正統，排斥佛道，但仍能從中可以明顯地看到佛教體用觀的影響。朱熹把體用概念運用到各個方面，但主要是從本體和現象的意義上來論述理和事、仁和義、性和情、未發和已發的體用關係。

一直以來，傳統的儒家思想就是一種實用理性主義，如孔子說：「未能事人，焉能事鬼？」（《論語・先進》），又說：「務民之義，敬鬼神而遠之，可謂知矣。」（《論語・雍也》），提倡崇實，反對空疏。而《大學》所提的「古之欲明明德於天下者，先治其國；欲治其國者，先齊其家；欲齊其家者，先修其身；欲修其身者，先正其心；欲正其心者，先誠其意；欲誠其意者，先致其知；致知在格物。」本身就是

---

9   湯用彤：《漢魏兩晉南北朝佛教史》（北京：中華書局，1983），頁236。
10 孔穎達：《周易正義——卷三（十三經注疏標點本）》，（北京：北京大學出版社，1999），頁112。
11 程顥、程頤：《二程集・易傳序》（北京：中華書局，1981），頁689。
12 黎靖德：《朱子語類》卷第六十七（北京：中華書局，1986），頁1654。

一個完整的，切切實實的「經世致用」哲學體系。[13]

朱熹認為：「所謂致知在格物者，言欲致吾之知，在即物而窮其理也。蓋人心之靈莫不有知，而天下之物莫不有理，惟於理有未窮，故其知有不盡也。是以大學始教，必使學者即凡天下之物，莫不因其已知之理而益窮之，以求至乎其極。」[14]他認為「體」和「用」是貫通的，做好「格物、致知、誠意、正心、修身」，才能「齊家、治國、平天下」，修練好「德性」（體），才能做好「用」——「治國平天下」此所謂「體用不二」。還有儒家的「萬物皆備於我」，道家的「天地與我並生而萬物與我為一」等理論，也體現著天地萬物是需要靠「我」——人這個主體，它們的價值才能被發揮的經世致用思想觀念。

王守仁也講體用，他說：「即體而言用在體，即用而言體在用，是謂體用一源。」[15]宋明理學家以「理」或「心」為宇宙本體的理論是唯心論的，但是他們在論證體用統一方面作出了某些貢獻。有些學者，直接聲稱自己的學問就是「明體達用之學」，或「明體適用之學」，如胡瑗和李顒，他們也是從體用統一的觀點立論的。

賓四先生繼承和發揚了先賢的「道器體用」概念，並進行進一步令當代國人更明瞭中西「道器體用」概念的差異，然後再以這些差異來展示中華傳統文化的優秀之處，以增強國人的文化自豪感。

三、繼續堅持「中體西用」的理論

賓四先生繼續堅持「中體西用」的理論。他的〈道與器〉最重要的內容就是分析當今中西「道器體用」概念的差異，以及當代的中國人如何去面對西方文化的衝擊。而這面對西方文化的衝擊的種思考，也是繼承和發揚了先賢們的思想。賓四先生〈道與器〉的重大貢獻，是闡述了中西在形而上和形而下，天人觀念，萬物的通和與敵

---

[13] 儒家的道德與社會政治理想，修身、齊家、治國、平天下的簡稱。儒學是「內聖外王」之學，因此它教人做人，不只是要成己，而且也要成人，不只要獨善其身，而且還要齊家、治國、平天下。不過這之中寓分個本末先後。《禮記·大學》曰：「古之欲明明德於天下者，先治其國；欲治其國者，先齊其家；欲齊其家者，先修其身。……自天子以至於庶人，壹是皆以修身為本。」修身為本的思想孔子已有之。《論語·子路》載孔子言：「苟正其身矣，於從政乎何有？不能正其身，如正人何？」「其身正，不令而行；其身不正，雖令不從。」又，《論語·憲問》載：「子路問君子。子曰：『修己以敬。』曰：『如斯而已乎？』曰：『修己以安人。』曰：『如斯而已乎？』曰：『修己以安百姓。修己以安百姓，堯舜其猶病諸！』」後來，孟子對修身與治國平天下的關係亦作了明確地闡述：「人有恆言，皆曰『天下國家』。天下之本在國，國之本在家，家之本在身。」（《孟子·離婁上》）「君子之守，修其身而天下平。」（《孟子·盡心下》並以明善誠身作為修齊治平的基礎。荀子也有類似的主張，《荀子·君道》有言：「請問為國？曰：『聞修身，未嘗聞為國也。君者儀也，（民者景也），儀正而景正。』」修齊治平是歷代儒者普遍奉行的價值觀念。見孔范今、桑思奮、孔祥林主編：《孔子文化大典》（北京：中國書店，1994），頁1159。

[14] 朱熹：《四書集注·大學章句補傳》（長沙：嶽麓書社，1985），頁8-9。

[15] 陳榮捷：《王陽明傳習錄詳注集評》（臺北：學生書局，1983），頁31。

對，感情與理智等方面的差異的道（體）器（用）問題，以突顯中華文化的優秀之處，以為近代以來面對西強中弱困境當中的國人重建自信心提供了強大的理論基礎。然而他也認為：「就中國文化傳統儒家理想言，儘可接受西方物質科學上之種種發明。儘可包容其種種形而下之器，還以完成為形而上之。」[16]這種理論，就是「中體西用」的理論。

清朝末年，中國出現了「千年未見之大變局」[17]：國家從目空一切的「天朝大國」，步的了「危急存亡之秋」[18]；面對著強大的西方文明，國人不禁產生了深重的危機感。正如勞思光認為，許多人認為中國的傳統「體」——「德性」只關心「心性」的修養，不關心「知識論」，中國的傳統道德產生不了應付危機的「用」，甚至認為「內聖外王」是錯的，因為「內聖」並不能解決「外王」的問題，許多知識分子熱切地尋找變革、自強的方法、道路，為了「保國、保種、保教」[19]，希望能使國家擺脫亡國滅種的命運，走向富強，步向現代化。一種新的「道器體用」概念由此而生，它就是「中體西用」。

「中體西用」就是「中學為體，西學為用」的簡稱，它是從中國傳統的「夷夏之辯」[20]思想發展而成的。在洋務運動後期，概念完整、系統完備的中體西用思想已經

---

[16] 錢穆：〈器與道〉，載《晚學盲言》（臺北：東大圖書，1996），頁88。

[17] 「紅夷東駛之舶，遇岸爭岸，遇洲據洲，立城埠，設兵防，凡南洋之要津，已盡為西洋之都會。地氣天時變，則史例亦隨世而變。」見魏源：《海國圖志·敘東南洋》，百卷本，卷五（上海：上海古籍出版社，1995）。第二次鴉片戰爭後，馮桂芬：「乃自五口通商，而天下之局大變。」見馮桂芬：《校邠廬抗議》，卷上。1864年，王韜指出：「當今光氣大開，遠方畢至，海舶估艘，羽集鱗萃，歐洲諸邦幾於國有其人，商居其利。凡前史之所未載，亙古之所未通，無不款關而求互市。……合地球東西南朔九萬里之遙，胥聚於我一中國之中，此古今之創事，天地之變局。」見王韜：〈代上蘇撫李宮保書〉，載《弢園尺牘》（北京：中華書局，1959），頁79-80。

[18] 語出三國蜀諸葛亮《出師表》：「今天下三分，益州罷弊，此誠危急存亡之秋也。」指事關存死亡的緊急關頭。李科第主編：《成語辭海》（西安：陝西人民出版社，2003），頁714-715。

[19] 保國會，清末維新派的政治團體。由康有為等人發起，1898年4月（光緒二十四年）成立於北京。該會宗旨是救亡圖存，「保國、保種、保教」，訂立章程三十條，主要內容是以國地日割，國權日削，國民日困，思維持振救之，故開斯會以冀保全；以「保國、保種、保教」為宗旨；講求變法，研究外交，謀求經濟實效，以協助政府治理國家。保國會有一定的組織系統，北京、上海設總會，各省、縣設分會。規定了總會和分會的組織，許可權、領導機關、紀律、入會手續及會員權利等，已具政黨雛型。保國會曾召開三次大會，每次會上均有人發表演說，以愛國相號召，提出救亡維新主張，推進了維新運動。隨之，保滇會、保浙會、保川會相繼成立，一時士大夫集會之風大盛，影響甚大。他們的活動，引起頑固派的恐懼和誹謗。文悌上書大罵保國會是「名為保國，勢必亂國」，「徒欲保中國四萬萬人，而置我大清國於度外」。頑固派大臣榮祿公開威嚇保國會會員，要他們小心自己的腦袋。在頑固派的威脅、破壞下，保國會的力量遭到削弱，不久便停止了活動。見范義書主編：《中國歷史大事典》（石家莊：河北教育出版社，1988），頁517。

[20] 南北朝時釋、道（其中亦涉及到儒）互爭地位優劣的爭論。自漢代佛教傳入不久，《牟子》一書中所設的「問」者就認為牟子舍儒學佛是舍華夏而「學夷狄」。此後用「夷夏」題目反佛遂成習慣（「夷夏」概念已超出先秦之原意）。西晉時道士王浮偽作《老子化胡經》，其主旨便是「用夏變夷」。南朝人士所持反佛法寶之一即「夷夏之辨」。震動一時為南朝宋、齊道教思想家顧歡所著的《夷夏論》，文章意在把佛教說成是「夷狄」之教。立即遭到了佛教徒們的駁斥，首先站出來反駁的是宋司徒袁粲，認為佛優於道。此外，僧俗著文反駁顧歡者尚多，而以兩次致書顧歡（見《弘明集》卷六）的謝鎮之為代表，他主張佛教

形成。1842年，魏源為了更廣泛地向國人介紹西方知識，便以林則徐的《四洲志》為參考，編成50卷的《海國圖志》，後來不斷擴充，到1852年已有100卷。魏源在書上提出：「為以夷攻夷而作，為以夷款夷而作，為師夷之長技以制夷而作。」[21]並向國人闡述「師夷長技以制夷」的思想，希望中國能吸收西方的先進技術，令中國富強起來，並進而抵禦外侮。1861年，馮桂芬在《校邠廬抗議》提出「以中國之倫常名教為原本，輔以諸國富強之術」[22]的主張，首先用主輔關係的概念提出了「中學為體，西學為用」思想，「中主西輔」主張以中國本土的思想為根本，而學習「西學」和製造「洋器」則是「富國強兵」的實質的輔助行動，《採西學議》，《製洋器議》，《復宗法議》等著作亦體現了其思想理論[23]。其後「中主西輔」更衍生了「中本西末」、「中道西器」、「中體西用」等思想形態。在此之後，陸續有許多的有識之士發表了多種有關「中體西用」的言論。例如王韜提出「形而上者中國也，以道勝；形而下者西人也，以器勝」，「器則取諸西國，道則備自當躬」。[24]鄭觀應提出「中學其體也，西學其末也；主以中學，輔以西學」。[25]這些論點慢慢構成了「中體西用」思想的輪廓。在甲午戰爭之後，「中體西用」的思想進一步確立。1896年，沈毓桂的《救時策》提出「夫中西學問，本自互有得失，為華（人）計，宜以中學為體，西學為用。」[26]「中學為體，西學為用」這句口號首先出現在人們的面前。同年，孫家鼐奏請開辦「京師大學堂」，他在奏摺中明確指出：「今中國創立京師大學堂，自應以中學為主，西學為輔；中學為體，西學為用；中學有未備者，以西學補之；中學其失傳者，以西學還之；以中學包羅西學，不能以西學凌駕中學。此是力學宗旨。」[27]

而明確「中體西用」思想，並將之「集大成者」[28]的就是張之洞，他的《勸學篇》著於光緒二十四年（1898年），張之洞將其呈於慈禧太后及光緒皇帝，指出改革

優於儒、道，並指責顧氏既不「解佛」也不「解道」。另有南朝道士假冒張融作《三破論》來攻擊佛教。接著，劉勰作《滅惑論》，僧人玄光作《辯惑論》，沙門僧順作《釋三破論》，對《三破論》加以反駁。辯論的中心都是「夷夏之別」的問題。唐代傳奕、韓愈反佛也持「夷夏之別」的理論。「夷夏之辨」雖是（儒）釋、道互爭地位優劣的問題，但實際上是最早的「中西文化論戰」，對中國哲學史、思想史均有影響。見方克立主編：《中國哲學大辭典》（北京：中國社會科學出版社，1994），頁254-255。

[21] 魏源：《海國圖志》（鄭州：中州古籍出版社，1999），頁67。

[22] 馮桂芬：《校邠廬抗議》（上海：上海書店出版社，2002），頁57。

[23] 嚴加紅：《文化理解視野中的教育近代化研究：以清末出洋遊學遊歷為實證個案》（西安：西安交通大學出版社，2011），頁126-127。

[24] 王韜：《弢園文錄外編》（北京：中華書局，1958），頁321-323。

[25] 鄭觀應：《鄭觀應集·西學（上冊）》（上海：上海人民出版社，1982），頁276。

[26] 章鳴九、古步青、阮芳紀：《洋務運動史論文選》（北京：人民出版社，1985），頁63。

[27] 中國史學會：《中國近代史資料叢刊·戊戌變法（第2冊）》（上海：上海人民出版社，1953），頁426。

[28] 《勸學篇》以「規時勢，綜本末」為宗旨，概括出「知恥、知懼、知變、知要、知本」五個方面貫穿著「舊學為體，新學為用」的精神，主張在維護封建統治的基本原則下接受西方資本主義的技術。它攻擊民權學說「無一益而有百害」，竭力頌揚清王朝的「深仁厚澤」以及三綱五常為核心的封建倫理道德。成為在清末廣泛流傳的「中體西用」論的集大成者，系統地闡述了「中體西用」論並賦予其理論色彩。陳遠、于首奎、張品興主編：《中華名著要籍精詮》（北京：中國廣播電視出版社，1994），頁344-345。

變法的必須「會通中西，權衡新舊」，提出「舊學為體新學為用」的主張，而「舊學」指中學，「新學」則指西學[29]，換言之即是「中學為體西學為用」。清光緒二十四年閏三月二十五日（1898年5月5日），張之洞將其代表作《勸學篇》呈於慈禧太后及光緒皇帝，把「中體西用」這句口號進一步加以系統化、理論化，並進而向慈禧太后陳述「中學為體，西學為用」的觀點。張之洞強調：「今欲強中國，存中學，則不得不講西學。然不先以中學固其根柢，端其識趣，則強者為亂首，弱者為人奴，其禍更烈於不通西學者矣……孔門之學，博文而約禮，溫故而知新，參天而盡物。孔門之政，尊尊而親親，先富而後教，有文而備武，因時而制宜。……今之學者，必先通經以明我中國先聖先師立教之旨，考史以識我中國歷代之治亂、九州之風土，涉獵子、集以通我中國之學術文章，然後擇西學之可以補吾闕者用之」。[30]張之洞的「中體西用」提倡「新舊兼學」及「政藝兼學」。「新舊兼學」即是指「四書、五經、中國史事、政書、地圖為舊學，西政、西藝、西史為新學。舊學為體，新學為用，不使偏廢」[31]。而「政藝兼學」則是指「學校、地理、度支、賦稅、武備、律例、勸工、通商，西政也。算、繪、礦、醫、聲、光、化、電，西藝也。」[32]可見，張之洞的「中體西用」含括中學的歷史、文化、地理等，同時亦包括西學的教育、經濟、社會、文化、藝術等。「《勸學篇》，以『舊學為體，新學為用』為基調，系統闡發了『中體西用』的思想路線及其具體措施，被視為『中體西用』思想的集大成，以致一般人甚至誤以為張之洞是『中體西用』一語的發明者。」[33]所以，要研究「中體西用」，張之洞的《勸學篇》是非常重要的材料。

到了二十世紀初，「中體西用」的思潮越演越盛，更成為清廷推行「新政」的基本方針。而隨著時間的推移，「中體西用」中的「中體」看似不斷被壓縮，「中體西用」中的「西用」則看似不斷被擴大，到了「五四新文學運動」[34]期間，更出現了「全盤西化論」[35]的主張。但也有許多人反對這種見解，認為它並非一場「全盤西

---

[29] 何曉明：《晚清那些人和事》（上海：東方出版中心，2013），頁127-128。

[30] 張之洞：《勸學篇》（上海：上海書店出版社，2002），頁22。

[31] 同上註，頁94。

[32] 同上註。

[33] 謝謙編：《國學基本知識現代詮釋詞典》（成都：四川人民出版社，1998），頁226-227。

[34] 即「五四文學革命」，指「五四」時期反對文言文、提倡白話文，反對舊文學、提倡新文學的文學改革運動。1917年在《新青年》雜誌上初步展開文學革命的討論，1917年1月胡適發表《文學改良芻議》，主張衝破文言文和舊形式的束縛，把白話提到文學的「正宗」地位。1917年2月陳獨秀發表《文學革命論》，力主文學內容和形式的全面改革，正式提出了文學革命的口號。隨後錢玄同、劉半農、周作人等奮起回應，團結在《新青年》周圍，積極參加文學革命運動。吳敬署、陳有進、王富仁等主編：《文學百科大辭典》（北京：華齡出版社，1991），頁501-502。

[35] 文藝理論術語。20世紀初中國思想界東西文化論戰中的一派觀點。宣導者為胡適和陳序經。1929年胡適在為《中國基督教年鑒》所作的《中國今日的文化衝突》一文中率先明確提出「全盤西化論」。胡適在指出當時中國文化衝突中的三派主張（抵抗西洋文化；選擇折衷；充分西化）後，明確表示：「我主張全盤的西化，一心一意的走上世界化的道路。」他認為「我們必須承認自己百事不如人」，要拯救我們這個「又愚又懶的」、「一分像人九分像鬼的不長進的民族」，唯一的出路就是「死心塌地地去學」，學習「西洋

化」的運動，而是一場「化西為中」的文化變革。

在清末「進化論」（Evolutionsim）[36]傳人中國的時候，它的實用價值馬上和「經世致用」思想一拍即合，而中國的變易觀念也為進化論在中國的傳播提供了思想前提。中國古代哲學已具有樸素的變易觀念，如《易傳》的「革去故鼎取新」，「窮則變，變則通」；《韓非子》的「古今異俗，新故異備」；《公羊》的「三世」變易觀；劉安的《淮南子》和張衡的《靈憲》的宇宙生成論；柳宗元關於由榛狉而封建，而郡縣，是歷史變化發展趨勢的思想；王安石的「新故相除者，天也」；王夫之提出的「洪荒無揖讓之道，唐、虞無吊伐之道，漢、唐無今日之道，則今日無他年之道」的「道」隨「器」變的觀點等等。許多學者甚至認為其「物競天擇，適者生存」的理論是和中國傳統的實用理性主義不謀而合的。[37]

清末民初，這種道（體）文化和器（用）文化的標準的適用範圍也隨著西風東漸大大擴展，在原有的道器二分的同時，把中西文化之別也納入這個標準。按照這個標準，中國儒家道統被歸納為道文化、體文化，而西方文化則被歸納為器文化、用文化。換言之，中國儒家道統文化被認為是國家之體，而西方文化則被認為是用作輔助「道（體）」的「器（用）」文化。[38]

的近代文明」。（《介紹我自己的思想》）爾後，陳序經寫下了《中國文化的出路》和《東西文化觀》等極力張揚「全盤西化論」的文章。「全盤西化論」一出，即遭到了思想文化界許多人士的批評，那些鍾情於「東方文明」的遺老遺少自不必說，就是讚賞西方文明的多數學者也產生了情緒上的反應。而反對最力，並在東西文化論戰中直接以兵戎相見的，要數「中國本位的文化建設宣言」的宣導者了。為了「免除一切瑣碎的爭論」，以容易「得到同情的讚助」，胡適後來在《充分世界化與全盤西化》一文中，稍稍改了一下「語病」，即把「全盤西化」改為「充分世界化」，而陳序經連字眼也不肯讓步，因為他相信「百分之一百的西化，不但有可能，而且是一個較為完善較少危險的文化的出路」。「全盤西化論」作為對「東方文化派」和「中國本位文化派」的反動，作為對封建化的憤怒衝擊，儘管存在著忽視文化民族性的虛無主義傾向，卻仍是片面的深刻。就學理而言，胡適的「充分世界化」亦可看作是這種片面的糾正。馮貴民、高金華主編：《毛澤東文藝思想大辭典》（武漢：武漢出版社，1993），頁338。

36 英文Evolutionsim的意譯，通常指生物進化的理論。「進化論」一詞最初由法國拉馬克提出，英國達爾文《物種起源》一書為之奠定了科學基礎。現代生物學對進化論有進一步發展。進化論認為，生物由無生物發展而來，現存的各種生物有共同祖先，在進化過程中生物透過變異、遺傳和自然選擇，從低級到高級、從簡單到複雜，種類有生有滅、從少到多。進化論的提出有力打擊了「神造論」的唯心主義和「物種不變論」的形而上學觀點。恩格斯把它和能量守恆與轉換規律、細胞學說並稱為十九世紀三大發現。方克立主編：《中國哲學大辭典》（北京：中國社會科學出版社，1994），頁352-353。

37 十九世紀下半葉，（進化論）作為地質學、生物學的零星知識傳入我國，資產階級維新派從中獲得一些粗淺的進化觀點。康有為把它同儒家公羊學說相結合，創立了「三世」說歷史進化論，為變法維新提供了理論依據。嚴復比較系統地介紹了達爾文、斯賓塞和赫胥黎等人的學說，在中國知識界引起了巨大反響。二十世紀初，革命民主派把進化論同革命論結合起來，強調社會進化必須經過革命的飛躍，批判和克服了改良派只講和平漸進、反對社會革命的庸俗進化論。孫中山以進化論的科學認識為依據，形成了他的進化論唯物論世界觀，為三民主義奠定了哲學理論基礎。在中國舊民主主義革命階段，進化論是占有支配地位的哲學思潮和批判封建主義的主要武器，對推動中國近代社會變革起了巨大的歷史作用。但因其本身固有的局限，不可能指導中國人民取得解放鬥爭的勝利。章開沅主編：《辛亥革命辭典》（武漢：武漢出版社，1991），頁181-182。

38 近代洋務派富國強兵的基本理論。原文是：「中學為體，西學為用。」又作：「舊學為體，新學為用。」體用是中國傳統的哲學範疇，體指主體、本體或實體，是形而上之道；用指作用、功用或效用，是形而下

對於「中體西用」，賓四先生明確指出：「儘可包容種種形而下之器，還可以完成為形而上之道，而無所障礙，無所衝突。所謂『中學為體，西學為用』，依然可以存有此理想。惟求其善為運用而已。」[39]在中西經濟文化密切交融，但在政治上激烈交鋒的今天，賓四先生的見解實在是意義非凡。

四、賓四先生贊成學習西方文化，要學習西方文化的真義

賓四先生贊成當代國人學習西方文化，更要學習西方文化的真義。鴉片戰爭的澈底失敗，把仍然沉浸在天朝大國美夢的國人驚醒，朝野上下開始意識到落後就要挨打，需要放下「中央帝國」的架子向西方學習。福澤諭吉認為：「現代世界的文明情況，要以歐洲各國和美國為最文明的國家，土耳其、中國、日本等亞洲國家為半開化的國家，而非洲和澳洲的國家算是野蠻的國家。這種說法已經成為世界的通論，不僅西洋各國人民自詡為文明，就是那些半開化和野蠻的人民也不以這種說法為侮辱，並且也沒有不接受這個說法而強要誇耀本國的情況認為勝於西洋的。不但不這樣想，而且稍識事理的人，對事理懂得越透澈，越能洞悉本國的情況，越明瞭本國情況，也就越覺得自己國家遠不如西洋，而感到憂慮不安。於是有的就想效仿西洋，有的就想發憤圖強以與西洋並駕齊驅。亞洲各國有識之士的終身事業似乎只在於此。（連守舊的中國人，近來也派遣了西洋留學生，其憂國之情由此可見）」[40]

學習西方，賓四先生提出要學習西方文化的真義，他批判國人在不了解真正的西方文化到時候，囫圇吞棗，邯鄲學步，「不僅有失西方之真相，亦有失中國原有之涵義」[41]。他在〈道與器〉中道：「繼此有一大問題當提及。即中國人用自己的文字來翻譯西方文字，而不先明辨其寓意之有不大同者，如上論形而上形而下一語外，中國人又用莊老道家自然一語來譯西文，不知西方人乃根本無道家之自然觀。自然觀之所謂自然，乃謂其自己如此，自己這樣。」[42]筆者認為，在許多時候，當西方的詞語和概念從歐美被國人翻譯為中文的時候，與其說它們意義被介紹給國人，不如說它們在中國特殊的環境裡被再創造。就是說，在向國人介紹西方文化的過程中，中國知識分

之器。在這一具體命題中，「中學」（舊學）指中國固有的傳統文化，就是儒教（綱常名教）及其文化價值系統，「體」則指基本原則；「西學」（新學）指西方的聲光電化等實用的科學技術以及政治法律、商務知識等，「用」則指具體功用。早在1861年，具有改良思想的儒家學者馮桂芬就提出「以中國倫常名教為原本，輔以諸國富強之術」的主張，他所謂「諸國富強之術」，不僅指西方的科學技術，也包括西方的經濟、法律、政治、文化、教育等。這是「中體西用」思想最早的表述，在早期改良派中產生了相當影響，逐漸形成一種思潮。謝謙編著：《國學基本知識現代詮釋詞典》（成都：四川人民出版社，1998），頁226-227。

[39] 錢穆：〈器與道〉，載《晚學盲言》（臺北：東大圖書，1996），頁88。

[40] （日）福澤諭吉：《文明論概略》（北京：北京編譯社譯，商務印書館，1982），頁9。

[41] 錢穆：〈器與道〉，載《晚學盲言》（臺北：東大圖書，1996），頁89。

[42] 同上註，頁82-83。

子每每會用自己的認知、概念，乃至自己的計畫目的等來對西方文化進行主觀的解讀——當中，就出現了以偏概全、誇大其辭、斷章取義等「再創造」問題，當然，也出現了把中國傳統的文化概念注入西方的文化概念上，把西方的思想文化進行「中國化」的闡釋——個中原因，或許是對西學認知的淺薄，或許是有意的扭曲。但對於須要以認真學習西方文化這一點為目的來說，是非常不利的。

筆者認為，如賓四先生所言，學習西方，應該深入了解西方，明白西方思想文化的真義，更重要的，是以中國自己為坐標，以我為主，兼收並蓄地向世界的優秀文化學習，進而提高自己，使自己富強，而不是使自己同化於西方，進行所謂的「全盤西化」。正如秦維憲先生所說：「魯迅提倡的拿來主義。我是拿的主體，以我為主來拿，為我所用來拿。」[43]當中的「我」指的是中國，拿的是西方的思想用以啟蒙自己。對於魯迅的「拿來主義」，江風有這樣的見解：「魯迅的『拿來主義』，用現在通行的說法，就是如何正確批判繼承中外優秀文化遺產問題，既要剔除糟粕，又要吸取精華。……『拿來主義』的要義是『要運用腦髓，放出眼光，自己來拿！』就是說，『拿來』要從我們民族根本利益出發，……『拿來主義』的基本含意，可以用占有、挑選、創新加以概括。」[44]魯迅、胡適就是以「拿來主義」的態度看待西方。

英國歷史學家湯恩比曾尖銳地批評所謂的「全盤西化論」，他說：「在商業上輸出西方的一種新技術，這是世界上最容的文化易辦的事。但是讓一個西方的詩人或聖人在一個非西方的靈魂裡也象在自己靈魂裡那樣燃起同樣精神上的火焰，卻不知要困難多少倍。」[45]更不用說在中國這個擁有悠久歷史、博大精深的文化，以及具有多彩多姿的文明的國度了。連曾被認為是全力宣導「全盤西化」的胡適，他後來也賦詩道：「知其不可而為之，亦不知老之將至，識得這個真孔丘，一部《論語》都可棄。」[46]胡適在《論語》中找到兩句話，一句叫「知其不可而為之」，一句叫「亦不知老之將至」，他竟然用孔子的話來勉勵自己，奉孔子為楷模，弘揚起中華民族傳統文化中的道德意志以及自強不息的精神來了，這證明瞭即使是反傳統最力的新文化大旗手，他們的內心也無法擺脫其傳統的民族文化的烙印，可以說，在胡適的身上，我們能夠很清晰地看到「拿來主義」的態度，這也是與賓四先生相通的。

五、結語

從錢賓四先生之〈道與器〉，我們可以看到在中國幾千年的歷史長河中，其道器體用文化概念，使國人無論在任何的時候，例如在和大自然的鬥爭中，在民變四起，

43 秦維憲：〈「西化」與「化西」〉，載《探索與爭鳴》1996年第5期，頁34。
44 張效民主編：《魯迅作品賞析大辭典》（成都：四川辭書出版社，1992），頁714-715。
45 （英）湯恩比著，（英）薩默維爾編（郭小凌等譯）：《歷史研究（節錄本上卷）》（上海：上海人民出版社，1995），頁50。
46 胡適：《嘗試集》（北京：人民文學出版社，1984），頁155。

皇朝覆沒，甚至在淪為外族的臣民的時候，都可以延續優良的文化傳統，更以博大的胸襟，迎接四方的來客、宗教，和文化，並使它們融入自己的文化血液當中。

筆者認為，就如賓四先生在〈道與器〉中所述，中華文化之所以能屹立於東方數千年，一定是有其過人的、優良的、強韌的特點，一定有它一如既往相容萬方、化外為中、化西為中的氣度。種種事實證明，中華傳統文化之道器體用文化概念，可以使中華文化繼續發展壯大，昂首挺胸地走向未來，賓四先生在教學生活實踐其「道」、「器」理念，創建「新亞精神」。[47]

---

47 區志堅：〈以人文主義之教育為宗旨，溝通世界中西文化：錢穆先生籌辦新亞教育事業的宏願及實踐〉，載香港中文大學文學院編：《傳承與創新——香港中文大學文學院四十五週年校慶論文集》（香港：香港中文大學出版社，2009），頁90-114。

第四十四章 錢賓四先生的史學思想及其學術貢獻

中國文化大學史學系
桂齊遜*

錢穆（1895-1990），原名恩鑅，民國元年（1912）始改今名；字賓四，學者多尊稱為「賓四先生」。祖籍乃江蘇無錫人士，是五代十國時期吳越太祖錢鏐之後裔。晚年自號素書老人、七房橋人，其書齋號曰「素書樓」或「素書堂」。是二十世紀中國著名的史學家、思想家、教育家；不但與呂思勉、陳垣、陳寅恪並稱為「現代史學四大家」，[1]賓四先生更被譽為一代「國學大師」。

一、賓四先生史學思想特色

賓四先生的學術思想博大精深，論者多矣；[2]且通說皆能認同先生對於固有中華文化的堅持與傳播，並肯定其宏揚中國固有歷史與文化的重大貢獻。[3]個人則認為，賓四先生史學思想中的核心思想，就表現在先生撰寫《國史大綱》的〈引言〉時所云：

> 凡讀本書請先具下列諸信念：
> 一、當信任何一國之國民，尤其是自稱知識在水準線以上之國民，對其本
> 　　國已往歷史，應該略有所知。

---

* 中國文化大學史學系教授。
1. 嚴耕望先生曾云：「我認為前一輩的中國史學界有四位大家，兩位陳先生（即陳垣、陳寅恪）、呂思勉誠之先生與業師錢穆賓四先生。」見嚴耕望：《治史答問》（臺北：臺灣商務印書館，2008），頁80。
2. 關於錢賓四先生學術思想之研究論著甚多，無法一一詳列，意者可以參看〈研究錢先生著作目錄：期刊論文〉（web.utaipei.edu.tw/Chienmu/space9.doc）；而中國大陸的研究概況，則可參見區志堅：〈近人對錢穆學術思想研究概述──以一九四九年後中國大陸之研究為中心〉，《錢穆先生紀念館館刊》1998年第6期，頁132-148。
3. 例如湯承業：〈讀「國史大綱」與「國史新論」感言──道統與法統獻論〉，《錢穆先生八十歲紀念論文集》1974年，頁379-419；余英時：〈一生為故國招魂──敬悼錢賓四師〉，《錢穆先生紀念館館刊》1993年第1期，頁40-46；周海平：〈我們該如何對待中國的歷史──賓四國大師給我們的啟示〉，《錢穆先生紀念館館刊》1995年第3期，頁131-137等文，皆持此見。又，關於錢賓四先生之研究論著甚多，無法一一詳列，可以參看〈研究錢先生著作目錄：期刊論文〉；而中國大陸的研究概況，參見區志堅：〈近人對錢穆學術思想研究概述──以一九四九年後中國大陸之研究為中心〉，《錢穆先生紀念館館刊》1998年第6期，頁132-148。

二、所謂對其本國以往歷史略有所知者，尤必附隨一種對其本國已往歷史之溫情與敬意。

三、所謂對其本國已往歷史有一種溫情與敬意者，至少不會對其本國已往歷史抱一種偏激的虛無主義，亦至少不會感到現在我們是站在已往歷史最高之頂點，而將我們當身種種罪惡與弱點，一切推卸於古人。

四、當信每一國家必待其國民備具上列諸條件者比較漸多，其國家乃再有向前發展之希望。[4]

賓四先生所謂的「溫情與敬意」，正是他史學思想中的核心思想，從此一立足點出發，使得先生無論是在敘述古代中國史、固有中國文化或民族特性時，筆下都帶有濃郁的溫情與敬意，也充滿了理性主義和「溫良恭儉讓」的精神，更充斥著民族主義色彩。無怪乎論者認為，賓四先生的史學特點之一，就是將歷史視為「民族的史詩」。[5]

而賓四先生史學思想特色之一，即將歷史（尤其是「中國歷史」）視為一門「人事」之學，如先生所云：

> 歷史記載人事，人不同，斯事不同。人為主，事為副，未有不得其人而得於其事者……中國史學重人不重事，可貴乃在此……中國歷史重人，尤重少數人。此乃中國史學一特色。[6]

正因為歷史學是人事之學，故先生主張，史學研究之目的就在於了解人事，並尋求其精神與意義；[7]而為了通達人事，則「義理之學」（德性）、「考據之學」（知識）、與「辭章之學」（情感）三者，缺一不可。[8]

先生進而指出，歷史學既以人為本、以人為核心，在研究上就不能不涉及「時間」、「事件」、「人物」這三項事物。先生以為人所能感受的「歷史時間」，乃是具體而割裂的，必附屬於某一特定的歷史事件上；因此，過去與未來互相影響，過去保留在未來中，未來也由過去所掌握著。其次，「歷史事件」的特質可分可合，大事件可以區分為很多小事件來看待，而諸多小事件集合成一個大事件；而且就算小事件已然停息，其餘韻又必然留存在仍在進行中的大事件。因此，並非是許多事積累成了歷史，乃是由歷史演化出許多的事件。至於歷史事件當然是要以「歷史人物」為

4　錢穆：《國史大綱》（臺北：聯經出版事業公司，1995），頁1。

5　黃俊傑云：「錢賓四史學最大的特徵在於將歷史視為『民族的史詩』（national epic）而不是科學的歷史（『所謂scientific history』）。」見黃俊傑，〈錢賓四史學中的「國史」觀──內涵、方法與意義〉，《臺大歷史學報》2000年26期，頁2-3）。

6　錢穆：〈略論中國史學特色二〉，《現代中國學術論衡》，頁123。

7　錢穆：《史學導言》（臺北：中央日報社，1970），頁23-24。

8　同上註，頁5、12-13。

核心；所以歷史的不朽，即是人生的不朽。[9]最後，決定歷史人物之價值者，並不在於眼前的物質條件，乃在於其長久的精神價值，故先生主張，史學研究當以「世運興衰，人物賢奸」為綱領，[10]進而探求歷史人物與國家、民族歷史的互動關係。

在歷史學的研究方法上，賓四先生提出了「三通」（貫通、會通、變通）的觀點。何謂「貫通」？先生有言：

> 我們研究歷史，其入手處也可有三種途徑：第一種：由上而下，自古到今，循著時代先後來作通體的研究……第二種：自下溯上，自古〔今〕到今〔古〕，由現代逆追到古代去……第三種：是純看自己的興趣，或是依隨於各自之便利，即以作為研究歷史的肇端……故此，我們若真要研究歷史，仍不如從頭到尾作通體的研究。首先便是通史……[11]

據此可知，先生主張史學研究要有「貫通」的精神，自古及今，順著時代的先後，來作通體研究，來探求其歷史意義。[12]

何謂「會通」？賓四先生曰：

> 歷史有其「特殊性」、「變異性」與「傳統性」。研究歷史首先要注意的便是其「特殊性」……其次，歷史必然有其「變異性」……我們再把此二者，即「特殊住」和「變異性」加在一起，就成為歷史之「傳統性」。[13]

這裡所謂的「加在一起」，所需運用的就是「會通」的精神；誠如先生在《國史新論》的「再版序」所言：

> 凡余論史，則皆出《國史大綱》之後。其以變化眼光治史成書者，如《中國文化史導論》……其以專門眼光治史成書者，如《中國歷代政治得失》……其以分別眼光治史成書者，如《中國歷史精神》及此書等。雖屬分篇散論，自謂亦多會通合一之處，而無扞格牴牾之病。[14]

9　同上註。

10　同上註，頁33。

11　錢穆：〈如何研究通史〉，《中國歷史研究法》（臺北：東大圖書，1988），頁8-10。

12　需注意者，第二種途徑，先生的原文是：「自下溯上，自今到古」，見錢穆：《中國歷史研究法》（臺北：東大圖書，1988），頁7；但《錢賓四先生全集》第三十一冊卻排版成：「自下溯上，自古到今」，見《錢賓四先生全集》第三十一冊，頁9。這是誤解了賓四先生原文的錯誤；故本文在引用時，引《中國歷史研究法》原文訂正了《全集》的謬誤。

13　錢穆：〈如何研究通史〉，《中國歷史研究法》（臺北：東大圖書，1988），頁2-3。

14　錢穆：《國史新論》（香港：新華印刷，1975），頁8。

於此足見，賓四先生對「會通」的精神的運用，嫻熟而無所扞格。

至於所謂的「變通」，賓四先生有云：

> 諸位研究歷史，首當注意「變」。其實歷史本身就是一個變，治史所以「明變」……其次，我們研究歷史之變，亦宜分辨其所變之「大」與「小」……我們學歷史，正要根據歷史來找出其動向，看它在何處變，變向何處去？要尋出歷史趨勢中之內在嚮往，內在要求。我們要能把握到此歷史個性，才算知道了歷史，才能來指導歷史，使其更前進。[15]

於此可知，先生對於歷史變通的研究，十分重視，正如同司馬遷所謂「通古今之變」[16]的研究精神。

二、賓四先生在史學研究方法上的成就與貢獻

賓四先生在史學研究方法上所給予後代學者的啟發，主要表現在《中國歷史研究法》，《史學導言》，《中國史學名著》，《中國史學發微》等幾部著作上；而他早期的成名作《先秦諸子繫年》一書，以及關於歷史地理研究上的著作《史記地名考》，事實上亦與史學研究方法有關，本文合併於此探究。

《先秦諸子繫年》一書原名《先秦諸子繫年考辨》，是賓四先生在1935年撰成的一部重要史籍，由上海商務印書館印行。[17]該書正文共分為〈考辨〉四卷163篇，考訂了自孔子以迄呂不韋等先秦諸子人物凡一百餘人；書後並有〈先秦諸子繫年通表〉四篇，以及附表三則（〈附表一．列國世次年數異同表〉、〈附表二．戰國初中晚三期列國國勢盛衰轉移表〉、〈附表三．諸子生卒年世先後一覽表〉）。在該書中，賓四先生主要是透過古本《竹書紀年》，先釐訂其現今傳世本的錯訛，然後再以此來訂正《史記》中的訛誤；進而又遍考諸子之著述，再參證諸子之行事與春秋、戰國時代之史事，最後完成關於先秦諸子生卒年及其畢生行誼之考訂，並見諸〈諸子生卒年世先後一覽表〉。

由於賓四先生此書，考證精詳，鉅細靡遺，使得嗣後凡言及先秦諸子生卒年歲之著作，幾乎無不參考此書；同時，此書不但考訂了先秦諸子的生卒時代，也對諸子的學說思想論述甚詳，也可以說是一本關於先秦諸子學說思想的重要著作；最重要的是，賓四先生這本鉅著，無疑也為後代史學研究者，示範了如何去從事考證的功夫——須知，歷史考證本來就是史學研究一項最基本又非常重要的功夫啊。

---

[15] 錢穆：〈如何研究通史〉，《中國歷史研究法》（臺北：東大圖書，1988），頁4-7。

[16] 【漢】班固：〈司馬遷傳〉，《漢書》第62卷（北京：中華書局，1996），頁2735。

[17] 本書現已收入《錢賓四先生全集》第五冊。

1961年，賓四先生撰成《中國歷史研究法》，最早是由香港孟氏教育基金會出版；1981年臺北的東大圖書公司曾經重印。本書共分八講，分別闡釋了如何研究通史（尤其中國通史）、政治史、社會史、經濟史、學術史、歷史人物、歷史地理及文化史；附篇則是講述「略論治史方法」。由於先生條分縷析，深入淺出，對於史學研究者來說，大有助益。

翌年（1962），先生完成了《史記地名考》一書，由香港太平書局出版。[18]其實早在1922年先生任教於廈門集美師範學校時，已先後撰有關於歷史地理考證的文章；日後更利用私人所藏數十種古史地理書籍為基礎，針對《史記》一書中的歷史地名，詳加考釋，撰成此書。該書凡分三十四卷，從卷一〈中國與四裔〉到卷三十四的〈東胡朝鮮地名〉，先生共用了34篇文章，將《史記》之內從上古以迄秦漢時代的古地名，一一詳加考證。先生所重視之工作有三：一是原始地名的考訂，二是地名的遷徙，三是沿革地理；透過此書，後代史學研究者亦可以得知如何從事於歷史地理的考證工作。

易言之，《先秦諸子繫年》為後代學者示範如何從事歷史人物生卒年歲、生平事蹟與學說思想的考；而《史記地名考》則為後代學者示範了如何從事訴歷史地理的考證工作。

《史學導言》則係1970年成功大學歷史系成立之初，賓四先生前後四次南下，為成大歷史系大一新生所做專題演講，日後由臺北中央日報社結集出版。賓四先生認為，錢先生認為史學本是一種「人事之學」，以人為核心，探討的問題不外乎人物、事件、時間三者；而為求通達人事，則「義理」（德性）、「考據」（知識）、「辭章」（情感）三者，皆不可偏廢。由於聽講對像是大一新生，故賓四先生以深入淺出且十分詼諧的語氣講授，不但使得在場學生獲益匪淺，亦對所有史學研究者有著很大的幫助。

1969-1971這兩年內，賓四先生在中國文化學院（現已改制「中國文化大學」）史學研究所博士班講授「中國史學名著」此一課程；日後將1970-1971的上課錄音檔，由先生稍事潤飾後，結集成《中國史學名著》一書，於1973年由臺北三民書局出版。[19]在一年的課程中，先生為史學研究所博士生，分別講授了：《尚書》、《春秋》三傳、《左傳》（附論《國語》、《戰國策》）、《史記》、《漢書》、《後漢書》、《三國志》、《高僧傳》、《水經注》、《世說新語》、《史通》、《通典》、《新五代史》、《新唐書》、《資治通鑑》、《通鑑綱目》、《通鑑紀事本末》、《通志》、《文獻通考》、《明儒學案》、《宋元學案》、《文史通義》等二十餘種古籍，以及「綜論東漢到隋的史學演進」此一專題。綜觀先生所論，幾乎已經古代中國史籍中犖犖大者，盡數包含在內，此書不啻即為一本先生所撰《中國史學

---

[18] 本書現已收入《錢賓四先生全集》第三十四、三十五冊。

[19] 本書現已收入《錢賓四先生全集》第三十三冊。

史》的專著，故自問世以來，大受史學研究者之歡迎與喜好。

　　1989年，賓四先生將過去部分文稿或演講記錄，結集為《中國史學發微》一書，由臺北的東大圖書公司出版。[20]在本書中，賓四先生主張中國古代的經、史、子、集四部的書籍，皆與史學有著密切的關係，故先生曰：

> 余此書專為史學發微，苟其人不通四部之學，不能通古今之變而成其一家之言，又何得成為一史家。[21]

　　本書（《中國史學發微》）事實上包含了先生關於中國歷史、史學和中國文化精神等方面的雜文與演講，其中與歷史及史學密切相關者，包含了：〈國史漫話〉、〈中國史學之精神〉、〈史學導言〉、〈中國歷史精神〉、〈歷史與人生〉、〈中國史學中的文與質〉、〈中國教育思想史大綱〉、〈略論中國歷史人物之一例〉與〈國史館撰稿漫談〉等文，其中不乏如何研究史學之精闢見解，值得史學研究者認真研讀。

三、賓四先生在中國歷史研究上的成就與貢獻

　　賓四先生在古代中國史的研究成果上，當然是以《國史大綱》最為名震遐邇，他如《中國文化史導論》、《中國歷史精神》、《中國歷代政治得失》、《國史新論》、《秦漢史》、《孔子傳》、《從中國歷史來看中國民族性及中國文化》、《歷史與文化論叢》、《古史地理論叢》與《中國通史參考資料》等書，亦極具學術價值與意義，今依其編年，分述如次。

　　每當學界討論到一本好的「中國通史」時，賓四先生的《國史大綱》必然首先被提及。眾所周知，本書的寫作背景，是對日抗戰時期，賓四先生輾轉追隨政府來到雲南昆明，講學於西南聯合大學時所完成的。本書大體完成於1939年，並於翌年（1940）由上海印書館出版，全書共分八篇四十六章，分上、下兩冊。[22]值此顛沛流離之際，先生仍能完成此一鉅著，令人欽佩。

　　賓四先生所撰《國史大綱》，除自上古虞夏時代，依據斷代，逐一寫到辛亥革命、抗戰建國之外，先生對於古代中國歷代朝廷的政治制度、社會經濟及學術思想發展，亦多所著墨。其中，社會經濟是國家民族的底層建設，而政治制度是其上層組織，此兩者皆須受到學術思想的指導，這或許是先生最為重視此三者（政治制度、社會經濟、學術思想）的背後因素。

---

[20] 本書現已收入《錢賓四先生全集》第三十二冊。
[21] 錢穆：《中國史學發微》（臺北：東大圖書，1989），頁9。
[22] 本書現已收入《錢賓四先生全集》第二十七、二十八冊。

《國史大綱》事實上就是一本「中國通史」，但其書名何以稱為「綱」？主要是因為先生採用了「綱目體」的寫作方式，以大字提要為綱（頂格寫作），小字分注為目（低兩格寫作），綱簡目詳，便於閱讀，故本書實為繼朱熹《通鑑綱目》後，又一部綱目體的鉅著。

《國史大綱》自出版之後，即受到學術界廣泛的稱譽，亦被國民政府教育部指定為大學用書，迄今則仍為海峽兩岸三地大學歷史系必讀史籍之一，甚至還有「《國史大綱》讀書會」的成立，[23]本書受到重視的程度，可見一斑。

在完成《國史大綱》之後，賓四先生緊接著撰成《中國文化史導論》一書，大約是在1943年，由重慶的正中書局出版。[24]該書共有十章，依序為：〈中國文化之地理背景〉、〈國家凝成與民族融和〉、〈古代觀念與古代生活〉、〈古代學術與古代文字〉、〈文治政府之創建〉、〈社會主義與經濟政策〉、〈新民族與新宗教之再融和〉、〈文藝美術與個性伸展〉、〈宗教再澄清民族再融和與社會文化之再普及與再深人〉與〈中西接觸與文化更新〉，以及一篇附錄〈中國文化傳統之演進〉。自其篇目安排，可知本書殆與先生前述名著《國史大綱》相互輝映、相輔相成，故兩書似宜相互參看，始能得到先生撰述此書之真諦。

1951年，正在香港擔任「新亞書院」校長的賓四先生，撰成了《中國歷史精神》一書，由臺北的國民出版社出版。此書除〈前言〉之外，正文有七講，附錄有四篇。正文七講中，第一講是〈史學精神和史學方法〉，其餘六講則分別闡釋了中國歷史上的政治、經濟、國防、教育、地理、人物與道德精神；附錄四篇則論及〈中國文化與中國人〉、〈從中西歷史看盛衰興亡〉、〈中華民族歷史精神〉、〈晚明諸儒之學術及其精神〉。先生以提綱挈領、深入淺出的方式，幫助讀者能夠在最快時間之內了解古代中國的歷史內涵與歷史精神，進而產生對國家、對民族的責任感與使命感。

翌年（1952），先生又撰成《中國歷代政治得失》一書，[25]本書以漢、唐、宋、明、清五個時代為經，以各個時代的朝廷組織、官僚職權、考選體制、財經賦稅、監察制度、國防役政等等方面為緯，逐一檢討這五個朝代在施政上的利弊得失。而先生在評論在五個朝代的施政時，雖然不免於有所批評，卻也是語重心長，不失先生所謂「溫情的敬意」。故本書不但亦可視為《國史大綱》的姊妹作品，也可以說是先生撰成的一部《中國政治制度史》。

1953年，先生在香港創立「新亞研究所」，並出任首任所長；同年，先生撰成《國史新論》一書，[26]當時的篇目只有五篇文章，分別是〈中國社會演變〉、〈中國傳統政治〉、〈中國智識分子〉、〈中國歷史上之考試制度〉與〈中國文化之演

---

23 由廖偉鈞先生導讀的「繼往開來：《國史大綱》讀書會」，自2020/2/14-2020/5/29的每週五舉行一次（18:30~21:30），預定舉行15次，參見http://online.ktli.org.tw/event_20200214.php

24 本書現已收入《錢賓四先生全集》第二十九冊。

25 本書現已收入《錢賓四先生全集》第三十一冊。

26 本書現已收入《錢賓四先生全集》第三十冊。

進〉；先生並於序言中，提示學者們應與先生所撰《中國文化史導論》、《政學私言》，《中國歷史精神》及《中國歷代政治得失》諸書，相互參看。到了1989年，本書再版時，先生將其內容一口氣擴充到十四篇文章，新增的九篇分別是：〈再論中國社會演變〉、〈略論中國社會主義〉、〈中國歷史上的傳統政治〉、〈中國文化傳統中之士〉、〈再論中國文化傳統中之士〉、〈中國歷史上的傳統教育〉、〈中國教育制度與教育思想〉、〈中國歷史人物〉與〈中國歷史上之名將〉等等。按，《國史新論》再版時，先生已年高九十五歲嵩壽，[27]仍然能夠撰述不輟，誨人不倦，真是令人欽佩。

1957年，先生在香港自行出版了《秦漢史》一書；[28]實則此書是先生早期上課的講義，重新整理出版。全書共分七章二十五節，條分縷析了自秦始皇以迄新莽時代政局的變化，尤其著重分析一時期的政治、經濟、國防、學術、文化及中央與地方官制，使得史學研究者可以澈底了解自秦始皇以迄王莽時代的歷史變遷遞嬗之過程。賓四先生很少寫作中國古代斷代史，畢生所撰成之斷代史，僅一部，於此可知本書彌足珍貴之處。

1974年，先生撰成《孔子傳》一書，由臺北的孔孟學會出版。[29]按，賓四先生所撰人物傳記之類的書籍並不多見，除早期的《王守仁》以外，也就只有本書了。賓四先生乃以《論語》為底本，結合《史記》以下諸書所載，從孔子的先人說起，以至孔子的早年、中年、晚年生涯，詳列其一生行跡，重新為孔子作傳。本書尤為難能可貴的是，賓四先生在此書中一一列出關於孔子生平事蹟可疑之處共二十五項，分別為之考訂其真偽的可能性，值得一看再看。

1978年，賓四先生重回香港中文大學新亞書院，在「錢賓四先生學術文化講座」上，發表了六次專題演講；次年（1979），將這六次演講內容整理成冊，此即《從中國歷史來看中國民族性及中國文化》一書，由香港中文大學出版。[30]在此書中，先生透過中國人的性格、行為、思想總綱與中國人的文化結構等民族特徵，期許當代中國人要能夠認識傳統中國文化，然後才能夠有為有守地做一個現代中國人；也冀望當代中國人不要隨波逐流，盲目地追求西化。

1979年，賓四先生所撰《歷史與文化論叢》，由臺北東大圖書公司出版。[31]全書分成四大編、54篇小文章，上從〈人類文化之前瞻〉、〈人類文化之展望〉、〈中國文化特質〉、〈中國文化之唯心主義〉，下及〈歷史會重演嗎〉、〈歷史問題與社會問題〉、〈論當前國人的憂患意識〉，乃至於〈中國文化與人文修養〉、〈在現時代

---

[27] 先生親撰的〈再版序〉，完成於《國史新論》再版的前一年，當時先生的落款是：「中華民國七十七年舊曆六月初九九十四歲生日錢穆識」。見錢穆：〈再版序〉，《國史新論》，《錢賓四先生全集》第三十冊（臺北：聯經出版事業公司，1998），頁9。

[28] 本書現已收入《錢賓四先生全集》第二十六冊。

[29] 本書現已收入《錢賓四先生全集》第四冊。

[30] 本書現已收入《錢賓四先生全集》第四十冊。

[31] 本書現已收入《錢賓四先生全集》第四十二冊。

怎樣做一個大學生〉、〈從認識自己到回歸自己〉等等，無所不談。先生主要是從中華民族以往的歷史與固有文化著手，深入淺出剖析了中國歷史與文化之間的牽連，庶幾期許讀之者能夠徹底認識我國固有的歷史與文化，並奠定爾後中華民族自救自拔之基石。尤為重要者，在〈回念五四〉一文中，先生主張重新提出「五四」前後「新文化運動」時的舊口號：「重新估定一切價值」，來省思近百年中國發展的道路，是否正確。因為先生主張，「五四運動」主要是一種民族復興意識之強烈的表現，「新文化運動」則是一種自我文化之譴責與輕蔑；而中國近百年的歷史，所以只成為一段悲苦紛亂的歷史，正為在民族復興意識強烈要求的主潮之浮層，有此一種對自己傳統文化極度輕蔑、極度厭棄的逆流來作領導——先生用心之良苦，於此可見一斑。

1981年，臺北東昇出版公司，重行出版了賓四先生的《中國通史參考資料》。據余英時先生的序言，此書是賓四先生在1934-1935於北京大學歷史系講授「中國通史」時編寫的；而此書由楊聯陞帶往美國，後來轉贈給余先生，余先生又因臺大歷史系教授黃俊傑的要求，才同意將本書付梓，重行出版，可見此書轉輾流傳，得來不易。該書分為兩個部分，第一部分是「中國通史綱要（上古—秦漢）」，第二部分是「中國通史參考材料（上古—北宋）」；雖然兩大部分都未能完成整部中國通史，但仍可與先生所撰《國史大綱》，有益於史學研究工作者。

1982年，賓四先生所撰《古史地理論叢》一書，由臺北東大圖書公司整理出版。[32]本書共收入先生所撰關於古代歷史地理的論文凡22篇，分為甲、乙兩部。作者以宏觀的角度，將歷史、地理、政治、經濟、人文及民族學融為一體，闡述古代異地同名的歷史現象，探究古代部族遷徙之軌跡，進而說明瞭古代中國歷史上各個地點在政治、經濟、與人文環境的遞嬗變遷；本書可以和前引賓四先生所著《史記地名考》相互輝應。後來在編成《錢賓四先生全集》時，又收錄了原書所沒有的四篇文章，分別是：〈饒宗頤《魏策吳起論三苗之居辯誤》附跋〉、〈神農與黃帝〉、〈戰國時洞庭在江北不在江南說〉、〈略記古代江淮河汴水道交通〉。

四、賓四先生在中國思想史研究上的成就與貢獻

1930年，賓四先生發表了《劉向歆父子年譜》（原刊於《燕京學報》第七期），這是先生的成名之作。嗣後，先生關於古代中國思想史的著作甚多，大體可以分成三大部分：一是關於儒家學術思想之著作，如《兩漢經學今古文平議》、《宋明理學概述》、《四書釋義》、《陽明學述要》、《論語新解（上下冊）》、《朱子新學案（一至五冊）》、《朱子學提綱》、《孔子與論語》；二是關於先秦諸子學說思想之著作，如《墨子》、《惠施公孫龍》、《老子辨》、《莊子纂箋》、《莊老通

---

[32] 本書現已收入《錢賓四先生全集》第三十六冊。

辨〉；三是關於整個古代中國學術思想之著作、如《國學概論》、《中國近三百年學術史》、《中國思想史》、《中國思想通俗講話》、《中國學術通義》、《中國學術思想史論叢（一至八冊）》、《現代中國學術論衡》等等、今擇要述之如次。

眾所周知，先生於1930年首先發表於《燕京學報》第七期的《劉向歆父子年譜》，是他的成名之作，該文不僅僅是劉向、劉歆父子的年譜而已，更是一篇關於漢代今古文經之爭的學術思想史論著。

在該篇文章中，賓四先生根據《漢書‧儒林傳》的記載，從史實分析入手，將西漢時化諸家講經之說，詳加考辨，然後再將西漢諸經學大師論學的焦點所在，逐年列出，是為《劉向歆父子年譜》的主要內容。尤為重要者，先生在〈劉向歆父子年譜自序〉中，逐一列出康有為《新學偽經考》不通之處，凡二十八處。[33]

通說以為，《劉向歆父子年譜》一文，不但結束了清代經學上的今古文之爭，平息了經學家的門戶之見，同時也洗刷了劉歆偽造《左傳》、《毛詩》、《古文尚書》、《逸禮》諸經的不白之冤；自從這篇文章問世以後，學術界也不再固執於今文經、古文經誰是誰非的問題了。

1958年，賓四先生又將《劉向歆父子年譜》與另三篇文章：〈兩漢博士家法考〉、〈孔子與春秋〉、〈周官著作時代考〉合編成《兩漢經學今古文平議》一書，並對其內容有所修訂由香港新亞研究所出版；臺灣最早是由東大圖書公司在1983年出版臺初版。[34]

1953年，先生撰成《宋明理學概述》，由臺北中華文化出版事業委員會出版。[35]本書自「宋學」（亦即「理學」）的興起，闡述了由宋至明將近六百年間理學發展的概要；從理學先驅人物胡瑗、孫復，一直寫到明末諸遺老（如孫奇逢、顏元、黃宗羲、王夫之、顧炎武），凡分五十六目，相當簡明扼要地闡釋了此六百年間理學的主要代表人物，是幫助後學來了解宋明理學的學術思想及其發展脈絡相當有用的一本的好書。

早在1925年，先生即曾撰有《論語要略》（收入上海商務印書館編纂的「國學小叢書」之內）；1926年，又撰有《孟子要略》（由上海大華書局出版）。到了1953年，先生重新增補了這兩本書的內涵，再加上新撰的〈大學中庸釋義〉（逐條釋義），合為《四書釋義》，由臺北中華文化出版事業委員會出版。本書對於意欲深入了解儒家《四書》菁華之後輩學者，大有助益。

1955年，先生所撰《陽明學述要》一書，也是針對1930年曾經出版過的《王守

---

[33] 見錢穆：《兩漢經學今古文平議》（香港：新亞研究所，1958），頁2-6。

[34] 不過，聯經出版事業公司在編纂《錢賓四先生全集》時，對於《兩漢經學今古文平議》一書，採用的底本主要是臺北東大圖書1989年臺三版的本子。見錢穆：〈出版說明〉，《兩漢經學今古文平議》，收入《錢賓四先生全集》第八冊（臺北：聯經出版事業公司，1998），頁2。

[35] 本書現已收入《錢賓四先生全集》第九冊。

仁》重新加以整理後，將書名改為《陽明學述要》，由臺北正中書局出版。[36]按理學三大系統中，始終與「義理派」相互抗衡的就是「心性派」的陸九淵、王陽明，後者更是宋明理學最終的代表人物，故其學說思想當然值得探究。賓四先生此書，主要是將「陽明學」置於理學的發展過程中加以考察，並以精練的筆法，敘述了陽明學之宗旨及其菁華，值得捧誦。且此書可以和賓四先生另一著作：《王陽明先生傳習錄及大學問節本》相互參看。[37]

1963年，賓四先生撰成《論語新解》一書，由香港新亞研究所出版。[38]先生此書，兼採了曹魏何晏《論語集解》、蕭梁皇侃《論語義疏》、宋儒朱熹《論語集注》、清人劉寶楠《論語正義》與民國初年程樹德的《論語集釋》等諸書之詮釋，加上賓四先生個人的見解，再用現代白話文的表達方式，呈現出來，故名《新解》。本書既名為《論語新解》，其目的即在將《論語》以通俗化的方式呈現，使其成為一部人人可讀之注，故體求簡要，辭取明淨，此所以書中徵引前人之說，多不一一標示注腳；惟引宋儒之說，始必著其姓氏，以見其為一家之言。最後，先生在《論語》每一章之末，皆加上了先生親撰的「白話試譯」，實在有利於初學者。

嗣後，先生於1974年又撰有《孔子與論語》一書，由臺北聯經出版事業公司出版。[39]賓四先生認為，孔子思想體系的核心是「德治主義」，他畢生都在努力地倡導德化社會與德化人生；前者（德化社會）的最高標準是「禮」，後者（德化人生）的最高價值是「仁」。其中的「仁」，更是儒學的菁華；孔子主張「仁者愛人」，但講求有差等的愛（「親親而仁民，仁民而愛物」），要求「推己及仁」；孔子更重視人類對倫理道德的自覺精神，故曰：「為仁由己，而由人乎哉？」又曰：「我欲仁，斯仁至矣。」凡此皆為「孔學」的菁華，值得深思。

1971年9月，先生撰有《朱子新學案》五大冊，由臺北三民書局出版；[40]同年11月，先生又撰成《朱子學提綱》，自行出版。[41]朱熹是宋代理學集大成者，亦是繼孔、孟之後，儒學中最重要的學者之一。不過，由於朱熹個人才華洋溢，舉凡經、史、子、集、天文、曆法、地理、民俗、陰陽五行、八卦、書法、音樂、藝術等等，無不精通，著述甚多；一般莘莘學子，若不得其門而入，實在難以窺其堂奧。故賓四先生所撰《朱子新學案》一書，正為解決一般知識分子的此一困擾。先生撰述此書，歷時五年，若將事前準備工作計算在內，則耗時七年；全書分成六大部分、五十八

---

[36] 本書現已收入《錢賓四先生全集》第十冊。

[37] 《王陽明先生傳習錄及大學問節本》由賓四先生撰成於1957年，由香港的人生出版社刊行，但本書並未收入《錢賓四先生全集》之內。

[38] 本書現已收入《錢賓四先生全集》第三冊。

[39] 本書現已收入《錢賓四先生全集》第四冊。

[40] 本書現已收入《錢賓四先生全集》第十一～十五冊。

[41] 本書現已收入《錢賓四先生全集》第十五冊，但僅存其目，不占冊；事實上也因為《朱子新學案・第一冊》的前半部，即為《朱子學提綱》矣。

目，都為近五十萬言的鉅著。[42]此外，先生在本書中，除了詳加探討朱熹學說思想以外，並推廣及於全部中國學術史，上起孔子，下迄清末，將二千餘年儒家思想的遞嬗變遷，乃至於諸子百家學說之相互影響，一一詳予說明，俾見朱熹思想的承先啟後與其價值之所在。

而本書（《朱子新學案》）自問世以來，即大受士林的好評，並被廣為流傳。

其次，在先秦諸子學說思想方面之著作，賓四先生所撰甚多。例如成書於1929年，然後在1931年由上海商務印書館出版的《墨子》一書，且被收入「商務百科小叢書」之內，是先生關於諸子學說思想最早的一本著作。[43]該書雖然只有三章，卻將墨子的生平、《墨子》一書的內容及墨子的學說思想闡述得十分清楚；尤其是「墨家得名的由來」、「墨子的生卒年代」、「墨學的全部系統」、「別墨和墨經」等幾處，下至許行、宋鈃、尹文、惠施、公孫龍諸家和墨學的關係，先生在本書內均能獨闢蹊徑，自成一家。

1931年8月，先生撰有《惠施公孫龍》一書，由上海商務印書館出版，並收入「商務國學小叢書」之內。在本書中，先生針對惠施、公孫龍兩位學者，分別考訂了他們的傳略，進而製成他們的年表，更詳予解說了他們的學說思想；尤其是公孫龍的「白馬非馬」論，先生更有獨到的見解。其中有六篇文章：〈惠施歷物〉、〈惠學鉤沉〉、〈公孫龍子新解〉、〈公孫龍七說〉、〈辯者言〉、〈名墨訾應辨〉，先生日後曾經增補、改寫，並收入《中國學術思想史論叢》第二冊之內；因此，後來在編成《錢賓四先生全集》時，關於《惠施公孫龍》一書中的這六篇，皆據先生已修訂過的文章收入，其餘則仍依商務印書館原本。[44]

1932年，賓四先生撰有《老子辨》（上海大華書局出版）；1951年，先生撰有《莊子纂箋》（香港東南出版社刊行）；[45]1957年，先生又撰成《莊老通辨》（香港新亞研究所出版），[46]這三本書，是先生關於道家思想的系列論著。在《老子辨》一書中，共有四篇。前兩篇辨老子其人（〈一、孔子與南宮敬叔適周問禮老子辨〉、〈二、老子雜辨〉）；後兩篇辨《老子》其書：〈三、關於《老子》成書年代之一種考察〉，〈四、再論《老子》成書年代〉。在《莊子纂箋》一書中，賓四先生指出，《莊子》一書實為中國古籍中一部人人必讀之書籍（但需學有根基，才能讀通此書）。而先生的《莊子纂箋》，除主要採用是書除晉人郭象的注疏之外，詳采古今各家注，超過了一百五十多家，實為古今注《莊子》集大成之作。而《莊老通辨》一書，乃專門討論莊子、老子兩人之學說思想，並辨訂其先後；至於莊、老二人的

---

[42] 見錢穆：〈出版說明〉，《朱子新學案‧第一冊》，收入《錢賓四先生全集》第十一冊（臺北：聯經出版事業公司，1998），頁1-2。

[43] 本書現已收入《錢賓四先生全集》第六冊。

[44] 見錢穆：〈出版說明〉，《惠施公孫龍》，收入《錢賓四先生全集》第六冊（臺北：聯經出版事業公司，1998）。

[45] 本書現已收入《錢賓四先生全集》第六冊。

[46] 本書現已收入《錢賓四先生全集》第七冊。

生卒年代，及歷史傳說之種種考訂，則均已詳見於《先秦諸子繫年》。先生於《莊老通辨》一書中，利用各種史料文獻，詳加考證後，主張老子的時代晚出孔子，而《老子》一書亦晚於《莊子・內篇》七篇之後──賓四先生此一說法，現已被學界普遍接受。

最後，關於整個古代中國學術思想之著作，賓四先生所撰，亦不在少數。

早在1931年，先生即撰有《國學概論》一書，由上海商務印書館出版；1946年臺灣商務印書館重印此書，並收入「人人文庫」之內。[47]是書共分十章，從〈孔子與六經〉一直寫到〈最近期之學術思想〉。而先生所論「國學」，並未採用一般「經史子集」四部分類的方式，而是針對各個時代的學術特性，特立專篇，分別討論之。而這本書亦是採用「綱目體」的寫作方法，以正文為綱要，其所稱引及其他相關辨證，則寫為小注；讀其正文，得其扼要；讀其注文，可進窺其委曲之詳；兼觀並覽，然後可以盡其意趣。

1937年，先生發表了其著名代表作之一的《中國近三百年學術史》，由上海商務印書館出版。[48]本書共分十四章，分別闡釋了五十一位清代主要思想家的學說思想，從明末遺老黃宗羲、王夫之、顧炎武諸賢，一直寫到晚清時代的曾國藩、陳蘭甫、康有為等人物，全書厚達1047頁，是先生探討清代主要學術人物之學說思想的代表作品。先生撰述此書，不但旁徵博引，考證精闢，且特別強調這些思想家對天下治亂用心之所在。論者咸以為，賓四先生此書（《中國近三百年學術史》），可與梁任公所撰同名書籍，[49]並駕齊驅，各領風騷。

1952年，先生撰有《中國思想史》一書，由臺北中華文化出版事業委員會出版。[50]先生認為，西方思想，無論宗教、科學與哲學，都以探討「真理」為目標，並主張真理為超越而外在，絕對而自存。而中國思想，則主張真理內在於人生，僅為人生中之普遍與共同者，此可謂「向內覓理」，故中、西思想截然不同。先生所撰《中國思想史》，依時代先後，從春秋時代、戰國時代一直寫到現代思想，共闡釋了自子產以迄孫中山等三十三位思想家，值得仔細閱讀。

1954年夏，先生應蔣經國先生之邀，在「青年救國團」做過四次演講，標題分別是「道理」、「性命」、「德行」與「氣運」；翌年（1955），先生在香港，自行將此四次演講結集成書，書名為《中國思想通俗講話》；1990年，臺北東大圖書公司重刊此書時，先生又增補了《中國思想通俗講話補篇》二十條。[51]由於演講對像是青年人，故先生選擇了一些當時社會習用之觀念與名詞，用深入淺出的方式，闡述這些觀念與名詞之內在涵義及其相互會通之處，藉以描述出中國傳統思想之大輪廓。

---

47 本書現已收入《錢賓四先生全集》第一冊。
48 本書現已收入《錢賓四先生全集》第十六、十七冊。
49 梁啟超：《中國近三百年學術史》（上海：民志書店，1926）。
50 本書現已收入《錢賓四先生全集》第二十四冊。
51 《中國思想通俗講話》及其《補篇》，現亦收入《錢賓四先生全集》第二十四冊。

1975年，賓四先生將其自大陸來到香港、臺灣以後，近三十年中所撰有關論述國傳統學術獨特性所在之論文，彙集成冊，書名定為《中國學術通義》，交臺灣學生書局出版。[52]本書主要介紹了中國主流的學術門類，包括〈四部概論〉、〈中國儒學與文化傳統〉、〈朱子學術述評〉、〈中國文化傳統中之史學〉、〈中國文化傳統中之文學〉等等，原有十二篇論文；1986年三版時，又增入了〈中國學術特性〉、〈我對於中國文化的展望〉等兩篇，合為十四篇。本書內容雖然多屬於通論性質者，仍足資讀者參考進修。

　　1976年6月至1980年3月之間，臺北東大圖書公司，陸續出版了賓四先生自行編撰的《中國學術思想史論叢》第一至第八冊。[53]該書凡三編八冊，集結了先生六十年來討論中國歷代學術思想而未收入其他各專著的單篇論文，其中上編（一～二冊），論述上古至先秦時代的學術思想，包含了〈唐諸禪讓說朿疑〉及先秦諸子的部分學說思想；中編（三～四冊），則討論了兩漢以迄隋唐五代的學術思想，包括了兩漢經學、魏晉玄學及隋唐時代的佛教與道教；下編（五～八冊），闡述了兩宋以迄晚清民國，包含了宋明理學、清代學術、現代學術思潮及中西文化的比較等等。全書資料翔實，內容豐盛，引經據典，觸類旁通，故其書名雖為《論叢》，實則先生卻很有系統地勾勒出數千年來中國學術思想之梗概。

　　1984年，賓四先生所撰的《現代中國學術論衡》，亦由臺北東大圖書公司出版。先生將近現代中國學術的新門類如「宗教」、「哲學」、「科學」、「心理學」、「史學」、「考古學」、「教育學」、「政治學」、「社會學」、「文學」、「藝術」、「音樂」等十二種門類，分別做了簡要的論述與評介，故書名為《現代中國學術論衡》，並分為十二篇。先生撰寫此書，首揭中西文化之差異性，故曰：

　　　文化異，斯學術亦異。中國重「和合」，西方重「分別」。[54]

　　但先生仍冀望能調和中西，融會古今，以達到會通之意，正如先生所言：「中西新舊有其異，亦有其同，仍可會通求之。」[55]

　　此外，先生其實在中國文學的研究上，亦頗有建樹，如《中國文學講演集》與《中國文學論叢》等是；[56]囿於篇幅所限，暫不贅述。

---

[52] 本書現已收入《錢賓四先生全集》第二十五冊。

[53] 該書在收入《錢賓四先生全集》時，重編為六冊，見《錢賓四先生全集》第十八～二十三冊。

[54] 見錢穆：〈序〉，《現代中國學術論衡》，收入《錢賓四先生全集》第二十五冊（臺北：聯經出版事業公司，1998），頁5。

[55] 同上註，頁10。

[56] 見錢穆：《中國文學講演集》（香港：人生出版社，1963）；錢穆：《中國文學論叢》（臺北：東大圖書，1982）。

五、結語

綜觀錢賓四先生的著述，主要是以儒學（經學）、史學與通論傳統中國的學術思想等三大範疇為主（當然，先生在中國文學上亦頗有著述，如上文所示）。其中，《劉向歆父子年譜》是先生成名之作；《先秦諸子繫年》、《中國近三百年學術史》則將先生的學術地位大幅提升；《國史大綱》是先生最受世人矚目，流傳量也最為廣大的代表作；《四書釋義》和《朱子新學案》則為先生傳授儒學最重要的經典作品；而《中國文化史導論》、《中國歷史精神》、《中國歷代政治得失》、《中國思想史》、《國史新論》、《秦漢史》、《中國歷史研究法》、《史記地名考》、《史學導言》、《中國史學名著》、《孔子傳》、《中國學術思想史論叢》、《從中國歷史來看中國民族性及中國文化》、《歷史與文化論叢》、《中國通史參考資料》、《古史地理論叢》與《中國史學發微》等等著作，更彰顯出先生在史學研究上的重大成果。故知，錢賓四先生著作之豐，學術成就之高，用「著述等身」一語來形容，可能尚不足以形容先生畢生在學術上的成就與貢獻。

尤其難能可貴的是，先生生逢亂世，許多著作都是在兵馬倥傯之際，倉促完成，卻仍能獲得學術界共同的肯定，這更是十分難得的事。其中，《國史大綱》成書前後，正是對日抗戰最為激烈的時刻；值此國家、民族風雨飄搖，面臨危急存亡之秋，先生提出「溫情與敬意」做為其史學研究工作的核心思想，我們當然應予以最高的肯定。而在史學研究方法上，先生所提示的「三通」思想（貫通、會通、變通），則早已被後代史學研究者奉為圭臬。

後記：錢賓四先生於1969-1985年間，曾在「中國文化學院」（現已更名為「中國文化大學」）史學研究所擔任教授；余時年稚，以致未能在先生的課堂中聽聆先生的教誨，亦無緣至「素書樓」聽講，只能做一個賓四先生的「私淑弟子」；本文是個人捧誦賓四先生大作之一二心得，略加整理後，撰成此文，藉以向賓四先生致敬。

第四十五章　論錢穆先生對章學誠的
　　　　學問淵源的分析

華中師範大學歷史文化學院

馮少斌

　　錢穆先生在1970年修訂了他對章學誠的學問淵源的看法，指出章學誠的學問的兩個源頭，其一主要淵源於《漢書藝文志》，其二又引述章學誠稱述學問該從「性情」起，乃從浙東的王學來。第二部分，本文擬從章學誠的《文史通義》中所分析出來的「浙東史學」與「浙東之學」兩個譜系，進而釐清章學誠所言「言性命必究於史」，原是指「浙東之學」有關良知之教的譜系。在第三部分為筆者欲藉探討章學誠的學問淵源指出章學誠學問中有關學問原理「道器合一」的構想。第四部分為結語。

一、錢穆先生對章學誠史學淵源之修訂

　　章學誠（實齋，1738-1801）與浙東學脈的關係是明清思想史中的一個聚訟紛紜的課題。關於在浙東一地學術發展脈絡有不同的描述。本文以「浙東學脈」來稱謂籠統的浙東一地的學術發展脈絡。對於具體「浙東學脈」的描述，研究者有不同的稱謂，而同時不同的稱謂中所包含的內容及成員，有異有同。

　　鄭吉雄認為最早描述浙東之學傳承的學者，可能是章太炎（炳麟，1869-1936）[1]，他在〈清儒〉提出有關學脈。章太炎在〈清儒〉：

> 自明末有浙東之學，萬斯大、斯同兄弟皆鄞人，師事餘姚黃宗羲，稱說《禮經》，雜事漢宋，而斯同獨尊史法，其後餘姚邵晉涵、鄞全祖望繼之，尤善言明末遺事。會稽章學誠為文史、校讎諸《通義》，以復歆、固之學，其卓約近《史通》。而說《禮》者羈縻不絕。定海黃式三傳浙東學，始與皖南交通。其子以周作《禮書通故》，三代度制大定。惟浙江上下諸學說，亦至是完集云。[2]

---

[1]　鄭吉雄：〈浙東學術名義檢討——兼論浙東學術與東亞儒學〉，載《明清浙東學術文化研究》（北京：中國社會科學出版社及寧波出版社，2004），頁7。

[2]　章太炎：〈清儒〉，載《章太炎全集》第三卷（上海：上海人民出版社，1982），頁474。

因是文篇名為〈清儒〉，章太炎在章學誠所構建的譜系中截去了王陽明、劉宗周，加入了邵晉涵，章學誠之後加入黃式三父子。這延續浙東之學的學脈，卻不盡同于章學誠本來的「浙東之學」，文章中只談及清代學術，未知章太炎是否會同意王、劉是清代浙東之學的源頭。

梁啟超在1902寫《論中國學術思想變遷之大勢》一書，便使用「浙東學派」[3]，稱譽這個學派以「尊史」聞名。在《中國近三百年學術史》謂：「實齋浙東人，或不免有自譽之嫌。然而這段話（有關章學誠〈浙東學術〉譜系的引文），我（梁啟超）認為大端不錯，最少也可說清代史學界偉大人物，屬於浙東產者最多。」[4]又謂：「實齋可稱為歷史哲學家。」[5]梁啟超在1920發表《清代學術概論》稱清代經學之祖推顧炎武，其史學之祖當推黃宗羲。[6]此觀點顯然來自章學誠〈浙東學術〉一文。[7]

這些稱謂不一，指涉對象不一的說法，使研究「浙東學脈」問題上出現焦點不聚，起點不同，推論各異的情況。1937年，錢穆先生（1895-1990）在《中國近三百年學術史》肯定章學誠是「浙學」的一員，及後於1970在《中國史學名著》修訂對章學誠與「浙東學派」的關係的理解，這是一很重要的轉變。本文擬就由錢穆先生的修訂，指出解決聚訟紛紜的方向。

關於錢穆先生對章學誠學問淵源的轉變，劉繼堯在〈錢穆先生對章學誠論述的轉變——以錢穆先生對「浙東學術」論述的轉變為重心〉一文謂研究錢穆先生對章學誠論述的轉變尚沒有專著。劉繼堯臚列了一些有關研究錢穆先生學術思想的文章，然而其中並沒有論及錢穆先生對章學誠論述的轉變。[8]他說：

3　梁啟超：《論中國學術思想變遷之大勢》（上海：上海古籍出版社，2001），頁124。

4　梁啟超：《中國近三百年學術史》（上海：復旦大學出版社，1985），頁196。

5　同上註，頁200。

6　梁啟超：〈清代學術概論〉，《梁啟超論清學史二種》（上海：復旦大學出版社，1985），頁14。

7　鄭吉雄著：《浙東學術研究》（臺北：臺大出版中心，2017），頁33。

8　劉繼堯列出了七篇文章並指出其內容要點：1.郭齊勇和汪學群合著《錢穆評傳》中〈晚明·乾道咸〉一節，據錢穆所著〈前期清儒思想之新天地〉指章學誠自認為其史學承黃宗羲義並上接陸這說法未必正確，見郭齊勇、汪學群：《錢穆評傳》（南昌：百花洲文藝，1995），頁230-231。劉氏指出兩位作者只述錢穆先生後期觀點而沒有論及錢先生對章學誠的論述轉變。2.汪學群著《錢穆學術思想評傳》中〈乾嘉時期的學術〉一節，見汪學群：《錢穆學術思想評傳》（北京：北京圖書館，1998）。這書「主要根據錢先生《中國近三百年學術史》因此沒有論及錢先生對章學誠論述的變化。」3.劉氏指汪榮祖〈錢穆論清學史述評〉一文「尚沒有涉及錢先生後期對章學誠的論述」，見汪榮祖：《史學九章》（北京：三聯書店，2006）。4.劉氏又認為陳祖武〈錢賓四先生論乾嘉學術——讀《中國近三百年學術史》箚記〉，及5.武少民和閆玉環〈錢穆對清代學者的比較研究〉，兩文也是「未涉及錢先生對章學誠論述的轉變」，前者見《紀念錢穆逝世十周年國際學術研討會論文集》（臺北：國立臺灣大學中國文學系，2001），頁272-273，後者見《長春師範學院學報》2008年第11期。6.劉氏認為黃兆強在〈錢穆先生章學誠研究論述〉一文，明確指出錢穆先生對章學誠的評價前後不一，見《東吳歷史學報》2006年6月第15期。7.劉氏指出許松源〈專家與通識——章學誠的學術思路與錢穆的詮釋〉一文，「主要分析錢穆先生對章學誠思想詮釋的深意。因此沒有注意錢穆先生對章學誠的論述轉變，見《臺大歷史學報》2006年6月第37期。劉繼堯對以上七篇文章的綜述見劉繼堯：〈錢穆先生對章學誠論述的轉變——以錢穆先生對「浙東學術」論述的轉變為重心〉，載《東吳歷史學報》2010年12月第24期，頁111-114。

總結以上的研究，我們可以發現錢先生對章學誠論述的轉變似乎沒有引起學者太多的關注，即使有學者注意到這種轉變，也只是略為提出，仍有繼續探討的餘地。另外，關於錢先生對章學誠的論述，多數學者主要依據錢先生《中國近三百年學術史》[9]一書，或是〈前期清儒思想之新天地〉[10]一文，而未曾將兩者加以比較，考察箇中轉變。[11]

劉繼堯最後得出結論：

> 錢先生早期尤重王陽明〈拔本塞源論〉，認為是陽明學兼及道問學之事。可是當錢先生對陽明學的論述出現轉變以後，……綜觀錢先生後期對陽明學的論述，陽明學根本不重視道問學，只是不反對道問學而已。
>
> 自此，錢先生在不同的文章裡作出如下的表述：「若真教陽明精神，在事上磨練，不得不在學問上放棄」[12]……「陽明學術做錯一條路，王陽明出來，跟著上面的理學來講思想，不要讀書」[13]……在錢先生後期的學術觀點中，王陽明不再是溝通朱陸之間，而是脫離了道問學，偏向了尊德性。[14]
>
> 簡要言之，錢先生早期認為陽明學溝通了道問學與尊德性，因此章學誠「浙東學術」可以上溯于王陽明。可是在四十年代，在錢先生發表的不同文章中，我們可見錢先生筆下的陽明學已不能溝通道問學與尊德性，反而歸入了尊德性一路，甚至有廢學之嫌，因此章學誠「浙東學術」再不能溯源王陽明。所以錢先生對章學誠「浙東學術」的論述轉變與其對陽明學的認識、論述轉變有莫大關係。[15]

筆者認為劉繼堯指出錢穆先生認為陽明學不能溝通尊德性及道問學，導致對章學誠的史學不能上溯陽明，作出了詳細的論證。然錢穆先生明確否定章學誠的「史學」可溯源陽明的「心學」，但沒有否定章學誠的「學本性情說」出於王學（見《中國史學名著》，第340頁引文）[16]又按劉繼堯的論述，儘管王陽明不重視讀書，但在其論

9. 錢穆著：《中國近三百年學術史》（北京：商務印書館，1997）。

10. 錢穆著：〈前期清儒思想之新天地〉，載《中國學術思想史論叢》第八冊（臺北：東大圖書有限公司，2006）。

11. 劉繼堯：〈錢穆先生對章學誠論述的轉變——以錢穆先生對「浙東學術」論述的轉變為重心〉，載《東吳歷史學報》2010年12月第24期，頁114。

12. 錢穆著：〈致徐復觀書〉，載《錢賓四先生全集（第53冊）》（臺北：聯經事業出版公司，1998），頁373。

13. 錢穆著：〈講堂遺錄〉，載《錢賓四先生全集（第52冊）》，頁845。

14. 劉繼堯：〈錢穆先生對章學誠論述的轉變——以錢穆先生對「浙東學術」論述的轉變為重心〉，載《東吳歷史學報》，2010年12月第24期，頁138-139。

15. 同上註，頁141。

16. 錢穆著：《中國史學名著》（臺北：素書樓文教基金會蘭臺出版社，2001），頁340。

述中錢穆先生並沒有批評宗主王陽明的劉宗周和黃宗羲不重視讀書。本文嘗試從這個可能的學問源頭，重新整理章學誠與王學諸人在心性一途的關係，以見其溝通尊德性及道問學的可能性。

錢穆先生在《中國近三百年學術史》（1937）謂：「近代治實齋之學者，亦率以文史家目之。然實齋著《通義》，實為箴砭當時經學而發。」[17]；章學誠又反對乾嘉考證學獨尊之權威，乃倡議學問當出於良知，本之性情，學貴專家。錢穆先生肯定章學誠為「浙學」之一員。故謂：

> 若自梨洲言之，則讀書多而不反求之心，仍不免為俗學也。惟會稽章實齋於乾隆考證學極盛時，獨持異論。謂：「浙西尚博雅，浙東尚專門，各有其是。」而謂「為學須本性情」，自謂即陽明良知薪傳。其言足為梨洲扶翼。若為學而一本性情，則即是陽明〈拔本塞源論〉宗旨。而梨洲所謂讀書多必求之於心者，若以實齋說為發明，即在使人自求之於其性情之誠，則博約可以兼盡。統整之中，仍不害有分析之精；而專家之學，亦自與梨洲所譏為纖兒細士者不同矣。故余謂晚近世浙學，基址立自陽明，垣牆擴於梨洲，而成室則自實齋，合三人而觀，庶可以得其全也。[18]

其時錢穆先生所謂「浙學」，是指陽明以下、黃宗羲至章學誠。王陽陽強調良知，見諸〈拔本塞源論〉；黃宗羲「所謂讀書多必求之於心」，也是強調尊德性之優先性；而章學誠所發明者為「使人自求之於其性情之誠，則博約可以兼盡」，他提出學問須博而有宗旨的自得之學，學問是建基於人的良知及性情。故錢穆先生就著「陽明良知薪傳」，肯定章學誠與「浙學」的關係，同時亦肯定章學誠的專家學問，即其史學及文史校讎學，而稱其「博約可以兼盡」。錢穆先生又稱章學誠在「浙學」中有「成室」之功，無疑就是「浙學」之殿軍。那就是說，錢穆先生在1937年認為章學誠學問出自陽明「浙學」。可是後來錢穆先生1966年與余英時先生的書簡中，曾就章學誠學問淵源提出了他那時新的想法：

> 實齋自謂浙東言性命者必究於史，此乃指梨洲、謝山以下而言，不宜與浙東史學相混。朱子當年力斥浙東史學派，亦正是經史學分庭抗禮相爭不合之一例。然浙東史學並不重性命之說，而朱陸異同則祇在心學或經學上；象山既不重史，陽明亦不重史，浙東王學江右王學皆不重史，明代王學諸儒較接近史學者，祇有唐荊川一人（唐順之，1507-1560，字應德，號荊川）。即梨洲之師劉蕺山，亦不講究史學，故知實齋此語指梨洲以下言也。[19]

---

[17] 同上註，頁420。

[18] 同上註，頁34。

[19] 余英時著：《猶記風吹水上鱗》（臺北：三民書局，1991），頁260。

錢穆先生在這一封信中是就著章學誠在〈浙東學術〉（1800）一文所構建的譜系而提出批評。章學誠在去世前所寫的〈浙東學術〉一文算是他的學術總結，其中提到「浙東之學，言性命者必究於史」。錢穆先生明確指出「浙東言性命者必究於史」的「浙東史學」不是南宋「浙東史學」，因為南宋「浙東史學」不重性命之說，而只能是清代「梨洲、謝山以下」的「清初浙東史學」。錢穆先生並指出入清之後的「浙東史學」，不應包括王陽明及劉宗周。換句話說，錢穆先生的批評，就是不同意章學誠在〈浙東學術〉一文所建構出來的譜系是一有關明清「浙東史學」的譜系。

錢穆先生在《中國史學名著》（1970）明確修訂章學誠的史學淵源於「浙東學派」（即下面引文所言「陽明傳統」或「浙東史學」）這一說法：

> 章實齋自己說，他的學問屬於「浙東學派」，是直從陽明下來的。章實齋又稱顧亭林為「浙西學派」。章實齋這一講法，我並不認為很可靠。首先是陽明學派下邊沒有講史學的人；在整部《明儒學案》中，只有唐荊川一人講史學，可是他不是陽明學派裡一重要的人。其次，章實齋《文史通義》所講的這一套，實也並不接著黃梨洲、全謝山一套來。我很欣賞章實齋從學術史觀點來講學術，但他自己認為他是浙東學派，從陽明之學來。這一點，我實並不很欣賞。[20]

錢穆先生對章學誠學術定位改變，當然有其原因：

> 我想他（實齋）特別是從《漢書藝文志》來，又兼以鄭樵《通志》，而創出了章實齋討論古代學術一項重大的創見。章實齋何以能注意當時人所並不注意的這兩書？在我想，此與清廷編修《四庫全書》一事有關。他因注意分類編目之事，而注意到鄭樵《校讎略》與《漢書藝文志》。他自居為陽明傳統或浙東史學，則是不值我們認真的。[21]

錢穆先生在《中國史學名著》修訂了他對章學誠學問淵源的看法。他認為章學誠的學問是從《漢書藝文志》來，章學誠在《文史通義》所講的「文史校讎學」不是從陽明的「浙東學派」來，不是屬於「陽明傳統」，也不是清初「浙東史學」。錢穆先生似乎把章學誠排除在浙東學術之外。然而在同一書《中國史學名著》中，錢穆先生又說：

> （章學誠）他說學問應該從自己「性情」上做起。他又說，他的學問從浙東、

---

[20] 錢穆著：《中國史學名著》，頁335。
[21] 同上註。

從王學來，王學就是講自己性情的，講我「心之所好」。他又說：他年輕時先生教他讀訓詁考據書，他都不喜歡。待他讀到史學，就喜歡。任何人做學問，都該要在自己性情上有自得，這就開了我們學問之門；不要在外面追摹時代風氣。[22]

則錢穆先生只是把章學誠的「史學」排除出「浙東學派」（王學傳統）或（清初）「浙東史學」，而未嘗明確否定章學誠的「學本性情說」淵源於王陽明的「浙學」。錢穆先生在這處雖然引述章學誠自稱出諸王學，但錢穆先生先敘述章學誠自稱其學問本於性情說出於王學，繼而謂王學講性情，進而推論謂「任何人做學問，都該要在自己性情上有自得，這就開了我們學問之門」。從這番話可見錢穆先生可能仍懷疑章學誠的學本性情說或出於王學，但他肯定同意王學是講性情的，肯定任何人做學問都應在自己性情上有自得之學，並藉章學誠的學本性情說推出並主張任何人做學問要講性情，從而開出學問之門。那就是說，在錢穆先生1970的文字中，王學可能是章學誠「學本性情說」的來源。那麼與錢穆先生在1937年所言的「若為學而一本性情，則即是陽明〈拔本塞源論〉宗旨」未有明顯矛盾。這裡也就是本文特別要從錢穆先生在《中國近三百年學術史》對章學誠的評價，及在《中國史學名著》的修訂說法中，嘗試整理錢穆先生對章學誠的學問淵源的分析，一是《漢書藝文志》為其文史校讎學的來源，這是肯定的，因為錢穆先生已經明言了；二是陽明的心學，為其「學本性情說」的來源，這需要論證的，因為錢穆先生只是引章學誠的話作引申，卻未有論斷。

大概錢穆先生在《中國近三百年學術史》指出章學誠繼承陽明之「良知薪傳」、「一本性情」，及黃宗羲之「讀書多必求之於心」，故肯定其浙東學術的地位。但是後來到《中國史學名著》，錢穆先生發現在浙東學術中找不到章學誠之史學師承。錢穆先生以章學誠之學術淵源于劉、班、鄭樵更為實在，於是就不再認為章學誠在是「浙東學派」、「浙東史學」的一員，而只能引述章學誠自稱「學問本於性情說」出於陽明的「浙學」。

現在如果我們按錢穆先生於1970年在《中國史學名著》對章學誠的學問所指出的兩個淵源（一肯定，一存疑），來重新審視章學誠在《文史通義》對「浙東學脈」的描述，我們能更深刻地理解錢穆先生對章學誠的評價。

二、關於浙東學脈的不同稱謂、不同條件及不同指涉

很多學者在討論「浙東學脈」時，用了不同的稱謂，指涉不同的譜系。近人楊太辛曾總結現代學術界就「浙東學派」所指的大致有兩種含義：「一是指南宋的浙學，其中包括以呂祖謙為代表的博洽文史的中原文獻之學，以陳亮為代表的崇尚事功的皇

---

[22] 同上註，頁340。

帝王霸之學，以薛季宣（1134-1173）、陳傅良（1038-1203）、葉適（1150-1223）為代表的考訂千載的經制治法之學，簡稱金華學派、永康學派、永嘉學派，統稱為南宋事功學派。二是指明末清初的浙東學術，以黃宗羲為宗師，中經萬斯大、萬斯同、全祖望、邵念魯，以章學誠為殿軍，通稱為浙東史學。」[23]楊太辛從歷史角度把浙東史學分為兩個時期，一為南宋的浙東史學，一為明末清初的浙東史學。這個區分的好處是把兩個時期的浙東史學分開，南宋者是與朱、陸心性之學對舉而稱的事功之學；明末清初浙東史學是表現為關心當世事務之經世致用之學。楊太辛把「浙東史學」分為兩期，與錢穆先生的分法是大致相同的。

如果把楊太辛、錢穆先生所稱的「明清浙東史學」、章太炎的「浙東之學」及梁啟超「浙東學派」，與章學誠在〈浙東學術〉中的所構建的譜系比較，我們會發覺其指涉者不同，構建譜系的條件不同。但是要做這比較之前，必先弄清楚章學誠對「浙東學脈」有甚麼想法。

（一）章學誠關於浙東學術發展脈絡在《文史通義》中提及過三次，他在〈與胡雒君論校《胡樨威集》二簡〉（1796）嘗提及過「浙東史學」：

> 浙東史學，自宋、元數百年來，歷有淵源，自斯人（邵晉涵）不祿，而浙東文獻盡矣。蓋其人天性本敏，家藏宋、元遺書最多，而世有通人口耳相傳，多非挾策之士所聞見者。……前在楚中，與鄙有同修《宋史》之約，又有私輯府志之訂。今皆成虛願矣！曾憶都門初相見時，詢其伯祖邵廷采氏撰著，多未刻者，皆有其稿，其已刻之《思復堂文集》，中多訛濫非真，欲校訂重刊，至今未果。此乃合班、馬、韓、歐、程、朱、陸、為一家言，而胸中別具造化者也。而其名不為越士所知。又有黃梨洲者，人雖知之，遺書尚多未刻，曾于其裔孫前嘉善訓導黃瑋家，見所輯《元儒學案》數十巨冊，搜羅元代掌故，未有如是之富者也。又有鄞人全謝山，通籍清華學士，亦聞其名矣，其文集專搜遺文逸獻，為功於史學甚大，文筆雖遜于邵，而博大過之，以其清樸不務塗澤，故都人士不甚稱道，此皆急宜表章之書。[24]

章學誠在這段文字用「浙東史學」之名來表述宋元以來從事史學撰作之學者，當中只提到入清以後的史家，如黃宗羲、邵廷采、全祖望、邵晉涵等。雖然章學誠敘述浙東史學淵源於宋元，但引文特別敘述「清初浙東史學」。他稱述黃宗羲之《元儒學案》（章學誠大概是指黃宗羲所撰《宋元學案》之未完稿），搜羅元代掌故；又謂邵廷采《思復堂文集》合史、文、心性之學，成一家之

---

23 楊太辛：〈浙東學派的涵義及浙東學術精神〉，載《浙江社會科學》1996年第1期。
24 章學誠著、倉修良編：《文史通義新編》（上海：上海古籍出版社，1993），頁573。

言；也稱述全祖望，謂其文集「其文集專搜遺文逸獻，為功于史學甚大。」章學誠又以邵晉涵，家藏宋、元遺書，有同修《宋史》，輯府志之約，將有所撰述。可見「浙東史學」之名，在章學誠心裡是指宋元以來重視文獻搜集，撰述成書之學問。在這個譜系中，章學誠所引述之學者，皆是入清後以其史學貢獻或將有貢獻而納入「浙東史學」之中。可是章學誠沒有列萬斯同。我們可見章學誠在這裡所言之「浙東史學」，如以史學作為列入譜系的條件，大概與章太炎的「浙東之學」、楊太辛、錢穆先生所言「明清浙東史學」是相近，但不同於梁啟超的「浙東學派」。因梁啟超的「浙東學派」除了史學家外，還有明的心性學者，如王陽明及劉宗周。

（二）章學誠第二次提及浙東一地學問的傳承，是在〈浙東學術〉（1800），他謂：

> 浙東之學，雖出婺源，然自三袁之流，多宗江西陸氏，而通經服古，絕不空言德性，故不悖于朱子之教。至陽明王子，揭孟子之良知，復與朱子抵牾。蕺山劉氏，本良知而發明慎獨，與朱子不合，亦不相詆也。梨洲黃氏，出蕺山劉氏之門，而開萬氏弟兄經史之學；以至全氏祖望輩尚存其意，宗陸而不悖于朱者也。惟西河毛氏，發明良知之學，頗有所得；而門戶之見，不免攻之太過，雖浙東人亦不甚以為然也。[25]

章學誠在〈浙東學術〉一文主要用「浙東之學」來討論浙東一地學問的傳承。「浙東之學」與「浙東史學」的名稱不相同，他所舉之學者不盡是從事史學撰作的。章學誠謂「浙東之學」，雖出於婺源，婺源指朱熹；三袁父子，即是袁爕、袁肅及袁甫三人。袁爕（1144-1224）學者稱絜齋先生，曾師事陸九淵及呂祖謙，《宋元學案》中有《絜齋學案》。袁肅，從舒璘（1136-1198）學，其後以學問聞於世。舒璘也是陸九淵弟子。袁甫著有《蒙齋中庸講義》，所闡多陸氏宗旨。[26]他們都是以心性之學聞名。王陽明，揭孟子之良知。劉宗周，本良知而發明慎獨。黃宗羲，出劉宗周之門，而開萬斯同弟兄經史之學；以至全祖望，以陸為宗主而不悖于朱者也。毛其齡也是發明良知之學，頗有所得。章學誠為「浙東之學」之思想淵源追溯朱陸，[27]最後以陸氏為宗主。章學誠所舉之學者多從事心性之學，並強調其宗主于陸，就算如萬斯同兄弟以經史之學名及全祖望擅長史學，皆強調其「宗陸而不悖于朱」。可見章學誠之「浙東之學」，不僅名稱與「浙東史學」不同，其譜系所共有之元素也不一樣。「浙東史學」譜系強調其中的學者同是從事于史學撰作；「浙東之學」則強調宗主于陸之心性之學。章學誠在「浙東史學」及「浙東之學」兩個譜系中都有提及過

---

25 同上註，頁69。

26 章學誠著、葉瑛校注：《文史通義校注》，上冊（北京：中華書局，1994），頁525。

27 章學誠著、倉修良編注：《文史通義新編新注》，上冊（北京：商務印書館，2017），頁122。

黃宗羲及全祖望，章學誠以二人撰述史學而列入「浙東史學」之譜系；以二人皆宗主于陸學而列入於「浙東之學」。章學誠以不同之元素選擇不同之成員列入譜系，是以王陽明及劉宗周入於「浙東之學」，而不入於「浙東史學」，可見我們不應把「浙東史學」等同於「浙東之學」。但是不能否認，儘管兩者之間的界限算是清楚，但章學誠未有具體窮盡所指涉的對象，如邵廷采與全祖望情況一樣，同是講心性之學，也講史學，但章學誠只列邵廷采於「浙東史學」，而未有列於「浙東之學」；又萬斯同以史學聞，卻只列於「浙東之學」，而未有列於「浙東史學」，這就令兩者之區分模糊了。

章學誠在〈浙東學術〉所言的「浙東之學」明顯是不同於他在〈與胡雒君論校《胡樨威集》二簡〉所提及的「浙東史學」，及楊太辛、錢穆先生所界定的「明清浙東史學」。因此如果我們重新審視《文史通義》中的兩個譜系，章學誠在〈浙東學術〉一文所構建的譜系，正如錢穆先生先生所言，這不是以「浙東史學」傳承的譜系。我們仔細研讀〈浙東學術〉一文，就能發現這是以「良知之教」薪傳的譜系。這可呼應錢穆先生對章學誠「學本性情說」的論述：這個「學本性情說」或淵源於陽明。章學誠在〈浙東學術〉一文，倡議學問著述當本良知之教，又不空言德性，那就是道不離器，道器合一的學問理論。因此章學誠藉此構建「浙東之學」的譜系，把浙東之學追源王學。

(三) 章學誠第三次提到浙東學術是在邵晉涵（1743-1796）去世後所撰的《邵與桐別傳》，據倉修良考證是文寫於1800年[28]，同年有〈浙東學術〉（1800）。文中謂：

> 昔史遷著書，自命春秋經世。實本董氏天人性命之學，淵源甚深。班氏以下，其意微矣。（貽選謹按司馬遷嘗受《公羊春秋》于董仲舒）南宋以來，浙東儒哲講性命者多攻史學，歷有師承。宋明兩朝，紀載皆稿薈會於浙東，史館取為衷據。其間文獻之征，所見所聞，所傳聞者，容有中原耆宿不克與聞者矣。邵氏先世多講學。至君從祖廷采，善古文辭，著《思復堂文集》，發明姚江之學，與勝國遺聞軼事經緯，成一家言，蔚然大家。[29]

這篇文章並沒有提出「浙東史學」，也沒有講及「浙東之學」。只是籠統而言「南宋以來，浙東儒哲講性命者多攻史學，歷有師承。」當中沒有譜系，「浙東儒哲」、「歷有師承」皆未有實指。章學誠寫這篇文章主要為邵晉涵立

28　倉修良據蕭山汪輝祖在《病榻夢痕餘錄》中說，是年春，學誠「病瘁，猶事論著，倩寫官錄草」。是年春即1800年，〈浙東學術〉寫於同年。見倉修良、葉建華著：《章學誠評傳》（南京：南京大學出版社，1996），頁80。

29　章學誠著：《章學誠遺書》（北京：文物出版社，1984），頁176。

傳，特別記述邵晉涵自言其立言宗旨，作為其學問之基礎：

> 余（章學誠）因請君立言宗旨。（邵晉涵）君曰：宋人門戶之習，語錄
> 庸陋之風，誠可鄙也。然其立身制行，出於倫常日用，何可廢耶。士大
> 夫博學工文，雄出當世，而於辭受取與，出處進退之間，不能無箪豆萬
> 鐘之擇，本心既失，其他又何議焉。此著宋史之宗旨也。（族子廷楓
> 曰：以叔父（章學誠）嘗自謂生平蓄惟先師（邵晉涵）知之最深，亦
> 自詡謂能知先師之深與世殊異者三。先師以博洽見稱，而不知其難在能
> 守約；以經訓行世，不知其長乃在史裁；以漢詁推尊，而不知宗主乃在
> 宋學。此傳特申明其意耳。）[30]

　　章學誠記邵晉涵言「本心既失，其他又何議焉。此著宋史之宗旨也」，就
是要強調邵晉涵重視以本心作為學問工夫和出處進退之間的根據。章學誠相信
邵晉涵所以要寫作宋史，就是要闡明宋學的宗旨。章學誠並謂邵晉涵重視本
心，能于宋學去其糟粕，取精用宏。章廷楓師事邵晉涵，乃謂之先師，亦能指
出其師邵晉涵宗主宋學。章廷楓謂章學誠知邵晉涵最深，藉是篇道出邵晉涵之
學問本諸宋學，經訓以外，更擅長史裁，博聞而能守約。簡單而言，章學誠認
為史學出於經（春秋經），學問本于心（宋學之立身制行），邵晉涵就是學有
宗主，不失本心，出入于經史之間。是篇文章不在於述譜系，但能藉此見章學
誠欲融合貫通經、史、心性之學，並以此論述邵廷采、邵晉涵的學問。

　　現代學者又常喜用「浙東學派」來指謂浙東學術發展脈絡。錢穆先生也用「浙東
學派」來指謂「陽明心學傳統」。考整本《文史通義》章學誠未嘗使用「浙東學派」
一詞。「浙東學派」一詞是黃宗羲最早使用的。他在《移史館論不宜立理學傳書》
中，批評明史館館臣所謂「浙東學派最多流弊」之說。[31]吳光認為：

> 黃宗羲在這裡所說的「浙東學派」，指的是從王陽明到劉蕺山的「東浙學
> 脈」，而非現代意義上的「浙東學派」。現代意義上的「浙東學派」概念，是
> 由梁啟超首先提出的。梁氏於1902年所撰〈中國學術思想變遷之大勢〉一文

---

[30] 同上註。

[31] 黃宗羲評論說：「頃有傳《修史條約》「理學」四款……姑以四款言之：其一以程、朱一派為正統……
其二言白沙（陳獻章）、陽明（王守仁）、甘泉（湛若水）宗旨不合程朱……其三言「浙東學派最多流
弊」。有明學術，白沙開其端。至姚江（王陽明）而始大明。蓋從前習熟先儒之成說，未嘗反身理會，
推見至隱，此亦一遂朱，彼亦一遂朱。高景逸（攀龍）云「薛文清（瑄）、呂涇野（柟）語錄中皆無甚透
悟」，亦為是也。逮及先師蕺山（劉宗周），學術流弊救正殆盡。向無姚江，則學脈中絕；向無蕺山，則
流弊充塞。凡海內之知學者，要皆東浙之所被也。今忘其衣被之功，徒營其流弊之失，無乃刻乎！」黃
宗羲：《黃梨洲文集》（北京：中華書局，2009），頁451。

中說：「浙東學派……其源出於梨洲、季野而尊史，其鉅子曰邵二雲、全謝山、章實齋……吾于諸派中，寧尊浙東。」[32]

從吳光之說，知黃宗羲用「浙東學派」指稱當時王劉一脈的心性之學，而非梁啟超所言之某種學問方法相承之浙東學派。吳光又指出：

（梁啟超）又在《中國近三百年學術史》中說：「梨洲學問影響後來最大者，在他的史學。」[33]自梁氏以後，學者論及清代浙東學派者，大多受梁氏影響而稱「浙東史學」或「浙東史學派」。如：何炳松稱「浙東學派」、「浙東史學」，陳訓慈稱「清代浙東史學」，杜維運稱「清代浙東史學派」等等。[34]

由是若按黃宗羲「浙東學派」本來所指涉者，只包括王陽明、劉宗周，以及黃宗羲等明代心學學者，而不同於章學誠〈浙東學術〉中的「浙東之學」，也不是錢穆先生、楊太辛的「明清浙東史學」。後世談浙東學術發展脈絡，多本於章學誠的〈浙東學術〉一文。

現在我們重新整理章學誠的有關「浙東學脈」的兩個譜系，發現〈浙東學術〉之「浙東之學」與〈與胡雒君論校《胡穉威集》二簡〉中的「浙東史學」是有分別的，錢穆先生不同意章學誠是「浙東史學」的一員，但沒有全然否認他的「學問本於性情說」出於王學，按此推論，章學誠或可算是繼承「浙東之學」，如是錢穆先生在1937年所作判斷：「而梨洲所謂讀書多必求之於心者，若以實齋說為發明，即在使人自求之於其性情之誠，則博約可以兼盡。統整之中，仍不害有分析之精；而專家之學，亦自與梨洲所譏為織兒細士者不同矣。故余謂晚近世浙學，基址立自陽明，垣牆擴於梨洲，而成室則自實齋，合三人而觀，庶可以得其全也。」錢穆先生在《中國史學名著》對此作了修訂，所修訂之處最多只是不同意章學誠有關專家之學，其中所指或史學，或文史校讎學並不出於「浙東學派」。本文認為章學誠之發明「自求之於性情之誠」出於「浙東之學」的王學傳統，則是可以成立的。

除了楊太辛、錢穆先生的「明清浙東史學」之外，上文又提過章太炎的「浙東之學」及梁啟超的浙東學派。他們具體內容不盡相同，且或有衝突。

---

32 吳光：〈論黃宗羲與清代浙東經史學派的成就與特色〉，《國學學刊》2013年第1期。

33 梁啟超著：《中國近三百年學術史》，載於《梁啟超論清學史二種》（上海：復旦大學出版社，1985），頁147。

34 吳光：〈論黃宗羲與清代浙東經史學派的成就與特色〉，《國學學刊》2013年第1期。

提出者	對「浙東學脈」的稱謂及出處	文獻根據	譜系中人物
章太炎	浙東之學 〈清儒〉	/	黃宗羲、萬斯大、萬斯同、邵晉涵、全祖望、章學誠、黃式三、黃以周
梁啟超	浙東學派 《論中國學術思想變遷之大勢》、《中國近三百年學術史》	〈浙東學術〉	王陽明、劉宗周、黃宗羲、萬斯大、萬斯同、全祖望、章學誠
錢穆	明清浙東史學 「1966年書簡」，把王陽明及劉宗周排除出「浙東史學」 《中國史學名著》把章學誠排除出「浙東史學」	〈浙東學術〉	只列黃宗羲、全祖望（以下）
楊太辛	明清浙東史學 《浙東學派的涵義及浙東學術精神》	/	以黃宗羲為宗師，萬斯大、萬斯同、全祖望、邵念魯、章學誠
章學誠	浙東史學 《文史通義》	〈與胡雒君論校《胡穉威集》二簡〉	黃宗羲、邵廷采、全祖望、邵晉涵
章學誠	浙東之學 《文史通義》	〈浙東學術〉	王陽明、劉宗周、黃宗羲、萬斯大、萬斯同、全祖望

　　根據上表，可以整理出以下數點：

1. 章太炎雖只談清儒，不知他是否置王陽明、劉宗周於「浙東之學」的源頭，但他以章學誠《校讎通義》、《文史通義》得置身「浙東之學」。若以錢穆先生據史學方法相承為標準，則章學誠不得以「文史校讎學」而為「浙東史學」之一員，因其文史校讎學淵源自劉向、班固，而不是浙東史家。

2. 梁啟超的「浙東學派」指的是史學，而黃宗羲的「浙東學派」指的陽明心學，兩者容易相混。而且按錢穆先生標準，章學誠固然不屬「浙東學派」（史學），王陽明、劉宗周皆不得為「浙東學派」（史學）的成員，因他們不講史學。

3. 錢穆先生與楊太辛對於浙東史學的斷代雖然相近，但楊太辛認為章學誠屬於明清浙東史學的一員，錢穆先生則把章學誠排除出「明清浙東史學」之外。

4. 章學誠的浙東史學，只列有史家技藝及撰作的學者，可是又沒有列萬斯同。章學誠在「浙東史學」的譜系中雖未盡列人物，但其條件並沒有與錢穆先生的標準矛盾。若章學誠自認接續「浙東史學」，按錢穆先生標準，恐怕不能算是一員。

5. 章學誠的「浙東之學」的條件是服膺良知之教，若按錢穆先生標準，章學誠自列於「浙東之學」並無不可；且錢穆先生並未否定章學誠的「學本性情說」出於王陽明，則「浙東之學」的譜系，是可以成立。

三、章學誠以「道器合一」作為學問原理，使「尊德性」 及「道問學」互為條件

　　錢穆先生雖未全然否認意章學誠「學本性情說」出於王學，而章學誠如何把學問本於性情，出於良知，尚需一番整理。簡單而言章學誠倡議尊德性而又道問學，尊德性具有優先性，作為道問學的基礎，而兩者又互為必要條件，以達到學問「道器合一」的標準。[35]

　　錢穆先生在研究章學誠的學問過程中，指出章學誠之學問出於劉向、鄭樵，而「學本性情說」或出於王學。這一說法使筆者研究章學誠時不必在史學傳承上，把章學誠「文史校讎學」之師承附會到「浙東史學」去，而把重心移至探究章學誠如何講良知之教。在追溯章學誠的「學本性情說」與浙東之學的關係過程中，筆者發現〈原學〉篇文字近朱熹學習方法，也有王陽明、劉宗周心性之學的影子；繼而在〈博約〉篇見到章學誠以良知之教為基礎，倡學本性情；並在〈原道〉篇歸納出章學誠的學問原理為「道器合一」。筆者認為章學誠最先完成文史校讎學的理論，提出「六經皆史」、「道器合一」兩重要命題，而因著時人趨風氣，惟考據訓詁學惟是，學無心得，而提出尊德性以去名心，可免入於俗學。章學誠最後以「道器合一」之學問標準，重新確定尊德性然後道問學的學問理論，即尊德性是「求道之端」，「學本性情」是發揮性情而「道問學」。尊德性是為學的目的，道問學中所謂學於前言往行是尊德性之手段，尊德性為基礎，為根本，道問學為憑藉，為材料，兩者相需，缺一則不成學問之整全。章學誠遂此「道器合一」之學問標準評價當時的考據訓詁學及宋人心性之學，他在〈浙東學術〉謂：

> 儒者欲尊德性，而空言義理以為功，此宋學之所以見譏于大雅也。夫子曰：「我欲托之空言，不如見諸行事之深切著明也。」……後之言著述者，舍今而求古，舍人事而言性天，則吾不得而知之矣。[36]

章學誠就是用「我欲托之空言，不如見諸行事之深切著明也」來表述其「道器合一」

---

[35] 章學誠研究者往往最關心「六經皆史」這一命題。根據筆者研究，若能把「六經皆史」與「道器合一」這兩個命題，放在一起來研究，可以讓我們看到《校讎通義》與《文史通義》的內在關係。《校讎通義》以「道」和「器」作為著錄部次的方法，到了《文史通義》的〈原道〉篇，這就成為對《六經》的描述。《六經》作為三代典章制度，《六經》既是「器」，其實也呈現了「道」，聖人即「器」言「道」，始能成就三代的治世。後世學問必以此為典範，不能離器言道，也不能離道言器，如是才能成為真學問。章學誠通過《校讎通義》和《文史通義》的論述，建立了「道器合一」這一學問原理。有關具體之論證詳見本人未刊之博士論文〈由心學向史學轉向的完成者：章學誠在明清浙東學術史的定位〉。

[36] 章學誠著、倉修良編：《文史通義新編》，頁69。

的學問標準，他以此批評宋學之尊德性乃空言義理、捨人事而言性天，是離器言道；清人考據訓詁學，捨今而求古，乃離道言器。

章學誠就是通過「道器合一」這一命題，把王學及其文史校讎學結合起來，而這個結合仍是以尊德性為優先，而開出各種門類的學問。這可以說是章學誠藉其道器合一的命題建構一學問理論，完成了由王學（尊德性）向廣義的史學，即其文史校讎學（道問學）的轉向。

另外，鄭吉雄在《浙東學術名義檢討——兼論浙東學術與東亞儒學》一書探討浙東學術脈絡時，不執著於師承關係，而能就文本拈出一要點，與本文對浙東之學的論述相類：

> 總結來說，實齋認為浙東學者的共同特色，是各人均因應自身特殊的時代背景，透過踐履而有特殊的創造、特殊的成就；他們都是體貼時代的特性，以具體的行為來證明道德價值的學人。這就是實齋用以貫串浙東學術的一條線索，與他「補偏救弊」的思想是完全符合的。[37]

鄭吉雄用「切人事」這一概念來概括其經世致用，即各人均因應「自身特殊的時代背景」，透過踐履而有「特殊的創造及成就」，體貼「時代的特性」，以具體的行為來證明道德價值的學人。本文認為鄭吉雄的說法有助揭示浙東之學其根本在於以行事著述論證「道德價值」，即良知之教，這是陸王一系強調尊德性的一貫立場。鄭吉雄謂浙東學人「切人事」之實踐，呈現特殊創造及成就。本文認為這些特殊創造及成就可用古人三不朽即立功、立言及立德的表現來概括：

> 浙東之學，雖源流不異，而所遇不同。故其見於世者，陽明得之為事功，蕺山得之為節義，梨洲得之為隱逸，萬氏兄弟得之為經術史裁。授受雖出於一，而面目迥殊，以其各有事事故也。彼不事所事，而但空言德性，空言問學，則黃茅白葦，極面目雷同，不得不殊門戶，以為自見地耳。故惟陋儒則爭門戶也。[38]

所謂絕不空言德性，陽明以其良知之教，表現為事功；劉宗周因其獨體，表現為節義；黃宗羲因其承王劉心性之學，表現為隱逸；萬氏兄弟接著黃宗羲的表彰明遺民的節義的學問態度，表現為經術史裁。我們把浙東學者的不空言德性而有所表現者，可以謂陽明之事功是立功，劉宗周之節義、黃宗羲之隱逸是立德，萬氏兄弟之經術史裁是立言。章學誠自信接續鄉先賢而有以著述，著述為立言之事，如何得與立功、立德

---

37 鄭吉雄：〈浙東學術名義檢討——兼論浙東學術與東亞儒學〉，載《明清浙東學術文化研究》，頁28。
38 章學誠著、倉修良編：《文史通義新編》，頁69。

等量齊觀呢？章學誠謂：

> 或問事功氣節，果可與著述相提並論乎？曰：史學所以經世，固非空言著述
> 也。且如六經，同出於孔子，先儒以為其功莫大於《春秋》，正以切合當時人
> 事耳。[39]

章學誠設為問答，曰：「或問事功氣節，果可與著述相提並論乎？曰：史學所以經
世，固非空言著述也。」章學誠在這裡提問事功氣節與著述相提並論之理據在於「立
言」者不是空言立說，而思所以推明大道，用以經世，切合當時人事。章學誠的學問
繼承浙東之學的良知之教，當然「希賢」而有所立。按「道器合一」的學問標準，不
空言德性，則文史校讎學，作為闢風氣，貴自得之學，辨章學術，考鏡源流，推明大
道，庶幾可以為立言之選。

四、結語

　　本文論述錢穆先生對章學誠的學問淵源的轉變，並分析出錢穆先生通過考察章學
誠與浙東學脈的史學傳承的關係，把章學誠排除出「明清浙東史學」。本文根據錢穆
先生按史學之傳承來決定譜系的合理性，結果錢穆先生研究〈浙東學術〉的「浙東之
學」的譜系中人物的史學傳承，排除了王陽明、劉宗周及章學誠，這與章學誠在〈與
胡雒君論校《胡樨威集》二簡〉一文的「浙東史學」的譜系相似。而本文按〈浙東學
術〉一文的文本分析，文中「浙東之學」譜系中的人物皆服膺於良知之教，即良知之
教就是成為「浙東之學」的譜系中人物的條件。錢穆先生以章學誠學本性情說淵源王
學，而章學誠自謂其學本性情說出於良知之教，章學誠反而因此得置身於以良知之教
為薪傳的「浙東之學」的譜系當中。從這點重新探究章學誠如何把其淵源於劉向、班
固的文史校讎學及淵源於王學的學本性情說貫通為一，將會有助了解清中葉章學誠如
何延續幾近中絕的陽明心性之學，用以糾正當時學者趨風氣而流於俗學的學風。

39　同上註。

第四十六章　不朽經典——在傳統學術基礎上誕生的《國史大綱》

臺北大學歷史系

吳展良

　　《國史大綱》是錢穆先生以儒學與四部之學為基底，結合了民國史學黃金時期的成果，在中西交會的大時代挑戰下，所完成的一部傑作。其傳統的功底，儒家通人之學的博雅暨一貫的精神，過人的史識以及文學的才份，[1]加上九一八至抗戰時期所激發出來的民族精神，都使這部書成為永遠無法取代的經典。《國史大綱》長期被學界認為是經典之作，也廣受大眾歡迎，至今有難以取代的價值。敝人不揣淺陋，謹以此文對《國史大綱》的經典性、特殊價值及其傳統學術的背景略做說明。

一、錢先生的儒學與史學

　　錢先生何以能寫出貫通全史、既適切又精深扼要的作品？要回答這問題，先要回顧他的成學過程。錢先生江蘇無錫人，生於甲午之戰的隔年（一八九五年）。當時中國開始進入大變局時代，住在鄉下的錢先生亦逐漸感受到這變化。他七歲（實歲約五歲餘）入私塾，十歲入新式小學，中學五年級遇辛亥革命，學校解散，未能畢業。後因家境困難無法繼續深造，十八歲去小學教書。他一路自修苦學，長期擔任小學、中學老師，因學問與文章受到別人的敬重，最後被聘到燕京大學及北京大學教書，這個過程非常不容易。

　　錢先生自幼好讀傳統中國文史，尤其是關於人生教訓的書，例如《論語》與《曾文正公家書》。他從治桐城派古文而進入學問之門，並進一步通讀唐宋八大家文集，以及經、史、子、集各部的重要著作。[2]錢先生從早年便刻苦地大量讀書。不同於現代人讀古書時主要是找材料，他受曾國藩的影響，稍長之後凡書都是從頭讀到尾，以

---

[1] 錢先生之學從唐宋古文家入手，其文章久為海內外稱頌。林語堂說：「錢先生學問精純，思想疏通知遠，文理密察，以細針密縷的功夫，作為平正篤實的文章。」已得其大概。錢先生之文固然以平正篤實立基，並能以古文家的精鍊筆法，曲盡其神理氣味，所以世人愛讀。

[2] 錢穆：《師友雜憶》（臺北：東大圖書公司出版，1983），頁91、94、97、116、128。錢先生早年同時有清晨讀經子、晚間讀史、中間讀閒雜書的習慣。見錢穆：《師友雜憶》，頁88。

求完整理會。[3]曾在耶魯接待過錢先生的張充和女士曾對我說，錢先生於閒談中曾云自己將《二十五史》讀過好幾遍。[4]錢先生治經學雖不從《十三經注疏》下手，但精熟於歷代經學著作，尤其是清人之經解。我曾從前輩先生得聞，他與錢先生討論經學，發現錢先生對於《皇清經解》中各種說法，均能記憶。錢先生不僅將經史各部要籍一部一部讀完，也將唐宋八大家以及許多歷代重要的作者的全集從頭到尾讀畢。這樣澈底地精讀四部要籍，奠定了錢先生的學問基底。[5]之後他乃以此為基礎，進一步地博覽群籍與深入研究，所以才能寫出別人無法項背，既完整又真切深入中國歷史文化的著作。

錢先生以儒學為宗，一輩子學孔子之道，與現代學者大不同。現代學者以做出新的研究發明、得獎得榮譽為職志，錢先生做學問的根本動力則首先是學習與研究做人處事之道，而後是發揮深植於文化傳統的這套學問。做人處事之道以修齊治平為本，其道理一環扣一環。作為讀書人，他自覺有責任究明修齊治平的道理，以闡明中國人該怎麼活。如此一來學問就要做得很大，古今中外的學問都要研究。[6]錢先生不光讀古書，他也讀過大量現代作品與翻譯作品，寫完《國史大綱》後，還曾下功夫讀過英文的西洋通史、新約聖經與《格列佛遊記》（*Gulliver's Travels*）。[7]

他崇尚儒家的「通人之學」，要澈底窮研修身、齊家、治國、平天下的根本道理。不僅是經史之學，還必須深入子學與集部，才能窮研修齊治平之道。[8]錢先生最早的作品，多屬於儒學的範疇，如《論語文解》（1918）、《論語要略》（1925）、《孟子要略》（1926）、《王守仁》（1930）、《周公》（1931）等書。作為國文老師，他一方面浸淫於傳統學術，一方面受到新觀念與教學工作的刺激。[9]錢先生曾對學生說，他的學問都是教書教出來的，此因錢先生既在半現代化的小、中學校教書，他就必須將兼涉四部的學問反哺給學生，所以他許多的作品都與國文課教學有關。如他最早期的作品《論語文解》、《論語要略》、《孟子要略》、《國學概論》（1931）原本都是講義。[10]《論語文解》仿《馬氏文通》例，教小學生《論語》的句法，已經頗有深度。後三書則是對中學生講解論、孟、與中國歷代學術思想的大體內涵與發展。內容都非常深入，由此亦可見當年中學生的中文程度大概比現在大學中文系的一般學生還好些。

3　同上註，頁88。

4　錢先生的老師呂思勉先生固然極精熟於《二十五史》、《十通》，前述繆鳳林據說也將《二十五史》讀了三遍，老一輩的大學者往往如此。

5　參見錢穆：《師友雜憶》（臺北：東大圖書公司出版，1983），頁84。

6　吳展良：〈學問之入與出：錢賓四先生與理學〉，《臺大歷史學報》2000年第26期，頁63-98。

7　錢穆：《師友雜憶》，頁240、242-243、248。

8　參錢穆：《中國學術通義》（臺北：聯經出版事業公司，1998）。

9　錢穆：《師友雜憶》，頁89。錢先生講《論語文解》，實受《馬氏文通》的刺激，亦可見舊學與新學的交融。

10　同上註，頁89、136-138。

錢先生在儒學的基礎上，進一步擴及中國學術思想史，從而寫出《墨子》（1929）、《王守仁》（1930）、《劉向歆父子年譜》（1930）、《國學概論》（1931）、《惠施、公孫龍》（1931）、《老子辨》（1935）、《先秦諸子繫年》（1935）、《中國近三百年學術史》（1937）等書或文章。這些作品既與錢先生的教學也與其師友往來及時代刺激有很深的關係。《劉向歆父子年譜》推翻了康有為的「偽經說」，也一舉平息了清末以來三十餘年的今古文經學爭議風暴，處理了傳世古代經史文獻是否大體可信的問題，使得錢先生因而成名。《墨子》（1929）、《惠施、公孫龍》，《老子辨》處理的也都是當時學界的核心爭議問題。至於《中國近三百年學術史》，則提出了一箇與梁啟超新出的《中國近三百年學術史》（1926）全然不同的新論述，自然普受時人重視。[11]

看到了上述現象，學界近來有人認為錢先生以一箇鄉下出身的無名學者，當時是刻意推翻「前賢」流行的說法以求成名。[12]然而此說首先忽略了錢先生上述最早期的著作，均因認真教學而誕生。至於《劉向歆父子年譜》一文，乃受顧頡剛先生所邀而作。顧頡剛方因疑古辨偽的主張而得大名，他在中山大學所開的課亦頗以康有為否定古文經的今文經學為中心。顧當時要去燕京大學任教，因賞識錢先生而推薦他去中央大學教書，並代《燕京學報》向錢先生邀稿。錢先生不僅因故未赴中大之聘，還寫了《劉向歆父子年譜》徹底反駁康有為之說，並將此稿直接送交顧頡剛。這只能說是錢先生性格直直，「不識抬舉」，如何能解釋成求上達的邀名之作？[13]這同時因為康有為的《孔子改制考》與《新學偽經考》，在錢先生看來，不僅純屬汙衊古人無稽之談，且長期擾亂了學習經學與古史的正當途徑。所以他不僅不視康有為為「前賢」，且不免對其有所義憤，要為古人打抱不平。[14]

錢先生開課講授《中國近三百年學術史》，則因為錢先生早年既治理學又好讀桐城派諸書與清人重要文集，對於漢宋之學（原本是經學問題）的看法與梁啟超大為不同，而漢宋之學的關係，是有清以及民國初年學界不能不面對的一根本問題，所以他決意開設此課。[15]至於錢先生更重要且最受學界稱許的《先秦諸子繫年》，則起因於他寫《孟子要略》時，發現梁惠王的有關時代有誤，《史記》所記戰國史事又因秦人焚書之故而多有缺略，從而發心用諸子及有關文獻來考訂缺略錯謬的戰國史事與年

---

11 關於《惠施、公孫龍》、《劉向歆父子年譜》、《先秦諸子繫年》的著作因緣可參見錢穆：《師友雜憶》，頁89-91、116、127、138、146-149、154、162-163。

12 宋家復：〈現代中國史學中「國史」實作意義的轉變：從章太炎到錢穆〉，《清華學報》2019年新49卷第4期，頁660-663。宋文在該節開始說：「錢氏在當時乃是著名地，甚至惡名昭彰地以評罵前賢得名的不群人物」，然而不僅該句未下註解，底下數頁亦均為作者個人的揣測之詞。其所謂著名或惡名昭彰，乃至於章太炎對錢先生看法云云，在文中均未見文獻與考據的基礎，而僅屬作者看到事件表象所發的主觀臆測。

13 錢穆：《師友雜憶》，頁149、154。

14 錢穆：《中國近三百年學術史（下）》（臺北：聯經出版事業公司，1998），頁851-852。

15 錢穆：《師友雜憶》，頁42、78-79、91、97、116、128、166；並參見錢穆：〈自序〉，《中國近三百年學術史（上）》（臺北：聯經出版事業公司，1998），頁15-19。

代。後來學界競言諸子，錢先生還刻意避免捲入討論，只求完成自己的著作，這又哪裡會是求名之人所為？[16]此外《墨子》、《惠施、公孫龍》兩書，起因於錢先生當年購得並依次研讀浙江官書局所刻《二十二子》，至《墨子》一書，發現逐頁皆有錯誤，因而大疑，並大下功夫考校，從而深入名家及考據之學。與時代流行並無關係，更無意於求名。[17]換言之，錢先生寫這些書或因他自己的讀書機緣，或因觸及當時學界乃至歷史上的根本大問題，何來刻意推翻前賢以求名一說？這些作品的誕生，固然亦常出於教學與時代刺激，但也更多地因錢先生飽讀古書，目睹新說而不以為然，有意替古人打抱不平，從而發憤著書。

至於所謂錢先生刻意求名以上達一說，則完全無視於錢先生從民國元年開始教書起便在高級小學任教，後因希望從事教學實驗，於民國八年秋季，主動轉入鄉下的後宅初級小學任教三年半。[18]在此期間，錢先生曾因投稿《學燈》副刊，獲得當代聞人李石岑的賞識。卻因回信時堅持直書自己在「後宅鎮第一小學」教書，從而失掉到手的大好機會。[19]錢先生之後在師範與中學教學長達八年，顧頡剛介紹他去中央大學教書，他因「蘇州省立中學」校長的挽留，未受中山大學聘。[20]次年該校校長離職，錢先生才至燕京大學教學，卻又以西人辦理的大學與國人自辦的小、中學校習慣及風氣格格不入，才任教一年便起意離去。[21]這些作法豈是用心於上達求名者所為？

前述求名之說，本不值一駁。但透過上述的解析，讀者當更可明白錢先生篤守儒家做人處事之道與篤好傳統文化的態度，及其早期學術著作的源由。大抵而言，錢先生的學問是從以儒學為本的四部之學出發，受到時代的刺激而呈現出現代的風貌。《中國近三百年學術史》原本是他在北大的講義，至於《國史大綱》也本於他在北大與西南聯大教中國通史的筆記與講義。他既有傳統學者的博雅，又有現代化的論述能力，而今再無學者兼有此學養。

錢先生的學問雖以儒學為本並立基於傳統經史子集之學，卻以史學為主要表現方式。亦可說他的經學、子學與集部之學，均融入其史學當中。這既表現了他自身的學術性格，也表現了時代的趨勢與需求。從早期到最後，錢先生一生最大多數的作品，均落在中國學術思想史的範圍內。他最早的《論語要略》、《孟子要略》、《墨子》、《惠施、公孫龍》等書都先詳細考訂一切有關孔孟及其書的重要事實，再提綱挈領地詮釋其思想。[22]至於《國學概論》，更直接是一部簡明的中國學術思想史。這

---

16 錢穆：《師友雜憶》，頁137-138、146。
17 同上註，頁89-91、138。錢先生常說考據是讀書有得後的事，反對現在做研究一開始即埋首考據。他自己即因一路讀過來，讀得多了，因書裡常有許多不同意見或問題，才開始從事考據。
18 同上註，頁105-106。當時同儕不敢相信，以其自願請纓為「戲言」。
19 同上註，頁117-118。
20 同上註，頁149-154。
21 同上註，頁153-154、156-161。
22 錢穆：《論語要略》，收入氏著：《四書釋義》（臺北：聯經出版事業公司，1998），頁1-157；錢穆：

些都是他之後寫《國史大綱》的重要基礎。

與此同時，錢先生最為學界所重視的《劉向歆父子年譜》、《先秦諸子繫年》、《中國近三百年學術史》、《國史大綱》等書固然屬史學，然而這些書均建立在精湛的儒學與四部之學的基礎上。《劉向歆父子年譜》原本是為了解決當時經學上最大的今古文問題而做。[23]《先秦諸子繫年》則由考訂孔子、孟子與老子所涉的時代與思想問題而起。[24]《中國近三百年學術史》背後是近世以來經學上最大的漢宋問題。錢先生之為以儒學與四部之學為根本的史家，亦由此可見，與現代一般的史學家截然不同。

二、現代中國最好的中國通史

錢先生的《國史大綱》是中西交會之後，現代中國所產生的第一部，而且是唯一的一部全面深入中國歷史文化傳統，結合新時代各種學術成果，自成一家之言，從而普受學界讚譽的中國通史。該書又同時是針對大學教育需求，深入淺出，迄今無法取代的中國通史教科書。[25]是以《國史大綱》在中國現代史學史上占有非常特殊的地位。

中國傳統學人並不撰寫單冊的通史，更不以「中國通史」或「國史」為名。《資治通鑑》是大部頭的著作，《史記》自上古記到當代，就當時的著作而言，分量甚重。更重要的是，《史記》寫作時並非作為中國史、而是天下文明（華夏文明）的通史，或說作者所見當時全天下最重要的文明之歷史，而並非一箇國家或民族的歷史。《史記》之後的《二十四史》都是斷代史，卻依然大體繼承了這種天下觀念。此因中國無論封建或帝制傳統均以全天下的角度出發，歷朝受命的天子，代表的是整個文明世界的統治者。是以傳統並無「國別史」的概念，直到清末受西方現代「列國體制」挑戰後，鑑於世界各國均分國書寫各自的歷史，中國學人才開始以「國別史」的角度書寫自己「國家」的歷史。

以國別史的觀點出發來寫作中國通史，本身就是中國在適應現代世界，重新認識自己的國家、族類與文明一箇產物。對清末民初中國學人而言，寫國別史化的中國通史起初非常不容易，因為中國歷史太長，內容太豐富，不知何從說起，也不知用何種觀點加以整理貫串。中國傳統有分量極重《二十四史》，有詳細說明歷代制度沿革的

《孟子要略》，收入氏著：《四書釋義》（臺北：聯經出版事業公司，1998），頁159-302。

[23] 參考梁秉賦：〈以史治經、由經明史：錢穆經學研究芻論〉，收入張麗珍、黃文斌合編：《錢穆與中國學術思想》（吉隆坡：馬來西亞大學中文系，2007），頁147-166。

[24] 錢穆：《先秦諸子繫年·跋》（臺北：聯經出版事業公司，1998），頁699-700；陳勇、秦中亮：〈錢穆與《先秦諸子繫年》〉，《史學史研究》2014年第1期。

[25] 許倬雲於2010年說：「這部書至今還是中國通史中難以代替的名著。」見〈心香一瓣——悼賓四先生〉，《聯合報》，2010年8月29日。

《十通》，有提供帝王與士人鑑戒的《資治通鑑》、《綱鑑易知錄》與《御批歷代通鑑輯覽》，但缺乏一種綜合各種歷史要素，加以系統化地貫串敘述的通史。所以最初的中國通史其實出自日本人之手，基本上沿用了西方的現代史學與史觀。[26]

　　中國人很快感到，作為史學傳統悠久的民族，怎麼可以沒有自己寫的歷史？所以立即開始自己寫教科書。最早的佳作有夏曾佑的《最新中學中國歷史教科書》，以及劉師培的《中國歷史教科書》。前者「以發明今日社會之原為主」，後者的寫作目標則在於明確「人群進化之理」，均運用了現代西方的學術觀點，以求貫串複雜的歷史事件。夏書關懷面向雖廣，但受限於經學，尤其是今文經學的觀點仍深，而且只講到隋代。其書多纂錄舊史而成，綜合詮釋的深度與範圍有限。劉師培的《中國歷史教科書》，很能「分析事類」，又具有進化與社會觀點，但內容僅止於西周。另外，清末章太炎、梁啟超均有志於寫作中國通史而未成。但他們發表了不少採用新式史學與進化觀點，又意在救亡圖強的文章探討如何寫作中國通史。[27]這些前輩的工作，對於錢先生的《國史大綱》有很大的影響。[28]

　　民國時期比較有名而完整的中國通史中，呂思勉於一九二三年成書的《白話本國史》寫成最早，至今仍有一些學者使用。此書審慎處理了三皇五帝等古代傳說，已有現代科學考證的概念，雖仍不知如何掌握國家與文化的起源問題，但對於其後的歷代大勢寫得很清楚。[29]而後柳詒徵於一九二六年出版的《中國文化史》也是部名著。此書從文化角度出發，既有深厚的傳統底蘊，也有現代的概念，從典章、制度、教育、文藝、社會、經濟、建築等各方面，析論中國文化的演進。全書最有特色的是著重周朝禮制，以其為中國歷史文化的根源，並有非常詳細而深入的說明。但其論上古部分，受限於時代，未能參考古史辨運動及之後考古的成果，不免過於相信文獻，對於上古傳說也保留得太多。[30]另外還有繆鳳林，其學問精實，曾三次全體研讀《二十五史》，著有《中國通史綱要》上卷，可惜未完成下卷。[31]最後有呂思勉的《中國通史》，上冊（1940年）分婚姻、族制、政體、階級、財產、官制等十八個專題，下冊（1944年）按歷朝歷代發展，很便於參考學習，但主要仍屬纂集之作，不如《國史大

---

[26] 張越指出：「1901至1903年間翻譯出版的日本史類書籍達120餘種。早期中國歷史教科書的編纂直接受到日本史書的影響，在內容、分期上模仿痕跡甚重。」多張越：〈近代新式中國史撰述的開端：論清末中國歷史教科書的形式與特點〉，《南開學報》2008年第4期，頁77。其中日人那珂通世以西方中心框架重新分析中國的《支那通史》在清末影響最廣。1902年9月柳詒徵在那珂通世《支那通史》（卷四至宋代止）的基礎上，增輯了元明卷，寫成了《歷代史略》，成為國人最早的中國通史教科書。參：李帆、韓子奇、區志堅：《知識與認同：現代學者論教育及教科書》（香港：中華書局，2017），頁205。之後夏曾佑的《最新中學中國歷史教科書》，亦明顯受到那珂通世《支那通史》的影響。

[27] 張越：〈近代新式中國史撰述的開端：論清末中國歷史教科書的形式與特點〉，頁75-76；馮峰：〈錢穆「國史大綱」研究三題〉，《史學史研究》2013年第4期，頁63。

[28] 參見錢穆：《師友雜憶》，頁84-85。

[29] 呂思勉：《白話本國史》（上海：開明書店，1940）。

[30] 柳詒徵：《中國文化史》（南京：正中書局，1947）。

[31] 繆鳳林：《中國通史綱要》（南京：鍾山書局，1932）。

綱》能自成「一家之言」。呂先生本人也並不滿意於他的兩部通史。[32]

　　錢穆先生的《國史大綱》寫成於一九三九年六月，出版於一九四〇年。此書一出，立刻大受各方讚譽，以其最能深入而扼要地講述出中國歷史的主要脈絡與內涵。該書的上古史從舊、新石器時代出發，說明應如何有智慧且批判性地運用傳世史料，並結合出土材料與甲骨文研究的最新成果，使其兼具傳統與現代性。約同時間張蔭麟也有志於寫作中國通史，他的《中國史綱》乃為高中生所作，文筆非常優美，也具有通貫的史識，但他英年早逝，沒能繼續寫成上古以下的部分。[33]約同時周谷城的《中國通史》（1939）開始使用馬克斯唯物史觀編纂中國歷史。另外則是范文瀾的《中國通史簡編》（1941-42），也運用唯物史觀詮釋中國史。之後翦伯贊的《中國史綱》（一、二卷）也用西方馬列史觀之所有制、私有制的起源、封建社會等概念，將人類歷史分成原始社會、封建社會、資本主義社會等種種。這些作品亦有其重要性與價值，但傾向於以馬克斯史觀切割中國歷史，雖頗有其創獲，但受限於理論框架，較不能如實地呈現中國歷史的真相。[34]

　　民國時期最重要的歷史學家之一顧頡剛指出，一九四九年前中國通史的寫作，「千篇一律是抄襲」，除呂思勉、周谷城、錢穆等人較接近理想且完成外，其餘都是未完成之作。完成者其中以「錢先生的書最後出而創見最多。」[35]其中呂思勉與周谷城之作有上述的得失，柳詒徵則既有傳統的底蘊，也有現代的概念，只是比較偏重文化方面，時代又偏早。錢穆先生的《國史大綱》則自始顯現其深厚的傳統根柢、考證基礎及現代概念，而且不像馬列史家般，將中國歷史削足適履地置入西方理論框架中。錢先對於很多歷史上的舊問題，都能加以反省檢討，且重新整體思考其性質，可說是融通新舊學問的第一部較理想的中國通史。亦可說是四九年之前創見最多，影響力最大的通史鉅作。

　　《國史大綱》不僅是民國時期最好的中國通史，四九年之後似乎亦無其他單一作者的作品可以取而代之。中國大陸固然有不少多人合寫的大部頭中國通史，但多人合寫其實會雜揉各種不同觀點，並無一貫的看法。而且這些整合性的作品，或多或少在馬克斯唯物史觀的籠罩中，或散成各種觀點，難以整合。[36]另外如劍橋大學所編的中

---

32 呂思勉：《呂著中國通史上冊》（上海：開明書店，1940）；呂思勉：《呂著中國通史下冊》（上海：開明書店，1944）；呂先生另編有《先秦史》、《秦漢史》、《兩晉南北朝史》和《隋唐五代史》，以及「宋遼金元史」與「明清史」兩部未成史稿，余英時先生認為呂先生的書屬於「整輯排比」（「史纂」）或「參互搜討」（「史考」），功夫與水準雖極高，然而並非章學誠所說的「圓而神」的「史學」，與錢先生此書不同。參見余英時：〈《國史大綱》發微——從內在結構到外在影響〉，頁6。按：呂先生《中國通史》一書蓋亦有意於成為「圓而神」的「史學」，但成就有限。

33 張蔭麟：《中國史綱》（南京：正中書局，1948）。

34 范文瀾：《中國通史簡編上冊》（延安：新華出版社，1941）；范文瀾：《中國通史簡編下冊》（延安：新華出版社，1942）；周谷城：《中國通史》（上海：開明書店，1939）；翦伯贊：《中國通史綱要》（北京：人民文學出版社，1962-1966）。

35 顧頡剛：〈通史的撰述〉，收入《當代中國史學》下篇（上海：上海古籍出版社，2006），頁85。

36 以范文瀾、蔡美彪合著：《中國通史》（北京：人民出版社，1995），白壽彝主編：《中國通史》（上

國史系列也是大部頭作品，每個時期找些有名的專家合寫，單一朝代就厚厚的一至數大冊。哈佛最近亦出版多位名家合寫的六卷本通史，很精要地呈現許多最新的研究成果，然而其缺點也是無法統合。另外兩岸各種書局均出了不少單一作者所寫教科書型的中國通史，雖各有特色與用途，但未聞受到學界普遍推崇的作品。

臺灣於2006年出版了許倬雲先生單卷本的《萬古江河》，頗獲好評。此書雖深具學養與見識，但較著重中國與亞洲文明及世界其他文明的交通，對中國歷史本身的特色，似乎並未深入討論。《萬古江河》主張中國如黃河，黃河將會入海與現代世界融合，所以入海後就不必再特別討論黃河本身特色。但以今日而言，中國的立國型態與體制顯然不同於其他國家，未來仍必有其特色，至少在可見的將來不會放棄。所以恐怕不會像許先生所言，那麼快地「黃河入海」。另外，此書不像《國史大綱》引用了大量的原典支撐其論述，雖然頗便於一般讀者，但不利於進一步的研習。[37]

錢穆先生以一人之力完成了這樣一部至今難以取代的通史巨作，這首先便見出《國史大綱》的特殊地位。並不是說《國史大綱》沒有缺點，但至今其他的中國通史作品似乎都還不如它。展望未來，因為現在都是專門之學，學者只能處理專一領域，無法貫通。即使努力貫通，大抵僅為綜合現有學界的說法，而不能成為具有獨特通貫見解的一家之言。加以中文的歷史學界至今偏重考據，絕大多數學者既不像古人的博雅，也不像西方人具有將研究對象「客體化」以深入分析暨綜合的理性訓練，就更難以整合了。許倬雲先生當年曾說：史語所這麼多年下來，大概就找不到一箇人能從頭到尾將中國歷史講清楚。他自己後來寫《萬古江河》，確實綜合得不錯，但之後恐怕再難以找第二個能像他這樣能綜合的學人。當然，這也並不能歸罪於史語所，因現在學者都專精於一門而難以統合。當年史語所要合寫一部中國上古史，但意見分歧而無法定稿，最後只能在1985年出版由眾人合寫的四冊《中國上古史待定稿》。在此分工日益細密的「專家時代」，以下就更難再有人能寫出貫通性的高水準通史作品了。

三、難以超越的經典之作

《國史大綱》的特殊性與經典性，不僅在於他難得的貫通性與原創性，還在於他所引用史料的廣度與深度超邁前人。余英時先生對此已有深切的發揮：

> 就二十四史、十通等一般史料而言，《國史大綱》的運用也有兩大特色：第一是先對所引史料作一番章學誠所謂「記注」的工夫，如廣引事例以建立某一時代特有的歷史現象，或依據時代與地域編製各類表格（如戶口、稅收等等），並引其他相關史料為參證，以凸顯變動的趨向。第二是徵引史文以最關重要的

海：人民出版社，1999）和卜憲群主編：《中國通史》（北京：華夏出版社，2016）為代表。

[37] 許倬雲：《萬古江河》（臺北：英文漢聲，2006）。

字句為限，因此絕大多數是一般通史中所不常見的。[38]

錢先生上課時曾發「參考材料」，「就《二十四史》、《三通》諸書，凡余所講有須深入討論者，繕其原文，發之聽者，俾可自加研尋。」[39]他又曾「約《通鑑》及《續通鑑》、《明通鑑》諸書，提要勾玄，編為《讀本》。……凡得百萬字。」[40]可見該書於《二十四史》、《三通》與歷代《通鑑》諸書本多引用。除此之外，錢先生讀書時有隨時做筆記的習慣，「記注」的範圍極廣。[41]是以余先生此文又說：「據我一再檢閱，自唐宋以下，所引出自文集、筆記、小說以至語錄者不勝枚舉。」[42]這使得淵博如陳寅恪先生在讀此書後，曾答書說：「惟恨書中所引，未詳出處，難以徧檢。」[43]可見錢先生所引用史料之廣泛，遠出於常見史文。《國史大綱》之所以名震士林，首先在於他所引用史料之廣博與精到，使其論述均有深厚的史料與原典基礎。

錢先生此書既有廣大深厚的史料與原典基礎，又能充分吸收當代最新的研究成果。當時北大匯聚新派頂尖學者，錢先生自述上課如登辯論場，每次講完，大家都在討論，他也因此更深入探討各種新問題。因為錢先生本不在民初各主流學派之中，反而容易看清各派得失。余英時先生曾以《國史大綱》中幾個小問題提問，錢先生「小扣而大鳴」，余先生由之而知《國史大綱》每句話背後都有整個時代的史學史。他說：

> 錢先生寫通史時惜墨如金，語多涵蓄，其背後不僅是正史、九通之類的舊史料，而且也包含了整個民國時期的史學史。[44]

又說：

> 從「五四」運動到「七七」抗日這二十年間恰恰是中國史學現代化的鼎盛時代，……錢先生講授通史自然不能不密切注視這些日新月異的創獲。……這部經典之作橫空出世於一九四〇年，則清楚地顯示：它同時也必須理解為現代中國史學鼎盛時代的結晶。[45]

38　余英時：〈《國史大綱》發微──從內在結構到外在影響〉，頁9。
39　錢穆：《師友雜憶》，頁177。《國史大綱》引用《二十四史》《十通》事又見錢穆：《師友雜憶》，頁229。
40　錢穆：〈書成自記〉，收入《國史大綱》（臺北：聯經，1998），頁62。
41　錢穆：《師友雜憶》，頁226。
42　余英時：〈《國史大綱》發微──從內在結構到外在影響〉，頁8。
43　同上註，頁9。惟余先生上文似以錢先生的「記注」主要針對「二十四史、十通等一般史料而言」，若然，以陳寅恪先生之博學與照相式記憶，斷然不會說：「惟恨書中所引，未詳出處，難以徧檢。」是以該句恐為余先生筆誤。
44　余英時：《猶記風吹水上鱗》（臺北：三民書局，1991）。
45　余英時：〈《國史大綱》發微──從內在結構到外在影響〉，頁9-11。

可知此書是中國現代史學史鼎盛時期的一種結晶。錢先生此書既有深厚的國學根砥，又深入吸收整個時代的學術成果，所以其中的說法都很值得研究。余先生曾舉例說明國史大綱與王國維、陳寅恪、週一良等人學術的既「采獲」又「商榷」的關係，可見其內涵的深醇。[46]

能長期蒐羅整理史料並深入當代研究成果的學人不少，必須有進一步的「睿識和創見」，方能成為大家。余英時先生對此曾說：

> 錢先生對於原始史料的廣泛搜羅和深入整理以及他對於第二手史料（即近人論著）的吸收和商榷，使《國史大綱》成為資源最豐富的一部通史。但更重要的則是錢先生從這一豐富資源中所發展出來的睿識和創見。由於所掌握的史料相當全面，更加上思之深而慮之熟，他幾乎在各方面大大小小的歷史問題上都試圖尋求自己信得過的看法（即《國史大綱》「書成自記」中所謂「孤往之見」），而不肯輕易接受傳統之說。《國史大綱》中到處都存在著他獨特的睿識和創見，便是這樣形成的。[47]

又說：

> 作者往往能用一兩句話概括出劃時代的動向，使讀者悟境頓開而觸類旁通。[48]

對此，嚴耕望先生早歲便感到錢先生：「境界之高，識力之卓，當上追史遷，非君實所能及」。又說：「即此講義[國史大綱]，已非近代學人所寫幾十部通史所能望其項背，誠以學力才識殊難兼及。」[49]許倬雲先生也說：

> 這部書至今還是中國通史中難以代替的名著。……我一生在史學園地工作，無論教書還是研究，《國史大綱》還是非常有用的參考書。我常常告訴學生，這一部書中埋藏了數百篇博士論文的題目，等後生鑽研發揮。[50]

是以誠如余先生所言：

---

[46] 同上註，頁10。

[47] 同上註，頁12。

[48] 同上註，頁11。

[49] 嚴耕望：《錢穆賓四先生與我》（臺北：臺灣商務印書館，1992），頁102；參見余英時：〈《國史大綱》發微——從內在結構到外在影響〉，頁5。

[50] 許倬雲：〈心香一瓣——悼賓四先生〉，《聯合報》，2010年8月29日。

第一、對於一般讀者而言，這部「圓而神」的經典之作體現了中國史的主要特色及其整體動態；第二、對於各種層次的研究者而言，《國史大綱》中潛藏著數不清的睿識和創見，處處都可以引人入勝。總而言之，統而言之，這是一部應該人手一編的中國史學無盡藏！[51]

《國史大綱》包羅宏富又能得大體、精深扼要又一以貫之，難怪余先生以「應該人手一編的中國史學無盡藏」與「圓而神」稱之。錢先生的《國史大綱》全書雖僅約五十萬字，卻字字珠璣、惜字如金，非常簡練扼要，充滿「孤往之見」，又大量引用了原典，所以內涵包容深遠，值得人們一遍又一遍地反覆閱讀。[52]我個人當年最愛仔細誦讀玩味其所引原典，以與其論說相發明。而每一次閱讀後，都可以得到新的認識與見解，這與研讀其他一般滿紙作者自己論述的論著，感覺與收穫截然不同。

所以直到目前為止，若就單冊的中國通史而言，尚無任何作品足以取代《國史大綱》。在很多史學家心中，此書仍是至今最貫通、適切也最精深扼要的中國通史。當然，《國史大綱》也有其限制，有許多部分當繼續研討，但錢先生確實完成了一家之言。多數學者認為此書確實能掌握中國歷史的主要特質與面貌，是以余英時先生說：「《國史大綱》在七十多年後的今天，史學界仍視之為不可不讀之書，隨時隨地都出現重印的要求，不但在臺灣如此，在大陸和香港也無不如此。由此可知，《國史大綱》早已從教科書轉變成中國史學領域中的一部經典了。」[53]

以上簡要論述了《國史大綱》的特殊價值與經典性。中國近現代致力於史學，能廣泛掌握史料及當代研究，又有聰明睿智、獨特見識者實不乏其人，但能如錢先生般整合貫通者則未見。這種整合貫通性，不僅奠基於過人的才學，還植根於其儒學。錢先生其實在廣大精實的傳統四部學術基礎上，本於儒學的性格與思想，加之以深厚的四部之學與善用他人研究的成果，才能有此鉅著。至於儒學如何具體地幫助《國史大綱》確立其骨幹架構，以及儒學思想如何幫助塑造《國史大綱》的歷史思想與特殊史觀，因為所涉甚為複雜，有待另外專文探討。

---

[51] 余英時：〈《國史大綱》發微——從內在結構到外在影響〉，頁16。
[52] 但對今日很多文言文基礎不佳的年輕人而言，本書有一些閱讀上困難。因其文字與內涵都比較深，或許將來也應出個註釋本。
[53] 余英時：〈《國史大綱》發微——從內在結構到外在影響〉，頁4。

Chapter 47 Envisioning a Nation by Narrating the Past: A Reading of Qian Mu's *Guoshi daqang*

Department of Chinese and History
City University of Hong Kong
Tze-ki Hon

In discussing the characteristics of historical writing, Paul Ricoeur calls our attention to the complexity of remembering. He argues that when we recall the past, we are doing three things simultaneously: memory, attention, and expectation.[1] When we retrieve what has disappeared, we remember its impact upon us in the present, and anticipate its value in our future action. Thus, for Ricoeur, historical writing is as much about the present as about the paSt. More importantly, it is future-oriented because it projects a vision of the future based on an understanding of the present.[2]

As Laurence Schneider has shown in his study of Gu Jiegang 顧詰剛(1893-1980), historical writings of modern China were indeed future-oriented. He argues that by constructing a memory of China's past, Gu and other modern Chinese historians strove to demonstrate an unbroken genealogy of the Chinese people, and thereby created a distinct Chinese identity in the 20th century.[3] Despite the authors」 seemingly detached tone and empirical emphasis, their historical writings was less a summary of historical data than an intentional construct establishing a logical necessity for modern China to develop in certain ways. "Historical writings [of modern China]," according to Schneider, "were the chief instruments for razing unviable traditions and for finding indigenous alternatives to what was thus rejected

---

[1] Paul Ricoeur, *Time and Narrative*, volume 1, translated by Kathleen McLaughlin and David Pellauer, (Chicago: University of Chicago Press, 1983), pp.7-12.

[2] For Ricoeur's argument on historical writing as a narrative of the past for the present and the future, see *Time and Narrative*, volume 1, pp.91-230.

[3] Laurence Schneider, *Ku Chieh-kang and China's New History: Nationalism and the Quest for Alternative Tradition,* Berkeley: University of California Press, 19710), pp. 2-4.

as unsuitable for modern China."[4]

In addition, historical writings of modern China were also important to the political struggles between the Nationalists and the Communists. As Arif Dirlik has demonstrated in his study of Social History Controversy in 1928-30, the discussion over feudalism between Tao Xisheng 陶希聖(1899-1988)and Zhu Peiwo 朱佩我 (1907-1945)was less a historiographical debate than a political debate.[5] According to Dirlik, the two interpretations of Zhou Dynasty provided by Tao and Zhu "differed on two general issues: the universality of class oppression and conflict in history, and the relative importance of factors internal and external to the mode and relations of production in determining historical development."[6] In the Social History Controversy, historical writings were the discursive field in which different visions of modern China were contested. In this contestation, historians wanted to prove whether class struggle or political revolution would be the major force of change in modern China. Hence, the focus of these writings was not the past, but the present and the future.

In this paper, following the argument that Schneider and Dirlik have made, I will examine Qian Mu's(1895-1990)*Guoshi dagang* 國史大綱(An Outline of National History)as a narration of the nation. Since its publication in 1939, *Guoshi dagang* has been an important account of China's paSt. For its many a reader, especially college students in Taiwan and Hong Kong who read it as textbook in classes, *Guoshi dagang* provides a detailed account of Chinese history. Its factual description and its detached style of writing lead many people to think that the book only provides an empirical account of the paSt.

In what follows, I will argue that Qian Mu, by naming his book "an outline of national history" intended to write a history of the Chinese nation—an account of how the Chinese(as a collective identity)first came into being, how it evolved over time, and how it must be revived and enlivened in the 20th century. Although the contents of *Guoshi dagang* were about China's past, I contend that its purpose was to resolve the pressing problem of the 1930s China, namely, how to integrate

---

[4] Schneider, *Ku Chieh-kang and China's New History*, 2. For a theoretical discussion of the function of history writing in creating a nation, see Homi K. Bhabha's introduction in *Nation and Narration*,□New York: Routledge, 1990）, pp.1-7.

[5] Arif Dirlik, *Revolution and History: The origins of Marxist Historiography in China, 1919-1937,* （Berkeley: University of California Press, 1978）, pp.93-136. For information about Tao Xisheng, please refer to Arif Dirlik, "T'ao Hsi-sheng: The social limits of change," in Charlotte Furth（ed.）, *The Limits of Change in Republican China,* （Cambridge: Harvard University Press, 1976）.

[6] Dirlik, *Revolution and History*, p.136.

Chinese of different backgrounds and affiliations into a collective wholeness in time of war and crisis.[7] In order to create a common identity among millions of people scattered on the land of China, Qian Mu had to relate the present to the past, and the past to the present. His goal was to minimize their differences by creating a shared memory. Hence, the past—however elusive and slippery it might be—was extremely important to Qian Mu. For him, a shared memory of the past was the foundation for creating a modern China.[8]

His deep interest in forging a collective identity of the Chinese notwithstanding, Qian Mu was a lone voice in the 1930's for two reasons. First, he positioned himself as a "cultural conservative" who argued that the Chinese tradition—particularly the Confucian canon and its social norms—had something to offer to the building of modern China. By taking such a stance, Qian Mu had to defend his view against the criticisms of the "westernizers"(xihua pai 西化派)like Hu Shi 胡適(1891-1962), Qian Xuantong錢玄同(1887-1939), and Fu Sinian 傅斯年(1896-1950). He had to prove to them that Chinese tradition had some worth in the modern times and had a significant role to play in creating a modern Chinese nation.

Second, since class struggle was a dominant issue in historical debate in the 1930s, Qian Mu, in creating a Chinese nationality, also needed to deal with the role of class struggle in Chinese history. In rejecting the Marxist notion of class struggle, Qian Mu had to come up with another explanation of the dynamics of change in both China's past and present. On this issue, Qian Mu defended the KMT position(as spelled out in the writings of Dai Jitao 戴季陶, 1891-1949)of elevating "culture"(wenhua 文化)as the final resolution of all human differences. Thus, in Guoshi dagang, Qian Mu not only narrated China's past but also traced the evolution of Chinese culture as an agent of change. Thus, Qian Mu's cultural approach contained a hidden agenda. The approach was to prove that Chinese since time immemorial have habituated to treasure harmony over antagonism, collectivity over partisanship. This cultural approach was to invalidate the Marxist notion of class struggle as being un-Chinese.[9]

---

[7] Jerry Dennerline briefly discussed this aspect of Guoshi daguan in his Qian Mu and the World of Seven Mansions, (New Haven: Yale University Press, 1988), see especially p. 66 and p. 115.

[8] Although Qian Mu did not go as far as arguing that nation is an imagined community (as proposed by Benedict Anderson), he surely held the view that the modern Chinese nation must be based on a common identity rooted in a shared memory of the past. For Benedict Anderson's argument, see his introduction to Imagined Communities: Reflections on the Origin and Spread of Nationalism, (London: Verso, 1983), pp.1-8.

[9] For an insightful analysis of Qian Mu's cultural approach to history, see Hu Changzhi 胡昌智, "Qian Mu

China in Disintegration

For Qian Mu and many other intellectuals in the 1930's, one of the burning issues of the time was China in disintegration. This acute sense of national crisis was a combination of China's internal disorder and foreign invasions. In the home front, the failure of the Nanjing Government to provide a political stability since its establishment in 1927 led many intellectuals to question the value of the Republican Revolution. Instead of creating a strong and wealthy nation as they promised, the Nationalists seemed to bring the country to perpetual disunity. Plagued by Communist oppositions, regional warlordism, and internal dissensions, the Nanjing Government appeared to be leading China to chaos.[10] Further exacerbating the intellectuals' sense of national crisis was Japanese invasion. Beginning in 1931, the Japanese extended their influence into Manchuria from Korea, culminating in the establishment of Manchukuo in 1932. From 1933 on, Japanese accelerated their penetration into northern part of China, advocating the specialization of five northeastern provinces(Rehe, Hebei, Shandong, Shanxi, and Chahar). In 1936, an attempt was made by the Japanese to create an independent Mongolia under the slogan "Mongolia by the Mongolians."[11] In the six years leading to the outbreak of the Sino-Japanese War in 1937, the main concern of Chinese intellectuals was to unify the country to defend Japanese invasion.

Qian Mu, who taught in Beijing University from 1931 to 1937, witnessed the entire process of Japanese invasion.[12] Seeing the country gradually plunging into chaos, he firmly believed that something had to be done immediately to save the nation. For instance, in his introduction to *Zhongguo jin sanbainian xueshushi* 中國近三百年學術史(History of Chinese Scholarship in Recent Three Hundred Years)

---

de Guoshi daguan yu Deguo lishizhuyi "錢穆的《國史大綱》與德國歷史主義」, (Qian Mu's *An Outline of National History* and German Historicism), *Historical Studies* 史學評論, no. 6 (September 1983): pp.15-38.

[10] James Sheridan, *China in Disintegration: The Republican Era in Chinese History 1912-1949,*□New York: The Free Press, 1975), pp.183-203; Lloyd Eastman, *The Abortive Revolution: China under Nationalist Rule, 1927-37,* (Cambridge, MA: Harvard University Press, 1974), pp.85-139, 251-262.

[11] Lloyd Eastman, *The Abortive Revolution*, p.264.

[12] In *Shiyou zayi* 師友雜憶[Random Reminiscences of Teachers and Friends], (Taipei: Dong Da Bookstore, 1983), Qian Mu recalls that he was invited to teach Chinese at Yanjing University in 1930. Then from 1931-37, he taught history at Beijing University. In both appointments, Qian Mu was recommended by Gu Jiegang. See *Shiyou zayi*, pp.131-183.

which he published in 1937, Qian Mu described his anxiety when he taught at Beijing University,

> When this book was first read out as lecture notes [of Chinese history class in Beijing University], it coincided with the outbreak of the *Jiu yiba* [Mukden Incidence in 1931]. In the past five years, my stay in the Former Capital was like living on the national border. Having witnessed this great disaster, I had many profound insights. [13]

One of Qian Mu's profound insights was that China was on the verge of being dominated by the Japanese. In *Shiyou zayi* 師友雜憶(Random Reminiscences of Teachers and Friends), an autobiography that Qian Mu published in Taiwan in 1982, he elaborated on his acute sense of national crisis during his Beijing years.

> When I was teaching Chine history in Beijing University, four or five Japanese students often came to audit my class. Having met them after class, I found out that they had already been in China for several years. One of them had worked in Xi'an post office for more than ten years. He had travelled between Beiping [another name of Beijing] and Xi'an, and had visited many places in Shanxi and Henan. Hence, I realized that these people were Japanese agents before they launched a full-scale invasion of China.[14]

For Qian Mu, a scholar-teacher who spent most of his time researching and teaching, the horror of losing China in the hands of the Japanese came less from the military encounters than from the punishing exodus that he undertook from Beiping to Yunan in 1937. Before the exodus, the Japanese aggressions were only news items. But in the exodus, he witnessed firsthand the brutality of the war. In *Shiyou zayi*, Qian Mu recalled a horrifying event he saw ön his way to Yunan.

> Year Twenty-six of Min Guo [1937], after the Double Ten Celebration, Tang Yongtong 湯用彤(Shiyu), He Lin 賀麟(Zizhao)and I were in company [leaving Beiping]. After several days, we went straight to Changsha. The day before when Changsha was bombed, a family held a wedding ceremony. A severe

---

[13] Qian Mu, *Zhongguo jin sanbainian xueshushi* 中國近三百年學術史, (Changsha: Commercial Press, 1938 [the second print of 1937 edition]), Preface: p.4.

[14] Qian Mu, *Shiyou zayi*, p.151.

calamity was inflicted upon them. [When we were there,] there were still corpses hanging on tree branches waiting to be collected.[15]

Even in Yunan, where professors and students from the North Central Plain regrouped into *Xinan linda*(United Universities in the Southwest), Qian Mu was constantly living in fear—fearing Japanese bombing and fearing the shortage of food.[16] For Qian Mu, something had to be done to mobilize his countrymen to fight the Japanese. As a historian, the best way for Qian Mu to achieve national rejuvenation was to give his countrymen a sense of common purpose through a narration of the nation.

Guoshi Dagang and Nation-building

In *Shiyou zayi*, there is a passage in which Qian Mu described how he decided on writing *Guoshi daguan*. He wrote:

> One evening [in Mengzi, Yunan], on a field close to my living quarter, [Chen] Mengjia [陳夢家, 1911-1966] persuaded me to write a textbook on Chinese history. I answered that there were numerous materials to write such a book and I knew too little of them. In the future, [I said,] I would like to model on the style of Zhao Oubei [Zhao Yi 趙翼, 1727-1814] in his *Er shi er shi taji* [Notes on the Twenty-two Histories], writing at length on those aspects that I knew most and skipping those that I knew little. Mengjia said that this was a plan for my personal academic status and the plan would be beneficial to those who were determined to study history. But in the plan, [Mengjia said,] neither did I think of the college students of the entire nation, nor did I think of the pressing need of our time. [17]

For Qian Mu, Chen Mengjia, and hundreds of exiled intellectuals in Yunan in late 1930's, the pressing need of the time was to mobilize their countrymen to defend the country. The burning concern of the day was to give the young generation(especially college students)a sense of mission to sacrifice their personal

---

[15] Qian Mu, *Shiyou zayi*, p.183.

[16] Qian Mu, *Shiyou zayi*, pp.204, 209-213, 224.

[17] Qian Mu, *Shiyou zayi*, p.191.

needs for a bigger whole—the nation. In time of national disintegration and foreign invasion, no personal needs would be more important than the general need of defending the country.

In suggesting Qian Mu to write a history textbook for college students, Chen Mengjia was suggesting Qian Mu to develop a sense of common purpose among young readers through a historical narrative. The importance of the historical narrative, as Chen Mengjia had pointed out, lay less in its academic value of being a professional history book than in its discursive value of developing a common identity among Chinese.

Real versus Fake Revolution

For Qian Mu, Japanese invasion that led to his own exodus was only a symptom of the deep-seated problems of modern China. For him, the tragedy of modern China began with the 1911 Revolution. In *Guoshi dagang*, Qian Mu explained why he thought this was the case.

> The characteristics of culture and history are continuity(*lian mian* 連綿) and persistence(*chi xu* 持續). Precisely because culture and history are continuous and persistent, they develop their own character and are not easily changed. Precisely because culture and history have character and are not easily changed, they have life and spirit. ⋯ The real revolution of a nation's political institution lies in having new resolutions or opening new paths to the nation's own problems. If one ignores the problems of one's nation and models willfully and hastily on others in creating institutions, then one is having a fake revolution—a revolution that does not have any relevance to the life of one's history and culture, and this revolution will not last long. Unfortunately, the 1911 Revolution of China was a fake revolution that aimed at abolishing everything in the paSt.[18]

At first glance, Qian Mu's assessment of the 1911 Revolution contradicts both the KMT ideology and his own writings. Regarding the 1911 Revolution, the KMT official position was one of glorification. KMT called the 1911 Revolution a nationalistic revolution with two accomplishments—overthrowing the Manchu rule

---

[18] Qian Mu, *Guoshi dagang* (Taipei: Commercial Press, 1956) , p.657.

and establishing a republican government. By accusing the 1911 Revolution of being a fake revolution, Qian Mu challenged the KMT position on the subject. On the other hand, in *Zhongguo jin sanbeinian xueshushi* which Qian Mu published before he undertook the exodus, he partially adopted the KMT position by highlighting the Han Chinese nationalism among the late-Ming thinkers. For Qian, the late-Qing anti-Manchuism, which gave birth to the 1911 Revolution, was derived from the late-Ming Han Chinese nationalism. Despite their differences in articulation, both late-Ming Han Chinese nationalism and late-Qing anti-Manchuism were for Qian Mu expressions of Chinese "moral integrity"(*qi jie* 氣節).[19] From the perspective of nationalism, Qian Mu agreed with KMT's glorification of the 1911 Revolution. Then the question is: Why did he still consider the 1911 Revolution a fake revolution?

For Qian Mu, the problem with the 1911 Revolution lied not in its Han nationalism but in its insistence of separating from the paSt. Despite the revolutionaries' success in overthrowing the oppressive Manchu rule, they violated the two basic rules of culture and history:continuity and persistence. To elaborate on his stance, Qian Mu wrote in *Guoshi dagang*:

> The quick success of the 1911 Revolution was partially due to the advocacy of anti-Manchuism. [The anti- Manchuism of the revolutionaries] evolved from our nation's own history. As for the new political institution of democratic republic, it is unmatched in theory with our ancestors' political thought and political spirit. In terms of concrete political reality, each country has its own path in developing its political institution. Speaking of imperial system, both Britain and Japan still retain their systems up to the present, and royal courts continued to function in Germany and Russia in 1911. Yet the Chinese abolished their imperial system [in 1911] because the Manchus were perpetuating their narrow-minded racist regime. In abolishing the Qing dynasty in 1911, the Chinese abolished all inherited institutions. They mistakenly thought that the entire Chinese political tradition, since the Qin Dynasty and since the introduction of the imperial system, was useless. Hence, [the revolutionaries] abandoned their past in toto and competed to adopt foreign institutions that Chinese did not practice. This was a big mistake. [20]

---

[19] Qian Mu, *Zhongguo sanbeinian xueshu shi*, preface: pp.3-4, 83-84.
[20] Qian Mu, *Guoshi dagang*, p.658.

For Qian Mu, by making a clean break from the past, the revolutionaries disrupted the continuity of Chinese political tradition. By replacing the imperial system with a republican system, the revolutionaries introduced into China an alien system. In the eyes of Qian Mu, warlordism and party politics in the 1920's and the Japanese invasion in the 1930's were symptoms of Chinese attempt at breaking from the paSt. [21]

Balance of Power in the Imperial System

In *Guoshi dagang*, Qian Mu took great pains to narrate the political structure of Tang dynasty. For him, the Tang government exemplified the effectiveness and openness of Chinese imperial system. The purpose of his narrative was to prove two points:(1)that the Chinese imperial system was in no way inferior to the republican system,(2)that it was a mistake to abolish the imperial system in 1911.

Qian Mu's narrative of Tang government includes three parts:the central government, personnel, and taxation. In describing Tang's central government, Qian Mu focuses on the check and balance in the Tang system. He argues that the Tang tripartite structure of central government(Secretariat, Chancellery, and Department of State Affairs)gave room for negotiation between emperor and high officials. He also sees the creation of the tripartite structure as the completion of the Chinese effort to check the imperial power with an independent ministerial power.[22] In selecting officials, Qian Mu emphasizes on the fairness of Tang's civil service examination. He finds the Tang system more open than the Han system because it was based on merits rather than recommendation.[23] By its fairness and openness, Qian argues, Tang's civil service examination successfully created a common identity among intelligentsia of different regions.[24] In describing Tang's taxation, Qian Mu centers on its leniency. He argues that the early Tang system of *zu yong diao* 租庸調not only reduced the peasants' responsibility in taxation but also allocated land to the landless peasants.[25]

Although Qian Mu glorified the Tang system as the exemplar of Chinese

---

[21] Qian Mu, *Guoshi dagang*, pp.655-659.

[22] Qian Mu, *Guoshi dagang*, pp.282-284.

[23] Qian Mu, *Guoshi dagang*, pp.291-292.

[24] Qian Mu, *Guoshi dagang*, pp.292.

[25] Qian Mu, *Guoshi dagang*, pp.293-295.

imperial system,[26] the critics of Chinese imperial system could use the Ming and Qing Dynasties, which were notorious for their imperial absolutism, as examples to demonstrate the authoritarian nature of the system. To defend his position, Qian Mu made a distinction between Tang imperial system and Ming-Qing imperial system. In explaining the degeneration of the imperial system in the Ming, Qian Mu put the blame on Emperor Taizu 太祖(reign 1368-98). For Qian Mu, Emperor Taizu's decision in 1380 to abolish the Secretariat's executive posts was the origin of imperial absolutism in China.[27] As for the Qing, the case was simple. For Qian Mu, the imperial system further degenerated in the hands of the Manchus because it was used to support a "narrow-minded racist regime"(*xiayi de buzu zhengquan* 狹義的 部族政權). In Qian Mu's eyes, the three hundred years of Qing rule was nothing but oppression.[28] And by clarifying the different context in which the Chinese imperial system was misused, Qian Mu upheld his position that the revolutionaries had made a mistake in abolishing the imperial system in 1911.

The Danger of Cultural Iconoclasm and Class Struggle

For Qian Mu, the 1911 Revolution was only the beginning of modern Chinese crisis. The erroneous policy of the revolutionaries of making a break from the past paved the way for two subsequent radical movements:The May Fourth cultural iconoclasm in 1919 and the advocacy of class struggle in late 1920's. In *Guoshi dagang*, Qian Mu explained how the three events were connected.

> [After the 1911 Revolution,] the political institution was no longer that of our paSt. Consequently, the purpose behind our traditional political institution was undermined. Once a part is changed, the other parts have to be changed. Hence, after the 1911 Revolution, a cultural revolution and a social revolution had to occur. The slogans of cultural revolution were "the cannibalism of [the Confucian] rituals," "anti-filial piety," "overthrowing the shop of Confucius,"

---

[26] Responding to the discourse on democracy in the early 1950's Taiwan, Qian Mu slightly shifted his view on the Tang imperial system. In his *Zhongguo lidai zhengzhi deshi* 中國歷代政治得失 (The Strength and Limitation of Chinese Political Institutions in Different Dynasties], （Hong Kong: Dong Nan Printing Press, 1952）, Qian Mu argues that although the Tang imperial system was strong in unifying the nation under a strong central government, it was inferior to the Han system in not leaving the provincial government a relative degree of autonomy （p. 41）.

[27] Qian Mu, *Guoshi dagang*, pp.476-478.

[28] Qian Mu, *Guoshi daganq*, pp.599-609.

"throwing all traditionally bound books into toilets," "abolishing the Chinese characters," "total westernization," and so on. The aim of social revolution was to organize the workers and peasants to seize power and to establish a communist government. When there was no political stability, then there was no outlet in society. When there was no outlet in society, then radical ideologies were easily spread and became even more radical. It is hard to estimate how great an effort the nation has to spend to stop these [radical movements].[29]

For Qian Mu, the 1911 Revolution, the May Fourth Movement, and the spread of Marxism-Leninism in China were interconnected. They were parts of the modern Chinese attempt to break away from their paSt. The process began with a drastic change in political institution in the 1911 Revolution, then it expanded to a transvaluation of values among intellectuals in the May Fourth movement, and finally it altered the traditional social structure in social revolution. The whole process indicated that the Chinese were gradually parting their way from their past and were increasingly losing their direction.

Certainly, from the Marxist point of view, the same process could be seen as one of deepening the revolution. The process gradually extended the scope of change in China from the most superficial level of political institution to a deeper level of ideas and finally to the deepest level of engulfing the entire society. For the Marxists, the process manifested the teleos of modern China, i.e., she would eventually become a socialist state. But from Qian Mu's point of view, the Marxist interpretation of modern Chinese development lost sight to the uniqueness of China.

Same as the "westernizers" in the May Fourth, the Chinese Marxists employed a non-Chinese frame of reference to adjudicate China. They superimposed an alien yardstick to judge what they supposedly knew beSt. By critiquing the May Fourth cultural iconoclasts, Qian Mu called his readers' attention to the special pattern of Chinese development. And in *Guoshi dagang*, Qian Mu's described—with ample facts and figures—this special path of Chinese development.

Equality and Openness in Ancient China

Unlike the KMT version of ancient Chinese history, Qian Mu dated the

---

[29] Qian Mu, *Guoshi dagang*, p.658.

beginning of China not with the Yellow Emperor but with the Qin dynasty(221-206 B.C.). Sharing Gu Jiegang's view, Qian Mu found that the myth of "three emperors and five kings"(*sanwang wudi* 三王五帝)were not historically justifiable.[30] Rather than relying on an unsubstantiated myth, Qian Mu used territorial and cultural unity as the basic criterion for the birth of China. For him, the Qin dynasty was the best candidate for the beginning of China.

> The unification [of the nation] under the Qin people had four extremely important ingredients:First, they established Chinese territorial boundary. Second, they established the Chinese nation⋯ Third, they established the Chinese political institution⋯ Fourth, they planted the cornerstone of Chinese scholarship and thought⋯[31]

Ignoring the conventional criticisms of the First Emperor of Qin as being authoritarian and anti-Confucian, Qian Mu affirmed the Qin Dynasty on the basis of national unity. In fact, in *Guoshi dagang*, Qian Mu structured the history from the Qin to the present under one overarching theme:a peaceful and harmonious China gradually evolved from feudal aristocracy to an equal and open society. During the last thousand years, Qian Mu argued, China had developed two basic characteristics in her national life: harmony and equality.[32] These two characteristics were, for Qian Mu, the pillars of modern China.

In *Guoshi dagang*, feudal aristocracy was equated with being selfish and provincial. For Qian Mu, the aristocratic system encouraged centrifugal force by dividing the nation into separate feudal domains. And the purpose of feudalism was to preserve individual interest(*si* 私)at the expense of national unity. Hence, throughout the last thousand year of Chinese development, Qian Mu argued, constant efforts had been made to destroy feudal aristocracy for an equal and open society.

According to Qian Mu, the destruction of aristocracy began in the Warring Period(403-221 B.C.), but it was until the Western Han(202 B.C.-A.D.9) that aristocracy was structurally terminated by the establishment of "a civil government"(*shiren zhengfu* 士人政府). [33] By civil government, Qian Mu meant a

---

[30] Qian Mu, *Guoshi dagang*, p.4.

[31] Qian Mu, *Guoshi dagang*, pp.81-83.

[32] Qian Mu, *Guoshi dagang*, preface: pp.11-22.

[33] Qian Mu, *Guoshi dagang*, pp.104-105.

government that was staffed by scholars of different social backgrounds who gained access to political power through a fair selection process.[34] Since the officials of the civil government came from different parts of the country and they were trained in Confucianism, they were the bulwarks of national interest while the emperor provided symbolic continuity to the nation. For Qian Mu, the Han and the Tang were the golden period of the civil government. Particularly in the Tang, Qian Mu saw a perfect system in action. On the Tang system, Qian Mu commented,

> The *fubing* 府兵 system and the *jinshi* 進士 system—one being military and the other being civil—were in actuality peasants' two paths to upward mobility. For those peasants who came from solid family background and were physically fit for military service, they could enter the *fubinq*. [For those peasants] who were intelligent and could afford to study during agricultural breaks, they could take the civil service examination. In ancient society, military service and knowledge were the monopoly of aristocrats. The common people could never have access to them. Now the common people were trained to perform military service and to acquire knowledge, without jeopardizing their special political status of being the protected.[35]

By glorifying the Tang system, Qian Mu killed two birds with one stone. On the one hand, he proved to the "westernizers" that the Chinese imperial system was liberal and rational. For centuries, China had been developing in the right direction of opening up political power to all walks of life and encouraging social mobility for those at the low strata of society. Hence, there was no need to westernize China by bringing in science and democracy.[36] On the other hand, by highlighting the social fluidity of the Tang, Qian Mu proved to the Chinese Communists that peasants were never an oppressed class in China. On the contrary, plenty of channels had been established for peasants to gain upward mobility. Since China had always been socially harmonious, Qian Mu accused the Chinese Communists of disrupting the social order and distorting Chinese national character by advocating a peasant-led social revolution.[37]

---

[34] Qian Mu, *Guoshi dagang*, p.105.
[35] Qian Mu, *Guoshi dagang*, p.298.
[36] Qian Mu, *Guoshi dagang*, preface: pp.12-14.
[37] Qian Mu, *Guoshi daganq*, preface: pp.19-22.

Culture as an Agent of Change

In the Social History Controversy, although the focus of the debate was on Zhou feudalism, the major point of contention was actually about the agent of change in Chinese history. Defending the value of political revolution, the KMT ideologues emphasized the political factors in China's historical development. Advocating the primacy of class struggle, the Chinese Communists stressed the dialectic between the mode of production and the relations of production as the fundamental force of change.[38] By determining what was the force of change in Chinese history, both sides supported their own version of revolution in modern China.

To participate in the debate of a new China, Qian Mu provided in *Guoshi dagang* his own explanation of China's dynamics of change. Furthering his argument of Chinese civil government, Qian Mu regarded culture, especially thought, as the most important agent of change in China. In explaining the cause of the prolonged disunity in the Wei-Jin period(220-589), Qian Mu wrote,

> When scholars and big families [in the Wei-Jin period], who were the main force of change in history, did not do much to unify the country, how could a strong country be established? At that time, there were two reasons why the big families did not want to form a unified country. One was that they disagreed among them. Second was that there was not a sound and great idea(*guan nien* 觀念)or vision(*li xiang* 理想)uniting the different forces. [39]

Although Qian Mu was vague in his meanings of ideology and spirit, it is clear that he regarded intellectual activity, or a doctrine, as the major force of change in Chinese history. It is also clear that when Qian Mu spoke of ideas, he meant the dedication of the educated class to maintain a unified polity and to further the public intereSt. He associated ideas with the educated elite's intellectual construct in supporting political unity and defining governmental power.

Ultimately, for Qian Mu, it was the educated elite or *shi* 士(scholars)who could transcend individual cravings and parochial concerns, serving as the bulwarks of national interests. Since the educated elite were the spokesmen of the public

---

[38] Arif Dirlik, *Revolution and History*, pp.135-136.

[39] Qian Mu, *Guoshi dagang*, pp.154-156.

interest, Qian Mu argued that the kind of thought they harbored determined the rise and fall of the country. When the educated elite in the Wei-Jin period lost their interest in public affairs, the period was chaotic; when the educated elite of Tang focused on the welfare of the country, the period was stable and prosperous.

Conclusion

In the end, Qian Mu wrote *Guoshi dagang* to call on the educated elite of his times to sacrifice their individual needs for the interest of the nation. He urged them to follow the examples of the scholars of imperial China to give the country a unifying ideology and a unified government. Although the "westernizers" and the Chinese Communists were arguably serving the nation by advocating radical changes, Qian Mu questioned the validity of their claim that a modern China had to be built by breaking from the paSt. For this reason, the historical narrative of *Guoshi dagang* was precisely to prove that the past and the present were inseparable and interconnected. For Mu, only by forging a common identity based on a memory of the Chinese civil governance would a modern China be possible. And only when most of modern Chinese had harbored a deep love of the past—characterized by openness, mobility, multiplicity, cooperation, and dialogue—would a unified and strong China be possible in the 20th century.

第四十八章　需要一種新的國史
——錢穆與《國史大綱》

成功大學歷史系
王健文

一、前言

歷史知識是「一種」對過去的「記憶／遺忘」（二者是一體之兩面，相反而相成），不同的歷史敘事者，隨著諸多因緣條件，有著彼此歧異的歷史記憶。換言之，現實中存在著「複數」的歷史記憶，也就是有著「複數」的歷史知識。

當我們針對一歷史現象，「選擇性」地記得了若干事實，並「結構性」地忘記了另一些事實，「一種」歷史知識於焉形成。隨著知識建構的背景改變、歷史敘事者的主觀變化，有時我們會「記起了」一些原來遺忘的事、卻又「忘記了」一些原本記得的事，於是「歷史知識」跟著變遷，「另一種」歷史知識取代了原有的歷史知識。

任何一個學歷史的人、解釋歷史的人或者是說故事的人，都是在一個瞻前顧後的狀況下，站在此刻當下這個時空位置，通過對未來的想像，對過去給一個說法，也就是說一個故事。從另一方面，我們可以說，所有的歷史知識都是一種「再現」，在「事過境遷」之後，站在不同的時空情境當中的「說書人」，受著自己處境的影響，試圖呈現過去的事情。

述說自己所記得的過去，即所謂「歷史敘事」。擁有共同的歷史記憶，是一個群體藉以凝聚「認同」的主要方式之一。族群的敘事認同往往包括以下幾個要素：

（一）、共同的祖源；

（二）、共同的經歷與情感（榮耀或屈辱）；

（三）、他者意象；

中國歷史的族群敘事，自封建晚期至晚清，「夷夏秩序」一直是族群分類典範。也從春秋時代的孔子開始，交錯的「文化」與「種族」指標，提供了族群界線挪移的彈性空間。

後世意義下的華夏族群意識，直到司馬遷的《史記》書寫，才明確地定下了規模。《史記》寫作的是黃帝以來至於漢武帝的「中國」歷史，但是，從某個角度看來，司馬遷所寫的也是當時人觀念中的一部世界史。從黃帝、堯、舜，經夏、殷、周

三代，乃至於秦、漢，是司馬遷所建構政權繼承、轉移的時間系譜，在空間上看來，這又是以黃河流域為中心的世界觀。這些以黃河流域為中心所建立的國家，自以為居於世界之中，乃自稱「中國」。

司馬遷追述黃帝為華夏始祖，〈五帝本紀〉中說：「蚩尤作亂，不用帝命。於是黃帝乃徵師諸侯，與蚩尤戰於涿鹿之野，遂禽殺蚩尤。而諸侯咸尊軒轅為天子，代神農氏，是為黃帝。天下有不順者，黃帝從而征之，平者去之，披山通道，未嘗寧居。東至于海，登丸山，及岱宗。西至于空桐，登雞頭。南至于江，登熊、湘。北逐葷粥，合符釜山，而邑于涿鹿之阿。遷徙往來無常處，以師兵為營衛。」黃帝征服蚩尤，是夷夏之爭的最早形式；四境的描述，劃定了華夏的空間範圍，這個空間範圍基本上近於西漢時華夏的疆域，絕非傳說中的黃帝所可能統治的版圖。〈三代世表〉中又建立了五帝三王的傳承世系，率皆上承黃帝，為軒轅氏之子孫。但是，這樣的華夏族群書寫，基本上只在統治者間的血緣聯繫，華夏族群的血緣共同體要擴大到一般人民，必須等到晚清以後，那時所建構的是擴大為「五族共和」的「中華民族」。[1]

「族群認同」的邊界往往隨著歷史「境遇」而有所挪移，挪移之際，正是歷史學者必須賦予詮釋之處。晚清至民國初年，傳統的夷夏之辨轉成中西文明之辨。原本野蠻的夷狄，變成先進的西方列強；原來居於天下之中的華夏，卻成為卑屈低下的中華民族。華夷之間文明高度的逆轉，當然與鴉片戰爭以來中西之間國力之消長有著絕對的關係。而華夏族群的認同，轉化擴大為「中華民族」的概念，也有著西方這個「新夷狄」的出現促使華夏邊界向外挪移，而將「舊夷狄」的「滿、蒙、回、藏」都納入了華夏之中，並因此擴大建構了「五族共和」的「新華夏」，這個新華夏，當時命名為「中華民族」。從晚清到民國初年，許多知識份子通過新的國史書寫，打造了一個脫胎於華夏的新國族，從劉師培、曾鯤化、夏增佑，到柳詒徵、呂思勉、張蔭麟、錢穆，莫不致力於此。

從「華夏」到「中華民族」，從司馬遷的《史記》到錢穆的《國史大綱》，雖然各有不同歷史情境，表現形式也各不相同，但通過歷史書寫來打造「國族認同」，卻有著內在理路的一脈相承。當然，司馬遷時代的華夏認同，與當今使用的「國族」概念，顯係二事；司馬遷在新時代新氣象中，以歷史書寫架構「天下」格局，和錢穆在危急存亡之秋，以書寫新國史救亡圖存，亦大異其趣。但是通過歷史書寫建立集體認同、釐清個體時空定位，大致是在同一種思維模式下的產物。

本文想呈現的是：從十九世紀末葉到二十世紀前半，在外患方殷，圖強屢挫的歷史處境中，知識份子期待通過國史之改造，以書寫新的國史，形塑新的國族認同，作為救亡圖存的重要途徑。在這個新國史書寫運動中，錢穆的成就尤其突出，顧頡剛稱道此書最「後出而創獲最多」[2]。

---

[1] 沈松僑，〈我以我血薦軒轅：晚清的黃帝神話與國族建構〉，《台灣社會研究季刊》28期，1997年。以歷史記憶的關鍵元素（黃帝神話）為焦點，探討晚清知識份子的國族建構，有著精彩的論述。

[2] 顧頡剛在1947年成書的《當代中國史學》中批評多數中國通史著作相互抄襲、千篇一律，較近理想者，

1937年蘆溝橋事變，錢穆所任教的北大師生，間關萬里，輾轉流徙至雲南昆明，錢穆在《國史大綱》〈書成自記〉中回憶：「余藏平日講通史筆記底稿數冊於衣箱內，挾以俱行。取道香港，轉長沙，至南嶽。又隨校遷滇，路出廣西，借道越南，至昆明。文學院暫設蒙自，至是輾轉流徙，稍得停蹤，則二十七年之四月也。自念萬里逃生，無所靖獻，復為諸生講國史，倍增感慨。」[3]稍稍安定之後，錢穆開始發願寫作《國史大綱》，先是苦於日軍空襲，而後每周隱居山中三日，十三個月後，1939年6月，《國史大綱》全書完稿。

《國史大綱》書成，由於錢穆對待國史的態度迥異於新文化運動的學者，引起一陣譁然，陳寅恪稱道那是值得注意的一篇大文章，而傅斯年卻對錢穆鄙夷有加。

> 國史大綱稿既成，寫一引論載之報端，一時議者閧然。聞毛子水將作一文批駁。子水……見余文，憤慨不已，……張其昀……晤及陳寅恪。寅恪告彼近日此間報端有一篇大文章，君必一讀。曉峰問，何題。乃曰，錢某國史大綱引論。……越有年，史綱出版，曉峰一日又告余，彼在重慶晤傅孟真，詢以對此書之意見。孟真言：向不讀錢某書文一字。彼亦屢言及西方歐美，其知識盡從讀東方雜誌而來。[4]

《國史大綱》的書寫與出版，恐怕不止於學術史上的意義，其成就也不只於顧頡剛所評價的「後出而創獲最多」。作為晚清至民國初年新國史書寫的一環，錢穆與其《國史大綱》正好放置在當代思想史的一個交會激盪之處。如同其他的國史改造提倡或實踐者一般，同樣以新國史書寫為救亡圖存的重要手段，但是錢穆對於國史的基本見解卻與當世多數主流知識分子站在對立面，〈引論〉中無所避諱地批評當世知識分子之無識見（特別是反傳統主張西化的知識分子），是當今中國困局的最大病根，無怪乎傅斯年如此強烈反彈。

錢穆是個文化保守主義者，相較同時代反傳統的新文化運動者，對待中國歷史傳統的姿態迥異。當然，就當時的知識界來看，錢穆無疑是個主流之外的邊緣人，是時代潮流之中的反潮流者。

本文先鋪陳晚清新國史運動的背景，觀看錢穆如何在此時代舞台中現身？又如何與其時代及並世的知識分子應對？篇末對於國史書寫與國族建構的歷史課題提出初步反省。

顧氏舉呂思勉、鄧之誠、陳恭祿、繆鳳林、張蔭麟等，亦多屬未完之作，「錢先生的書最後出而創見最多。」參見：顧頡剛，《當代中國史學》（香港：龍門書店校訂重版本），頁85。（1947年南京勝利出版公司初版）

3　錢穆，《國史大綱》（台北：商務印書館，，1977年修訂三版）1939年6月初版，〈書成自記〉。

4　錢穆，《八十憶雙親師友雜憶合刊》（台北：東大圖書公司，1983年），頁201-2。

二、一個新國族的誕生

（一）、開眼看世界：從五服的天下觀到萬國並立的世界觀

　　先秦文獻中「諸夏」、「諸華」、「華」、「夏」、「中國」諸詞往往異名而同指，而「諸夏」是最普遍的說法。但是到了秦漢帝國之後，「中國」取代「諸夏」成為最常使用的措辭。這樣的改變是有其歷史意義的。

　　族群認同自然有其內蘊自我界定的元素，也因排除外在「他者」後所形成的邊界而更清晰。往往在「他者」帶來了資源競奪威脅時，族群邊界才益為鮮明，並對內產生向心凝聚效應。但是若「他者」提供了足堪追求的資源目標時，也可能對外產生離心的拉扯效應。

　　如同許倬雲在《西周史》中，追述西周開國東進運動中，「西土」意識逐漸轉換為「華夏」意識。溯其源，以農業城邦、禮樂衣冠、封建禮制為基礎的「華夏」意識，至少在西周早中期已成立。[5]但是後世所熟知的「諸夏」意識，恐怕是到南蠻、北狄交相侵迫，陳、蔡懼楚，衛、邢為狄人破滅而遷國，而齊桓公高舉「尊王攘夷」的旗幟時，才真正確立了。諸侯高倡「尊王」之必要，正說明了王綱解紐的現實。齊桓公的霸業，「尊王」只是門面，「攘夷」才是實質。在夷狄的威脅具體化且迫在眉睫時，「禮樂征伐自諸侯出」的「『諸』夏」才真正成型了。[6]

　　到了秦漢帝國一統，「六王畢、四海一」的新局面出現時，「『諸』夏」從「複數」變成「單數」，與「夷狄」對稱，仍稱「夏」或「華夏」，當然，有時還保留「諸夏」的傳統措辭。與「四夷」對稱，或座落在「天下」概念中時，則稱「中國」。

　　族群認同有時將「他者」變成了「自我」的一部份；有時則藉著不能「歸化」的他者，來劃定自身的邊界。司馬遷筆下的四裔列傳，傳述的便是那些不可「歸化」的「他者」。宣帝時的一次廷議，討論的是當時天下秩序的界定。宣帝採蕭望之議，保留政教所不及的「戎狄荒服」的空間，同時再次確定「中國」為天下秩序的核心位階。不能「歸化」的「他者」，也許確有其無從「歸化」的現實緣由，但同時也是「華夏」族群確立其在天下秩序中優勢地位的必要對照組。自從司馬遷創下「四裔列

5　最早整體論述華夏世界形成的，是許倬雲的《西周史》，其中心議題即設定在：「『華夏國家』在西周時代的形成過程。」（頁Ⅱ）並指出周人東進運動之後，「與東土的部族揉合成為一個文化體系與政治秩序下的國族。殷商自稱大邑，卻無『華夏』的觀念。這些周王國內的各封國，自號華夏，成為當時的主幹民族。」（頁119-20）許倬雲且在書末的結論中強調：華夏文化體系的普遍性與開放的「天下」觀念，讓華夏文化不致有強烈的排他性。因而可以海納百川，「中國人從此不再是若干文化體系的場合，」而是「一個文化秩序的延續。」這正是「周人『華夏』世界的本質。」（頁310-1），參見：許倬雲，《西周史》（臺北：聯經出版事業公司，1984年）。

6　參看：錢穆，《國史大綱》，頁37-46。

傳」的文類後，歷代正史往往循例為「蠻夷戎狄」立傳，在「五服」的秩序觀中，天下成了一個由內而外層層包覆的同心圓，從華夏核心到華夏邊緣，乃至最外圍的、僻處於天之涯海之角的、「正朔」所不及的四夷，「國」的概念在天下之中，為華夏所獨享，中國之外別無他國，「外國」這個概念起初是不存在的。

正史中第一次出現了「外國列傳」，是在元代官修的《宋史》。《宋史》始立外國列傳，收入：夏國；高麗；交趾；大理；占城、真臘等十國；天竺、于闐等九國；流求、定安、渤海、日本、党項、吐蕃，計八卷。另有蠻夷傳四卷，載西南諸蠻夷。

《宋史》〈外國一列傳〉序言中，所謂「外國」，仍在「戎狄荒服」的概念下理解：

> 昔唐承隋後，隋承周、齊，上溯元魏，故西北之疆有漢、晉正朔所不逮者，然亦不過使介之相通、貢聘之時至而已。唐德既衰，荒服不至，五季迭興，綱紀自素，遠人慕義，無所適從。宋祖受命，諸國削平，海內清謐。於是東若高麗、渤海，雖阻隔邊壤，而航海遠來，不憚跋涉。西若天竺、于闐、回鶻、大食、高昌、龜茲、拂林等國，雖介遼、夏之間，筐篚亦至，屢勤館人。党項、吐蕃喞廝囉董氈瞎征諸部，夏國兵力之所必爭者也，宋之威德亦暨其地，又間獲其助焉。交阯、占城、真臘、蒲耳、大理濱海諸蕃，自劉鋹、陳洪進來歸，接踵修貢。宋之待遇亦得其道，厚其委積而不計其貢輸，假之榮名而不責以煩縟；來則不拒，去則不追；邊圉相接，時有侵軼，命將致討，服則舍之，不黷以武。先王柔遠之制豈復有加於是哉！南渡以後，朔漠不通，東南之陬以及西鄙，冠蓋猶有至者。交人遠假爵命，訖宋亡而後絕焉。

正朔所不及的天涯海角，是五服概念中的最外圍，再往內，則是華夏政權較能有效控制的「蠻夷要服」，大抵集中在西南一隅「荊、楚、巴、黔、巫」：

> 古者帝王之勤遠略，耀兵四裔，不過欲安內而捍外禦，非所以求逞也。西南諸蠻夷，重山複嶺，雜廁荊、楚、巴、黔、巫中，四面皆王土。乃欲揭上腴之征以取不毛之地。疲易使之眾而得梗化之氓，誠何益哉！樹其酋長，使自鎮撫，始終蠻夷遇之，斯計之得也。然無經久之策以控馭之，狙獷之性便於跳梁，或以釁隙相尋，或以饑饉所逼，長嘯而起，出則衝突州縣。入則負固山林，致煩興師討捕，雖能殄除，而斯民之荼毒深矣。宋恃文教而略武衛，亦豈先王制荒服之道哉！
>
> 西南溪峒諸蠻皆盤瓠種，唐虞為要服。……（《宋史》〈蠻夷一列傳〉）

到了明代，「西南諸蠻」雖「大姓相擅，世積威約」，然必「假我爵祿，寵之名號」；雖「分別司郡州縣，額以賦役，聽我驅調」，而統治之精神實為「羈縻之

道」。一樣是「蠻夷要服」，時異事異，與華夏政權的關係仍鬆緊有別，「蠻夷列傳」在明代亦因而改稱「土司列傳」。

> 西南諸蠻，有虞氏之苗，商之鬼方，西漢之夜郎、靡莫、邛、筰、棘、爨之屬皆是也。自巴、夔以東及湖、湘、嶺嶠，盤踞數千里，種類殊別。歷代以來，自相君長。原其為王朝役使，自周武王時孟津大會，而庸、蜀、羌、髳、微、盧、彭、濮諸蠻皆與焉。及楚莊蹻王滇，而秦開五尺道，置吏，延及漢武，置都尉縣屬，仍令自保，此即土官、土吏之所始歟。
>
> 殆有明踵元故事，大為恢拓，分別司郡州縣，額以賦役，聽我驅調，而法始備矣。然其道在於羈縻。彼大姓相擅，世積威約，而必假我爵祿，寵之名號，乃易為統攝，故奔走惟命。（《明史》〈土司列傳〉）

《明史》有土司傳十卷，外國傳九卷，西域傳四卷。晚明為近世中西交涉新的起點，地理大發現將東西方世界藉由海洋連結為一整體，對當時的華夏民族而言，這是前所未見的「新夷狄」，雖然中西接觸之始，華夏朝廷與士人仍然藉由傳統的天下觀認識這些遠渡重洋而來「陌生人」，但是，他們卻也帶來了一種全新的世界觀：

> 萬曆時，大西洋人至京師，言天主耶穌生於如德亞，即古大秦國也。其國自開闢以來六千年，史書所載，世代相嬗，及萬事萬物原始，無不詳悉。謂為天主肇生人類之邦，言頗誕謾不可信。其物產、珍寶之盛，具見前史。
>
> 意大里亞，居大西洋中，自古不通中國。萬曆時，其國人利瑪竇至京師，為萬國全圖，言天下有五大洲。第一曰亞細亞洲，中凡百餘國，而中國居其一。第二曰歐羅巴洲，中凡七十餘國，而意大里亞居其一。第三曰利未亞洲，亦百餘國。第四曰亞墨利加洲，地更大，以境土相連，分為南北二洲。最後得墨瓦臘泥加洲為第五。而域中大地盡矣。其說荒渺莫考，然其國人充斥中土，則其地固有之，不可誣也。（《明史》〈外國七列傳〉）

禹貢九州、五服（或是《周禮》中的九服，與《國語》的五服是同一天下觀下的產物，只是詳略有別，多了四個圈子），大體上是各同心圓或是多重「回」字形的架構。天下的核心是王畿（或是帝國京城），第二圈是設置郡縣的華夏，華夏之外是夷狄，夷狄又以「蠻夷要服」、「戎狄荒服」的概念區別內外，與華夏關係稍近的是「要服」的「內蠻夷」，有時必須接受華夏政權的羈縻，形式上可能需經過華夏政權的冊封儀式來確立其政權之正當性。與華夏關係遙遠則是「荒服」的「外蠻夷」，既然是正朔所不及，相對於華夏政權，其實是絕對獨立自主的國度，可以說，華夏只是通過一種想像或是虛構的權力關係，將其納入天下架構，成華夏邊緣之外的天下的最邊緣，相對於「中國」的「天涯海角」。

古代的天下地圖，如宋代的「華夷圖」或「輿地圖」，將華夏政權的版圖畫在正中，而且佔據了最大的面積，若是畫上周邊夷狄，，比例則小的誇張，彷彿只是中國的寄生物一般。[7]

中國與四夷佔有面積比例之失真，並非出於當時中國人地理知識之不足，與中國人當時地圖繪製技術也無關連，基本上地圖所呈現的「大小」之別，並非只實際地理空間的大小，而是反應華夏所評定「文化價值」的高低。到了晚明，利瑪竇開始傳入西方人所繪製的世界地圖，才對當時的中國人帶來了極大震撼。在這種新的世界圖像之中，世界為一圓球，上有五大洲，「第一曰亞細亞洲，中凡百餘國，而中國居其一。」當然中國亦非理所當然居於天下之中。這樣的世界圖像，與華夏傳統的天下圖像自然大相逕庭。[8]

（二）、世界逼近眼前

雖然新的世界圖像早在晚明即傳入中國，但是華夏第一次認真看待，並且重新以此圖像做為世界觀的新的依據，甚至藉由世界圖像的革命性轉向，顛覆了舊有根深柢固的天下觀（傳統的天下觀開始被新的世界觀所取代），必須等到十九世紀中葉，西方藉著船堅炮利，強行叩關之後。

鴉片戰爭之後不久，1842年，魏源（1794-1857）出版《海國圖志》；1848年，徐繼畬（1795-1873）出版《瀛寰志略》。在歷史的巨變剛剛揭開簾幕不久，開始介紹一個不為中國所知的「世界」。魏源在《海國圖志》〈敘言〉中說：

> 何以異於昔人海圖之書？曰：彼皆以中土之人譚西洋，此則以西洋人譚西洋也。
> 是書何以作？曰：為以夷攻夷而作，為以夷款夷而作，為師夷長技以制夷而作。（魏源，《海國圖志》〈原敘〉）

魏源比較《海國圖志》與過去中國相關的海圖著作，根本差別在於：「彼皆以中土之人譚西洋，此則以西洋人譚西洋也。」這樣的說詞，當然在彰顯作者自道其能夠超越過往的華夏偏見，嘗試以西洋人的角度來看待西洋。換言之，從此刻起，因為外在的世界直接逼近眼前，**「華夏之眼」**必須要轉換視角。雖然改從西洋人角度觀看，卻始終是站在中國的立場，此所以「為以夷攻夷而作，為以夷款夷而作，為師夷長技以制夷而作。」

魏源的〈敘言〉預示著一個新時代的來臨，在這個新時代裡，近代中國知識份子

---

[7] 參看：葛兆光，〈作為思想史的古輿圖〉，收入：甘懷真主編，《東亞歷史上的天下與中國概念》（台北：台灣大學出版中心，2007年），頁232-3。
[8] 參看：葛兆光，〈作為思想史的古輿圖〉，頁234-5。

開始學習超越「**華夏之眼**」的侷限，卻往往落入了新的「**西方之眼**」的偏見；但是即使是採取他者的眼光觀看自我，卻始終是為著自我的救亡圖存。

徐繼畬的《瀛寰志略》出版稍晚於《海國圖志》，因行文流暢易讀，更為風行一時，許多晚清知識份子的對世界的認識因此書而開啟新視野，曾國藩、郭嵩燾均曾閱讀此書，康有為則是在1879年閱讀《海國圖志》與《瀛寰志略》，奠立其西學之基礎。百日維新前夕，梁啟超於1890年閱讀《瀛寰志略》：「始知有五大洲各國。」[9]

自十九世紀中葉，《海國圖志》與《瀛寰志略》相繼問世，為晚清知識界開啟了從新認識世界的一扇窗戶。此後各種引介世界知識的相關著作陸續出版，一方面在空間上重劃世界版圖，將同心圓式（或多重「回」字）以「服制」概念建構的天下，一轉而變成五大洲羅列平行展開的世界圖像。「中國」在這個新的世界圖像中只是並立的列國之一，卻非天下之中。另一方面，這些引介世界知識的著作，也成為引渡西學進入中國的載體。西方的政治體制、風俗民情、哲學思想通過他們的轉述，成為晚清知識份子認識西方的憑藉。[10]承載在這些著作中的西方知識，匯聚而成晚清知識界的「知識倉庫」中的「思想資源」，為十九、二十世紀之交的思想變革奠定了基礎。[11]

就在晚清知識份子開眼看世界的同時，他們也發現，在這個新的世界觀中，必須重新界定「中國」，一個有別於傳統天下觀中的中國。[12]

（三）、打造一個新國族

眾所周知，晚清到民國初年的救亡圖存運動，經歷了器物層面、制度層面與想層面三個階段的西化。到了十九世紀末期，許多知識分子以為，西方列強的強國之道，

---

[9] 梁啟超，〈三十自述〉，《飲冰室文集》（台北：中華書局，1978年）。亦收入：梁啟超著，湯志鈞、湯仁澤主編：《梁啟超全集》（北京：中國人民大學出版社，2018年）。第四集，頁107-110。

[10] 關於十九世紀中葉以來引介世界知識的浪潮，參閱：彭明輝，《晚清的經世史學》（台北：麥田，2002年），第五章〈開眼看世界：外國史地引介〉與第六章〈譯介外國史地與改編國史運動〉。

[11] 關於晚清的「知識倉庫」與「思想資源」，請參考王汎森，〈「思想資源」與「概念工具」：戊戌前後的幾種日本因素〉，《中國近代思想與學術的系譜》（台北：聯經，2003年）；潘光哲，《華盛頓在中國：製作「國父」》（台北：三民，2006年）。潘光哲以美國革命與華盛頓為例，說明晚清知識份子如何以他們熟知的古典中國知識「格義」西方思想，華盛頓這位「異國堯舜」，在遙遠的另一個大陸造就了〈禮運〉中孔子所描述的「大同」世界，「天下為公，選賢與能」。這一方面可能因為作者們的西方知識一知半解，另方面當西方聖人與東方聖人如出一轍，則轉換軌道效法西方更無阻力。

[12] 王晴佳認為「2000年中國史學的革新與改造，自然是與西方強權的侵入是有關係的。在鴉片戰爭的時期及其以後，中國的有識之士便覺察到認識外部世界的必要。從林則徐的《四洲志》、魏源的《海國圖志》到黃遵憲的《日本國志》，我們可以看到這一努力，其結果影響了中國人的世界觀和歷史觀。具體而言，這一影響體現在兩個方面。第一是中國人眼界的擴大。如魏源的《海國圖志》就將一般人對世界的認識，從沿海的鄰邦擴展到了歐洲、大洋洲和美洲。但從第二個方面來看，這一『開眼看世界』的結果，反而縮小了中國人的世界觀，從原來的『天下』縮小了『國家』。中國人漸漸拋棄了以前的那種以天下為己任的抱負，而將注意力慢慢轉移到了國家，也即中國與外國，特別是與西方強國之間的關係問題上。」參見：王晴佳，〈錢穆與科學史學之離合關係（1926~1950）〉，《臺大歷史學報》第26期，頁123-4。

在於他們的民族主義作為精神支柱。中國若欲與列強相庭抗禮，必須發展自己的民族主義，而這樣的民族主義，不再能放在傳統「夷夏之辨」的天下觀中，而必須放在嶄新的列國並立之世界觀中認識。

二十世紀初，梁啟超發表一系列的〈新民說〉，對當時的知識界造成了深刻的影響。[13]《新民說》喚起中國人的自覺，要從帝國時代皇帝的臣民，轉化為現代國家的國民，並講述現代國民所應有的條件和準則。「新民」的同時，也在打造一個新的國家，以及一個新的國族。

梁啟超說：

> 欲抵當列強之民族帝國主義，以挽浩劫而拯生靈，惟有我行我民族主義之一策；而欲實行民族主義於中國，舍新民末由。
>
> ……
>
> 新民云者，非欲吾民盡棄其舊以從人也。新之義有二：一曰，淬厲其所本有而新之，二曰，採補其所本無而新之。二者缺一，時乃無功。先哲之立教也，不外因材而篤與變化氣質之兩途。斯即吾淬厲所固有採補所本無之說也。一人如是，眾民亦然。

梁啟超又說：

> 國家思想者何？一曰對於一身而知有國家。二曰對於朝廷而知有國家。三曰對於外族而知有國家。四曰對於世界而知有國家。[14]

新的「國家」概念，必須在四種關係中把握：個人與國家、朝廷與國家、外族與國家、世界與國家。個人與國家，即是重新界定人民與國家的關係，從「臣民」轉化而為「國民」；朝廷與國家，某種意義下是顧炎武區別「國」與「天下」的近代版，也可以說是「政權」與國家的關係；外族與國家則是兼有釐清國內（中國內部的漢族與非漢民族，當時主要指滿漢關係）與國外諸民族之關係；世界與國家則意識著有別於傳統天下觀的列國世界觀。

---

[13] 《新民說》是梁啟超在（清）光緒二十八（1902年）年至三十二年（1906年），用「中國之新民」的筆名，發表在《新民叢報》上的二十篇政論文章。1916年部分收入《飲冰室文集》；1936年收入中華書局出版的《飲冰室合集》，同年並出版單行本《新民說》。本文參考的是梁啟超著，湯志鈞、湯仁澤主編：《梁啟超全集》，第二集，頁525-669。

[14] 梁啟超，〈新民說〉。

三、需要一種新的國史

（一）、中國國名的釐定

當朝廷（政權）與國家的分野出現之後，「中國」是什麼？成了一個新的問題。梁啟超困惑著「中國」沒有「國名」之事：

> 且我中國疇昔豈嘗有國家哉？不過有朝廷耳。我黃帝子孫聚族而居，立於此地球之上者既數千年，而問其國之為何名？則無有也。夫所謂唐虞夏商周秦漢魏晉宋齊梁陳隋唐宋元明清者，則皆朝名耳。朝也者，一家之私產也；國也者，人民之公產也。……然則吾中國者，前此尚未出現於世界，而今乃始萌芽云爾。[15]（梁啟超，〈少年中國說〉，1900年）
>
> 吾人最慚愧者，莫如我國無國名之一事。尋常通稱，或曰諸夏，或曰漢人，或曰唐人，皆朝名也。外人所稱，或曰震旦，或曰支那，皆非我所自命之名也。以夏漢唐等名吾史，則庶尊重國民之宗旨。以震旦支那等名吾史，則失名從主人之公理。曰中國、曰中華，又未免自尊自大，貽譏旁觀。雖然。以一姓之朝代而污我國民，不可也。以外人之假定而污我國民，猶之不可也。於三者俱失之中，萬無得已，仍用吾人口頭所習慣者，稱之曰中國史。雖稍驕泰，然民族之各自尊其國，今世界之通義耳。我同胞苟深察名實，亦未始非喚起精神之一法門也。[16]（梁啟超，〈中國史敘論〉，1901年）

在傳統的天下觀中，至大無外，既然沒有「外國」的概念，「中國」又何需有國名？天下之中，唯有朝代之遞嬗，又以一套「正統論」的詮釋系統串連起每一朝代。**究其實，是世界出現了，才有釐定國名的需要。**

（二）、中國無史

在梁啟超眼中，中國除了沒有國名之外，亦且沒有國史：

> 前者史家，不過記載事實，近世史家必說明其事實之關係，與其原因結果。前者史家，不過記述人間一二有權力者興亡隆替之事，雖名為史，實不過一人一

---

[15] 梁啟超，〈少年中國說〉，收入：梁啟超著，湯志鈞、湯仁澤主編：《梁啟超全集》，第二集，頁221-225。

[16] 梁啟超：〈中國史敘論〉，1901年。收入：梁啟超著，湯志鈞、湯仁澤主編：《梁啟超全集》，第二集，頁310-320。

家之譜牒。近世史家必探察人間全體之運動進步，及國民全體之經歷，及其相互之關係。以此論之，遂為中國前者未嘗有史，殆非為過。[17]（梁啟超，〈新史學〉，1902年）

當梁啟超重新界定了「國家」與「國民」之後，新的「國史」也伴隨而生。當梁啟超回首中國舊史，卻驚見中國無史。

所謂「無史」，當然不是說中國過去從無歷史學，或是從無國史之寫作。一部二十五史，浩瀚如海的乙部著作，豈能視而不見？梁啟超所謂「中國無史」，指的是傳統史學不能「嵌入」「新史學」的界說之中，梁啟超說：

於今日泰西通行諸學科中，為中國所固有者，惟史學。史學者，學問之最博大而最切要者也。國民之明鏡也。愛國心之泉源也。今日歐洲民族主義所以發達，列國所以日進文明，史學之功居其半焉。……

又說：

茲學之發達，二千年於茲矣。然而陳陳相因，一邱之貉，未聞有能為史界闢一新天地，而令茲學之功德普及於國民者，何也？吾推其病源，有四端焉。一曰，知有朝廷而不知有國家。……二曰，知有個人而不知有群體。……三曰，知有陳跡而不知有今務。……四曰，知有事實而不知有理想。……以上四者，實數千年史家學識之程度也。緣此四蔽，復生二病：其一，能鋪敘而不能別裁。……其二，能因襲而不能創作。……合此六弊，其所貽讀者之惡果，厥有三端：一曰難讀。……二曰難別擇。……三曰無感觸。雖盡讀全史，而曾吾有足以激勵其愛國之心，團結其合群之力，以應今日之時勢而立於萬國者。……[18]

梁啟超認為傳統史學只知有「朝廷」、「個人」、「陳跡」、「事實」，由此而蔽於知「國家」、「群體」、「今務」、「理想」，因四蔽而生二病，既不能「別裁」，又不能「創作」。

從今天的眼光來看，梁啟超對傳統史學的批評，恐怕都是帶著一種新的視角來觀看，傳統史學當然有其理想，只是此理想非梁氏心中之理想；傳統史學自然有創作，但是其創作之處並非梁氏所界定之史學內涵。

17　梁啟超：〈新史學〉，收入：梁啟超著，湯志鈞、湯仁澤主編：《梁啟超全集》，第二集，頁497-524。
18　梁啟超，〈新史學〉。

（三）、史界革命

傳統傳統史學既無當於今用，而提倡民族主義又非史學不為功，於是梁啟超高聲疾呼，必須來一場史界之革命。

> 今日欲提倡民族主義，使我四萬萬同胞強立於此優勝劣敗之世界手？則本國史學一科，實為無老、無幼、無男、無女、無智、無愚、無賢、無不肖所皆當從事，視之如渴飲飢食，一刻不容緩者也。然遍覽乙庫中數十萬卷之著錄，其資格可以養吾所欲，給吾所求者，殆無一焉。嗚呼！史界革命不起，則無國遂不可救。悠悠萬事，惟此為大。新史學之著，吾豈好異哉！吾不得已也。[19]

梁啟超並且界定「新史學」之內涵：

> 欲創新史學，不可不明史學之界說。欲知史學之界說，不可先明史學之範圍。今請析其條理而論述之。第一、歷史者，敘述進化之現象也。……第二、歷史者，敘述人群進化之現象也。……第三、歷史者，敘述人群進化之現象而求得其公理公例者也。……夫所以必求其公理公例者，非欲以為理論之美觀而已，將以施諸實用焉，將以貽諸來者焉。歷史者，以過去之進化，導未來之進化者也。[20]

這樣的觀點當然受到西方傳入的演化論、進步史學與民族主義史學影響甚深。梁啟超更明確說明中國新史的根本內容：

> 歷史者何？敘人種之發達與其競爭而已。……
>
> 然則正統當於何求之？曰：統也者，在國非在君也，在眾人非在一人也。……
>
> 吾以為書法者，當如吉朋之《羅馬史》，以偉大高尚之理想，褒貶一民族全體之性質，若者為優，若者為劣，某時代以何原因而獲強盛，某時代以何原因而致衰亡。使後起之民族讀焉，而因已自鑑曰：吾儕宜爾，吾儕宜勿爾。……
>
> 則孔子紀年，殆可以俟諸百世而不惑也。……然紀元既不以帝號，則史家之爭正統者，其更無說以自文也。[21]

---

[19] 梁啟超，〈新史學〉。

[20] 梁啟超，〈新史學〉。

[21] 梁啟超，〈新史學〉。

〈新史學〉倡導於晚清末年，將近二十年後，1921年，梁啟超進一步指出這部促進國民自覺的新國史，應以民族之成立、族類之多寡、民族文化何所本、我族在世界中的位置與特性作為寫作主要方向。並指出應裁抑主觀而忠實於客觀，必須以歷史為目的而非僅止於手段。[22]

（四）、整理國故

書寫新國史的籲求，是在對傳統史學的徹底批判下，在傳統史學的廢墟中的重構行動。之所以要有新國史的書寫，則是為了打造一個新的國族，藉著國族主義重起衰敗下的中國。而中國的再造，基本上是通過對傳統的否定以及同步地學習西方文化來完成。既要揚棄傳統，又要書寫國族之過往，這當中存在著一個表面上的矛盾。

換言之，傳統既然該被唾棄，為何又要重新審視？廢墟既然已經傾倒，何需拾回遍地之磚瓦？然而，這正是進行現代化／西化運動的國家，打造國族的過程中內在的弔詭。因為，傳統若真被徹底否定，國族主義便失去了打造的地基。因此，在反傳統的西化進程中，「整理國故」的風潮也應運而生。必須承認，傳統並非一無是處，國族主義才有成立的積極意義。因此，在破壞傳統之後，同樣的一群人，卻開始從事「整理國故」的事業。

1927年，許嘯天在《國故學討論集》寫序時說：

> 說也可憐！我們做中國人的，莫說受不到中國的學問，倘然有人問我們：「你們中國有些什麼學問？」我簡直的回答不出來。我若回答說：「我們中國有六藝之學，有經史之學，還有那諸子百家之學；」這是滑稽的答語，也是一句笑話。試問：「所謂經史之學，諸子百家之學，是一個什麼學問？」我依舊是回答不出來。所以老實說一句，我們中國莫說沒有一種有統系的學問，可憐，連那學問的名詞也還不能成立。如今外面鬧的什麼國故學，國學，國粹學，這種不合邏輯的名詞，還是等於沒有名詞。試問國故是什麼？國故學又是什麼？況且立國在世界上，誰沒有一個國故？誰沒有一個所謂經史之學？這國故經史，是不是算一種學問？[23]

> 我說的國故學不是學問，是說國故學不能成功一種學問的名詞；那國故裡面，自有他的真學問在。倘然後代的學者肯用一番苦功，加以整理，把一個囫圇的國故學，什麼政治學、政治史、社會學、社會史、文學、文學史、哲學、哲學史，以及一切工業農業數理格物，一樣一樣的整理出來，再一樣一樣的歸併在全世界的學術界裡，把這虛無飄渺學術界上大恥辱的國故學名詞取銷。這

---

22 梁啟超，《中國歷史研究法》，1921年著，收入：梁啟超著，湯志鈞、湯仁澤主編：《梁啟超全集》，第十一集，頁253-412。

23 許嘯天，〈新序〉，《國故學討論集》1927年群學社版本，頁4-5。

樣一做，不但中國的學術界上平添了無限的光榮，而且在全世界的學術上一定可以平添無上的助力。[24]

「國故學」當然不是一種知識學門的名稱，勿寧是相對於現有的知識體系而言，一種無法被歸類、近乎陳列於博物館內的物件罷了。許嘯天所謂「中國莫說沒有一種有統系的學問，可憐，連那學問的名詞也還不能成立。」正確地說，應該是中國舊有的知識體系已經讓位於西方傳入的現代知識體系。[25]現代知識體系以「政治學」、「社會學」、「文學」、「哲學」等架構出人文社會諸學科，不是四部的「經」、「史」、「子」、「集」可以指稱。因此，當時的「整理國故」運動，究其實，只是將傳統知識重新編碼，貼上以用現代知識體系歸類指稱的新標籤。

胡適也說：

> 我們理想中的國學研究，至少有這樣的一個系統：
> 1、民族史；2、語言文字史；3、經濟史；4、政治史；5、國際交通史；6、思想學術史；7、宗教史；8、文藝史；9、風俗史；10、制度史[26]
> ……
> 第一，用歷史眼光來擴大國學研究的範圍；
> 第二，用系統的整理來部勒國學研究的材料；
> 第三，用比較的研究來幫助國學的材料的整理與解釋。[27]

並指出與其稱「國粹」不如用「國故」這樣中性的語詞。

> 現在一般朋友，在北京提倡一個國學研究所，用新的方法，事半功倍的去收實效，而在大學內，尤其是應當提倡的。「國故」這兩字，是章太炎先生提出，比從前用的「國粹」好多了；其意義，即中國過去的歷史、文化史，包括一切。[28]

因為「國粹」一詞意味著一種價值肯定，「國故」則平實指涉國族過往傳統，正當反傳統的新文化運動浪頭稍過，從茅廁坑中撿起的故紙堆，也許還有作為新學問之

---

[24] 同上註，頁7。
[25] 而諸多現代知識當中，唯有「史學」能在傳統中國的知識分類找到相對應的「史部」，這是中國傳統知識「現代化」中，史學所以最早受到矚目的原因。然而儘管晚清知識分子「發現」原來中國也有現代學科如「史學」者，傳統史學卻非經過一場現代化之革命，不足以與西方史學比肩。
[26] 胡適，〈整理國學的三條途徑〉，《國故學討論集》1927年群學社版本，第一集，頁124-5。《國學季刊》發刊宣言
[27] 胡適，〈整理國學的三條途徑〉，頁131。
[28] 胡適，〈再談談整理國故〉，《國故學討論集》1927年群學社版本，第一集，頁22。

材料的價值。吳文祺如是說：

> 一二年來，整理國故的呼聲，可算是甚囂塵上了。連從前曾主張把中國的經史
> 子集一概燒去的陳獨秀先生，後來也變了調子地說：「講哲學可以取材於經書
> 及諸子；講文學可以取材於詩經以下古代詩文，講歷史學及社會學更是離不開
> 古書的考證。」（新青年八卷六號新教育是什麼）

而「中國過去的一切文化歷史，便是中國的國故。」因此：

> 中國的浩如煙海的國故，好像是一團亂絲，我們如果要研究，先須加一番相當
> 的整理。整理國故的這門學問，就叫做國故學，國故是材料，國故學是一種科
> 學。從來沒有人替國故學下過定義，我且來對牠下一個定義吧！
> 用分析綜合比較種種方法，去整理中國的國故的學問，叫做國故學。[29]

胡適乃總結「國故」與「國故學」的意義：

> 「國故」這個名詞，最為妥當；因為他是一個中立的名詞，不含褒貶的意義。
> 「國故」包含「國粹」；但他又包含「國渣」。我們若不瞭解「國渣」，如何
> 懂得「國粹」？所以我們現在要擴充國學的領域，包括上下三四千年的過去文
> 化，打破一切的門戶成見。……認清了「國故學」的使命是整理中國一切文化
> 歷史，便可以把一切狹陋的門戶之見都掃空了。[30]

　　在胡適看來，「國故」的中性特質，最能夠避免一切可能產生的矛盾。「『國
故』包含『國粹』；但他又包含『國渣』。我們若不瞭解『國渣』，如何懂得『國
粹』？」因為在原來激烈反傳統的時刻，「國故」只能是「國渣」，但是當致力於打
造新而光明的國族時，「國故」又不能盡是「國渣」，必須有能提煉出國族價值的
「國粹」，國族之建構才能盡其功。

29　吳文祺，〈重新估定國故學之價值〉，《國故學討論集》1927年群學社版本，第一集，頁30、35、41。
30　胡適，〈整理國學的三條途徑〉，頁114。唐德剛提起，『國學季刊』的出版，形式上左右橫排，可謂是
　　一場學術界小革命。（只不知這場小革命應該說是中體西用還是西體中用了？）「遠在1923年，北京大學
　　曾出版一種『國學季刊』。這『季刊』〔原來應該是一年分四期出版的，〕可是後來時常脫期，就變成一
　　種不定期的刊物了。但是當其全盛時期，它對中國的知識界是有極大的影響的。」「這本刊物是研究國學
　　的，但是它卻以新姿態出現。編排方式是自左向右的『橫排』；文章也全部使用新式標點符號。就憑這一
　　點，〔在學術界〕已經是一場小小的革命了。這座〔中國首屈一指的〕國立大學出版的討論國學的刊物，
　　竟然用『變夷的』形式出現，當時真是使許多人震驚。」參見：唐德剛譯註，《胡適口述自傳》（台北：
　　傳記文學，1986年），頁209。

（五）、國史改造與國族書寫運動

二十世紀初，因應著學習西方的新式教育，產生了新編教科書的需求。劉師培（1884-1919）於1905年寫作《中國歷史教科書》，只比梁啟超發表〈新史學〉晚了三年，立意則與梁氏有所異同：

> 中國史書之敘事，詳於君臣而略於人民，詳於事蹟而略于典制，詳於後代而略於古代。今所編各課，其用意則與舊史稍殊，其注意之處約有數端，試述之如左：
> 一、歷代政體之異同
> 二、種族分合之始末
> 三、制度改革之大綱
> 四、社會進化之階級
> 五、學術進退之大事[31]

然其強調「政體」、「制度」、「種族」、「進化」、「學術」等諸面向，以為「中國史書之敘事，詳於君臣而於略人民」，則顯然與梁啟超並無二致。

劉師培處於晚清種族革命（漢族復興的排滿運動）甚囂塵上的時刻，他的國族建構乃以漢族為主體，在傳統夷夏觀的架構下視「滿族」為外族，強調滿漢之間的界線。在當時的劉師培看來，滿漢之間的民族矛盾，是優先於中外之間的民族矛盾，首先必須解決的問題。

在寫作《中國歷史教科書》前稍早，1903年劉師培著作《中國民族志》，提倡上述思想：

> 意人馬志尼之言曰：「凡同一人種風俗語言者即可組織一國，斯語也，殆民族主義之定論乎！……群力之擴張益廣，不得不有害於他群，此民族競爭所由起也。吾中國之排外何如乎？士大夫之所倡者，不曰明華夏之防，則曰定中外之界。其民族思想豈他國所能及哉？……當三代之時，異族雜處，故聖賢垂訓以攘狄為不世之功。後世漸摩濡染攘外之說，深中民心，而君上之雄鷙者，遂因此而張其撻伐。……因權力之擴張而行開邊之政略，為非民族思想啟之哉？及承平日久，外患漸消，驕慢之志成，自尊之心啟，不曰王者無外，則曰一統之尊，稱己國則曰中華，稱鄰國則曰夷狄。一以啟輕敵之心，一以阻交通之進步。此歐人東漸以來，中國所以不振也。嗚呼！三代以還，豈無異族侵淩

---

[31] 劉師培，《中國歷史教科書》，收入：《儀徵劉申叔遺書》（揚州：廣陵書社，2014年），第14冊。

之禍，然定鼎中原以後，則又諱其本原之舊族，以自託於中華，而轉目鄰邦為夷狄，不可謂非壓制漢族之策也。因漢族排外之思想而善用之，其陰賊為何如哉？此無所以為漢族悲也。吾觀歐洲當十九世紀之時，為民族主義時代，希臘離土而建邦，意人排奧而立國，及愛爾蘭之屬英者，今且起而爭自治之權矣。吾漢族之民其亦知之否耶？作民族志。[32]

比劉師培稍早兩年，曾鯤化也寫作《中國歷史》，書中強調：

調查歷代國民全部運動進化之大勢，最錄其原因結果之密切關係，以實國民發達史之價值，而激發現在社會之**國魂**。[33]

通過書寫新的國史以喚起「國魂」，殆即國史改造運動的終極目的。

從二十世紀的開端，梁啟超草擬中國史寫作的綱要，曾鯤化、劉師培、夏增佑等書寫中國歷史教科書以來，新的國史書寫蔚為風潮。一直到1940年對日抗戰期間，在西南後方，錢穆寫作《國史大綱》，張蔭麟寫作《中國史綱》（完成了上古部分）；在上海孤島，呂思勉完成了《中國通史》，莫不帶有深切之情感與國族危急存亡之秋的激切之感。

這四十年來的國史改造，一言以蔽之，即在進行一場國族書寫運動。大體而言，新的國史儘管彼此立意可能不同，對傳統的評價可能互異，確有著相似的書寫結構。

新國史的第一個根本的改變，是國史的「主詞」更改了，換言之，是國史的主體更改，由過去的所謂「君史」（帝王將相的歷史）改變為「民史」（國民的歷史）。

國史書寫的主體變更之後，追溯國族起源的「始祖」、裁斷國史正統的「紀年」、詮釋國史興革的「分期」、劃清國族邊界的「界限」、表彰國族榮光的「英雄譜系」，乃成為新國史書寫中的幾項基本元素。

1、始祖

新國史的結構，首先要處理國族始祖的問題。兩千年前，司馬遷追述黃帝為華夏始祖，黃帝征服蚩尤，是夷夏之爭的最早形式；四境的描述，劃定了華夏的空間範圍，這個空間範圍基本上近於西漢時華夏的疆域，絕非傳說中的黃帝所可能統治的版圖。〈三代世表〉中又建立了五帝三王的傳承世系，率皆上承黃帝，為軒轅氏之子孫。但是，這樣的華夏族群書寫，基本上只在統治者間的血緣聯繫，華夏族群的血緣共同體要擴大到一般人民，必須等到晚清以後，那時所建構的是擴大為「五族共和」的「中華民族」。

---

[32] 劉師培，《中國民族志》，收入：《儀徵劉申叔遺書》，第5冊。
[33] 橫陽翼天氏（曾鯤化），《中國歷史》（上海：東新譯社，1903年）。

黃帝作為國族始祖的認定，從兩千年前司馬遷的《史記》到二十世紀初的新國史，基本上延續不變，但是，伴隨著國史「主詞」由君王轉而為「國民」，黃帝也從歷代帝王初祖搖身一變成為所有華夏族群成員的共同祖先。

2、紀年

中國歷史自相傳中孔子作《春秋》始，司馬遷《史記》更成為後代正史的基本典範。《史記》的紀傳體通過列傳知人以論世，但是本紀的線性敘事，才是司馬遷藉以串起繁複歷史故事的樞軸。也因為這種線性敘事的基本架構，使得編年繫事成為傳統史學書寫中不可迴避的任務。而「編年」一事，並非單純的度量時間，而是必須在時間的度量過程中，決定一個度量標準，並通過這個標準，衡定價值，傳統史學中的正統論由是而生。

梁啟超〈新史學〉中有論正統一段，雖然梁氏批判傳統正統論都犯了主體錯誤的謬誤，未能以國民為主體判定正統誰屬，但是梁啟超同樣不能免於必須決定一個紀年的標準，這個標準也許無關於政權（朝廷）之興替，卻攸關於國族的界線。

沈松僑歸納晚清時期的國史紀年，大體上有以下兩大主張：

> 「黃帝紀年」：文化的國族主義──劉師培、宋教仁
> 「孔子紀年」：種族的國族主義──康有為、梁啟超

劉師培的這段話，道出了兩者間的根本差異：

> 康梁以保教為宗旨，故用孔子降生為紀年；吾輩以保種為宗旨，故用黃帝降生為紀元。（劉師培，〈黃帝紀年論〉）

「保教」與「保種」，一主文化的國族主義，一主種族的國族主義。時當晚清種族革命與政治改革的路線之爭，雙方辯論不休。[34]

3、分期

國史書寫還涉及「歷史分期」的問題，傳統史學的歷史分期，既然在正統論的支配之下，朝代的遞嬗乃成為歷史分期的主要指標，當然，這免不了在新思潮下，被批評為「君史」而非「民史」。

既然新的國史以國民為歷史的主詞，根據君王以度量的朝代興亡，就不該是時代分歧的標準。那麼，取而代之的該是什麼呢？

隱含著「演化」思維的、區分「上古」、「中古」、「近世」、「現代」的西方

---

[34] 參看：沈松僑，〈我以我血薦軒轅：黃帝神話與晚清的國族建構〉。

歷史分期，在一開始成為主要的仿效對象。雖然後來也有學者提出修正意見，如傅斯年說：

> 西洋歷史之分期，所謂「上世」「中世」「近世」者，……今日已成定論。……返觀中國，論時會之轉移，但以朝代為言。不知朝代與世期，雖不可謂全無關涉，終不可以一物視之。……後之為史學者，僅知朝代之辯，不解時期之殊，一姓之變遷成不足據為分期之準也。日本桑原騭藏氏著東洋史要（後改名支那史要），始取西洋上古中古進古之說以分中國為四期。近年出版歷史教科書，概以桑原氏為準，未見有變更其綱者。尋桑原氏所謂四期，一曰上古，斷自秦皇一統，稱之為漢族締造時代。二曰中古，自秦皇一統至唐亡，稱之為漢族極盛時代。三曰近古，自五季至明亡，稱之為漢族漸衰，蒙古族代興時代。四曰近世，括滿清一代為言，稱之為歐人東漸時代。……本篇所定之分期法，即自矯正現世普行桑原氏之分期法始。……自陳以上為「第一中國」，純粹漢族之中國也。自隋至宋亡為「第二中國」，漢族為胡人所挾，變其精神，別成統系，不蒙前代者也。……「第一中國」「第二中國」者，皆依漢族之變化升降。陳亡隋代，為漢族變化之樞紐。宋亡元代，為漢族升降之樞紐。今為歷史分期，宜取一事以為標準，而為此標準者，似以漢族之變化升降為最便。研究一國歷史，不得不先辨其種族。誠以歷史一物，不過種族與土地相乘之積……種族一經變化，歷史必頓然改觀。[35]

借用西方分期標準，勢必要因以劃定中國歷史何時是上古？何時進入中古？中古是否同為黑暗時代？何時脫離中古來到近世？又於何時可能邁入現代？這對於提倡西化運動的知識分子而言，正好可以更強化中國必須揚棄傳統，走入現代（其實就是西方文明）的理論基礎。但是就有心喚起國魂、恢復國族自信的學者而言，可能就有點淪於文化（歷史）自譴的可能。

雷海宗獨樹一幟，提出所謂中國歷史的兩個週期說，開始彰顯中國歷史有別於西方歷史的獨特性。

> 十九世紀學東漸以後，國人見西洋史分為三段，於是就把中國史也爾樣劃分。……卻極難說得圓滿。……
>
> 中國四千年來的歷史可分為兩大週。第一週，由最初至西元383年的淝水之戰，大致是純粹的華夏民族創造文化的時期，外來的血統與文化沒有重要的地位。第一週的中國可稱為古典的中國。第二週，由西元383年至今日，是北

---

35 傅斯年，〈中國歷史分期之研究〉，1918年《北京大學日刊》，收入：《傅斯年全集》（台北：聯經出版社，1980年），第四冊，頁176-85。

方各種胡族屢次入侵，印度的佛教深刻的影響中國文化的時期。無論在血統上或文化上都起了大的變化。第二週的中國已不是當初純華夏族的古典中國，而是胡漢混合梵華同化的新中國，一個綜合的中國。[36]

4、界限

「族群認同」的邊界往往隨著歷史「境遇」而有所挪移，挪移之際，正是歷史學者必須賦予詮釋之處。晚清至民國初年，傳統的夷夏之辨轉成中西文明之辨。原本野蠻的夷狄，變成先進的西方列強；原來居於天下之中的華夏，卻成為卑屈低下的中華民族。華夷之間文明高度的逆轉，當然與鴉片戰爭以來中西之間國力之消長有著絕對的關係。而華夏族群的認同，轉化擴大為「中華民族」的概念，也有著西方這個「新夷狄」的出現促使華夏邊界向外挪移，而將「舊夷狄」的「滿、蒙、回、藏」都納入了華夏之中，並因此擴大建構了「五族共和」的「新華夏」，這個新華夏，命名為「中華民族」。

取代「華夏」的「中華民族」的出現，要經過一段漫長的歷程，大體上辛亥革命是轉折的里程碑。1912年之後，滿漢矛盾基本上已經解消，中外矛盾成為當下主要或是唯一的矛盾。梁啟超在晚清時提倡的「大民族主義」，逐漸被愈來愈多的學者接受，也成為政治現實。

> 今考中國史範圍中之各人種，不下數十，而最著名有關係者，蓋六種焉。其一苗種……其二漢種：及我輩現時遍佈於國中，所謂文明之冑，黃帝之子孫是也。……其三圖伯特種……其四蒙古種……其五匈奴種……其六通古斯種……。[37]

> 吾中國言民族者，當於小民族主義之外，更提倡大民族主義。小民族主義者何？和族對於國內他族是也；大民族主義者何？合國內本部、屬部之諸族，以對於國外之諸族是也。[38]

嚴復甚至比梁啟超還更進一步，主張超越於種族觀念之上，以制度來凝聚國民，沈松橋稱之為「國民的民族主義」。[39]

> 是故除非一統無外，欲為存國，必期富強。而徒以宗法宗教繫民者，其為政輕

---

[36] 雷海宗，〈中國文化的兩週〉，《中國文化與中國的兵》，寫作於1936-7年間，我用的版本是台北萬年青出版社於1974年翻印本，頁160-200。

[37] 梁啟超，〈中國史敍論〉。

[38] 梁啟超，〈政治學大家伯倫知理之學說〉，1903年寫作，收入：梁啟超著，湯志鈞、湯仁澤主編：《梁啟超全集》，第四集，頁195-199。

[39] 參看：沈松橋，〈我以我血薦軒轅：黃帝神話與晚清的國族建構〉。

重之間，往往為富強之大梗。於是，不得不盡去拘虛，沛然變為軍國之制，而文明國家以興。證以東西歷史，此說殆不可易也。[40]

到了1930年代，王桐齡所寫作的《中國民族史》，更清楚地將中國民族的發展區分為「內延」與「外延」兩個階段。「內延」階段說的是傳統的「夷夏」故事，「外延」階段則改說近代以來的中西交涉。

晚清光宣之交，國人對於民族觀念上發生兩種誤解：一為對內之誤解，是曰排滿；一為對外之誤解，是曰媚外。實則中國民族本為混合體，無純粹之漢族，亦無純粹之滿人，無所用其排。中國文化常能開闢東亞，武力亦能震撼歐洲，亦不用其媚。……定名為中國民族史。分為上下兩篇：上篇為內延史，敘述中國民族對內融合事蹟，下篇為外延史，敘述中華民族對外發展事蹟。[41]

5、英雄譜系

新國史的書寫，往往還需要建構國史上的英雄譜系。沈松橋將晚清時期「重新發現」或是「重新詮釋」的「民族英雄」區分為兩種類型：[42]

「抵禦外族」的民族英雄：岳飛、文天祥、史可法、鄭成功
「宣揚國威」的民族英雄：張騫、班超、鄭和

潘光哲研究晚清至民國初年的「華盛頓神話」，也發現援借對美國史的某種解讀之下的華盛頓故事，將孫中山推崇為中華民國國父的有趣現象。[43]

四、時代潮流之外／內的錢穆

1895年乙未割台，錢穆生於江蘇無錫七房橋，九歲入果育小學，十二歲入常州中學堂，1910年，退學轉入南京鍾英中學，隔年適逢辛亥革命，遂輟學返鄉，次年任教於無錫三兼小學，十八歲的錢穆開始他的教學生涯。

1918年二十四歲，任教鴻謨學校（原果育小學）與無錫縣立第四高小，於上海商務印書館出版《論語文解》，為生平著書之第一部。次年秋，五四運動在全國掀起狂潮後不久，轉任后宅鎮之泰伯市立第一初小校長，並創辦無錫歷史上第一個圖書館

---

[40] 嚴復，1906寫作的《政治講義》，收入：《嚴幾道全集》（上海：上海古籍出版社，2010年）。

[41] 王桐齡，《中國民族史》，文化學社1934年版。〈序〉寫於1928年。

[42] 參看：沈松僑，〈振大漢之天聲：民族英雄譜系與晚清的國族想像〉，《中央研究院近代史研究所集刊》第33期，2000年。

[43] 參看：潘光哲，《華盛頓在中國：製作「國父」》。

「泰伯圖書館」。1922年二十八歲,獲聘遠赴廈門集美學校,初任教中學。廈門短暫一年,集美學校學潮驟起,乃辭聘返回無錫,任教於無錫第三師範。1927年三十三歲,因國民革命軍北伐成功,定都南京,學校改組,乃轉任蘇州中學。

蘇州中學三年,完成《國學概論》與《先秦諸子繫年》書稿,始有文名,初會胡適、顧頡剛,與胡適不歡而散,卻深獲顧頡剛賞識。[44]〈劉向歆父子年譜〉一文駁「新學偽經」,雖與顧頡剛見解大相逕庭,顧頡剛並不介意,刊載於其主編之《燕京學報》,並分別推薦錢穆至廣州中山大學與北平燕京大學,錢穆辭中山大學,爾後接受燕京大學聘書,1930年三十六歲,北上燕京大學任教,次年轉任北京大學。

至此,錢穆方才初登大學講堂,相較於並世的史學界領袖人物,錢穆可謂大器晚成,遲遲才躍上全國性歷史舞台。大他四歲的胡適,二十七歲自美返國任教北京大學,引領時代風潮,開創思想新局,成為全國性思想領袖;大他兩歲、蘇州出身的顧頡剛,三十出頭提出「層累造成說」,倡導疑古史學,崩解傳統儒家兩千年根深柢固的三代史觀,成為中國現代史學新一代宗師;小他一歲的傅斯年,二十四歲領導五四運動,歐洲遊學六年,返國後即任廣州中山大學文科學長(文學院院長),次年三十三歲,創辦中央研究院歷史語言研究所,與顧頡剛成為領導中國現代史學的一時瑜亮。[45]

這是認識錢穆學術風格與實踐路線的重要背景,三十六歲以前,錢穆僻處邊緣,地理空間上,相對於冠蓋滿京華的北京,無錫、蘇州自是邊緣;在文化學術場域上,在小學中學任教達近二十年之久的錢穆,比之在北京大學講堂領導學術風騷的學者,更是邊緣中的邊緣。[46]晚清到民國初年,風起雲湧,世變日亟,國家民族在危急存亡之秋,政治體制與文化思想面臨翻天覆地的劇變,錢穆身處地理空間、文化場域、知識分子身分的多重邊緣,但是卻又是在核心風暴圈的周邊(蘇州無錫距北京遙遠、但上海就在數十里之外;中學學堂難比大學廟堂,但卻是知識傳播的第二線;中學教席雖不登學術界大雅之堂,但錢穆卻以其著述引起學界領袖如胡適與顧頡剛的關注),因此,從青年錢穆到前中年期的錢穆,始終在時代潮流的邊緣,卻又同時處於時代風暴圈內。錢穆處於時代風潮的外內之間,這個特別的知識文化位置,成就了錢穆的特殊風格,一個在潮流中逆風而行的文化保守主義者。

---

[44] 集美學校任教期間,顧頡剛《古史辨》方問世,錢穆以手持一冊,與同事施之勉暢論之。《八十憶雙親師友雜憶合刊》(台北:東大圖書公司,1983年),頁110。

[45] 錢穆生平最直接而完整的史料,當然是他晚年自述的《八十憶雙親師友雜憶》合刊本,亦可參看:鄧爾麟(Jerry Dennerline)著、藍樺譯,《錢穆與七房橋世界》(*Qian Mu and the World of Senven Mansions*)(北京:社會科學文獻出版社,1995年);印永清,《百年家族:錢穆》(台北:立緒出版社,2002年)。

[46] 錢穆年輕時亦曾嚮往大學,十八歲初任三兼小學教職時,「余既決意應三兼小學聘,念自此升學絕望,一意自讀書。」(《八十憶雙親・師友雜憶》頁65)次年,任教鴻謨學校時,「時余雖在小學任教,心中常有未能進入大學讀書之憾。見報載北京大學招生廣告,投考者須先讀章學誠《文史通義》,余亦求其書讀之,至形於夢寐間。」「余又讀夏曾佑《中國歷史教科書》,因其為北京大學教本,故讀之甚勤。余對此書得益亦甚大。」(《八十憶雙親・師友雜憶》頁75)

錢穆晚年時回憶，他一生的終極關懷，竟是在十歲時就錨定了。果育小學的一位體操先生，一個曾遊學於上海的革命黨人伯圭先生，「一日，攬余手，問余：聞汝能讀三國演義，然否。余答然。伯圭師謂：此等書可勿再讀。此書一開首即雲天下合久必分，分久必合，一治一亂，此乃中國歷史走上了錯路，故有此態。若如今歐洲英法諸國，合了便不再分，治了便不再亂。我們此後正該學他們。」「東西文化孰得孰失，孰優孰劣，此一問題圍困住近一百年來之全中國人，余之一生亦被困在此一問題內。而年方十齡，伯圭師即耳提面令，揭示此一問題，如巨雷轟頂，使余全心震撼。從此七十四年來，腦中所疑，心中所計，全屬此一問題。余之用心，亦全在此一問題上。余之畢生從事學問，實皆伯圭師此一番話有以啟之。」[47]

成長於晚清民國之際，十九、二十世紀之交的中國知識分子，激進、保守、革命、改革、傳統、反傳統……呈現出多重精神樣態，雖然道術分裂，然而莫不是在回應時代給予的問題，提出歷史困境的解方。

以北大為主要根據地，陳獨秀、胡適所倡導的新文化運動應運而起，一時傾倒天下，但與之相抗衡的文化保守主義者如劉伯明、吳宓、梅光迪、胡先驌、柳詒徵等，則群聚南京東南大學，以《學衡雜誌》為思想基地，與之相頡抗。[48]主要成員留學美國的學衡派，宗奉哈佛大學新人文主義學者白璧德（Irving Babbit,1866-1933），既有西方學養，又對中國文化傳統溫情致意。吳宓以西方文學史作為參照背景痛批白話文學運動[49]；梅光迪譏國內保守的「國粹派」「可笑亦可憐」，也痛心那種「不識群經為何物，偏識幾個西字……盛稱孔子之害中國。中國之有今日，皆孔子之咎。中國當棄孔教而奉耶教，棄群經而讀聖書Bible。」梅光迪因此表示生平最恨兩種人「腐學究」與「此等通西文之人」，「二者皆足以亡中國。」[50]

同樣居於反傳統新潮流之外的文化保守主義者錢穆，卻又未必認同學衡派諸君子。完稿於1928年的《國學概論》第十章〈最近期之學術思想〉曾經這麼評論：

> 東大有《學衡雜誌》對胡陳諸人提倡之新文化運動，頗多非議。……
>
> 《學衡雜誌》為南京東南大學教授吳宓、劉伯明、梅光迪諸人所主持，創刊於民國十一年，引燃與北大胡陳諸氏所提倡之新文化運動為對抗。然議論蕪雜，旗鼓殊不相稱。[51]

---

[47] 錢穆，《八十憶雙親師友雜憶合刊》，頁33-4。

[48] 關於學衡派與文化保守主義，參看：沈衛威，《回眸學衡派：文化保守主義的現代命運》（台北：立緒出版社，2000年）與沈衛威，《吳宓傳：泣淚青史與絕望情戀的癲狂》（台北：立緒出版社，2000年）。

[49] 吳宓，《吳宓日記》Ⅱ（北京：生活讀書新知三聯書店，1998年版），頁90-1、105。轉引自：沈衛威，《回眸學衡派：文化保守主義的現代命運》，頁268-9。

[50] 耿雲志主編，《胡適遺稿及秘藏書信》（合肥：黃山書社，1994年版），第33冊頁83-5，轉引自：沈衛威，《回眸學衡派：文化保守主義的現代命運》，頁112-3。

[51] 錢穆，《國學概論》（台北：台灣商務印書館，1956年新版），頁163-9。

《國學概論》一書是錢穆蟄居蘇州任教中學後期著作，完稿後兩年，錢穆北上燕京大學，進入全國文化學術核心場域，開啟人生次一階段。因此，此書反映的是僻處多重邊緣位置的錢穆，在開始移動變換角色前的最後著作，特別是〈最近期之學術思想〉一章，充分呈現了錢穆對當代學術思想的認識與評析，也表述了錢穆當時的基本主張。《國學概論》相對於十一年後成書的《國史大綱》，提供了很好的參照點，我們可以清楚看到錢穆。進入學術江湖之前與之後的延續與可能變化之處。

　　1928年的錢穆指出，「最近學者轉治西人哲學，反以證說古籍，而子學遂大白。」舉章太炎、胡適、梁啟超三人為例，各自評論其優劣之處。對於胡適，他肯定「其書足以指示學者以一種明確新鮮之方法，則其功亦非細矣。」然「於各家共相未能會通，因亦無以見此一時代學術所以與他時代特異之處。又其考證尚多疏。」關於古史之探討，錢穆表示，「若胡適之顧頡剛錢玄同諸家，雖建立未遑，而破棄陳說，駁擊舊傳，確有見地。」

　　又論及新文化運動，「民國創建，而政象阢陧，國運依然，乃進而謀社會文化思想道德之革新，以蘄夫一切之改造，始專意為西方思想之輸入，此則民五以來所謂『新文化運動』者也。新文化運動，唱自胡適之陳獨秀，以文學革命為旗幟，以社會道德思想一般之改進為目的，以西洋之科學與民治為趨嚮之標準，以實驗主義的態度為下手的方法。至於民八五四之學生運動，而新文化運動之趨勢遂達於最高潮。」「而新文化運動之自身，亦自改進社會文化思想道德方面，仍轉而入於政治之途。」「而所謂新文化運動者，遂不得不為功成之身退矣。」[52]

　　由上引述可見錢穆雖僻處邊緣，對於時代新浪潮的新舊交疊、多樣呈現並不陌生，他對各種新思潮的評論簡潔明快、頗有見地。至於王晴佳認為1928年之前的錢穆，對胡適顧頡剛等人的新學，頗有仰慕之情，反而對學衡派頗多微詞，並在此基礎上論述錢穆進京（進入學術江湖）前後的轉變，與胡適、傅斯年所代表的科學史學路線之離合關係。恐怕是引申過當、言之太過，容後再論。[53]

　　時代風潮中，少年錢穆也曾經激進輕狂。常州中學就讀期間，錢穆遇到一生感念的恩師呂思勉，當時的監督（校長）屠元博是元史大家屠寄長子，也對錢穆愛護有加。1910年，十六歲的錢穆退學離校，竟是參與領導了一次「學潮」。

---

52 參見：錢穆，《國學概論》第十章〈最近期之學術思想〉。」
53 王晴佳也是說：「錢穆對來自東南大學柳詒徵的對章太炎、梁啟超、胡適的批評，不以為然，認為梁、胡等的作法，有扭轉風氣之功。由此看來，如果我們說那時的錢穆對『新學問』有仰慕之心、追隨之意，恐不為過。而他那時對胡適等人的反動派，則並不見的有多少同情。譬如，錢穆在評論柳詒徵在東南大學的同事吳宓、梅光迪等人的《學衡》雜誌時，這樣說道：這些人『隱然與北大胡、陳諸氏所提倡之新文化運動為對抗。然議論蕪雜，旗鼓殊不相稱』。在簡述了『學衡派』的『人文主義』以後，錢穆也只是說：『蓋與前引二梁之書（梁啟超之《歐遊心影錄》和梁漱溟之《東西文化及其哲學》）相桴鼓，皆對於近世思想加以箴砭者也。惟學衡派欲直接以西洋思想矯正西洋思想，與二梁以中西分說者又微不同』。從這些不溫不熱的評語可見，錢穆對這些新文化運動的批評者，並不看好。」參見：王晴佳，〈錢穆與科學史學之離合關係（1926~1950）〉，頁134-5。

舍監陳士辛「嫉惡之心勝於揚善」，嚴格管束學生行為，成為學生反抗對象。陳士辛授修身課，於是班上同學集議要求學校停開修身課改增希臘文科。公推五人代表向監督屠元博請願，錢穆為五代表之一。「進退三數，不蒙允許。諸生遂議由五代表上全班退學書，以為要挾。」屠元博面見訓誨，錢穆「排隊為全班第一人，離元博師座位最遠，大聲言，監督訓辭已一一聽過，請發退學書由各生填寫。」結果唯有錢穆負氣填寫退學申請書，退學返家前，暫居學校療養室，由同學處得譚嗣同《仁學》一書，閱之大喜。受書中所言影響，一夜難眠，「晨起，乃一人赴理髮室，命理髮師剪去長辮，大得意，一人獨自歡樂。大考既畢，隨果育諸同學歸。或言汝腦後無辮，乘坐火車，或遭警察盤問，有革命黨嫌疑。眾乃勸余將所留長辮仍縫帽上戴之，勿惹人注意。余遂得隨眾歸。翌年，辛亥革命，人人皆不留長辮，而余則已先一年去之。」[54]

錢穆自常州中學退學，對他愛護有加的屠元博不以為忤，代為安排於1911辛亥年轉學南京鍾英中學。當年暑假，因病返鄉休養，三個月後乘滬寧鐵路返校，「車中讀報，始悉革命軍已於昨夜起義武漢。是日為八月二十日。既至校，同學四散，乃意欲待革命軍進城投效，留校不去。事益急，學校下令驅逐全體師生仆役悉離校不許留，乃乘南京開出最後一車，僅能赴上海。翌日為重九，上海街頭掛白旗，高呼光復。余與家中音訊久絕，急歸。先母見余，抱余頭，幾泣，曰：方慶汝再生，初謂今生不復得見汝面矣。」[55]

革命夢碎，少年錢穆雖然感到遺憾，母親卻慶幸撿回一個孩子。第二年，十八歲的錢穆結束學生時代，開始他的教學生涯，年歲漸長，為人師表的錢穆，開始要面對更年輕激進的學生。

1922年之前，錢穆皆於小學任教，到廈門集美學校任教開始與稍年長的中學生接觸，二十八、九歲的錢穆，當角色轉換之後，教師錢穆與中學生錢穆關於學潮態度顯然轉變甚大。集美學生對學校多所要求，校長不願接受，雙方僵持：

> 一晨，學生召集一大會，惟學生素所敬重之教師皆邀請預會，相聚言別。其中實多事前在背後對諸生鼓蕩或讚助此風潮之人。余亦被邀列席。學生一一請諸師臨別贈言，亦請余，余辭。諸師皆言，學生反抗學校，走向光明，乃教育之成功。學生屢屢鼓掌不已。及正午十二時，贈言方畢，將散會。余聽諸同事言，心有感，不耐久默，起立求發言。主席邀登台，余一時興奮，直言不忌，大意謂諸生反抗學校，走向光明，如謂是教育成功，亦即是學校之成功。果學校教育失敗，諸生今日散去，前途恐無光明可期。……余退。有學生欲登台發言，主席大聲叫，大會已畢，勿再發言。會遂散。學生邀余作團體照者，又十

---

54 錢穆，《八十憶雙親師友雜憶合刊》，頁43-57。

55 錢穆，《八十憶雙親師友雜憶合刊》，頁22。

餘起。[56]

離開廈門之後，執教無錫第三師範四年，「未遭風波」。1917年三十三歲，轉任蘇州中學，一度因學校拖欠教師薪資，學生乃罷課聲援：

> 一日，班中同學來余室，謂學校前遇欠薪時，任課老師為同學所尊仰者，必告假缺席，不赴校上課。其依然上堂來授課者，必為同學所卑視。今先生授課極受同學尊崇。乃近日學校欠發薪水，先生獨上堂不輟，同學同表詫異，不識何故。余聞言，亦大詫，謂，學校欠發薪水，乃暫時之事。諸生課業，有關諸生之前途，豈可隨時停止。諸生惟安心上課，勿以此等事自擾。諸生聞言，各默然相對，無語而退。
>
> 忽一日，又來余室，告余班中已決議罷課，派代表去南京催發薪水。余謂，此應由教師向學校，學校向政府催發，與諸生何預。諸生謂，學校催發，政府不動心。必由學生催，始有效。余告諸生，汝輩尚年幼，未涉社會人事，何知政府之內情。幸勿輕聽別人言，輕舉妄動。諸生謂，同班公議已決，定期罷課，特來相告。遂退去。至期，果罷課。余亦歸鄉間。上書校長，引咎辭去班主任一職。待罷課期滿，余再返校。[57]

蘇州中學三年，錢穆陸續發表著作，特別是先秦諸子繫年，引起北京學界關注，建立了學術聲名，乃於顧頡剛提攜下進京任教大學。那一年是1930年，錢穆三十六歲，次年夏天轉任北京大學，北大開學不久，九一八事變，東北淪陷，日本侵華氣焰日益高張，在救亡圖存激切心情下，大學生的學潮較之中學有過之無不及。[58]燕京北大時期的錢穆，沉潛著書講學，「余昔在北平，日常杜門，除講堂外，師生甚少接觸。除西安事變一次以外，凡屬時局國事之種種集會與講演，余皆謝不往。每念書生報國，當不負一己之才性與能力，應自定取捨，力避紛擾。」至於蘆溝橋事變後，流寓西南大後方，錢穆開始於報章雜誌發表有關時局國是的評論，又與當局有所往來，乃與當時反政府的教授學子往往勢如水火，更是站在學潮的另外一面。不過這是另一課題，非本文所能詳論。

我特別提及少年錢穆的激情與青壯年錢穆的持重，一方面希望呈現歷史行動者的複雜多重面向，以及每一面向與其歷史情境的可能關聯；另方面也希望讀者勿以為劇

---

[56] 錢穆，《八十憶雙親・師友雜憶》，頁112-3。

[57] 錢穆，《八十憶雙親・師友雜憶》，頁123-4。

[58] 曾經在五四運動前後成為青年導師的胡適，在1935年一二九運動時，卻成為學生譴責的對象。一位署名「將來殺你的人」的北大學生寫信警告胡適，要「打斷了你的腿，叫你成個拐狗！」並指控胡適為「你真是喪心病狂了！該殺的教育界的蠹賊！」。參見：余英時，《重尋胡適歷程》（台北：聯經出版事業公司，2004年），頁43-53。少年錢穆與成年後的錢穆對學潮態度的差別只是角色身分的不同嗎？還是分處於年少輕狂與成熟穩重的不同生命階段？抑或是學生運動本身性質的轉變？

變年代的保守主義者，只是僵化固守傳統的頑固份子，對於新思潮一無所知。[59]錢穆當然是現狀的改革者，只是他並不認為「現狀」即是「傳統」，更不認為對現狀的改革必須顛覆傳統。

初任小學教職，十八歲的錢穆遍讀嚴復翻譯西書，尤其嚴譯斯賓塞《群學肄言》、穆勒《名學》受益最深。[60]

錢穆在晚年自述《八十憶雙親》中，回憶自己年輕時在江南鄉間，雖僻處於反傳統的新文化運動歷史狂潮之外，但是仍深刻感受到時代巨變：

> 時余已逐月看新青年雜誌，新思想新潮流坌至湧來，而余已決心重溫舊書，乃不為時代潮流挾捲而去。及今思之，亦余當年一大幸運也。[61]

1919年五四運動之前不久，錢穆與縣四高小同事朱懷天結為至交，談學論世，意甚洽。

> 懷天又攜來其師公之新撰之《宥言》一冊，共八篇，皆申馬克思共產主義。蓋公之遊學日本，其時日本有信仰共產主義大師河上肇，國人周佛海等皆出其門。公之衍暢其說，用莊子《在宥篇》，取名《宥言》。懷天持以示余，共讀之。傍晚散步，逐篇討論。余雖愛公之文辭，然力反其說。懷天則袒師說。余特寫《辟宥言》八篇，懷天亦為《廣宥言》八篇。余又為《續辟》八篇，懷天亦為《續廣》八篇，相爭不已。時中國共產主義尚未大興，而余兩人則早已辯論及之矣。

論及共產主義，錢穆與朱懷天還有一段深具寓意的對話：

> 余告懷天，君治佛書，又遵師說欣賞共產主義，然則他年將逃世避俗出家居山林為一僧，抑從事社會革命為一共產黨人。一熱一冷，一進一退，君終何擇。懷天曰，君尊儒，言必孔孟，我恐兄將來當為一官僚，或為一鄉愿。余言此四者皆當戒，幸各自勉。

---

[59] 1939年《國史大綱》出版，張其昀告訴錢穆：「孟真言：向不讀錢某書文一字。彼亦屢言及西方歐美，其知識盡從讀《東方雜誌》得來。」錢穆不通西文，不能直接博覽西方著作，傅斯年並未厚誣。但是說錢穆的西方知識「盡從讀《東方雜誌》得來」，又言之太過。要之，錢穆所知的西學或新知，的確經由譯著或中文著作二手轉介，並非能如遊學歐美的新知識分子般直接體會西方社會並閱讀西方典籍。但是自青年時期開始，錢穆對中文著作中的新舊文化論述並不陌生，這一部分表現在「進京」之前寫作的《國學概論》。何況，即便對西方歐美知見淺薄，是否妨於國史之識見？無論如何，傅斯年對錢穆的輕鄙可見。

[60] 錢穆，《八十憶雙親師友雜憶合刊》，頁69-70。

[61] 錢穆，《八十憶雙親師友雜憶合刊》，p81

這段談話後不久，五四運動震動全國，上海罷市，無錫就在上海左近，「縣四高小全校師生結隊赴四圍鄉村演講，懷天熱血噴迸，聲淚俱下。」錢穆應該也參加了這次民間開講？錢穆如此評論摯友：「其論學時雖有偏激，然其本源皆發自內心深處。惟當以一字形容曰『愛』，愛國家，愛民族。雖言共產，言佛法，然絕無共產革命之兇暴意，亦無離親逃俗之隱遁意。他日學問所至，必歸中正可知。」[62] 殆因朱懷天英年早逝，因此，即便是「改朝換代，天翻地覆，社會一切皆已大變」[63]，亂世中朱懷天何去何從？終將走上怎樣的道路？皈依佛法？還是投身共產革命？已是無可解答的問題。但是兩人相互的提問與提醒：「一熱一冷，一進一退，君終何擇。」「君尊儒，言必孔孟，我恐兄將來當為一官僚，或為一鄉愿。」「此四者皆當戒，幸各自勉」，卻像是一則深刻的寓言。

錢穆回憶早年的四個學生。鴻謨學校時有人命其二子從學余錢穆，其中幼子性格決絕，在錢穆離開鴻謨時，割指血書請學校堅留。後來兄弟二人轉學上海，錢穆任教無錫三師時，幼子忽來，力勸錢穆加入「同善社」[64]，錢穆拒絕，「越數日，又來，請益堅，幾不容余吐一語。乃嚴辭命之出。」另外兩位是三師的學生，後皆加入共產黨。宛如巨大漩渦的大時代，每個人都困在其中，各自衝決網羅，尋求出路。「余今連帶憶及此四人，則一時人心之紛歧，人才之奔溢突出，無共同之趨向。而國事之艱，社會人事之亂，亦可由此推想矣。」[65] 朱懷天早逝，他的人生道路嘎然而止，錢穆對摯友的預言無可驗證，朱懷天對錢穆的提醒與兩人的自惕，也許常在錢穆心中，時時自問吧！

北上進京，踏入歷史舞台的聚光場域前，錢穆在時代洪流的邊緣，是個旁觀者，也在一定程度是參與者。他無可避免地被捲入時代的漩渦，面對著自梁啟超、胡適、顧頡剛、傅斯年、吳宓、馮友蘭、聞一多、蔣介石……等日後與他的生命或深或淺交會的並世人物一般的歷史情境，在類似的語境中，回應著不盡相同、甚至相互對立的解答。錢穆常在潮流之外，或者至多只在潮流邊緣，更多的是時代中的反潮流者。這些，在他走進歷史的主場後，有著更深刻的糾結與交戰。

---

62 錢穆，《八十憶雙親師友雜憶合刊》，頁81-7。以曾經閱讀討論《宥言》一書，試圖表現自己早已熟知馬克思共產主義，當然相對於陳寅恪宣統年間就讀過《資本論》德文版，是極無說服力的。但是，一方面錢穆熱切欲表現自己對所反對的思潮的熟悉（但顯然不夠深入）；另一方面，我們也的確了解，錢穆對共產主義並非一無所知，而且甚早就經由二手著作略有所聞。

63 借錢穆與老同學沛若話語，見：錢穆，《八十憶雙親師友雜憶合刊》，頁90。

64 同善社是姚濟蒼等人於民國六年正式向北京政府立案設立的，經過賀靜安、雷應霆等的努力，數年間傳佈中國，成為民國時期重要的民間宗教。參見：王見川，〈同善社早期的特點及在雲南的發展（1912-1937）：兼談其與「鸞壇」、「儒教」的關係〉，《民俗曲藝》172期，2011年。

65 錢穆，《八十憶雙親師友雜憶合刊》，頁117-8。

五、意義危機與技術危機：《國史大綱》的寫作

當錢穆踏入冠蓋滿京華的北平時，新文化運動的浪潮漸歇，而反傳統、學習西方文化幾乎成為知識界共識，錢穆顯得格格不入。

初到燕京大學，燕大校園建築雖仿傳統宮殿式建築，卻貌似神失，學校治理一切西化。教職員相關通知，一概以英文行之，錢穆心有不適。校園中建築命名，皆以美國捐款人命名，「如『M』樓『S』樓『貝公』樓」，錢穆直言向燕大監督司徒雷登質疑，後校務會議乃轉譯為中文如穆樓、適樓、辦公樓等，錢穆依然認為，那僅僅是音譯為中文，背後仍是西方精神。

相對於燕京大學路上磚石、道旁花樹，「一塵不染，秩然有序」，「顯似一外國公園」。清華大學校園內皆西式洋樓，然一水一木，自然勝於人工，「依稀仍依中國園林」。對於中西文化交融中形式與實質的辯證關係，錢穆深致感嘆：

> 即就此兩校園言，中國人雖盡力模仿西方，而終不掩其中國之情調。西方人雖亦刻意模仿中國，而仍亦涵有西方之色彩。余每漫步兩校之校園，終自歎其文不滅質，雙方各有其心向往之而不能至之限止。此又一無可奈何之事也。[66]

燕大一年如此水土不服，在顧頡剛協助下，次年錢穆轉任北京大學，仍在燕大兼課。北大第一年授課三門：「中國上古史」、「秦漢史」、「中國近三百年學術史」。北大時期，錢穆在當前主流學術圈似乎處處扞格、時時碰壁。

「中國近三百年學術史」與梁啟超意見相異，有所商榷。而「中國上古史」則受到如此質疑：

> 又有人來書，云，君不通龜甲文，奈何靦顏講上古史。余以此書告講堂諸生，謂余不通龜甲文，故在此堂上將不講及。但諸君當知，龜甲文外尚有上古史可講。諸君試聽，以為如何。又一日，告諸生，事有可疑，不專在古，古亦多無可疑者。……余任上古史課，若亦疑古，將無可言。

錢穆蟄居江南、尚在蘇州中學任教，因先秦諸子繫年系列著作初試啼聲，引起學界重視，胡適在一次南來演講時，特別邀錢穆同座晤談，兩人相談並未歡暢，錢穆疑

---

66 錢穆對中國學校教育的普遍西化，深有所感：「如校名果育，齋名樂在，始是中國傳統。然無錫明代有東林書院，後乃即其遺址建校，初亦名東林，後改名縣立第二高等小學。欲求東林精神，固已渺不可得。又如紫陽書院，改稱江蘇省立蘇州中學，以前紫陽書院之精神，亦已不可捉摸。是則中國全國新式學校及其教育精神，其實皆已西化，不僅燕大一校為然。此時代潮流，使人有無可奈何之感矣。」，本段所述，皆見：錢穆，《八十憶雙親師友雜憶合刊》，頁134-7。

心因論學令胡適難堪，故心有芥蒂。[67]北京大學同校任教後，兩人略有互動，但始終未能親近。在先秦學術思想史的諸多議題，各有不同見解如莊老先後問題，兩人亦不同調，胡適另撰〈說儒〉一文：

> 適之說儒終於成篇，文長五萬字，仍守其初意不變。其說既與余上古史堂上所講意義大相背馳，諸生舉適之此文設問。余遂於堂上明白告諸生，余所持與適之說儒不同之所在。諸生或勸余為文駁論。余告諸生，學問貴自有所求，不應分心與他人爭是非。若多在與他人爭是非上分其精力，則妨礙了自己學問之進步。《孟子》一書，只在申孔，不在辟墨。遇兩說異同，諸生貴自有折衷。

在錢穆的理解中，胡適與錢穆各自開授課程、撰述著作，卻如同互打擂台：

> 大凡余在當時北大上課，幾如登辯論場。上述老子孔子兩氏不過其主要之例而已。聞有北大同事之夫人們前來余課室旁聽，亦去適之講堂旁聽，退後相傳說以為談資。

因此錢穆感嘆：「余自入北大，即如入了一是非場中。自知所言觸處有忤，然亦無自奈何。」[68]

與傅斯年之間學術意趣的合與分之間，是錢穆進京之後的另一課題。初至北平，也許因為〈劉向歆父子年譜〉得到傅斯年賞識，經常邀約錢穆至史語所，接待外國學者時，錢穆亦常受邀與會，席為常在貴客旁座。傅斯年為訪客介紹錢穆為〈劉向歆父子年譜〉之作者，「孟真意，乃以此破當時經學界之今文學派，乃及史學界之疑古派。」依錢穆的理解，「孟真與顧剛雖一時並稱適之門下大弟子，但兩人學術路向實有不同。」傅斯年與顧頡剛一時瑜亮，在中國現代史學的新思潮中，彼此是主要競爭對手，而對傅斯年而言，錢穆正是攻破疑古史學的旗手之一，是以傅斯年對待錢穆如

---

[67] 「自念余固失禮，初見面不當以辯書相詢，事近刁難。然積疑積悶已久，聚見一天下名學人，不禁出口。亦書生不習世故者所可有。適之是否為此戒不與余語，倘以此行匆匆不克長談，可於返滬後來一函，告以無緣留盡意。余之得此，感動於心者，當何似。顏斶見齊王，王曰斶前，斶曰王前，終不前。此後余亦終不與適之相通問。」錢穆，《八十憶雙親師友雜憶合刊》，頁127-8。究竟是錢穆單方面心有芥蒂？還是胡適的確對錢穆不悅？恐怕難說。不過，錢穆之於胡適，在王晴佳的筆下，頗有余英時在討論章學誠初見戴震時的認同危機的味道。參見：王晴佳，〈錢穆與科學史學之離合關係（1926~1950）〉；余英時，《論戴震與章學誠：清代中期學術思想史研究》（台北：三民書局，2016年）。

[68] 其實，即便在錢穆自己回憶錄的陳述中，胡適對待錢穆，似乎仍可稱寬大風範。錢穆回憶：「又一日，適之告余，得商務來書，囑編一中學國文教本。彼謂，君在中學任教國文課多年，對此富實際經驗，盼我兩人合作，共成此編。余告適之，對中國文學上之意見，余兩人大相違異，倘各編一部中學國文教科書，使國人對比讀之，庶可有益。倘欲兩人合編，其事不易，並使他人亦無可窺其底裏，遂拒不為。此事遂遂亦作罷。時適之在北大，已不授中國哲學史，而改授中國白話文學史。惟余與適之在文學方面甚少談及，以雙方各具主觀，殊難相辯也。」錢穆，《八十憶雙親師友雜憶合刊》，頁143-5。

此友善。

　　但是錢穆對於顧頡剛與傅斯年學術路線的觀察與評價，卻與傅斯年的主觀期待落差甚遠：

> 頡剛史學淵源於崔東壁之《考信錄》，變而過激，乃有《古史辨》之躍起。然考信必有疑，疑古終當考。二者分辨，僅在分數上。如禹為大蟲之說，頡剛稍後亦不堅持。而余則疑《堯典》，疑《禹貢》，疑《易傳》，疑老子出莊周後，所疑皆超過於頡剛。然竊願以考古名，不願以疑古名。疑與信皆須考，余與頡剛，精神意氣，仍同一線，實無大異。而孟真所主，則似尚有迥異於此者。如其以歷史語言二者兼舉，在中國傳統觀念中無此根據。即在西方，亦僅德國某一派之主張。大體言之，西方史學並不同持此觀念。其在中國，尤屬創新。

　　錢穆自認與顧頡剛「精神意氣，仍同一線，實無大異」。雖認同傅斯年領導史語所「地下發掘與龜甲文研究兩門，皆確然示人以新觀念，新路向。」然而對於傅斯年轉介德國蘭克學派的科學史學，「繼此以往，則余與孟真意見亦多不合。」大體而言，他自認與顧頡剛只是「量」的差別，與傅斯年則是「質」的根本異義。[69]

　　錢穆雖然對於顧頡剛的疑古史學多所批評，卻對顧頡剛一直以來無私的提攜感念無已。但是他對於胡適總感到格格不入，初見面時的彆扭始終無法化解。與傅斯年學術見解與路線的差異，更是如同鴻溝，難以跨越。

　　前面談到錢穆與胡適關於先秦思想學術諸多相異見解無以調和，錢穆後來回想，「惟一時所注意者，亦僅為一些具體材料問題解釋之間，而於中國歷史文化傳統之一大問題上，則似未竟體觸及也。然孟子所謂余非好辯，亦不得已也。余深深了此意境。」[70]如何對待中國歷史文化傳統，才是錢穆進京之後的主戰場，也是錢穆生平志業的基本軸線。對於先秦諸子考證探究的諸多題目，只是這巨大時代潮流表面激起的浪花。

　　相較於北大第一年開授「中國上古史」遭質疑不懂龜甲文，次年，錢穆改開授「中國政治制度史」一門課時，更深切感受到激烈反傳統思潮下，中國歷史文化傳統如何遭到污名化，被貶抑的一文不值：

> 余在北大，任近三百年學術史一年。翌年，改開中國政治制度史。系主任陳受

69　錢穆，《八十憶雙親師友雜憶合刊》，頁146-7。王晴佳以為：「在錢穆1929年進京任教前後，他的學術研究，以『考史』為主，因此與當時史學界的主流，十分契合。由此，他得到『科學史家』胡適、顧頡剛、傅斯年的欣賞。但在學術信仰上，已經表現出某些不同來，只是錢穆還沒有機會具體論述。余英時在評論他老師的學術生涯時說：『錢先生自民國十九年到北平以後，表面上他已進入中國史學的主流，然而他的真正立場和主流中的「科學」考證或「史料學」，又不盡相合』。這是非常道地的觀察。」參見：王晴佳，〈錢穆與科學史學之離合關係（1926~1950）〉，頁138。

70　錢穆，《八十憶雙親師友雜憶合刊》，頁145。

頤弗允。受頤人素謙和，主講西洋史。聞其於西洋中古史頗有深入，實際並不任系務，乃由孟真幕後主持。大意謂中國秦以下政治只是君主專制。今改民國於以前政治制度可勿再究。……屢爭，終不允。……余意欲開此課，學校似不宜堅拒。遂終允之。北大選課，學生可先自由聽講，一月後始定選。到時乃無人選余此課。[71]

傅斯年是否此事背後影武者？恐怕難以查證。但是從主持系務的先生反對，到學生不願選課表態，錢穆應當更深切感受到中國歷史文化傳統的日薄西山、不絕如縷。

1933年秋，北大第三年，錢穆一人獨任「中國通史」授課，這是錢穆第一次在大學講授整部中國通史，授課講義乃成為後來撰寫《國史大綱》的底本。王晴佳認為「中國通史」課程的獨立講授與分斷代專題聯合講授，表面看似教學方式的差異，但是實質上卻是史學理念的根本差異。而後《國史大綱》的寫作「是他公開與胡適、傅斯年等人決裂的一個重要標誌。」[72]

九一八事變是一個重要的歷史時刻，錢賓四曾對學生說：「研究歷史是從九一八事變後開始的，目的是要探究國家民族還有沒有希望」。[73]錢穆當然不是在1931年之後才開始「研究歷史」的，這裡所謂「研究歷史」，應當指的是一種有意識地重探國史內在精神，以講授書寫國史召喚國魂的救亡圖存志業。這樣的心志當然不是始於九一八事變的衝擊，雖然在這之前，錢穆的學術論著以考辨為主，先秦諸子繫年是其主要代表作。但是1928年錢穆寫作的《國學概論》，特別是末章〈最近期之學術思想〉，已經充分反映了錢穆並非在書齋中不問世事皓首窮經的純粹學者，而是有著深切現實關懷，有志探求中國出路的知識分子。

無論如何，九一八之後，亡國滅種的危機感更加強烈，直撲面而來。對錢穆而

---

[71] 錢穆，《八十憶雙親師友雜憶合刊》，頁147-8。

[72] 關於「中國通史」課程與《國史大綱》的寫作，王晴佳以為「雖然錢穆以前也治史學，但並沒有『著史』，而是『以史證經』、『以史證子』。但自東北淪陷以後，則開始希望通過歷史的敘述，來重振民族的信心。換言之，雖然錢穆以『考史』出名，但他進入史學界以後，則由於時局的關係，逐漸改變了治學的方向，改以『著史』為主了。錢穆的『著史』，包括了教學與著述兩個方面。……東北淪陷以後，由於民族主義的高揚，各校都遵教育部之命開設『中國通史』。傅斯年等人都支持這一課程，但在課程設置的方面，卻有不同的意見。從傅斯年提倡『專題研究』的立場出發，這一『中國通史』的講述，應派幾位專家分別擔任，因此最初北大曾準備由十五位專家承擔這一課程。後來由於實行起來困難，才由錢穆建議，由他和陳寅恪兩人主講。最後，錢穆自告奮勇，決定一人承擔。由此便有了《國史大綱》的寫作。在如何教授『中國通史』上錢穆與傅斯年的分歧，可以視為錢穆與『科學史家』分道揚鑣的一個最初的標誌。雖然這種在表面上涉及的只是一個教學的問題，但在實際上卻反映了史學觀念的不同。」「而從錢穆講授和寫作『中國通史』的情況來看，正好像傅斯年所批評的那樣，其中既講儒家的倫理道德精神，又追求文采和微言大義。難怪從那個時候開始，錢穆與傅斯年的關係就逐漸惡化，以致傅斯年後來對人說，錢穆寫的東西他從來不看。這與錢穆初到京時，傅斯年經常在宴客時邀他作陪的情形，成天壤之別。」參見：王晴佳，〈錢穆與科學史學之離合關係（1926~1950）〉，頁139-40、146。

[73] 吳沛瀾，〈憶賓四師〉，收入中國人民政治協商會議江蘇省無錫縣委員會編，《錢穆紀念文集》（上海：上海人民出版社，1992年），頁52。

言，晚清以來、特別是新文化運動以來，那種激切的反傳統思潮，更讓他有著深切的文化危機，用顧炎武的話來說，不只是政權覆滅的亡國感，甚且是文化滅絕的亡天下的危機時刻。

錢穆回憶北大開設「中國通史」課程曾經的爭議，以及他如何力排眾議獨力承擔「中國通史」的講授責任：

> 時國民政府令中國通史為大學必修課，北大雖亦遵令辦理，但謂通史非急速可講，須各家治斷代史專門史稍有成績，乃可會合成通史。故北大中國通史一課，乃分聘當時北平史學界，不專限北大一校，治史有專精者，分門別類，於各時代中各別講授。歷史系主任及助教兩人，則隨班聽講，學期學年考試出題閱卷，由彼兩人任之。余亦分占講席，在講堂上明告諸生，我們的通史一課實大不通。我今天在此講，不知前一堂何人在此講些什麼，又不知下一堂又來何人在此講些什麼。不論所講誰是誰非，但彼此實無一線條通貫而下。諸位聽此一年課，將感頭緒紛繁，摸不到要領。故通史一課，實增諸位之不通，恐無其他可得。乃有人謂，通史一課固不當分別由多人擔任，但求一人獨任，事亦非易。或由錢某任其前半部，陳寅恪任其後半部，由彼兩人合任，乃庶有當。余謂，余自問一人可獨任其全部，不待與別人分任。一九三三年秋，北大乃聘余一人獨任中國通史一課。

王晴佳認為錢穆獨立貫通講授「中國通史」，反映了錢穆與傅斯年史學觀念的不同。錢穆自己也有類似的觀察：「孟真在中國史學上，實似抱有一種新意向。惟茲事體大，而孟真又事忙未能盡其力，以求自副其所想望，而遂有未盡其所能言者。彼似主先治斷代史，不主張講通史。」[74]但這還只是科學史學與倫理史學的差別，傅斯年未嘗不是以科學史學的手段試圖達到倫理史學的目的。我想，傅斯年與錢穆的根本差異，還是在中國與西方、傳統與現代之間的價值評斷互為敵對。

這也正是錢穆開始起心動念投入新國史書寫志業之時，他深切感受到的危機。如果說國族危急存亡時刻是個重大的意義危機，那麼，對錢穆而言，文化絕續是個更重大的意義危機。當舉國知識分子意識到前者，卻未能意識到後者，那麼，他們所採取的救亡圖存手段只能治絲益棼。不能真切認識意義危機的所在，無疑將導致錯誤的手段，導致解決意義危機過程中的技術危機。錢穆的新國史書寫志業，必須同時面對且解決意義與技術的雙重危機。

抗戰軍興之前，1936至37年間，錢穆陸續寫作幾篇札記式的短文，後來彙集為〈略論治史方法〉一文，其中一條札記以運動家與音樂家，乃至網球與足球兩種運動譬喻中西歷史之不同調，此一譬喻，後來寫進了《國史大綱》〈引論〉，可以說，從

---

[74] 王晴佳的見解同註72。錢穆的話見：《八十憶雙親師友雜憶合刊》，頁146-7。

1933年獨任「中國通史」課程後，書寫一部新國史的意志，便橫梗在錢穆胸中，逐漸發展出《國史大綱》的創作理念與書寫策略。

1936年9月，錢穆寫著：「治史者先橫互一理論於胸中，其弊至於認空論為實事，而轉輕實事為虛文。近人每犯此病。」11月，錢穆進一步表明：

> 近人治史，每易犯一謬見。若謂中國史自秦以下，即呈停頓狀態，無進步可說。此由誤用西人治史之眼光來治中史，才成此病。
>
> 今試設譬，有兩運動家，一擅網球，一精足球，若為此兩人作年譜，乃專事抄襲網球家定稿，來為足球家作譜，豈得有當。近人治中國史，正多抱此意見。若謂中國惟先秦一段尚見光彩，此下即漸入歧途。惟洗伐淨盡，掃地赤立，另起場面，庶可趕上他人。是不啻以網球家成格，來批評足球家，寧得有當。
>
> 中國史與西洋史精神上之差異，至少尚遠過於足球家與網球家之不同。或仍過於運動家與美術家之別。今治西洋史，以其走上近代化的步驟，如十字軍戰爭、文藝復興、宗教改革、海外殖民地之尋覓、法國大革命、機械工業驟起、社會主義種種，來看中國史，則中國史殆如半死不活，絕無生命可言。惟春秋戰國時代，尚有封建貴族宗教神權等等，幾分近似西洋史處。今完全以西洋目光治中國史，則自秦以下宜為一個長期停頓之狀態。

從而，錢穆具體指出：

> 中國新史學之成立，端在以中國人的眼光，發現中國史自身內在之精神，而認識其以往之進程與動向。中國民族與中國文化最近將來應有之努力與其前途，庶幾可有幾分窺測。否則舍己之田，而芸人之田，究亦何當於中國之史學。

1937年1月，錢穆正式宣告創寫新國史的急切必要：

> 今日中國處極大之變動時代，需要新的歷史知識為尤亟。……時時從舊史裏創寫新史，以供給新時代之需要，此不僅今日為然。即在以往，其歷史雖一成不變，而無害新史之不斷創寫。……中國以往舊史，亦不斷在改寫中。而今日則為中國有史以來所未有之遽變時代，其需要新史之創寫則尤亟。
>
> 竊謂今日當有一部理想之中國通史，供給一般治中國政治、社會、文化、思想種種問題者一種共同必要的知識。不寧惟是，實為中國國民其知識地位比較在水平線上，與社會各界比較處於上層地位者，一種必要之知識。人類必由認識而後了解，亦必由了解而後發生深厚之感情。

這樣的新國史，不可以只是「錮蔽全國人之心思氣力以埋頭於二十四史九通，為舊史料之記誦。」也不能是以「自秦以來，莫非專制政體之演進」之類「晚清革命變法潮流之下……當時一種黨人之宣傳。」（此一革命史觀在民國後轉而為主張西化的「近代中國人之維新觀」，錢穆稱之為「崇洋媚外」觀。）亦不能是「根據西洋最近唯物史觀一派之論調，創為第二新史觀。其治史，乃以社會形態為軀殼，以階級鬥爭為靈魂。」[75]這些批評，在後來出版的《國史大綱》〈引論〉中重新分類為傳統派（記誦派）、革新派（宣傳派），並新增科學派（考訂派）。所謂科學派，錢穆如此評論：

> 至「考訂派」則震於「科學方法」之美名，往往割裂史實，為局部狹窄之追究。以活的人事，換為死的材料。治史譬如治岩礦，治電力，既無以見前人整段之活動，亦於先民文化精神，漠然無所用其情。彼惟尚實證，誇創收，號客觀，既無意於成體之全史，亦不論自己民族國家之文化成績也。

錢穆毫不掩飾地直言批判傅斯年領導的科學的歷史學派，充分反映了兩人史學態度與觀念的截然異趣，無怪乎〈引論〉發表之後傅斯年亦應之以不屑一讀。兩人嫌隙之深可見。

錢穆並總結新史學之創建，新國史的書寫「應扼要而簡單，應有一貫的系統，而自能照映我們家現代種種複雜難解之問題。尤要者，應自有其客觀的獨立性，而勿徒為政客名流一種隨宜宣傳或辯護之工具。」最終是「要能發揮中國民族文化以往之真面目與真精神，闡明其文化經歷之真過程，以期解釋現在，指示將來。」「然若真能為客觀合科學的新史家，必從識得中國史之變動何在始。中國史之變動，即中國史之精神所在。」[76]

「解釋現在，指示未來」；「中國史之變動，即中國史之精神所在」；這是幾年後成書的《國史大綱》的關鍵詮釋，錢穆已然做好準備，不到一年，蘆溝橋事變，中國全面對日抗戰，北大師生間關萬里、輾轉流徙至遙遠的西南邊境，兩年之內，日軍席捲大江南北，國家民族存亡絕續只在一線之間。空襲聲中，教學餘日，錢穆避居宜良山間，未及一年，《國史大綱》終於完稿。[77]

---

75 錢穆，《中國歷史研究法》附錄〈略論治史方法〉（台北：東大圖書，1991年再版），頁131-8。

76 錢穆，《中國歷史研究法》附錄〈略論治史方法〉，頁137-8。

77 應該是在1936-7年寫作這幾篇札記的同時，錢穆生平唯一與章太炎晤面會談（更早之前聆聽章太炎演講，但未曾具體互動）時，談及新國史寫作之事，「余詢太炎，近見報上中央政府有聘先生赴南京任國史館長消息，確否。太炎答，我與政府意見不相洽，焉得有此事。報章傳聞不足信。余又言，倘果政府來聘，先生果往，對此下撰寫新國史有何計劃。太炎謂，國史已受國人唾棄，此下當不再需有新國史出現。余曰，此姑弗深論。倘有新國史出現，較之前二十五史體裁方面將有何不同。太炎沉默有頃，曰，列傳與年表等當無何相異。惟書志一門，體裁當有大變動。即如外交志，內容牽涉太廣，決非舊史體例可限。因言居滬上，深知治外法權影響深廣。如加敘述，所占篇幅必巨。其他方面更然。外交以外，食貨刑法諸門亦當

六、為故國招魂

《國史大綱》的書寫，雖然早自1932年九一八事變起心動念，1933年獨任中國通史教學發展了上課講稿，1936-37年間困思衡慮，數年來，史綱一書的寫作時在錢穆心中盤旋計較。但是錢穆回首當年，1938年西南聯大時期同事，也是燕大時學生陳夢家時相過從，兩個晚上的暢談，陳夢家的期待成為史綱開始寫作的臨門一腳：

> 夢家尤時時與余有所討論。一夕，在余臥室近旁一曠地上，夢家勸余為中國通史寫一教科書。余言材料太多，所知有限，當俟他日仿趙甌北《二十二史箚記》體裁，就所知各造長篇暢論之。所知不詳者，則付缺如。夢家言，此乃先生為一己學術地位計。有志治史學者，當受益不淺。但先生未為全國大學青年計，亦未為時代急迫需要計。先成一教科書，國內受益者其數豈可衡量。余言，君言亦有理，容余思之。又一夕，又兩人會一地，夢家續申前議，謂前夜所陳，先生意竟如何。余謂，茲事體大，流亡中，恐不易覓得一機會，當俟他日平安返故都乃試為之。夢家曰，不然，如平安返故都，先生興趣廣，門路多，不知又有幾許題材湧上心來，那肯盡拋卻來寫一教科書。不如今日生活不安，書籍不富，先生只就平日課堂所講，隨筆書之，豈不駕輕就熟，而讀者亦易受益。余言，汝言甚有理，余當改變初衷，先試成一體例。體例定，如君言，在此再留兩年，亦或可倉促成書。夢家言，如此當為全國大學青年先祝賀，其他受益人亦復不可計，幸先生勿變今夕所允。余之有意撰寫《國史大綱》一書，實自夢家此兩夕話促成之。[78]

《國史大綱》完稿，錢穆為了平生大願，於1939年暑假攜帶書稿前往香港交商務印書館付印。「乘便赴上海，歸蘇州探母。」行前應顧頡剛邀請，允諾秋後轉赴流亡成都的山東齊魯大學國學研究所任教。

蘇州侍母一年，1940年下重返大後方，至成都齊魯大學。1943年，齊魯大學停辦，乃轉任同在成都的華西大學。1944年，抗戰已近尾聲，錢穆回憶與馮友蘭的一段對話：

> 又一日，馮芝生忽亦自重慶來成都，華西壩諸教授作一茶會歡迎，余亦在座。

然。所需專門知識亦更增強。惟此書志一門，必當有大變動。在今難可詳談。……此一問題，亦恨絕少與他人論及。」參見：《八十憶雙親師友雜憶合刊》，頁159-60。章太炎之語「國史已受國人鄙棄，此下當不再需有新國史出現。」反映的是當時一種普遍鄙視國史的心態，但是，再造國史以救亡圖存，卻也是並世存在的另一種普遍心態。

[78] 錢穆，《八十憶雙親師友雜憶合刊》，頁191-2。

不知語由何起，余言吾儕今日當勉做一中國人。芝生正色曰，今日當做一世界人，何拘拘於中國人為。余曰，欲為世界人，仍當先作一中國人，否則或為日本人美國人均可，奈今日恨尚無一無國籍之世界人，君奈之何。芝生無言。漱溟語不忘國。芝生自負其學，若每語必為世界人類而發。但余終未聞其有一語涉及於當前之國事。則無怪此後兩人同居北平之意態相異矣。[79]

「中國人」與「世界人」的我群想像，正是錢穆與同時代追求西化的知識分子的根本差異。前文提到，曾鯤化在重寫國史時，要求要能「激發現在社會之國魂。」當對日抗戰期間，中國面臨亡國的重大且立即之危機時，錢穆書寫《國史大綱》，欲藉新國史之書寫以召喚國魂。所謂「國魂」是有著國族身分的精神，而非放諸四海皆可的世界人。

1990年，錢穆高弟余英時的悼念文以「一生為故國招魂」為題，深刻的扣準了錢穆生平志業。余英時指出晚清知識分子援借日本傳入的「國粹」、「國魂」等概念，蔚為流行。特別是國粹學派，「一方面在尋找中國的『國粹』、『國魂』，……但另一方面，他們對於當時以進化論為基調的西方社會學則視為天經地義。」因此，或者認定西方所崇尚之基本價值中國古已有之，是真正的中國「魂」；或是主張漢民族西來說，中西既然同源，魂魄則一而已矣。[80]

這樣的「中國魂」，軀殼尚在，靈魂則失，既然西方成為放諸四海皆準的普世價值，在西方世界找回的「中國魂」，即便容貌未改，也只能是「世界人」而非「中國人」。錢穆期期以為不可。因此《國史大綱》念茲在茲，探問中國歷史的獨特性，追索中國歷史之精神，就是想問問「中國人」有別於世界其他國族的獨特內涵是什麼？

早在1928年進京前兩年，還只是個中學教員的錢穆寫作的《國學概論》最後一章，其實已經表現出他對於中國救亡圖存問題的基本見解：

> 凡此數十年來之以為變者，一言以蔽之，曰求救國保種而已。凡此數十年來之以為爭者，亦一言以蔽之，曰求救國保種而已。其明昧得失有不同，而其歸宿於救國保種之意則一也。然則有以救國保種之心，而循至於一切愈近變其國種之故常，以謂凡吾國種之所有，皆不足以復存於天地之間者。復因此而對其國種轉生不甚愛惜之念，又轉而為深惡痛疾之意，而惟求一變故常以為快者。[81]

錢穆以為，當國族處於亡國兼而亡天下（政權與文化的雙重危機）的危急存亡之秋，「需要新史之創寫尤亟」，而「今日所需之國史新本」，必須「能將我國家民

79　錢穆，《八十憶雙親師友雜憶合刊》，頁226。
80　余英時，〈一生為故國招魂：敬悼錢賓四師〉，《猶記風吹水上鱗：錢穆與現代中國學術》（台北：三民書局，1991年）。
81　錢穆，《國學概論》，頁176。

族，以往文化演進之真相，明白示人」；又能「於舊史統貫中映照出現中國種種複雜難解之問題」。後者消極地面對當前病症提出診斷，前者則積極「求出國家民族永久生命之泉源，為全部歷史所由推動之精神所寄。」

因此，《國史大綱》〈引論〉中指出，自秦以後，中國社會之進步，在於「經濟地域之逐漸擴大，文化傳播之逐次普及，與夫政治機會之逐次平等」。而這樣的進步，背後有一種「**理性精神**」在指導著。歷史有曲折起伏，「今日之治國史者，適見我之驟落，並值彼之突進，意迷神惑，以為我有必落，彼有必進，並以一時之進落，為彼我全部歷史之評價，故雖一切毀我就人而不惜。」錢穆雄辯滔滔，以一部在戰亂中寫就的新國史，意欲拯救國族之危亡。[82]

錢穆的新國史書寫，雖然也在晚清至民國初年，大約四十年間的國族建構脈絡之中。然而，同樣是打造新的中華民族，同樣是通過國史書寫來完成使命，錢穆卻是對傳統充滿了溫情與敬意，這和許嘯天、胡適等人的整理國故截然不同。他更在全書扉頁，極為特別地提出作者對讀者的要求：

> 凡讀此書請先具下列諸信念：
> 一、當信任何一國之國民，尤其是自稱知識在水平線以上之國民，對其本國已
>   往歷史，應該略有所知。
> 二、所謂對其本國已往歷史略有所知者，尤必附隨一種對其本國已往歷史之溫
>   情與敬意。
> 三、所謂對其本國已往歷史有一種溫情與敬意者，至少不會對其本國已往歷史
>   報一種偏激的虛無主義，亦至少不會感到現在我們是站在已往歷史最高之
>   頂點，而將我們當身種種罪惡與弱點，一切諉卸於古人。
> 四、當信每一國家必待其國民備具上列諸條件者比數漸多，其國家乃再有向前
>   發展之希望。

前述引發學界議論的，是錢穆為了《國史大綱》一書所寫的〈引論〉一文，首先揭櫫報端，錢穆深刻表達了他對數十年來知識界的反傳統及崇尚西方、以及數十年來的國史研究及書寫的不以為然。

> 前一時代所積存之歷史材料，既無當於後一時期所需要之歷史智識，故歷
> 史遂不斷隨時代之遷移而變動改寫。……中國舊史，固不斷在改寫之中矣。自
> 南宋以來，又七百年，乃獨無繼續改寫之新史書出現。此因元清兩代皆以異族
> 入主，不願國人之治史。……今則為中國有史以來未有的變動劇烈之時代，其
> 需要新史之創寫尤亟。而適承七百年來史學衰微之末運，因此國人對於國史之

認識，乃欲昏昧無準則。前述記誦考訂宣傳諸派，乃亦無一能發願為國史撰一新本者，則甚矣史學之不振也。

今日所需要之國史新本，將為自尚書以來下至通志一類之一種新通史，此新通史應簡單而扼要，而又必具備兩條件。一者必能將我國家民族，已往文化演進之真相，明白示人，為一般有志認識中國已往政治社會文化思想種種演變者所必要之智識。二者應能於舊史統貫中映照出現中國種種複雜難解之問題，為一般有志革新現實者所必備之參考。前者在積極的求出國家民族永久生命之泉源，為全部歷史所由推動之精神所寄，後者在消極的指出國家民族最近病痛之證候，為改進當前方案之所本。[83]

國史需要改寫，自梁啟超、劉師培、曾鯤化、夏增佑、傅斯年、雷海宗、王桐齡……以來，知識界並無異議，但是改寫國史的態度，與通過國史改寫所欲達致之目標，則錢穆顯然異於前人。反傳統學者的國史書寫，是通過自我否定、複製西方的方式，來打造新的國族，價值取向是外求的。錢穆的國史書寫，則再重新詮釋國史之精神與進路，說明國史發展的軌跡，自能指向民族復興之路。國史本身自給自足，不假外求。

人類苟負有某一種文化演進之使命，則必摶成一民族焉，創建一國家焉，夫而後其背後之文化，使得有所憑依而發揚光大。若其所附文化演進之使命既中輟，則國家可以消失，民族可以離散。……

斷斷無一國之人，相率鄙棄其一國之史，而其國其族，猶可以長存於天地之間者。亦未有專務于割裂穿鑿，而謂從此可以得我先民國史之大體者。繼自今，國運方新，天相我華，國史必有重光之一日，以為我民族國家復興前途之所託命。[84]

黃俊傑認為錢賓四史學最大的特徵在於將歷史視為「民族的史詩」（nationalepic）而不是「科學的歷史」（所謂 "scientifichistory"），並且在解析《國史大綱》時，特從「中國文化起源於本土」、「中國傳統政治是一種『士人政治』」而非專制政治、「國史於和平中得進展」三個課題展開討論。[85]本文則希望能夠聚焦於《國史大綱》如何呈現「政治機會之逐次平等」與中國歷史背後之「理性精神」的動態關聯。

中西文化異同千頭萬緒，但是中國兩千年（秦以下）的專制政治，則是在救亡圖存的政治革新中不證自明的病灶。1932年錢穆在北大歷史系開講「中國政治史」非但

---

83 錢穆，《國史大綱》〈引論〉。
84 錢穆，《國史大綱》〈引論〉。
85 參見：黃俊傑，〈錢賓四史學中的「國史」觀：內涵、方法與意義〉，《臺大歷史學報》第26期，2000年。

系上行政阻撓，甚且歷史系學生無人選修，應當給予錢穆難以磨滅的印象。

中國古代政治發展，錢穆首先從「王室」、「政府」、「民眾」三者關係的變遷談起。

> 漢初若稍稍欲返古貴族分割宰制之遺意，然卒無奈潮流之趨勢何！故公孫弘以布衣為相封侯，遂破以軍功封侯拜相之成例，而變相之貴族擅權制，終以告歇。博士弟子，補郎、補吏，為入仕正軌，而世襲任蔭之恩亦替。自此以往，入仕得官，遂有一公開客觀之標準。「王室」與「政府」逐步分離，「民眾」與「政府」則逐步接近。政權逐步解放，而國家疆域亦逐步擴大，社會文化亦逐步普。[86]

政權的解放是歷史發展的火車頭，國家疆域的擴大、社會文化的普及隨之而來。錢穆又說：

> 就全國民眾施以一種合理的教育，復於此種教育下選拔人才，以服務於國家；再就其服務成績，而定官職之崇卑與大小。
>
> 此正戰國晚周諸子所極論深覯，而秦、漢以下政制，即向此演進。特以國史進程，每於和平中得伸展，昧者不察，遂妄疑中國歷來政制，惟有專制黑暗，不悟政制後面，別自有一種理性精神為之指導也。

這裡錢穆提到了「理性精神」一詞，而此「理性精神」來自晚周諸子「極論深覯」的思想成就。因此，秦以後的中國歷史，不但不是兩千年一成不便僵固的專制黑暗，甚至是此政權解放之「理性精神」開展歷程，而政權解放的具體內涵，則在「王室」與「政府」的分離，「政府」與「民眾」的靠近。

在秦漢歷史的開端，關於「大一統政府之創建」一節，錢穆如此概括：

> 經過戰國二百四、五十年的鬥爭，到秦始皇二十六年滅六國，而中國史遂開始有大規模的統一政府出現。漢高稱帝，開始有一個代表平民的統一政府。武帝以後，開始有一個代表平民社會、文治思想的統一政府。**中國民族的歷史正在不斷進步的路程上**。[87]

但是，歷史的道路有時曲折、有時倒退，漢代內外朝之分，外戚參政，錢穆以為是一種墮落：

---

86 錢穆，《國史大綱》〈引論〉。

87 錢穆，《國史大綱》第七章〈大一統政府之創建〉，頁83。

政府漸漸脫離王室而獨立，為當時統一政府文治上之進步。王室削奪政府
權任，而以私關係的外戚代之，則顯然為統一政府之墮落。[88]

一面是文治政府之演進，一般官吏漸漸脫離王室私人的資格，而正式變成
為國家民眾服務的職位；一面則是王室與政府〔士人。〕逐漸隔離而易趨腐化
與墮落。[89]

王室侵奪政府，公私不分，是墮落的一面；王室與代表政府的士人疏離，趨於腐
化，是墮落的另一面。錢穆在民眾與政府的靠近這一層面，特別著重的是接受良好教
育的士人參與政府，因此，良善的政治必須是士人充分參與的文治政府，如果士人與
王室分離，也是傳統政治的致命傷。

東漢晚期的黨錮之禍，是朝廷與清流士人的一次大決裂，從此數百年，王士與士
人疏離，各行其是：

因東漢只看重私人和家庭的道德，故王室傾覆後，再不能重建一共戴的中
央，而走入魏晉以下之衰運。

然東漢士人正還有一種共遵的道德，有一種足令後世敬仰的精神，所以王
室雖傾，天下雖亂，而他們到底做了中流砥柱，個別的保存了他們門第的勢力
和地位。[90]

漢朝覆亡，而後是數百年的分裂時代，錢穆在此也充分表現了他對於國家分裂的
憂心與對一統的期許，這當然也反映了錢穆身處民國初年國家分崩離析所致的焦慮。
在長期分裂時代的開端，錢穆如此總述：

一個政權的生命，必須依賴於某一種理論之支撐。此種理論同時即應是正
義。正義授與政權以光明，而後此政權可以綿延不倒。否則此政權將為一種黑
暗的勢力，黑暗根本無可存在，必趨消失。

東漢王室逐步脫離民眾，走上黑暗的路，此有兩因：一則王室傳續既久，
一姓萬世的觀念使其與民眾隔離。一則內朝、外朝的分別，使其與士大夫〔民
眾之上層〕隔離。因此外戚、宦官得以寄生在王室之內邊而促其腐化。舊的統
治權必然滅亡。已在前幾講說過。

舊統治權因其脫離民眾而覆滅，新統治權卻又不能依民眾勢力而產生。[91]

88　錢穆，《國史大綱》第九章〈統一政府之墮落〉，頁121。
89　錢穆，《國史大綱》第九章〈統一政府之墮落〉，頁123-5。
90　錢穆，《國史大綱》第十章〈士族之新地位〉，頁143-4。
91　錢穆，《國史大綱》第十二章〈長期分裂的開始〉，頁160-1。

錢穆對時代的多重分裂，顯得憂心忡忡，他真正的焦慮在於當世，而非近兩千年前的古代。

國家本是精神的產物，把握到時代力量的名士大族，他們不忠心要一個統一的國家，試問統一國家何從成立？

當時士族不肯同心協力建設一個統一國家，此亦可分兩面說：一則他們已有一個離心的力量，容許他們各自分裂。二則他們中間沒有一個更健全、更偉大的觀念或理想，可以把他們的離心力團結起來。[92]

數百年的長期分裂行將結束，新的「統一盛運」將臨，錢穆充滿欣喜與期待，這樣的期待，在歷史的後見之明下，之於隋唐帝國的降臨，當然沒有任何驚喜。但是，錢穆多麼盼望他自己的時代，也能看到這麼一天。

從學術影響到政治，回頭再走上一條**合理的路**，努力造出一個**合理的政府**來。

從此漫漫長夜，開始有一線曙光在北方透露。到隋、唐更見朝旭耀天。[93]

再一次，良善的政治始終來自時代中最有智慧的一群人：

自行「均田」，而經濟上貴族與庶民的不平等取消；自行「府兵」，而種族上胡人與漢人的隔閡取消。北方社會上兩大問題，皆有了較合理的解決。中國的農民，開始再有其地位，而北周亦遂以此完成其統一復興的大任務。

一種合理的政治制度的產生，必有一種**合理的政治思想**為之淵源。北朝政治漸上軌道，不能不說是北方士大夫對政治觀念較為正確之故。[94]

「統一盛運」再臨，除了分裂的中國重歸一統外，也在於政治制度再次走上理性的道路。

直要到政治意識再轉清明，政府漸上軌道，則君臣相與之意態亦變。〔其君不敢以私屬待其臣，其臣亦不復以私屬自居。君不以防制為事，臣不以篡奪為能。〕君、相仍為相輔成治，而非相剋成敵。其時則魏、晉以來的私機關，又一變而成政府正式的首領官，完全實替了秦、漢時代的相權，而即以

92　錢穆，《國史大綱》第十二章〈長期分裂的開始〉，頁162。

93　錢穆，《國史大綱》第十七章〈北方政權的新生命〉，頁217-9。

94　錢穆，《國史大綱》第二十章〈變相的封建勢力下之社會形態（下）〉，頁259-60。

扶翼君權，共同組成一個像樣的政府。〔其內包有王室。〕這便是隋、唐統一之復現。

　　此種轉變，無異乎告訴我們，中國史雖則經歷了四百年的長期紛亂，其背後尚有活力，還是有一個精神的力量，〔即是一種意識，或說是一個理性的指導。〕依然使中國史再走上光明的路。[95]

　　然而，歷史的曲折不只一處，歷史的倒退也不會只有一回。晚唐的藩鎮割據、吏治敗壞，錢穆三致其嘆，我相信，他必然也在千餘年前的那段歷史，看到民國初年的軍閥政治。

　　從北魏到唐初，在中國士大夫心中湧出的一段吏治精神，唐中葉以後已不復有，則相隨而起的種種制度，自必同歸於盡。
　　……
　　府兵制度亦在同樣命運下消滅。〔換言之，府兵制度之破壞，全在時人對此制度所與的精神以及意識上之轉變。〕[96]

　　從晚唐歷經五代，數百年的衰亂，到了北宋開始出現轉機。能夠挽狂瀾於既倒的，始終仰賴的是士大夫的自覺：

　　宋朝的時代，在太平景況下，一天一天的嚴重，而一種自覺的精神，亦終於在士大夫社會中漸漸萌茁。
　　所謂「自覺精神」者，正是那輩讀書人漸漸自己從內心深處湧現出一種感覺，覺到他們應該起來擔負著天下的重任。他提出兩句最有名的口號來，說：「士當先天下之憂而憂，後天下之樂而樂。」這是那時士大夫社會中一種自覺精神之最好的榜樣。
　　范仲淹並不是一個貴族，亦未經國家有意識的教養，他只在和尚寺裏自己讀書。在「斷虀畫粥」的苦況下，而感到一種應以天下為己任的意識，這顯然是一種精神上的自覺。然而這並不是范仲淹個人的精神無端感覺到此，這已是一種時代的精神，早已隱藏在同時人的心中，而為范仲淹正式呼喚出來。[97]

　　至此，我們也許必須回到〈引論〉中對於當今之世救國保種的困局，提出了三大難處：

95　錢穆，《國史大綱》第二十三章〈新的統一盛運下之政治機構〉，頁298。
96　錢穆，《國史大綱》第二十五章〈盛運中之衰象（上）〉，頁320。
97　錢穆，《國史大綱》第三十二章〈士大夫的自覺與革新運動〉，頁415-6。

自明以來六百年，政府無宰相，「王室」久握獨裁之權，則激變又難。清廷不能不去，王室不能復建，逼使中國不得不為一激劇之變動，以試驗一無準備、無基礎之新政體，而不能更於其間選擇一較緩進、較漸變之路，此為晚清革命之難局，一矣。……

　　民國以來，武人弄權，地方割據，日轉增長。內亂層見疊出，斬喪社會之元氣，障礙國家之前進，其間莫非有外力焉為之呼應。此猶人身變病，未先驅解，早服補劑，病根纏綿不去，生機奄息不復。此又為民國以來締構中央統一政權之難局，二矣。……

　　尤難者，不在武人割據之不可鏟滅，而在政治中心勢力之不易產生。……此又民國以來，社會中堅勢力未能形成之難局，三也。

　　錢穆最終表示：「凡此皆晚近中國之病，而尤其病於士大夫之無識。」因為國族面臨空前危機，晚清以來屢次變革均未能奏效，於是「轉而疑及於我全民族數千年文化本源，而惟求全變故常以為快。」卻不知「今日中國所患，不在於變動之不劇，而在於暫安之難獲。」惟國家有暫安之局，社會始能有更生之變。所謂「更生之變」，乃自國族內部自發新生命力，有賴於「自覺」之精神。然而「國人士大夫，乃悍於求變，而忽於謀安」。劇變之餘，國族動盪益甚，「藥不對病，乃又為最近百病纏縛之一種根本病也。」[98]

　　錢穆寫到北宋士大夫的自覺與革新時，意趣昂揚，但是回顧自身所處當代困局，歸根結柢，其病在「士大夫之無識」。與錢穆並世的民國知識分子，莫不困心衡慮，憂心國族之危急存亡，也莫不有志於救國保種之事業。但是診斷錯誤、「藥不對病」，卻反而讓國族愈陷於淪亡之危局。在錢穆眼中，他與並世反傳統知識分子存在著根本差異，一般的改造新國史以求國族新生命，錢穆深入歷史探求國族內在靈魂，他稱之為一種**「理性精神」**，而後者卻反鄙棄國族靈魂而移植西方價值，欲求解救「亡國」危機反馴至「亡天下」的更深沉困境。

七、未來預言書

　　如前所述，從十九世紀末葉，在外患方殷，圖強屢挫的歷史處境中，知識份子期待通過國史之改造，以書寫新的國史，形塑新的國族認同，作為救亡圖存的重要途徑。雖然梁啟超曾經警惕，新國史的書寫必須裁抑主觀而客觀忠實於歷史真相，必須以歷史自身為目的而非為手段。但是目的性如此強烈的國史書寫，恐怕時時走在主觀客觀交接的斷崖邊，也很難避免因目的使手段正當化的危險。

　　史為今用的思想推到極處，歷史卻成為未來的預言書。梁啟超雖未曾完成一部完

整的新國史,卻曾於1901年書寫〈中國史敘論〉一文說明書寫中國史的基本架構,有趣的是,這部計畫中的國史,除了寫到最近世的當代之外,還預言了中國歷史未來的發展。晚清知識份子救亡圖存情懷之強烈可見一斑。

> 中國二十四史,以一朝為一史,即如通鑑,號稱通史,然其區分時代,以周紀秦紀漢紀等名。是由中國前輩之腦識,只見有君主,不見有國民也。西人之著世界史,常分為上世史、中世史、近世史等名,雖然,時代與時代,相續者也,歷史者無間斷也。……第一,上世史,自黃帝以迄秦之一統,是為中國之中國,即中國民族自發達自爭競自團結之時代也。……第二,中世史,自秦一統後至清代乾隆之末年,是為亞洲之中國,即中國民族與亞洲各民族交涉繁頤競爭最烈之時代也。又中央集權之制度,日就完整,君主專制政體全盛之時代也。……第三,近世史,自乾隆末年以至於今日,是為世界之中國,即中國民族合同全亞洲民族與西人交涉競爭之時代也。又君主專制政體漸就湮滅,而**數千年未經發達之國民立憲政體,將孃代興起之時代也**。[99]

與錢穆的《國史大綱》約略在同一時刻寫作的,還有張蔭麟(1905-1941)的《中國史綱》(上古部分)和呂思勉的《中國通史》。(正好是顧頡剛評價最高的三部新國史書寫)抗日軍興,危急存亡之秋,讓這三位史家都對中國的未來憂心忡忡,卻也因此對中國的過去滿懷敬意,更讓他們情懷激切地,在國史的末章,極其特殊地都寫下了「**未來的國史**」,史家書寫過去、策勵當下,竟至於預言未來。其理未必得當,然其心可知,其情可感。

1940年,張蔭麟在序言中說:

> 這部書的開始屬草在蘆溝橋事變之前二年,這部書的開始刊布是在事變之後將近三年。
>
> 現在發表一部新的中國通史,無論就中國史本身的發展上看,或就中國史學的發展上看,都可說是恰當其時。就中國史本身的發展上看,我們正處於中國有史以來最大的轉交關頭,正處於朱子所謂「一齊打爛,重新造起」的局面;……第一次全民族一心一體地在血泊和瓦礫場中以奮扎以創造一個赫然在望的舊時代。若把讀史比於登山,我們正達到分水嶺的頂峰,無論回顧與前瞻,都可以得到最廣闊的眼界,在這時候,把全部的民族史和它所指向的道路,作一鳥瞰。最能給人以拓心胸的歷史的壯觀。[100]

---

99 梁啟超,〈中國史敘論〉。
100 張蔭麟,《中國史綱》上古篇〈自序〉。我用的版本是台北里仁書局1982年翻印本,書名改題《中國上古史綱》。

又於《中國史綱》出版兩年之後，在報端發表該書之獻辭：

> 若夫明國族繩繩之使命，庶無餒於任重而道艱；表先民烈烈之雄風，期有效於起衰而振懦；斯今日之所急，舍讀史而末由。惟我華胄，卓居族群；導中和之先路，立位育之人極；啟文明於榛狉，播光華於黯黮；人任既已降於新民，大難所以鼓其薀力。屢蠻夷而滑夏，終德義之勝殘。否臻極而泰來，貞以下而元起。斯史實所柄乘，凡國民所宜稔者也。（張蔭麟1905-1941，〈中國史綱獻辭〉1942年12月10日重慶益世報文史副刊第21期）

呂思勉在1940年出版的《中國通史》末章，第三十六章，〈革命途中的中國〉這麼寫著：

> 中國革命前途重要的問題，畢竟不在對內而在對外。……在經濟上，我們非解除外力之壓迫，更無生息的餘地，資源雖富，怕我們更無餘瀝可沾。在文化上，我們非解除外力的壓迫，亦斷無自由發展的餘地，甚致當前的意見，亦非此無以調和。總之：我們今日一切問題，都在於對外而不在於對內。我們現在，所處的境界，誠極沈悶，卻不可無一百二十分的自信心。豈有數萬萬的大族，數千年的大國，古國，而沒有前途之理？悲觀主義者流：「君歌且休聽我歌，我歌今與君殊科，」我請頌近代大史學家梁任公先生所譯歐洲大文豪拜倫的詩，以結吾書。
>
> 「希臘啊！你本是平和時代的愛嬌，你本是戰爭時代的天驕。撒芷波，歌聲高，女詩人，熱情好。更有那德羅士，菲波士容光常照。此地是藝文舊壘。技術中潮。祇今在否？算除卻太陽光線，萬般沒了。
>
> 馬拉頓前啊！山容飄渺。馬拉頓後啊！海門環繞。如此好河山，也應有自由回照。我向那波斯軍墓門憑眺。難道我為奴為隸，今生便了？不信我為奴為隸，今生便了。」[101]

錢穆的《國史大綱》則以「除舊與開新」作為末章章題，並立最後一節為：

> 八、抗戰勝利建國完成中華民族固有文化對世界新使命之開始
> 本節諸項，為中國全國國民，內心共抱之蘄嚮，亦為中國全國國民當前乃至此後，共負之責任。不久之將來，當以上項標題創寫於中國新史之前頁。[102]

---

[101] 呂思勉，《中國通史》（上海：上海古籍出版社，2009年）。
[102] 錢穆，《國史大綱》第46章，〈除舊與開新〉。

歷史書寫本是對過去的回顧與呈現，然而，在那個國族絕續只在一線、亡國與亡天下迫在眉睫的困難時刻，國史書寫者難以自抑地把國史末章變成未來預言書，試圖書寫那尚未來到的未來。他們真的相信，我寫故國在，書寫過去除了安頓現在，還能夠指示未來、使之成真？還是，那只是其情可憫可敬的一種時代情懷？

八、線性歷史與眾聲喧嘩

《國史大綱》書稿交付商務印書館，依規定必須經由中央某單位審查後方能出版。上海商務舊廠送回重慶審查，審查函示轉寄西南聯大，而錢穆本人刻在蘇州，未能收訖。久未聞出版，乃親赴上海詢問，「乃得讀審查處批示。所命改定者，盡屬洪楊之亂一章。批示需改洪楊之亂為太平天國。章中多條亦須重加改定。」錢穆不以為然，書函答辯：

> 余作答云，孫中山先生以得聞洪楊故事，遂有志革命，此由中山先生親言之。但中山先生排除滿清政府，創建中華民國，始是一項正式的民族革命。至於洪楊起事，尊耶穌為天兄，洪秀全自居為天弟，創建政府稱為太平天國，又所至焚毀孔子廟，此斷與民族革命不同。前後兩事絕不當相提並論。凡本書指示需改定語，可由審查處逕加改定。原著作人當保存原稿，俟抗戰事定，再公之國人，以待國人之公評。

不知何故，審查處完全接受錢穆的答辯，竟同意「一照原稿印行」。但是已經拖延半年。錢穆接著回憶：

> 《史綱》出版後，僅最先一批書數百本得海運送河內，運銷後方。此後海運即斷，不得再送，乃改在重慶以國難版發行。余此後在重慶成都各地，見各處室內懸掛中山先生畫像，始注意到畫像下附中山先生年歷，第一項即為洪楊起事年月，第二項始為中山先生之生年。則無怪審查處之鄭重其事也。以後此項畫像遂少見。則一事之論定，宜非可率爾期之矣。[103]

關於出版審查，特別關於歷史書寫的審查，沈松僑的研究提到另一個有意思的個案。1929年春，顧頡剛為商務印書館所編的《現代初中本國史教科書》因為否認三皇五帝的存在，遭到國民政府下令查禁。這個出版審查與查禁充分反映了知識與權力、學術與政治之間界線被侵犯的現實。顧頡剛否認三皇五帝，早在十多年前疑古史學的諸多論述中提出，但是，學術論著可以提出多元觀點，歷史教科書則必須為現實政治

---

[103] 錢穆，《八十憶雙親師友雜憶合刊》，頁204-6。

的某個特定立場服務。沈松僑引用當時考試院長戴季陶的意見，「中國所以能團結為一體，全由於人民共信自己為出於一個祖先。」因此「三皇五帝的歷史真實性，只能局限於學者的討論，卻萬萬不能在教科書中明白點破，否則動搖了民族的自信力，終於國家不利。」

顧頡剛則在答辯書裡強調，「我們的民族自信力應當建立於理性上，三皇五帝既然無法通過史學知識標準的檢驗，萬無維持其偶像之理」。顧頡剛進一步指出，「如果真要團結中華民族，中國歷史經歷過無數次磨難，這磨難中的犧牲人物正可喚起全民眾的愛國精神。」

沈松僑認為，「戴季陶與顧頡剛表面上針鋒相對，勢同水火，實際上，兩人卻有著一項共同肯認的基本前提，歷史學與歷史教育應該為國族利益服務，歷史學者應該是『國族』這個被想像出來的共同體的忠誠信徒與護衛。」[104]

我想，顧頡剛與戴季陶還是不同的。他們的確都認為國史書寫可以或應該承擔國族存亡的使命，但是戴季陶明確表示，為了目的可以扭曲手段，顧頡剛則以為真誠的手段才是達成高貴目的的不二道途。

晚清到民國初年，是「中華民族」國族書寫的發展階段。1980年代後期起，台灣在本土化運動的浪潮下，許多人也正在進行一個嶄新的「台灣民族」的國族書寫。試舉一例：2003年，中國傳統文化最重要象徵場域的故宮博物院舉辦了「福爾摩沙：17世紀的臺灣、荷蘭與東亞」特展，春夏之交在臺北展出，眾所矚目，文物之珍奇、氣魄之雄渾，都得到莫大的好評。當時的院長歷史學者杜正勝親自寫作導覽手冊，書名曰《臺灣的誕生》。然許多批評與議論也同時蔓延，爭論的焦點在於史觀的取捨，有論者謂：「臺灣」自古已有，怎能在17世紀才「誕生」？

「台灣的誕生」此一命題，由當代出發，向前溯源，尋找「後世（即當代）」意義的台灣的歷史起點。杜正勝的台灣史觀，過去與現在之間有著深刻的聯繫。從一開始，作者明白指出，本書既不是要探究地質學上的台灣的誕生，也不是要追問考古學上的台灣的誕生，而是因為在十七世紀的台灣歷史當中，出現了急遽的、本質的改變，這樣的改變，為台灣後來的歷史命運，種下了因子。這百年間是往後台灣歷史的重要開端，「其關鍵地位只有二十世紀的變化才能相比。」

「過去」不變地佇立在那兒，召喚「過去」來到人們心裡的是「現在」，「現在」則受著對「未來」的想像所牽引，這是「過去」、「現在」、「未來」的三角關係。現實的「尋根」往往決定了我們所認識的「歷史」是什麼，而對「現實」的認知則決定了每個人要追尋的「根」是什麼。因此，當杜正勝說「現代意義」的「臺灣」在17世紀「誕生」時，議論的起點應當是：所謂「現代意義」的「臺灣」是什麼？接下來才是，如果這樣的前提成立，那麼，這個意義下的「臺灣」是否的確可以溯源自

---

104 沈松僑，〈召喚沉默的亡者：跨越國族歷史的界線〉，《思想》第2期，2006年。

17世紀？[105]

　　「誕生」的命題其實就隱喻著國族書寫，半個多世紀前的中國史家張蔭麟提出寫史的幾項選擇標準時，「現狀淵源」是其中之一。歷史書寫往往在為現實尋找源頭，特別是為現實中的主流意識尋找歷史的起點。因此，所謂「誕生」，恆是在特定而有限意義上的「誕生」。在被選定的意義之外，存在著更多離散的、流失的以及被遺忘的「生命史」。

　　由於國族的歷史書寫擬人化為生命史的書寫，因此，「線性敘事」是最主要的書寫形式。司馬遷的《史記》如此、錢穆的《國史大綱》如此，晚近的台灣史書寫亦復如是。

　　晚清中國知識份子救亡之心殷切，歷史記憶的重新建構，正是他們所選擇的重要途徑。1902年梁啟超發表〈新史學〉一文，是具有代表性的里程碑。梁啟超說：「今日欲倡民族主義，使我四萬萬同胞強立於此優勝劣敗知識界乎？則本國史學一科，實為無老、無幼、無男、無女、無智、無愚、無賢、無不肖所皆當從事，視之如渴飲飢食，一刻不容緩者也。然遍覽乙庫中數十萬卷之著錄，其資格可以養吾所欲，給吾所求者，殆無一焉。嗚呼，史界革命不起則吾國遂不可救。」

　　梁啟超的宣言，說明了此後近半個世紀的國事書寫之基本格局。梁啟超〈新史學〉的發表大約同時，夏增佑開始撰寫新體例的《最新中學中國歷史教科書》，章太炎也開始提倡新的通史寫作。正當此改編國史運動方興未艾，二十世紀初期的學制改革及隨之而來的新的國史教科書的需求，制度性地催發了如雨後春筍般的國史寫作。許多新的國史，一方面受到西方史學傳入之影響，另方面也受到西方民主思潮的薰陶，關注的焦點從帝王將相，轉移為社會民眾，也將國家與朝廷重作區隔，因此，歷史要書寫的不是代表朝廷的帝王將相，而是體現為國家的人民大眾。

　　也因為救亡圖存的強烈需求，晚清開始的新編國史，往往以民族主義驅策救亡之激情。黃帝再一次被塑造為中華民族的祖源，只是這時的黃帝，也改頭換面，不只是歷代帝王之初祖，更是全民族成員的共同祖先。晚清開始的新編國史運動，的確是一場大規模的國族書寫，但是新興的中華民族國族書寫，與傳統的華夏歷史書寫，在內涵、底蘊與價值諸方面，顯然都有著新的風貌。

　　Prasenjit Duara（杜贊奇）著《從民族國家拯救歷史：民族主義話語與中國現代史研究》（*Rescuing History from the Nation: Questioning Narratives of Modern China*）探討近代萌芽中的民族如何接受西方啟蒙歷史的敘事結構，並用之以建構一個從遠古像現代發展的民族主體。作者研究二十世紀初期的中國，探討民族國家、民族主義與線性進化歷史之間的密切關係。相對於線性的啟蒙歷史，作者提出**「複線的歷史」**，能以「多樣性」替代單一體的演化，否認歷史的因果性與線性發展，並喚起在線性歷史中已散失的意義。

---

[105] 杜正勝，《台灣的誕生：十七世紀的福爾摩沙》，台北，時藝多媒體，2003年。

杜贊奇說：

在進化史中，歷史運動完全被看成是前因產生後果的過程，而不是過去與現在之間複雜的交易過程（transaction）。⋯⋯

民族歷史把民族說成一個同一的、在時間中不斷演化的民族主體，為本是有爭議的、偶然的民族建構一種虛假的統一性。這種物化的歷史是從線性的、目的論式的啟蒙歷史的模式中派生出來的。⋯⋯啟蒙歷史使民族國家把自己看做是一個存在於傳統與現代、等級與平等、帝國與民族國家的對立之間獨特形式的共同體。在此框架內，民族成為一個體現能夠推翻歷史上被認為僅代表自己的王朝、貴族專制以及神職和世俗的統治者道德和政治力量的新的歷史主體。與此相反，民族是一個集體的歷史主體，隨時準備在現代的未來完成自己的使命。[106]

作為民族主義的基礎，人民很古老，可是他們必須獲得新生以參與新世界。⋯⋯民族以人民的名義興起，而授權民族的人民卻必須經過重新塑造才能成為自己的主人。人民的塑造與再塑造是時間問題在政治上的表達：歷史的形而上學等同於同一體的進化。[107]

回顧晚清至民國初年，半個世紀的國史改寫，可以看到，在救亡圖存的主旋律當中，夾雜著諸多不同調的音韻。線性敘事是過去國史書寫的基本形式，但卻也往往因此而截斷中流、獨沽一味。杜贊奇提出「複線的歷史」的新概念，希望能以「多樣性」替代單一體的演化，否認歷史的因果性與線性發展，並喚起在線性歷史中已散失的意義。也許是在回顧上個世紀前半中國國族書寫的經驗，以及面對當下台灣國族敘事的現實，值得深思的另種態度。

---

[106] Prasenjit Duara，*Rescuing History from the Nation: Questioning Narratives of Mordern China*；杜贊奇著，王憲明譯，《從民族國家拯救歷史：民族主義話語與中國現代史研究》（北京：社會科學文獻出版社，2003年），頁2。

[107] 杜贊奇著，王憲明譯，《從民族國家拯救歷史：民族主義話語與中國現代史研究》，頁19。

第四十九章　從述學文體角度論錢穆先生《國史大綱》

北京大學中文系
李科

一、前言

　　錢穆先生作為二十世紀中國重要的學者，一生著作等身，但是在其近百種著作中，影響最大的也許莫過於《國史大綱》。根據錢穆先生在《國史大綱》前的〈書成自記〉所言，此書是在抗日戰爭時期，隨西南聯大遷往雲南，在蒙自、宜良以十三月的時間所作的[1]。雖然在戰亂之中，參考資料無多，且所撰述亦多有疏漏謬誤處，然自問世以來，產生了重大的影響。雖然在上世紀五十年代到八十年代一段特殊時期，錢穆先生成為所謂的「反動文人」，其著作在大陸出版發行以及閱讀研究受到限制，但是在改革開放後，尤其是近二十年來，《國史大綱》連同錢穆先生的其他著作在中國學術文化領域又產生了巨大的影響。就筆者的切身經歷而言，同儕中有志於文史研究或者對中國傳統文化深存敬意者，多是受錢穆先生《國史大綱》所賜。筆者在大學時開始閱讀錢穆先生作品，其中亦以閱讀《國史大綱》而深受震撼。大凡受錢穆先生作品影響之人，多先受《國史大綱》之影響，而受《國史大綱》影響者，多先震懾於書前之長篇〈引論〉。然《國史大綱》及其書前之長篇〈引論〉之所以能夠從抗戰時期以至當下，連續影響兩岸四地數代學者，固然因為錢穆先生史學博邃、多所創見，也與錢穆先生獨特的述學文體分不開。拙文即試著從述學文體的角度去討論錢穆先生的《國史大綱》。

二、溫情與敬意

　　「一生為故國招魂，當時搗麝成塵，未學齋中香不散；萬里曾家山入夢，此日騎鯨渡海，素書樓外月初寒」[2]，這是余英時先生在錢穆先生逝世後所撰的輓聯，算是

---

[1] 詳見錢穆：〈書成自記〉，《國史大綱》（北京：商務印書館，1996），頁1-4。

[2] 余英時：〈一生為故國招魂——敬悼錢賓四師〉，載沈志佳編：《現代學人與學術》（桂林：廣西師範大學出版社，2006），頁44。

對錢穆先生一生的生命和學術最恰當的概括。「一生為故國招魂」，可以說是錢先生一生所致力的事業，不管是從事學術還是教育興學，均以此為終極目標。錢穆先生生於1895年，正直中日甲午海戰後清政府與日本簽訂《馬關條約》，以康有為、梁啟超為代表的近代維新派開始為救國保種而掀起維新運動。其後，在錢穆成長的青年時期，經歷了辛亥革命、新文化運動、五四運動。而自晚清以來，各種關於中國亡國之論，層出不窮，也不斷成為當時學界乃至社會所討論、探尋、關注的焦點。相對的，來自西方、日本以及中國本土的各種救國救民的理論也是人們熱衷的話題。在這種環境之下成長起來的錢穆，據余英時先生所言，至遲在十六歲時既已萌發了愛國思想和民族文化意識，並開始進入歷史的研究，去尋找中國不會亡的根據[3]，從此走上了一條為故國招魂之路。

在深入中國歷史中去尋求中國不會亡的歷史依據的過程中，錢穆先生始終對本國故有的歷史文化抱有一種「溫情與敬意」，這種溫情與敬意，貫穿了錢先生八十多年的中國歷史、中國思想學術、中國文化等領域的研究的始終，也使得錢穆先生在其八十多年的學術寫作中形成獨特的述學文體。《國史大綱》作為一部自上古石器時代至民國時期，前後貫穿數千年的通史著作，其中浸潤者錢穆先生對中國歷史不盡的溫情與敬意。在《國史大綱》開篇〈凡讀本書請先具以下諸信念〉中，錢穆先生即言「所謂對其本國已往歷史略有所知者，尤必附隨一種對其本國已往歷史之溫情與敬意」，而「所謂對其本國已往歷史有一種溫情與敬意者，至少不會對其本國已往歷史抱一種偏激的虛無主義，亦至少不會感到現在我們是站在已往歷史最高之頂點，而將我們當身種種罪惡與弱點，一切諉卸於古人」[4]。以錢先生之意，如果不對本國已往之歷史抱一種溫情與敬意，那麼對本國歷史之了解，亦僅僅是知道一些外國史罷了。

錢穆先生在撰寫《國史大綱》，其成功在很大程度上亦是得益於這種「溫情與敬意」，因為「溫情者，不熱狂，故和暖而理智；敬意者，不虛憍，故真切而平實」[5]。正是這種「溫情與敬意」，使得錢穆先生在書前〈引論〉中對中國歷史發展大略、諸派史學優劣的論述，既能鞭辟入裡，而又洞徹肺腑，深切感人。也正是因為錢穆先生對中國歷史的溫情與敬意，能夠敏銳洞察到如孔子、司馬遷、司馬光等史家之史學精神，處理好「歷史智識」與「歷史材料」之間的關係，從而以士人的傳統將中國數千年的學術思想內容、政治制度、社會風氣、國家治亂興衰等內容通為一體，在推求治亂盛衰之所由，指陳國家民族精神之作寄中，尋找中國不亡之歷史依據。

就細節而言，錢穆先生《國史大綱》一書對於具體時期的歷史甚至具體歷史事件、具體人物之評價，亦是本著這種溫情和敬意，能夠設身處地，還原歷史本來的場景，去探尋其中深意。比如在第二十三章〈新的統一盛運下之政治機構〉中，錢先生對宰相制的重新確立以及三省六部制的政府組織結構進行了肯定，以為「如此宏

---

[3] 同上註，頁45。

[4] 錢穆：〈引論〉，《國史大綱》，頁1。

[5] 吳振芝：〈讀錢著《國史大綱》〉，《成功大學歷史系歷史學報》1977年第4號，頁219。

大而精密的政治機構，正好象徵當時大一統政府之盛況」[6]。在第二十四章〈新的統一盛運下之社會情態〉中，錢先生對唐代之貢舉制度分析中，也肯定了唐代在科舉制度下，「可以根本消融社會階級之存在，可以促進社會文化之向上，可以培植全國人民對政治之興味而提高其愛國心，可以團結全國各地域於一個中央之統治」，「更活潑、更深廣的透進了社會的內層」[7]。歷來治中國史者，對於唐代的政治制度以及科舉制度多持肯定意見，以為唐代三省六部制建立了高效的政府組織，為唐代的全盛提供了制度保證，而科舉制度打破了南北朝時期的士族門閥制度，實現了階層的流動。然錢穆先生則從整個中國歷史的制度演變、興衰治亂的大勢出發，並非狂熱去推崇唐代政府組織和科舉制度的優點，而是在理智分析其中蘊含的隱憂，故在第二十六章〈盛衰中之衰相下〉，錢先生亦認為唐代政府組織與科舉制度「各有其流弊與缺點」[8]。對於科舉制度，錢先生以為「此制度容易引起士人充斥、官少員多之患」[9]，在「官員有數，入流無限，以有數供無限，人隨歲積」的「情勢之下，政府的用人，遂至於徒循資格，推排祿位」[10]，進而在祿位有限，資格無窮的政海角逐中，「漸漸分成朋黨」[11]。對於唐朝政府組織，錢先生以為在科舉制度下政權無限制解放的情況之下，政府組織亦無限制擴大，從而產生「許多駢拇無用的機關」[12]，進而「造成冗官坐食，不僅有損國帑，同時還妨礙整個政治效能之推進」[13]的結果。錢先生這一鞭辟入裡地分析，正指出了自唐代以來以至晚清的冗官冗員的癥結所在。縱觀錢穆先生的整個分析，字裡行間透露出對國家治亂興衰的危機感，然又非狂熱的推崇或虛憍謾罵，而是和暖而理智，真切而平實，這正是其溫情與敬意的體現。縱觀全本《國史大綱》，亦莫不如是。

臺灣學者吳振芝謂錢穆先生對歷史的溫情與敬意，「賦予冷冰冰之知識以生命之活力」[14]。正是錢穆先生在述學中熔鑄這種對中國歷史與文化的溫情與敬意，使得《國史大綱》在誕生八十多年後，在對具體問題、史實之考證更為精細之今天，依然有「生命之活力」，仍能激發人心，引起文化上的共鳴。

三、傳統、革新、科學的協調

「溫情與敬意」是錢穆先生述學文體的一大特色。正是這種「溫情與敬意」，使

6　錢穆：《國史大綱》上冊，頁398。
7　同上註，頁405-406。
8　同上註，頁426。
9　同上註。
10　同上註，頁427。
11　同上註，頁428。
12　同上註，頁432。
13　同上註，頁434。
14　吳振芝：〈讀錢著《國史大綱》〉，《成功大學歷史系歷史學報》1977年第4號，頁219。

得錢穆先生在述學中更暖和而理智、真切而平實。錢穆先生在面對中國生死存亡關頭，轉而去中國歷史中去尋找中國不亡的依據。而是否能從中國歷史中尋找出中國不亡的依據，對於研究中國歷史的態度、史觀、研究方法皆有要求。錢穆先生在研究中國歷史的同時，對同時代的其他重要歷史學家、學派以及相關的著作都進行了理智地分析。錢穆先生對同時代歷史學者以及學派的分析和看法並不是出於門戶之見，為了爭一家之長，而是為了在理智分析之下尋找中國不亡的根據。因此在《國史大綱》書前的〈引論〉，錢穆先生將當時中國史學分為三派，並對其長處與不足進行了分析。

錢穆先生以為，「中國近世之史學，可分三派述之」：一曰傳統派，亦可謂「記誦派」；二曰革新派，亦可謂「宣傳派」；三曰科學派，亦可謂「考訂派」[15]。其中傳統派乃承清代中葉以來西學傳入中國之前的舊規模，此派的長處在於「主於記誦，熟諳典章制度，多識前言往行，亦間為校勘輯補」[16]，其短處則在於「無補於世」[17]。而革新派史學，錢穆先生以為興起於晚清以來現實改革之需要，「為有志功業、急於革新之士所提倡」[18]，其長處在於「其治史為有意義，能具系統，能努力使史學與當身現實相緒合，能求把握全史，能時時注意及於自己民族國家已往文化成績之評價」[19]，其短處在於「急於求智識，而怠於問材料」，最後不但不如「記誦派」所知之廣，亦不如「考訂派」所獲之精，而使其系統變成「空中之樓閣」，使整個中國歷史成為一種「胸中所臆測之全史」，一種「特借歷史口號為其宣傳改革現實之工具」[20]。至於「科學派」，錢先生以為「乃承『以科學方法整理國故』之潮流而起」，其長處在於精密，然其短處則在於缺乏系統，「純為一種書本文字之學，與當身現實無預」，更甚者在於此派「震於『科學方法』之美名，往往割裂史實，為局部窄狹之追究，以活的人事，換為死的材料」，「既無意於成體之全史，亦不論自己民族國家之文化成績也」[21]。

錢穆先生對中國歷史抱有一種「溫情與敬意」，他所要做的不是研究歷史的冷冰冰的學問，而是要撰寫「新通史」，而此種新通史最主要之任務「尤在將國史真態，傳播於國人之前，使曉然了解於我先民對於國家民族所已盡之責任，而油然興起慨想，奮發愛惜保護之摯意也」[22]。因此在對同時代史學各家優劣的理性分析之後，錢先生並沒有對三派史學一概鄙棄，而是捨棄短而取其長。並且認為這種新通史「無疑的將記誦、考訂派之工夫，而達宣傳革新派之目的」[23]。而錢穆先生所提出的「歷史

---

[15] 錢穆：《國史大綱》，頁3。
[16] 同上註。
[17] 同上註，頁4。
[18] 同上註，頁3。
[19] 同上註，頁4。
[20] 同上註。
[21] 同上註，頁3-4。
[22] 同上註，頁8。
[23] 同上註。

材料」與「歷史智識」的史學體系，正好就是對傳統、革新、科學三派史學優點的協調。因為傳統歷史材料「為前人所記錄，前人不知後事，故其所記，未必一一有當於後人之所欲知，然後人欲求歷史智識，必從前人所傳史料中覓取」[24]。那麼從「未必一一有當於後人之所欲知」的歷史材料中去覓取後人欲求之歷史智識，其中就涉及到傳統、科學兩派對歷史材料、典章制度考證梳理之功。當從「歷史材料」中考證梳理出後人所欲求之「歷史智識」後，還必須構成歷史的全體，將國史之真態呈現於國人之前，達到宣傳革命之目的，故需要改革派之系統與結構。因此，在《國史大綱》中，錢穆先生採用了革新派之歷史框架，在〈引論〉中說：「凡近代革新派所注意者有三事：首則曰政治制度，次則曰學術思想，又次則曰社會經濟。此三者，『社會經濟』為其最下層之基礎，『政治制度』為其最上層之結頂，而『學術思想』則為其中層之幹柱。大體言之，歷史事態，要不出此三者之外」[25]。

錢穆先生在採用革新派史學的構架的同時，又對其作了一定的變通和細化。所謂的變通，即是並非在每一時代都僵化地使用革新派「政治制度」、「社會經濟」、「學術文化」的結構面面俱到、四平八穩地分析歷史，而是著眼於「變」，「擇取歷代之精要，闡其演變之相承」[26]，從而於「國家民族之內部自身，求得其獨特精神之所在」[27]。因為在錢穆先生看來，「『變』之所在，即歷史精神之所在，亦即民族文化評價之所繫」[28]。因此，錢穆先生在《國史大綱》中對於每一時代的敘述，往往有所偏重，其所偏重者，則為這一時代動態之所在，能見出民族文化之進退之所在。如春秋戰國之時變動之重點在「學術思想」，故錢穆先生偏重於考察春秋戰國之時的學術思想而敘述其如何為變；秦漢之時變動之重點在政治制度，故錢穆先生偏重於考察兩漢之時政治制度而敘述其如何為變；三國魏晉之時變動之重點在「社會經濟」，故錢穆先生偏重於考察三國魏晉之社會經濟而敘述其如何為變[29]。這種對歷史「變動」之考察，則有賴於傳統記誦派與科學考訂派對歷史材料的爬梳、考訂，對典章制度、前言往行的分析、鑑別。

所謂細化，就是對「政治制度」、「學術思想」、「社會經濟」的具體內容加以細化，其實也是一種「變」。政治制度方面，有「王室」與「政府」之別，王室又有「宗室」、「外戚」、「宦官」，「政府」有「宰相」、「百官」，不同之時代，政治制度變動之具體領域不一樣，比如西周與先秦政府組織的變化，東漢外戚、宦官與士人政治，隋朝宰相職權之再建與地方政治之整頓等，都是政治制度不同領域之變動。又思想學術領域，春秋戰國時期有諸子百家，魏晉有清談，南北朝之南北經學、

---

[24] 同上註，頁2。

[25] 同上註，頁9。

[26] 錢穆：《八十憶雙親、師友雜憶》（臺北：聯經出版事業公司，1998），頁176。

[27] 錢穆：《國史大綱》，頁11。

[28] 同上註，頁12。

[29] 同上註。

道教、佛教，宋代之新學、關學、洛學、蜀學，乾嘉之考據，不僅不同時代之變動有所不同，即同時代不同之學術變動亦不同。又社會經濟領域，不同之賦稅制度、戶口關係，在不同時代之變動亦往往不同，比如西晉之戶調制與官品占田制，唐之租庸調制等。而在這種細化的變動之中，錢先生亦有所側重，他說「拙著側重上面政治，更重製度方面；下面社會，更重經濟方面；中間注重士人參政，於歷代選舉考試制度及時代士風，頗亦注意」[30]。

正是透過對革新派史學架構優點的吸收，以記誦、考訂之功夫深入國家民族歷史內部之自身，於汗牛充棟的歷史材料中關注於國史之「變」，於客觀實證中通覽全史之動態，求得民族獨特精神之所在。換句話說，就是錢穆先生在中國歷史的研究中將傳統、科學、革新加以協調，使各得其所，共同構築其《國史大綱》的「新通史」體系。故傳統、科學、革新之協調，也是錢穆先生《國史大綱》述學文體的又一大特點。

四、「綱目體」與獨到的語言

上面說到「溫情與敬意」、「傳統、科學、革新的協調」是錢穆先生《國史大綱》述學文體的兩大特點，而這兩點的實現還在於《國史大綱》的獨特結構與語言敘述。閱讀過錢先生《國史大綱》的人都會發現，其結構的最大特點是「綱目體」，而其語言之最大特點則是語隨境變而蘊含豐富。

（一）傳統與現代融合的獨特「綱目體」

《國史大綱》採用綱目體，有錢穆先生主動選擇之原因和不得不然之原因。所謂錢穆先生之主動選擇，可以從兩個方面來說。其一，錢穆先生作文著書極講究，嘗與余英時先生論及撰寫論文之體例，強調「在撰寫論文前，須提挈綱領」，指出余英時先生論文「正文中有許多枝節，轉歸入附注，則正文清通一氣，而附注亦見精華，必使人讀每一條注語，若條條有所得，則愛不釋手，而對正文彌有其勝無窮之感」[31]。可見錢穆先生對於文章著作之結能否提綱挈領，正文與附注能否相輔相成非常看重。對於撰寫像《國史大綱》這樣一部縱貫數千年的通史而言，尤貴能提綱挈領，正文與附注之間既條理井然而又相得益彰。那麼傳統之「綱目體」則能很好解決這一問題。「綱」舉歷史變遷之動態主線，而「目」注具體史事及附加說明，這樣可使歷史發展大勢條理清晰，「正文清通一氣」，而具體史事、附加說明又能夠讓全史之結

---

[30] 錢穆：《素書樓餘瀋》（臺北：聯經出版事業公司，1998），頁391。
[31] 錢穆：〈錢賓四先生論學書簡〉，載沈志佳編：《現代學人與學術》（桂林：廣西師範大學出版社，2006），頁57-58。

構、系統有本可依，不至怠於材料而淪為「空中之樓閣」。如此，則能綱舉目張，「歷史智識」與「歷史材料」得以很好協調，互相補充。其二錢穆先生對同時代之史學著作進行了考察和總結。他認為當時之史學著作或「摭拾二十四史、九通，拉雜拼湊，非之無可非，刺之無可刺，無所略亦無所詳，無所失亦無所得，披卷使人睡，熟讀使人愚，竊鄉愿之故智，徒以陳紙相鈔，不以心胸相示」[32]；或「群趨雜碎，以考核相尚，而忽其大節；否則空言史觀，遊談無根」[33]。而當時通史創作體例正處於探索階段，多借舊史體例而為之，針對錢穆先生所指出的當時史著諸弊端而言，「綱目體」不失為一種有效的體裁。「綱」與「目」相配合，可以詳也可以略，可以考核細末亦可以言史觀大節。

所謂不得不然之原因，則因此書乃錢穆先生在國立北京大學任「中國通史」講席時之《綱要》基礎上撰寫而成。根據錢先生在〈書成自記〉中所述，當時為備諸生筆記之助，而於每一講「必編一綱要，僅具倫脊，悉削遊辭，取便總攬」[34]，這便是《國史大綱》「綱」部分之雛形。然錢穆先生當時又「恐諸生久習於此，則事近策括，以謂治史可空腹也」，於是又編選《參考材料》以副之，凡與《綱要》相涉者，「採摘前史陳文或昔人考訂論著為參考」[35]，這便是「目」部分之雛形。其後雖然經過只有《參考資料》到編選《國史讀本》，但到最後於抗戰時期遷往雲南而復以前之《綱目》續撰重修而成今之《國史大綱》。蓋當時攝於抗戰特殊時期，對通史之需緊迫，又「乏參考書籍」，時日不寧，不大可能重新擬定體例框架，故仍續前已成雛形之「綱目體」之舊。

雖說錢穆先生《國史大綱》以「綱目體」結撰全書，然於古之「綱目體」史書又不盡相同。中國傳統史學著作中之綱目體脫胎於《春秋》及三傳，乃編年體史書之變體，自南宋朱熹以「綱」「大書以提要」，「目」「分注以備言」，「綱」仿《春秋》，「目」效《左傳》，而撰《資治通鑑綱目》[36]，其後漸成中國史學著作中一種重要的體裁。但不管是《春秋》與三傳還是後來朱熹《資治通鑑綱目》，以及宋明以下如明商輅《續資治通鑑綱目》、清張廷玉《通鑑綱目三編》等，皆為編年史。而《國史大綱》採用綱目體，但卻不同編年史之法，而是採用了當時逐漸興起的新史學編纂框架，尤其是吸收了像夏曾佑《中國古代史》等將中國歷史分期、分段的編纂體例，同時吸收當時革新派史學將中國歷史分為政治制度、學術思想、經濟文化三大方面的史學架構。例如《國史大綱》中，錢穆先生著眼於中國歷史的內在精神和動態，將全書按朝代分為八編，分別是「上古三代之部」、「春秋戰國之部」、「秦漢

---

[32] 錢穆：〈評《夏曾佑中國古代史》〉，載錢穆編：《中國學術思想史論叢（六）》（臺北：聯經出版事業公司，1998），頁291。

[33] 錢穆：《素書樓餘瀋》（臺北：聯經出版事業公司，1998），頁378。

[34] 錢穆：《國史大綱》（北京：商務印書館，1996），頁2。

[35] 同上上註。

[36] 朱熹：〈資治通鑑綱目序例〉，載朱傑人、嚴佐之、劉永翔主編：《朱子全書》第8冊，（上海：上海古籍出版社，2002；合肥：安徽教育出版社，2002），頁21。

之部」、「魏晉南北朝之部」、「隋唐五代之部」、「兩宋之部」、「元明之部」、「清代之部」。在八編之下，又根據時代先後及政治制度、學術思想、社會經濟分章，如第二編「春秋戰國之部」分為三章：第四章為「霸政時期」，主要是春秋時期的政治情況；第五章為「軍國鬥爭之新局面」，主要為戰國時期的政治制度；第六章為「民間自由學術之興起」，主要是春秋戰國時期的學術思想。又每章之下再根據具體內容分節，只是不名之為「節」，例如第六章「民間自由學術之興起」又分為六節來敘述先秦諸子之學術思想，即「春秋時代之貴族學」、「儒墨兩家之興起」、「學術路向之轉變」、「士氣高漲」、「貴族養賢」、「平民學者間之反動思想」六節。而每節之具體內容，錢穆先生則以綱目體來結撰敘述。

這種獨特的「綱目體」史學體裁，其實是在吸收傳統綱目體史書優點的基礎上，又充分吸收同時代新史學著作體裁的創新，尤其是革新派史學將歷史分為「政治制度」、「學術思想」、「社會經濟」三方面的歷史構架。這樣的獨特歷史著作體裁，一方面能夠將龐雜的歷史條分縷析，有系統、有結構地組織起來，將中國歷史的真實全貌呈現出來，讓中國歷史發展的動態清晰可見。同時具體內容採用綱目體的敘述方式，既可以使「歷史智識」與「歷史材料」相輔相成，不至於使「歷史材料」瑣碎龐雜而泛濫無歸，又不至於使「歷史智識」脫離材料而成臆測之空中樓閣。另一方面，對於講究行文的錢穆先生來說，這種特殊的「綱目體」可以使整部著作提綱挈領，條理清晰，而且能夠很好處理正文與附注的關係。正文作為「綱」，敘述歷史發展的動態，而將枝節問題、原始材料、相關考證作為附注歸入「目」，這樣一來，誠如前引錢穆先生與余英時先生論撰寫論文體例所言「正文清通一氣，而附注亦見精華」，而且「使人讀每一條注語」，皆「條條有所得」，而且「對正文彌有其勝無窮之感。」

（二）語隨境變與蘊含豐富的述學語言

錢穆先生述學之語言，在同時代諸大家中，可謂鶴立雞群，歷來為人所稱道。錢穆先生嘗評同時代學人之文，以為「章太炎最有軌轍，言無虛發，絕不枝蔓」；梁任公「文字則長江大河，一氣而下，有生意、有浩氣」；陳援庵之文字則「樸質無華，語語必在題上，不矜才，不使氣，亦是論學文之正軌」；至若王靜庵，雖然「精潔勝於梁，顯朗勝於章，然其病在不盡不實」；陳寅恪則「冗澀而多枝節」，「且多臨深為高，故作搖曳」；「胡適之文本極清朗，又精勁有力，亦無蕪詞，只多尖刻處，則是其病。」[37]於此可見錢穆先生對於學術論文語言行文之講究。根據錢先生之所論，基本可以看出錢先生對於學術文字之看法，主要即言不虛發，不枝蔓，有氣勢，平實而不尖刻。觀《國史大綱》之行文，可以看出錢穆先生述學之語言實兼上述諸人之長，而其最大的特點在於語隨境變而內涵豐富。

---

[37] 錢穆：〈錢賓四先生論學書簡〉，載沈志佳編：《現代學人與學術》，頁58-59。

所謂語隨境變，即根據不同的敘述情況、語境與敘述目的而採用不同的語言敘述。比如《國史大綱》書前之〈引論〉，以半文言帶有雄辯之氣勢對當時中國史學現狀、史學流派、關於中國史之諸謬見等方面進行論述與批駁，可謂是既「若大江大河，一氣之下，有生意、有浩氣」，而又「語語必在題上」；既充滿情感與雄辯之力，然又不矜才使氣。蓋作者撰〈引論〉，其目的在於將其「所以為此書之意」以告國人[38]。為使國人知國史之重要，為撥開歷來關於國史之重重謬見而使國人能知國史之真實情況，既需以氣勢勝，又需以理服人。而錢穆先生在《國史大綱》之正文中，其總體敘述則是質樸無華，言必著題，無甚枝蔓。此蓋因歷史之敘述涉及「歷史智識」與「歷史材料」之運用問題，或者是「識」與「學」配合的問題。若但求語言之氣勢、雄辯，雖然敘寫出之歷史可以以氣勢勝，然所寫之「歷史智識」容易失去材料之支持而失實；而「歷史材料」作為「歷史智識」之證據，本多來自於前代記錄之史料及考證，既繁雜瑣碎而眾家又風格不一，如果依然如〈引論〉之行文，則必以犧牲史料之原貌為代價。故而錢穆先生在正文「綱」與「目」中之行文更顯質樸。

以上就宏觀而言，至於微觀細節，亦復語隨境變。雖然說錢穆先生在《國史大綱》正文中之敘述文字多質樸平實，言必著題，但在具體歷史事件中，亦根據當時之情景或者歷史事件本身在整個歷史中之價值而採用不同之行文風格。例如第三編第七章第二節〈國家民族之搏成〉，錢穆先生論「中國政治制度之創建」、「中國學術思想之奠定」[39]，又如第五編第二十三章第一節《宰相職權之再建》論宰相、三省、六部制度[40]，頗有〈引論〉中之雄辯色彩，有氣勢、有生意，又情感充沛。蓋錢穆先生激於當時之政治制度、學術思想對中國國家之形成、民族文化精神之養成以及宰相制度在中國政治制度中之重要作用而沛然有感，故於本來平實簡練之文字轉而充滿氣勢、雄辯。又如全書中穿插之各種士人之精神之敘述，或激於士人群體之引領風潮，或哀士人群體之以仕宦為鵠的與逃避畏禍，皆寄予深厚之情感而使行文頗富感染力與氣勢。雖然錢穆先生《國史大綱》正文述學語言以平和為主，然其間穿插之激感、雄辯、哀歡之文，亦往往即使全書於平實之中復跌宕起伏、蕩氣迴腸，又使全書有民族史詩般的氣勢，喚起讀者對國家民族的「溫情與敬意」。

錢穆先生語隨境變的另外表現即為全書文白相間，夾敘夾議。大凡讀《國史大綱》者都能感覺錢穆先生這一行文特點。之所以如此者，也是因為錢穆先生對行文之講究，為協調敘述與考證、「歷史智識」與「歷史材料」之風格而使然。敘述與考證，其行文風格自然不一樣，且其中還涉及引用他人之原文，古人與今人之風格不一，古今不同人之間之行文風格亦殊。為使行文風格差異減小，錢穆先生往往於引文前後之敘述、按語以相近之文風敘述。比如第四編第十九章第五節〈兵士的身分及待遇〉，錢穆先生於「綱」部分談到「於是有所謂『發奴為兵』」，於「目」部分

<hr>

[38] 錢穆：《國史大綱》，頁4。
[39] 錢穆：《國史大綱》上冊，頁117-119。
[40] 同上註，頁392-399。

解釋說：

> 發奴為兵之議，起於刁協、戴淵。刁、戴皆南人，晉元帝依仗以謀抑王氏者
> 也。自後每有征討，往往發奴。庾翼發所統六州奴北伐，庾翼亦晉室外戚，頗
> 欲為強幹弱枝之謀者。可見發奴為兵，正是中央與豪族爭奪民眾之一事。宋武
> 時詔：「先因軍事所發奴僮，各還本主，若死亡及勳勞破免，亦依限還直。」
> 此正以僮奴為豪族私產，故見發而還其直。[41]

　　從這一例可見，錢穆先生在解釋「發奴為兵」時，於引用宋武帝詔之前後皆以文
言敘述，如此則與宋武之詔之行文風格盡可能統一，前後渾然一體。在同一節中，錢
穆先生在解釋「綱」部分「那時的衣冠士族，既不受國家課役，自然談不到從軍」
時，因未引古文史料，且整部書「綱」的部分皆為白話，故此條「目」的敘述亦為
典雅之白話[42]，以保持與所解釋之文風格一致。在整部《國史大綱》中，這一特點非
常明顯，處處皆有。又錢穆先生在〈書成自記〉中談到自己在「魏晉以下全稿粗具」
後，「還讀三年前東漢以前舊稿，又嫌體例、文氣、詳略之間，均有不類，乃重複改
為」[43]。可見，錢穆先生對於全書行文之文氣是否協調渾融，非常看重。這一特點不
僅《國史大綱》所見明顯，在錢穆先生其他著作，尤其是《中國近三百年學術史》一
書中尤為明顯。

　　上面還曾提及錢穆先生述學語言的另一特點，即蘊含豐富。所謂蘊含豐富就是語
言所含的資訊非常大。這主要表現在錢穆先生對行文措辭的講究。這一特點從每章每
節的標題即可發現。例如：同為統一國家，第一編第三章稱西周為「封建帝國」[44]，
第三編第七章稱秦漢為「大一統政府」[45]，第五編第二十二章稱隋唐之建立為「統一
盛運之再臨」[46]，第七編第三十五章稱蒙元的入主為「暴風雨之來臨」[47]，第三十六
章稱明王朝之建立為「傳統政治復興下之君主獨裁」[48]，第八編第四十二章稱滿清之
建立為「狹義的部族政權之再建」[49]。從錢穆先生對於周、秦漢、隋唐、元、明、清
之建立所採用之不同措辭來看，一方面是錢穆先生史觀的反應，另一方面錢穆先生也
以此凸顯中國歷史發展的動態。錢穆先生之所以稱周為「封建帝國」，是為了突出其
「分封建國」的特點，以區別於秦漢以下的「統一政府」，為了突出中國政治制度的

---

[41] 同上註，頁326。
[42] 同上註，頁327。
[43] 錢穆：《國史大綱》，頁3-4。
[44] 錢穆：《國史大綱》上冊，頁36。
[45] 同上註，頁113。
[46] 同上註，頁375。
[47] 錢穆：《國史大綱》下冊，頁631。
[48] 同上註，頁663。
[49] 同上註，頁813。

演進。之所以稱元朝之建立為「暴風雨之來臨」，按照錢穆先生自己的說法，「蒙古民族入主中國，中國史開始了第一次整個落於非傳統的異族政權的統治。中國的政治社會，隨著有一個激劇的大變動。蒙古入主，對中國正如暴風雨之來臨」[50]。蓋錢穆先生的關注點在蒙古入主中國後對中國政治社會所帶來的劇變。而稱明朝之建立為「傳統政治復興下之君主獨裁」，所謂「復興」，著眼於明朝推翻蒙古，恢復漢人之傳統政權，而所謂「君主獨裁」，則著眼於洪武年間之廢相。錢穆先生在第三十六章第二節《傳統政治之惡化》中說「明代是中國傳統政治之再建，然而惡化了。惡化的主因，便在洪武廢相」[51]。惡化的第二個原因，「在於明代不惜嚴刑酷罰來對待士大夫」[52]。錢穆先生認為傳統中國非專制，以為儒家有其合理之核心，表現在政治上就是「王室」與「政府」的分離，「王室」之代表為君主，而「政府」之代表為宰相，宰相以及相關之士階層往往是國家之實際治理者，也是君權的限制和制約者。洪武廢相，「自秦以來輔佐天子處理國政的相位，至是廢去，遂成絕對君主獨裁的局面」[53]。而以嚴刑酷罰對待士大夫，則導致了士大夫之庸碌與無識，明代政治從此「走上歧途」[54]。稱滿清之建立為「狹義之部族政權之再建」，則著眼於滿洲本身之部族政治以及作為異族之入主中國。除了所舉諸例之外，其正文中措辭，亦多如是，如上面言及明代政治時，錢穆先生多次用了「惡化」一詞即是。觀此，可見錢穆先生在行文措辭方面的講究，多經過深思熟慮，其中既包含了錢穆先生獨特的史觀，也包含了豐富的歷史資訊，仔細解讀，能發現其中之無窮意蘊。或者說，這是錢穆先生的「春秋筆法」。

五、結語

透過上面的論述，可以發現錢穆先生在《國史大綱》中的述學特點，包括熔鑄於字裡行間的對中國歷史與文化的「溫情與敬意」，對傳統、科學、改革諸派史學的批評與吸收以及在寫作中的協調，採用「綱目體」與現代通史體例相融合的獨特「綱目體」，以及語隨境變與蘊含豐富的述學語言。對於錢穆先生《國史大綱》述學文體的總體特點，臺灣學者李淑珍〈二十世紀中國通史寫作的創造與轉化〉中的有一段精闢的論述，說：「錢氏著作也採用『綱目體』，以文言夾敘夾議。……透過雄辯之〈引論〉和立體的章節結構，以更斬截、更有系統、也更具民族熱情的方式呈現其『士人史觀』。雖然政治史占了全書主要篇幅，但是作者以極高之才識將經濟、文化、宗教、社會等發展亦納入討論，人物、時間、制度穿插交織，生動敘事與深入分析

---

[50] 同上註，頁631。
[51] 同上註，頁665。
[52] 同上註，頁666。
[53] 同上註。
[54] 同上註，頁669。

兼顧，使他的作品成為巨集偉的國家史詩，更能喚起讀者對本國歷史的『溫情與敬意』」[55]。李氏之文雖然不為專門論述錢穆先生《國史大綱》述學文體而作，然此段文字作為《國史大綱》述學文體的整體特點的表述，可謂恰如其分。鑒於筆者才疏學淺，不足以發錢穆先生述學文體之精微，姑引此以為結語。

55　李淑珍：〈二十世紀中國通史寫作的創造與轉化〉，《新史學》2008年第2期，頁102。

第五十章　論《國史大綱》與政體演變

新亞文商書院
楊永漢

一、錢穆先生的歷史精神

　　民國二十六年（1937年），抗日戰爭爆發，錢穆先生從北平撤退至西南大後方，此時是關乎中華民族生死存亡之時節，錢先生手頭資料不充足，地處僻陲的情況下完成《國史大綱》。時至今日，很多學者以「一生為故國招魂」來形容錢穆誓承接傳統文化的氣魄。筆者有幸畢業於錢穆先生開辦的新亞研究所，自涉獵中國歷史開始，已是以錢穆先生的作品作引導。本文不獨為錢先生搖旗吶喊，且滿懷對家國之感情，在這史學發展至歧路的情況下下，再加思考。

　　《國史大綱》幾成為亡國者的作品，若說此書的重要，我會以司馬遷完成《史記》的心來形容此書：

> 蓋文王拘而演《周易》；仲尼厄而作《春秋》；屈原放逐，乃賦《離騷》；左丘失明，厥有《國語》；孫子臏腳，《兵法》修列；不韋遷蜀，世傳《呂覽》；韓非囚秦，《說難》，《孤憤》；《詩》三百篇，大底聖賢發憤之所為作也。此人皆意有所鬱結，不得通其道，故述往事、思來者。乃如左丘無目，孫子斷足，終不可用，退而論書策以舒其憤，思垂空文以自見。…欲以究天人之際，通古今之變，成一家之言[1]。

　　上列每部流傳後世巨著的作者都是處身憂患逆境中，幾置於喪命無助之境，才能完成偉業。錢先生處身的國家環境，正正是存亡之際。他寫《國史大綱》時的矛盾：「抑余又懼世之鄙斥國史與夫為割裂穿鑿之業者，必將執吾書之瑕疵，以苛其指摘，嚴其申斥，則吾書反將以張譏國史、薄通業者之談，而為國史前途之罪人。抑思之又思之，斷斷無一國之人相率鄙棄其一國之史，而其國其族猶可以長存於天地之間

---

[1]　【漢】司馬遷：《報任安書》，見【漢】班固：《漢書‧司馬遷傳》卷六十二（北京：中華書局排印本，1964），頁2735。

者。」[2]錢先生希望振奮國人對國史的興趣，從中認真了解中國為何有當時的國勢及社會現象。他推崇司長光，退而著作《資治通鑑》，政治上不能發展自己的抱負，就以著史將自己對家國的期望與見地，表達出來，可謂費盡心神，無非重新興起國人對國家的信心。錢先生說：「史學在中國，一向成為一支盛大光昌的學問，中國人一向看重史學，可謂僅次於經學。」[3]

幾千年的歷史，沒有間斷，《國史大綱》貫徹中國各方面整體的發展與變遷，中間闡述其變遷的原因，發展的利弊，可謂別具心得卓見。清代著名學者龔自珍說：「欲知大道，必先為史；欲滅其國，先毀其史。」[4]。國史之重要，關乎國亡家破，不可不慎。當年出版，遇到阻礙，有論者認為偏頗，偏重愛國思想，殊不知生死存亡之間，些種喚起國民對中國的信心，是難能可貴，是真知灼見。

王晴佳曾在《臺灣史學五十年》：

> 1960年代以後，錢穆在臺灣學術界和史學界的影響也日漸顯著，其突出標誌就是錢穆的《國史大綱》，從那時以來常被各校歷史系用作大一的通史教材。對那些初入史學之門的莘莘學子來說，錢穆的文字顯得有些古奧，對書中所闡述的微言大義和時世背景也不甚了了，但作為他們進校以後所接觸的第一本專業歷史書籍，其思想影響可以說是潛移默化、細長久遠。……
>
> 錢穆《國史大綱》成書於抗戰期間，自出版即佳評如潮，顧頡剛在《當代中國史學》中說此書是當時所有通史著作中創見最多的，1947年嚴耕望出版《治史答問》，在書中稱讚此書，「章節編製與一般通史書迥異，內容尤多警拔獨到處，往往能以幾句話籠照全域，精悍絕倫」，而此書在戰後臺灣的歷史系課程，特別是在中國通史課堂上，《國史大綱》仍是重量級的讀物，延續至今，依然如此。[5]

《國史大綱》是臺灣入讀大學第一本對中國歷史全面介紹的書籍，嚴耕望先生稱讚是「內容尤多警拔獨到處，往往能以幾句話籠照全域，精悍絕倫」。錢先生曾擔憂中國歷史如何走下去？他曾問章太炎：「現在是二十五史，下邊該怎樣？」章太炎沒有答。錢先生說自《尚書》後有《春秋》，自《春秋》後過約一千年有《史記》，自《史記》後二千多年，從沒間斷，原因在哪？中國人！應好好思考此問題[6]。中國人歷史的路，又該如何走下去？

2　錢穆：〈引論〉，《國史大綱》（臺北：臺灣商務印書館，2006），頁33。

3　錢穆：《中國學術通義》（臺北：學生書局，1977），頁14。

4　【清】龔自珍：〈古史鉤沉論〉，載樊克政：《龔自珍卷》（北京：中國人民大學出版社，2015），頁205-210。

5　王晴佳：《臺灣史學五十年》（臺北：麥田出版社，2002）。

6　錢穆：《中國史學名著》（臺北：星星出版社，1972），頁60-61。

筆者自中學始，已看錢先生的《中國歷史精神》，《中國歷代政治得失》等著作。本文將先論錢穆先生對中國歷史的信念，繼而以錢先生所說政體三級演變：由封建而躋統一；由宗室、外戚、軍人所組的政府，而為士人的政府；由士族門第再變為科舉競選等討論中國歷史精神。此三項，實具中國歷史的發展獨特形式，亦是搆成現代民族的原因。學者往往對此三項有不同的見解，當然有批評錢穆先生所論斷者，本文無意羅列分析，只介紹錢先生對史學的見解。

二、讀國史的信念

錢穆先生在《國史大綱》開宗明義說出國史的重要[7]：

1. 當信任何一國之國民，尤其是自稱知識在水準線以上之國民，對其本國已往歷史，應該略有所知。（否則最多只算一有知識的人，不能算一有知識的國民。）

2. 所謂對其本國已往歷史略有所知者，尤必附隨一種對其本國已往歷史之溫情與敬意。（否則只算知道了一些外國史，不得云對本國史有知識。）

3. 所謂對其本國已往歷史有一種溫情與敬意者，至少不會對其本國已往歷史抱一種偏激的虛無主義，（即視本國已往歷史為無一點有價值，亦無一處足以使彼滿意。）亦至少不會感到現在我們是站在已往歷史最高之頂點，（此乃一種淺薄狂妄的進化觀。）而將我們當身種種罪惡與弱點，一切諉卸於古人。（此乃一種似是而非之文化自譴。）

4. 當信每一國家必待其國民具備上列諸條件者比數漸多，其國家乃再有向前發展之希望。（否則其所改進，等於一個被征服國或次殖民地之改進，對其國家自身不發生關係。換言之，此種改進，無異是一種變相的文化征服，乃其文化自身之萎縮與消滅，並非其文化自身之轉變與發皇。）

錢穆先生鄭重的說，國人必須對國史有基本認識。讀中國歷史，要對國家歷史有溫情，有尊敬的心。每個歷史時期也可能出現暴政或外來民族的壓迫，都有著他的時代因素，我們不應因此而對中國幾千年文化而產生懷疑，甚至厭棄。現時處於弱勢的國家，不等於以往的歷史毫無價值，反之，要思考古往今來變遷的因素。不可因此而對古史譴責或自譴。倘國人對本國歷史有認識，這亦是國家興起之始。筆者自少聽老師說歷史故事，每每對古代聖賢悠然生尊敬之心。

其次，是要分清楚「歷史知識」與「歷史資料」的分別。民族國家已往全部之活動，是為歷史。記載此活動的材料是歷史的材料，而不是歷史的知識。錢先生強調：

7　錢穆：〈凡讀本書請先具下列諸信念〉，《國史大綱》，頁1。

「材料累積而愈多，知識則與時以俱新。歷史知識，隨時變遷，應與當身現代種種問題，有親切之聯絡。歷史知識，貴能鑒古而知今。至於歷史材料，則為前人所記錄，前人不知後事，故其所記，未必一一有當於後人之所欲知。」（見《國史大綱》·引論）後來的學者必須從歷史材料中，尋求歷史知識，若放棄歷史材料，而妄稱史識，無疑癡人說夢。結論是「史識」必從「史料」始。讀歷史而沒有史識，若只在材料上打滾，是本末倒置。

錢穆先生分析中國歷史的特色：

> 中國為世界上歷史最完備之國家，舉其特點有三。一者「悠久」。從黃帝傳說以來約得四千六百餘年。從古竹書紀年以來，約得三千七百餘年。（夏四七二，殷四九六，周武王至幽王二五七，自此以下至民國紀元二六八一。）二者「無間斷」。自周共和行政以下，明白有年可稽。（史記十二諸侯年表從此始，下至民國紀元二七五二。）自魯隱西元年以下，明白有月日可詳。（春秋編年從此始，下至民國紀元二六三三。魯哀公卒，左傳終，中間六十五年史文稍殘缺。自周威烈王二十三年資治通鑒托始，至民國紀元凡二三一四年。）三者「詳密」。此指史書體裁言。要別有三：一曰編年，（此本春秋。）二曰紀傳，（此稱正史，本史記。）三曰紀事本末。（此本尚書。）其他不勝備舉。（可看四庫書目史部之分類。）又中國史所包地域最廣大，所含民族分子最複雜，因此益形成其繁富。若一民族文化之評價，與其歷史之悠久博大成正比，則我華夏文化，與並世固當首屈一指。[8]

中國歷史特色有三：悠久、無間斷、詳密。這是本國史彌足珍貴之處，亦是有異於他國歷史的不凡處。故此，研究歷史是求其「異」及求其「同」。「求其異」是從歷史的狀態及特性而知道其變之所在，而看出整個文化的動態。再從此動態的暢遂與夭淤，而衡論其文化之為進退。「求其同」是尋找不同時代的「基相」。此各基相相銜接、相連貫而成一整面，此為全史之動態。[9]亦可謂民族發展的命脈。

中國歷史人事之間，以人為主，事為副，「未有不得其人而能得於其事者」[10]。人有賢奸，事有褒貶，褒貶乃中國歷史之要綱。撰寫歷史，就負起評定人物的責任，亦是定立民族道德方向的推動者。鄭樵撰《通志》要地下無冤魂，歐陽修評馮道是「其可謂無廉恥者矣」等，都是為社會的道德要求作前導。

---

8 錢穆：〈引論〉，《國史大綱》，頁1。

9 同上註，頁11。

10 錢穆：《現代中國學術論衡》（北京：生活·讀書·新知三聯出版社，2002），頁113。

三、由封建而躋統一

　　中國歷史自黃帝傳說始，有四千六百多年，可以用「悠久」來形容。由封建至統一，是趨勢。西周封建本是耕稼民族之拓展，與游牧民族本無衝突，因兼併出現，游牧民族承機侵擾。霸主之出現，除維護周天子顏面外，是穩定國與國之間的矛盾。宗法封建，漸漸趨向戰國時的新軍國，軍功亦代替貴族的專政。論者往往以「專制」評論中國政體，卻不知中國自秦漢以來乃非一家一姓之力能專制：

> 談者好以專制政體為中國政治詬病，不知中國自秦以來，立國規模，廣土眾民，乃非一姓一家之力所能專制。故秦始皇始一海內，而李斯、蒙恬之屬，皆以游士擅政，秦之子弟宗戚，一無預焉。漢初若稍稍欲返古貴族分割宰製之遺意，然卒無奈潮流之趨勢何！故公孫弘以布衣為相封侯，遂破以軍功封侯拜相之成例，而變相之貴族擅權制，終以告歇。[11]

　　錢穆先生認為，秦以前，可以用「封建統一」來形容，而秦以後，可以說是「郡縣統一」。[12]政權開放，平民弟子可因才能、軍功，晉升統治階層。同樣，社會上的井田徵稅方法，轉為「履畝而稅」。春秋時期的出現，文化上是一大成就。外交上文雅風流，戰爭中仍重人道、講禮守信。儒、墨兩家之興起，影響深遠。孔子從歷史的觀念出發，追隨文王、周公的禮法。從人道的觀念出發，提出天命、性、仁、孝、忠恕等觀念。墨家在理念上是反對儒家的禮、樂奢侈觀念。同時，亦反對儒家的其他觀念，提出「兼愛」、「天志」等理論。根據錢先生的理解，「以下戰國學派，全逃不出儒、墨之範圍」[13]。

　　錢穆先生說此演變，於秦漢已完成。此統一大業，亦非常壯烈。見於春秋的國家名字約五十多國，若以左傳記錄計算則約百七十國。從列國內亂，戎狄入侵，如此則各地戰爭是無時無刻的發生。從戰國七雄，至秦統一天下，整個民族多在水深火熱中。

　　戰國二百四、五十年的歷史，出現一次貴族統一局面，始皇二十六年滅六國而統一。卻在短短十五年的統治期，由平民出身的漢高祖，開創史無前例的平民稱帝。西漢劉氏執政二百二十一年，新莽居攝十八年，再由劉氏掌政九十六年。

　　秦的統一，劃定了中國的基本版圖。其有功於後世者，廢封建、行郡縣、墮城郭、夷險阻、築馳道、建長城。最重要是統整各地有異的制度、文化、風俗，使中

11　錢穆：〈引論〉，《國史大綱》，頁14。
12　錢穆：《中國歷史精神》，頁20。
13　錢穆：《國史大綱》，頁103。

華民族形成初步面貌。錢先生認為，秦乃貴族敗氣的延續，是進入平民治國的過渡期。[14]

漢之統一，制定稅、役、賦、貢的規模。農民出現土地所有權的觀念，繼而產生與統治者的臣屬關係，對國家又生義務感。

在此特別提出，封建至統一的歷程。封建，在中國歷史上最簡單的解釋是「封疆建土」，即分封。戰國時已出現郡縣制，秦統一，實行郡縣制。漢初立國，為便利統治，推行郡國制，文景以後，基本上地方封國已無實權。

試討論中西封建的不同。至於西方封建，主要分上古、中古和近代三時期。上古史是希臘和羅馬時期，中古史是封建時期，近代史是現代國家興起以後。部分學者很籠統的說中國是封建社會，錢穆先生曾撰文闡釋。「封建」是日本人用來譯feudalism的，是馬克思用feudalism描述中世紀的歐洲。若據此來描述中國社會的發展，未免不大準確，往後很多學者更改原始「封建」的含義來解釋中國社會，例如將戰國至清代全稱古代封建。錢先生在《國史大綱》再申明此謬誤：

> 有告之者曰：「中國自秦以來二千年，皆專制黑暗政體之歷史也。」則彼固已為共和政體下之自由民矣，無怪其掉頭而不肯顧。或告之曰：「中國自秦以來二千年，皆孔子、老子中古時期思想所支配下之歷史也。」則彼固已呼吸於二十世紀新空氣之仙圉，於孔、老之為人與其所言，固久已鄙薄而弗睹，暗而無知，何願更為陳死人辨此宿案，亦無怪其奮步而不肯留。或告之曰：「我中國自秦以來二千年，皆封建社會之歷史耳，雖至今猶然，一切病痛盡在是矣。」於是有志於當身現實之革新，而求知國史已往之大體者，莫不動色稱道，雖牽鼻而從，有勿悔矣。然竟使此派論者有躊躇滿志之一日，則我國史仍將束高閣、覆醬瓶，而我國人仍將為無國史知識之民族也。[15]

錢穆先生認為中國古代社會可稱為「宗法社會、氏族社會，或四民社會」[16]，更闡明「中國自秦以下，即為中央統一之局，其下郡縣相遞轄，更無世襲之封君，此不足言『封建』」。[17]更實言中國行宗法社會氏族社會，數千年未變。西方近代是民主政治，中國自秦迄清是皇帝統治，若硬說這是「專制政治」，未免強將西洋人的分類，加入中國歷史內。[18]

筆者數十年前亦因錢穆先生之言，於報章撰文分析東西方封建之不同。所得結論

---

[14] 「秦之統一與其失敗，只是貴族封建轉移到平民統一中間之一個過渡。」見錢穆：《國史大綱》，頁127。

[15] 錢穆：《國史大綱》，頁6。

[16] 錢穆：《現代中國學術論衡》（臺北：東大出版社，2008）。

[17] 錢穆：《國史大綱》，頁21。

[18] 錢穆：《中國歷史精神》，頁26。

是歐洲自封建後，歐洲大陸未見統一，單以日耳曼民族來說分別成為挪威人、丹麥人、瑞典人、冰島人、德意志人、奧地利人、瑞士人等等。但中國自秦漢以後，基本上是統一的國家，足以證明兩者的發展完全不同。

四、由宗室、外戚、軍人所組的政府，而為士人的政府

錢先生說士人政府完成於東漢此自西漢中葉以下，迄於東漢完成之有關士人政府的建立可參看〈第八章：統一政府文治的演進〉。秦、漢立國均以軍功為獎賞標準，成為政府的上層統治者。其次的官僚，多以郎、吏出任。無疑，新興的貴族階層仍是以出身為依據，有廕任，指二千石以上，視事三年可廕子一人為郎；貲選，指家貲滿五百萬，可為常侍郎；特殊技能，指戲車、善御、文章見用，地位多不被重視。

漢代的文治思想肇端於賈誼，他提出闡揚文教，針對時弊施政。其議論是從法律刑賞而轉向禮樂教化，由法而轉向儒家思想。

漢武帝從董仲舒之議，「罷黜百家，獨尊儒術」，建立士人政府之方有五，一是立五經博士，令學者從方技雜流漸次轉向從事研究政治、歷史的方向。二是公孫弘議立博士弟子員，此開文學入仕的途徑。三是郡國長官察舉屬吏之制度實行，建立士人有機會進入中央體制之途。四是禁官吏營商，裁抑兼併。五是打破封侯拜相之例，減低由一階層獨占高位的局面[19]。自此以後，士人政府出現，公卿朝士，名儒輩出。錢先生對此現象的評價是「自此漢高祖以來一個代表一般平民社會的、素樸的農民政府，現在轉變為代表一般平民社會的、有教育的、有智識的士人政府，不可謂非當時的又一進步。」[20]

錢先生對漢武帝定立的選舉制度，有如此的見解：

> 中國自漢武帝以後便變了。當時定制，太學畢業考試甲等的就得為郎，如是郎官裡面，便羼進了很多知識分子，知識分子卻不就是貴族子弟。至　　　於考乙等的，回到本鄉地方政府充當吏職。[21]

漢代選舉之途有詔舉賢良方正，不定期煮及舉孝廉。應舉者，須參加中央考試，貴族與郡縣官吏均可推薦人才。如此，由中央至地方，均由知識分子治理，成就了士人政府，亦是大規模文人治國之始。

---

[19] 錢穆：〈第八章：統一政府文治之演進〉，《國史大綱》，頁144-147。
[20] 錢穆：《國史大綱》，頁149。
[21] 錢穆：《中國歷代政治得失》（北京：生活・讀書・新知三聯書店，2004），頁13。

五、由士族門第再變為科舉競選

由士族門第變為科舉競選，錢先生認為此在隋、唐兩代完成之。秦漢以軍功為官，秦火後，平民任職政府，要以吏為師。漢代士人政府形成，是造就社會上以儒家道德為依歸的社會風氣。然而，此五經博士及博士弟子員之關係，逐漸建構出門第制度。錢先生認為士人政府在社會上的勢力表現在「清議」外，更重要的是構成「門第」。經學入仕，造成累世公卿的出現，鞏固了士族的勢力。地方察舉失去客觀標準，容易營私，請託報恩，層出不窮。錢先生形容此情勢，為變相的封建。

魏晉時，因察舉制度之逆轉，取而代之是「九品官人法」。此法當為權宜之法，初行尚有可取處。地方士庶可直求出仕中央，升遷之權操於中正的「品狀」。門第之勢已成，再立九品中正制，造成「上品無寒門、下品無勢族」的現象。高門望族，歷世為高官，寒庶則無寸進之途。繼之而學校與考試制度頹廢，中央無任人之權，太學如何能進才。錢穆亦謂此時期是變相的封建勢力。然而，門第自身力弱，以南朝士族為例，既不能奮勇對抗異族入侵，也不能重整王朝，推陳出新。南朝侯景之亂，可謂盡掃門第之氣數。

科舉設於隋代，隋文帝於開皇七年命各州「歲貢三人」，應考「秀才」。隋煬帝再設「進士」和「明經」科，為後世所沿用。唐代選仕有三途：生徒、鄉貢、制舉。所謂「制舉」無定期，州、縣貢舉卻每年一次，科目殊豐，除秀才、明經、進士外，又設明法、明算、一史、三史、開元禮等。由於科舉制影響中國往後過千年的選仕制度，故特補上定立制度時的資料說明，王定保《唐摭言》卷十五〈雜記〉記：

> 唐高祖武德四年（621）四月十一日，敕諸州學士及白丁，有明經及秀才、俊士，明於理體，為鄉曲所稱者，委本縣考試，州長重覆，取上等人，每年十月隨物入貢。至五年十月，諸州共貢明經一百四十三人，秀才六人，俊士三十九人，進士三十人。十一月引見，敕付尚書省考試；十二月吏部奏付考功員外郎申世寧考試，秀才一人，俊士十四人，所試通，敕選與理入官；其下第人各賜絹五疋，充歸糧，各勤修業。自是考功之試，永為常式。[22]

所謂「貢舉」，指貢人與舉人二事。貢人指各州每年依規定貢上中央的應考者，即所謂「鄉貢」。舉人有兩種情形，一是別敕令舉，一是官學（含中央的國子監與地方府州縣學）學生每年呈報尚書省應考者。一般來說，唐代科舉分常科、制科，常科每年舉行一次，制科是由皇帝決定舉行日期。這樣的選拔人才，錢先生認為此乃立國的大憲大法：

---

[22] 〈唐摭言〉，網頁：https://zh.wikisource.org/wiki/唐摭言，瀏覽日期：2020年9月19日。

談者又疑中國政制無民權，無憲法。然民權亦各自有其所以表達之方式與機構，能遵循此種方式而保全其機構，此即立國之大憲大法，不必泥以求也。中國自秦以來，既為一廣土眾民之大邦，如歐西近代所運行民選代議士制度，乃為吾先民所弗能操縱。然誠使國家能歷年舉行考試，平均選拔各地優秀平民，使得有參政之機會；又立一客觀的服務成績規程，以為官位進退之準則，則下情上達，本非無路。晚清革命派，以民權憲法為推翻滿清政府之一種宣傳，固有效矣。若遂認此為中國歷史真相，謂自秦以來，中國惟有專制黑暗，若謂「民無權，國無法」者已二千年之久，則顯為不情不實之談。[23]

此制的用意，是以一客觀標準，挑選社會上的精英，參與國家的政治，消融社會上階級之存在，令社會文化向上。此制培植人民對政治的興味及提高其愛國心，成為一般平民出身及進入中央統治層面的制度。科舉製成隋唐至清代，公平選仕的制度。不受地方官吏限制：

> 此外則地方官不再加以限制，即申送中央，由尚書禮部舉行考試。考試合格，即為進士及第。進士及第便有做官的資格了。至於實際分發任用，則須吏部之再考試。[24]

同時，亦是平民預政的制度。過去千多年的科舉中，出現狀元七百多人，進士超過十一萬，不問出身，只問成績，是客觀與公平的選仕制度。

六、結語

國人要對國家產生感情，首先必須認識本國歷史，因認識而產生感情：

> 一民族一國家歷史之演進，有其生力焉，亦有其病態焉。生力者，即其民族與國家歷史所由推進之根本動力也。病態者，即其歷史演進途中所時時不免遭遇之頓挫與波折也[25]

我們對過往的光榮歷史，悲傷歷史要同樣有感覺，這是我們的國家。錢先生說：「歷史便即是人生，歷史是我們全部的人生，就是全部人生的經驗。歷史本身，就是

---

[23] 錢穆：〈引論〉，《國史大綱》，頁15。
[24] 錢穆：《中國歷代政治得失》，頁55。
[25] 錢穆：〈引論〉，《國史大綱》，頁25。

我們人生整個已往經驗。」[26]因此，歷史就是生命，生命不可能由半中間切斷，我們的今天，必定與昨天有關。[27]沒有了歷史知識，就沒有了民族生命。

錢先生的歷史理論，我在學時已有不同的學者表達不同的見解。科舉，是公平的考試，可惜明以後以「八股」形式進行，使士人思想陷入窠臼，甚至有學者認為明是亡於八股。然而，此論是集中其考試內容，而忽略了考試制度。就算是現代社會，較公平的考選，還是考試。

另一爭議頗大的是錢先生認為中國秦漢以來就有民主精神：

> 在中國史上，當封建制度之舊一統時代，即西周時代（下及春秋），早已有一種民主思想與民主精神，散見於群經諸子…，即秦漢時代，而中國人之民主思想與民主精神乃次第實現而具體化，制度化，成為一種確定的政治標準。[28]

此論在當代確是駭俗（錢先生語），他詳細解釋，約有兩端。第一是秦漢時代，王室已與政府對立。天子是皇室代表，宰相是政府的領袖，行責任制。錢舉例至宋代，闡明皇室行使王權，幾乎必須得到政府首肯才能實施。其二是官員的來歷，大體而言，除元、清兩代外，官員大都來自民間，故政府人員與王室關係，殊不深密，由何來君主專制？因此，錢先生得出的結論是「中國傳統政治，既非君主專制，又非貴族政體，亦非軍人政府，同時亦非階級專政」[29]

筆者在大學、研究所授課接近三十多年，每每看見有志於史學的同學則喜形於色，盡力協助。可惜的是無論大學抑或是社會，對推展歷史教學，毫不盡力。以香港為例，以往有數萬考生報考中國歷史，近年只得數千。正如錢穆先生的疾呼，斷無不愛護本國歷史的民族，能長遠發展。

---

[26] 錢穆：《中國歷史精神》（香港：人生出版社，缺年份），頁2。
[27] 同上註，頁5。
[28] 錢穆：《文化與教育》（臺北：東大圖書，1977），頁108。
[29] 同上註，頁112。

第五十一章　與錢穆先生《中國文化史導論》有關的幾則材料補正

華東師範大學歷史學系
王東、蘇曉涵

　　錢穆先生的《中國文化史導論》，不僅是一部中國文化史的名部，而且在其個人的學術思想發展過程中，也具有特別的意義。據錢先生晚年自述，該書是他繼《國史大綱》之後「第一部進而討論中國文化史有系統之著作，乃專就通史中有關文化史一端作導論。故此書當與《國史大綱》合讀，庶易獲得著者寫作之大意所在。」他還進一步指出，在該書出版（1948年）以後的數十年中，他「對中西文化問題之商榷討論屢有著作，而大體論點並無越出本書所提主要綱宗之外。」[1]正因為如此，直到1987年，他還以93歲之高齡，重讀該書，並作修改潤飾。由此不難看出，在錢先生個人的生命中，這也是一部具有特殊意義之著作。

　　關於該書的寫作時間及其成書過程，錢先生在其寫於1948年5月29日的《弁言》中，只有一個比較籠統的說法：「這是民國三十年間事。其中一部分曾在《思想與時代》雜誌中刊載。當時因在後方，書籍不湊手，僅作一種空洞意見之敘述。此數年來，本想寫一較翔實的文化史，但一則無此心情，二則無此際遇，而此稿攜行篋中東西奔跑，又複敝帚自珍，常恐散失了，明知無當覆瓿，而且恐怕必犯許多人的笑罵，但還想在此中或可引出一二可供平心討論之點，因此也終於大膽地付印了。」[2]在晚年的回憶錄《師友雜憶》中，錢先生則回憶道：「《清儒學案》完成後，又續寫《中國文化史導論》一書。得曉峰（張其昀）來信，為其所辦之雜誌《思想與時代》徵稿，囑余按月投寄。余應其請，遂將《文化史導論》各篇，及續寫有關中國文化與宋明理學方面論文數篇，絡續寄去。此為余自入蜀以來在思想上與撰述上一新轉變。」[3]

　　錢先生去世後，「錢賓四先生全集編輯委員會」在編輯《錢賓四先生全集》時，又對該書的成書過程作了進一步的推定，認為該書「原著於民國三十二、三年間。其中大部分曾在《思想與時代》雜誌刊載。先生初嘗有意撰寫一部較翔實之文化史，而

---

[1]　錢穆：〈中國文化史導論·修訂版序〉，錢賓四先生全集編輯委員會編：《錢賓四先生全集》第29卷（臺北：聯經出版公司，1998），頁11。

[2]　同上註，頁9。

[3]　錢穆：《八十憶雙親·師友雜憶》（北京：生活·讀書·新知三聯書店，1998），頁247。

終以戰爭期間，相關參考書籍難於搜羅，又乏此心情際遇，遂僅成此扼要之編。」[4] 這一看法，大體上也為目前的學術界所采認。研究錢先生生平與學術的陳勇教授就認為：「該書雖然最早出版於1948年，但書中各篇的基本內容大致形成於1943-1944年間，陸續刊登在《思想與時代》雜誌上。」[5]

以上關於《中國文化史導論》成書時間及其過程的推定，基本上都是根據該書的相關章節在《思想與時代》刊載的時間而來。筆者在南京中國第二歷史檔案館偶然發現的幾則資料，或許可以為這一推斷提供更加直接的證據。

根據南京中國第二歷史檔案館所保存的民國教育部檔案，1942年12月22日，蔣中正手諭教育部部長陳立夫：「對於《中國文化史》，《中國哲學史》與《中國藝術史》三書，希即編著英文小冊，每冊長約十萬字左右，或擇現有之簡短名著古書，譯成英文，以便對外宣傳也。」[6]陳立夫在接到這一手諭後，遂「督飭」國立編譯館「遴員選譯或編著完成」。國立編譯館在次年4月1日給教育部的回復中，明確表示「聘定錢穆擔任編譯《中國文化史》」，並表示「中文部分，於八月底可完成。」[7]而在另一頁未具時間的檔案中，書名一欄是《中國文化史概論》，著者一欄為錢穆，審核人一欄為柳詒徵。由此可以推知，錢先生該書原本是應國立編譯館之請而寫作的，開始編纂的時間應該不晚於1943年4月，原定名為《中國文化史概論》。至於《中國文化史導論》，應該是遲至1948年正式出版時才改定的書名。

柳詒徵先生為該書所寫的《審查報告》，也完整地保存在檔案中。該審查報告的寫作時間是1944年9月17日。據此可以肯定，錢先生《中國文化史導論》一書，最遲當在1944年9月之前已成書。

茲將柳氏的《審查報告》照錄如下，供研究者參酌：

> 謹按：治中國史不通各國史，不能了解史跡真義，以其無所對鏡也。治世界史偶涉中國史，亦不能深知中國特質，以其執彼繩此也。兼通中西史，不具哲學家之理解，文學家之天才，虛心比勘，深入顯出，亦不能詳究源流，洞明內蘊。此史學之所以難言也。作者治史功力人所共知，其超越並世作家者，在其哲學之理解、文學之天才，比勘中西，得其要領，指出中國文化幹流、民族特徵，由地理、氣候、環境自始即與西方不同，故其演變之跡，不能以他族相繩。握定驪珠，六通四辟，其行文之超越，處處能寫出史實內蘊，與其層累曲折之故，發前人所未言，俾盡人以易解，洵為史學界傑出之名著。不第譯為西

4　錢賓四先生全集編輯委員會：〈《中國文化史導論》出版說明〉，《錢賓四先生全集》，第29卷，頁1。

5　陳勇：《錢穆傳》（北京：人民出版社，2001），頁198。

6　〈教育部呈為奉文編著之《中國文化史》……經督同編譯館辦理情形據情呈報〉，1943年4月1日，教育部檔案：五（2）-474-12～13，中國第二歷史檔案館藏。按：蔣之手論又見《蔣介石致陳立夫手論》，1942年12月22日，002-060100-00171-022，臺北「國史館」藏。

7　〈教育部呈為奉文編著之《中國文化史》……經督同編譯館辦理情形據情呈報〉，1943年4月1日，教育部檔案：五（2）-474-13，中國第二歷史檔案館藏。

文能使他族認識吾國往史，即國中學子亦宜人人胚沫，始不為膚論偏見所惑。三複之餘，曷勝嘆服。

　　寫官誤字逐章簽出，略有宜商之處，如第四章注稱《堯典》大概是戰國以下作品（按《孟子》已引《堯典》）及孟子又補出「愛敬」二字（按孔子已言「敬」及「愛人」）、第八章鄉土倫理（忠，此語未知所本）等語，或請酌易。未知當否。[8]

　　又據1946年1月編纂之《國立編譯館工作概況》記載：該館自成立以來，「中國文化之介紹」即為其一項重要工作，其中就提到翻譯「文化史叢書」一事。據該書介紹，錢先生的《中國文化史》即為「文化史叢書」之一種（此外尚有唐君毅先生的《中國哲學史》、梁思成先生的《中國建築史》、傅振倫先生的《中國陶瓷史》、傅抱石先生的《中國繪畫史》和《中國工藝史》、閻金鍔先生的《中國音樂史》、楊蔭瀏先生的《中國戲劇史》等），且已「譯成英文」。[9]細檢該書附錄二《專門譯著及大學用書書目》，錢先生該書就赫然列在「待印者」一欄，而譯者則為翻譯家楊憲益和戴乃迭夫婦。[10]至於英譯本為何遲遲未能印行出版，由於史料缺乏，這裡就無法細究了。

8　〈柳詒徵審查報告〉，1944年9月17日，教育部檔案：五（2）-474-55～56，中國第二歷史檔案館藏。
9　國立編譯館編：《國立編譯館工作概況》（重慶：國立編譯館，1946），頁11。
10　同上註，頁38。

第五十二章 《八十憶雙親、師友雜憶》與中國近代教育史的重構

武漢大學歷史學院
左松濤

一、撰述本意

　　錢穆先生（為省篇幅，以下逕稱其名）撰寫《八十憶雙親》一文，於1975年由香港新亞校友會印行。文成之後，得讀者鼓勵，勸其繼述生平經歷。1977年冬，錢氏開始賡續，歷時五年寫成篇幅更大的《師友雜憶》。1983年，臺北東大圖書公司將兩篇合刊出版。全書僅20餘萬字，並非探討高深學理專著，然而文字平易，感情真摯，意味雋永，頗受出版家及一般讀者青睞。中國大陸自1986年起，就有不同出版社在不同年代推出過不同版本，受眾數量應該不少。普通讀者未必對錢氏其他宏著有真切的理解與同情，卻可能因閱讀此書對錢氏之學問產生親近心、崇敬意。

　　細繹兩篇緣起，有所不同。錢穆撰寫《八十憶雙親》時，主要意圖是讓留在大陸的家族後人「他年當能讀及，亦使稍知祖德之一二。亦以告並世之知余其人而不知余之生平來歷者」。[1]錢氏寫作《師友雜憶》之時，立意明顯提升，自承：「惟此七十年來，世風時態，驟轉亟變。余所追憶亦可使前世風範猶有存留。讀此雜憶者，苟以研尋中國現代社會史之目光視之，亦未嘗不足添一客觀之旁證。有心世道之君子，其或有所考鏡。是則凡余之所雜憶，固不僅有關余一人之事而已。」[2]他遽歸道山之後，夫人胡美琦簡介其著作，亦認為「此書為追憶往昔雖屢經劇變，而終不能忘之真生命所在。讀者讀此書，亦可窺八十餘年來國家、社會、家庭、學校、人物、思想、學術一切之變」。[3]

　　據筆者管見，目前學界對於本書的利用主要是作為編纂錢穆年譜、傳記及個人參與歷史大事（如五四運動）的重要參考，亦有部分學者致力考訂其中記敘錯誤。這當然是學術研究應有之義。然而過於糾結著者的生平細節諸事是否準確（「準確」與否

---

[1] 錢穆：《八十憶雙親、師友雜憶》（北京：生活‧讀書‧新知三聯書店，1998），頁5。下引本書，均是此版。

[2] 同上註，頁44。

[3] 胡美琦：〈錢賓四先生著作（專書）目錄〉，中國人民政治協商會議無錫縣委員會：《錢穆紀念文集》（上海：人民出版社1992），頁342。

還本應相對理解），將本書作為一般學人的回憶錄等閒視之，而對錢氏再三致意的「固不僅有關余一人之事而已」反倒漠然不理，有違其初心。身處局外的西方學者反而更能體認其中奧妙。鄧爾麟（Jerry Denerline）就如此說：「1980年冬，我在耶魯大學任教之時，余英時教授饋贈錢穆先生的回憶錄《八十憶雙親》。我原本只想把它作為研究無錫地方史的參考資料；然而，閱畢思索數星期後，我悟會到這本回憶錄中體現了中國文化之精髓。……我之所以把《八十憶雙親》翻譯成英文，就是希望能把錢穆先生的情感和精神介紹給西方讀者，因為他們對於中國文化了解尚淺，感受仍淡，對本世紀以來它在中國的失落無所體會。」[4]

循此認識邏輯，不難發現錢氏在本書所述的「大意」及「事實」與既有一般中國近代教育史書寫內容有方枘圓鑿之處。自晚清以來，懷疑、批判乃至鄙視中國固有文化價值逐漸成為風習，反映在教育史書寫上就是形成「現代化」的範式。現代化本不等但同於西化，以此為眼來觀察歷史也具洞見創意。在實際研究中，以歐美為原型的現代化模式通常被視為天經地義，放諸四海而皆準。明清時代的教育文化在整體上被看作是「腐朽落後」，要為近代中西海通以來兵戰、商戰與學戰的總潰敗負責。在此話語系統籠罩之下，對中國舊式教育進行正面言說與辯護極易被視為保守（取其貶義）與不合時宜。

可為佐證的是，受錢氏影響，胡美琦所著《中國教育史》之第八篇標題明確寫為「教育的衰落時期——清及民初」，不將清末民初教育視為「現代進步」之一環，只視為教育的過渡時期，「以期後來之能有改進」。這可謂在晚近眾多已刊教育史著中特立獨行，幾乎無匹。胡氏批評過去的中國教育史著作「大都受新文化運動以來思想過於偏激的影響，視中國過去為一封建社會，為一專制政治。在此一偏激的前提下，對以往之舊教育亦不免多所曲解。」[5]不過，正因為被視為理念過時，在海峽兩岸「學院派」的教育史家看來，胡著大約可歸於「奇葩」一類，長期未得到應有重視。[6]更有意思的是，近年受域外治史理論風氣變遷的影響，教育史學界多見反思「現代化」敘事框架，宣導書寫「新教育史」，但這本與眾不同的《中國教育史》卻少見有人引為同道。

研讀錢穆此書不宜以後來某種系統理論的立場進行理解，而應按照前輩學人在整理國故時所提示「以漢還漢」的方法，回到錢氏本意及相關史事的原本客觀樣態，

---

[4] （美）鄧爾麟著、藍樺譯：《錢穆與七房橋世界》（北京：社會科學文獻出版社，1998），中文版序。

[5] 胡美琦：〈引論〉，《中國教育史》（臺北：三民書局，1986），頁17。

[6] 錢穆夫婦後來接受查良鏞（金庸）等人訪談，胡美琦說：「我的《中國教育史》一書很看重傳統道德的教育，有人批評我說太保守了，不宜再站在一個守舊的觀點來看現代教育，我認為針對當前社會許多不合理的現象，我們講教育的人不能不從傳統教育精神裡找出路。今天我們有兩個不同的角度來看教育問題，一個是西方觀點，一個是中國傳統觀點，西方觀點看教育偏重學校教育，著重知識的傳授。中國傳統觀點，則是看重全人生的，傳授知識與品格修養以及為人處世，都包括在教育的範圍之內。」見金庸：《金庸散文集》，（北京：作家出版社，2006），頁305-306。

「以事實決事實，而不當以後世之理論決事實」。[7]固然，錢穆所述之「事實」已是八十年後的回憶，難免出現記憶差錯及倒讀歷史，也未必能呈現全部的事實。但是，比較同時代的人物，其以相對不變的立場來敘述中國舊式教育風習，較之眾口一詞或更近真。即令錢氏所述，迥異中國近代教育史書寫範式所提供「常識」，也可促使今人對於此種常識進行再檢驗，為之辨析、彌縫與補苴，有助於教育史研究的精益求精。

錢穆一生從事教育文化事業，回憶往事時牽涉面極廣，以本文篇幅及筆者學力，無法詳論。下文僅以錢氏在1904年（筆者認為應是1905年）進入新式學堂（果育小學）讀書為限[8]，即主要釋讀《八十憶雙親》一文。依據有二：一是眾所周知，1905年延續千年的科舉制度停廢，給當時及後來的中國社會帶來深刻影響；二是按照錢氏自己的說法，「回憶自果育學校、常州府中學堂以來，改朝換代，天翻地覆，社會一切皆已大變」。[9]個人手眼不到之處，祈盼博雅君子教正。

二、良史筆法

眾所周知，唐代的劉知幾將「良史」標準定為才、學、識兼備，清代的章學誠在「三才」之外，加上「史德」，以為著史者心術不可不慎。錢穆則認為，史學要具有史才、史識與史德。史才指能分析，又能綜合；史識是能見其全、其大、其遠、其深、見人所不見處；史德是一種心智修養，從史才、史識中來，能不抱偏見，不作武斷，不憑主觀，不求速達。[10]錢氏認識如此，在書中敘述也如此。

錢穆對中國歷史文化抱持溫情與敬意，致力「一生為故國招魂」（余英時語），甚至有人認為他是專門「要把歷史中好的一面發掘出來」（徐復觀語）。然而，其筆

7　王國維：〈致林泰輔〉，《王國維全集》第15卷（杭州：浙江教育出版社，2009），頁84。

8　目前所有各種錢穆年譜記載其進入果育學校讀書的時間均為1904年。這應是根據《師友雜憶》中說「十歲進新式小學」倒推出來的。有可能是1905年的原因是，一是錢穆說其兄錢恩第參加最末一期科舉之後才進入新辦的果育學校讀書。其兄參加的應該是學政主持的院試，而江蘇各地的院試在1905年9月科舉停廢前就已經進行了。二是據比較了解情況的無錫時人侯鴻鑑於1913年所記，果育學校是「乙巳【巳】年，蕩口富紳華子才先生獨力創辦果育高等小學校」（詳見後文）。三是《醒獅》1906年第4期刊載陳以益《無錫江陰學界調查匯表》，記錄果育學校有職員三人、教習三人，生徒四十餘人，經費由華氏獨任，年級為「第一年」。這應是指該校只開辦一年，學生均為一年級之意。不過，在徐耀新著：《蕩口鎮》（南京：江蘇人民出版社，2019），頁15，一書中收錄有高等二年級學生華允任修完本學年學業的「修業文憑」，落款時間為「光緒三十二年三月十六日」，即1906年4月9日，文憑上校長華鴻模署名、印章外，還有12位教習的名字、印章。如該生沒有跳級，則肄習可能正確。但如該生曾跳級（果育根據學生實際學力決定學級），則新說也對。令人困惑的是，朱洪元、薛慰祖主編：《蕩口史話》一書中既記載果育學校是1904年開辦，又有1903年（文中看起來似是1905年誤印）創辦兩說（南京：鳳凰出版社，2008），頁148、253。果育學校創辦於何年何時？筆者暫時沒有答案，但傾向於1905年說，或無錫發生的毀學案平息之後，果育學校才開辦。

9　錢穆：《八十憶雙親、師友雜憶》，頁106。

10　錢穆：《中國歷史研究法》（北京：生活・讀書・新知三聯書店，2001），頁12。

下娓娓道來的親聞親歷之事，並未完全採取上述立場。讀者稍一深思之，即不免懷疑與錢氏同時代的思想家、哲學家所建構傳統中國是「倫理本位」、「職業分途」的社會，絕少形成階級對立、鬥爭的立論邏輯。

例如：錢穆談其大家族所有的財富由平均分配到絕對不均之變遷：「丁旺者愈分愈少，丁衰者得長保其富，並日增日多。故數傳後，七房貧富日以懸殊。……自余幼時，一家有田百畝二百畝者稱富有，余只數十畝。而余先伯父及先父，皆已不名一尺之地，淪為赤貧。老七房中有三房，其中兩房，至余幼年皆單傳，一房僅兩兄弟，各擁田數千畝至萬畝。其他三房，則亦貧如五世同堂。」[11]貧富分化之後，難免出現族群對立，權利被少數人壟斷的醜惡現象，詩意的宗族與社會和諧並不存在。各房「一切情形亦相懸隔。老七房中之三房富者，輪為鄉間紳士。上通官府，下管附近鄉里賦稅差役等事。有他事爭執，亦至紳士家裁判，可免進城涉訟。七房橋闔族中事，亦漸歸三房輪為紳士者主持決奪。……大家庭之規模尚存，而大家庭之禮法，已蕩然不見。」闔族最大的義莊掌握在富三房的經管人手中，眼見族人亟待救濟，卻冷漠無為，以致要透過打官司才得以解決爭端。錢氏在文中還講述了族人互相視為仇家，不肖子孫盜賣族產鴻議堂產業，無人出面阻止的故事，感歎「僅五世同堂一宅之內，其分崩離析，家法蕩然已如此」。[12]在錢氏筆下，還隱約可見有集體壓迫的故實。如七房橋「橋北一小村，忘其名，乃七房橋公僕所居。世世傳習婚喪喜慶種種禮節儀文。一家有事，諸僕群集」。另有丁家村「乃七房橋樂戶，襲明代舊制。世習昆曲鑼鼓，歌唱吹打。每一家有事，亦畢集。」[13]弔詭的是，舊的家族禮法在晚清難以維繫，又產生一種似乎有平等意味的古怪傾向，「男子互不呼輩分，亦不呼名字，各有一渾名綽號」。[14]凡此種種確定之史實，都會使讀者相信，中國傳統宗法社會的崩潰乃是歷史必然趨勢。

目前國內的一般教育史著通常將近代中國教育改革發生的動因歸結為兩點：其一，是近代西方文化教育的傳入；其二，是明清教育逐步腐朽沒落所致。後者是根本。錢穆未必贊同明代教育就可言「腐朽沒落」。以胡美琦《中國教育史》所言，明代在興辦學校與講學書院方面頗有可觀，背後還牽涉政治人事的變動。但錢氏所述其所親聞親歷的清代傳統教育，的確可用「衰敗」來形容。

例如：他記無錫的鄉間讀書風氣：「余幼時所知，族中諸兄長及伯叔叔輩，大率僅讀四書。能讀詩經左傳，乃如鳳毛麟角，殆絕無通五經者。雖老三房富有，力能延師，而溺情安富，不求上進。子弟學業上亦率於其他四房相類。科第功名，乃若與七

---

11 錢穆：《八十憶雙親、師友雜憶》，頁8。應注意的是，錢穆所說的「畝」不能以今天公畝制之「畝」來理解。1929年，陳翰笙等人調查無錫22村1204戶，發現無錫的畝大小不同，有173種之多，就是同一個村，畝的大小也有差異，居然一村有20種畝者。另外，田地的所有權也有多重性。見陳翰笙等：〈畝的差異〉，《中央研究院社會科學研究所集刊》1929年第1號。

12 錢穆：《八十憶雙親、師友雜憶》，頁9-10。

13 同上註，頁7。

14 同上註，頁25。

房橋全族無緣。」證之以其自己的情況，也是如此，他在學塾就學四年時間（7歲至10歲），以清代一般的標準來說，已經算是接受過相當長的教育了，但「四書僅讀至《孟子‧滕文公章句》上，以下即未讀」。直到1912年18歲成為小學教師時，他才開始續讀《孟子》，計畫讀畢之後「再續及五經」。[15]他回憶村居族人不分輩分，每天清晨成群結隊前往一裡之外的小市鎮上喝早茶，到中午返回，甚至下午又去，直到晚上才歸家。平時以養黃雀、鬥蟋蟀及放風箏為娛樂，這其中還有與他人、他村鬥氣誇富的寓意在內，所以他不由歎息：「大家庭之墮落，逮余幼年，殆已達於頂顛」。[16]錢氏出生於素稱文化發達的江南核心地區，其家族的讀書風習難說良好，其他地域的情況可想而知。這就提示，在一般認識與宏觀結論之下，仍需注意某些特殊歷史事實的存在，還應將此種事實與一般結論做彼此疏通。錢氏的回憶，有其他史料可以佐證。浙江溫州的士人宋恕在1892年寫作的《六字課齋卑議》就說「民間塾課，十室九陋。五經束之高閣，子史懸為厲禁」。1905年，日本學者調查了28名15歲以上、20歲以下中國學生的讀書情況，發現這些人都讀過四書及《詩經》，27人讀過《書經》，20人讀過《左傳》，不到一半人讀過《禮記》，《易經》，而《史記》，《綱鑒易知錄》，《唐詩選》，《千家詩》，《周禮》，《爾雅》這類書籍卻僅有一、二人讀過。重視四書等極少數與科舉考試密切相關內容的教學，並非是一時與一地域的風氣，整個清代中國情況類似，大體如此。乾隆朝時，一位貴州塾師就已經注意到，除四書外，「鄉村學究多以《詩經》授徒，間有習《書》，《易者》，至《禮記》，《春秋》等，則目全未見」。[17]

又如，他記自己在學塾中受到啟蒙塾師的嚴厲督責與無理虐待。1901年，七歲的錢穆（時名思鑅）跟隨從蕩口鎮聘請來的華姓塾師就讀，「翌日上學，日讀生字二十，忽增為三十。余幸能強記不忘，又增為四十。如是遞增，日讀生字至七八十。皆強勉記之。因離室小便，歸座，塾師喚至其座前，曰：『汝何離座？』重擊手心十餘掌。自是不敢離室小便，溺褲中盡濕。歸為先母知，問余，不敢答。」但這並不真能夠因此確立師道尊嚴，讓塾生行為規範。塾師個人痛苦居然可成為幼年塾生的歡樂源泉，「師患心痛疾，午睡起，必捧胸蹙額，繞室急步。余童騃無知。一日，二兄逗余，笑聲縱。」[18]錢穆後來還談及「私塾積習」，稱這種行為是「好頑皮惡作劇。每於不犯法中行非法事，外守法，而內喜玩法。重課業，蔑視規則，乃其時通病」。[19]

中國傳統學塾在識字教育方面確有多、快、好、省的優長之處，可在較短時間（約一年左右）掃除文盲，能為當代的語文教學借鑒，這是有過從學經驗的昔人所共

---

[15] 同上註，頁79。

[16] 同上註，頁10。

[17] 詳見左松濤：《近代中國的私塾與學堂之爭》（北京：生活‧讀書‧新知三聯書店，2001），頁100、176-177。以下內容或有不及詳論者，敬請參閱拙著。

[18] 錢穆：《八十憶雙親、師友雜憶》，頁19-20。

[19] 同上註，頁67。

喻，也為今天識者所深知。但是，這位元華姓塾師的教學方式，雖可美名其曰因材施教，實是揠苗助長，欲速不達。幼年錢穆在識字方面本有天賦，其父錢承沛有「此兒或前生曾讀書來」的讚許，但即使這樣，其學習強度使他感到吃力，應沒有任何快樂可言，故數十年後還記憶猶新。塾師不顧兒童天性，不尊重獨立人格，強迫遵循教條規範，確是施行「奴性」教育。明代王陽明早就批評過這種塾師貪多圖快的教學方式，主張「凡授書，不在徒多，但貴精熟，量其資稟。能二百字者，止可授一百字，常使精神力量有餘，則無厭苦之患，而有自得之美。」抨擊「近世之訓蒙稚者，日惟督以句讀課仿。責其檢束，而不知導之以禮；求其聰明，而不知養之以善。鞭撻繩縛，若待拘囚。彼視學舍如囹獄而不肯入，視師長如寇仇而不欲見。」[20]這也可部分解釋前述七房橋為何「學風不盛」。然而，此非是某時某處特有現象，翻閱近代中國名人的日記、回憶錄之類，不難發現言及少年時代的學塾生活多有不愉快者，如鄒魯、蔣介石、朱光潛、金性堯……無不是這樣。這正是清末民初以來，新知識人將「私塾」與封建、野蠻、低等之類的負面詞彙進行捆綁的依據所在。他們所宣導的「私塾改良」，多少是以當時新式（西式）學堂為樣板來進行宣導的，既主張由國家干預民間生活，也強調統一師資、教科書、教法及學舍設備等標準，所針對的正是傳統學塾的散漫（自由）、完全注重治人（師長）而不及治法（制度）的特點。

三、言外之事

錢穆記幼年時聽其父講述讀書之道：「讀書當知言外意。寫一字，或有三字未寫。寫一句，或有三句未寫。遇此等處，當運用自己聰明，始解讀書。」[21]這就提示，後來讀者也應按照這一方法讀錢穆的書。正如余英時所述：「《雜憶》的文字還是太潔淨、太含蓄了。這是他的一貫風格。但讀者如果不具備相當的背景知識，恐怕很難體會到他的言外之意，更不用說言外之事了」。[22]余氏所說或著眼於《師友雜憶》中牽涉民國學術界人事派分、理念分歧及私人恩怨這類「書本上所找不到的」知識，其實《八十憶雙親》中本來談家務事的內容亦可如是觀。

尋繹錢穆文中語焉不詳或未及明言之事，或可為今人研究清人的家庭「教育活動」史者提供不少新鮮知識補充。

錢穆能夠在學風並不甚良好的七房橋脫穎而出，走向更廣闊的世界，應歸因於其所處家庭的小環境尚佳。他說，「七房橋全族書香未斷，則僅在五世同堂之大房」。[23]當然此所謂的書香門第，置於整個蘇州、無錫、常州這些江南核心區，並無

20 王陽明：〈訓蒙大意示教讀劉伯頌等〉，《陽明全集》卷二，明謝氏刻本。
21 錢穆：《八十憶雙親、師友雜憶》，頁22。
22 余英時：〈猶記風吹水上鱗：敬悼錢賓四師〉，《錢穆與中國文化》（上海：遠東出版社，1994），頁16。
23 錢穆：《八十憶雙親、師友雜憶》，頁11。

任何可以誇耀之處。錢穆的祖上三代均無科舉功名可言，亦非有相當影響的墨客騷人。[24]錢氏的曾祖繡屏公雖是國子監生，生平已不為錢穆所知。祖父鞠如公是縣學生員。這兩代是本地縣誌之類的地方文獻不會載名的普通讀書人[25]，也無緣與名家交往而得以借後者詩文留名。[26]即令如此，其祖父未汲汲於一般科舉俗學，反而有為學問而學問的追求。他對於同時代、同地域多數讀書人無意課讀，不會深究的經典，頗有涉獵，且似還受考據、訓詁學影響，「有手鈔五經一函，……全書用上等白宣紙，字體大小，略如四庫全書，而精整過之。首尾正楷，一筆不苟，全書一律。墨色濃淡，亦前後勻一，宛如同一日所寫。所鈔只正文，無注解。但有音切，皆書在眉端。先兄告余，先祖父所長在音韻。其所下音切，皆自有斟酌，非鈔之舊籍。」[27]其祖父還圈點手批過《史記》一部，原書是大字木刻本，用五色圈點，眉端寫滿批註，既采他人說法，也多自得之言。這本書對於錢穆兄弟的影響頗深，錢穆初知讀書即愛好《史記》就是由此啟發，其兄錢恩第（後易名摯）也有手圈《資治通鑑》一部遺世。

再言錢穆之父錢承沛。錢氏記其父的文字平易恬淡，讀者欲真切體會錢承沛性格上的孤傲倔強，所遭遇困頓厄難，需多處勾連更兼神遊冥想。錢承沛在十六歲以縣案首（第一名）考為生員，比一般讀書人進學要來得年輕幾歲，昔日「神童」的交口稱讚，應不是浪得虛名。他在進學之後，即與錢穆母親蔡氏按約成婚（議婚時，有人曾建議錢穆外祖父不要答應婚事，認為其女兒嫁到破落大家族去必定受苦）。但少年得志，更顯中年艱難。錢承沛的科舉道路非常不順，三次赴鄉試皆落榜，最後絕意場屋。[28]清代生員，在無法中舉繼續上進之後，一大出路就是成為塾師，指導生徒學習、考試。錢承沛作為塾師，亦不成功。他雖然有點時譽，先後有遠近四十人前來求學，但無法度科舉金針與人，「然經先父指授得意者，亦多赴試不中。先父此後，遂亦不復從事於授徒教讀之生活。」[29]這正如光緒朝時溫州學者孫鏘鳴所言：「近歲鄉間書會絕少，後生小子競趨城中時師求速化之術，無複知有老師宿儒之可敬者。」[30]錢承沛心緒惡劣，可以想像。他不再當塾師，每晚必到鴉片館去，為人話事調解，也因此沾染上菸癮，以致健康狀況惡化，無法再去鴉片館，也在家高臥吸菸。這一行為，在清末雖然普遍，但以端謹君子標準來衡量，仍可謂德行有虧。[31]

---

24 按照科舉制度的本義，成為舉人、進士，或至少是貢生，才有功名可言。生員是學校學生。但明清時代，科舉必由學校，故也有將考上生員視為獲得功名，然本文不取此義。

25 清代如臺灣等地某些縣、廳志，因生員很少，會登載其名；而編纂於清末民初的一些地方誌，儘管文風素勝，但由於撰者有了新的知識觀念，也會保存生員名錄。

26 無錫城中錢基博的曾祖、祖父亦是普通士子，卻因與李兆洛、馮桂芬等人有著，得以在他們著作中留名。

27 錢穆：《八十憶雙親、師友雜憶》，頁12。

28 錢穆所記是「皆在場中病倒，不終試而出」，這也許是他聽來的委婉說法。後來檢點錢承沛留下來的窗課，都是詩賦，而不見有八股文及其他存稿，可知其已不留戀科舉考試。

29 錢穆：《八十憶雙親、師友雜憶》，頁14。

30 孫鏘鳴著，胡珠生編注：《孫鏘鳴集》上（上海：社會科學院出版社，2003），頁53。

31 僅比錢穆小兩歲，同為無錫人的陳翰笙回憶在清末東林小學讀書時，修身教員黃談如「告誡我千萬不可進茶館，就是自己的父親去，也不要跟著進去，因為那種地方孩子是不應該涉足的，一是浪費了寶貴的學習

錢穆家原本的經濟基礎並不好，沒有立錐之地。在失去了教學收入之後，錢承沛是如何維持一大家人看起來還較為體面的生活，不僅吃、穿、用、子女教育還過得去，還有隨從（錢穆說是「絕不奢縱，亦不示人以貧窘窮迫相」）。凡此種種，錢穆並沒有明言，但不難猜測其父常在鴉片館話事所獲得的報酬，應是收入大宗，錢氏說「先父以文行忠信，受社會普遍尊崇」、「七房橋周圍鄉間事，幾乎皆待先父主斷」及「書房生活，則日以疏減」大概都應實指此事。為何能夠如此，起因是在涉及族產爭訟中錢承沛「一戰成名」。雖然輩分、年齡均甚淺，錢承沛卻能代表五世同堂一宅與富三房到縣衙訴訟。他善寫訟狀，知縣認為「情理兼到，辯而不掩其誠」，也富有情商手腕，既不勇於任事，成為眾矢之的；又給對方留足臉面，取得實質利益。這樣，錢承沛先是在五世同堂之家獲得「一言為定」的權勢，繼而獲得富三房邀請參與族事，再繼續掌握族中裁決權力，最後將影響力擴大到七房橋周邊的世界，「時先父年未及三十，不啻為族長，又兼為鄉紳」。[32]即使錢家遷到蕩口鎮居住，觀看端午節龍舟，其家所雇的觀光舟也能排在群舟之首位。學界之前有過生員是否可以稱之為「紳士」的爭論，生員在地方社會的地位及生活是怎樣的狀況等問題，均未得很好解決。錢承沛的個人經歷表明，即使在讀書人相對過剩的清末江南地區，僅是一個普通生員也可能將其文化資本與象徵資本進行順利、充分地變現。當然，對於學界所關注的問題，不能僅以錢承沛單獨個案來回應，需要更多經驗性的研究。

近年來，清末城鄉讀書人對於停廢科舉制度如何反應被納入學界的考察範圍，已有一些成果。[33]錢穆一家父子三人的經歷可為分析這一問題提供新觀察角度，體認時人的複雜情感態度及行事邏輯。

正如前文已述，錢承沛能夠在七房橋「崛起」，既是因為受益於科舉制度，同樣又是受困於科舉制度所致。他失意於場屋，自知體弱多病，命或不長，因此督責其子錢恩弟甚嚴，「先兄猶及赴晚清最末一期之科舉」，可見其深知獲得功名之於讀書人的重要性。不過，當蕩口鎮富人、慈善家華子才（鴻模）利用華氏義莊，開辦「清末鄉間新教育開始」的果育學校，他沒有猶豫，趕上了潮流，「先父命先兄及余往讀。先兄入高等一年級，余入初等一年級」。[34]在這一點上，與某些即使自己在辦新式學堂，卻堅持不肯讓子弟進入學堂讀書者的讀書人家（如福建龍岩的鄭超麟家）立場有別。不過有意思的是，科舉制度廢除之後，價值取向不同者居然也有相同的傾向，即不再如之前那般強力鞭策子弟讀書。錢穆就回憶，「先父對余課程，似較放任，不加督促」。時在四川鄉間的艾蕪（原名湯道耕）也注意到其祖父、父親對於讀書態度發

時間，二是可能遇上壞人，染上惡習。」（見陳翰笙：《四個時代的我》，第8頁）修身教員視茶館尚且如此，遑論鴉片館。錢穆最初兩次進鴉片館，錢承沛「亦不禁」。

32　錢穆：《八十憶雙親、師友雜憶》，頁16-17。

33　例如關曉紅：〈科舉停廢與近代鄉村士子——以劉大鵬、朱峙三日記為視角的比較考察〉，《歷史研究》2005年第5期；徐佳貴：〈廢科舉、興學堂與晚清地方士子——以林駿〈頗宜茨室日記〉為例的考察〉，《近代史研究》2013年第4期。

34　錢穆：《八十憶雙親、師友雜憶》，頁22。

生變化，「事實上，科舉既沒有了，讀好了書除了教學生而外，確也使他們看不出讀書會有多大的出息。他們不勉強我讀書，不鼓勵我發憤，我也就趁能偷懶的時候偷懶，馬馬虎虎地讀讀算了。心裡一點也沒有起過大志向。」[35]

　　錢穆記敘其進入新式學堂，亦即對後來生命有關鍵意義的人生節點，並沒有提供更多的背景知識，因此一般讀者也容易輕忽。無錫新式教育的發軔，據稱在1895、1896年之際。參與者侯鴻鑑就說：「吾邑教育創始之時，在乙未丙申之間。邑人多喜研究算術者，以華若汀先生衡芳、若溪先生世芳昆仲繼徐雪村先生壽之後」。講習會、學會等在變法期間接踵而起。1898年，楊模（范甫）利用廟產興學，在上壽禪院創辦竣實學堂，「此為吾邑正式開校發軔最初之校也」。此後吳稚暉、裘葆良、侯鴻鑑、楊蔭杭、尤幹臣、胡雨人……諸多新學之士對於新式教育的發展均有貢獻。在本地一些留日學生（時總數竟有男女學生三十多人）的推動下，癸卯年（1903）「鄉間小學遂有楊墅園之輔仁小學，北七房之蓮溪小學，萬家坦之勉行小學，而（胡）雨人父子友擴充鄰近小學數所」。稍後，「吾邑私立學校開學最盛之一日」、「男女同受高等教育於一校」等都一一出現。這與素稱趨新的端方由湖北調來蘇州署理江蘇巡撫有關。端方試圖將湖北辦學經驗在江蘇進行推廣，在蘇州設立學務處，禮遇優待興學士紳。無錫新學界深受鼓舞，籌辦學堂異常積極。不過，因辦學需要籌集大量經費，迅速激化了社會矛盾。1904年8月，無錫全城罷市，秩序紊亂，謠言不斷，民眾「拆毀竣實、東林、三等、理化會四校之校舍，校具等均擊毀無遺。……複燒毀范甫先生住宅百餘間，楊氏族中連毀者十餘房，……邑之士紳，人人自危」。後士紳群起要求端方出示查拿帶頭肇事者，由錫、金兩縣賠償，重修校舍，才得以平息。無錫士紳後吸取教訓，組織作為管理財政及學務總機關的學務處，選舉有公信力的董事分管。端方「且蒞四校而演說，並在途遇學生則加以殊禮，以提倡社會敬重學生之心。於是吾邑之仇視學界者，一變而知學校之不可不辦也。」[36]據侯氏說，毀學事件之後，蕩口的果育高等小學校、南橋的廷弼學堂、水獺橋的競志女學校、四城小學、振中小學、敏求小學……等一批小學陸續開辦。[37]

　　職是之故，科舉停廢之後，無錫當地如錢穆這樣的家庭其實並沒有太多選擇餘地。他們若不繼續如貫常那樣以讀書為謀生手段，另一主要出路就是經商，但後者

---

35 艾蕪：〈我的幼年時代〉，《艾蕪全集》第11卷（四川：文藝出版社，2014），頁51。

36 侯鴻鑑：〈無錫教育沿革大略〉，《無錫教育雜誌》1913年第1期。

37 不過無錫發生毀學風潮後，各地皆出現打毀學堂現象。《東方雜誌》1904年第247號，就發表時評「劣僧亦思抗阻學務耶」說：「自無錫毀學之事起，而江西樂平繼之，四川廳州繼之，廣東又繼之，今則山東沂州又有毀學之事矣。始則愚民毀學，今劣僧亦思逞其蠻強之手段，以為學界阻力，斯真可異者矣。夫愚民毀學，大抵因加捐而起，猶可說也；彼僧人者平日仰食社會，無所事事，欺騙財產，以供淫樂，然則毀寺宇、沒產疫以為學堂，固至正之事也，顧乃不知讓避，悍然出其盜賊之行，而與學堂為難，倘不立置重典，將來阻礙學界之事，寧有止耶？雖然吾又不能不責近今之官吏矣。近今狡猾之吏，咸知興學之事為不可免，因即利用之，以為營利之一途，假學堂之名，種種勒索，在所不免。其激成眾怨，蓋亦別有所在也。」此評論對佛教徒與「愚民」的態度未必持平，但亦反應其時新知識人的一般認識。該評論亦指出了「毀學」背後的複雜關係，可堪玩味。

卻是「讀書種子」不甘願的。[38]這就可以解釋，為何錢恩第所上的常州府中學師範班（一年制）同學四十人，年齡大多在三十以上，甚至有為祖父者。因此，當地讀書人由過去科舉之學轉換到進入學堂，接受新知，只能說是隨順世緣而已，並無謂有任何重要抉擇可言。這些進入新式學堂的讀書人，即使後沒有實現階層跨越，至少保有了原來的社會地位。例如：錢恩第畢業之後「聲譽日著，長又新小學外，族中事亦漸紛集」，辛亥革命時七房橋辦團練，「先兄為自衛隊長，諸伯叔父皆為團員」。[39]而且，無錫民眾嚴重毀學之後，反而出現有利新式教育發展的社會環境。錢穆回憶：「舊俗對私塾老師皆知敬禮，今謂新學校尤高過舊私塾，故對諸師敬禮特有加」。果育唱歌教員華倩朔原系留日學生，在蘇州城一中學兼課，從城內返回蕩口時，「鎮人沿岸觀視，儼如神仙之自天而降」。無錫鄉民重視新式學堂，還在於此處收羅有不少良師，錢穆認為當年的果育雖在鄉間，但教員「皆於舊學有深厚基礎，於新學能接受融會」，惋惜後來的社會變遷導致「未得大道之所當歸」，人才凋零，鄉村學校不復昔日盛況。[40]

在《八十憶雙親》一文中，錢穆的記敘對於我們了解清人的「兒童觀」、女子教育等問題尚有不少可發覆的提示，但鑒於篇幅，不再贅述。

四、結語

既有的一般通史、通論性質的中國近代教育史著多有某些系統理論作為支撐，較易形成規範性認識，制約後來者對於歷史真實的找尋。具有地方性知識色彩的區域教育史，本可起到對通史、通論進行修正、補充的作用，但是由於通常先有教育通史，再寫教育區域史，基本治史觀念與寫作方式相同，故而往往成為教育通史的「縮小版」與「地方版」。這種現象亟待改變。

因此，類似錢穆所著《八十憶雙親、師友雜憶》這樣的作品（文獻）就具有特別的意義。如果將其與近年來大量出版、刊佈與整理的報刊、檔案等類史料配合使用，進行爬梳、比勘及增訂，就本文所討論的歷史時段，不僅完全有可能寫出與此前不太一樣的無錫教育史，亦可增進對整個近代中國教育史乃至其他相關史類的認識。而且，近現代文獻浩如煙海，未必沒有與錢穆此書同等價值的文獻。正如同生活中並不缺乏美，但可能缺乏一雙發現美的眼睛，用錢穆所承襲、提倡的讀書法去讀取前人本意，發現歷史本事，貼近歷史真實，貫通、綜合與理解不同區域的樣態與特質，當十分有助於今人對於中國近代教育史的重構。

---

[38] 錢承沛去世之後，錢家陷入困頓，依靠義莊撫恤。親族因此為錢恩第介紹前去蘇州、無錫的商店工作，但均招到錢穆母親的拒絕，理由是：「先夫教讀兩兒，用心甚至。今長兒學業未成，我當遵先夫遺志，為錢氏家族保留幾顆讀書種子，不忍令其遽爾棄學。」見錢穆：《八十憶雙親、師友雜憶》，頁30。

[39] 錢穆：《八十憶雙親、師友雜憶》，頁32。

[40] 同上註，頁30。

第五十三章　中國文化史書寫再認識
——以錢穆的《中國文化史導論》為中心

南開大學城市文化研究院、南開大學歷史學院
侯杰、吳慧

一、

中國文化，是世代中國人的集體創造，凝聚了難以計數的華夏子孫的心血和汗水，不論是和平時期的鍥而不捨，孜孜以求，還是危難之際的攻堅克難，砥礪前行，都閃耀著時代的光芒。其中，既有精英們的思索與創造，也有普通人的聰明智慧與發憤努力；既有中華各民族兒女的發明創造，也有對異域他邦物質、精神文明的吸收、改造。中國文化，是人類文明的一座巨大寶庫，發源於東方，卻早已光被四表，傳播到世界的很多國家和地區。

如何認識和書寫中國文化？是橫亙在人們面前的一道永恆的難題。誠然，每一個人都不可避免地受到文化的薰陶，但是對文化的態度卻迥然有別。大多離不開對現實挑戰所做出的思考與應對，人們或恪守傳統，維護和捍衛自身的文化權利、社會地位，或從中國文化中汲取養分，取其精華，並結合不同歷史時期的文化衝擊與碰撞，進行綜合創造，或將中國文化籠而統之地視為糟粕，當作阻礙中國邁向現代社會的羈絆，必欲除之而後快。這樣的思索和抉擇，必然反映在人們對中國文化的觀念和行為上。

人的生命是有限的，在源遠流長、博大精深的中國文化面前顯得更為渺小。然而，在最近五十年的歷史發展中，卻也集中展現了中國人對中國文化的各種抉擇。「文化大革命」中，人們對中國文化的鄙視、踐踏，登峰造極，製造了大量的文化悲劇。隨著改革開放，現代化建設事業的開展，為人們重新認識中國文化提供了契機，弔詭的是，有些人在不十分了解西方文化的狀態下，就堂而皇之地借助西方話語，對中國文化大加撻伐。而億萬中國人挺起脊梁，用辛勤的勞動和聰明智慧，以實際行動交出一份份令世人震驚的答卷。他們共同創造了一個又一個既屬於中國，又屬於人類的文化奇蹟。

儘管在創造文化輝煌的同時，也出現了許多問題和偏差，遭遇更為嚴峻的現實挑

戰。然而，這正是中國文化面對現實，迎接挑戰，創造機遇，續寫輝煌的起點。時代呼喚中國文化的守望者、建設者、創造者、批判者……更需要既具中國文化情懷，又有國際眼光的文化傳承人！

如何書寫和再現中國文化的歷史進程？更是一個需要認真思考和反覆推敲的課題。記得20世紀90年代，筆者曾在恩師孫立群等中青年學者的鼎力支援下，編寫了一套叢書——《中華文化大觀》[1]，從中華民族的智慧、美德、精神、脊梁以及中華文化與世界等五大方面進行了一場跨越數千年的中華文化之旅。透過博大精深的思想寶庫，輝煌燦爛的古代科技，享譽世界的中醫寶藏，歷史悠久的教育體系，恢宏神妙的軍事思想，珠璣滿目的文苑奇珍，獨領風騷的華夏藝術，真切體會到中華民族的智慧。崇尚節操，鐵骨錚錚，勤勞刻苦，勇於創造，質樸簡約，杜奢節用，勤學苦讀，求是求精，謙虛謹慎，恭敬禮讓，修身律己，慎獨自省，誠實無欺，重諾守信，崇尚節操，扶危濟困，見義勇為，尊敬師長，敬老慈幼，和睦鄰里，助人為樂等堪稱中華民族的美德。而富貴不能淫，貧賤不能移，威武不能屈的士人精神，深沉熾熱的愛國情愫，自信堅定、愚公移山般的頑強奮鬥精神，與天地浩然同流、重視人世的理性精神，美好而善良的愛好和平的願望，究天人之際，通古今之變的歷史精神，為進入中國人的精神世界打開一扇扇門。中國文化的歷史和輝煌，是由無數位中國的脊梁共同書寫的。他們前仆後繼，矢志不渝，為中國文化的薪火相傳，殫思竭慮，獻出熱血和生命，永彪史冊。數千年來，中華文化在向亞洲、非洲、歐洲、美洲、大洋洲的一些國家和地區傳播文明的火種，對外發生不同程度的作用和影響的同時，也以博大的胸懷，兼收並蓄，容納和攝取外來文化，學習和借鑒外來文化的精華，使中華文化獲得新的發展動力源泉。該書出版後，在讀者和學者中間引起很大反響，不僅一印再印，而且還在天津舉辦的書展上被讀者票選為最受歡迎的圖書。著名史學家楊志玖、著名文學家馮驥才撰文予以高度評價，獎掖後學，讓筆者和作者們備受鼓舞，既留下了青春的印痕，同時也成為那個時期有關中國文化歷史的文本。然而，處於失語狀態的中國普通民眾和廣大女性的文化創造、傳承，仍然沒有得到充分的尊重和再現。因此，催發了日後，筆者對中國民眾生活、觀念、行為和中國婦女／性別史的高度重視和潛心耕耘，從不同的角度闡發中國文化的困頓與艱難，奮起與甦生。

2018年，筆者有幸應南開大學出版社編輯李立夫的盛情邀請，主編《民國中國文化史要籍彙刊》[2]，遂與區志堅、李淨昉、馬曉馳、王傑升等香港、天津年輕學者一起徜徉於卷帙浩繁的民國時期中國文化史的各種論著，從學術史的視域思考中國文化的歷史命運。回望民國時期的中國文化史著作，林林總總，各具特色。編入這套書的包括梁啟超撰寫的《中國文化史稿》、錢穆撰寫的《中國文化史導論》、梁漱溟撰寫的《中國文化要義》、柳詒徵撰寫的《中國文化史（上、中、下）》、楊東蓴撰寫的

---

[1] 尹靖主編、侯杰副主編：《中華文化大觀》（一套5冊）（天津：社會科學院出版社，1990）。

[2] 侯杰主編：《民國中國文化史要籍彙刊》（一套20卷24冊）（天津：南開大學出版社，2019）。

《本國文化史大綱》、陳登原撰寫的《中國文化史（上、下）》、顧康伯撰寫的《中國文化史（上、下）》、王其邁撰寫的《中國文化史》、王德華撰寫的《中國文化史略》、陳竺同撰寫的《中國文化史略》、姚名達撰寫的《中國文化小史》、范子田撰寫的《中國文化小史》、常乃惪撰寫的《中國文化小史》、李建文撰寫的《中國文化史講話》、靳仲魚撰寫的《中國文化史要》、王雲五撰寫的《編纂中國文化史之研究》、陳安仁撰寫的《中國文化建設問題》、陳安仁撰寫的《中國文化演進史觀》、陳國強撰寫的《物觀中國文化史（上下）》、丁留余撰寫的《中國文化史問答》、姚江濱撰寫的《民族文化史論》、繆鳳林撰寫的《中國民族之文化》、王治心撰寫的《中國文化史類編（上、中）》以及美國人蓋樂（E.M.Gale）撰寫、孫德孚翻譯的《中國文化輯要》，日本人高桑駒吉撰寫、李繼煌翻譯的《中國文化史》等通史類或宏觀論述中國文化的著作。而陳安仁撰寫的《中國上古中古文化史》，《中國近世文化史》，孟世傑撰寫的《先秦文化史》，羅香林撰寫的《唐代文化史研究》等斷代史著作以及雷海宗的《中國文化與中國的兵》、蔣星煜的《中國隱士與中國文化》、朱謙之的《中國思想對於歐洲之影響》、張星烺的《歐化東漸史》、鄭壽麟的《中西文化之關係》等專題史著作，更有助於解讀在不同歷史、文化情境和語境下，中國文化不同專題的再認識和書寫。

在林林總總的中國文化史書寫中，一代文化名師錢穆撰寫的《中國文化史導論》[3]具有怎樣的獨特價值和意義呢？

二、

當代中國歷史學家、思想家、教育家錢穆（1895-1990），字賓四，江蘇無錫人，曾先後在燕京大學、北京大學、北平師範大學、西南聯大、齊魯大學、華西大學、四川大學、雲南大學、江南大學等校任教。1949年，赴香港，創辦新亞書院。1967年，在臺北，任中國文化學院（今中國文化大學）教授。1990年，在臺北逝世，享年95歲，1992年，歸葬蘇州太湖之濱。他治學範圍較廣，涉及史學、哲學、文化學、宗教學、政治學、教育學等諸多領域，因著有《中國近三百年學術史》，《國史大綱》，《中國文化史導論》，《宋明理學概論》，《中國歷代政治得失》等著作而蜚聲國際學界。

《中國文化史導論》的主體完成於抗日戰爭時期，並於1943-1944年間相繼發表在張其昀等人創辦的《思想與時代》雜誌上。該書最早是在1948年由上海正中書局結集出版發行，主要論述了中國文化的地理背景、國家凝成與民族融合、古代觀念與古代生活、古代學術與古代文字、東西接觸與文化更新等議題，兼及中西文化異同的比

3　在《民國中國文化史要籍彙刊》第一卷中，雖然收錄了錢穆的這部《中國文化史導論》，但考慮到該套書卷軼浩繁，讀者閱讀不便，因此選用較為便於查找的版本，加以注釋。

較等問題，堪稱錢氏從歷史研究轉向文化研究學術轉向的標誌。他坦言：數十年來，「余對中西文化問題之商榷討論屢有著作，而大體論點並無越出本書所提主要綱宗之外。」[4]故而，「讀此書，實有與著者此下所著有關商討中西文化問題各書比較合讀之必要，幸讀者勿加忽略。」[5]難得的是，他充滿人文主義文化情懷的筆觸，揭示了中國文化精神中的融和特質，反對以西方文化模式剪裁中國文化，凸顯中國文化的世界價值和實際意義。

由於該書不僅是錢穆繼《國史大綱》後，完成的第一部比較系統地論述中國文化史的著作，而且是就中國通史的重要分支文化史所作的導論，因此他建議讀者「此書當與《國史大綱》合讀，庶易獲得寫作之大意所在」[6]。這也說明「除卻歷史，無從談文化」[7]。

實際上，早在抗日戰爭以前，錢穆對中國歷史進行了比較深入的研究。他最先引起學術界注意的著述是以考據見長的《劉向歆父子年譜》[8]和《先秦諸子繫年》[9]，前者針對康有為在《新學偽經考》中指出的孔壁中所藏經書為劉歆為了幫助王莽奪得政權而偽造的觀點，按照具體年代對劉向歆父子和王莽的事蹟進行排列和對比，駁斥了康氏的說法；後者是對先秦諸子的生平與學術沿革進行了細緻考據。蒙文通贊其：「體大思精，惟當於三百年前顧亭林諸老輩中求其倫比。」[10]抗日戰爭爆發以後，面對更加嚴重的民族危機，學術界出現轉向，不再只是一味地批判中國傳統文化，而是致力於從中國文化的內部去發掘和探討其歷史價值和現實意義。而中國文化的確有著傲人之處，如張君勱所言：「中華文化之生命，較他族獨長。與吾族先後繼起之其他文化民族，已墓木高拱矣，而吾華族猶巍然獨存」[11]。顯然，樹立國人的民族自信心，從而提升全民族的凝聚力和喚起抗戰勝利的信心顯得尤為重要，而數千年綿延不絕的中華文化成為關注的焦點。於是，無論是在通史著作《國史大綱》的撰寫，或是之後的中國文化研究，錢穆都將民族情懷、文化理念貫穿其中。字裡行間，不僅浸透他對學術、文化的探求，也自覺承擔起時代賦予學者的使命。

錢穆為什麼將自己的學術重心有意識地從歷史研究轉向文化研究？他曾在《湖上閒思錄》中明確指出：「余之研治國史，本由民初新文化運動對國史多加詬詈，略有匡正。執其兩端，用其中於民，庶於世風稍盡補偏救弊之功。但自世界第二次大戰開始，確信歐西文化亦多病痛，國家民族前途，斷不當一意慕效，無所批評抉擇，則盲人瞎馬，夜半深池，危險何堪設想。又歷史限於事實，可以專就本己，真相即明。而

4　錢穆：〈序〉，《中國文化史導論》（北京：九州出版社，2011）。
5　同上註。
6　同上註。
7　錢穆：〈弁言〉，《中國文化史導論》。
8　錢穆：《劉向歆父子年譜》，《燕京學報》1930年第7期，頁36-165。
9　錢穆：《先秦諸子繫年》（北京：商務印書館，2001）。
10　錢穆：《八十憶雙親、師友雜憶合刊》（臺北：東大圖書，1983），頁127。
11　張君勱：《明日之中國文化》（上海：商務印書館，1936），頁148。

文化則寓有價值觀，必雙方比較，乃知得失。余在成都始寫《中國文化史導論》一書，此為余對自己學問有意開新之發端。」[12]可見，錢穆認識到了文化傳承及其價值觀在民族國家發展、演進中的重要作用，因此不能只是著眼於新文化運動以來學術界對傳統文化的全盤否定，展現自己的學術追求和情懷，更要引導國人去認識和理解傳統文化的優秀與獨特之處，借助文化研究，為擺脫民族危機尋找出路。

為此，錢穆對文化進行了定義與闡釋，他對中國文化所作出的四個歷史分期，同樣值得重視。眾所周知，中外學術界對「文化」各有定義，可謂仁者見仁，智者見智，提出很多不同的說法。錢穆雖然並不諱言「文化」一詞是從西方翻譯而來，但是特別強調「各方面各種樣的生活，再經歷過時間的綿延性，那就是民族整個的生命，也就是那個民族的文化」[13]。文化的民族「生命性」和「時間綿延精神」，在他的思想觀念中占據十分重要的位置。「文化」與「文明」二者之間，錢穆認為是有區別的，文明側重於是外在的物質方面，而文化是植根於群體內部的精神層面。如電影技術被看作是文明，可以單獨地在全世界範圍內傳播，而影片中所體現的價值、情感卻是一種文化，並不一定能被所有人理解和接受。錢穆對文化與歷史的關係也有明確的闡釋，認為歷史是文化的外在體現，「文化是全部歷史之整體，我們須在歷史之整全體內來尋求歷史之大進程，這才是文化的真正意義。」[14]對於文化存在的複雜性、完整性和發展性，錢穆提出「應從全部歷史之客觀方面來指陳中國文化之真相」[15]，要在了解中國人的觀點的基礎之上來探討這些問題。

於是，錢穆對中國文化進行了歷史分期，將中國文化分成四個階段：第一階段是先秦時期，即「宗教與哲學時期」，民族共同理想「天人合一」、「天下大同」奠定了中國文化價值理念的基礎；第二階段是漢唐時期，即「政治與經濟時期」，形成了在廣闊疆域內行之有效的政治經濟制度，維護國人的相對平等，精神和物質方面都得到穩定、發展；第三階段是宋元明清時期，即「文學與藝術時期」，在大的精神與物質世界鞏固的框架內，突出表現為對現實生活中的文學藝術的追求和個性的發展；第四階段是最近一段時期，即「科學與工業時期」，中國傳統社會在受到西方近代工業科技文明的衝擊下，面臨著困境和尋求改變。在錢穆對中國文化的四個時期的分析和書寫中，可以明顯看到兩條重要線索：一是中國文化在時間維度上綿延不絕的連續性，二是中國文化在多元融合下的血緣與政治社會中所體現的穩定性。

12　錢穆：〈再跋〉，《湖上閒思錄》（北京：生活・讀書・新知三聯書店，2000），頁130。
13　錢穆：《中國文化史導論》，頁220。
14　錢穆：《中國歷史研究法》（北京：生活・讀書・新知三聯書店，2001），頁132。
15　錢穆：《弁言》，《中國文化史導論》。

三、

　　錢穆將人類文化主要分為游牧、商業文化與農業文化兩大類。而游牧、商業文化中存在著內部供給不足的問題，因此常常表現出空間上的對外擴張和掠奪等特點。農業文化則有賴於土地和氣候，農民們透過辛勤勞作，可以做到自給自足，因此其特點為追求時間上的長久與生活的安穩。「然富者不足，強者不安，而安足者又不富強。以不富強遇不安足，則雖安足亦不安足，於是人類文化乃得永遠動盪而前進。」[16]世界上有幾個與中國屬於相同類型、並發源於河流的古國，如古埃及、古巴比倫、古印度均以農耕聞名，但它們的文化都在遭到外來入侵時被中斷或淹沒，顯得較為脆弱，因其發生在一個面積較小的範圍內。中國文化則是產生在一個地形複雜、面積較大的環境中，發源於黃河的各個支流，當農業生產逐漸擴大，各個區域逐漸連成一片，成為更大的整體。因此，中國文化從一開始就與其他國家不同，廣闊的環境可以承受住農業文化發展帶來的向外擴張壓力，也一定程度上避免了小國家因為穩定安逸的逐漸腐化與因為無法擴張而面臨的發展困境等問題，歷經千年流傳至今。

　　因為地理面積的廣大，中國人自古就沒有什麼狹隘的民族和國家觀念，「中國人常把『民族』觀念消融在『人類』觀念裡，也常把『國家』觀念消融在『天下』或『世界』的觀念裡」。中國人很早就有「同姓不婚」的習俗，也有利於中國人互相打破隔閡與界限，融為一個整體。又如孔子，他祖上本為宋國貴族，後來到魯國避難，沒想過滅商復周，對宋國或魯國沒有特別忠心，反而是周遊列國，行道於天下。即便從學術方面來看，孔子將學術由貴族階級帶向了平民階級，但也只是歷史進程中的一個演變趨勢，而沒有發生衝突和變革。[17]之後更多民族的加入，以及佛教等宗教文化的融入，都只是使得社會秩序發生一定調整和思想疆域的擴大。由此可見，中國文化從來不是想著如何吞併、消滅各族文化，而是使各族文化在內部進行融合，使得中國文化不斷豐富並煥發出生機勃勃。

　　另外，文字作為歷史與文化記錄的載體，對文化的保存、傳播也有著關鍵作用。漢字是世界上仍在使用的最古老的文字，是一種注音型的方塊字。古埃及的象形文字和古巴比倫的楔形文字也是古老的文字類型，但是後來卻被拼音文字取代或者消失，也是其文化中斷的一大原因。據考證，在較為成熟的甲骨文出現以前，中國就已經存在原始文字的使用了[18]，而正是因為漢字的出現、成熟與統一，民族融合與文化傳承才得以持續推進。

　　至於中國人思想意識中的民族、國家觀念，也已經被融入到中國文化中的人道觀

---

[16] 同上註。

[17] 參見錢穆：《中國文化史導論》，頁81。

[18] 參見吳小如主編：《中國文化史綱要》（北京：北京大學出版社，2001），頁27。

念中。錢穆認為人道觀念的根本在於家族觀念，「中國人所以不很看重民族界限與國家疆域，又不很看重另外一世界的上帝，可以說全由他們看重人道觀念而來」[19]。這種人道觀念體現在一個家族中的父母與子女之間的「孝」與兄弟姐妹之間的「悌」，因為「孝」家族得以在縱向的時間上綿延，因為「悌」家族得以在橫向的空間上壯大。孝悌之義交織在一起，把人與人聯繫起來，這種家族觀念與情感便不再只在一家之內，而是逐漸過渡到一種「家國一體」的構想中，使得中國文化有著無法輕易撼動的內在紐帶。

與人道觀念相配合的是中國人的經濟理想，「經濟生活是消極的，沒有相當滿足是絕對不成的，但有了相當滿足即該就此而止」[20]。經濟固然十分重要，但在傳統的中國農業社會中，也只是處於整個文化生活的最底層。農業文明的穩定和自足能夠提供較為滿足的物質條件，人們不以追求財富為終極目標，而只要求相對平等並追求更高級的文化生活。為了維護和管理這樣的社會，中國自秦漢以來就一直採取重農抑商的經濟政策，同時又極力推崇讀書以考取功名或追求文化人生。一代又一代的讀書人在儒家思想所宣導的「入世觀」下，投入到國家的文化與政治生活中。顯然，這樣的經濟理想到後來不再符合時代潮流的演進，儒家思想中的人類本位和過於看重政治等問題也使得之後在受到工業文明衝擊之時出現接受西方抑或是守住傳統的兩難境地。但是，這些都曾在相當長的歷史長河中體現著中國這樣一個傳統農業大國在社會和文化秩序上的穩定性、持久性。

在中國這樣一個如此龐大的時空範圍內，還不斷地有新的民族、新的文化加入進來，而能做到不被吞噬、消滅，需要有強大的國家體制和精神紐帶。區別於城邦國家、帝國主義國家和聯邦國家，中國古代是一種獨有的中央集權君主專制的單一性國家，「中央與郡縣之融成一體」[21]；文化「只見有『吸收、融合、擴大』，不見有『分裂、鬥爭與消滅』」[22]，由此，文化精神才有傳承至今的可能。直至今日，如中國人在面對新冠肺炎的疫情時，也將人和生命看得比金錢更為重要，這是刻進中國人骨子中的普遍的價值觀和規則，也是中國文化尤為獨特與優秀之所在。

四、結語

錢穆晚年曾回憶：「余之讀書，最先從韓柳古文，唐宋八大家，隨即有意於孔、孟入學，又涉及古今史籍。」[23]可見他對中國文化的書寫，是建立在深厚的學術功底和對客觀歷史的了解與考證的基礎之上。就《中國文化史導論》這本書來說，錢穆對

---

[19] 錢穆：《中國文化史導論》，頁48。

[20] 同上註，頁117。

[21] 同上註，頁104。

[22] 同上註，頁144。

[23] 錢穆：《八十憶雙親、師友雜憶合刊》，頁81。

於中西文化的對比也是一大亮點。然而本文的討論重點並非中西文化比較，是因為筆者發現在錢穆的筆下，無論是在對中西對比中，還是在中國文化四個歷史分期的敘述中，將所有文字聯繫在一起的便是中國文化的連續性與穩定性。儘管錢穆提倡回到過去的舊秩序的某些觀點值得商榷，但是這並不阻礙其學術追求成為中國文化書寫的一大里程碑。錢穆提出：「將來的世界若真有世界國出現，恐怕絕不是帝國式的，也不是聯邦式的，而該是效法中國郡縣體制的，大的單一的國家體制之確立與完成，這又是中國文化史在那時的一個大進步，大光榮。」[24]這是一種對中國文化的執著堅守與自信，也是他寫下該書，探尋中國文化奧秘與價值的精神支持。

---

[24] 錢穆：《中國文化史導論》，頁105。

第五十四章　錢穆與西南聯大
——戴景賢教授訪問記[1]

受訪者：高雄中山大學特聘教授戴景賢

訪問者：記錄片《西南聯大》總導演徐蓓

一、受訪者簡介

　　戴景賢，字嘉佑，祖籍安徽合肥，1951年出生於臺北市。自高中時代起，即師事國學大師、名史學家錢穆，前後逾二十載。1982年畢業於臺灣大學中國文學研究所博士班，獲國家文學博士學位。自同年起，任教於高雄中山大學中國文學系迄今；並曾擔任該系教授兼主任。自2013年起，獲聘為該校特聘教授。美國耶魯大學東亞語文系、中研院中國文哲研究所、香港中文大學訪問學者。研究領域包括學術史、思想史、美學、文學批評與中西思想比較。曾獲教育部師鐸獎、國家科學委員會傑出研究獎、中山大學研究傑出獎、傑出教學獎、學術經驗傳承教師（mentor）。著作積稿甚豐，編輯為《程學閣著作集》，自2012年起，交付香港中文大學經審查後出版。已刊行者，計有：《明清學術思想史論集》上編〔明代〕（2012）、《明清學術思想史論集》下編〔清代〕（2012）、《王船山學術思想總綱與其道器論之發展》上編〔王船山學術思想總綱〕（2013）、《王船山學術思想總綱與其道器論之發展》下編〔王船山之道器論〕（2013）、《錢賓四先生與現代中國學術》（2014），《中國現代學術思想史論集》（2015）、《宋元學術思想史論集》上編〔北宋〕（2018）、《宋元學術思想史論集》中編〔南宋〕（2019）等；其餘研究成果，將陸續付印。

二、訪問稿全文

　　我是一九五一年出生的。認識錢先生的時候，我還在唸高中。因為我對文史有興趣，而那時，剛開始讀錢先生的書。我父親的一位朋友，他曾是錢先生在蘇州中學任教時的學生。我父親與他談起我。這位朋友說：如果想見錢先生，他可以引薦。於是因為這個機緣，我結識了錢先生。這年我高二。這段從學的過程，直到錢先生辭世為

---

[1]　全文原刊大型記錄片《西南聯大》同名文字書（昆明：雲南人民出版社，2018），頁300-313，經編者同意轉載。

止，中間經歷了二十二年。

　　錢先生身材不高，但看起來，卻有一種儼然的氣象。而且打從我第一次見到錢先生，錢先生二十多年，並沒怎麼變。拿中國人的話來說，錢先生是精、氣、神具足。錢先生除了最後幾個月，開始有了一些狀況，身體始終保持得很好。而且錢先生畢生著作，基本上未曾間斷，直到他的晚年。雖然八十歲以後，錢先生因眼睛黃斑部病變，目不能見細字。但是錢先生記憶力驚人，寫作的時候，藉助他人複查資料，讀給他聽，對於研究工作，並無影響。而且落筆成文，不煩再改。

　　我在《從學賓四師二十二年之回憶》一文中曾提到，我第一次見到錢先生，聽他演講，是在臺北的中山堂。當天的講題，是《文化與生活》。錢先生舉手投足，那股精神，讓人感動。當你看到錢先生，聽他的聲音，你就會被他吸引。他說話時，沉穩有力，中氣十足，字字句句，發自肺腑。而他所說的，都是他心中所信的。這個信仰，是支撐他生命的力量。錢先生其實有長年的胃病。可是錢先生的精神極好，到了九十多歲，都還能每天寫稿不輟。對於他來說，讀書、著作，是他個人生命的實踐與完成。那個年代，學界像錢先生這樣的人，不在少數。這種生命的信仰，讓他們覺得：如此般的存在，即是一種價值。

　　我所曾有的這段經歷，對我來說，有著不可磨滅的影響；但這是一段他人無法複製的過程。我們受教育，我們一定有我們的老師，或許我們老師的老師，也都還在同一所學校任教。但從大時段來說，基本上大家都是處在同一個時代的氛圍裡。可是我從學錢先生，這段交往，卻像是讓我跨越到另一個時空中去。

　　錢先生年輕時，中國正處於劇烈的轉變中。中國是一個大文明。中國在自己的文明裡，自給自足。然而當中國開始遭遇到西方近代文明的挑戰的時候，中國社會受到了很大的衝擊。那個時代的人，如何去面對這一問題？先是列強交侵，後來是抗戰，國家與民族，都陷入了嚴峻的生存危機。所有的人都在精神上，受到很大的刺激。我大學時代，批閱英國哲學家羅素的回憶訪談，中間論及他初到中國時的深刻印象。他說：以一個英國人來看中國的現況，是很可悲的；可是中國當時的年輕人，卻處處洋溢著一股樂觀的熱情。這對於他們身處一戰後歐洲所彌漫的悲觀氣氛中的知識分子來說，實在太令他們覺得訝異了。我雖出生在二戰後，卻有幸能長時間接觸到像錢先生這樣一位民國初年的學者。這是何等特殊的經驗！那個時代的人都過去了，可是他們的世代，對於中國近現代的轉變與發展，是非常重要的。他們所做的事，不一定都成功。他們的理念，或許有一些我們也不贊成。可是他們讓我們看到了一種「典型」，一種從中國傳統的文化土壤中，醞釀出來的精神。

　　其實在那一輩的人中間，許多人的主張非常激烈：要新文化運動，要打倒孔家店。可是從今天往回看，他們自身，其實比較像傳統的中國人，而非西方人。而且那個時代的人，談中西文化問題，相對了解的，其實是中國。對於西方，以我們今天的標準來看，他們所認識的，是不夠透徹的。胡適留學美國，先後也就是七年。錢先生中年以前並沒有到過西方。錢先生後來擔任香港新亞書院院長期間，由於美國耶魯大

學決定頒授榮譽博士學位給他，才順道去了歐洲。這是錢先生第一次親眼見到西方社會。所以當時很多人，所謂以「世界」的眼光談論中西文化問題，其實對於經驗以外的事務，常是不脫一種想像，一種主觀的詮釋。然而在那個時代，他們到底是依據什麼樣的知識背景與觀點，去認識這些問題，形構他們的詮釋的？這一點，對於分析當時的中國，以及當時仍留存於中國社會的傳統文化底蘊，卻是十分的重要。

其實整個那個時代著名的知識分子，都是中國舊社會培養出來的人物。我們今天進步了，我們對於世界的了解增加了，我們有了自信。可是我們比較疏遠的，反而是原來的那個中國。因為你現在所能想像的，都只是透過文字的敘述而來。我出生在臺灣，我父親是安徽合肥人，長於北方，我的母親是臺灣宜蘭人。我所受的教育，雖有不少屬於中國歷史文化方面的知識，但基本上，我是一個在新世代中成長的人。所以我跟隨錢先生這麼長的時間，讓我能夠親炙中國舊社會所培養出來的卓越的個人、卓越的知識分子，這對於往後我讀中國古人的書，幫助是非常大的。因為如果我們不能真正進入前人的精神世界，無法感受到他們的生命情感，而只是從邏輯上、從概念上去解析、去歸納，我們的認識是不夠親切的。因為人一時的語言，是不能完全表達出他內心的情感，以及意識的整體的。跟隨錢先生如此之久，在這一點上，它對我的影響，直至今日。

從學術史的觀點來說，有些人會認為：這是「錢門」。就情感來講，當然是「錢門」。余英時先生每一次獲得學術界的殊榮時，都會強調錢先生是他的老師。但是，余英時先生對於中國歷史的看法，與錢先生的觀點，其實差別是很大的。我自己讀書，做學問，談問題，也並不都是依著錢先生的路徑發展。可是在情感上，這是師恩。「錢門」是從教育方面說，有意義。在學術上，其實並無所謂「錢門」這件事。它並不是成立一個學派，堅持一套既定的說法，亦不是固守一種主張。錢先生的重要，是開出當代思潮主脈之外，另一種風氣。我覺得這一點，對於學界而言，啟示是深遠的。

討論西南聯大時期的中國學術，需要關聯到民國初年，開始有北京大學、清華大學等新式大學的年代。北平在全面抗戰以前，局面固然緊張，但以小範圍來說，還是比較安定的。所以當時的學者，還能從容地去談問題。也就是，以時代而言，問題雖急迫，但生活層面，其實並沒有太被打擾。而且中國開始有了新式大學，知識分子是很受尊重的。錢先生回憶他剛到北平的時候，他們的薪水大約是一百大洋、一百五十大洋。像湯用彤先生這樣較資深的教授，則有四百大洋。我從前到圖書館查書，見到館中藏有當年出版的線裝的《四部叢刊》，標價國幣六百元。據說當時三塊大洋的月薪，足以替家中雇用一名長工。這與後來的西南聯大，環境可說完全不同。

那時候，北方興起的新學風、新思想，各式各樣的新事物，就時代而言，是非常寶貴的。錢先生自從到了燕京大學，後轉北京大學，前後約七、八年。抗戰前的這七、八年，對學界而言，是非常重要的。錢先生的《國史大綱》，它的刊行，雖已在全面抗戰之後，可是全書整體的構思，則是在北大。當時，就讀清華大學的楊聯陞先

生，即曾前來旁聽錢先生的課，前後七年。楊聯陞先生還保留有當年錢先生課上所發的一些講義。後來余英時先生到美國哈佛大學留學，楊聯陞先生向余先生說：我們都曾從學過實四先生，這部講義是我當年留下來的一個紀念品。楊聯陞先生於是將它贈予了余先生。後來這部講義，也在臺灣由某書局出版。

錢先生任教燕大、北大的七、八年中，當時最大的問題，固然來自現實，卻同時是一個歷史的詮釋問題。也就是：如何為中國史，尋找出一「世界史」的定位？可是這一問題，並不是短時間能夠條理清楚的。如果說中國與西方曾有很長的交往歷史，而且不是局部的，是全面的。則這項問題，或許會在某一時刻，藉由某些特殊議題的引發，完成它所期待的詮釋結果。可是當時在急迫之間，只能靠討論的人，憑空去建構。在那個時候，其實是沒有條件來解決這個問題的。可是現實上需要。因為如果不知道中國今日在世界所處的位置，不知道中國所面對的現代化問題的根本性質，中國作為如此大一個國家，精神的力量就會潰散。所以在這個時候，若能用一種整體的概念，對中國歷史做一番詮釋，即使無法給予它正確的定位，對於時代需求而言，仍是非常重要的。

有些人認為錢先生是一位「民族主義」的史學家，這項批評並不正確。「民族主義史學」的意思是：你所從事的史學工作是不夠客觀的，因為你有一種民族主義式的民族情感。其實具有基本的民族認同，或民族情感，並不必然即是提倡或遵循一種民族主義；也不必然會扭曲人的歷史判斷，或形塑單一形態的史觀。我們人可以對於自己的文化產生認同，或對於自己的國家、民族產生熱愛。但不能看到人有這一面，就輕易地運用意識形態式的詞語，將他人複雜的學術思維予以簡單概括。這些屬於不同層面的事，是不能混為一談的。

錢先生《國史大綱》出版的時候，他書前有幾段話，最為人所熟知。而且我相信這幾段話，對於西南聯大時代的師生，影響是很大的。它的大意是說：但凡我們自認知識在水準線以上，對於本國已往的歷史，應略有所知。而此項認知，尤貴附隨一種對於本國已往歷史的溫情與敬意。蓋若沒有了溫情，沒有了敬意，我們便無法正確地理解自己的文化與歷史，便易流入一種虛無主義，或過度的文化自譴；國家因而也不易再有向前發展的希望。

其實關於建構「理解」，需要誠摯的敬意，西方也有類似的說法。亦即：我們對於如何掌握異於自己的觀點，希望從他人的話中獲益，取決於我們向他人請教的態度。如果缺乏敬意，我們便無法真正進入他人的語境之中。我們其實無須擔心，因對他人懷有敬意，便會被他的思想牽引而去，喪失了自我。因為最終的理解與判斷，還是會回到自己智慧的抉擇。如果你受到一個人議論的影響，陷入「一家之言」無法出脫，這並不是你願誠心地傾聽他，這種態度障蔽了你。其實是因為自己在過程中，缺乏足夠的思辨能力；或這項能力，在你來說，仍有待磨練。

錢先生撰寫《國史大綱》，有一個很重要的觀點，與其他談歷史的人不同。即是他對於所謂「歷史」，到底本質為何？具有特殊的理解。當時史學界所倡議的，是尋

求一種「客觀」的歷史。亦即：中國人必須離開自己的立場，從「世界史」的角度，回頭來審視自己的歷史。這是一項需求，可是我們不一定能做得到。錢先生的看法則是：歷史要看是哪一個民族的歷史。有的歷史，是存在著歷史發展的主體，自身具有一種豐厚的主體性的。但不是所有的民族的歷史，都能夠在過程中，建構如此般具有「持續特質」的歷史主體。而正因為中國發展具有自身的主體性，所以中國的歷史，始終遵循著一種中國的模式。

依錢先生看來，「歷史意識」，其實是關聯到我們人的「存在意識」的。因為歷史是靠人去詮釋的。你去觀看別人的歷史，與你反省自己的歷史，本質上就存在著差異。對於研究歷史的人來說，我們必須要懂得分辨這種差異。今天日本學界、韓國學界，甚至歐美學界，常有人想顛覆中國人的歷史觀念。他們認為中國人的歷史，是中國人想像的歷史，我們應該重新將它放置到一個「東亞史」的觀念內，加以詮釋。依此觀點，任何「詮釋中國」的舊說法，都是可以被挑戰的。這項屬於新、舊「觀點」上的差異，不是對或錯的問題，而是無論何種取徑，我們都要質問：最終詮釋出來的結果，到底揭示了多少「真實」。然而這就會引生出另一問題：什麼是歷史的真實？

對於錢先生來說，「歷史」是靠人詮釋的。涉及自身文明的歷史，自己的詮釋，才有真正的重要性。因為它會影響你的現在，影響你的未來。日本學界、韓國學界、歐美學界，怎麼看待中國某一時期的歷史？他們可以有他們的歷史詮釋角度。可是對於中國人來說，「應如何詮釋」，這中間牽涉到「中國文明的延續性」問題。錢先生的「歷史意識」，是與他的「存在意識」相結合的。這一點非常特別。而這一點，其實是源自中國的傳統史學。梁啟超在當時提倡「新史學」，為中國的史學開拓了很多方面。可是「新史學」相對於「舊史學」而言，不是替代性的。因為日後中國史學的發展，也並非如梁啟超最初預想的那樣。相較於錢先生，梁啟超談了更多的問題，但他並沒有掌握「中國所以為中國」的根本原因。因為梁啟超年輕時參加變法，當時中國亟需做出大幅度的改變，所以他注意到中國歷史的階段性。可是中國歷史的「延續性」是靠什麼維繫呢？我想錢先生心目中的所謂「通史」，最重要的，就是回答這一問題。

錢先生的《國史大綱》在抗戰時期，影響了很多人。可是這本書，依我的看法，並不是專為了抗戰而作。它所處理的，是關於中國如何面對現代化挑戰的問題。這即是「歷史意識」與「存在意識」的一種結合。當時的現實問題，主要的是國家與民族的生存問題。第一個挑戰，就是中國是否能繼續維持是一個大國？如果中國分裂了，如果這個文化的凝聚力潰散了，雖然文化並不會消失，可是這個文化裡的因素，便會被別的文化吸收，只成為別的文化中的一個成分，不再具有自身的主體。如果中國沒有找出適合自己的方式，延續著某種文明的特質，曾經存在的有關中國歷史的詮釋，便會逐漸被改變。歷史，客觀的是「歷史事實」的部分；可是歷史的詮釋，永遠與「詮釋者」的需求是相關聯的。依此而論，錢先生的《國史大綱》，是為中國人的需求而寫；他不是為了中國以外的歷史學家，怎麼去客觀地看待中國歷史而作。當然，

從這點上來說，錢先生的史學，是無法涵蓋整個中國近代史學的。可是他的歷史觀點，卻是中國近代史學中，重要而不應被忽略的一部分。

照錢先生的說法，中國以往的歷史，經歷過非常多的挑戰，非常多的轉變，可是在其間，有一個極重要的關鍵因素，形塑中國文明的延續性。這個關鍵因素，便是讀書人所秉持的傳統的人文精神。錢先生自己的理念、信仰，正是在這種環境裡孕育出來的。所以循此而言，若有人認為錢先生的歷史觀，事實上是增添了一種個人的歷史想像，則可以這樣回答：只要錢先生的研究，確實呈現了中國歷來知識分子，某種「文化理念」與「歷史意識」的結合，顯示了這種「看待歷史的觀點」在中國歷史上所曾經發揮的作用，則討論中國現代史學的人，便也無法取消這種歷史詮釋的重要性。哪一種歷史詮釋，沒有涉及「歷史想像」的成分呢？歷史中片斷事實的知識，從來不能提供我們對於歷史完整的詮釋。

從另一層說，錢先生心目中所意指的「歷史知識」，與當時人所談論的歷史知識，並不完全相同。當時人論歷史知識，旨在尋求一種歷史的客觀性。可是錢先生所指言的「歷史知識」不是。他的意思是：每一個時代的人，都有他們需要的歷史知識。錢先生並不認為「絕對客觀的、完整的歷史知識」是可能獲得的。對於處在發展當下的文化來說，人們總是需要一種即時的歷史知識。這是面對自己「生存時代」的需求。人們需要這種知識的指引。

錢先生對於歷史的解釋，涉及他對於中國人的理念、中國人的信仰，乃至中國知識分子的活動等等，與「中國歷史變化」的關聯性的認知。他的這番提示，對於歷史研究來說，是很重要的。特別是關於「學術史」與「思想史」方面的解釋。它的困難點在於：作為「詮釋者」，我們必須進入「被詮釋者」真實的語境，從他的角度理解他所思考的問題，認識他的時代感受與價值觀；而不只是從他論述的語言邏輯，來看他所處理的普遍議題。並不只是如此。

抗戰時期的歷史教育，與抗戰前在北方形成的新學風，最大的差異，是條件上的差異。當時整個國家已經到了危急存亡的最後時刻，沒有安適的環境，延續早些年在北方所進行，類如《古史辯》中所爭論的種種議題。整個年輕世代，大家所關懷的，只有一個問題：中國到底有沒有希望？若中國有希望，為什麼中國有希望？我們需要一個解釋，一個答案。

從整體當時的局面來看，從世界的地圖來看，中國眼看著就可能長期分裂，甚至面臨亡國的危險。所以在這種狀況下，這時的年輕學生，已與當年在北方的年輕學生，有了不僅是「年齡」上的差距。當年在北方的學生，有著很高的志向，他們要建構一個偉大的新中國。可是到了抗戰時期，人們最大的問題，仍然是：這個國家到底能不能夠繼續下去？如果國家亡了，民族最後也被征服了，中國不淪為波蘭，則為印度。這是從康有為以來中國知識分子的焦慮，可是這個焦慮，到了抗日戰爭時期，是最嚴重的。

早年我曾經遇到一位朋友的長輩。他原是雲南大學的學生，後來從軍，在抗戰期

間加入了空軍。他說他們同輩，在當時，就是讀了《國史大綱》，受到這部書的激勵。錢先生在《國史大綱》中告訴大家：中國是不會亡的。不會亡的原因，是中國有一股文明的力量，這股力量來自一種價值的信仰。這種價值的信仰，如果喚醒了你、鼓動了你，你就相信這股力量是真實的。當然，從另一種可能說，如果我們對這種說法，起不了回應，便會覺得這只是一種歷史想像，這種歷史想像，在現實中是不會真正產生作用的。不過，至少到了全面抗戰的那一刻，大家所關注的，已經不是歷史的局部問題；許多「新史學」中引人入勝，可以繼續深入的問題，到了此時，雖仍有它的研究意義，但對整個社會來說，反而不是大家關懷的重點了。

清末以來，關於中國歷史，有一個最流行的講法，便是譚嗣同所說：中國二千年來之政，秦政也，皆大盜也；二千年來之學，荀學也，皆鄉愿也。一個秦始皇，一個荀子，一個是大盜，一個是鄉愿。大盜利用鄉愿，鄉愿附和大盜。這一流行的說法，基本上直到我們今天，仍是詮釋中國歷史的最大主軸；只是用語不同，精、粗有別而已。後來這個說法，再加上了主張中國二千年之社會，皆是「封建社會」，於是形成了一套最具勢力的說法。但如果不是呢？你便須告訴我，中國政治是什麼政治？中國社會是什麼社會？中國知識分子是什麼樣的知識分子？而這就是錢先生在《國史大綱》的《引論》中所要細辨的。

從錢先生《引論》中所展現，我們可以知道：在全面抗戰前，整個中國學界，建構中國史詮釋的時候，他們所關懷的核心問題，是中國兩千年來的政治，特質為何？中國兩千年來的社會，特質為何？中國兩千年來的學術思想，特質為何？中國兩千年來的知識分子，特質為何？中國兩千年的經濟形態，特質為何？可是到了抗戰期間，這些問題簡約化了，集中在：中國能不能生存下去？於是在這個時候，錢先生的書，就比其他人的說法，更見出力量。

整體而論，這部書在那個年代見出的力量，是與時代的需求相關的。但並不是說，這部書的價值，絕對是遠勝其他人的著作。這不是公平的話。在《國史大綱》裡，都是提綱式的寫法。因為這部著作，本是錢先生上課時用的講義，他自己寫下來的重點，再陸續增訂。所以當我們仔細去讀的時候，可以知道其中許多問題，背後是有著錢先生深厚的研究基礎的；而且許多是與中國的舊史學相關。我在《錢賓四先生與現代中國學術》一書中，詮釋錢先生學術的時候，講到《國史大綱》，我舉出十二個例子。這十二個例子，錢先生的說法，都融合了古人研究的成果。可是在這部書中，它只列出一個提綱，一個結論。對於抗戰時期的讀者來說，他們要的，正是這種簡明的結論。大家已無暇將時間投注在某一個細部的問題上。大家渴望有一個答案，一個現在我能夠相信的答案。所以《國史大綱》在那個時候，它的體例符合了時代的需求。

今天我們有關中國史的研究，較之前人，進步很多。可是也仍然需要一種整體的觀看。民國以來涉及中國歷史的研究，我在《論現代「中國史研究」之雙重意義》一文中，曾將它區分成兩條脈絡：一條途徑，是以「世界史」的角度，觀看中國歷史。

就這一途徑來說，中國學者與外國學者是沒有差別的。美國有一位研究中國史的著名學者，旁人問他為什麼研究中國史？他回答：我就好像乘坐火車前往某地。火車到了中間一站，停了下來。我覺得風景不錯，於是下了車。我瀏覽了這個引起我注意的風景，企圖看清它。這是一位西方學者，他可以這樣去研究一個非屬於他自己文明的歷史。他永遠不會有焦慮，他只是企圖理解你的焦慮是什麼。我們有時候研究中國歷史，也可以這樣。至於另一條途徑，則是探討：歷史的發展，對於具有悠長歷史記憶與自主性的民族而言，是否在它種種歷史現象的背後，尚存在一個具有特殊文化性格的發展主體？對於多數強調歷史客觀性的學者來說，這樣的研究，是基於一種文明認同的想像，不必然具有意義。

但是我們看第一次世界大戰後，歐洲的哲學家、知識分子，也是充滿著對於西方文明的焦慮。這一焦慮，固然會讓他們扭曲一部分的歷史，看不真切一部分歷史，或把某一部分歷史現象誇大。可是也必然有一些部分，確實涉及到了所謂「文明的生命力」。從這點上講，即便有人不贊同這種觀點，認為只是一種意見，它仍然有著重要的價值。

錢先生的史學，明顯偏向兩條途徑中的後者。錢先生的立場，立基於兩點：第一，歷史意識是與存在意識結合的。第二，現實問題，同時即是生命問題。第一點前面已經說明瞭。至於所謂「現實問題，同時即是生命問題」，這就好像我們人生生病，希望病能痊癒。可是首先我們先要認知我們生命的主體。也就是這條「命」。中國的歷史，如果都只有被批判的意義，這部歷史還講它做什麼呢？於是主張變革者強調：我們正是要講明它，要讓這一「舊歷史」，不再影響我們。但是文化凝聚力沒有了，中國就可能分裂。中國一旦分裂了，遲早以「中國文明」為詮釋對象的歷史，也就解構了。可是到了今天，中國仍在。中國人還是希望以「歷史的中國」作為一個國家，以自己民族的方式，延續歷史。甚至覺得我們可以復興，也可以再次偉大。我們若問：你此一信念，從何而來？至少當我們這樣問的時候，我們的現實問題，就已不只是現實問題了。這就是中國領導人，與美國領導人見面的時候，雙方對話，美國人常不能完全明瞭中國人的原因。因為美國人談的是現實問題，而中國人的現實問題，是會延伸到歷史問題的。

所以現代的中國史研究，依我之見，事實上存在兩種面相：一是從「世界史」看中國史，一個是從「中國史」看中國史。就中國史而言，「文明的延續性」形塑了中國歷史發展的主體。這個歷史主體，不單只是國家主體，也並不就是社會主體；它擁有一種文明的主體性。我對於中國史研究的分判，其實說明的方式，來源即是中國古人所謂「究天人之際」。不過是用一種現代的學術概念，加以重新詮釋，用以探討歷史研究所可能達到的詮釋高度。否則「歷史意識」為什麼會與「存在意識」相結合呢？為什麼「現實問題」會是「生命問題」呢？這種觀點，顯然不是遵循著單一的邏輯。錢先生的史學觀點，在某種意義上說，就是「中國價值信仰」的一種現代體現。

許多人或許不能接受錢先生的史觀，或者無法認同錢先生有關中西文化比較的說

法。但相對於同時期其他人來說，錢先生的觀點，仍有它的重要性。這不是別的史學家的史論，所能夠替代的。所以也並不是說：一旦過了他的時代，錢先生的意見，就必然將融進他人的歷史論述之中，不再單獨受到注意。依我的判斷，「從錢先生的書中獲得重要啟發」，或另一種情形，「對錢先生的說法完全無法接受」，這兩種反應，都可能會持續下去。可是有一點不會發生，就是：最終我們忽略了它，它不再受到人們的關注；錢先生的書，只是放在圖書館的角落，聊備一格，我們無須再理會它。或許不是如此。我們從這十多年來錢先生著作在大陸所受到的關注，大概就可以看出這一點。民國初年學者的書，以目前來看，銷售的數量，恐怕錢先生的書還是最多的。可是我一生遇到不少人，他們完全不能接受錢先生的任何觀點。所以當我所撰寫的《錢賓四先生與現代中國學術》一書出版後，不久便有一位素來反對錢先生的老輩學者，寫文批評，認為我不應以現代學術的眼光，如此詮解錢先生的冬烘之見。但是我的立場是：這麼多人從錢先生的著作中獲得啟發，它總有道理。不至於毫無「說對」之處，就能引起如此般廣泛的回應。我們先莫急於揀擇錢先生說錯了哪些，應當問：他究竟說對了什麼？我們看待他人的學術，「平心持論」，仍是很重要的。

因為我出生的年代，我在臺灣大學就學的時候，我的老師輩，或者他們同年代的人，很多人經歷抗戰。有的人先是在北平念書，然後轉到西南聯大。所以《國史大綱》這部書幾乎無人不知，人人都翻閱過。在當時那麼多著作中，它受到關注，正是如前所說，它確實說出了當時大家所急切希望知道的。從某一觀點講，我認為民國初年，胡適提出中國需要德先生、賽先生，中國無須宗教，也不要哲學。這個立場，基本上，就是針對中國當時所感受的現代化問題，從而有的主張。其實胡適提出「全盤西化」，最初是見於一篇以英文寫成的文章，登載在基督教的一個小刊物裡。所謂「全盤西化」，它的原文是「wholesale westernization」。胡適這篇文章一點不學術，可是它有重點。意思是說：我們現在擔心我們喜歡的、眷戀的那些美好的事物，會因中國社會的劇變而消失。可是我們若沒有思考清楚，不趕快解決問題，這些基於戀舊而不捨的文物，最終會整個被摧毀。這是他們那個時代的焦慮。

其實我們回頭看，當時提倡的「全盤西化」，亦是出於一種選擇，一點不全面。即使真的推行，也「西方化」不了。所以西方學者論民國以來中國的現代史，並不覺得中國是在從事一種「全盤西化」的工程。這僅是一句口號。我們在一定的時刻，選擇了我們所認為最需要的變革。可是到了全面抗戰，我們最需要什麼？不是德先生，不是賽先生，因為這兩項能做到的都有限。在抗戰期間，許多人參加民主運動，可以提出主張，反對這一種，提倡另一種。可是在實踐上，都達不到真正的民主。至於科學，中國當時勉強抗戰，如果沒有國際形勢的變化，抗戰勢必更為艱難。在這種狀況下，中國如何發展科學？我們的楊振寧、李政道，是因為到了美國普林斯頓大學繼續研究，才能獲致如此傑出的成績。而到了抗戰，問題集中了，基本上，就是需要以中國的方式繼續生存。

日本人當時的目標，是希望沿滿洲人的舊徑，征服中國。於是日本人倡說，主張

元、清非支那；說蒙元不算中國，滿清不算中國。意思是日本人也可以入主。所以在這種急迫的狀況下，中國所需要的，已不是德先生、賽先生，而是民族的自信心。如果當時人改變了想法，覺得自己不一定須是中國人，中國不一定須是中國。我們的意志一旦鬆懈，如何還能堅持抗戰？當這種失敗的想法蔓延，就會有人主張：我們無妨接受日本人的統治，以後的事以後再說。而當時確實也有人這麼主張。覺得亡國也就亡國了，不過就是「換人做莊」罷了。但正因我們不屈服，所以在經歷了全面抗戰的八年，我們在痛苦中，淬鍊出一股精神，讓我們相信：中國社會確實存在一種價值信仰的基礎，一種信仰的力量。它不是出於單純的道德理念，也不只是出於民族的認同。一切精神的動力，都來自一種對於「自己所以存在」的深刻認知。在「生死存亡」的考驗中，我們感受到了「存在意識」與「歷史意識」的自然融合；而這就是中國人所謂「天人合一」的一種展現。在這項體認中，「現實」不只是眼前所看到的「現象中的現實」，而是從過去發展而來的「存在的現實」。這個現實，是脫離不了歷史的。當我們回答了這個關於「存在」的問題之後，其他都只是細節了。就當時許多讀錢先生書的人來說，它的意義就是：我相信你的話，我覺得我有希望。在這個時候，我覺得我的奮鬥、我的犧牲，都是值得的。我覺得這股力量是絕對有的。

當時的史學家沒有人不愛國，當時的史學家，也都在為中國的歷史，深刻地思考其中的前因與後果。他們也都在自己的設想中，期待建構中國未來的希望。錢先生的《國史大綱》，雖僅是提綱挈領，但他的話，說到了重點，說得有力量。於是他的話，就受到了注意。它提醒著我們：我們對於自己的歷史，要有溫情與敬意；這是我們的歷史。然後作為個人的「你」，便可從中間找到連接，從自己的身上看到中國，並從自己的信心，看到中國的未來。也就是在這點上，我覺得錢先生《國史大綱》這部書本身，便是一個偉大時代的鮮明印記。

第五十五章　有始有終：錢賓四先生在中國文化大學講學——修課筆記

中國文化大學史學系
韓桂華

一、楔子

　　區志堅、黃兆強、李帆教授籌編錢穆老師125歲誕辰紀念文集，發來邀稿函，深感榮幸，亦覺惶恐。我雖然研究宋史，讀博士班時，選修了兩年賓四先生開的課，但是非作思想史，抑或理學研究，所以何以成篇，困擾許久。誰知，寒假整理舊書櫃，竟發現保存良好的昔日課堂筆記，如獲至寶。翻閱時猶課堂重現，錢師之音容樣貌，同儕師友濟濟一堂之盛況，宛如昨日。尤其，錢師講課說到激動處，鏗鏘之聲，那似年逾九旬之老人，根本一少年兒郎家。「大人者，不失其赤子之心」。風雲變幻，三十餘年後的今天，再讀之，更能領會其言、其心與其人之風範。故思以一修課生的隨堂筆記，且是錢師在文大史學研究所博士班任教的最後兩年的課堂上，「圓桌」聽課的記錄，就兩學年之首尾兩堂課，略事糾謬，繕打成文，管中窺豹，以茲紀念。

二、錢穆教授講學華岡[1]

　　賓四先生與本校（中國文化大學）創辦人張其昀曉峯先生交誼深厚，抗戰之前初識於北平，抗戰期間宜良山中一宿夜談，「曉峯遠道隻身來，濃情蜜意，終生不能忘」。稍後，延至遵義浙大講學一月，以及為《思想與時代》撰文不輟。迨38年（1949）以後，分赴港臺辦學、從政，各盡所長。兩人以文會友，相知相惜，往還不斷。論友情，「自有一番進退出處辭受之共同理想，為之植根，固非名位交、勢利交、酒肉交、聲色交之可比。」[2]堪稱莫逆之交。

　　51年（1962）3月，曉峯先生創辦本校。56年（1967）10月，賓四先生來臺定

---

[1]　按，張曉峯先生於陽明山擇地創校之初，作聯：「美哉中華，鳳鳴高岡」，故「華岡」成為本校代名詞。而由山仔後通往本校的道路，因此名為「華岡路」。

[2]　錢穆：〈附錄四‧紀念張曉峯吾友〉，《八十憶雙親、師友雜憶合刊》，收入《錢賓四先生全集》，第51冊（臺北：聯經出版事業公司，1995），頁409-417。（原刊於〈中央日報‧副刊〉，1985年11月11日。）

居，遂應曉峯先生之聘於史學研究所任教，「每週兩小時，諸生來外雙溪余宅課室中上課」，是為執教華岡之開始，一直到75年（1986）6月止，凡19年。華岡當為賓四先生75年教書生涯中，連續任教最久的學校了。[3]

本校史學研究所博士班於56年經教育部核准設立，賓四先生即為首任所長。據本校人事室資料記錄，先後歷聘：56學年度，聘任為史學研究所博士班教授兼所長；57學年度，聘任史學研究部教授；58-59學年度，聘任史學研究所教授（碩博班）；60-71學年度，聘任華岡教授；[4]72-73學年度，聘任史學研究所教授；74學年度，聘任史學研究所兼任教授。任教期間開過課程有：史學名著選讀、朱子學、中國思想史研究、中國學術史專題研究、中國歷史哲學研究、宋明理學專題研究、中國思想史專題研究等。[5]

賓四先生對曉峯先生的情誼以及本校的回饋，除了領銜華岡，講學育才之外，並曾於69年（1980）6月本校改大成功，即經教育部核准，由原本「中國文化學院」改為「中國文化大學」，特將他「當年在香港新亞書院時代，美國亞洲協會寄存在他寓所中，商務印書館出版的四部叢刊三集，共計五百多部，三千多冊，已得到亞洲協會在臺代表同意，轉贈給中國文化大學。」[6]賓四先生伉儷親自出席8月9日的贈書典禮，曉峯先生致辭時說道：

> 錢穆先生是當代一個最偉大的教育家、著作家、思想家。他畢生工作，孜孜矻矻，無非要為國家立心，民族立命。他今年已經八十有六，但神明未衰，不斷述作，片紙隻字，都成瑰寶。他在華岡講學，指導研究生進修。可以說，**他是中國文化大學精神上的創辦人**。[7]

除了至為推崇賓四先生之外，特別指出賓四先生之於中國文化大學，可說是「**精神上的創辦人**」。曉峯先生創辦華岡，篳路藍縷，艱辛萬分；賓四先生，創辦新亞，

3　關於曉峯先生力邀來校任教，賓四先生為文提到：「余定居後，曉峯即來邀赴文化學院任教。余告以方編寫《朱子新學案》，得美國哈佛燕京社津貼，非書成，美方津貼停止，即不宜再膺他職。及書成，曉峯又來邀，余乃勉允之。以年老精力衰，僅在家每週任課兩小時而止。見錢穆：〈附錄四・紀念張曉峯吾友〉，《八十憶雙親、師友雜憶合刊》，《錢賓四先生全集》，第51冊，頁416。

4　關於聘為「華岡教授」，賓四先生云：「嗣曉峯又定『華岡教授』名義，聘年老退休之有名學者，特付全薪，林語堂等皆在內。余亦同膺此名，任課如故。……而余之日常生活，得益於曉峯此一津貼者亦不少。」見錢穆：〈附錄四・紀念張曉峯吾友〉，《八十憶雙親、師友雜憶合刊》，《錢賓四先生全集》，第51冊，頁416-417。

5　參見中國文化大學史學研究所編：〈貳、課程〉，《史學研究所二十年》（臺北：中國文化大學史學研究所，1983），頁7-11。

6　張其昀：〈錢穆教授贈書典禮致辭──民國六十九年八月九日〉，收入《張其昀先生文集》第十七冊文教類（二）（臺北：國史館、中國文化大學出版部，1989），頁9115-9116。

7　同上註。

挑千斤擔，艱險奮進。同樣是大不易的文人興學，同樣地一心懸念中國文化，[8]海隅高岡，薈萃英華，「為生民立命，為天地立心」，「為往聖繼絕學，為萬世開太平」。何等高潔之心志，足與日月爭輝！

修課生的隨堂筆記

賓四先生華岡講學19年，修課與聽講學生眾多，余有幸於73至74學年度博士班修業兩年期間，先後選修錢師所開「宋明理學專題研究」（博一）與「中國思想史專題研究」（博二）兩門課。雖然此時的賓四先生已年逾九十，目盲力衰，然課堂之上，仍思緒清明，抑揚有致，內容豐富，博極精出。由此，可遙想盛年時期的賓四先生，南北名校講學時的風采與轟動的場景了。賓四先生之志業，已有傑出「門人」、「受業」、「入室弟子」薪傳於世。不才愚昧如我，僅為一「修課生」惶慄於列，但容以隨堂筆記示人，略表沐浴春風欣然之心於萬一。[9]

73學年度「宋明理學專題研究」課程，上學期起始課：

> 73年（1984）9月24日
> 參考書目：
> 《宋代理學三書隨箚》（臺北：東大圖書，民國72年）
> 《宋明理學概述》（臺北：中國文化大學出版部，民國69年）
> 《朱子新學案》（臺北：三民書局，民國60年）
> 《中國學術思想史論叢》（八冊）（臺北：東大圖書，民國65-68年）
> 《中國思想史》（臺北：臺灣學生書局，民國66年）
> 《史記》，《宋元學案》，《明儒學案》、及諸家所著書、《論語》[10]
>
> 宋明理學乃現代語，宋人稱道學。《宋史》在〈儒林〉之外，添一〈道學〉
>
> 壹、儒林與道學：（《中國思想史》）
> 中國人作學問始於史學，《史記》，孔子與《春秋》。
> 西洋人之史學，希臘羅馬史，西洋無史學，希臘、羅馬史乃現代人所寫。
> 中國人則由古即已寫史，故中國人作學問，應始自「史」。
> 西洋人哲學則自希臘始，中國則無哲學。故有云「孔子思想」、「孟子思想」，而無云「孔子哲學」、「孟子哲學」、……。中國人有中國人的想法，

8　賓四先生曾云：「晚筆辦學其意猶不在學校，苟於國家文化前途有助，晚筆無不盡力。」見錢穆：〈附錄四・紀念張曉筆吾友〉，《八十憶雙親、師友雜憶合刊》，《錢賓四先生全集》，第51冊，頁416-417。
9　隨堂筆記，有所謬誤處，錯即在我，成稿匆忙，未及多所查考，還請勿怪。
10　按：「參考書目」標目、書名號《》以及（出版資料），皆為此次謄稿加上，以下同。

不能謂中國人有思想，但無哲學。

哲學是一種思想，但非哲學思想，與西洋之哲學有分的。西洋有亞里斯多德、柏拉圖、……哲學，但無「哲學史」。

在無「道學」之前，中國之儒士作何想法？

孔子之弟子言孔子則有不同，唐宋明人云之又異，故吾所言之宋明理學即吾之說法，宋明理學是宋明理學。

對學問、事物要自己來思想、批判。

理學家所講之理學都各有不同，如朱子與陸象山，二程先生。

孔子云「仁」。《論語》中多處云及。鄭康成、朱子作注。西洋人釋字義「吾愛吾師，吾更愛真理。」

儒——

西洋人無「儒」字。中國人觀念中有「儒」之存在。《先秦諸子繫年》專講「儒」字。

「儒」者，術士之一種稱呼。（《說文》）

術者，西洋云方法、技術。（現代人多以西洋觀念云中國字）

方，四方形，四個角為直角。

法：水「氵」何處「去」，非「潰」、「決」，否則不成其「法」也。

方法：標準、模範也。

道術，藝術也。中國古代之藝術，非如今所謂之繪畫、音樂、舞蹈也。孔子云：「以六藝教」。六藝者，禮、樂、射、御、書、數也。

中國歷史中之「變」。學而時習之。士者，古有「士農工商」，今云士為知識分子。[11]

中國人云「家」必有本。中國有「家族」，西洋人則無家族。中國有百家姓，一家有一家之史。

㫃：一面旗也。矢者，箭也。

家族之擴大→種族

宗子、宗法制。宗子，即大兒子，可進祠堂。故云中國之皇帝，實即一宗族之族長，故中國人不平等。

天子下有諸侯→卿→大夫→士→庶人

所以中國自天子至庶民實為一體，故可化「家」為「國」。

---

[11] 按，此處當有闡發，未及記也。

中國之經濟學實與政治一體，馬克思之經濟學則不論政治。

封建制即由此來，但與西洋人之封建有異。

魯齊諸侯，有「相」來輔佐，如婚禮中有男女儐「相」，其意同。

冬，天子行犬圍獵，士為一關鍵人物，可上下活動之。孔子出身於士之家族。《論語》：「子入太廟，每事問。」「士」是不易入太廟，故入必每事問。或云：「知禮乎？」每事問，「是禮也」。孔子熟知各代（歷史上）之禮，故入太廟，每事問。時均非禮也，故相魯則大改革。

到孟子已不講六藝，後之中國人變成「詩、書、禮、樂、易、春秋」，六經也。

中國由古至今不斷在變，西洋人則是不變，希臘、羅馬至今仍有。

西洋人變之在「物」，中國人變之在「心」，進步。為外在與內在之變的不同。

諸子百家，儒家。講到「家」，有「門」人，「弟子」。成一「家」之言。傳，世家大儒，世儒。《史記》有〈孔子世家〉。官為公家，家為私家。王官之學，在朝；百家之言，在野。到漢代，政治統一，學術亦趨歸一，「罷黜百家，獨尊儒術」。先罷黜《孟子》，《論語》，非經也，乃小學書也。《史記》〈儒林傳〉，將漢之經師全列入。此乃司馬遷獨創之見，實已排除儒家。經學是否為儒學（家）？經學與儒林，今則已定論，講儒學，必言經學。如《周官》，《儀禮》。

73學年度「宋明理學專題研究」課程，下學期最終堂：

74年（1985）6月10日

今天是這個學期最後一堂課了。

《論語》子曰：「志於道，據於德，依於仁，遊於藝。」

志於「道」，道，一般云道理；道者何？走的一條路。中國人云人生，人生最重要的是「行」，不是「知」；此與西人不同。西人最重要的是「知」，由小學到大學是在「求知識」，而中國人學，則還有更重要的。

《論語》首章云：「學而時習之（略）。」習者，羽白，鳥學飛也。

「知之非艱，行之惟艱」，「執兩用中」。

如教人孝順，如何去孝順「自己」的父母？今天的父母與昨天的父母不同，然均應行孝。

王陽明云：「知行合一」，不行即不知。即知即行。

孫中山先生，是吾最佩服的人。他所云均合乎中國人的道理，為一「天將

降大任」之人，其云：「知難行易」學說。

吾人對父母孝，推而廣之，對人應敬。

何謂人生？吾今九十，還記得九歲時，父親與先生在院中談話，吾去幫先生打扇，至今記憶猶新，這是個很開心的場面，這就是人生。現在有這樣的小孩嗎？我是個古代的小孩？

人生就是「行」。「日出而作，日落而息」，作與息，均是「行」。

又如吾窗外之竹，種了十八年，看似其在那裡未動，但其實他一分一秒均在那裡生息。[12]又如諸位回去後，吃飯、休息，不做什麼事了，這就是最重要的時候，人倘無閒，則做不出什麼事來。君子、小人有所不同。「休」，人怎可不休息。「休息」是一人最重要、最有意義的時候。「息」，是由鼻子到心，如一人將錢放在銀行，則可「生息」，得到「利息」。換言之，休息則會更有利。孔子至今，已休息二千餘年，真是利上加利了。人是必死的，活時所為，猶錢存在銀行生息。如父母生時，侍奉之，死後，則永遠在吾人之腦中紀念之。

諸位知道，一個人永遠在工作，這就是「人『生』」，休息的好，就是工作的好。

父母、兄弟姊妹、夫婦、子女，均互相有影響，別人對吾有影響，吾對別人同樣有影響，如吾等為學術人，我們對社會是有影響的。如今日臺灣的學風，學風非一人造成的。倘汝反風氣、反時代，還是對時代、風氣有影響，雖因能力不夠轉移風氣，但仍有其影響。諸位不要誤以自己對社會沒有影響，不要以為自己方二十餘歲，無所影響。殊不知，因你之生，父母多開心，這就是影響啊！

顧亭林云：「天下興亡，匹夫有責。」吾為匹夫，對「天下」是有責任的。孔子云：「君子之德風，小人之德草，草上之風必偃。」西洋不如此說。西洋人云多數，世上草多，風少，即需服從草。中國人則不如此講。如家庭中，父母為少數，但如父、母、子、女，各盡其責，恰如其分，則少數即是多數。

---

[12] 大學三年級上胡美琦老師的「中國教育史」課，時擔任史學學會學藝組成員，邀約訪談胡老師，是為初訪「素書樓」。胡老師親切的領著同學們到樓上樓下一一介紹居室以及樓前庭園佈局，並略顯得意的說，園中一草一木都為其親手規劃與栽種，蘭草、月季、芍藥……四時花常開，松、柏、槭、竹，盎然成趣。尤其，錢先生說園中不能無竹，胡老師花了一番功夫才尋覓到這叢黃金竹，植於小樓東側，悉心呵護長成。在一片綠蔭中，黃竹愈顯不凡。

《莊子》，諸位去讀讀〈齊物〉論，云風聲，為萬物聲之綜合。如吾今天之話，聽到諸位耳中，無論承認、反對，一定有影響。故諸位選一位先生的課，不要隨隨便便，這對你一生均會有影響。又如諸位交朋友，儘管後來絕交，但他對你一定有影響的。

在人世間形形色色的影響中，如孔子之影響人，是絕無僅有的。

「風氣」，風不必講。「氣」，「風氣」二字，意義無窮。今天我要告訴諸位，人生啊，不要看輕自己，一呼一吸，均為動。這就是人生之道。人生哲學，要講人生真理。「道」，就是人生的一條路。自己不懂得自己。古云：「行之非艱，知之惟艱。」

吾上此課，最重要的是強調「如何做人」，這是中國道理。春秋史——孔子，戰國史——孟子，三國史——要學諸葛亮，不要學曹操。中國歷史，重「褒貶」。俗云：「蓋棺論定」。人要論的。好人？壞人？大人？小人？「品行」，人之行為要「品」的。不讀書、不識字，沒關係，但行為要好。知識遠不如行為。

志於道：

志，即一心一意。人要一心一意成功個你。你是什麼？當前之一分一秒，即是你。己、我之別。他與我是對立的，執其兩端，用其中，中即己。三十而「立」，己「立」立人，是要立個「己」。天生我必有用，或則備而不用，「用之則行，舍之則藏」。

大道、小道，合於道、不合於道，均是道。孔子、墨子、老子、莊子，各有其道。道就是人生，人生與天地配合，身體為地，心為天。世界不能有天無地，有地無天。中國人稱讚人「好學」，「學者」為人稱道，西洋人則無此說法。

據於德：

一切的人生大道，需依據自己的德性，才是道。諸位懂得自己的德嗎？這是個麻煩問題。德，中於己，無待於外。當前的一秒，即為你的德。天，分秒在變，但仍是天。我的這一秒與下秒，德不同，但仍是德。自己要知道自己的德。動靜、是非、……，執其兩端，而用其中。

依於仁：

要與人家相通的。如云「孝」，則與父母相通。中國人有中國人的德。孔子《論語》，不言道，不言德，專講「仁」。人不能專重自己。如美國之製造

原子彈，是「不仁」，打戰已是不仁，原子彈一放，即死傷數十萬。講中國科學史，應知何以中國走上此路，不走上西洋之路。

遊於藝：
六藝，禮、樂、射、御、書、數。數，數學，任何人不能不懂數學。書，寫字（不是作文章）。御，駕車（有其法）。射，射箭。禮、樂，祭祀之中如何禮拜、唱樂。藝，今日為科技、運動。遊於藝，如諸位之進理學院、文學院、商學院，是也。

諸位要「志道」、「據德」、「依仁」，「遊藝」為第四位。孔子擇「御」（六藝之第四位），實則是謙虛，現在人最不重謙虛。諸位在學校，是學「藝」。「仁」在社會上是要用的。如何做中國人，諸位去看中國書。

孔門四科，第一科即德行，第二科為言語，宰我、子貢，即外交。（政事：冉有、季路。文學：子游、子夏。）

現在學術界，最糟的是「不用思想」，「不用思想」。學做人，用思想，為吾所講最高、最低者。

「志於道，據於德，依於仁，遊於藝。」「反求諸己」，不能學古人全體，但可學與性相近者。

74學年度「中國思想史專題研究」課程，上學期起始課：

74年10月7日
論中國思想，必由孔子講起。
吾由民元始，至今教書七十年，無論小、中、大學，凡云及孔子，幾每堂課均講。

中國大陸山東曲阜孔林，法國總統為去謁陵之第一位外國元首，英國女首相為第二位。及雷根總統訪大陸，未去孔林而去始皇陵，此實表示美國文化之淺薄。
今日大陸常舉行各種國際學術討論會，如朱子學會議、王船山會議、孔子學會議等，或云此為統戰，但吾以為如此為統戰還了得。大陸和臺灣同是中國人，早晚是要統一的，而中國人不能不懂孔子，不能不讀《論語》。
從前臺灣大學哲學系教授方東美，吾與之在臺有往還，當其去世後，報端

有云及，研究中國文化不應講《論語》，而應講《易經》，孔孟學會即有數先生開始研究《易經》。

吾則以為研究孔子，第一部應研究之書為《論語》。吾講課從未云為吾之創見，而是《論語》所云：「述而不作，信而好古。」所云皆為吾之心裡話，而非真理或創見。與今人云求變求新求進步，則有不同。倘吾所講錯了，諸位勿怪我，乃都是從前人所講。

孔子並未寫《論語》。《論語》者，即所說之話。語，為白話。即孔子對學生講話為「語」。論者，討論，議論，非僅一、二人也。論者，綸也，倫也。綸，綱也；倫，二人以上之關係也。人倫者，君臣、父子、夫婦、兄弟、朋友，是為五倫。此為外國人所不論也。師生之間，學生稱「受業」、「弟子」、「門人」。師者，所以傳道、受業、解惑也。故《論語》乃後人將孔子與弟子言語彙編而成，至少孟子時，並未看到《論語》。《先秦諸子繫年》可查證。孟子生，孔子早已逝世，孟子乃向孔子再傳弟子事師，孔孟相距應為約一百五十年。

《論語》究為何人所編成，則不得而知。昔者，乃口耳相傳孔子之言，皆述而不作。編《論語》者，恐在孟子之後。諸位恐要生懷疑，如此中國豈不永不得進步邪？孔子之語言，約經一百多年，始編為《論語》，全世界並無第二位孔子。

至漢高祖時，兵至曲阜仍見有一般人在孔家讀書，高祖初最恨讀書人，凡戴儒冠者，必去而殺之。但後亦崇敬孔子矣。

世人均以埃及之金字塔、木乃伊為可貴。中國無乎！非也，如孔子家之代代相傳，譜系綿長者，比比皆是。如此，本家（父系）加上外家（母系），追源溯流，即可「化家為國」。

中國人有「文化」，西洋人為「物化」。當今世上，有五千年歷史者，幾何？有五千年史，又有十億人者，幾何？有五千年史、十億人口，又有如此大土地者，幾何？惟中國，獨一而無二也。

吾今日所言，諸生回去一、二日，即已忘懷。

《論語》云：「學而時習之，不亦悅乎；有朋自遠方來，不亦樂乎；人不知而不慍，不亦君子乎！」

羅素來中國時，談老（孔）子，曾云及：「既已為人，己愈有；既以與人，己愈多。」杜威來華，則從不談孔子，來了等於沒來。吾以為杜威實不如羅素也。吾看不起杜威，中國道理看重人，而杜威太看不起人，目中無人。

《論語》以「學而篇」為首，何也？今人只翻書，而不讀書。讀《論

語》，始自漢。吾輩自幼讀文言，故能文言，如讀《論語》仍有用。

吾一生第一部編的書為《論語》，第二部書為《論語新解》，此為吾在美國耶魯大學教書時所寫，回國後再改訂之。

吾以為孔子一生分三段：三十歲以前，「學而時習之」；三十以後，「有朋自遠方來，不亦樂乎」；晚年，「人不知而不慍，不亦君子乎」，此為前人所未發之論也。

第二章「有子篇」，乃孔子去世，弟子們互相聚於一堂，相互討論如昔，即推舉有子來主講。

有子曰：「其為人也孝弟，而好犯上者，鮮矣；不好犯上，而好作亂者，未之有也。君子務本，本立而道生。孝弟也者，其為仁之本與！」

眾弟子推有子為師，曾子則反對之，以為唯孔子為師也。子云：「若聖與仁，則吾豈敢？抑為之不厭，誨人不倦，則可謂云爾已矣。」吾自少年，即欲學孔子「學不厭，教不倦」，至今九十一，仍是如此。

第三章：
子曰：「巧言令色，鮮矣仁。」「仁」，要對人好，但非討好人家。

第四章：
曾子曰：「吾日三省吾身，為人謀而不忠乎？與朋友交而不信乎？傳不習乎？」

74學年「中國思想史專題研究」課程，下學期最終堂：

75年（1986）6月9日
今日分兩個題目來講。

其一，是前兩日學術界之事。即在政大舉行「司馬光與王安石學術研討會」，[13]此二人乃中國近百年來學術史上（討論）之重要人物。

康梁均崇尚王荊公，梁任公作《中國六大政治家》，其中之一即「王荊公」，為時人稱重。但吾以為其中對司馬溫公所論不對。新、舊黨均為君子，而至後來水火不容，其何故？《論語》：「君子群而不黨。」吾佩服國父孫中山先生，組織革命黨，五權憲法中，加入考試、監察二權。

---

13 按，民國75年6月在政治大學召開「紀念司馬光、王安石逝世九百週年學術研討會」，並於當年10月，由臺北文史哲出版社出版《紀念司馬光、王安石逝世九百週年學術研討會論文集》。

諸位講新、舊，殊不知新舊二字之難講，諸位講新而不講舊，司馬溫公為史學家，王荊公為經學家，各有《通鑑》與《三經新義》之作。歐陽修曾讚安石直承韓愈，而荊公回覆以直承孟子。

　　宋明理學家是由經學而來，經學在當時是新學，史學則為舊學。即如今日盡人皆云美國、西學，此為舊的，而吾云孔子、中國文化則為新的。舊的即新的，新的即舊的。孔子在當時，實最新不過了。

　　而梁任公以司馬溫公無一是處，及胡適則連孔子亦要打倒。

　　南宋則對王荊公大加撻伐。但王荊公實非一小人，而如陸象山所云，為一理學家。

　　最佩服司馬溫公一點，在於王荊公當政時，溫公離汴赴洛，編輯《通鑑》。時有范祖禹助修〈唐紀〉。

　　溫公居洛，看門人不知其主子為政府高官。知「士」之傳統。「士」之受人敬重，因其為人，而非為「官」也。

　　作《國史大綱》時，在南嶽市借讀「四庫珍本」，而得許多時人未見之王荊公資料。[14]

　　今有幾人再講梁、胡。可知一二十年後，恐已無人知吾之名姓。諸位來聽「史」，歷史實為諸位肩頭上之一件大事矣。

　　其二，講端午節。[15]

　　端午節乃紀念屈原。屈原因其政策「聯齊抗秦」，不為懷王採用，遭到流放，最後投汨羅江而亡。伯夷、叔齊為大人物，屈原亦為一大人物，亦為「聖之清者也」。

　　賈誼為文悼屈原（〈弔屈原賦〉）。為紀念屈原而有端午節，有龍舟競渡及包粽子。吾有文記龍舟事，非競賽如運動家般，屈原非運動家啊！而不知文學，即如論文學，亦僅講新文學，而不講《詩經》，《楚辭》、漢文學、建安文學而古文而再下，此即中國文學一系發展路子。

　　勸諸位作學問不能作專門學問，《楚辭》，《離騷》，《九歌》讀之，而非僅讀其書耳，亦非僅如文學耳。無史家不通文學者，如司馬遷；亦無文學家而不通史學者，如屈原即其一。

　　吾反對專家之學，諸位學史學，不能不通文學，可讀《史記·屈原賈生列

---

[14] 參見錢穆：〈師友雜憶·一一西南聯大〉，《八十億雙親師友雜憶合刊》，頁216。

[15] 按，民國75年端午節，西元為1986年。

傳》，觀太史公如何描寫。屈原弟子宋玉，而太史公則將屈原、賈誼並傳，一為戰國人，一為漢人。

　　盼諸生，為史學勿忘學文學。
　　端午節，不要龍舟競渡，而是乘龍舟依序遊之，以紀念屈原。

　　史學至廣大，對國家影響至大，其一勿忘自己為中國人，不能以今天，而忘了昨天。學歷史要做個人，做人即要改良社會風氣。

後記

　　75年6月9日為賓四先生華岡講學的最後一堂課，而錢師的生日正好是6月9日，雖然指的是陰曆，但仍深具意義。因此，在幾位長期跟隨錢師聽課的學生，如：何澤恆、戴景賢、蔡相煇、陳美智……等人，以及當時協助處理日常事務的邵世光小姐籌畫下，隨即舉行「恭賀賓四先生講學七十五年及老師師母結婚三十週年慶祝會並本學年結業謝師會」，當天的流程單以及戴景賢、楊漢之、陳美智的獻詞影本，都完好的夾在我的筆記本裡。茲就典禮流程單所示，列之於下：

　　一、典禮開始鳴炮奏樂
　　二、獻花
　　三、獻詞
　　四、主席致詞
　　五、老學長致詞
　　六、來賓致詞
　　七、老師致答詞
　　八、茶會開始
　　恭請老師師母切蛋糕

　　　　　　　　　　　　　　　民國七十五年六月九日下午5：00-6：00

　　當天消息已事先披露，故講堂上群賢畢集，以及多家媒體記者在場，當晚的華視新聞做了報導，第二天幾家大報也都有報導，如：75年6月10日〈中國時報副刊〉三行標題：「人滿素書樓、最後一堂課」、「當代儒宗、講中國思想史告別杏壇」、「七十五年、錢穆塑造傳統文化新貌」云云，內容即不再贅述。

第五十六章　閒情壘鬱且吟詩
——從錢穆詩作看其「安心」觀念

香港中文大學中國語言及文學系
陳煒舜

提要

　　山頂列巨屋，氣象何巍峨。我屋山阿藏，相形似么麼。
彼屋陽光滿，我屋隱薜蘿。彼屋人所瞻，我屋少人過。
彼屋容龍象，我屋鳥雀羅。而我在此屋，終日謳且歌。
自謂君子居，又擬安樂窩。開軒延天地，抽架供研摩。
一室窮千古，宇宙入吟哦。巨屋縱環峙，我屋固無他。
尤其病魔來，我屋儘婆娑。既養我生趣，又療我宿痾。
屋亦畜兩犬，草木自成科。我生作主宰，我屋一太和。
我生為大法，我屋是法螺。我生如涉江，我屋隨身簑。
我生如越嶺，我屋胯下騾。在此望夕陽，在此詠蓼莪。
我生八之一，淹此如穿梭。我生無可詠，且詠此一窠。
　　　　　　　　　　　　　　　～錢穆〈我屋哦二十韻〉

一、前言

　　錢穆（1895-1990），原名恩鑅，字賓四，江蘇無錫人。七歲入私塾學習，後就讀常州中學堂。辛亥鼎革，學校停辦，仍自學不絕。民元後在小學、中學、師範執教，同時撰成《先秦諸子繫年》，《劉向劉歆父子年譜》。1930年秋，獲顧頡剛推薦，任燕京大學國文講師，其後任北京大學史學系副教授，並於清華、燕京、北平師大等處兼任。抗戰時期，先後撰有《國史大綱》，《文化與教育》，《政學私言》等書，建立國人對中華文化的自信。1949年南來香港，創立亞洲文商夜書院，翌年與唐君毅、張丕介諸君改組為新亞書院，出任首任校長。1953年新亞研究所創立，任所長。1963年，新亞書院參加組創香港中文大學。1965年，辭任新亞書院院長。1967年遷居臺北，次年獲選中央研究院院士，後任中國文化學院史學教授。1986年，完成

《晚學盲言》六十萬言。1990年逝世，享壽九十六。1998年，《錢賓四先生全集》出版，共五十四冊。

《錢賓四先生全集》第五十三冊有〈詩聯輯存〉部分，共分為十一題，亦即〈閩南白話詩稿十首〉、〈閩南詩稿十一首〉、〈遊蘇州天池山詩稿七首〉、〈海濱閒居漫成絕句四首〉、〈謝兩醫師聯語兩對〉、〈遊金馬崙成詩三首〉、〈北馬之遊成十四首〉、〈沙田偶詠十首〉、〈難民潮來港有感二首〉、〈雙溪閒吟三十五首約民國六十三—七年〉（包括所附〈我屋哦二十韻〉一首）、〈歷年春聯輯存〉。前三題為大陸時代所作，後八題皆成於易幟之後。若僅就舊體詩而言，則共計八十七首。〈閩南詩稿十一首〉、〈遊蘇州天池山詩稿七首〉共計十八首，作於大陸；此後六十九首作於南下以後，占了現存全部舊體詩作的四分之三。其中〈海濱閒居漫成絕句四首〉、〈沙田偶詠十首〉、〈難民潮來港有感二首〉作於居港之時，〈遊金馬崙成詩三首〉、〈北馬之遊成十四首〉作於馬來旅途，〈雙溪閒吟三十五首約民國六十三—七年〉作於遷臺之後。自1949年抵港至1967年離港，若不計旅馬所作，則居港前後十八年間所成詩僅十六首而已。而卜居臺北雙溪四、五年間，便有「閒吟」三十五首及〈我屋哦〉一首。究其原因，不外居港之時，驚魂甫定，新亞書院之行政、教務繁雜，甚少吟詠之逸致；而遷臺之時，年已古稀，雖仍有教務在身，然心境遠較在港時為閒適，故吟詠亦較多矣。黃祖蔭《蘿窗詩話・二十・錢穆》論〈海濱閒居漫成絕句四首〉云：「物以稀為貴，錢詩甫出，一時轟傳，有謂意境雖好，奈何表現技巧不足，至若平仄用韻尚待斟酌。細研四詩，實多李商隱痕影，少許朱熹味道。蓋學者為詩，臨究其精神狀態不易調整之故。詩文殊途，兼而美之者，世不一見，[……]況樹大招風，春秋責俗賢者，源自遠耳。然老而能學，正今日後生所不及也。」[1]徵引時人評論，謂詩作瑕瑜互見，且以學者為詩為解，並對錢穆「老而能學」頗為推崇。

錢穆南下香港，以承繼中華文化道統之使命自任。他認為，人同時有心生活和身生活，最重要的問題是「如何安心」。讓心安得穩、安得住，是「解決當前一切問題之樞紐」。[2]高新民、胡水周對於錢穆的「安心之學」作了較為全面的爬梳。誠如二人所論，錢氏不僅揭示了中國哲學對求真性心靈哲學的貢獻，如對文化心、道心的發現，而且論述了中國價值性心靈哲學的內容和特點，將它準確概括為「心教」，認為這種心教既以仁為最高境界，又以仁為進入此境界的根本途徑。錢穆強調不能用有限生命去探索無限宇宙，更不能以此方法探索所得的結論來指導人生。正確的方法是：注重探討人生大道。要認識世界，必從人自身入手。而要認識人和人生，又必須從了解自我入手。[3]了解自我的過程，也就是尋求安心的過程。錢穆認為，儒家的安心之

---

[1] 黃祖蔭：《蘿窗詩話・二十・錢穆》，網頁：https://www.tpps.org.tw/forum/index.php/portal.php?mod=view&aid=27，瀏覽日期：2020年12月13日。

[2] 錢穆：《人生十論》（北京：九州出版社，2016），頁54。

[3] 高新民、胡水周：〈錢穆「安心之學」——價值性心靈哲學的視角〉，《倫理學研究》2018年第2期，頁27。

法，是「教人心安放在人心裡。他教各個人的心，走向別人的心裡找安頓，找歸宿。父的心，走向子的心裡成為慈；子的心，走向父的心裡成為孝；朋友的心走向朋友的心裡成為忠與恕。心走向心，便是孔子之所謂仁。心走向神，走向物，總感得是羇旅他鄉。心走向心，才始感到是它自己同類，是它自己的相知，因此是他自己的樂土。」[4]如此一來，心方可安頓停當，乃至推而廣之，四海為家，民胞物與。

錢穆雖不以詩人身分著稱，但北望神州，風雨如晦，舊體詩創作往往是他「安心」的一種方式，藉以排解煩憂、寄託感興；這種方式的運用，與他從事史學、哲學的同儕相比，尤為顯著。職是之故，下文先觀照其吟詠軌跡，進而探析其如何透過吟詠之方式來獲得自適，以尋繹其「安心」觀念於萬一。

二、大陸時期的吟詠軌跡

錢穆現存最早的詩歌，作於1922至23年任教廈門之時。畢明邇〈錢穆先生閩南詩〉一文指出：「民國初年，錢穆先生在無錫村鎮一些小學執教多年，在民國十一年十二年間，獲聘在廈門集美中學任教，一年時間是很短的。但是多年以後，錢穆逝世，臺北聯經編印《錢賓四先生全集》，卻在素書樓存稿中發現了先生寫於這一年中的詩稿二十一首，後來分別編成〈閩南白話詩稿十首〉和〈閩南詩稿十一首〉，收入全集的《素書樓餘瀋》『詩聯輯存』部分，流傳於世。民國十一年，上距一九一九『五四』和胡適之《嘗試集》出版只有兩年，錢穆在寫格律詩的同時也寫白話詩。大概在《錢賓四先生全集》出版以前，很少人知道這樣的事吧。」[5]又引其〈海上〉詩：

> 若有人兮海之湄，欲與晤兮訴襟期。我獨來兮海上，沙中跡兮紛然。
> 若有人兮海之央，欲與晤兮剖中腸。我獨來兮海上，孤帆去兮渺然。
> 若有人兮海之涘，欲與晤兮結生死。我獨來兮海上，波濤起兮茫然。
> 沙跡泯還有，孤帆故復新。波濤長如此，永不見斯人。[6]

畢明邇且論云，說這首詩是鄉愁詩或許不準確，此詩簡直是「念天地之悠悠，獨愴然而涕下」的感覺。[7]當時錢穆雖也創作白話詩，但眼見五四運動鋪天蓋地而來，

---

4 錢穆：《人生十論》，頁57。

5 畢明邇：〈錢穆先生閩南詩〉，《天涯論壇‧閒閒書話》，網頁：http://bbs.tianya.cn/post-books-598504-1.shtml，瀏覽日期：2020年12月13日。

6 錢穆：〈素書樓餘瀋‧詩聯輯存〉，《錢賓四先生全集》第53冊（臺北：聯經出版事業公司，1998），頁497。

7 畢明邇：〈錢穆先生閩南詩〉，《天涯論壇‧閒閒書話》，網頁：http://bbs.tianya.cn/post-books-598504-1.shtml，瀏覽日期：2020年12月13日。

心中對於中華文化何去何從的憂慮，是不言而喻的。此詩獨立蒼茫之感，似乎正正體現出如此心境。前三段起句「若有人兮海之湄」、「若有人兮海之央」、「若有人兮海之涘」，既模擬了《楚辭·山鬼》首句「若有人兮山之阿」的句式，又沿用了《詩經·蒹葭》「宛在水中央」、「在水之湄」、「在水之涘」的用字和複遝形式。而「欲與晤兮訴襟期」等三句，則承襲了張衡〈四愁詩〉「欲往從之梁甫艱」之詩意，對於國運與自身之前景飽含著憂患之思。由此縱可見錢穆諳熟風騷，但這首開卷的舊體詩也不無創新之處。從句式而言，前三段為楚歌體，末段為五言，形成一種新穎而錯落的節奏。且前三段末句「沙中跡兮紛然」、「孤帆去兮渺然」、「波濤起兮茫然」的句末虛字前後押韻，而不與各自段落中的前文相押，亦可見錢穆求新的嘗試。

〈海上〉作於1922年11月24日，同日錢穆還作了五言古詩〈鄉里〉一首。詩中有云：「余本鄉間人，不諳城市趣」、「恐當見嗤笑，不甚合時宜」。茲以表格形式，列出錢穆有關城鄉看法的詩句：

	鄉間	城市
景觀	余家綠水腰，而依青山足。	豈意入城市，舉頭但見屋。
聲音	余家既靜僻，天然有好音。	奈何入城市，只聞車聲轂。
友鄰	鄉間少來往，鄰曲自相親。	來亦不相關，去亦更無因。
貨殖	不如還鄉里。悠然得吾情。 俯仰見天地，呼吸有性靈。	眼不暇於取，耳不暇於受。 究竟和所得，問君能道否？[8]

民國的建立，意味著現代化時代的到來，而所謂現代化，是以商業性的城市生活為主體的。錢穆此詩比對城鄉異同，認為鄉間象徵著自然、寧靜、富人情味、少私寡慾，而城市卻象徵著人工、喧囂、冷漠、營營役役。如此比對後，此詩之末云：「寄語城市客，來與爾相寧。」他希望城市居民回歸鄉間，得到心靈上的安寧。進而言之，錢穆筆下的鄉間，乃是傳統中國文化的隱喻。而作為現代化載體的城市，卻一切皆以西化為尚。高樓大廈、汽車如織，固然是物質文明的體現，但物質文明的演進顯然會促使精神文明的變異。人們爭相入住城市，逃離鄉間，在錢穆看來，未嘗不意味著對傳統中華文化的輕視。因此，呼喚城市客回歸鄉間，毋寧是其早年為中華文化招魂的初次嘗試了。

類似的隱喻，還見於同年12月21日所作的〈棄婦吟〉。此詩談及棄婦的才藝，略仿〈孔雀東南飛〉；談及遭棄的經過，則令人聯想起杜甫〈佳人〉。清人黃生論〈佳人〉：「偶有此人，有此事，適切放臣之感，故作此詩。」蓋杜甫對唐廷竭智盡忠，落得棄官漂泊，卻依然一飯不忘君。如此際遇與節操，與詩中佳人十分相似。而錢穆以傳統文化道統自任，面對舉國歐風美雨，以「打倒孔家店」為能事，其感觸當與杜甫有相近之處。此詩開篇云：

8　錢穆：〈素書樓餘瀋·詩聯輯存〉，《錢賓四先生全集》第53冊，頁498。

妾本良家子，鍾愛若掌珠。三五戒嬉戲，六七誦書詩。八歲習灑掃，九歲親舂
除。十歲學洗濯，十一當梠匙。十二持刀剪，十三裁衣襦。十四妙刺繡，十五
製錦綺。家亦小富有，作苦為親慈。女紅有餘暇，教之明倫彝。娓娓順姑嫜，
蕭恭奉祭祠。上當媚夫君，下當撫童稚。內以御僮奴，外以應賓師。恐復失人
意，嗟跌長見嗤。[9]

　　錢氏不厭其煩地描述此女成長過程中習得的種種才藝，固在稱許其修能；而灑掃
庭除、家務女紅之暇，更學習如何應對，以求彝倫攸敘，則是稱許其內美。這位女
子，無疑完全符合傳統文化中對理想女性的設計。接下來一大段，是關於夫婿另娶，
以及新舊二人比對之詞：

夫婿盛意氣，遊學越重洋，賢母未及為，良妻不堪當。結髮未週年，捐棄守空
房。夫君未敢怨，惟有自嗟傷。昨夜大鼓吹，新人進華堂。新人誠多美，舊人
未可方。闇自彈淚珠，一一細較量。舊人端容儀，新人波眇光。舊人大懿柔，
新人有勢強。舊人聞客至，入廚作羹湯。新人聞客至，應接何輝煌。按琴引
清歌，妙舞散奇香。舊人守中饋，米鹽與錡筐。新人挾夫婿，倜儻入都場。
千金選鑽珠，百金揀衣裳。舊人雖多情，出入難相將。未若新人樂，飛舞雙
翱翔。[10]

　　當時西化之男性，無論是否留洋，停妻再娶者為數不少。然而，這段新舊比對的
文字，過於細緻，且褒貶昭然，若果真出自棄婦之口，恐怕略失諸溫柔敦厚。故筆者
以為，此是錢穆日常生活觀察入微，遂持以入詩耳。新人容貌豔麗，姿態媚人，能歌
善舞，打扮時尚，且與人周旋遊刃有餘。然與舊人相比，不僅於家務全不在行，且過
於活潑外向，毫無內斂含蓄的美德。到了篇末，錢穆並未仿效杜甫，營造天寒翠袖、
日暮修竹之致，而是疾呼道：

寄語世間人，愛女莫漫浪。與其刻苦治家政，不如放任豔冶儘瘋狂！[11]

　　這當然是一時激憤之言，與「詩貴含蓄」的傳統大相逕庭，但由此也可見錢穆之
憂鬱牢騷。詩中這位棄婦，或許是錢穆所見許多棄婦的綜合體。他對於棄婦的不幸遭
遇固然十分同情，且在他看來，棄婦不僅是傳統文化，也是他這個傳統文化承繼者的
隱喻。如此內美與修能兼備者，卻遭到無情遺棄，怎不令人心寒？當時錢穆年未而

9　同上註，頁500。

10　同上註。

11　同上註。

立，詩作有竅坎鏜鞳之聲，不足為奇。然他對傳統文化之熱愛憐惜，由此已見端倪。故〈鄉里〉、〈棄婦吟〉二首，誠可與〈海上〉互文見義矣。

除此之外，〈閩南詩稿〉中有一些遊觀之作，如七古〈夜遊〉、七絕〈群山〉、五絕〈自集美至鼓浪嶼〉等，以及少數哲理詩，如五古〈甲乙兒〉二首。值得注意的還有五律〈之勉家夜飯隔曉成此呈之勉夫婦〉：

> 把臂重瀛外，十年話舊情。赤心邀餐飯，親手治蘇羹。連夜燒明燭，烹茶剖橘橙。瀟瀟風雨下，不禁我心醒。[12]

畢明邇云錢穆在集美任教，是由施之勉推薦，兩人一見如故。所謂「十年話舊情」，是指兩人曾就讀於同一小學，不同年代，卻有共同的師友。[13]此詩略似杜甫〈贈衛八處士〉詩意，然因工作於閩，尚能苟安，故而沒有「明日隔山嶽，世事兩茫茫」之感。這餐飯只有蘇羹、橘橙，無酒助興，但能在風雨之夜促膝持箸，已足令人心醉。故尾聯倒透發出一絲溫暖而明亮的色調。高新民、胡水周指出，錢穆認為聖人看重的心生命也有層次差別，例如由關心飢寒飽暖到追求喜樂，是心生命開始的表現。但低層次的心生命所關心的喜樂主要在溫飽之上。他不否認求喜樂是人的目的性追求，但認為最高的喜樂形式是由小心變成天人一體的大心，並視天下喜樂為真正的喜樂。這就是聖心之喜樂。[14]而此詩表達的「心醒」之感，固然始於飢寒飽暖，但他鄉重遇故知的喜樂，卻足以擴而充之。這也許是錢穆最早呈現出「安心」觀念的詩作吧。日後，錢氏詩作中對故人情誼和故國文化的書寫，正是由此一脈相承而來。

1927至1930年間，錢穆來到蘇州中學任教。當時他在學術界還無甚名望，但他教課之餘不斷從事學術著述，也留下了〈遊天蘇州池山詩稿七首〉，其序云「戊辰冬至偕翔仲游天池宿山中歸以詩記之」，七詩分別為〈靈巖道中〉、〈村女〉、〈彌陀嶺〉（未完）、〈天池〉、〈登蓮花峰頂〉、〈坐峰巔觀火車〉、〈與山僧夜話〉。〈坐峰巔觀火車〉云：「昔賢謂處世，如禪中一盃。吾謂生世間，如坐火車室。彼方乘之去，吾暫逃之出。車行已不見，且看山頭月。」[15]以火車比喻人生之奔波與短暫，下車比喻暫得浮生之閒，可謂妙絕。再如〈與山僧夜話〉一首：

> 寺僧作飯待，山蔬自栽種。告我身世感，慷慨有餘痛。四十喪妻孥，因之斷世夢。入山十七年，寺小如陋甃。誦經發大願：壯宇架宏棟。誓竭畢生力，犧牲

---

[12] 同上註，頁499-500。

[13] 畢明邇：〈錢穆先生閩南詩〉，《天涯論壇‧閒閒書話》，網頁：http://bbs.tianya.cn/post-books-598504-1.shtml，瀏覽日期：2020年12月11日。

[14] 高新民、胡水周：〈錢穆「安心之學」——價值性心靈哲學的視角〉，《倫理學研究》2018年第2期總94期，頁29。

[15] 錢穆：〈素書樓餘瀋‧詩聯輯存〉，《錢賓四先生全集》第53冊，頁506。

為法供。死當焚吾骨，與米共磨礱。遍餧飛潛走，聊作充飢用。賢哉僧志堅，我愧僧殊眾。妻孥哭未已，兄死方餘慟，羈生強笑顏，碌碌何所貢。遂恐心力弱，悲喜成虛哄。願言志僧語，時時一諷詠。[16]

　　畢明邇云：天池山僧，十幾年前妻子兒子都死了，乃到山中出家，十幾年來，把一個小廟建得初具規模。並且決心繼續努力，死而不已。錢穆時年三十四歲，不幸也遇家難，兒殤妻沒，兄亦辭世，百日之內，三哭親人。與山僧夜話，自然感慨繫之了。「願言志僧語，時時一諷詠」說的應當就是「誦經發大願：壯宇架宏棟。誓竭畢生力，犧牲為法供」。不過僧是佛家，先生是儒家，其大願的具體內容就有所不同了。[17]這位寺僧出家十七年，依然未能忘懷喪妻夭子之痛，這固然令「百日之內，三哭親人」的錢穆覺得同病相憐。但寺僧能化痛苦為願力，畢生以經營寺廟、普渡眾生為務。錢穆與其法門不同，民胞物與之念則一，見其勇猛精進、道心堅定，能不有感而發乎！因此他願意與寺僧長談，互勉互勵。

三、香港閒居的吟詠軌跡

　　如前所言，錢穆居港時期忙於教研工作，吟詠甚少。現存最早的作品，已是作於1964年的〈海濱閒居漫成絕句四首〉。編者按云：「民國五十三年九月，先生辭卸新亞書院院長職，屏居青山灣海濱，偶成四絕句，曾發表於《人生雜誌》。」[18]茲迻錄於下：

　　　　海樓一角漫閒居。雲水蒼茫自翕如。擺脫真成無一事，好效少年日親書。
　　　　禍難奔亡歲月侵。居然賞樂有如今。商量碧海青天事，俯仰前賢古籍心。
　　　　山作圍屏海鏡開。鳶飛魚躍亦悠哉。從容鎮日茶煙了，夜聽濤聲入夢來。
　　　　風月宵來醉欲醒，雲山長護日閒清。無情都作有情客，卻覺有情無著情。[19]

　　有學者指出：錢穆主持新亞書院校政十五年，全副精力，盡瘁新亞書院，不免因行政工作的繁忙而在學術著述上有所荒疏。他在致楊聯陞的信中說：「初來香港，目擊流亡青年種種痛苦，發心辦此學校，其實才短，一無展布，自身精力則全為此事用盡，更不能潛心書冊，學殖荒落，更增愧懍。」卸下行政擔子，為他重新潛心學術研究提供了條件。他在青山灣租來的寓所中潛心書冊，盡日讀朱子之書，為日後撰寫

---

[16]　同上註，頁506-507。
[17]　畢明邇：〈錢穆先生在蘇州〉，《天涯論壇．閒閒書話》，網站：http://bbs.tianya.cn/post-books-82398-1.shtml。
[18]　錢穆：〈素書樓餘瀋．詩聯輯存〉，《錢賓四先生全集》第53冊，頁508。
[19]　同上註。

《朱子新學案》作準備。詩中所言「擺脫真成無一事，好效年少日親書」，「商量碧海青天事，俯仰前賢古籍心」，便是他當時心境的真實寫照，同時也將辭職後種種不愉快的心情統統拋之腦後。[20]其言甚是。十五年過去，當日的流亡青年多已成家立業，安定下來，自己從此也樂得清閒。從「海樓一角漫閒居，雲水蒼茫自豁如」一聯可知，「海樓一角」固言青山灣的寓所，也未嘗不可指自己寓居香港的情況。芸芸生徒學有所成，中華文化不至斷裂滅絕，則縱是「海隅荒陬」的香港，又一樣可以雲水蒼茫，氣象萬千，豁人眼眸。這一派山屏海鏡、鳶飛魚躍雖然充滿勃勃生機，其何陋之有？其四尾聯「無情都作有情客，卻覺有情無著情」，饒有回環往復之致，但其涵義卻頗不易窺測。出句蓋雲離鄉背井日久，已將他鄉認作故鄉，遂於此心安處轉無情而為有情矣。對句「無著」蓋出自佛教，乃無礙之意，謂諸行圓融而無執著障礙。此蓋言閒居之地，人跡罕至，風來月去、雲動山靜，雖皆怡人，卻也變幻莫測，習慣如此，有情之人面對風月雲山，也就心無罣礙矣。

不過，其三末句「夜聽濤聲入夢來」，卻在那種閒適之情透露出一絲不太和諧的感覺。這在作於和風臺寓所的〈沙田偶詠十首〉中或可得到印證，如：

> 荒海無端落眼前，潮升潮退總如煙。三十年往事何堪憶，盡在沙頭夕照邊。（〈晚眺〉）
> 山無去處常圍眼，海作風濤時蕩魂。孤嶼羈囚無一事，病來高臥對黃昏。（〈臥病〉）
> 山掩雲橫黑半邊，何時皓月出當天。潮聲終夜無人管，常自窺窗惱客眠。（〈聽潮不寐〉）[21]

由此三詩可知，潮升潮退象徵著時光的飛逝，故而令人回憶起往事。而在靜謐的黃昏、午夜，那永不止息的潮聲足以「蕩魂」，教人無眠。復參編者按曰：「先生多病心煩，偶以詩遣懷，留此十首。」[22]故這組詩中的煩憂之感甚於〈海濱閒居漫成絕句〉。臥病無助之際，更容易想起故人故鄉，因而錢穆在詩中又以「客」、甚至「孤嶼羈囚」自居。由此可見，他心中那一股濃郁的故國之思從未淡去，只是在某些時刻才會再度浮現——尤其是當夜寢、臥病，心情比較纖細脆弱之際。

至於平日閒居之時，錢穆會將這種思緒加以調適。如〈沙田偶詠十首〉之〈園中木槿盛開〉：

---

[20] 中國網：〈錢穆：晚年的學術新生命〉，《中國網·系列國學大師的故事—錢穆》，網站：http://big5.china.com.cn/book/zhuanti/qianmu/2009-04/07/content_17565298.htm。
[21] 錢穆：〈素書樓餘瀋·詩聯輯存〉，《錢賓四先生全集》第53冊，頁517-518。
[22] 同上註，頁519。

山青海碧是天涯，雲物蒼涼浪接沙。一樣紅顏怡客意，多情應是木槿花。[23]

在一片山青海碧、雲物蒼涼中，忽然露出木槿花的大紅色，色調的冷暖形成鮮明的對比。木槿花大而艷麗，生命力強，在溫帶、熱帶皆可種植。所謂「一樣紅顏怡客意」，可知錢穆早年已對這種花卉十分熟悉，如今客居香江，又見此花，就像與老朋友久別重逢。這一朵朵木槿彷彿知道自己的客愁，因而開得特別艷麗，似乎想要加以慰藉，故云「多情」。看到木槿而心怡，除因讓人想起故國，大約還因為此花還是一種生機流動的象徵。所謂「年年歲歲花相似」，此時綻開的木槿固非早年所見的木槿，卻仍是同一物種。區區木槿也可適應不同的環境，何況人乎？再觀〈連日陰晴瞬息萬變〉一詩：

無端天意亦清狂，海色山容亂點妝。雲雨風濤頃刻事，春華秋豔一齊芳。[24]

香港位於北回歸線以南，地理位置屬於熱帶，故植物繁茂，四季常青。那些花卉生長於斯，也可能未必如生長於溫帶那般嚴格遵循季候性。此詩以寫景為主，但也許還有一層隱性結構，謂香港作為遠離中原的天涯海角，卻成為許多不同背景人士的避難所，他們在經歷「雲雨風濤」後，終能如「春華秋豔」般濟濟一堂，這未嘗不是上天的另類安排。縱有客愁在心，但這齊芳的春華秋豔，畢竟還是賞心悅目的。作為史學家的錢穆，此時對於紛紜的時局，甚至可以抱持著客觀抽離的心態來面對，如〈閒望〉一詩：

年華如水去難留，世局瀾翻更不休。盡日看雲看不足，正為無事在心頭。[25]

釋如睿詩云：「若無閒事掛心頭，便是人間好時節。」此時錢穆已辭去院長之職，潛心著述。此詩所云瀾翻不休的世局，恐怕不僅是眼前兩岸分治、陸港隔離、東西冷戰的局面，更指向了千百年來白雲蒼狗、變幻無常的治亂興衰。錢穆《國史大綱》有〈凡讀本書請先具下列諸信念〉，提出國民對國史應略有所知，這樣才會對民族與國家有認同感，產生感情。有了感情基礎，才會有愛，並願意為國族奮鬥犧牲。他又強調，國民、史家應對國史抱以一種溫情與敬意，不可將當身種種罪惡與弱點，一切諉卸於古人。[26]這首絕句無疑以詩性的象徵語言，將個人的生命歷程與整部中國史扣聯在一起，表露出一種不即不離的情感關係。

1965年7月，錢穆前往馬來亞大學中文系講學，因病於翌年2月返港。隨著文革爆

---

23 同上註。

24 同上註。

25 同上註。

26 錢穆：《國史大綱》（上海：上海書店，1940）。

發，大量難民湧來香港，影響治安，人心不定。錢穆此時創作了〈「難民潮」來港有感〉二首：

> 烽火驅人作遠遊，海天無盡日生愁。空羨翠鳳雙飛翼，欲去蓬萊不自由。
> 南國風光在眼前，歡情蜜意盡成煙。莫憐夢裡開心見，一入尋思便惘然。[27]

此時距離錢穆南下香港已有十七年之久，但他眼見此時的逃港難民，不由感同身受。所謂「烽火」，一方面指十七年前國共內戰的硝煙，另一方面也比喻著當下整個中國大陸紅潮翻滾的政治生態。正是這些「烽火」，迫使人們不得不南下避禍。站在天涯海角北望故國，不禁憂愁相接，日無窮已。這些滯留故國的受難者之中，有多少是人中龍鳳？他們縱有沖天羽翼，卻罹於羅網，無法求得自由。這是第一首所表達的意涵。第二首則著眼於成功逃脫的難民。他們隻身來到香港，卻骨肉分離，往日溫馨只換得眼前悲淒，儘管夢中或能與親人相會，醒後卻又落寞迷惘。正因香港的紛亂局面，導致錢穆決定遷居臺北。

四、馬來講學的吟詠軌跡

1965年夏，新加坡南洋大學商請錢穆擔任校長，同時馬來亞大學也有講學之邀請。錢穆不欲再涉行政，遂應馬來亞之聘，計畫前往講學一年。孰知不勝南國濕氣，胃病復發，至1966年2月即返香港，前後僅八個月而已。不過旅居馬來亞為時雖短，卻留下〈遊金馬崙成詩三首〉、〈北馬之遊詩十四首〉，竟較現存居港所作數量為多。〈遊金馬崙成詩三首〉後編者按語曰：「民國五十四年七月，先生雙目施手術，不久即赴馬來亞大學任教。其時不能多用目力，惟吟詩消遣。」[28]不僅如此，錢穆講學期間畢竟無須參與行政工作，且馬來亞不與中國大陸毗鄰，政治民生影響波及較小，心緒隨而平伏，故能萌發詩興。

金馬崙高原（Cameron Highlands）位於馬來西亞彭亨州西北，海拔約1500公尺，距離吉隆玻約200公里，為著名避暑勝地。錢穆〈遊金馬崙成詩三首〉，據編者按語，乃是初抵吉隆玻，遊金馬崙時所成。其一〈初上金馬崙開始吟詩消遣〉云：

> 歲月崢嶸供作客，閒情壘鬱且吟詩。試看窮谷千紅紫，正待清溪一洗之。[29]

所謂「歲月崢嶸」，出自宋人陳傑〈仲宣樓〉詩「崢嶸歲月欺人事，浩蕩乾坤入

---

27 錢穆：〈素書樓餘瀋‧詩聯輯存〉，《錢賓四先生全集》第53冊，頁520。
28 同上註，頁511。
29 同上註，頁510。

客愁」，形容不平凡的年月。錢穆稱所處的時代「歲月崢嶸」，一來固然點出當下動盪的時局，二來也隱含了「客愁」的潛文本。此時錢穆初到馬來亞，長年累積的憂愁依然揮之不去，故有「閒情壘鬱」之語。然而，他非常期盼異國的花卉、清溪能洗去重重憂愁。求得「安心」，大概正是他願意遠赴南洋的原因。其二〈重九登高原最高處海拔六千六百六十四英尺〉是一首五律：

> 炎徼乏秋意，客興自登臨。舉目非鄉土，關心是舊黔。霧瀚天若晦，風蠻氣常陰。萬壑飛身上，無堪豁吾襟。[30]

此詩描寫在金馬崙高原登高望遠的心情。熱帶多雨，湊巧錢穆登臨之際，遇上雲山霧罩、天色晦暗的景象，本欲一豁胸襟，不料心情轉惡。他此時也許想到王粲〈登樓賦〉「雖信美而非吾土」之句，遙望天際，又想起了故國人民。故此，縱然金馬崙地勢高拔，千山萬壑如騰空飛起，迎面而來，心中的惆悵卻一如既往。馬來亞縱非錢穆的鄉土，而此時大陸風雨如晦，作為避難所的香港又令他心力交瘁，那他的鄉土又在何處？令人尋思。相形之下，其三〈湖濱客舍一小閣瞻眺最宜〉云：

> 小閣一瞻眺，湖山滿眼前。雲煙瞬百變，草樹自嫣芊。即爾塵勞息，形神俱澹然。[31]

與聳立的高原相比，平靜的湖水似乎更能撫平詩人的愁思。這裡既有雲煙百變的雄奇，也有草樹嫣芊的優美，既可憑欄遠眺，又可隨意歇息，令錢穆喜愛不已。似乎直到此時，錢穆的詩風才回歸閒適淡雅之致，這也意味著他對於這方異國之心情的微妙轉化。

至若〈北馬之遊成十四首〉，則作於離別馬來亞之時。編者按云：「民國五十四年冬，先生擬結束馬來亞之旅，於舊曆年前作兩週北馬之遊，旅途中成此十四首。」[32]從詩作可知，錢穆這次重遊金馬崙高原，前往了三寶萬佛寺，其後又遊覽了怡保霹靂洞、太平湖、檳城大伯公廟、蛇廟、升旗山蘇氏山館、馬六甲青雲亭、八達林寓廬等處。從這組詩作足見，錢穆在遊覽的過程中，仍須臾不忘家國之念、文化傳統。如七絕〈金馬崙高原三寶寺藏經閣〉云：

> 山中偶上藏經閣，大漢清涼一掬泉。為問何方來大德，低徊慚愧是鄉賢。[33]

---

30 同上註。
31 同上註，頁511-512。
32 同上註，頁516。
33 同上註，頁512。

錢穆雖以儒者自居,但對佛教的中國化頗為推崇。《國史大綱》云:「佛氏慈悲乃與儒家之仁,同以一心為應世之宗師。故論絪合佛義於中國傳統之大群心教者,其功必歸於禪宗也。」[34]再如前引其早年所作〈遊天蘇州池山詩稿七首〉中有〈與山僧夜話〉詩,足見其與僧人之相得。馬來亞地處熱帶,幾無四季之分,於燠熱中登山,艱辛可知。故「清涼一掬泉」,似乎不僅言於廟中討水服飲,更有佛法清涼世界之意。而所謂「鄉賢」,當指三寶萬佛寺的開山祖師演本法師(1872-1957)。演本原籍無錫,俗姓尤,名雪行,號惜陰。本為前清秀才,曾任教於上海聖約翰大學,與李叔同為同事。辛亥革命後,先任《民立報》編輯,後與李叔同在杭州虎跑寺皈依,法號弘如。隨在上海主編《世界佛教居士林》。1932年初到新加坡弘法,1945年金馬崙三寶寺開山,卓錫住持於此,至1957年圓寂。錢穆遊三寶寺時,演本已不在人世,然其紀念資料當仍存寺內。而錢穆事先也未必了解演本其人,一旦得知這位法師不僅道行高深,而且更是無錫同鄉,隔世知音之情不禁油然而生。所謂「清涼一掬泉」,誠非虛發也。此外,對於民間信仰的廟宇,錢穆也抱持著尊重的心態。如〈檳城訪大伯公廟〉云:「想像神如在,莫究言者呢。」[35]〈檳城蛇廟〉云:「君且隨俗觀萬象,莫先高視發輕評。」[36]如是不一。

對於時賢的印記,錢穆在遊歷中十分著意。再觀〈太平湖風景悅若江南許君建吾為題隨之一一遍觀〉云:

太平湖水碧漣漪,堤上虯枝亦足奇。十景品題非浪譽,何年播與眾爭知。[37]

太平湖位於霹靂州太平市,占地62公頃,原是錫礦採盡後遺留下來的礦湖,經政府發展而成為當地名勝。太平湖諸景名稱,乃詩人許建吾所擬,如「皇崗聽猿」、「曲橋待月」、「碧水紅蓮」、「竹韻琴音」、「平塘獨釣」等。許建吾(1903-1987)出生於南京蘇北農家,肄業金陵大學,喜好詩歌、歌詞創作。大陸易幟後輾轉到香港,在聯合文商書院音樂系及聖樂院擔任教授。不久前往東南亞,活躍於新加坡、馬來亞文藝界。1962至1964年,許建吾執教太平華聯獨立中學,以西湖十景為範本,擬出太平湖諸景,流傳迄今。錢穆對許氏的眼光稱許有加,認為品題並非浪譽,當向大眾廣為宣傳。太平湖風景優美,固不待言,但錢穆喜愛此地的深層原因,恐怕還是由於「風景悅若江南」,且與品題諸景的許建吾為江蘇同鄉之故。

對於秉持民族氣節的先賢,錢穆也非常注重。如五律〈馬六甲青雲亭瞻謁李濟博遺像〉云:

34 錢穆:《國史大綱》,頁270。
35 錢穆:〈素書樓餘瀋·詩聯輯存〉,《錢賓四先生全集》第53冊,頁513。
36 同上註,頁514。
37 同上註,頁513。

衣冠何古偉，像貌亦清奇。故國浩然別，茲鄉永爾思。百年長血食，一廟足心儀。史蹟無堪述，精神獨在斯。[38]

　　李氏自中國下南洋在明清之際，三百年間，史料殘缺，故錢穆遊覽時已不易考察其人背景。其後根據鄭良樹師之研究，李濟博原名李為經，字君常，福建鷺江（廈門）人，志氣恢宏，飽讀詩書，富民族正義，不願屈服於滿清統治而梯航南渡，落籍於茲，成為麻六甲青雲亭第二任亭主甲必丹。任內擴建青雲亭，政通人和。念同胞繁殖，不可無身後之計，乃以四萬金向荷蘭政府購下三保山及附近丘陵，作為安置英靈忠骨之地。[39]錢穆當日所知固然未詳，但他對於李濟博義不降清的行為應是清楚的。考鄭良樹書所附李氏畫像，乃明代褒衣博帶之裝束。故錢詩所謂「衣冠古偉」，其意在此。而「故國浩然別，茲鄉永爾思」一聯，不僅遙想李氏當年，其實也有夫子自道之意。歷來下南洋之華人甚多，而錢穆獨青眼於李濟博，顯然出於惺惺相惜。故此，「精神獨在斯」一句不僅標榜李氏，也有自我砥礪之意。

五、臺北流寓的吟詠軌跡

　　自南洋歸來之際，正值文革爆發，香港時局不穩，影響心緒。與此同時，蔣介石在臺灣發動「中華文化復興運動」，力邀散居海外的大師級人物赴臺，錢穆也成為極力敦請的對象，於是錢穆決定遷居臺北。1967年7月，錢穆親赴臺北郊區，在士林外雙溪覓得一地，作為新居。錢氏認為此地毗鄰故宮博物院，可利用故宮藏書，從事著述。蔣介石令陽明山管理處依錢夫人胡美琦設計的圖樣，建造住所。當年10月，錢穆夫婦正式遷臺定居，翌年7月，入住外雙溪素書樓，直至去世前夕。居臺期間，錢穆留下了〈雙溪閒吟三十五首〉及〈我屋哦二十韻〉一首。前者題下註云：「民國六十三年—七年」，[40]結合詩題，可知大抵皆作於外雙溪素書樓中。考錢穆於1968年遷入素書樓不久，即膺選中央研究院院士。次年又任中國文化學院歷史研究所教授、故宮博物院研究員。1974年，撰《八十憶雙親》。1976年冬，胃病劇作，幾不治。1978年春，患黃斑變性症，雙目失明，纏綿病榻，然仍抱病赴港任新亞書院「錢賓四先生學術文化講座」主講人。這幾年間撰寫、出版（或重印）的著作有《孔子傳》，《八十憶雙親》，《理學六家詩鈔》，《孔子與論語》，《中國學術通義》，《靈魂與心》，《文化與教育》，《中國學術思想論叢》（1-8冊）、《中國歷史精神》等。[41]

38　同上註，頁514。

39　鄭良樹：《青雲傳奇：三百年前華族領袖甲必丹李為經傳》（吉隆坡：南洋商報，1987），頁5。

40　錢穆：〈素書樓餘瀋‧詩聯輯存〉，《錢賓四先生全集》第53冊，頁521。

41　李木妙：《國史大師錢穆傳略》（臺北：揚智文化事業股份有限公司，1995），頁171-172。

根據〈雙溪閒吟三十五首〉的內容，也時而有臥病之語。除了其三十五「幼讀宋玉賦」及〈我屋哦〉之外，皆為短詩。可知這組詩歌的撰寫，一是作著述餘暇之調劑，二是作臥病床褟之排解，亦可視為安心自適之舉。

進而言之，這組詩歌的主題還可細分為自勉、臥病、自適、思鄉、說理等幾類。就第一類之自勉主題而言，如其十三：

> 園松離披立，天矯各不群。儼如同朝闕，共扶一乾坤。[42]

園中的松樹雖然各自參天，卻可形成一片松林。錢穆將之比喻成士大夫、知識分子，雖然各有所、傲視同儕，但同朝為官、並肩修德，就應齊心合力，以社稷蒼生為念。這對於歷來文人相輕的情狀，顯然也是一種針砭。又如其七：

> 翠竹成堆秀，楓林滿徑陰。諸松齊肅立，佇待病翁臨。[43]

其十三將松樹比喻成知識分子，而此處的翠竹、楓林、諸松也未嘗不若是。此詩之意，蓋謂同道者正殷切期待自己早日康復，為中華文化之復興而協力奮鬥爾。再如其二十：

> 病起孔誕近，病瘥國慶前。中華與孔聖，盤旋著心田。[44]

孔誕在九月二十八日，國慶在十月十日。錢穆於此年九月底臥病，十月上旬瘥癒，這個巧合令他感慨道，自己念茲在茲的就是「中華與孔聖」，亦及中國的法統與道統將何去何從，而自己勤於著述、誨人不倦，雖老病而在所不惜，正是有賴這份心念與意志所支撐。其三十二則云：

> 無端勞作閒，冗雜一時刪。閒去勞復起，清溪灣又灣。[45]

病來如山倒，手中一切工作都必須放下，轉勞為閒。到了病體初瘥，又不得不重事勞碌。詩中所言清溪是居所旁的外雙溪。瘥癒後望見清溪，自然令人心曠神怡。而「清溪灣又灣」一句，固然是眼前所見，卻也是一種隱喻：清溪就是傳統文化的象徵，澄澈美好卻不為人知，最後要朝宗於海，還需要流過一灣又一灣，任重而道遠。

第二類為對於臥病主題的正面描寫。如其十六云：

---

42 錢穆：〈素書樓餘瀋‧詩聯輯存〉，《錢賓四先生全集》第53冊，頁524。

43 同上註，頁522。

44 同上註，頁525。

45 同上註，頁527。

藥甌粥碗更迭，枕上椅中臥起。且學吟哦消遣，權作陰陽燮理。[46]

直接點明瞭吟詩乃是臥病時的消遣。所謂「陰陽燮理」，指調和治理國家大事，語出《尚書・周官》：「立太師、太傅、太保，茲惟三公，論道經邦，燮理陰陽。」輾轉病床，無法專心著述，又不甘無所事事，於是便以吟詩來替代。先儒有所「以文貫道」、「文以明道」、「文以載道」、「作文害道」諸說，但錢穆此時卻不得不賴吟詩來排解無聊，故而此詩字裡行間不無幽默之意。復觀其二十一：

意興偶然築此軒，無端病養儘朝昏。若謂人生有前定，此軒宜我應無言。[47]

蓋素書樓之築建，是為了潛心著述，並因地利之便運用故宮藏書。但出乎意料的是，此地佳勝的環境，如今竟成了以養病為主，真可說本末倒置。此詩尾聯二句，也未嘗不略帶自嘲之感。又如其九，將臥病時所見偶然綻放的萱草，扣合親恩之思：

常憶侍親日，北堂言蒔萱。萱今病中發，睹物更難言。[48]

1974年，錢穆完成〈八十憶雙親〉一文，可見其罔極之思至老而不衰。而病床之上，反而更容易回憶起往事。所謂「北堂言蒔萱」，出自《詩經・伯兮》：「安得諼草，言樹之背。」此處引申為意欲報答親恩之意。誰知臥病之際，屋外的萱草竟然綻放花朵，令詩人想起先母，自然有睹物難言之感。縱在病中，錢穆對於身邊的事物仍不乏仔細觀察，並采入詩中。如其八：

家畜兩稚犬，客到必叫呼。病中客加稀，犬吠益喁喁。[49]

「喁喁」既言鳴聲，也有仰望期待之意。家中豢養的兩隻小狗，每逢客至都歡欣吠鳴不已。而如今臥病，絕交息遊，終日都沒有什麼訪客。錢穆發現一旦有客人臨門，小狗的叫聲更為興奮，蓋久已未隨客人玩耍之故。此詩不僅把小狗的憨態描摹入微，也從旁烘托出臥病光景。

第三類為思鄉主題，如其二十五：

---

[46] 同上註，頁524。

[47] 同上註，頁525。

[48] 同上註，頁523。

[49] 同上註。

嗚嗚四面滿窗喧，何事相呼總不言。寧有深情難傾吐，欲隨病叟去中原。[50]

滿窗啼鳴者當為候鳥。季節轉換，候鳥北遷，呼朋引類。錢穆聽在耳裡，似乎正在呼喚自己結伴還鄉。然而當時兩岸隔絕，自己又是多病之身，要重回故鄉可謂異想天開。此詩把鄉愁投射於鳥類，天然而不失匠心。復如其二十四：

平生愛讀放翁詩，長憶中原墨瀋悲。浮海始知翁足羨，故鄉垂老固相依。[51]

陸游（1125-1210）為南宋越州山陰（今浙江紹興）人，一生力主北伐，至死不渝，愛國情操也體現於身後留下的近萬首詩作中，沉鬱悲涼的風格動人至深。錢穆此詩翻出新意，謂來到臺灣後，才發覺陸游的生活是值得欣羨的：因為他的故鄉就在南宋版圖，並未淪陷於金人，故得以於桑梓之地終老；與終身難以返鄉的自己相比，真可謂萬幸了。此詩沉痛悱惻，在〈雙溪閒吟〉組詩中並不多見。

相對來說，第三類自適主題的作品比第二類為數更多，體現出錢穆「此心安處是吾鄉」的心境。如其一、二兩首：

孤陽澄晚照，翠竹滿窗明，群鳥疑我寂，同來竹裡鳴。
山色常然綠，白鳥時迴翔，飛去了無影，飛來又幾行。[52]

兩首小詩色調鮮明，意境優美。尤其是其一的尾聯，雖與其二十五的造意略為近似，同為對鳥類的刻畫，而並無鄉愁在焉，情緒更為輕盈。黃昏之際，群鳥歸巢，自然喧嘩不已，而錢穆卻將之想像成前來陪伴寂寞的自己，詩意活潑，與王維〈竹裡館〉「深林人不知，明月來相照」有異曲同工之致。再觀其二十三：

枕上倚中倦，且漫學下樓。園中生氣盛，驟晤轉生羞。[53]

此詩意境與謝靈運「池塘生春草」、甚至《牡丹亭》「不到園林，怎知春色如許」的詩意類近。蓋長期蟄居小樓，完全不知物候的變化。一旦來到庭園，眼見姹紫嫣紅，不僅欣悅，甚至自慚形穢。如此轉喜為羞，卻近一步襯托出生意之盎然。對於這一派生機，其二十六也有描述：

---

[50] 同上註，頁526。

[51] 同上註。

[52] 同上註，頁521。

[53] 同上註，頁526。

陽光入我心，和風入我肺。溫存與滌蕩，諸病隨而廢。[54]

陽光溫存，和風滌蕩，令自己有返老回春之感。即便沒有晴光暖風，還是要懂得自我調適。如其十七：

雨濛濛，空不淨。水瀧瀧，氣不寧。惟吾心，澄而定。[55]

霪雨連綿，陰雲滿空，溪水漲潮，濕氣爭騰。縱身處這其霾其晦的天氣，內心還是要保持澄潔、堅定，此即所謂「不以物喜，不以己悲」歟。再參其三十五，有進一步的說明：「人生有七情，隨與四時移。此情有所洩，隨時無不宜。」雖說人稟七情，應物斯感，但來到臺灣後，發現此地四季不分明，心緒也無法宣洩。此時，就必須懂得自我調適了：「外向無可洩，內向持有疑。默誦三百首，首首是吾師。」[56]懂得透過典籍與古人心心相印，就可自內調節心緒，不必空待物候的轉變了。

〈雙溪閒吟〉最後一類為說理主題。如其三十：

凡物皆如此，無生藏有生。於物藏體骸，於神藏心靈。最後無分別，當前何愛憎。惟此大庫藏，始有真情萌。[57]

此作近乎佛偈或性理詩，蓋在編選《理學六家詩鈔》時受到影響，或可與錢氏〈中國人的道與命〉一文相印證：「天地之大德曰生。就大自然言，有生命，無生命，全有性命，亦同是生。生生不已，便是道。」又云：「中國思想裡已把一切物的個別觀點來融化了，泯滅了，只存有一動。這一動，便把有生命界與無生命界融成一片了。任你有生也好，無生也好，都只是一動，都不能跳出動的範圍。」[58]此即「無生藏有生」之意。此文且申發道：「如此則沒有所謂死生，所以說死生猶晝夜，因晝夜也都在一動的過程中。如此亦復無物我天人之別，因物我天人，也已盡融入此一動的概念之中了。此一動亦可稱為道，道是無乎不在，而又變動不居的。道即物即靈，即天即人，即現象即本體，上帝和靈魂和本體的觀念盡在此道的觀念中消散了，再沒有他們分別存在之嚴重價值了。」[59]此即「最後無分別」之意。領悟到大自然與我一體，沒有分別，因此便一視同仁，沒有愛憎。如此散發之情，方才算是天機流露的真情。不過錢氏說理詩，更多的是取譬舉義，如其十九：

---

54 同上註。
55 同上註，頁524。
56 同上註，頁529。
57 同上註，頁527。
58 錢穆：〈中國人的道與命〉，《意林文匯》2018年24期，頁117。
59 同上註。

軒外繁燈遠處明，環軒萬籟闃無聲，從知身在人間外，語不全誠亦自誠。[60]

素書樓地處偏僻，人跡罕至。但此地遠眺臺北市區，卻是華燈爭明。要與大自然親近，領悟天道人心，肯定要遠離人間塵囂。此詩可與其十二參看：

山頂孤燈亮，光輝何其美。衢路簇繁燈，燦爛徒俗綺。[61]

錢穆將陽明山頂的一線孤燈與臺北市區的衢路繁燈相比對，前者雖微弱卻能照破黑暗，後者花團錦簇卻俗艷不堪。這仍舊呼應著錢氏五十年前收錄於〈閩南詩稿十一首〉中的〈鄉里〉詩，將城鄉的差異對應起傳統中華文化與商業文明的扞格。錢穆在《中國文化史導論》中提出，人類文化，由源頭處看，大別不外三型：游牧、農耕、商業文化。此三型又可分成兩類：游牧商業文化為一類，農耕文化為又一類。游牧商業民族重財富甚於其他，具有貪得無厭、永不知足的本性，故以動進而常為富強，農耕民族卻因其靜足——生產有定期、有定量、少刺激而常感滿足。[62]李冬君認為：「這樣的說法，只能放在東西方文化比較的套路上來解讀，可以做出經驗的判斷，但難以展開理性的觀照和人類性的視角；可以得出模糊的結論，但難以獲得真正的邏輯成果，是一種文化閱歷，而非真知。」[63]但面對商業文明給近代中國帶來的巨大衝擊，錢穆有如此經歷、如此定見，戮力一生為故國文化招魂，箇中因由是不難為吾人所理解，並予以同理心的。

至於其三十五為一首篇幅較長的五古，將己身之臥病與臺灣之物候相結合。其言云：

幼讀宋玉賦，便知秋可悲。每秋悲必發，我情轉坦夷。從知春可喜，夏歌冬墨綏。人生有七情，好與四時移。此情有所淺，隨時無不宜。

「人稟七情，應物斯感」乃是人類之常態，但錢氏卻自謂「情轉坦夷」，究其原因之一，乃是臺島之氣候：

晚年來南服，鬱氣悶不開。春秋僅有名，夏冬亦呬哉。草木常不落，雲水若凝脂。情淺無外所，一於人事縻。即不溺荒淫，亦復陷尪隤。難得中正情，因乏卓越才。

---

[60] 錢穆：〈素書樓餘瀋·詩聯輯存〉，《錢賓四先生全集》第53冊，頁525。

[61] 同上註，頁523。

[62] 錢穆：《中國文化史導論》（南京：正中書局，1948），頁4。

[63] 李冬君：《回到古典世界——從希臘到中國》（香港：中信出版社，2015）。

由此可見，雖然臺灣氣溫較高，四季不分明，卻也悶氣不開，令人心胸鬱結。若就普通人來說，心情反而無法透過感物來抒發，如此只會更受人事之牽動，若非耽溺物慾，便病態懨懨。錢穆指出，這正是受制於外物，無法求得心境中正之故。他臥病之際，正值秋天：

> 我病值新秋，八月又閏茲。應有好天氣，使我悲心怡。寧知夜不露，亦復晨無颸。噢咻僅嬌養，我悲欲寄誰。外向無可洩，內向持何疑。默誦三百首，首首是吾師。[64]

這一段乃錢氏現身說法。他指出自己臥病恰在新秋，而新秋依然溫暖，本應令心情不至太壞；但是「夜不露」、「晨無颸」的氣候，卻無法將悲意舒洩出來，情緒依然不佳。由此可知，求道之人不應一味向外在環境尋求慰藉，而應從內在來調適自己的心緒——這正是范仲淹「不以物喜，不以己悲」之意。《論語‧為政》：「詩三百，一言以蔽之，曰：『思無邪』。」錢穆解釋道：「三百篇之作者，無論其為孝子忠臣，怨男愁女，其言皆出於至情流溢，直寫衷曲，毫無偽託虛假，此即所謂詩言志，乃三百篇所同。故孔子舉此一言以包蓋其大義。詩人性情，千古如照，故學於詩而可以興觀群怨。」又云：「孔門論學，主要在人心，歸本於人之性情。」[65]在此臥病於床、無明惡緒油然而生之際，亟需內求諸己，錢穆的解決方式是涵泳《詩經》，以求其仁，以安宅其心。用性情之文對治性情之疾，可謂恰如其分。

六、結語

錢穆曾說：「人之所以為人，主要在心不在境。外境有約有樂，然使己心不能擇仁而處，則約與樂皆不可安。」[66]但是，因其著作以論述性質的史學、哲學作品為主，即便雜文的筆調也舂容平緩，甚少流露出個人之內心活動。由於舊體詩濃郁的抒情特徵，《素書樓餘瀋》所輯存的八十餘首吟詠之作，無疑反映出錢穆漫長的人生中，內心與外境相接相激、共融共存的軌跡。他在解釋《論語》「樂而不淫，哀而不傷」時認為：「哀樂者人心之正，樂天愛人之與悲天憫人，皆人心之最高境界，亦相通而合一，無哀樂，是無人心。無人心，何來有人道？」[67]然而可以說，這種「哀」情在他詩歌以外的作品中尤其罕見，卻也鮮為今人所注意。〈初上金馬崙開始吟詩消

---

[64] 錢穆：〈素書樓餘瀋‧詩聯輯存〉，《錢賓四先生全集》第53冊，頁528-529。

[65] 錢穆：《論語新解》（北京：生活‧讀書‧新知三聯書店，2002），頁31。

[66] 同上註，頁72。

[67] 同上註，頁56。

遣〉其一云「閒情壘鬱且吟詩」，正好說明瞭錢氏吟詠的態度。

如前文所論可知，《素書樓餘瀋》現存詩作從歷時角度而言大抵可分為三個時期，其一為大陸時期，其二為旅港時期（包括馬來西亞講學），其三為居臺時期。錢穆畢生志於著述，僅視吟詠為餘事。如他在經營新亞書院的十五年間並未留下一句一韻，可見一斑。雖然現存詩作未必能將其人生細節一一呈現出來，卻仍反映出思想言行，足以從另一角度為研究其學思歷程者提供參考。整體來看，錢氏的詩作風格同樣以舂容平緩為基調，這固然可歸因於其儒者氣象，但在這層氣象後仍隱然呈露著一絲哀情。而這絲哀情，乃是隨著詩人不同的人生階段而有所變化。

大陸時期，錢穆年紀尚輕，其現存最早的詩作〈海上〉，反映出一種「獨上高樓，望盡天涯路」的情懷：箇中既有志在寥廓的雄心，又有獨立蒼茫的空虛悵惘之感。本文第二節所舉、同樣作於大陸時期的另幾首詩作，則透露出錢氏如何嘗試在前途未卜而矢志於道的境地中自安其心。〈鄉里〉將城鄉相比對，展現出對傳統精神生活與現代物質生活的抑揚；〈棄婦吟〉甚至表達了對傳統美德遭到遺棄的悲憤。至於〈之勉家夜飯隔曉成此呈之勉夫婦〉中對於故人夫婦招待的感佩，〈與山僧夜話〉中對命途多舛的山僧發願復興陋寺的認同與感同身受，則顯示其推己及人的互通互感、痛癢相切之心。香港時期的大部分日子，錢穆都忙於院務，無暇著述，遑論吟詠。唯有中文大學成立後，錢穆先後閒居西貢、遊學南洋、返居沙田，方才重拾詩興。如〈海濱閒居漫成絕句四首〉，篇幅雖短，卻是錢氏當時心境的真實寫照。「好效少年日親書」、「俯仰前賢古籍心」表現出他擺脫俗務後的輕鬆，「鳶飛魚躍亦悠哉，從容鎮日茶煙了」表現出他閒居西貢的自得，然「夜聽濤聲入夢來」似乎仍點出了他的故國之思。當錢穆從馬來西亞歸來，正值文革爆發，大量難民湧到香港。其〈「難民潮」來港有感〉二首，不僅表達了對難民的憐憫，也感同身受地勾起自己當年間關南下的回憶，故國之思較前更為濃郁。至於馬來西亞講學時，所作雖以遊觀為主，但仍不時可見其對於中國文化痕跡之尋繹。如〈太平湖風景悅若江南許君建吾為題隨之一一遍觀〉透發出對故鄉江南的懷念，〈金馬崙高原三寶寺藏經閣〉中點出該寺開山祖師演本法師乃是無錫同鄉，〈馬六甲青雲亭瞻謁李濟博遺像〉對李氏義不降清、遠走南洋表達了崇敬之情。而遷臺時期，錢穆受到政府禮遇，靜居雙溪，生活壓力不大。但年歲漸長，兼以不時臥病，肩負傳承文化使命，自有時不我與之感。這時期的作品，以作於1970年代的〈雙溪閒吟三十五首〉為主，除了其三十五「幼讀宋玉賦」之外皆為短詩，具備了著述餘暇之調劑及臥病床榻之排解的效用，就主題而言可分為自勉、臥病、自適、思鄉、說理等類，由斯可窺見錢氏安心之觀念。

錢穆現存八十餘首舊體詩作，創作時間跨度甚大，文風整體而言不失舂容平緩，但青年之作偶而流露哀婉激憤之情，中晚年之作則更趨平和，這自然與錢氏長年積學、涵養漸增、安心功夫日益到家有關。從其晚年所作五古「幼讀宋玉賦」便可得知。因此，錢氏之詩可視為其求道生涯中知行合一的見證：詩作較好地將抒情、敘事、說理等元素結合在一起，既反映出其學養所由自，也呈現出其面對生活的喜怒哀

樂時如何運用所學，這自然是拜舊體詩獨特的體裁與功能所賜。不過無可諱言者，如黃祖蔭所論，錢氏詩作「意境雖好，奈何表現技巧不足，至若平仄用韻尚待斟酌」。再如喜用冷僻字，虛字運用可進一步打磨，近體對偶未必工穩等，都未嘗不屬瑕疵。這固是「學者為詩，臨池其精神狀態不易調整」之故，也說明瞭錢氏志於著述，無暇磨礪詩藝的實況。不過，正因其詩作多能建基春容的風格、營構佳好的意境，融入醇正的思想，故僅就文學方面而言，仍具較高的價值，在二十世紀舊體詩壇應可具一席之地。若就以人存詩、以道存詩的角度來看，更不待言矣。

史地傳記類　PC0997　讀歷史133

重訪錢穆（下冊）

主　　編/李帆、黃兆強、區志堅
責任編輯/陳彥儒
圖文排版/蔡忠翰
封面設計/王嵩賀

發 行 人/宋政坤
法律顧問/毛國樑　律師
出版發行/秀威資訊科技股份有限公司
　　　　114台北市內湖區瑞光路76巷65號1樓
　　　　電話：+886-2-2796-3638　傳真：+886-2-2796-1377
　　　　http://www.showwe.com.tw
劃撥帳號/19563868　戶名：秀威資訊科技股份有限公司
　　　　讀者服務信箱：service@showwe.com.tw
展售門市/國家書店（松江門市）
　　　　104台北市中山區松江路209號1樓
　　　　電話：+886-2-2518-0207　傳真：+886-2-2518-0778
網路訂購/秀威網路書店：https://store.showwe.tw
　　　　國家網路書店：https://www.govbooks.com.tw

2021年7月　BOD一版
2021年9月　BOD二版
定價：680元
版權所有　翻印必究
本書如有缺頁、破損或裝訂錯誤，請寄回更換

國家圖書館出版品預行編目

重訪錢穆/李帆, 黃兆強, 區志堅主編. -- 一版. --
　臺北市：秀威資訊科技股份有限公司, 2021.07
　　冊；　　公分. -- (史地傳記類)(讀歷史；133)
　BOD版
　ISBN 978-986-326-906-9(下冊：平裝)

　1.錢穆 2.學術思想 3.臺灣傳記

783.3886　　　　　　　　　　　　110006238

讀者回函卡

感謝您購買本書，為提升服務品質，請填妥以下資料，將讀者回函卡直接寄回或傳真本公司，收到您的寶貴意見後，我們會收藏記錄及檢討，謝謝！如您需要了解本公司最新出版書目、購書優惠或企劃活動，歡迎您上網查詢或下載相關資料：http:// www.showwe.com.tw

您購買的書名：_____

出生日期：_____年_____月_____日

學歷：□高中 (含) 以下　　□大專　　□研究所 (含) 以上

職業：□製造業　□金融業　□資訊業　□軍警　□傳播業　□自由業
　　　□服務業　□公務員　□教職　　□學生　□家管　　□其它_____

購書地點：□網路書店　□實體書店　□書展　□郵購　□贈閱　□其他

您從何得知本書的消息？

　□網路書店　□實體書店　□網路搜尋　□電子報　□書訊　□雜誌

　□傳播媒體　□親友推薦　□網站推薦　□部落格　□其他_____

您對本書的評價：（請填代號　1.非常滿意　2.滿意　3.尚可　4.再改進）

　封面設計____　版面編排____　內容____　文／譯筆____　價格____

讀完書後您覺得：

　□很有收穫　□有收穫　□收穫不多　□沒收穫

對我們的建議：_____

_____

_____

_____

11466
台北市內湖區瑞光路 76 巷 65 號 1 樓
秀威資訊科技股份有限公司　　　　收
BOD 數位出版事業部

....

（請沿線對折寄回，謝謝！）

姓　　名：＿＿＿＿＿＿＿＿＿　年齡：＿＿＿＿　性別：□女　□男

郵遞區號：□□□□□

地　　址：＿＿＿＿＿＿＿＿＿＿＿＿＿＿＿＿＿＿＿＿＿＿

聯絡電話：(日)＿＿＿＿＿＿＿＿＿＿＿　(夜)＿＿＿＿＿＿＿＿＿＿＿

E-mail：＿＿＿＿＿＿＿＿＿＿＿＿＿＿＿＿＿＿＿＿＿＿＿